U0529518

国家社科基金
后期资助项目

绥边福将杨遇春研究

Life of Yang Yuchun (1760-1837):
A General of Qing China

赵 珍 著

中国社会科学出版社

图书在版编目(CIP)数据

绥边福将杨遇春研究/赵珍著．—北京：中国社会科学出版社，2020.12
ISBN 978-7-5203-7517-7

Ⅰ.①绥… Ⅱ.①赵… Ⅲ.①杨遇春—人物研究 Ⅳ.①K825.2

中国版本图书馆 CIP 数据核字(2020)第 239657 号

出 版 人	赵剑英
责任编辑	耿晓明
责任校对	李 军
责任印制	王 超

出　　版	中国社会科学出版社
社　　址	北京鼓楼西大街甲 158 号
邮　　编	100720
网　　址	http://www.csspw.cn
发 行 部	010-84083685
门 市 部	010-84029450
经　　销	新华书店及其他书店
印　　刷	北京君升印刷有限公司
装　　订	廊坊市广阳区广增装订厂
版　　次	2020 年 12 月第 1 版
印　　次	2020 年 12 月第 1 次印刷
开　　本	710×1000　1/16
印　　张	27
字　　数	484 千字
定　　价	148.00 元

凡购买中国社会科学出版社图书，如有质量问题请与本社营销中心联系调换
电话：010-84083683
版权所有　侵权必究

少年从征,进不知退
拍瓦横矛
善穿敌队
参赞戎机
克城贼溃
畀以封疆
无憨崗在

平定回疆功臣参
赞大臣陕甘总督杨遇春
阿巴图鲁音杨遇春
紫光阁画像赞
道光乙未仲夏
御笔

杨遇春紫光阁画像

绥边锡祜

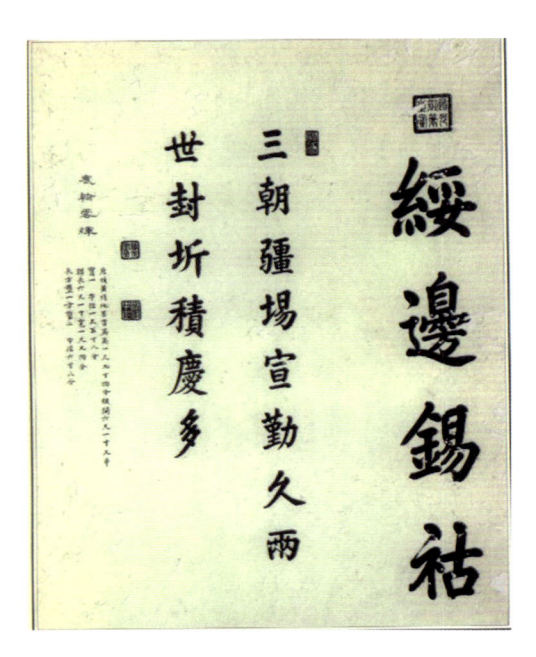

三朝疆埸宣勤久雨
世封圻積慶多

御书匾额对联

三朝疆场

道光十七年上谕

杨遇春宫保府

2016年6月赵珍摄于四川崇州

杨遇春宫保府

2016年6月赵珍摄于四川崇州

杨遇春墓地碑

2016年6月赵珍摄于四川崇州

国家社科基金后期资助项目

出 版 说 明

后期资助项目是国家社科基金设立的一类重要项目，旨在鼓励广大社科研究者潜心治学，支持基础研究多出优秀成果。它是经过严格评审，从接近完成的科研成果中遴选立项的。为扩大后期资助项目的影响，更好地推动学术发展，促进成果转化，全国哲学社会科学工作办公室按照"统一设计、统一标识、统一版式、形成系列"的总体要求，组织出版国家社科基金后期资助项目成果。

全国哲学社会科学工作办公室

自　　序

《绥边福将杨遇春研究》杀青在即！个人就其研究的目的和意义以及内容架构和重要观点等稍作简介，作为序。

人类及其社会历史的发展主要是围绕人的活动展开，离开了作为谱写历史篇章的人物，叙事也只剩下无血无肉的骨架。自中国古代司马迁辟纪传体编写历史后，历朝历代均十分重视对以人物传记为中心，即"以人系事"的书写方式反映历史内容。近些年来，学界在追求史学研究的新方法与理论时，忽视了人物在历史舞台上的重要作用，尤其忽视了历史重要节点人物所起的关键作用。选择清代嘉道时段在西北任官的杨遇春为研究对象，在于希冀诠释人物研究是历史研究的原点这样一个朴素简单的道理，有益于学科建设。何况，就学界已有研究成果而言，西北史研究是薄弱环节，鲜有关照嘉道时段，人物研究更少，将杨遇春与嘉道时代结合，包括从生态学、社会学、民族学等学科视角与研究方法，审视其治军施政的重大举措与各项施政措施所涉及的社会问题，以及围绕杨遇春所进行的人物谱系分析，都是新的尝试。有弥补空白之功。另外，西北位居链接中亚及欧洲的核心地带，从历史视角审视民族与宗教等社会治理问题，亦具有重要的历史与现实意义。

本书以杨遇春及其所生活的嘉道时代为核心，通过以人系事的方式反映历史内容和特征，且在学界已有研究成果的基础上，对相关事实做出符合实际的自己的判断。本书除了引言、结语及杨遇春家世与其晚年退居崇州的生活境况外，主要包括以下六个方面：

第一，早期军旅生涯。从杨遇春初入社会、步入军旅后的活动、接触的人物及乾隆后期的社会现实入手加以介绍，进而讨论历经康雍乾盛世所遗留的社会问题和矛盾，揭示清朝僵化管理体制的诸多弊端。比如在对周边民族地区的管理和控制上，未能及时灵活调整管理方式和办法，忽视了问题与矛盾背后所关涉的不同民族的经济利益因素和基本诉求，引发激烈的武力冲突和反叛。甘肃回民、黔湘苗民、台湾教众等起事就属于此类。

其中各种势力在多种社会思潮影响下，寻找各自归属，点燃反叛烈火。而反击廓尔喀是清廷维护西藏地方统一和安宁的正义行动。

第二，纷扰时局下的作为。嘉道时期，时局纷扰，各种武装起事此起彼伏。通过讨论杨遇春所参与的对白莲教、天理教教众及三才峡木工起事事件的平定，分析和论证了此类关涉民生的社会问题的发生，当归结于社会资源分配不公的事实。而清廷坚决打击和镇压各种势力是为了挽回封建正统，维护既有统治秩序的表现。比如白莲教起事，尽管有人认为该教自明代中期开始，逐渐变为模式化的邪教与叛乱意义的标签，成为官方与文人逐步建构的概念，事实上并不存在。但是，整个战事却以秦巴老林为据点，波及范围之广，参与人众之多，时间拖延之久，是史无前例的，它动摇了清廷统治的基石，某种程度上，成为学界持"嘉道中衰"说学者立论的依据。杨遇春在整个战事进程中作为主要角色，不仅率兵有方，培育了一批敢为身死的勇将，而且身先士卒，四处奔袭，立下赫赫战功，在体力和心力上付出了巨大的牺牲，甚至在父母去世时都由于军务缠身，未能回籍尽孝。当然，凡战事都有流血和杀戮，如何看待和评价杨遇春的所为，本书做出了实事求是的回答。即当清廷既有统治发生危机，为了维护和稳定社会秩序，作为一员军事将领，杨遇春响应了军事统治的召唤，尽到了作为国家机器中一员武士的职责。另外，整个战事过程中，官军与教众两股军力的较量均需要辎重后勤保障，包括兵员的补充与扩大，凡此，又转嫁到全体社会，破坏和阻碍了社会发展。本书对整个战事进行了细致考察，亦结合秦巴山区地理形胜与森林植被状况，分析了战事旷日持久的根本所在。

第三，维护边疆安定。道光六年至十年，杨遇春作为清廷特派的钦差大臣前往新疆，按照清廷的统一部署，调动兵力，收复南疆西四城，平定张格尔叛乱。南疆烽烟再起时，又以钦差身份坐镇肃州，督管粮台，保障军事供应，以行动维护边疆社会的安定，巩固西北边陲。本书围绕杨遇春在南疆的活动，着重考察和分析了这一时期南疆的社会形势和清廷军力部署。从用人、用兵、军需，及如何分化瓦解地方各种势力等多方面论证了清廷的军事策略，包括关键节点杨遇春排兵布阵的果敢决断能力，对战马、粮秣、运输与军费拨付等运作。突出分析了在对杨芳与齐慎二员将领的任用上，杨遇春三番五次向清廷奏报改动，及清廷对杨遇春所选将领和变动人选所给予的极大支持与配合。这些均是杨遇春取得军事成功的精髓。书中亦考察论证了杨遇春对南疆军事形式的判断和分析，以及在南疆展开的主要战役，如浑巴什河之役、柯尔坪之战等，也包括在西四城收复中的进兵策略和兵力调整等。对杨遇春坐镇肃州督办后勤粮秣和兵力配备等项进行了细致考察讨论，尤其在罢兵后对军需中口内、口外供应官兵所动用一切银粮款项，查办奏销核实的内容进行了深入探究，并结合既有研究成果，挖掘搜集户科题本档案，整理了军需费用所归结的各案。表明战事结束后，作为陕甘总督的杨遇春，把完成各项军费的报销，作为甘肃各项事务中很重要的任务完成。可以说，在清中叶处于内忧外患、社会转型的重要关头，杨遇春可谓是中流砥柱，奋而起身，挽狂澜于既倒。

第四，治军施政的重大举措与西北社会行政治理。该主题分两层论述。杨遇春既是领兵的统帅，又是治理与维护统治秩序的名臣，尤其自升任固原提督、再擢陕甘总督后，成为肩负一方的封疆大吏，悉心维护治理辖境，无愧于地方百姓。本书主要对杨遇春在陕甘总督任上的重大举措进行了考察和分析，涉及调整军事体制、改革官僚体系、清查仓库、管控资源以利军民、维护治安与民方便、征赋与蠲免赈灾、设置茶税、关注马政、禁绝鸦片，以及对青海西部蒙藏的管理等诸多方面，通过讨论勾勒出该时期西北社会发展的一个清晰轮廓。比如清廷对青海西部蒙藏的管理，顺应了这里民族历史发展的进程，可是，不同时段民族纠纷的调解与治理，又因人而异。杨遇春长期生活在西北，熟悉民族社会结构，采取了因地制宜的策略。诸如根据气候状况，拟定黄河沿岸的会哨章程，严格会哨制度。面对草原人口变化、草场退化等人与自然多方因素所造成的藏强蒙弱格局，实行助蒙古以自保的办法，且严厉整饬部分藏族部落所从事的"抢案"。对此，本书均一一详细论证分析。还突出分析和讨论了杨遇春变革马政的主张，并从西北地区马匹孳息的生态性、草场环境、管理制度与人们的需求观念入手，从环境史视角进行了考察。可以说，杨遇春是清中叶危局时代所造就出的悉心维护正统的良臣。

第五，军事韬略与将兵之术。本书在叙述清代绿营体制的前提下，讨论了杨遇春的军事韬略与将兵之术。杨遇春作为一员帅将，久历戎行，谙熟机宜，有着自己的一套军事韬略与战略战术，隐藏在其《谕长子国佐家书》和《速战阵式》中。本书讨论分析了其军事思想的核心部分，通过对其所历经各战事作战过程与排兵布阵办法的介绍，阐释了杨遇春作为军事实战派，在中国军事战争史上所增添的色彩。本书也通过铺陈大量事例，考察了杨遇春将兵之术的诀窍秘要。

第六，君臣之间及僚属关系。作为一个社会的人，离不开社会关系。在杨遇春成功的背后，也有一个人物谱系网络做后盾。杨遇春仕乾隆、嘉庆、道光三朝，主要业绩在后两朝间。本书讨论了杨遇春与嘉庆帝、道光帝之间的君臣关系。嘉庆帝说杨遇春是一个很能打仗和很会打仗的人，称其管兵有方，众心知感。道光帝对杨遇春说，"汝久历戎行，谋勇素著"。道光帝因见杨遇春百战不殆，且毫发无损，感叹其为真"福将"。而杨遇春则认为自己仅是一介武夫，至愚极陋。其对清廷的赏赐和所给予的荣誉、地位，百感交集，且转化成为清廷效忠效力的关键因素。就杨遇春与臣僚之间而言，可以说，在嘉道纷乱时局下，造就出了杨遇春等一批能征善战的武将雄才。久经沙场历练，不仅使这一批将才脱颖而出，也缔结了深厚的僚属之情。本书对于和杨遇春关系密切的一批人物进行了考察和讨论，诸如与福康安、海兰察、额勒登保、长龄、鄂山、杨芳、齐慎、达凌阿、亲家好友薛大烈以及同乡下属。从而阐明了一个人物的成就，离不开团体的帮扶。尤其在清中叶清廷统治危机关头，面对腐化的八旗军力，急需要一批将领为维护和稳定统治尽力，而且这批人在战场这一特殊的场景中，以血肉之躯相互援引，彼此帮扶，密织成一张强力的军事权力关系网。在这张大网中，杨遇春以赫赫战绩，自一个兵卒升至陕甘总督，成为组织与节制这一权力网络的中心，且听命清廷，运筹帷幄，与这一团体共同运转，偃武止戈。可以说，在某种程度上，成就了一个时代，承载了一段历史。

总之，杨遇春就生活于这样的一个时代，为响应清朝军事与政治回归正统统治秩序的号召，尽到了其作为朝臣的分内之责。时代造就了杨遇春，杨遇春也在嘉道历史进程中抹上了浓浓一笔，其军事、政治业绩，与社会发展紧密相连，是为本书选择人物以记述史实的目的，亦进一步诠释了：人物创造历史，历史涵盖人物。人物研究是史学领域不可或缺的重要项目，是历史研究的原点。

赵 珍
2019 年 11 月

目　录

引　子 …………………………………………………………（1）

家　世 …………………………………………………………（3）

第一章　早期军旅生涯 ……………………………………（8）
　一　入伍时的军事形势 ……………………………………（8）
　二　石峰堡初露锋芒 ………………………………………（10）
　三　平林爽文升任千总 ……………………………………（16）
　四　反击廓尔喀功绩彰显 …………………………………（18）
　五　黔湘征苗现将才风范 …………………………………（22）

第二章　纷扰时局下的作为 ………………………………（28）
　一　与白莲教众周旋于秦巴老林 …………………………（28）
　二　参赞军务往剿天理教 …………………………………（85）
　三　赴三才峡再熄战火 ……………………………………（101）

第三章　维护西北边疆安定 ………………………………（110）
　一　南疆形势与军事部署 …………………………………（110）
　二　克复西四城与实授总督 ………………………………（149）
　三　督管粮台保障供应 ……………………………………（182）
　四　督办军费奏销事宜 ……………………………………（198）

第四章　治军施政的重大举措 ……………………………（239）
　一　调整军事建制 …………………………………………（239）
　二　吏治整顿与人事调配 …………………………………（250）
　三　管控资源以利军民 ……………………………………（274）

第五章　西北社会行政治理 ……………………………………（284）
　　一　维护治安与民方便 …………………………………（284）
　　二　茶税马政及鸦片 ……………………………………（313）
　　三　对青海西部蒙藏的管理 ……………………………（335）

第六章　军事思想与将兵之术 ……………………………（358）
　　一　地方绿营体制 ………………………………………（358）
　　二　军事韬略 ……………………………………………（361）

第七章　君臣之间及僚属关系 ……………………………（376）
　　一　股肱心膂之臣 ………………………………………（376）
　　二　援引帮扶的群体 ……………………………………（385）

终老宫保府 …………………………………………………（404）

征引文献 ……………………………………………………（412）

后　记 ………………………………………………………（419）

引　子

自中国古代司马迁辟纪传体编写历史后，历朝历代均十分重视以人物传记为中心，即"以人系事"的书写方式反映历史。事实上，人类社会历史的发展主要是围绕人的活动展开，离开了谱写历史篇章的人物，叙事也只剩下无血无肉的骨架。人类创造历史，建构文化，传承文明。故而，人物个体在历史发展及其关键时刻的重要性毋庸置疑，尤其是起过重要作用的人物，成为重大历史节点的把握者与创造者。清代历史演绎近三百年，涌现了无数形形色色的人物，造就出一幕幕鲜活的画卷，尤其在清中叶国势处于内忧外患、社会结构转型的重要关头，为挽狂澜于既倒，数不胜数的仁人志士作为中流砥柱，奋然而起，置身于维护与治理王朝正统统治秩序的潮流中。杨遇春就是其中一名根植于行伍，为任一方，在历史的关键节点起过重要作用的封疆大吏、名臣名将。

对清代近三百年的历史研究中，史学界一般分为四段，即"康雍乾盛世""嘉道中衰""同治中兴"与"晚清新政"。其中，持嘉道中衰之见者，以这一阶段经济停滞与财政赤字为主要论据而分析讨论，当然，还有一个引发中衰的重要事实，就是历时九年、纵横川楚豫陕甘五省的白莲教起事，其动摇了清王朝的统治基础，被视为清朝社会发展的转折点。杨遇春参与了清廷平定白莲教起事，并脱颖而出。不得不承认，正是由于这一事件节点与继之而来的鸦片战争相连，将中国卷入世界资本主义的潮流与体系，国势处在不得不变的关头。

回溯鸦片战争前的几十年，或者说中国即将步入近代世界格局的半个世纪里，亦即乾隆朝的后十年，加上嘉庆一朝的二十五年，再经道光朝前十几年的历史时段中，中国正经历着清廷权位交替与维护正统统治秩序的关键时期。在这一阶段里，前期统治积弊与各类社会矛盾中所孕育出的多种力量借机角逐，不论是在王朝统治的核心地区，还是在鞭长莫及的边疆地带，各种政治势力借皇权更替之机，纷纷起而行动，实践其欲分得权益的要求。面对动荡社会和纷乱局面，维护与巩固祖宗留下的一统江山，就成为当政者行事的重中之重。从某种程度上，可以说，嘉道时期，清廷坚决打击和镇压各种势力，就是为了维护封建统治的正统，维持既有统治秩序。生活于这样一个时代的杨遇春，为响应清朝军事与政治回归正统秩序的号召，尽到了其身为朝臣的分内之责。

杨遇春殁后的第三年，即道光二十年（1840），垂涎中国富庶的西方侵略势力将魔爪自四面八方伸来，打响了掠夺中国的空前的鸦片战争，掀起了瓜分中国的狂潮。从此，灾难深重的中国被裹入了世界资本主义格局的新体系。

杨遇春作为清朝中叶维护统一与秩序的名臣名将，尤其是其独具的军事建树与才能，对维持清王朝统治，使内忧纷扰的中国回归封建正统秩序，起到非常重大的作用。在中国古代军事史上，杨遇春不失为一位重要将帅。在维护中国边疆社会稳定与统一中，功不可没。在陕甘总督任，悉心军民政务，维护社会统治秩序，亦是一位不可多得的良臣。在有清一代近三百年里，是以汉员身份由提督直升为总督的鲜有的几人之一。

本书遵循"以人系事"原则，对嘉道时代杨遇春所处的政治统治现实和社会进程事实进行全景式的描述，尤以其在西北地区的活动为重要内容，通过探讨这样一位封疆大吏、名臣名将，或者说更偏重于贯穿其一生的军事征战事迹，探求这一时代是统治"中衰"，还是"维护"盛世或"回归"正统，是因资源分配不公的民生与社会问题所致，还是多种因素复合纠葛所致，抑或是受世界格局变迁之潮流的冲击等，以期描述一个更忠实原貌、符合事实的场景。

家　　世

杨遇春，字时斋，① 四川崇庆州人。② 生于乾隆二十五年（1760）庚辰（十二月二十五日）辰时，逝于道光十七年（1837）二月二十八日寅时，享年七十八岁。③

杨遇春一生，历乾隆、嘉庆、道光三朝，经大小战数百次，驰骋于陕、甘、新、川、云、贵、湘、鄂、豫、台湾以及廓尔喀等地，戎马倥偬四十余年，由把总、千总、守备、都司、游击、参将、副将、总兵、提督，④ 一步

---

① 也有"实斋"一说，似误（参见新编《清史·传记·道光朝》卷57，送审稿，人民出版社2018年版，第68册，第350页）。当以李光涵编订年谱为准，道光二十一年时，李光涵为山西宁武府知事，之前为翰林院编修、国史馆总纂，参见氏编《皇清诰授光禄大夫太子太保一等昭勇侯予告陕甘总督晋赠太子太傅兵部尚书赐谥忠武显考时斋府君年谱》，以下简称《时斋府君年谱》，道光间朱格抄本，收入北京图书馆珍藏本年谱丛刊（以下简称《年谱丛刊》），该丛刊第123册，北京图书馆出版社2001年版，第26页。杨遇春之子所编《年谱》中，亦为"时斋"。

② 今四川崇州市，清代属四川成都府崇庆州白碾村，位在州治西1里许，李光涵：《时斋府君年谱》，见《年谱丛刊》第123册，第73页。

③ 其生卒年计算，主要有几种记载：《清史列传》道光九年十二月，道光帝为其祝七十岁寿辰（《清史列传》卷37《大臣传续编二·杨遇春传》，中华书局1979年版，第2910页）。道光十五年正月初二，奏诸臣生日单，有杨遇春"年七十六岁，十二月二十五日生日"（《嘉庆道光两朝上谕档》第3册，广西师范大学出版社2000年版，第2页）。又时人李惺《杨武忠公墓志铭》中有："公生于乾隆二十五年庚辰十二月二十五日辰时"（张伯龄：《杨遇春史实辨》，《四川师大学报》1986年第2期）。李光涵《时斋府君年谱》，也为乾隆二十五年。崇州市文物保护管理所编《杨忠武侯宣勤积庆图·江源毓秀》旁注中有：乾隆二十五年庚辰嘉平月二十五日生（此说若依阳历纪年，为1761年，转换干支纪年则为乾隆二十六年，但传统均用阴历纪年，转换计算，似有不妥，图据四川出版集团、四川美术出版社2004年版，原件藏崇州市文物保护管理所，属于国家二级文物）。而其子杨国佐等所编《忠武公年谱》（见《年谱丛刊》第122—123册），均为乾隆二十六年。本书依"生日单"等，取"乾隆二十五年"说，又据中国传统以虚岁计龄方法，享年七十八岁。

④ 按照清代绿营兵制，由低至高逐级为把总、千总、守备、都司、游击、参将、副将、总兵，提督是绿营的最高武职长官。绿营战略单位为镇，基本编制单位为营，全国整齐划一，杨遇春被逐级提拔。关于陕甘总督所辖绿营编制，参见罗尔纲《绿营兵志》，中华书局1984年版，第164—180页。

一步，逐级提升，以英勇献身气概，经历和完成着一代名臣名将的分内之事，终至太子太保、陕甘总督、一等男爵、一等昭勇侯，赏朝马、紫缰、黄马褂、双眼花翎，赐劲勇巴图鲁称号，图像紫光阁。卒后又赠太子太傅衔、兵部尚书，入祀贤良祠，谥忠武，被尊称为"杨忠武侯"①。

杨遇春祖父杨梅，字占魁，为州庠生，祖母钟氏。杨遇春父亲，名杨廷栋，字良臣，母亲李氏。杨遇春成名后，自太高祖以下先世，俱以其贵。男性获赠光禄大夫，女辈获赠一品太夫人。② 妻田氏，生有二子一女。长子杨国佐，官居参将，加副将衔。次子杨国桢，官至总督，世袭一等侯，支食全俸。女儿薛杨氏，成年后嫁给陕甘提督薛大烈之子。

杨遇春祖上，自太高祖起，世居四川崇庆州西外白碾村。③ 据杨氏家族所藏的氏族谱牒与崇庆杨氏家族历辈口传，其先辈为氐人豪族杨驹，④ 汉代时，居于金城郡破羌县，即今青海东部乐都老鸦城一带。东汉末，随战败东迁羌人徙至甘肃东南部与四川交界的西河县仇池地方。拓跋氏建立北魏，统一北方，杨氏族人一部再迁往今青海黄河南岸果洛藏族自治州久治县一带。久治东南与四川阿坝毗邻，时主要为羌人活动区。杨氏族人融入当地羌人部落。在唐朝建立过程中，杨氏族人因定边有功，被安置于阿坝东南邓睐山脉南段山麓一带定居，此处属于汉人与吐蕃杂居之地。其后，杨氏族人历代为官，世袭封赐。

明清之际，杨氏一族，以明朝藩属，助明军抗清。挫败后退据四川崇庆西北山地，扎营对垒。终寡不敌众，遭清军火攻而败。该处后来被称为"火烧营"。一说败阵中逃脱的杨氏兄弟二人，至崇庆西北文井江上游一座被称为竹根桥边时，计议分头避难，再谋后聚。于是，兄过桥左行，向东折南，至宁番卫的穆家堡，隐姓埋名，与当地羌人后裔穆氏女成婚，生子名"明"，以示不忘抗清复明之志。这支被杨氏后人称左桥公，称穆氏女为穆氏老祖。而弟则过桥右行，向西折南，至天全十八道水，隐居下来，杨氏后人称其为右桥公。

随着清统治逐渐稳固，左桥公眼看复明无望，于康熙初年，遣其子杨明携羌人妻穆氏，重返崇庆，以汉人身份定居于城西郊的白碾村。左桥公即为杨遇春的太高祖，杨明即为杨遇春的五世祖。不过，杨遇春成名后，

---

① 台北"故宫"博物院藏：《清国史馆传稿》1591号，参见国家清史编纂委员会传记组藏复印件。
② 李光涵：《时斋府君年谱》，见《年谱丛刊》第123册，第74页。
③ 今四川省崇州市崇阳镇西郊白碾村。
④ 张伯龄：《杨遇春简论》，《四川大学学报》1987年第4期。

湖北麻城杨氏宗族也将其祖先纳入"湖广填四川"移民中。①

杨氏自杨明之后，生活渐趋稳定，不再抱抗清之志，隐匿原族属氐人的别称，永以汉人自居。传至杨遇春一代时，杨氏与氐羌在血缘上相去更远，以汉人出现，更无人知晓其氐羌族属，也无人追究。②所以，及至杨遇春后来进京入殿，在对答道光皇帝问时，自称汉人。

可能因杨遇春后来事功影响较著的缘故，其出生也有一段神秘先验的祥瑞之兆。据说其出生前，母李夫人做一梦。梦见洪水泛滥，有一个红匣子随水漂至家中。打开匣子，内有两条鲤鱼，一条金色，一条红色。次日，李夫人将梦境相告家人。杨家遂请算命先生破解，被谓之为"祥瑞"之兆。③

依此之说，杨遇春的到来，一定会使杨氏家运蒸蒸日上。当然，杨遇春幼年时，家境与其个人成长环境也还顺达。与一般富裕家庭的孩童一样，杨遇春六岁时，就开始接受启蒙教育。随其祖父杨占魁在家塾读经诵诗。因勤奋好学，甚为祖父钟爱，称其"童年有成人之度"④。在祖父教诲下，杨遇春熟读《三字经》《声律启蒙》"四书""五经"，以及前四史中《史记》和《三国志》等书。

乾隆三十六年（1771），杨遇春十二岁，家庭突遭重大变故。时大小金川乱，祖父杨占魁，以州学庠生身份负责往金川转运军粮。行至半途，遇官兵凯撤回师，占魁所率夫役大多弃米返家，军粮丢失。官府追究杨占魁及夫役弃粮之罪，乡里夫役面临遭关押、赔军粮的处罚，对此，占魁以自己身为督运，有责任为无力赔偿军粮的同乡贫民夫役代过。遂变卖家产田地，赔偿兵米。此劫后，杨家中落，一蹶不振。

年少的杨遇春开始承担家庭重担，平时除了干一些农活外，也贩运煤炭，来往于崇庆城与万家坪一带，有时也当马夫，远赴宜宾贩盐回崇庆出售。⑤经历了曲折生活历练的杨遇春，不仅磨砺了意志，拓展了视野，更为重要的是增加了社会阅历和智识，明白了除非有非凡功业，否则不足以扬名立万的道理。遂立志恢复家业，慨然有投笔从戎之志。

十七岁时，杨遇春改习骑射。十八岁入崇庆州武庠，得到教官刘醇斋

---

① 李光涵：《时斋府君年谱》，《年谱丛刊》第123册，第74页。
② 杨正苞：《略谈杨遇春的民族别》，《文史杂志》1992年第5期。
③ 杨国佐：《忠武公年谱》，《年谱丛刊》第122册，第630页。
④ 崇州市文物保护管理所编：《杨忠武侯宣勤积庆图·家塾传经》，四川美术出版社2004年版，第9页。
⑤ 张伯龄：《杨遇春简论》，《四川大学学报》1987年第4期。

的教导培养。因杨遇春勤奋刻苦，不仅武艺得以提升，洞悉社会的思想与能力也渐趋成熟。习武期间，刘醇斋让各位学生说一下自己的志向，杨遇春从容对曰："愿立名扬亲，封妻荫子。"① 这看似为家立业的简单质朴言语，却道出了青年杨遇春在所处时代能够表现出的甘挑重担的责任心与进取心。刘醇斋以杨遇春器宇不凡，谓"异日必为柱石才"②，且深为器重，得到褒奖。

立业必先成家，安居才能乐业。也就在杨遇春十八岁这年，娶同村田氏女为妻。杨氏后人称田氏为田太夫人。杨遇春将家安顿在四川成都府属崇庆州西门外上南街白碾村杨氏宗祠旁。乾隆四十五年（1780）十月，长子杨国佐出生，字赞甫。四十七年（1782）十一月，次子国桢出生，字海梁。家庭稳定后，杨遇春的奋斗志向更加明确，恢复家业的信念更为强烈，练习武艺的精神头更为充足，事业上也崭露头角。

乾隆四十九年（1784）杨遇春跟随福康安赴甘肃石峰堡平乱。因每战必身先士卒，深受福康安器重，因功补四川青云营把总。次年，驻漳明县汛，迎养祖父至署，妻田夫人也携长子国佐随往。考虑到父母身边无人陪伴而过于寂寞，留次子国桢于家中，绕于二老膝下，以解父母思子之念，享子孙之乐。不久，通情达理的父亲杨廷栋，携妻及孙国桢至遇春任所。③一家人团聚，其乐融融。杨氏图谱可参见图1。

杨遇春从戎，是在二十岁时。乾隆四十四年（1779），恰逢恩科武举，杨遇春参加乡试，列第18名，获得武举会试资格。无奈会试不第，被拣选入伍，在本省督标效用。有道是："塞翁失马焉知非福。"杨遇春武举会试不中，却有缘于福康安麾下，成就了自己日后作为一代将才的伟业。时任四川总督的福康安，因治军有方，闻名遐迩，深受杨遇春敬仰，遂欣然跟从福康安，且从翼长海兰察学将略。

从此，杨遇春赴甘肃石峰堡、征台湾林爽文、反击廓尔喀入侵，"咸有功"，累擢守备、总兵、提督，踏上了自己波澜壮阔的军旅生涯。每遇军务，无不从伍驰驱。因其部每战必张黑旗，时称"杨家军"。一生经历大小数百战，皆冲锋陷阵，亲冒矢石，或冠翎皆碎，或袍袴皆穿，然未尝

---

① 崇州市文物保护管理所编：《杨忠武侯宣勤积庆图·芸窗言志》，第11页。
② 李光涵：《时斋府君年谱》，《年谱丛刊》第123册，第78页。
③ 以上均见台北"故宫"博物院藏《清国史馆传稿》1591号；又《杨国桢海梁氏自叙年谱》，《年谱丛刊》第137册，第639—641页；李光涵《时斋府君年谱》，《年谱丛刊》第123册，第81页。

受毫发伤,"上谕及叹为真福将"①。

杨遇春在陕甘总督任,治军施政,呕心沥血,凡农作物收成之丰歉,军事体制与驻防兵额之裁设,军需粮饷及赏恤之调剂,马厂军马的孳生养育调拨,边防动乱平复及地方治安之整肃,官员的督察与调动以及地方官僚体制运转与建构,乃至茶引经营、禁种和吸食鸦片等,均积极建言,身体力行,多得当政者首肯与赞誉。

总之,杨遇春历官乾隆、嘉庆、道光三朝,南征北战,戎马一生,驰骋疆场,经大小二百八十余战,② 无不以身当先,指挥有方,军功显赫,终赢得紫光阁图形。杨遇春忠诚为国,一生大部分时间献给辖境军行民政建设,可谓呕心沥血,鞠躬尽瘁。

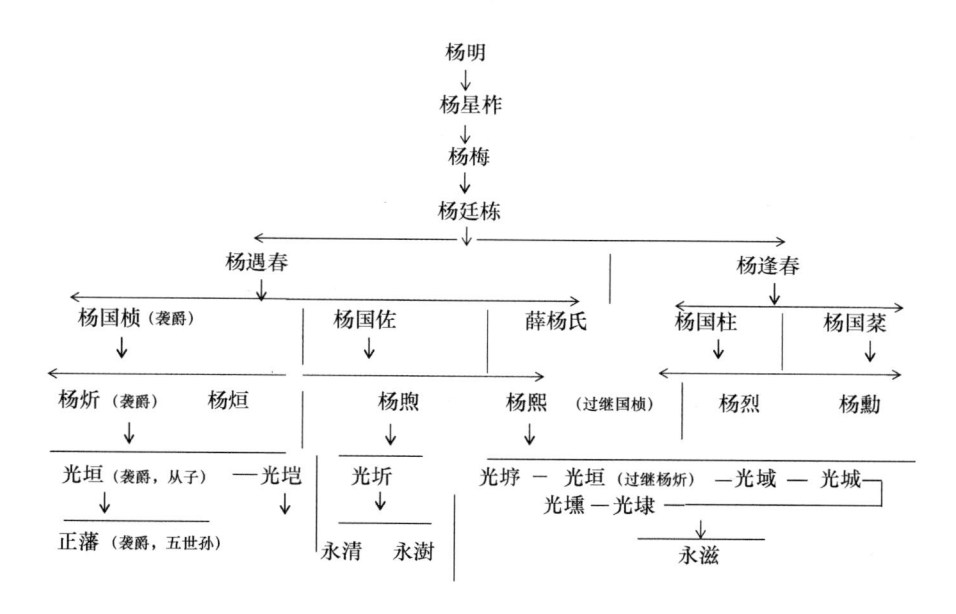

```
                    杨明
                     ↓
                    杨星柞
                     ↓
                    杨梅
                     ↓
                    杨廷栋
        ┌────────────┼────────────┐
       杨遇春                    杨逢春
   ┌────┼────┬────┐         ┌────┴────┐
 杨国桢  杨国佐  薛杨氏      杨国柱   杨国荣
 (袭爵)
 ┌──┬──┐   ┌──┬──┐         ┌──┬──┐
 杨炘 杨烜  杨煦 杨熙        杨烈 杨勋
(袭爵)          (过继国桢)
  │    │    │    │         │    │
光垣  光垲  光圻  光埩—光垣(过继杨炘)—光域—光城
(袭爵,从子)              光壎—光埭
  ↓         ↓    ↓              ↓
正藩        永清  永澍            永滋
(袭爵,五世孙)
```

图 1　清代杨氏家世谱系概图③

---

① 李元度:《国朝先正事略》卷 23《名臣·杨忠武公事略》,《续修四库全书》第 538 册,上海古籍出版社 2002 年,第 511 页。
② 陈其元:《庸闲斋笔记》卷 12《杨遇春逸事》。
③ 据(民国)《崇庆县志士女·第八之一·杨遇春传》及《杨国桢海梁氏自序年谱》整理,又说杨遇春生有三女,参见《杨正葆(苞)文史稿选》,自印未刊本,1999 年,第 53—64 页。

第一章 早期军旅生涯

杨遇春步入行伍后，转战南北，战绩显著，军职迁转。先是跟随福康安往甘肃兰州石峰堡平苏四十三起事，继赴台平林爽文，升任千总，在反击廓尔喀诸战中，积累了作战经验，参与黔湘征苗，得广东罗定营副将职。

一 入伍时的军事形势

应该说，杨遇春入伍时，正是清朝经历了一个确立、维护、稳固正统王朝统治的阶段，步入乾隆盛世，可谓承平日久，天下太平。但就军事实力而言，一落千丈，亦非昔日可比。原先叱咤风云的八旗劲旅，尽显其腐化堕落迹象，失去其往日风采。

乾隆帝统治前期，勇武善战的满洲劲旅战斗雄风已经日益消退，军事实力正在走向衰落。军营中，尚武风气全无，将士贪图安逸成风，骑射技艺日渐生疏进而丢弃，连对最起码的日常军事演练都十分厌恶。稍有战事，满洲王公大臣便畏怯退缩，忘却自己皆功勋后裔，以至于乾隆帝本人都不能理解此种局面。言道："后裔盍思效法前人，报国立功，而惟守妻孥，以求安逸，闻战阵而甘退缩。"① 延至乾隆中后期时，这种情形更糟。稍有练兵演武，如"仪式性"的木兰行围演练，则箭靶脱落，无力拉弓，丢三落四的狼狈之象竞相暴露无遗。兵不演练，将不带兵，兵将分离，甚而文官带兵也成为家常便饭。就如《啸亭杂录》所载：国家升平日久，提镇皆由武科积劳，以致开阃，初未娴于武略者居多。故川楚之变，将帅多不知兵，以致败衄。②

八旗劲旅长期处于安逸享乐中，而遍布全国的地方绿营，也由于整体

---

① 《清高宗实录》卷474，乾隆十九年十月上戊午，第1130页。
② 昭梿：《啸亭杂录》卷4《杨时斋提督》，中华书局1980年版，第92页。

待遇低微，只知应差办公，无战斗力可言。可是，此时的国际时局却处于一个划时代的改变中。西方国家近代化军事实力增强，使得清朝军事力量面临考验。当然，不能不正视，此时面对朝野内外纷扰时局和此起彼伏的武装战事，一批为国奋战、功绩尤著的英勇将士，在多次战事历练中孕育而出，其中不乏将才。杨遇春就是其中身经百战而功绩尤著者之一。

杨遇春深知，一个军事集体中将帅兵士的同心同德，军事战斗中的协同作战，是保证战斗胜利的重要因素。因而，不论随帅出征，还是自帅驰骋，均注重官兵团结一心，群策群力，以图所向披靡之效。正如嘉道年间的官僚严如熤在对清廷平定白莲教后的总结中说道：

> 前后八九年，调兵十数省。其中劲旅勇鸷敢战者，固自不少，而矫捷结实可靠必以黔兵为第一。满汉领兵将官谓，得黔兵一千，可抵他营二三千。①

严如熤在这里所说之"黔"兵，即指征苗过程中经福康安训练出的杨遇春等一批将兵。

当然，杨遇春率兵打仗的军事才能，在跟随福康安转战甘肃石峰堡时就已经显露。因杨遇春每战必身先士卒，受到福康安赏识，"因令从翼长海兰察公学兵法"。可以说，杨遇春披坚执锐，出生入死，所向克捷的果敢行为和点滴成就，融入主帅福康安所指挥的军事胜利之中，为福康安的辉煌战绩增添了光彩。而福康安也识才惜才，对杨遇春提拔、重用，谓其"此将材也"②。

杨遇春也善于处理军事领域内的各种人际关系，有一套维系官兵之谊人际网的本事。在作为军事指挥官独当一面后，不仅依然战必身先，出生入死，更吸取了福康安重视和奖掖以及提携敢死将士的优良传统，也重用了一大批战将。晚清名将杨芳就是在其手下成长起来的最著名的一员大将。杨遇春关心兵士疾苦，恩威并行。凡跟随者，亦均倚杨遇春为重，有必胜心，有战斗力，以至于敌之"骁狡者见公皂旗，便已气夺"③。所以，在杨遇春周围，团聚凝结着一个颇有战斗力的集体。

不能不说，杨遇春早年在军旅生涯中所取得的成就，离不开福康安的

---

① 严如熤：《三省边防备览》卷10《军制》，参见《续修四库全书·史部·地理类》第732册，上海古籍出版社2002年版，第280页。
② 昭梿：《啸亭杂录》卷4《杨时斋提督》，第92页。
③ 杨国佐：《忠武公年谱》，《年谱丛刊》第122册，第662页。

重用提携，但也与杨遇春本人所具备的英武雄略、超人的军事素质不无关系。在某种程度上，可以说福康安成就了杨遇春，而杨遇春对福康安突出的军事功绩做出了不可磨灭的贡献。故而，著名史学家戴逸在评价福康安时说：福康安"所参加的战争比前于他的兆惠、舒赫德、阿桂更频繁，比后于他的额勒登保、德楞泰、杨遇春更重要"①。福康安"不但倚靠海兰察，还提拔、重用一大批战将，如普尔普、台斐英阿、额勒登保、德楞泰、杨遇春以及明亮、奎林、鄂辉等人。在福康安的周围，团聚和形成了一个颇有战斗力的集体，才能建立功勋，所向克捷。18、19世纪之交的著名战将，大多出于福康安的麾下"②。

可见，福康安在他的时代，为清朝政治统治的稳定和社会安宁，戎马一生，贡献卓越，也成就了后于他而起的一批将才，而杨遇春就是这批将星中格外闪亮的一员。也就是这样一个凝聚着浓浓将士情的军事核心集体，在维护清王朝封建正统秩序的分内之事中增强了影响力，在如何做好和平时期军事将领方面提供了榜样的力量，在中国军事史上留下了重要的一笔。

二　石峰堡初露锋芒

乾隆年间的甘肃石峰堡之战，领导者是宁夏府伏羌县的阿訇田五，是西北回民在继苏四十三反清起事后又一次与清军的决战。战事起因于今青海循化地区伊斯兰教的教派之争。时循化地区为撒拉族聚居区，划分为十二工。③ 工是撒拉族特有的地缘组织，由原若干自然村落的基础上扩展而来。清廷为加强管理，于乾隆二十七年（1762），移河州同知于循化，设循化厅，隶属于兰州府，后又改隶西宁府。

撒拉族民众信奉伊斯兰教。传统上信奉阁底目派，即尊古派，俗称老教。教义上属于正统的逊尼派，教律属哈乃斐学派。该教派并无严格的组织与制度，教务由十二工世袭总掌教尕最总领，各清真寺互不隶属。门宦制度在河州地区产生后，派生出若干小支派。如虎非耶门宦有21支系，花寺门宦是其中之一，创始人马来迟。其在循化一带讲经说道时，得到当

---

① 戴逸：《乾隆帝及其时代》，中国人民大学出版社1992年版，第510页。
② 戴逸：《清代人物研究》，故宫出版社2013年版，第253页。
③ 十二工为：街子工、草滩坝工、查加工、苏只工、别列工、清水工、张尕工、崖曼工、孟达工、夕厂工、打速古里工和查汗大寺工。

地撒拉族总掌教韩哈济扶持,势力很大。这一派念经时主张低声念诵,程序上先开斋,后礼拜,又称前开派。阿訇念经时收取数量较多的海的也,即以布施的名义收取钱物,掌教世袭。乾隆三十一年(1766)时,马来迟三子马国宝为花寺门宦掌教,人称"三太爷"。

乾隆初年,在循化地区与花寺门宦同时兴起的门宦,称为哲赫忍耶门宦,创始人马明心。这一派的宗教仪式简单,强调富有者散家产,贫者入教可得到周济。主张教权传贤不传子,阿訇念经时只收少许海的也,在撒拉族下层传播迅速。俗称新教。马明心在传教过程中,得到当地富回韩二个、贺麻路乎和阿訇苏四十三等人的积极支持。

居住在同一地区的新、老两个教派,因教徒增减和各自利益,经常发生争斗。更由于地方官府颟顸无能,处理事件时火上浇油,使矛盾激化。苏四十三等领导的反清斗争就是在这样的历史背景下爆发的。

乾隆二十六年(1761)新教教众迅速增加,引起老教不满。次年,两派以讲经不同发生争执。老教以"邪教"名义将新教告到循化厅,被循化营游击逐出,且责成新教贺麻路乎出具甘结,保证"永不招留外来流民"。可是,此后两派之争非但未停止,且愈演愈烈,相互状告至官府之事迭起。先是乾隆三十四年(1769)韩哈济与贺麻路乎之间争讼,循化厅判封闭新教的三座清真寺,枷责贺麻路乎。新教不服,上诉甘肃按察使司。而老教则以新教"传播邪教,妖言惑众"反告。结果双双均被判处诬告。三十八年(1773)九月,老教教民纷纷归附新教,引起老教不满,在状告途中,与新教发生械斗,新教死二人。循化同知判赔给新教命价了结。新教不服,于十一月赴河东杀老教教民四人,循化厅同样判赔给老教命价。此后,争斗不息。

乾隆四十五年(1780),清水工打速古庄办丧事时,两派以埋葬方式不同发生械斗,新教教民一人被伤致死,循化厅同知依照前例,判赔半个命价。苏四十三等人不服,以"尸亲不具领"以示抗议。十二月十六日,苏四十三等人在韩二个家中杀牛宰羊,会草滩坝等八工,准备器械,提出"杀老教,灭土司",准备应付更大规模教争。次年正月初八,新教教民击杀老教一教民,老教教众联合抗拒,大规模教争兴起。

乾隆四十六年(1781)正月十二日,清水工河东大庄老教教首强令本庄新教教民皈依老教。苏四十三、韩二个率教众千余人攻河东大庄,杀三人。老教见势不妙,派人奔河州报官。苏四十三头戴大红顶子,自称"回王",韩二个以下皆戴蓝顶子、白顶子,立旗号,迅速占据多个庄子,以至于循化营兵"不能禁止"。苏四十三等新教教众很快控制撒拉族大部分地区。

河州老教教民纷纷向官府求救。循化同知派往调解的二人被杀。事态扩大。陕甘总督勒尔谨闻报，委派兰州知府杨士玑、河州协副将新柱前往查办。三月十八日，新柱在不明真相的情形下，偏袒老教，导致苏四十三等人"反志益坚"，一呼百应。苏四十三率教众连夜赶至杨士玑所在的起台堡，次日中午城破，杀杨士玑等多人，获大批枪械，扩充武装。至此，地方官"帮扶旧教"的做法激化了教派矛盾，导致新教教众杀官起事，使伊斯兰教教派争斗转化为反清起事。①

消息传至清廷后，乾隆帝也产生怀疑。认为"回人争教细事，何致因此杀害大员？其所争立新教，系由何处流传？向来有无此等名目？是否另有希图抢劫别情"？乾隆帝的这些疑问，在勒尔谨折内又"总未明晰声叙"。勒尔谨将知府杨士玑、副将新柱前往查办时被害的原因归于"初派本标兵二百名，为数过少"，以至二人遇害。乾隆帝认为，该奏报并没有触及事件扩大化的根本，恐有隐饰。所以，清廷的处理指示涉及两方面：一方面是"知府、副将系文武大员，所带官弁兵役自复不少，若因兵少不能抵御，伤损者多，以致知府、副将同时遇害，自应据实奏闻"。另一方面是"若官弁不能督率兵役奋力御贼，甚或兵役等畏怯先逃，致领兵大员遇害，则逃兵等均应拿获正法，不可少存姑息"。②

可是，正是由于地方大员瞒报实情，教派之争扩大成反抗官府的武装起事，新教反抗之火点燃。三月二十一日起，苏四十三等率众2000多名，开始攻打河州城。当晚克城。又有500多回汉民众加入起事行列。③勒尔谨急忙飞调西宁、固原、甘肃、凉州、肃州提镇兵员2000余人，兼程前往会剿。此时，苏四十三的队伍已经壮大至3000人，为营救马明心，队伍直趋兰州。二十五日，抵达金城，占据西关城下，烧黄河浮桥，全力攻打西城门。④

面对危局，甘肃布政使王廷赞一面施缓兵之计，紧闭城门扼守，一面飞骑赴京城告急。二十七日，王廷赞强令马明心登城，劝苏四十三退兵。马明心将自己的头巾和拐杖掷于城下，并说到"持此可速归，见杖犹见

---

① 以上均见龚景翰（乾隆）《循化志》卷8《回变》，青海人民出版社1981年。
② 《清高宗实录》卷1127，乾隆四十六年三月下辛丑，第64—65页。
③ 《清高宗实录》卷1127，乾隆四十六年三月下壬寅，第66页。
④ 《钦定兰州纪略》卷3，乾隆四十六年四月壬子，见《清代方略全书》，北京图书馆出版社2006年版，第30—31册，下同。

第一章　早期军旅生涯　13

我，切勿令妇孺受累。"教众群起抢接杖巾，群情激愤，攻城势头更加猛烈。① 王廷赞见劝降不成，又目睹教众对教主之向往，担心生变，遂密令斩杀马明心。

此时，勒尔谨所调西宁方面之总兵贡楚达尔、撒拉族土司韩昱、藏族武装及甘州、固原方面的官兵陆续抵达兰州，组织多次进攻。苏四十三率众英勇抵抗，歼官兵300多人。在攻兰州西门不克，寡不敌众，又无外援的困境中，率余众千余人撤守位居兰州西关南的龙尾山山梁华林寺，展开了艰苦卓绝的华林寺保卫战。华林山，南依峰峦叠嶂之群山，西有壁立数丈之深沟，北为黄河南岸，东临水磨沟与雷坛河，易守难攻。苏四十三"凭高下压，势如建瓴"②，击杀官兵近千人。

消息传到京城，乾隆帝遂调兵遣将，着力部署。令大学士阿桂星夜自河南径赴兰州，同时派尚书和珅、额驸拉旺多尔济、领侍卫内大臣海兰察、护军统领额森特驰往甘肃，令巴图鲁侍卫带健锐营兵2000名、火器营兵2000名，即日起迅速前往。四月中旬，各路人马齐集兰州，总兵力达1万余人。十八日，杨遇春等将士在海兰察的率领下，围攻龙尾山起事民众，民众死伤百余人。苏四十三率众退守华林山顶。

华林山唯水磨沟有一小路可通山梁。苏四十三预测官兵必沿此小路攻击，令将小路全部掘断，负险死守。同时还在山梁修建大卡，挖掘深沟，接连击退清兵多次进攻。

此时，乾隆帝从各方奏报中方始明了苏四十三起事的根源，即"系因争立新教，旧教不从，致被杀害起衅"。势态扩大又与地方官员颟顸无能关涉，倘若"地方官早为严明料理，断不致酿成事端"。事发后，各方从未有关于新教教主马明心情况的奏报，包括其"究系何时拿获，如何审办"等消息。故此，追究责任，同时重新部署兵力。③

四月二十一日，阿桂抵兰州后，改变之前分散进攻为统一部署指挥，对华林山教众采取"聚而歼之"和"断绝水源"的办法，④ 先是调善于山地战的金川地方屯练千余名藏兵与阿拉善地方700名蒙古兵赶赴兰州。⑤ 五月底，金川藏兵与阿拉善蒙古精锐约1500人再次大举进攻，仍被起事

---

① 马通：《中国伊斯兰教与门宦制度史略》，宁夏人民出版社2000年版，第282页。
② 慕寿祺：《甘宁青史略》卷19，铅印本，兰州俊华印书馆，1937年。
③ 《清高宗实录》卷1128，乾隆四十六年四月上乙巳，第72页。
④ 《钦定兰州纪略》卷10，乾隆四十六年四月甲戌。
⑤ 《清高宗实录》卷1129，乾隆四十六年四月下壬申，第98页；又魏源《圣武记》卷7《土司苗瑶回民·国朝甘肃再征叛回记》，中华书局1984年版，第311页。

民众击退。海兰察、舒亮、萨炳阿、鄂辉等皆受枪伤。① 闰五月中，阿桂派兵在水磨沟上游分流泄水，且令严守黄河南岸以防御教众下山取水。② 时民众虽有炒面作粮，可是，因缺乏饮水，不能下咽，原备有的数百骡马牛驴，亦俱已倒毙。尽管数日幸降雨水，尚能坚持对阵，但已病亡过半，战斗力大减。多次乘夜下山取水，皆被所伏官兵击退。

六月十五日，官兵乘势分几路猛攻，夺占山梁之上教众所筑卡壕。苏四十三手挥刀矛，率众迎战数次，皆被击败而退守华林寺。日落后，苏四十三率众冲出华林寺，与官兵决战。官兵则集中火器围射，同时释放弓箭，教众"有中箭五六枝者，尚持石奋击者"③。苏四十三等百余人战死，余众退入寺中坚守。七月初六，华林寺被官军攻破，教众无一幸免。④ 苏四十三的妻妾及年十余岁幼女，皆被捕处死。⑤

战后，清廷实施的善后措施中，新教教众或被杀，或流放。但是，在甘青宁地区新教教众中为教长马明心复仇的火种，又在阿訇田五带动下，渐渐得以传播。田五，又名田富，曾从马明心学习新教。苏四十三起事失败后，官府严禁新教，而田五仍私行传习。在马尾川、中湾、老鸦沟、羊坪滩、白季村等处，俱有随其习新教者，教众渐多。

乾隆四十八年（1783）冬至，田五联络红涝坝的李自觉、界牌庄马海龙，"相与招集徒众"，修葺石峰堡，制办矛戟库刀及白布号褂等物，准备起事。四十九年（1784）三月十五日，田五等集新教教众齐集礼拜寺，商议起事，约定于七八月间农作物收获时起事。不料消息走漏，被人告到官府，起事提前。四月十五日，田五率300余人，在平凉府盐茶厅小山地方齐聚，再次举起反清大旗，并攻占西安州营，夺得旗帜军械，开往靖远地方，抗拒官兵。

在马家堡，教众与固原提督刚塔所率兵丁对峙，四周民众蜂起响应，势力大增。田五不幸受伤卒后，起事者反抗势头更猛，攻入靖远，烧毁木厂，刚塔无法应付。面对危局，清廷以陕甘总督李侍尧等"筹画未周，疏于防制"而重责，特命兵部尚书福康安为陕甘总督，偕海兰察带领巴图鲁

---

① 《钦定兰州纪略》卷9，乾隆四十六年闰五月己未。
② 《钦定兰州纪略》卷10，乾隆四十六年闰五月己巳。
③ 《钦定兰州纪略》卷11，乾隆四十六年六月癸巳。
④ 《钦定兰州纪略》卷13，乾隆四十六年七月壬子。
⑤ 《钦定兰州纪略》卷11，乾隆四十六年六月癸巳。

侍卫，统健锐、火器营兵 2000 名进讨。① 杨遇春即在其中，此行使其在军事上崭露头角。

五月，福康安率部抵达兰州，观察军情，并加以布防。杨遇春随征出力，每战身先士卒，深得福康安器重。二十四日，起事教众与官兵在鹿鹿（卢）山交战，继在伏羌城外、云雾山等处多次交战，教众不敌，退走莲花城等处。沿途有众多民众加入，队伍扩至近万人。教众出没于山岳地带，以盐茶、靖远、安定、会宁、伏羌、通渭、固原、静宁、隆德、秦安、华亭等处所在的底店山、潘陇山、鹿卢山、云雾山、翠屏山、崆峒山为据点，与官兵周旋。起事者忽聚忽散，"不肯死守一处"，官兵围追时，又因教众"于山辟小径，狭隘要口，皆所熟悉，是以屡次翻山而遁"②。

六月初七日，福康安、海兰察所部抵隆德，做出了先剿隆德、静宁教众，而后捣石峰堡的部署。十一日，挑选精兵 3100 名，分正、左、右、从傍四路，向石峰堡之门户底店山挺进，其余大军随后跟进。并在底店山所在村镇周围 30 里之内各山隘路口，设营卡 15 处，由重兵把守，往来联络防堵。官兵布阵后，于凌晨发起围攻，至次日黎明，先后发起六次进攻，战斗十分激烈。教众数百人战殁，余众被迫退至石峰堡。③

石峰堡地势险要，一夫当关，万夫莫开。官军从四面布阵，先从地势最高的后山进攻，继之又从山前猛扑。日暮，阿拉善兵抢占头层山坎。教众危在旦夕，适值天气突变，风雹交作，官兵始行撤退。④ 十六日黎明，福康安、阿桂督率大军，分路进攻，教众只得"俱弃山梁营盘，逃进堡内"。官军占领"大营四座、卡十余处，缴获帐房、器械良多"，且趁势进逼。十七日，官兵再次组织进攻，有 4000 人直冲堡前佯攻，数十人跃入山沟偷袭，主力过河后，从堡西南绕至东侧，于要隘处设卡，且将东南山梁数营移至沟底，再在西南山腰安营三座，接通黑风墩山梁，与晓鹿山军营相连，堵教军退路。⑤ 二十二日，官兵再攻，不克。

---

① 《钦定石峰堡纪略》卷首一《天章》，见《清代方略全书》，北京图书馆出版社 2006 年版，第 32—33 册，下同。
② 《清高宗实录》卷 1207，乾隆四十九年五月上癸未，第 175—176 页。
③ 《钦定石峰堡纪略》卷首一《天章》。
④ 《钦定石峰堡纪略》卷 12。
⑤ 《清高宗实录》卷 1209，乾隆四十九年六月己酉，第 209 页。

时乾隆帝旨令："断其水道，困毙堡中，方谋攻取。"于是，官军集中优势兵力冲至堡前，逼教军全部入壕，并在堡西北、东南两坡教众取水的一山崖下，派大员领兵埋伏，令民夫刨断水道。再在堡外挖壕一道，宽1丈，深1.5丈，围住阿訇张文庆等所挖壕沟，派勇兵驻卡，昼夜巡查。大凡星夜下沟背水的教兵，均被击杀。教众自堡外取水之途被断绝。三十日，官兵分作五路进逼。教众首领张文庆、马四娃等阿訇放枪投石，官兵枪箭如雨，抛掷火弹，互有杀伤。①

至七月初三，石峰堡被官军层层围裹，已经弹尽粮绝的堡内教众，被断水11天。眼看已无路可走，张文庆等决意以死相拼。初四，掩护老弱1500余名出堡。阿桂、福康安见状，恐教军乘势突围，加派官兵，层层埋伏。初五子时，阿訇张文庆、杨填四等带领精壮教众猛扑，欲夺路突围。官兵枪箭如雨，教众只得撤回。及至天明，断水断粮半个多月的张文庆等余众，饥饿难耐、精疲力竭，已毫无战斗力。福康安、阿桂趁势督率官兵涌进堡内。张文庆、马四娃等十余名首领被捕，教众及妇孺约3000余名被俘。② 至此，经过20天的激战，起事教众的最后据点石峰堡被官军攻克。

石峰堡之战，是清廷为维护其正统统治秩序而镇压和打击社会反抗力量的战事。杨遇春跟随福康安身临其境，耳濡目染了石峰堡战斗血雨腥风的激烈场景。抛开战事中统治者与被统治者的立场，仅就杨遇春参与战事的经历而言，对其战斗实践经验的积累，军事思想和果敢行为逐渐养成，起到了重要作用，并在后来独立指挥作战中得以运用。再加之战事过程中，杨遇春受到福康安的器重，"因令从翼长海公兰察学兵法"③，杨遇春的军事才干很快得以显露与发展，不久，就被提拔为龙安营把总。石峰堡回师后，又补四川青云营把总，旋驻彰明县汛。④

三　平林爽文升任千总

林爽文是台湾北部秘密结社天地会领袖，乾隆五十一年（1786），率

---

① 《钦定石峰堡纪略》卷15。
② 《清高宗实录》卷1210，乾隆四十九年七月上甲子，第225—226页。
③ 李光涵：《时斋府君年谱》，《年谱丛刊》第123册，第81页；又《国朝耆献类征初编》卷192《补录·疆臣四十四·杨遇春》，有"从翼长海公兰察学将略"。
④ 杨国佐：《忠武公年谱》，《年谱丛刊》第122册，第634页。

众反清。① 次年六月，杨遇春随福康安入台平叛，战后升任千总。

林爽文，原籍福建漳州平和，移民台湾后，居住于彰化县大里杙庄，垦田致富。乾隆四十八年（1783），秘密结社天地会自大陆传入台湾，且发展很快，清廷严令解散，并且缉捕会党。五十一年（1786）十一月底，彰化知县俞峻等率兵300人，在距大里杙5里的大墩地方，擒拿会党，焚烧村庄，激起民愤。二十七日夜间，林爽文乘机起兵，率领2000教众攻入官兵大营，攻其不备，大获全胜。此后几日，起事者乘势连克彰化、淡水、诸罗等县，控制台湾北部。② 建元顺天，年号天运，自称盟主大元帅。时台南凤山地方天地会首领庄大田亦领兵响应，攻克凤山。十二月十九日，庄大田与林爽文合兵围攻台湾府城，一时声势大振。③

台湾府城告急，清廷派兵镇压，几易主帅。事发后，先是派提督黄仕简、任承恩带领官军万余人渡台。数月间，毫无进展。乾隆五十二年（1787），又以湖广总督常青为帅，赴台湾统一指挥。此时，以会党为首的教军达数十万众，已经形成南北集合态势，大规模围攻府城。尽管教军攻城不顺，但响应者日增，常青束手无策，整个军事形势对官军十分不利。无奈中，乾隆帝又撤换常青，以陕甘总督福康安为将军，名将海兰察为副将，率兵5000名，乘战船600艘，向台湾进发。杨遇春亦随军赴台作战。十一月初一，福康安率部抵达台湾。

临行前，乾隆帝给福康安指授三略：一是在粤籍、泉州籍的移民中组织乡勇，配合官军作战。二是由浙闽总督李侍尧负责后勤，往台湾运送粮食，赈济难民。三是抵台后，先不救被困府城，而直奔诸罗解围。④ 如此"剿抚互用"，既可歼灭林爽文主力，又可打通南北交通要道，彻底扭转战局。福康安行进途中奏报调兵事宜时，乾隆帝还宽慰其"毋畏难、毋多虑，勉励行之。以全朕用人颜面"⑤。由此可见，乾隆帝十分信任福康安，且给予厚望。

福康安不负重托，抵台后，一昼夜急行数百里，抵达鹿港，虚张万兵，直捣大里杙，暗地里以精锐直趋诸罗。十一月初八，赴台主力突抵诸罗，攻其不备。激战一昼夜，林爽文率部退入竹林，继续抵抗。福康安令粤、泉籍乡勇分头砍林，以便主力长驱直入，围林爽文于牛栏山。

---

① 《清高宗实录》卷1271，乾隆五十一年十二月丙寅，第1141页。
② 《清高宗实录》卷1272，乾隆五十二年正月辛未，第2—3、11—17页。
③ 《清高宗实录》卷1273，乾隆五十二年正月，第24—25页。
④ 《清高宗实录》卷1287，乾隆五十二年八月庚申，第262页。
⑤ 《清高宗实录》卷1287，乾隆五十二年八月下己未，第259页。

林爽文弃诸罗，退守至诸罗城北面的小半天山，与福康安部展开激战。林爽文接连失利，退守大里杙，凭借土城枪炮支撑。二十四日深夜，同官军激战一昼夜，林爽文部伤亡惨重，不得不撤退。整个战事过程中，杨遇春随部克大埔、林斗、六门、大里杙等处。

　　此时，乾隆帝对福康安未能生擒林爽文而大动肝火，担心林爽文一旦南逃凤山，与庄大田部会合，或逃至"生番地界"，"潜行煽惑，别生事端"①。不过，事态的发展表明乾隆帝的担心是多余的，受重创的林爽文从大里杙撤出后，"先匿其妻孥于番社，惟与死党数人窜穷谷丛菁中"，已无再战的气势。十二月十三日，林爽文家小被清军抓获。次年正月初四，林爽文在老衢崎地方被俘，遂押解京师。②三月初十，这位未及而立之年的会党首领被凌迟处死。③

　　林爽文起事历时一年零二个月，清廷动用两广、浙江、贵州、四川、湖南等省兵力，耗银达千万两，付出了巨大代价。事平后，福康安画像紫光阁，其手下将领一一叙功，杨遇春也因战功显著，赏戴蓝翎，迁茂州营千总。④

四　反击廓尔喀功绩彰显

　　反击廓尔喀入侵，是乾隆朝后期一场保卫中国神圣领土的正义之战，也是中国古代史上在海拔最高地势展开的最艰苦卓绝的军事行动之一。⑤杨遇春参加了这次战役。

　　廓尔喀原本是喜马拉雅山南麓尼泊尔境内的一个部落，位于尼泊尔首都阳布西北，与中国西藏地界犬牙相接。由于均信奉佛教的缘故，两地之间交往密切，民间贸易频繁。雍正年间，尼泊尔已同中国通贡，及至乾隆中叶，廓尔喀部酋长乘尼泊尔内乱，入主阳布，自立为王，并完成一统。乾隆四十年（1775），廓尔喀王朝易主，新王喇特纳巴都尔年幼，由叔父巴都尔萨野摄政。

　　乾隆五十三年（1788），摄政王乘中国西藏六世班禅圆寂，后藏空虚，

---

①　《清高宗实录》卷1295，乾隆五十二年十二月庚申，第401页。
②　《清高宗实录》卷1297，乾隆五十三年正月丁亥，第435页。
③　《清高宗实录》卷1300，乾隆五十三年三月壬申，第484页。
④　《清史列传》卷37《大臣传续编二·杨遇春传》，第2901页。
⑤　戴逸：《乾隆帝及其时代》，第19页。

发动了一次大规模入侵。西藏地方无力抵抗，聂拉木、济咙、宗喀等地接连失守。宗教上层派出红教喇嘛第穆胡图克图往廓尔喀议和，以每年给廓尔喀 300 个元宝的地租，换回被抢占之地，换取廓尔喀撤军。

乾隆帝得悉廓尔喀入侵西藏的消息后，一方面派精通藏语的御前侍卫兼理藩院侍郎巴忠为钦差，赴西藏主事，晓谕地方积极配合清军，敦促廓尔喀速行退兵。还派人把七世班禅接赴前藏。另一方面调兵遣将，令四川提督成德就近调拨三四千兵，火速入藏。孰料巴忠、成德入藏后，仅关注了西藏上层同廓尔喀私下达成"和约"中的部分条件，而忽视了无理赔款的内容。且巴忠又"率意专擅，欲图草率完事"①。所以在给清廷的奏报中仅有廓尔喀"畏罪输诚""悔罪乞恩""望风退回"② 以及已与廓尔喀"立定规条""勘明边界""各设盟誓""设誓定界"③ 等字样，没有提到"退地给银"的关键事项。很快因噶厦无力承担岁给"地租"银而败露。

乾隆五十六年（1791）六月初，廓尔喀以西藏噶厦毁约为由，派军数千北上，占领聂拉木，西藏地方官员噶隆丹津班珠尔及负责训练藏兵的教习王刚等十多人被掳，又出兵占据济咙。继之，占领日喀则，劫掠札什伦布寺。

西藏再次被兵的消息传至京师，乾隆帝十分生气。谕令："廓尔喀贼匪肆行侵扰，竟然抢占札什伦布，是其罪恶贯盈，不得不声罪致讨，大示创惩。"④ 为了确保西藏的安全，遏制廓尔喀的扩张野心，乾隆帝毅然决然再次派兵赴藏。

为重创廓尔喀，达到使其"不敢复行滋事"的目的，乾隆帝在任用地方长官和入藏兵力安排上做出重大调整。即地方长官以和琳为驻藏大臣，孙士毅为四川总督，原福建水师提督兼副都统奎林为成都将军。入藏兵力上，命两广总督福康安为大将军，海兰察为参赞大臣，统率索伦精兵 1000 名，以 40 日为限抵藏。同时，颁谕达赖喇嘛等宗教领袖协助办理军需粮秣。安排妥当后，以驻藏大臣的名义发布驱逐檄文，令廓尔喀立即撤兵，否则大兵一发，"尔等靡有孑遗"⑤。

---

① 《清高宗实录》卷 1394，乾隆五十七年正月丙子，第 727 页。
② 参见《钦定巴勒布纪略》卷 22，《清代方略全书》第 41 册，第 497—499 页。
③ 《清高宗实录》卷 1332，乾隆五十四年六月丙辰，第 1028—1029 页。
④ 寄信档，乾隆五十六年十月初六日，参见庄吉发《清高宗十全武功研究》，中华书局 1987 年版，第 451 页。
⑤ 《清高宗实录》卷 1386，乾隆五十六年九月庚子，第 626—629 页，卷 1390，乾隆五十六年十一月癸酉，第 669—670 页。

福康安领命后即刻起兵，轻骑简从，选择了路途艰险高海拔的青海道入藏。大军将士们沿途经历了许多路径崎岖、雪山层叠、冰冻雪厚之地，经受"马足倾滑，行走艰难"以及"瘴气袭人""人行寸步气喘，头目眩晕，肌肤浮肿"等高原反应的考验，全速强行挺进。大军每日寅时动身，行至戌时始停。克服前所未有的困难，于39天内走完西藏喇嘛平时须用一百二三十天才能走完的路程，于乾隆五十七年（1792）正月二十日抵达拉萨。此次反击廓尔喀入侵中，福康安"经越艰险，冒雨步战，手足胼胝，用兵之难，为从来之未有"①。

闰四月，福康安率精兵向盘踞在聂拉木、济咙的廓尔喀入侵者发起进攻。廓尔喀军据险死守，福康安设伏诱敌，不到一月歼敌千余，收复全部失地。五月初，福康安率清军挺进廓尔喀境数百余里，先后克东觉岭、雅尔赛拉、博尔东拉、雍鸦、噶勒拉、堆补木等处，一直攻至距其首都阳布仅有几十里的地方。在此，福康安檄列允准廓尔喀投降的条件，要求国王及其王叔巴都尔萨野往清军大营叩头认罪，送还西藏红教喇嘛沙玛尔巴遗骸及其眷属、徒弟、跟役，归还全部所掠的后藏札什伦布寺金银物件，交出逼索岁币合同，自藏撤兵。②

七月初八，廓尔喀国王遣使乞降，接受清朝所提条款。福康安准其乞降纳贡，于八月初九具报清廷。双方议定，廓尔喀与安南一样，为清朝藩属，五年一贡。福康安遣乾清门侍卫珠尔杭阿等人护送廓尔喀贡使入京，呈献乞降禀帖。八月二十二日，乾隆帝给廓尔喀贡臣颁发"畏威悔罪""赦其前罪，准令纳表称贡"③ 的谕令，并传令福康安自廓尔喀撤军。

战后，福康安第三次图形紫光阁。随军将士也一一叙功。杨遇春因在事有功，随剿济咙，大小七战，克擦木、热索桥、协布鲁、东角山、雍鸦、帕郎古等处，功绩显著，擢四川城守右营守备。④ 次年，署理四川督标中营都司。⑤

在反击廓尔喀入侵中，许多值得一书的战事给杨遇春以启发，使其积淀了作战经验。其中攻擦木一战，福康安与海兰察率部奋勇冲杀，兼施计谋。擦木地方"两山夹峙，中亘山梁"，据险拒守，很难力战攻克。为了

---

① 《清高宗实录》卷1410，乾隆五十七年八月癸酉，第960页。
② 《清高宗实录》卷1408，乾隆五十七年七月癸酉，第959—962页。
③ 《清高宗实录》卷1411，乾隆五十七年八月下戊子，第974页。
④ 《清史列传》卷37《大臣传续编二·杨遇春传》，第2901页。
⑤ 杨国佐：《忠武公年谱》，《年谱丛刊》第122册，第635页。

避免伤亡,又能顺利获胜,二人商议"乘阴雨绵密,连夜发兵"。最终,战事进展极有利于清军。这对后来杨遇春利用天气为掩护,攻敌制胜的战法不能说没有影响。①

热索桥之战,是清军深入廓尔喀境的第一战,福康安等采取佯退突进的战法。桥距济咙东北80里,过桥即入廓尔喀境。桥是浮桥,桥面用木板搭成。为阻止清军前行,廓尔喀军在桥的南北均设卡防守,北岸设一座石卡,南岸设二座大石卡。清军先自桥北进攻,廓尔喀兵力不支,弃卡上桥而逃,南岸守军见势不妙,不顾登桥奔退之兵,仓促撤去桥板,桥上士兵俱坠河淹死。②

福康安、海兰察见河面宽广,枪弹射程不够。遂调整兵力部署,兵分三部。一部佯装撤兵,迷惑对方。一部由头等侍卫哲森保等率领,翻越两座大山包,自热索桥上游潜渡而下,乘守军不备,突降阵前攻扑。一部作为主力,则继续搭桥,做进攻准备。清军两面夹击,廓尔喀守兵仓皇败逃,清军夺据石卡,痛歼残敌。这种战法,在后来杨遇春率部平南疆张格尔乱,攻打喀什噶尔时再现过。

集木集之战,是攻廓尔喀的最后一战,也是打得最艰苦的一仗。七月初三,清军在福康安的率领下,冒雨仰攻20里,奋战三个时辰,在向南山进攻时,廓尔喀军"以十营拒山,守御甚固",且以三路援军为后盾,阻止清军前进。此时,海兰察"欲扼河立营",福康安未允,却亲率护军统领台斐英阿、总兵张芝元、健锐营翼长副都统衔德楞泰等发起进攻。孰料,进至地形陡峭绝壁处,廓尔喀军乘高扑下,枪炮齐发,木石如雨,有从旁抄出突袭接应,又有于下游隔岸放枪,廓尔喀三路伏兵多达七八千人。清军仰攻困难,又无巨石密林为掩体,福康安陷入困局,只得率部且战且退,死伤甚众。危急之时,海兰察率部隔河接应,额勒登保等扼桥力战,廓尔喀军乃退。此战廓尔喀军死亡600余名,清军也损失惨重,猛将台斐英阿、二等侍卫英贵等阵亡。③

集木集之战,是在地形十分不利于清军的条件下扭转战局的例子,是杨遇春后来在兵书中所提到的"设法出奇"战法之一。

---

① 《清高宗实录》卷1406,乾隆五十七年六月乙亥,第896页。
② 《清高宗实录》卷1407,乾隆五十七年六月庚寅,第911—913页。
③ 《清高宗实录》卷1416,乾隆五十七年十一月甲午,第1045页。

五　黔湘征苗现将才风范

贵州、湖南接壤之处，向为苗、瑶等族聚居区。雍正年间实行改土归流，清廷先后从军政入手，设置流官，安设营汛，加强对该地区的直接行政治理。不可否认，改土归流对彻底改变苗疆原有的社会体系影响巨大，但是由于地方官在实施政策过程中执行力度强弱不一，贯彻落实政策中有失偏颇，一定程度上搅乱了苗疆社会原本的社会结构，苗民在不断应对清廷的一系列政策过程中表现出过度不适应。再加之，驻防清军和官府对一些改土为流人群的过度盘剥、欺凌和管束，亦引起苗民的不满。当这些不满和怨气长期集结、积压到一定程度时，稍有煽动，就会群情激奋，引发暴动。

乾嘉时期，黔湘苗民起事就是以散发怨气为导火线，是苗民社会对清廷所实施的制度和政策适应不良的结果，是对改土归流政策的反抗，且受多元因素影响，具有一定的复杂性。其中最主要的一点就是这种反抗因"田地"资源分配不均而爆发，也就是说，这里原本并不充足的良田在分配中被外来势力挤压是根本原因，而这种所谓"外来"势力的组成，有来自官府与豪强借势敛聚田产的方面，也有清廷要求苗疆社会缴纳财赋的方面。尽管田地税率比内地轻，但对经济发展滞后的苗疆社会而言，又增加了一项赋税负担，亦为苗疆上层难以私自聚敛财赋增加了口实，更有大量内地移民涌入苗地后，与原住民分享各种资源的矛盾冲突相叠加。

考察领导苗民起事者的身份，更能够说明最终导致武装暴动的根源。起事领袖诸如石柳邓、石三保、吴八月（吴世宁）、吴陇登等，都来自苗疆非常有势力的大族，号称"苗王"。这些人之间有着密切的人际网络和亲戚关系。据吴八月自供，其母石氏是隆柳的苗女，与石三保是远房姑侄，所以吴八月与石三保算是姑表弟兄，向有往来。而石三保之妻吴老妹，是吴陇登的堂侄女。这群人之间不是父子关系，就是亲戚套亲戚，在苗疆具有一定政治号召力与经济实力。如吴陇登是当地强虎哨的副百户，石三保是黄瓜寨的寨长，吴八月家里的田地每年"收得四百多挑谷子"①。

可想而知，当这些人的既得利益受到"外力"挤压时，其反抗之力也会适时地放大。故而，一有机会就利用苗疆人原本利益受到冲击时的不满

---

① 湘西自治州凤凰县民委、贵州松桃苗族自治县民委、湖南省社科院历史研究所合编：《苗族史文集——纪念乾嘉起义一百九十周年》，湖南大学出版社1986年版，第190页。

情绪,利用社会形势中原住民与客籍者间的矛盾,煽惑挑动。正如史料所载:"如今苗子的田地多被客家盘剥占据去了,所以要杀客家夺回田土。"还如:"苗子的田地,都不完钱粮,也不当什么差使,地方官如何克剥呢?实在为的是客家们渐渐把田地讹买去了,这是大家心里不服的。"所以,苗民"起意造反,就借抢回田地为名",以至于"各寨苗子都各情愿"①。另外,清廷派往处置起事的钦差和琳在条陈苗疆善后事宜中就一针见血地戳到起事的本质,其说道:

> 户口日滋,地界有限,兼自乾隆二十九年弛苗民结亲之禁,客土二民得与苗民互为姻娅,因之奸民出入,逐渐设计盘剥,将苗疆地亩侵占错处。是以苗众转致失业,贫难度日者日多。经石三保、石柳邓等假托疯癫,倡言焚杀客民、夺回田地。穷苗闻风,无不振臂相从,起衅之端,实由于此。②

当然,起事后也不乏"不曾纠约,跟着烧抢的"③人。而这些人大多是迁移而来的汉族,有些是苗族地主的佃户,有的则是赌徒、地痞。所以,乾嘉苗疆社会动乱,不能完全用民族歧视的观念去看待,也不能笼统地概说为是汉、苗两族贫民联合起来反抗官府和豪强的剥削压榨。必须正视的是,截至乾嘉之际,清廷作为一个树立正统已有一个多世纪的大一统政权,需要维护社会稳定,对待威胁社会安定的异己势力,不可能坐视不管,也绝不会手软。更别说对待已经揭竿而起、以反抗相威胁的武装力量了。清廷需用国家机器来维护统一与社会稳定,这一点在世界各民族的社会架构中,都是曾采用的方式。

我们再从参与起事的吴八月的供状着手加以考察,以进一步分析其率众起事的目的。据吴八月供称,起事前,石三保托人到平陇给吴八月说:

> 石吴两家本是亲戚,如今苗子的田地多被客家盘剥占据去了,所以要杀客家夺回田土。又有的说苗子里头出了苗王了,正应趁此聚起人来占据苗地,一切要我帮他。并要请到黄瓜寨去商议,若是不依,

---

① 以上均见吴八月供单,藏中国第一历史档案馆,参见胡起望《乾嘉苗民起义参加人供单简述》,《贵州民族研究》1980 年第 3 期。
② 鄂辉等:《钦定平苗纪略》卷 30,见《清代方略全书》,北京图书馆出版社 2006 年版,第 44—48 册,下同。又佚名《苗疆屯防实录》卷 4,岳麓书社 2012 年标点本版。
③ 《苗族史文集——纪念乾嘉起义一百九十周年》,第 190—200 页。

就先带兵来烧我的寨子。①

吴八月害怕，于正月初四，往黄瓜寨见石三保，时吴陇登、吴半生、石柳邓也都到黄瓜寨，大家商量起兵，并计议向各寨苗子许愿，等夺回汉民田地后，分给大家耕种。所以，苗子也情愿一同入伙。另外，也有苗子惧怕吴八月等起事后，先烧抢这些不参与者的寨子，不得已参加起事。这部分人可以说是属于被胁迫而来的。

再考察整个起事队伍的组织与联系，几位领导者也有分工。当时，吴八月负责组织的苗民寨子较多，包括平陇、溪水、鬼猴溪、汉溪、龙爪溪、栗口嘴、龙牙半冲、鹊儿寨、九十九洞寨、阳鬼板、捧风坳、廖家寨、三岔坪、暴木营、天星寨等地方，各处人数多少不等。而吴陇登负责组织鸭保寨一带的苗民，石三保负责组织黄瓜寨等处，石柳邓负责大塘汛一带，吴半生则负责苏麻、西凉地方的苗民。原定于乾隆六十年（1795）二月内起兵，但是，正月十六日，石三保、石柳邓事发，塘汛官兵前往捕拿，故提前至二十一日，以烧抢客民村庄为发端。②

石柳邓率领的苗民武装于二月初围攻铜仁府"正大营"，铜仁、镇远、思南、石阡等地苗民纷起响应，"苗疆大震"，队伍发展到八九万人。清廷急忙派兵遣将，派云贵总督福康安率安笼镇总兵花连布，由云南赴贵州铜仁。同时派侍卫额勒登保、德楞泰参赞军务，率部万余，从铜仁北上，自南向北进军。又令四川总督和琳、提督穆克登阿统兵4000名，自西而东，于四川秀山、酉阳一带堵截。湖广总督福宁、提督刘君辅也率部13000人，自凤凰厅从东向西推进助剿。

为镇压起事人众，清廷动员了云、贵、川、湘等省兵力，组成四路大军，总兵力30000多人，由福康安统率，分路剿办。③ 其时，杨遇春作为守备正在福康安麾下，随福康安督兵赴黔。在历次战事中，杨遇春率部奋勇争先，攀崖越岭，作战勇猛，屡战克捷，连解"正大营"等三处之围，烧毁起事寨子。

而解"正大营"之围时，乾隆帝指示福康安，要集中优势兵力，先击破孤立无援的起事者据点，再集中力量夺取其所屯聚的紧要之处，并制定

---

① 见吴八月供单，藏中国第一历史档案馆，参见胡起望《乾嘉苗民起义参加人供单简述》，《贵州民族研究》1980年第3期。
② 见吴八月、石三宝供单，藏中国第一历史档案馆，参见胡起望《乾嘉苗民起义参加人供单简述》，《贵州民族研究》1980年第3期。
③ 以上均见《清高宗实录》卷1472，乾隆六十年闰二月上乙卯，第665页。

了"肃清一路,擒拿首恶,再攻打一路"的指导方针。福康安遵照部署,首先在铜仁的盘塘坳击败石柳邓,解"正大营"之围,并率军扫荡"正大营"东面通向湖北的新寨。此时,杨遇春已官至守备,其功绩就在于以实际行动坚决贯彻和实现了乾隆帝以及主帅福康安的部署,功劳显赫。清廷以其功著,赏换花翎。①

解"正大营"围后,福康安扎营于盘塘坳,以备进攻北部的松桃、嗅脑等处。为解嗅脑之围,杨遇春奉令驰援。在距离嗅脑20余里时,但见火光冲天,疑城已陷,遂不顾生命危险,"径以单骑薄城下",大呼"大兵至矣"!时城内都司孙清元等见援兵至,亦带领兵民乘势突围而出,奋勇拼杀。官兵里应外合,致使苗民起事者败退至香炉山、大小红岩等处。嗅脑围解。

嗅脑30里外是松桃,地理位置重要。为解松桃之围,福康安令杨遇春率部分兵丁往援。而在杨遇春看来,往松桃作战,兵力不可过多,遂前往大营向福康安历陈形势。说道:嗅脑兵力单薄,不可再分拨。况且"贼料我就此往援,势必因险设伏,不惟难于制胜,恐有覆败之虞"。松桃地势复杂,只可出奇兵制胜。因而,建议请准"自带三千人,自间道进"。福康安允准。对杨遇春此举,军中均十分担心,恐其寡不敌众,陷入险境,多上前劝阻。但是杨遇春决心已定,"慨然率三千人径去"。

当然,杨遇春对所率3000兵员也做了周密安排。从中挑选30人为前队,30人为后队,其余尾随前进。当前队逾樟桂溪后,登山观察形势,从山顶俯视,见"苗寨四面钩连,蹊径皆为所扼"②。地形复杂,易守难攻,只能出其不意,攻其无备。故待后队30人抵达后,杨遇春方才部署道:"苗无深谋,彼闻嗅脑已破,方在周章之际,猝不及防。我从此路至,溃败无疑"。遂率30人纵马疾驰,边驰边大声疾呼:"大兵至矣!"松桃苗民起事者见状,"相顾失色,罔知所措"。杨遇春则蹬马扬鞭,喊道:"降者免死","真降者跪"③。苗民起事者中大多数纷纷跪于道旁乞降。很快,杨遇春破数十寨,直抵松桃城下。清军主力未到,松桃之围已解。④ 此战,

---

① 《清高宗实录》卷1474,乾隆六十年三月上癸丑,第690页。
② 以上均见李光涵《时斋府君年谱》,《年谱丛刊》第123册,第86—88页。
③ 缪荃孙:《续碑传集》,《清代传记丛刊》第116册,明文书局1985年版,第225页。
④ 《清高宗实录》卷1473,乾隆六十年闰二月戊申,第686页;杨国佐:《忠武公年谱》,《年谱丛刊》第122册,第637—638页。

杨遇春被福康安赞为"将材"①，成为福康安麾下战斗集体中的核心支柱。②

为巩固战绩，清廷遣都统额勒登保分兵湖南，增援永绥。杨遇春积极听令，予以配合，亦解其围。四月，在福康安精心部署下，杨遇春等人逐一攻克竹子山、兰草坪等寨，再创"劳绩"。福康安在给朝廷的奏报中为其请功，清廷赐杨遇春"劲勇巴图鲁"名号，迁云南督标中营都司。③

乾隆六十年（1795）五月，官军访得吴半生从鸭保寨至高多寨，遂四面围攻。杨遇春不遗余力，率部乘胜长驱，直攻起事主力据点鸭保、下沙兜、苏麻各寨。十月，在高多寨俘获吴半生。乾隆帝以福康安所率的杨遇春等将士不辞劳瘁，"于崎岖险阻、蛮烟瘴雨之中，有战必克"，很是高兴，擢杨遇春为四川松潘营游击，交部议叙。④ 而吴半生被俘后，苗民势力锐减，吴陇登等也因力不能支而降，起事队伍锐气大衰。

生擒吴半生后，福康安兵分五路进剿苗民武装吴八月部，十月抵达鸭保寨。官兵乘夜突进，时值雪后，朔风突起，士兵于夜色中摸索前进。十一月攻克卧盘寨，生擒吴八月。至此，苗民起事主力已基本瓦解。⑤

嘉庆元年（1796）二月，翼长额勒登堡在进攻补顶寨时，不慎被苗民武装围困。福康安恐额勒登堡吃亏，令杨遇春驰援。接令的杨遇春率数十人"出入贼中，十荡十决，勇气百倍"。福康安在高处望之，"见所向披靡，惊叹不已"，很是感慨。遂即令手下以四川普安营参将之印往战场授予杨遇春。随后奏请清廷准其升任此缺。⑥

正当湖南苗民起事被平之际，福康安、和琳相继病卒军中，使苗民武装稍有喘息之机。⑦ 额勒登保继为统帅后，调集重兵攻打石柳邓、吴廷义据守的乾州平陇。经过半个月的激烈争夺战，十月中旬，平陇被官军攻占。石柳邓、吴廷义带领余部转到贵鱼坡，继续抵抗。杨遇春以进攻平陇奋勇出力，升广东罗定营副将。至十二月，苗民武装的最后据点石隆寨失陷，石柳邓战死于贵鱼坡，苗疆平定。之后，起事时有发生，直到嘉庆后期方得以安定。

---

① 昭梿：《啸亭杂录》卷4《杨时斋提督》，第92页。
② 戴逸：《乾隆帝及其时代》，第507页。
③ 《清高宗实录》卷1476，乾隆六十年四月上庚寅，第723页。
④ 《清高宗实录》卷1488，乾隆六十年十月上庚辰，第903页。
⑤ 《清高宗实录》卷1491，乾隆六十年十一月下甲戌，第958页。
⑥ 李光涵：《时斋府君年谱》，见《年谱丛刊》第123册，第90页。
⑦ 《清高宗实录》卷1495，嘉庆元年七月至十二月癸丑、甲寅，第1015、1016页。

战事结束后，清廷的大员们也在反思动乱的各种原因，适时调整对苗疆社会的政策。在"善后"中，恢复苗疆原始民主的"椰款"形式，采取歃血结盟，民主推选头人的方式，做出"民地归民，苗地归苗"，"客民全行撤出"的让步。① 当然，编户齐民的保甲制度也不失时机地被贯彻其中。

　　总之，"改土归流"和"开辟苗疆"是清廷从实行一体化与统一多民族国家建构的需要出发，只是其速度和力度拿捏失当，忽视了矛盾背后所关涉的经济利益因素，超出了苗疆社会所能接受的程度，产生了严重的不适反应。清廷所采取的高压手段，属于国内维护正统政治政策的范畴，从历史发展的角度看，也是符合世界潮流趋势与发展规律的。

---

① 卞宝第、李瀚章修，曾国荃、郭嵩焘等纂：(光绪)《湖南通志》卷85《武备志·苗防》，岳麓书社2009年版。

第二章　纷扰时局下的作为

经历了乾隆后期的苗民起事，民变事件层出不穷。先是嘉庆元年（1796）至九年的白莲教起事，继之，各地不同形式的起事接二连三，如天地会、小刀会以及天理教等。以往政治统治中所标榜的正统的君权神授的天命观再一次受到质疑，"皇帝轮流做"的观念似乎正在被人们所接受。再加之道光帝即位后的十多年里，清廷陷入平定南疆张格尔叛乱的困局之中，牵涉了太多的精力。杨遇春就是在这样一个纷扰局势下脱颖而出的军事战将、治政名臣，为清朝国势的安定与局势重整，奋战不息，励精图治。

一　与白莲教众周旋于秦巴老林

史学界把白莲教起事分为三个阶段，嘉庆元年（1796）正月至三年三月，为第一阶段，主要战场在湖北、川东北地区。该阶段主要包括两支起事力量。一支是姚之富、高均德领导的以湖北起事者为主的著名的襄阳教军，为白莲教起事的主力部队。另一支是四川达州徐天德、东乡王登廷为首的起事力量。嘉庆二年五月，两支力量在四川东乡汇合，以地区统一编号。襄阳地方有黄号的姚之富、王聪儿，白号的高均德、张天伦，蓝号的张汉朝为首。四川的有达州青号徐天德，东乡白号王三槐、冷天禄，太平黄号龙绍周，巴州白号罗其清，通江蓝号冉天俦、冉天元为首。嘉庆三年四月至七年十二月，为第二阶段，以四川为主战场。四川教军分为两支，徐天德、冷天禄、王三槐为一支，冉天俦、罗其清为一支。嘉庆八年正月至十年五月为最后阶段，主要战场在陕南老林，官军主要对付四散的小股教军与哗变反清的乡勇。

如依照与杨遇春有关的战事与时间节点来分，可以白莲教战事发生至嘉庆四年（1799）三月为界限。此前杨遇春主要转战于湖北、四川，其中嘉庆三年五月至四年三月的近一年里，则在川东北与教军作战。之后，直至战事结束，主要对付活动于陕甘地方的教军，以陕南老林为主要战区。具体而言，自嘉庆元年至三年五月，杨遇春主要跟随和协助额勒登保，负责剿办川楚地界教众。嘉庆三年六月至五年以前，随额勒登保移师陕南，遥相配合作战。自嘉庆五年初始，杨遇春自树一帜，独立带兵，主要活动在陕甘境内。值得一提的是，在此阶段，战场局势已有别于前期。官军所面对的已不再是与成千的教军的正面交锋，而是采用"围堵"和"追踪"为主要形式的游击战，以对付前期被官军打散的多股集合或小股分散的教军。此时，教军每股兵力多者三五百人，少者一二十人。以老林为据点，出没无常。所以，杨遇春不失时机地调整作战部署，尤其是自嘉庆六年起，各部官军与溃败后的教军散兵游勇更处于旷日持久深度纠葛的游击战中不能自拔，最终两败俱伤。

（一）白莲教众与清廷军力

白莲教作为一种秘密宗教，在中国民间的流传起自元代。白莲教崇拜各种鬼神，杂糅了弥勒教、摩尼教、道教和佛教等各种宗教演变而成。其发生过程，一般认为起源于唐代并得以盛行的摩尼教，至南宋时期，被吴郡延禅寺和尚茅子元所接受，并吸收其教义与仪式，仿照天台宗教义而创立。元代时逐渐形成了以崇拜弥勒佛为主的白莲教，明清之际，传播较快。

乾嘉时期，白莲教①在川楚陕一带得以迅速发展，主要在于明清以来秦巴老林山地被开垦的后效应显现。② 开山后的秦巴老林生态恶化、天灾连年，以致粮价暴涨、生活物资极度匮乏，民生无以为继，使得原住民与新移民之间争夺生存权的矛盾纠葛日益白热化，加之奸猾胥吏勾结官府，横行霸道，动辄诬山民以邪教。凡此，均成为白莲教所标榜的"劫数将近"预言的最好口实。

白莲教教义认为，世上有明、暗两宗相互斗争的势力，在过去（清）、现在（红）与将来（白）的时间轨迹中，二者互不相让。于是，至上的"无生老母"先后派燃灯佛、释迦牟尼佛和弥勒佛下世统治世间。当黑暗

---

① 田海（Barend ter Haar）认为，宋元以后的白莲教，也就是明代中期开始，白莲教逐渐变为模式化的邪教与叛乱意义的标签，成为官方与文人逐步建构的概念，事实上并不存在。参见［荷］田海《中国历史上的白莲教》，刘平等译，商务印书馆2017年版，第192—193、242—245页。

② 赵珍：《清代西北生态变迁研究》，人民出版社2005年版，第87—90页。

势力占上风时,人世的大劫来临,为救世人,弥勒佛就要降生。只是,无生老母与弥勒佛只救那些信仰白莲教的众生以免遭劫难。同时,白莲教还提倡同甘共苦,有福同享,有难同当,"从教者先送给米若干",入教后,不仅"教中所有货物,悉以均分",而且"习教之人,不携赍粮,穿衣吃饭,不分尔我"。这就给大批聚集在老林漫山遍野中的、经历了"山内连岁荒旱"、颗粒无收、粮价暴涨后的缺吃少穿者们一种精神慰藉,成为被吸收的对象,尤其是山内无恒产而四处流动的"流民""棚民",成为起事的主力。以至于在秦巴山内造成了"处处皆素习邪教之人"的局面。所以,嘉庆初年的白莲教起事成为该教派自元明以来所组织过的多次起事中规模巨大、影响深远的一次。

最初起事的地方及主要领导者,有湖北枝江、宜都的张正谟、聂杰人,襄阳的姚之富、王聪儿、王廷诏、高均德;四川起兵的有孙七凤、徐天德、王登廷、冷天禄、王三槐,随后有龙绍周、罗其清、苟文明、冉天元等;陕西起事者为张汉潮、张天伦等。各路教军为分清名目,又以青、黄、蓝、白、线等字为号,设掌柜、元帅、总兵等称呼。起事行动势如暴风骤雨,席卷川、楚、陕、豫、甘省,转战于绵延数千里的崇山峻岭之中。清廷严密围剿,各路起事首领前赴后继,主要领导几番更换,终以失败告终。

历时九年多的川楚陕等省白莲教起事,因乾隆五十九年(1794)起,清廷在四川、陕西查拿秘密教门而引发。地方官吏对各地教门厉行搜捕屠杀,乘机将"不遂所愿"者,"即诬以邪教治罪"①。清廷得地方奏报后,未经明察,即令"勿使一名漏网","予以剿灭"②。结果湖北襄阳的宋之青等十多位教首被捕处决。随着搜捕范围由四川、陕西、湖北延伸至河南,正在豫省以"三阳教"秘密复教的刘之协、刘松等人暴露。由是,搜捕力度与范围进一步扩大,人为无端加剧恐慌,事态升级,造成"总因地方官查拿邪教,任听吏役需索滋扰,以致民众忿恨。所以林之华与张驯龙曾向众人说过,是官逼民反"③。白莲教提出了"官逼民反"的口号,起事时间也相应提前,并很快蔓延开来。更不可否认的是,官方的行为,在

---

① 以上引文均见梁上国《论川楚教匪事宜疏》,《皇朝经世文编》卷89。
② 《乾隆朝上谕档》,乾隆五十九年八月二十日。又《清高宗实录》卷1191,乾隆四十八年十月下壬申,第921页。
③ 中国社会科学院历史所清史室、资料室编(以下省略):《清中期五省白莲教起义资料》第5册,江苏人民出版社1981年版,第62页;又魏源《圣武记》卷9《教匪·嘉庆川湖陕靖寇记四》,第398页。

一定程度上激起了民众的反叛情绪,① 对势态扩大和延续起到了意想不到的助澜作用。

白莲教起事,以秦巴老林为据点,波及范围之广,参与人众之多,是史无前例的,它动摇了清朝统治的基石,某种程度上,成为学界持"嘉道中衰"说者立论的依据。著名史学家罗尔纲说:

> 白莲教这一战役,清朝统治者把户部库贮银7000多万两都用尽,饷不足,于是开捐输,兵不足,于是广招募,到了事定而兵存,兵存便需粮饷。清代的中衰,实以此役为转移②。

如果说军事与财政是清朝"中衰"的明显标志的话,那么因资源分配不公而引发的民生与社会问题,又是社会发生转型的症结所在。

经历了康雍乾盛世后,中国农业耕地资源高度集中与人口增长后存量资源不敷分配的矛盾日益激化。在此引稍晚于事件发生几年后的一组数据为例,加以考察。尽管到嘉庆十七年(1812)时,官方掌控的耕地总数约有80万顷,较清初耕地增加了2倍。③可是此时中国人口总数也超过了1亿大关,至道光十四年(1834),超过了4亿。若按照乾隆年间一般土地维持人口生计的田地需要量计算,即如"一岁一人之食,约得四亩。十口之家,即需四十亩矣"④!既有的田地亩数已经远远不敷分配。所以,在经历这样一个前所未有的土地资源与人口增长不相匹配的过程时,社会各集团的人们重新分配资源的欲望越来越强烈,尤其是下层民众,面对土地资源匮乏,耕地高度集中于上层少数人之手的境况,在个体基本的生存都不能保证的情形下,不得不铤而走险,以武力抗争。所以,此亦成为以川楚陕三省交界的秦巴老林为中心而爆发白莲教起事的主要根源。时人也已经十分清楚地意识到了这一点,认为起事者"不过往来掠食以救饥"⑤ 而已。可见,信仰并不重要,反压制、求生存,才是大部分人加入秘密教派的主要目的。

白莲教起事者们所盘踞的秦巴老林,属于原始未开发的森林地带,山

---

① 参见《清中期五省白莲教起义资料》第5册,第9—12页。
② 罗尔纲:《绿营兵制》,第64页。
③ 约79.2亿顷,参见嘉庆《大清会典》卷11《户部》。
④ 洪亮吉:《洪江北诗话·卷施阁甲集》卷1《意言·生计》,四部丛刊本。
⑤ 龚景瀚:《澹静斋文钞》卷1《外编·平贼议》,《续修四库全书》,第1474册,上海古籍出版社2002年版,第5、6—13页。

峦叠嶂，荒凉凄苦。秦巴老林位于"陕西西安府之南，山高而长，阮亭（王士祯）所云终南云物一千里是也"。其西为太白山，北为华岳山。由秦陇而来，逾北栈，经五郎、孝义，东出商洛，融结河南诸山。镇安、洵阳、汉阴、石泉、洋县各山，皆其支分别脉。穷岩邃谷，老林深箐，多人迹所不至。① 就是这样一个生存环境极其艰苦的山地森林地带，集结了不计其数讨生活的贫苦棚民，改变了这里的原生态结构及人口数量与生存方式。

老林开发，带来了几大好处。时在陕南为官的严如熤说：老林既开，"垦荒耕种，尽皆腴地"。"既可裕国课而济民用"，"可养活无数生灵"。况且"通计老林，非二十年不尽。开垦地则岁岁有收，此百年之大利也"。另外，"无部蔽以增其险，奸徒不能藏匿，则又利兴而害自除矣"②！

同时代的另一位官员毕沅在《兴安升府疏》中也提到老林开垦带来的变化。"陕省兴、汉二属，暨终南山一带地方险要"，尤其是兴安直隶州管辖的平利、洵阳、紫阳、白河、石泉、汉阴，"通计地方四千余里"。"从前俱系荒山僻壤，土著无多"。自乾隆三十七、八年以后，因"川楚间有歉收处所，穷民就食前来，旋即依岩开垦度日。而河南、江西、安徽等处贫民亦多携带家室来此认地开荒，络绎不绝，是以近年户口骤增至数十余万"。至于省城迤南之终南山，绵亘西安、凤、兴与各府州属，"周围约计数千余里，崇山峻岭，俱系为鸟道羊肠，□径阻险。先时不过土著居民樵采为活，近年四川湖广等省之人陆续而来，开垦荒田，久而益众，处处具成村落"③。

尽管上述两位对秦巴老林描述的出发点不同，但却是这里自原生态至开发程度的真实写照。而在此山地土地利用的过程中，又附着了一场历时九年的罕见的战争，就更值得对这里人们的社会活动进行探寻与深究。事实上，清廷派往这里剿办教军的将士们在初期征战中也经历着艰苦自然条件的磨砺，更由于这里大量散居着流民，时人则认为"贼皆吾民也"，"聚而抗拒则为贼，散而行走犹是民耳"④！官军在很难分清"贼匪"与居民的境况下，经常施加暴行于居民，并错抓错剿。而教军为生存和扩充力

---

① 严如熤：《三省边防备览》卷10《军制》，《续修四库全书》，第732册，第289页。
② 严如熤：《三省山内风土杂识》，陕西通志馆1935年版，第35页。
③ 以上均见毕沅《兴安升府疏》，见严如熤《三省边防备览》卷14《艺文下》，《续修四库全书》，第732册，第336页。
④ 龚景瀚：《澹静斋文钞》卷1《外编·平贼议》，《续修四库全书》，第1474册，又见《清中期五省白莲教起义资料》第5册，第169页。

量，也"到处裹人，胁从日众，抢掠民食口粮"①。同时，教军与官军展开的"老鼠躲猫"的游击战术，使得官军很难在短期内结束战斗。以至于战期拖延，形成了既如四川都督、经略勒保所言"有贼之地无兵，有兵之地无贼。贼过而兵犹未来，兵到而贼已先去者。东剿西窜，南击北驰"②的双方均疲惫不堪的胶着的状态。更何况，此时官军中以八旗为主力的境况也已经发生大的改变，原有的八旗劲旅不仅兵力有限，而且腐化程度加深，日益衰败。

前文已述，八旗军士的腐化自入关不久就已经显现。在平定三藩时，清廷依仗的主要军事力量是绿营而非八旗劲旅。延至清中叶，八旗子弟更加腐化。面对频发的战事，除了关外八旗在关键时机还能起到些许作用外，内地驻防八旗的战斗力已经名存实亡。而绿营也受到八旗腐化的波及，战斗力涣散疲软，尤其在自经历了清初以来的多次国内战事后，兵力得不到有效补充。概观清廷的军力，陷入与白莲教近十年的周旋中后，所遭受的打击也十分惨重，以至于"教匪一役，首尾十年。国史忠义传所载，副参以下，战殁至四百多员。其专阃提督及羽林宿卫阶列一二品者，且一二十人"③。中上级军官阵亡人数如此之多，更不要说在一线作战的士兵及下级军官的阵亡数。关于军官阵亡，外国传教士有如是记载：白莲教起事的后期，即嘉庆八年（1803），"游窜于四川一带的几十人为一股的较多的幸存者们"，"有时若干小股反叛者们联合起来和皇家军队对抗。今年年初，他们在峡谷中突袭皇家的军队，并大肆屠杀。据统计，有十名至二十名高级官员被杀"④。

可见，清朝八旗、绿营军制的根基也已经动摇，仅靠地方绿营，已无力独自承担镇压白莲教的任务。如嘉庆元年（1796）九月，徐天德在四川绥定府达州起事后，东乡王三槐响应，攻陷东乡城，白莲教声势一时大振，而承平日久的绿营"武备废弛"，表现为"贼来避之，贼去追之"，被四川百姓讥讽为"迎送"⑤。正如首辅王杰对战局中官军状况的描述：领兵大员"分位相埒"，于是"贼至则萎避不前，贼去则捏称得

---

① 严如熤：《三省边防备览》卷11《策略》，《续修四库全书》，第732册，第302页。
② 《东华录·嘉庆朝》卷4，第10册，第28页。
③ 罗尔纲：《绿营兵制》，第64页。
④ 《关于在中国及东印度传教会传教通信新集》中所记（摘译）"四川省宗教代牧助理卡拉德主教特朗尚给德·绍孟的信"，1802年8月21日，重庆府，见《清中期五省白莲教起义资料》第5册，第347页。
⑤ 范锴：《华笑庼杂笔》卷6，见《清中期五省白莲教起义资料》第5册，第317页。

胜"。"探知贼去已远,然后虚张声势,名为追贼,实未见贼。""贼往来冲突,如入无人之境。"① 此即当时清廷高官对绿营军事力量和表现的真实反映与写照。

嘉庆帝对战事爆发原因、军队腐败及进程拖延的情况,有十分明确的认识。认为"带兵大臣及将领等,全不以军务为事,惟思玩兵养寇,藉以冒功升赏,寡廉鲜耻,营私肥橐"。一旦遇有军务,"无不营求前往",往往托词请假。已经在战场上的,又以非实有"祭祖省墓"等各种借口返乡,"不过以所蓄之资,回籍置产"。

可见各路带兵大员等"有意稽延,皆蹈此藉端牟利之积弊。试思肥橐之资,皆婪索地方所得。而地方官吏,又必取之百姓。小民脂膏有几? 岂能供无餍之求。此等教匪滋事,皆由地方官激成"。

百姓"出于无奈为贼所胁者,若再加之朘削,势必去而从贼。是原有之贼未平,转驱民以益其党。无怪乎贼匪日多,辗转追捕,迄无蒇事之期也"。"伊等节次奏报杀贼数千名至数百名不等,有何证验? 亦不过任意虚捏。""军营积弊,已非一日。"②

所以,在白莲教起事后的几年里,清军力不能支的局面越来越严重,不得不招募乡勇来应对军力缺乏的燃眉之急。自嘉庆五年(1800)起,先是湖南、湖北两省的地方官吏,号召当地士绅出面组织团练、乡勇助战。如襄阳地主梁有穀所谓的"筑堡团防"法就十分典型。其在白莲教武装活动地区广筑碉堡,厉行驱民入堡,并组织和利用地方武装守堡防堵。又如被官方所收买的熟悉地形和教军情况的罗思举、桂涵等地方势力,也成为绞杀起事教众的有生力量。一时间,团练之火燃起,一些地方官也乘势大量雇募乡勇,扩充武装。团练乡勇用相对新式的火器装备,有地熟人熟的优势,战斗力大大强于八旗与绿营,成为清廷官方镇压白莲教的辅助军事力量。

另外,嘉庆帝下"罪己诏",以收拢民心,一改前期疯狂的屠杀为"邪匪必不可赦,良民必不可诛"的"剿抚兼施,方为正办"方针,以及在《御制邪教说》中宣示"但治从逆,不治从教"诱降政策,乃至公布对军前阵地士兵的抚剿办法,对瓦解教众,为己所用,均起到了很重要作用。纵观团练、乡勇组建后的参战概况,前后参战大约万人。该办法对后

---

① 王杰:《葆淳阁集》卷24《请葳速军务折》,参见《清代诗文集汇编》,上海古籍出版社2010年版,第457册,第532页。
② 以上均见《清仁宗实录》卷37,嘉庆四年正月上癸亥,第413—414页。

来镇压太平天国影响深远,另外的重要作用之一还在于促成了湘军的组建,取代了清朝经制之军队,继之成长为事实上的国防军。整个过程上演的是地方总督权力扩大与中央集权势微的大戏,这也是史学界所认为的清朝衰落的重要原因。①

再说白莲教起事爆发后,教众势力与清廷军力处于此消彼长的较量之中。清廷急忙调兵遣将,自东北调拨八旗兵7000人,再特命额勒登堡率刚刚自苗疆战场撤下、尚未脱下战袍的精锐,移师湖北,剿办林之华、覃加耀等教军。杨遇春随往。② 在之后的整个过程中,杨遇春的勇猛精神与所率兵勇的善战行为,又与前文所述八旗、绿营兵力颓废的大趋势形成鲜明对比。在杨遇春旗帜下集聚的绿营将士们,为维护清廷统治稳固,立下了汗马功劳。

杨遇春等在与白莲教军的周旋中,所战无数,战时基本按年论月持续展开。仅嘉庆二年(1797)至五年底的四年中,杨遇春几乎每月经历数战,时断时续,与教军展开了旷日持久的游击战,且每战必胜。嘉庆七年底,面对无限期拖延的战事,清廷上下陷入焦虑。一筹莫展的嘉庆帝改令以杨遇春专管南山老林的剿办事务,使陷入军事困境的官军又有了一些起色,加快了战事结束的进程。当然,不得不说的是,在持久的游击战中,双方兵力与财力也均消耗殆尽,造成了巨量的社会财富损失,民众苦不堪言。

不可否认,战事发生后,对战区社会各方面的破坏是不言而喻的。翻检襄阳被俘教军的供状,可以看出,白莲教起事队伍对百姓正常生活秩序的扰动也不能忽视。在嘉庆元年(1796)四月初九军机大臣折中,记录有教军首领聂杰人、向瑶明的详细供词。其中向瑶明的供状十分详细,尤其对起事组织结构以及活动的记载很详备,反映出教众起事后的处事行为。如乾隆六十年(1795)四月间,向瑶明跟随刘盛才学习白莲教,知道了刘盛才与长阳县的张正谟关系甚好,两人"私买硫黄、制造火药,又打造许多刀枪"。腊月二十七日时,刘盛才带一帮人到枝江来帮忙,同时也向活动在保康、施南、宜昌、郧阳一带的教众行分头约人,到枝江来帮忙。嘉庆元年(1796)正月,张正谟从长阳又带来了许多人,屯驻在聂杰人家。初十那天,"县里带人来捕拿,张正谟率众拒捕,以致原定于三月间起事的日期提前"。又因要"在聂杰人家起事,就推他为首,不过是个虚名。

---

① [美]费正清等编:《剑桥中国晚清史:1800—1911年》(上卷)第三章《清王朝的衰落与叛乱的根源》,中国社会科学出版社1985年版。
② 《清史列传》卷37《大臣传续编二·杨遇春传》,第2902页。

到山上后，一应事情都是张正谟主张，不同聂杰人商量，就是刘盛鸣也服张正谟管的"。至于起事队伍进山后的武装器械情形，在向瑶明的供状中也进一步写道：

> 那山里有三百多杆鸟枪，其余都是锚枪，六个栗木炮。近日又做了几百枝弩箭。箭头都抹了毒药，射得六七十步远。那进山的道路都埋了火弹地雷，四路扎了石卡，卡上都有枪炮滚木雷石，地下挖有土坑。

从中可知，这支张正谟等领导的队伍在起事初期时，人数并不多，"原不上二千人"。后来"同教的陆续带人前来"。张正谟又常"遣人到附近村庄，掳掠男妇们上山，逼胁入伙助势。如今山里共有男女一万多人。每日口粮，都是向各村庄抢来的。自二月半后，官兵把要路截住，不能下山抢劫，那粮只好吃到三月近边了"①。

起事人员也不全是教众，也有被掳掠裹胁者，起事队伍的日常生活供应，均抢掠自已经苦不堪言的地方百姓之手。参与平乱的官员后来也总结说："今百姓之从贼者，大率有二：一则被其煽惑者，一则被其裹胁者。"②这些也都成为此次事件旷日持久、教众越剿越多的缘故。

关于白莲教众在起事后期的生存状况以及当地居民的境况，外国人这样记载，到嘉庆七年（1802），

> 白莲教还继续存在，但没有进行新的攻占，他们满足于在已遭他们蹂躏的地带进行骚扰。这些反叛者们每股至多有几百人，甚至只有几十人。为了寻找粮食，他们就象（像）盗匪一样到处窜跑。但是这样的小股队伍为数很多，而且到处进行屠杀。③
>
> 他们所通过各地的居民，对他们丝毫不加反抗；当他们临近时，居民就逃跑，撤退到他们的寨子里去。
>
> 居民携带着自己最珍贵的东西，自己生活的必需品，甚至于还有日常消费品和用具。反叛者们到来时，往往发现没有稻米，他们就用

---

① 《清中期五省白莲教起义资料》第 5 册，第 3—9 页。
② 龚景瀚：《澹静斋文钞》卷 1《外编·抚议》，《续修四库全书》，第 1474 册。
③ 《关于在中国及东印度传教会传教通信新集》中所记（摘译）"四川省宗教代牧助理卡拉德主教特朗尚给德·绍孟的信"，1802 年 8 月 21 日，重庆府，见《清中期五省白莲教起义资料》第 5 册，第 347 页。

还种在地理的蔬菜和水果充饥。现在他们不大焚烧房屋了，但是他们屠杀他们所能遇到的一切人。①

再加之官兵为剿灭白莲教众，所采取的地毯式的坚壁清野，对于百姓来讲，真是暗无天日。

另外，来自白莲教教义的煽惑和束缚以及官方扩大镇压两方面的压力，使得战区内的百姓无所适从，根本辨不清哪里才是生存出路。起事初期，教首之一的张正谟就宣称："本年三月是辰年辰月，定起黑风，杀人无算，从教的可以免灾。"② 此亦成为起事者的行动纲领。再加之交"根基钱"可以换得土地的诱惑，百姓从教者日益众。在被俘教众的供状里普遍俱有的一条，就是入教学习时，都交了一定数目的"根基钱"，然后学得一些咒语，早晚念诵。教军势力扩展后，教众为了生存，也视未入教者为异己，见到财物，也是能拿绝不手软，甚而后来发展到"抢夺村庄""焚烧房屋"等事。当然，无须讳言，官兵在剿办教众的前中期，为了尽早消灭对方的有生力量，减少物资供给与来源，不分青红皂白，一律实行杀捕教众，烧毁房屋的残酷镇压政策，盲目滥杀，对无辜百姓的祸害更是罄竹难书。③

如果说，以上是我们对白莲教起事前后社会局势与各种力量的一个总的检察的话，那么，接下来我们以杨遇春为主体，考察官军与教军在秦巴老林中的周旋与战事，以分析清廷为维护正统而动用武力以消弭挣扎求生的民众的涌动，而民众也以信仰为借口，汇聚成一股反清的潮流，为求得基本生存权与正统势力展开武力博弈。在这场为争夺政治与生存权利的激烈地争斗中，杨遇春为维护清廷的统治而神勇兼备、鞍马劳顿，浴血奋战，置生死于度外，战绩辉煌。

（二）川楚的战事

川楚的战事，展示了杨遇春等所代表的官军与势力兴盛时的白莲教众作战的过程。嘉庆元年（1796）十月以来，杨遇春等在额勒登保的率领下转入湖北，以白莲教林之华、覃加耀部为主要作战目标，连战于长阳、长

---

① 《关于在中国及东印度传教会传教通信新集》中所记（摘译）"四川省宗教代牧、塔里拉卡主教杜佛莱斯给外国教会神学院院长绍孟的信"，1802年10月15日，中国四川，见《清中期五省白莲教起义资料》第5册，第346页。
② 《清中期五省白莲教起义资料》第5册，第8页。
③ 参见《清中期五省白莲教起义资料》第5册，第9—12页。

乐、宣恩、建始、恩施等地，取得了一系列战斗的胜利，即"叠有歼擒"。整个战事，是从嘉庆二年三月展开，历时十个多月，直到次年正月局部战事才结束。期间战斗断断续续，战事主要以长乐县北部的黄柏山、四方台为中心区①（详见图2）。

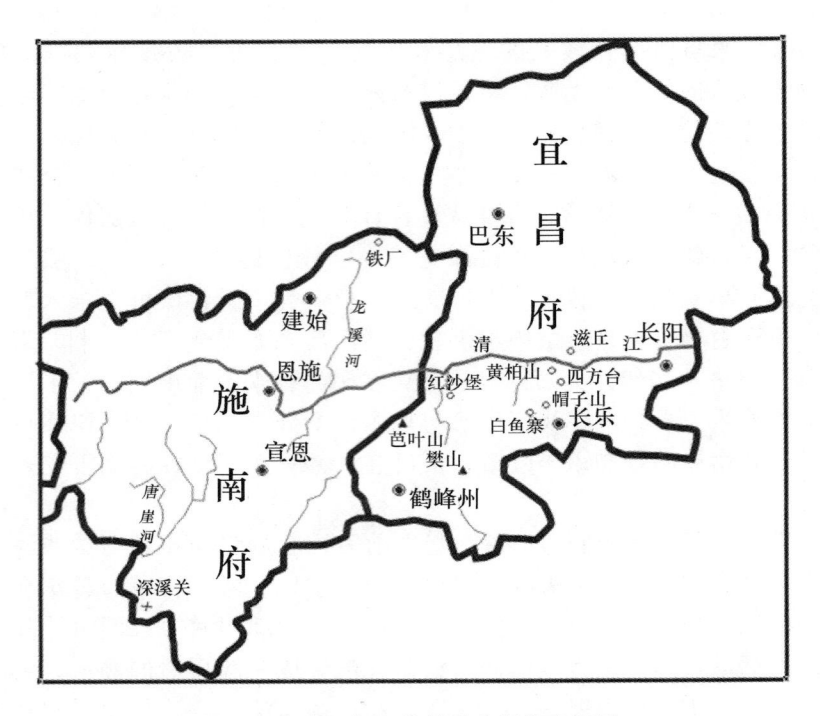

图2　嘉庆二年湖北长乐北部战事概图

嘉庆二年（1797）三月初十，杨遇春随额勒登堡进入湖北西南部后，将大营安设于夜游山，随即由天池口、城口子前往黄金嶂，对周围地形进行军事考察。黄柏山是教军在该区域的指挥据点，地处万山之中，东北一带临滋邱河，西面临深溪，主峰三面均为悬崖峭壁，无大路可通，唯有南面黄金嶂一带五六十里，山势若断若连，与黄柏山接。其间溪沟虽深，但水流浅显平缓。杨遇春等驻扎的夜游山与黄柏山之间还有一段距离，途中有利军事地形如一碗水、蜈蚣山、鹅公岭等处，都有教军层层设防，派兵扼守。一碗水、蜈蚣山等俱在黄柏山南面之右方，左面为尖头山，沿山一

---

① 额勒登堡等，奏为生擒首逆覃加耀并扫荡楚北余孽事，嘉庆三年正月十七日，《清中期五省白莲教起义资料》第1册，第311—313页。

带教军横筑卡墙十余里，向前径直连着小薄道岭，作为四方台的屏障。各驻扎点卡墙高耸，以石砌成，外裹以树枝荆棘，墙内外两侧开挖深壕。可谓壁垒森严，易守难攻。可是，此路为入山的正道。① 杨遇春等在额勒登堡的统一指挥下，依次经历了一碗水、蜈蚣山、鹅公岭、尖头山、四方台等几次大的战斗，方攻至黄柏山。

三月十四日，在夜游山大营，额勒登堡向杨遇春等人部署作战计划，决计兵分三路，于次日五鼓出发。一路由诸神保率领，直上蜈蚣山；将军成德为一路，率军攻一碗水之背面，并为蜈蚣山声援；杨遇春等随额勒登堡为一路，于夜游山之侧，绕至大歇坪，直攻一碗水山梁。十五日五鼓后，山内雾气尚浓，杨遇春等众将士已经攀缘岩石，抄至一碗水教军所设卡之上，抛掷火弹，瞬时"附近山梁之房屋延烧，火焰冲天"。教军依仗在沿山所设的五六处卡抵御，自卡内"放枪掷石"。杨遇春等众将士，避开枪石，跃入卡内，枪箭齐发，刀砍矛戳，教军死者无算。成德一路也自山背攻击，官军前后夹击，教军大败。

当杨遇春、成德所带二路官兵直压鹅公岭时，诸神保一路自蜈蚣岭赶来增援，杨遇春等随额勒登堡即"分兵由一碗水山腰直趋蜈蚣山，抢上山巅，环绕施放枪箭"。教军在此设卡三处，每卡约有六七十人镇守。起初教军"抵死固守，滚放木石"。杨遇春等率将士猛烈冲击，四面截杀，很快三卡教军溃败，"未能逃出一人"。生擒覃加盛、覃克秀、张从德等教首数名。傍晚，鹅公岭战斗也结束，官兵前进30里，扎营鹅公岭。②

拿下四方台，必先攻克尖头山。在尖头山，教军高筑卡墙十余里，设有9道卡子。三月十九、二十日，杨遇春等众将士展开进取四方台的攻势。守军见状，即自岭上放枪掷石阻击，官兵奋力直上，距离山顶不远处，忽听教军"吹角聚众，约有千余人，均头裹白布，公然持矛放枪呐喊"。官兵枪箭齐发，连毙数十人。教军迅速避匿深林，并不断施放鸟枪，抛掷石块，官兵被击毙者也不少。杨遇春等见状，指挥兵士连环放枪，教军退至卡内死守。傍晚，教军前后突围二次，均被官兵逼入卡内。

二十一日五鼓，夜宿于半山腰的杨遇春等诸将士，兵分二路，径由半山处直入深林，横冲卡墙，并用所携带的木梯搭于沟上，挠钩挂墙，藉势腾越，立时拆开卡墙，冲入卡内，教军惊骇四散，拥挤慌乱中滚崖坠沟死

---

① 额勒登堡等，奏为官兵攻克一碗水及蜈蚣山直逼四方台事，嘉庆二年三月十七日，《清中期五省白莲教起义资料》第1册，第243页。
② 额勒登堡等，奏为官兵攻克一碗水及蜈蚣山直逼四方台事，嘉庆二年三月十七日，《清中期五省白莲教起义资料》第1册，第240—242页。

者无算。官兵乘势抢上四方台，抛掷火弹，四处房屋延烧，"陆续割献首级一百四五十颗"，俘虏田大荣等教首多名，缴获木炮两门，线、鸟枪54杆。官兵扎营四方台，深入黄柏山50余里。①

四方台一失，黄柏山失去屏障，不能据守。林之华等撤至白鱼寨、隆坪一带。三月二十三日，杨遇春等随额勒登堡绕道抄至临近白鱼寨的麦庄、八龙地方。这里山势峰峦跌宕，正巧遇教军成群过岭，额勒登堡速令杨遇春等率兵下压，放枪掷石。教军死伤无算，退至富家堰、铁厂、沙河等处，杨遇春等沿路截击。二十六日在红沙铺再战，歼敌500余名，割献首级百余颗，教军余者遁入芭叶山。该山位居巴东县、鹤峰州、建始县三地的交界处，距黄柏山300余里。额勒登堡下令扫清黄柏山四周教军，并集合各路官兵，自建始之枇杷塘、官店口、麦庄、八龙一带，对黄柏山形成包围态势。②

杨遇春等听从额勒登堡指挥，"在下麦庄一带悉力攻击"，林之华等余部退入帽子山、城口子一带。战事延至七月初五，额勒登堡调整军事部署，兵分二路。一路自下麦庄、帽子山西面向锣锅圈进攻，一路自帽子山南面向石柱岭一带进攻。杨遇春随额勒登堡进攻石柱岭。石柱岭与帽子山紧邻，"中间隔一深沟，对面山坡均系陡壁，附壁羊肠一线石径"。教军于要路设有滚木雷石，官兵"即或下沟，不能遽上"。而自下麦庄过溪水，经三层腰带岩，方能攀上帽子山。山腰岩石是官兵前进的障碍。其上岩俱系石壁，高低四五丈至二三十丈不等。故而，留一部分兵在岭上扎营，一部分用木梯绳索，悄然攀上。初六，天色黎明时，杨遇春等众将士两面夹击，教军猝不及防。当官兵进至第二层山腰岩石时，遭到教军滚木雷石的猛烈攻击，伤亡惨重，遂撤回，寻机而进。③

七月十二日，教军主动冲击官兵驻扎营卡，被击退。十四日五鼓，杨遇春等由双脊坪、陡梯子一路进攻，攀援而上，攻克双脊坪两卡，俘获教首三名，教军被刀砍及滚岩死者甚多。但是，坎上教军以滚木雷石死守，官兵不能进前，只得放弃进攻，转而采取守势，围困帽子山。④

---

① 额勒登堡等，奏为官兵攻克四方台深入黄柏山五十余里事，嘉庆二年三月二十二日，《清中期五省白莲教起义资料》第1册，第244—246页。
② 额勒登堡等，奏为官兵将黄柏山全行扫荡现在截获首逆情形事，嘉庆二年四月初二日，《清中期五省白莲教起义资料》第1册，第248—250页。
③ 额勒登堡等，奏为官兵四面攻围贼匪现在相机擒拿首逆情形事，嘉庆二年七月十九日，《清中期五省白莲教起义资料》第1册，第273—274页。
④ 额勒登堡等，奏为官兵连克贼卡杀贼情形事，嘉庆二年七月十九日，《清中期五省白莲教起义资料》第1册，第275—276页。

八月二十一日，教军准备突围。在额勒登堡的统领下，杨遇春等布置各路严堵，以防教军偷袭突围，同时积极准备进攻。是夜四鼓，天下蒙蒙细雨，杨遇春等诸将分作两路，进攻教军防守薄弱的窝山梁。教军滚放木石，官兵奋力直上。黎明时分，抢上山顶，焚烧守卡，擒杀120余人。时教军吹号角集结队伍，自各路齐拥而至，迎拒官军，势头甚猛。山头的官兵也不示弱，枪箭齐发，教军势不能敌，大规模撤退。官军分兵，一部分追击，一部分进攻帽子山。双方激战时，雨雾忽大，迎面不能见人。教军借天气恶劣时机，分为数股，直向蜈蚣山、一碗水等官军营卡冲击。双方均有伤亡。

为追截教军，杨遇春随额勒登保绕道大合山，八月二十三日早间，追至燕子岩，见教军正在白纸坊头沟底攀燕子岩，遂迎头截剿，教军撤往沟内。杨遇春留一部分兵驻守燕子岩要隘，率其余将士继续追击。次日，当绕至王家坪、长岩屋一带时，见教军正在焚烧民房，便督兵奋击，双方冲杀一日，天色昏黑，屯驻王家坪。二十五日，杨遇春等随额勒登保追击教军至高岭头，适逢教军大部分已涉入清滩，涉水过河，机不可失，遂指挥将士自上游赶放船只，连夜渡河抄截击杀。夜战至次日晨，查教军损失百余人，时天降大雪，官军扎营于天花坪。二十七日时，其他各路官兵也集合而来，沿途均有斩获，约计杀教军七八百人，擒获头目万正贵等30余人。

几个月间，官兵连续作战，教军伤亡约2000人，其余四散，首领林之华、覃加耀逃脱。由于官军所经地方，山势险峻，层山叠岭，以致"转一山头即另一路径"，教军极易分散隐匿，很难在短期内集中歼灭。为围追堵截教军，额勒登保令官军兵分多路兜剿。①

十月，杨遇春围堵林之华、覃加耀于恩施的围子岭，教军凭借险峻陡峭山梁，抗拒官兵，双方相持日久。可是"贼粮未尽，伏兵诱之不出"。杨遇春只得令兵丁埋伏四周，日夜侦查，伺机而战。一日，"贼偶驱众出"，杨遇春急速督兵斜插而进，大军主力紧蹑其后。官兵数百人堵至隘口，使得对方"已出者不得入，未出者不能出"，分割包抄，各个击破。十一月以来，杨遇春在湖北长阳、归州一带，又取得了进攻朱里寨、中堡寨的决定性胜利，斩林之华，教军所剩仅千余人。②

---

① 额勒登堡等，奏为官兵攻克帽子山城口子痛歼残匪现在紧追首逆情形事，嘉庆二年八月二十七日，《清中期五省白莲教起义资料》第1册，第283—285页。
② 朱里寨，又称朱履寨；中堡寨，也称棕宝寨、宗宝寨、终报寨。参见额勒登堡等，奏为官兵叠次攻击朱里寨歼戮贼众并附陈剿办情形事，嘉庆二年十一月二十五日，《清中期五省白莲教起义资料》第1册，第294页。

朱履寨，周50里，三面悬崖，"惟东南一径与两岭相连。其外悬崖二垭，螺旋鸟道"①，教军严守。十二月初五，额勒登保令官军佯撤二垭兵，教军中计，悉退守两岭。额勒登保乃遣敢死之士数十名，缒蹬二垭，"掘地通贼窑，火药轰之"。初六五鼓，杨遇春等督率各路伏兵同时进击，抛掷火弹，延烧草房，教军慌乱间自相践踏及滚跌山崖者不计其数。在官军枪箭齐发下，教军死者又无数，以至于"尸积山麓，几至不能跨越"。是役，杨遇春积极招募乡导，寻得樵径，又悬重赏，选奋勇之士300人，"猿攀蛇行，夜半抵寨后，用火攻烧其卡"，消灭教军有生力量，也为各路官兵顺利进击开辟了通道。官军各路伏兵随即同时进攻，捣毁教军堡垒。覃家耀率余部千余人奔塌龙河，官兵追至落水涧。适值天下大雪，覃家耀借机遁至湖北归州中保寨。②

中保寨，地势极其险峻，悬崖峭壁，四面陡绝。教军占高处有利地形，官兵位居山麓，地势十分不利。嘉庆三年（1798）正月十五日，杨遇春随额勒登堡率部围攻寨子。为扭转战局，先派人四下侦察地形，探寻得通山小径后，兵分三路，杨遇春等为东路，十六日二鼓发兵偷袭。众将士乘黑夜，缒绳梯登崖壁，勇往直进。教军不明官兵情况，惊恐乱窜，落崖者不计其数。此战生擒教首覃加耀、元帅张正潮等百余人。从覃加耀的供状中可知，整个黄柏山战事，官军前后灭教军一万二三千人。③战后，额勒登堡留湖北籍官兵分驻防范，其余带往四川。

嘉庆三年（1798）五月至年底前的约半年时间里，杨遇春主要转战于川楚陕省交界处，与张天伦、高均德、张正潮、张汉潮、李全等部轮番较量。其中十至十一月间，转战于川东北地区，于箕山擒张汉潮之子张正隆。在张公桥，即四川阆中与仪陇交界处，截击散股，首领罗其清遁往大鹏寨。杨遇春等将领率兵勇围攻大鹏山一带。④

大鹏山，周百里，形势险峻。其西北为观紫山、龙台山、马溪山，东南有郑家山，逶迤绵亘，中隔以溪，为宝珠寺。寺东北为双子山，极其高

---

① 魏源：《圣武记》卷9《教匪·嘉庆川湖陕靖寇记二》，第390—391页。
② 同治《长阳县志》卷8《兵事》；民国《湖北通志》卷69《武备志七·兵事三·教匪一》；又额勒登堡等，奏为官兵设法攻破朱里寨斩除贼众现在搜捕覃加耀并拔兵前往四川事，嘉庆二年十二月初十日，《清中期五省白莲教起义资料》第1册，第296—299页。
③ 额勒登堡等，奏为生擒首逆覃加耀并扫荡楚北余孽事，嘉庆三年正月十七日，《清中期五省白莲教起义资料》第1册，第311—313页；又勒保《平定教匪纪事》，沈云龙主编：《近代中国史料丛编续编》第20辑，第96—197册，第17页，又《清中期五省白莲教起义资料》第4册，第59页。
④ 《清史列传》卷37《大臣传续编二·杨遇春传》，第2902页。

峻。大鹏寨即建于此山麓，寨子"木栅、石墙，均极坚固"，距箕山较近，两军接战后，寨中居民均已躲避。罗其清占据大鹏寨后，分立卡隘。尽管杨遇春多次率部从侧翼袭击，"颇有斩获"，可是教军据有寨中宝珠寺，易守难攻，粮草充足，官兵无法近前。占据地形优势的罗其清，又暗中给其弟罗其秀、苏应从等人送信，于营山、仪陇、巴州抄截官军粮道，以致官兵补给不足。为此，杨遇春采取先"驰追败散"，畅粮饷通道，继"因筑长围，以困大鹏"，俟大兵集结后，再发起攻击的策略。

各方准备就绪后，官军进攻大鹏寨。杨遇春亲自率部破西门，其余诸帅破南门，灭教众5000余人。教首罗其清父子兄弟等人为一组，且战且走，由营山绕巴河浮水上南北山梁，罗其清自己则率一组人马，退走巴州蔡家梁，入青观山。官兵奋力追踪，终擒罗其清及其父罗定国，子永福，弟其书、其秀等多人。① 是役，"遇春功居多"②，由广东罗定协副将，擢甘肃西宁镇总兵官。③

在嘉庆四年（1799）的一整年里，杨遇春等诸将与数股教军周旋于川东北，时而往来穿插于川楚陕甘几省交汇地界，主要对付徐天德、张子聪、冉天元、王登廷等部。正月，在广安萧家溪，乘徐天德部渡河时，杨遇春率部分兵抄击，歼千余名，淹毙者无算。教军余部往新宁仁市铺，与黄号王光祖部汇合。杨遇春间道绕其前截击，略有斩获。二月，再败徐天德部于大竹童家场。

三月十八日，官军兵分三路，杨遇春、朱射斗等于四川大竹南山坪围击月蓝号包正洪部，额勒登保率部追截张子聪于梁山等处，德楞泰追徐天德，各路均"歼戮甚众"。旋即，白莲教大宁教首卜三聘等人、西乡教首樊人傑、龚建等分几路来援，杨遇春等诸将在额勒登保率领下，又分两路"连日冒雨山战"。恰有德楞泰追徐天德部再次绕回，三路官兵会合而战，有所斩获。④

时勒保奏称，自川省阆中趋营山之月蓝号萧占国、张长庚部，"从前在白岩山，与林亮功合伙"。林亮功被毙后，即各自为首，"到处焚掠滋扰"。为此，额勒登保令正自阆中折回的杨遇春移师迎击。在黄土墙等处，

---

① 嘉庆《四川通志》卷83《武备志·武功·平定教匪》，又《清中期五省白莲教起义资料》第4册，第332页。
② 以上均见石香村居士《戡靖教匪述编》卷3《蜀述》，《清中期五省白莲教起义资料》第4册，第68页。
③ 《清仁宗实录》卷36，嘉庆三年十一月至十二月戊午，第403页。
④ 魏源：《圣武记》卷9《教匪·嘉庆川湖陕靖寇记四》，第402页。

官兵连胜数仗，教军余众被"逼上谭家山"。杨遇春令众将士"乘夜抢上山梁，痛加剿戮"，阵斩萧、张二人及教军 6000 余名。刚刚亲政的嘉庆帝，得此战报，嘉奖有功之臣。节制五省军务经略额勒登保晋二等男爵世职，杨遇春等随同带兵出力之总兵及以下交部议叙。①

嘉庆四年（1799）四五月间，白号元帅张子聪率部经梁山、云阳，直至太平。杨遇春率众"紧蹑贼踪"，追至梁山向家场北 20 里的陈家场时，教军分路撤退。官兵尾随其后，至云阳大黄山、周家坝一带，俘斩多名。教军余部遁往太平之杨家山。时张子聪部又与自湖北而来的襄阳黄号樊人杰、太平黄号龚建部汇合，势力增强，遂向太平南部开进。至开县谭家坝时，遭杨遇春分路合攻，损失惨重，② 余众退往大巴山南麓竹峪关，又与通江蓝号冉天元部合，但其势已弱。面对杨遇春所率官兵的强劲攻杀，教军无力抵抗，只得继续撤退，欲与踞马鞍寨的青号王登廷集合。对此，杨遇春抓住战机，攻克教军关卡。防守失误的教军，一路南溃，退至杜家坪、镇龙关等处。杨遇春又攻克马鞍寨，王登廷大败，遁往丰都扶齐滩，再遭重创。

至嘉庆四年（1799）九月时，为截击退至川境的王登廷，杨遇春率部至广元之云雾山途中，与阮正隆部遭遇，一番激战后，斩阮正隆及兵丁约 500 人。十月，先是杨遇春击徐天德部于鸡公梁，歼其千余人。而当王登廷至广元欲与冉天元汇合时，杨遇春又率兵追击，迭战于巴州花业垭、老官庙、鹰背梁等地方，皆有斩获。十二月，王登廷孑身退至蒲江县，被乡勇追斩。③ 之后的日子里中，杨遇春的足迹踏遍陕甘地区，战果丰硕。

嘉庆六年（1801）八月，杨遇春等在额勒登堡率领下，再入川作战。时因黄号首领曾芝秀等转退入川，戴四、崔胡等亦向四川集合。杨遇春等在通江报晓垭设伏，擒获首领曾芝秀、蓝号首领冉天泗、王士虎及总兵王士勤等多人。对于败退教军，官兵冒雨疾追。在大池坝，擒朱九炮等头目 163 人，斩 70 余人。十一月，在达州刘家坝，截击蓝号余部李彬等。

刘家坝一战，起于一股教军袭击官军后勤锅帐队尾，正在追寻教军的额勒登堡得此消息后，急忙率部迂回至距离刘家坝 200 余里处，于山后扎营埋伏，决计二更时，分两路出击。一路由杨遇春率领，包括副将萧福禄、参将刘维馨、吴廷刚等，由右面之白山寨、周家岩小路抄至刘家坝后

---

① 《清仁宗实录》卷 41，嘉庆四年三月丙子，第 489 页。
② 李光涵：《时斋府君年谱》，《年谱丛刊》第 123 册，第 99 页。
③ 《清仁宗实录》卷 56，嘉庆四年十二月丙申，第 733 页。

山。一路由额勒登堡督帅,有副都统全德、侍卫扣钦保、副将张瑗、参将唐文淑和特依顺保、游击祝廷彪等带领马步兵勇,自左面沿河岸前进。五更时,两路官军进至刘家坝,以钳状之势死死逼进,斩毙教军200余人。

时约有两股各千余人的教军自东、北不同方向退却。杨遇春率同张瑗、特依顺保等紧追北退教军,东逃者由额勒登堡率萧福禄、刘维馨、吴廷刚等追击。杨遇春一路,追至日暮乃收兵。两路统计斩俘近千余名,其中有头目魏中均、唐世礼、苟朝万、先锋王世元及李彬的军师等十余名,获骡马及刀矛旗帜些许。激战中,教军或滚落山崖,或逃散者甚多。① 为追击李彬及南窜散兵,杨遇春率应元宽、张瑗等将领,在倒回水、蜡溪坝一带搜索挺进,于亮垭子地方,歼40多名,俘35名,获副帅朱印、冉添浩及总兵庞学禹等五人。②

自十一月三十日至次月初,在额勒登堡督率下,杨遇春紧追李彬余部,一路多有斩获。当探得教军据于周家沟后,十二月初三黎明,杨遇春带兵抵周家沟,孰料教军已于四更时撤退至高家河,官兵紧追不舍,一直追出二三十里,斩数十人,生擒头目庞思宇、探马头目杨应学等16人。时官军应元宽、吴廷刚赶到,又合力击败四五十人教军。余者十数人逃逸。同时,官军另路策应的格布舍、杨芳一路也颇有斩获,毙八九十人,俘虏冉文俦之堂侄冉天璜等57名。③

十二月二十五、二十六的两天里,杨遇春率部堵截南山一带教军四五百人,接战后,教军被截杀一二百名,余部散退。对此,嘉庆帝十分生气,说道:"前此窜匿南山贼匪,经官兵搜剿多时,始能肃清。今又被贼匪阑入,实为可恨。"遂令惠龄、庆成,查明参奏,令杨遇春返回陕西,与惠龄一起督率官兵往江北剿办苟文明余部。④ 因此,史学界一般以嘉庆七年(1802)界定川楚境内战事结束。

(三)转战陕甘境

杨遇春转战陕甘境后,起初与自楚境退移而来的教军主力作战,一年多后,转而对付被官军追击四散的余部,以围歼为主要战术。嘉庆三年

---

① 庆桂、董浩等:《钦定剿平三省邪匪方略》(正编)卷282,《中国方略丛书》第2辑第1号,第50册,成文出版社1968年版,第19660—19664、19667页。
② 《钦定剿平三省邪匪方略》(正编)卷283,《中国方略丛书》第50册,第19734页。
③ 《钦定剿平三省邪匪方略》(正编)卷284,《中国方略丛书》第50册,第19788、19793页。
④ 《清仁宗实录》卷92,嘉庆六年十二月戊辰,第231页。

（1798），嘉庆帝命额勒登保移师陕西，杨遇春随征入陕，熟悉地形，积累作战经验。此次转战陕甘境，基本以秦巴老林崇山峻岭为营，四处奔袭，立下赫赫战功（参见图3）。

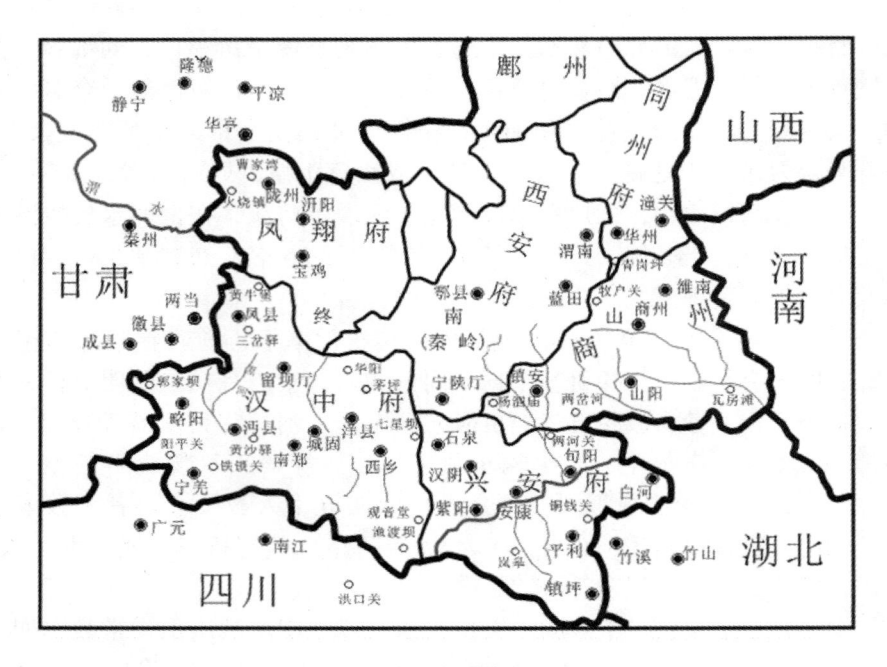

图3　陕甘主要战事概图

杨遇春入陕后，先在兴安府、商、雒一带，专门对付活动于此的襄阳白号高均德，黄号姚之富、王聪儿等部。时高均德、张正潮逃往汉南；张天伦、李全等率部自趋蓝田，欲与高均德、王聪儿等会合。为分敌势，杨遇春在蓝田先败李全部，歼擒2000余人。[①] 再随额勒登保败高均德。

在陕境与高均德部的首战是军岭川之战。嘉庆元年（1796）三月间，杨遇春随额勒登保驻扎山阳县九里坪，首先截击占据凤凰嘴的高均德部。教军恃险对抗，官军将士奋力击杀，毙400余名，其余奔向商雒军岭川一带，欲入河南境。额勒登保考虑到雒南界连河南，一过雒南，地势平衍，不利于堵截。遂加紧调兵，旨在将教军堵截于陕境。

军岭川位于商雒城西南40里，沿途道路，横栏屹立，险峻耸拔，且

---

① 石香村居士：《戡靖教匪述编》卷3《蜀述》，参见《清中期五省白莲教起义资料》第4册，第109页；又李光涵《时斋府君年谱》，《年谱丛刊》第123册，第94页。

多岔道，官军只能分头抄击。于是，额勒登保兵分三路，夹击军岭川。右路由德楞泰率领，由雒南红口河、宝安街抄前路迎击。中路由明亮率领，由商州黑峪口、铁炉子横冲腰截。左路为额勒登保自率，由蓝田牧护关紧蹑追击，杨遇春随额勒登保一路。三月十七日，教军由宝安街向雒南行进中，前队遭官军右路截击，主力遂驻扎大鹿寺。十八日黎明，杨遇春等追至大鹿寺，教军退往杨家河一带。官兵随击随进，时右路德楞泰由张家湾迎截，教军见官军两路夹击，遂折向老林。时官军中路赶到，三路合击，将教军逼至雒南二岔河一带。教军见状快速占据山头，抢占有利地形，将矛手枪手排列于阵前，连环释放，痛击官军。杨遇春等见势头不利，为弘扬士气，在额勒登保的指挥下，分头冲击，教军也奋力扑压，双方刀矛枪箭，混战一气，结果教军力不能支而撤退。

从官兵清理战场记载可知，教众"积尸遍满山谷"，被杀"二千三四百名，生擒三百八十一名"。其中被杀首领有老营白号高大元帅、高二总管，二人均为高均德胞兄。还有蓝号宋大元帅等主将七人。此战，高均德一支倍受打击，以致"势益穷蹙"①，余部径向秦岭深处。秦岭延袤八百里，道通渭南、华州等处，与潼关相近，所关至要。官兵分几路紧追不放，已荣升为副将的杨遇春随额勒登保率兵绕至秦岭之西，与高均德部在紫溪岭、青岗坪相遇，展开激战。

四月十九日，杨遇春等在紫溪岭截住自秦岭奔高塘的高均德部，官军奋勇驰击，毙300余人，生俘李大闲等43名。其退逃者，又遭他部截击，斩获100余名。二十二日，杨遇春等西向青岗坪，又迎截高均德余部，斩200多人，获150多人。为彻底扫清高均德部，官军分两路进攻，毙400余人，俘丁克瑞等14名，其余逃散。官军又分兵三路尾追，星夜兼程，往镇安一带截击。② 之后，杨遇春又折回四川，主要在川东北作战。

如果说嘉庆五年（1800）之前，杨遇春一直跟随在额勒登堡身边与教军作战，那么，自是年开始，则自率一部，另帜一旗，完全施展其将才风度。只是，自平白莲教起至嘉庆五年间，双方长时间浴血奋战，星餐露宿，均处于极度疲劳的镂鞴状况中，加之嘉庆帝也急于结束这场耗费空前的马拉松战事，因而大力采用奖励赏赐军功，激励战斗士气的办法。三月初一，杨遇春擢为甘州提督。③ 随之，肩挑之担越来越重，决策与指挥权

---

① 额勒登保等，奏为分路兜击高均德一股窜匪并击杀凶顽头目多名事，嘉庆三年三月二十日，《清中期五省白莲教起义资料》第1册，第329—331页。
② 《钦定剿平三省邪教方略》（正编）卷69，第25册，第5851—5854页。
③ 《清仁宗实录》卷61，嘉庆五年三月癸丑，第808页。

逐层提高，将帅之才得以充分施展，亦经历了战事考验。

二三月间，杨遇春在陕南杜家坪、渔渡坝等处与教军展开激战。先是，遭官兵截击退往陕南的冉天泗率众进入汉中府西乡县，欲与王廷诏、齐王氏余部汇合，遭杨遇春追击，退至陕南与川东北交界处的洪口关。忽有探报说教众2000人袭扰杜家坪，杨遇春随即率部前往。在杜家坪与自甘肃而来之杨开甲部下贾冲珠开战，经过激战，俘获贾冲珠，斩800余人。战后，再移师西乡渔渡坝，围攻王廷诏等余部，歼获1600余人，俘虏教首靳有年、齐王氏夫兄女齐四姑。王廷诏收拾余部，随冉天泗由九正坝折川。①

再说，嘉庆五年（1800）初，原据于南山老林的高均德、张汉潮等余部已经转入甘肃华亭、平凉一带，且有渐趋东北之势，杨遇春率部经由栈道，出宝鸡，入陇州，正月二十八日驻扎固关。时嘉庆帝急于结束战事，增兵派将，以那彦成为钦差专办陕西军务，抵达静宁州。那彦成与额勒登保商议，自率一部由龙山镇、水洛城挺进，额勒登堡率杨遇春等诸将士经由固关、出华亭、平凉，径直逼隆德、静宁，与那彦成合力并剿。②

二月十七日，杨遇春等在甘肃岷州，取得突袭林江铺一带教军的首次胜仗。开战之初，官军探知张天伦余部在岷州石刷里、林江铺一带活动，随即兵分左中右三路进剿。杨遇春等为一路，从右面之二个山、杜家坡直趋林家铺。岱森保、格布舍为一路，自左面的如意山抄截。副将喜明等为一路，自中路石刷里进发。三路人马均于三更起行，黎明时分，杨遇春等率部至杜家坡，见石刷里、林家铺炊烟四散，知教军屯聚于此埋锅造饭，当即驱兵绕下林家铺偷袭。教军见状，立即组织骑兵及执矛手排列平川抵御。杨遇春令马队步勇冲击，箭矛并发。混战中，教军主力退往毛峪山，官兵紧蹑追击。时左路官兵自毛峪山压下，教军见敌前堵后追，遂沿山川狂奔。官兵紧追十余里，正欲撤兵时，发现教军隐蔽于川中的辎重补给，杨遇春立即组织人马围攻。护卫辎重的教军见状，慌忙弃物四散，官兵尾随追杀。此战，教军亡者约700余人，俘虏331人，缴获火炮2台，骡马200余头。③

---

① 石香村居士：《戡靖教匪述编》卷10《陕甘楚豫述》，《清中期五省白莲教起义资料》第4册，第111页。
② 额勒登堡等，奏为督兵由甘省之华亭、平凉一带截剿贼匪并筹办川陕楚各路贼匪事，嘉庆五年正月二十八日，《清中期五省白莲教起义资料》第2册，第11—13页。
③ 额勒登堡等，奏为官兵在甘省岷州一带连次合力痛剿贼匪事，嘉庆五年三月初一日，《清中期五省白莲教起义资料》第2册，第20—21页。

四月，陕南大股教军已被官军歼灭，余者实力大衰，被紧紧围堵于陕西东南地界的旬阳、安康、石泉、五郎等处，受地形限制，双方在相隔一百余里，或二三百里不等的距离间周旋，不能速决。由是，额勒登堡经与杨遇春等将领商议，采取先剿距离最近、势力最凶之部，再逐个击破的策略。

闰四月二十七日，白号刘允恭、刘开玉纠合他部余众，自旬阳之西岔河退至南部的东庵大小棕溪、王家庄、邓心坪一带，与官军相距30余里。时屯营于镇安之小河口的杨遇春等，向当地百姓询问山势路径后，以骑兵当先，步兵随后，从两河关绕赴大棕溪口，并于此自西向东设伏。而由额勒登堡率大军自北向南进攻。教军也组织兵力上前迎击，双方混战数个回合，教军力不能抵，撤回大棕溪口。孰料，正中早已兵分三路设伏于此的杨遇春之圈套。埋伏在左右山梁及沟内的官兵，见教军奔逃而来，奋起斩杀，擒获甚多。各路官军数面围击，毙刘允恭、刘开玉，俘获头目八人、兵士1000多人，获枪矛各械不计其数。大棕溪一战是杨遇春随额勒登堡入陕甘以来，斩获最多，战绩最优的一次，① 得以嘉奖，获云骑尉世职。②

与此同时，据于戴家营的白号首领张天伦也绕至陕西汉中府西南端的百姓沟、黑河等处，经略阳，大有趋甘肃徽县、两当之势。对此，那彦成提出"不如纵令入甘，地势较平，转易办理"的办法，遭嘉庆帝痛斥。嘉庆帝指出：黑河是经陕西略阳西通甘肃之屏障，南通陕西勉县、宁强，若教军经此径北趋秦陇，情势将更加不可收拾。遂诏令"勇谋兼优"、可独当一面的新提拔的甘肃提督杨遇春率二三千兵，由捷径分兵绕道，迅赴栈道之西，"绕出贼前"，"奋力拦击"③。

接令的杨遇春率兵沿渭水西上，出栈道，直趋凤县三岔驿，由此进入甘肃，在成县严家坝大败张天伦。继之，在两当二郎坝、燕子岭再败张部，连战连捷，"俘斩无算"，将教军阻止于甘境东南角之内，达到了嘉庆帝所期许的目的。④ 此战后，嘉庆帝以那彦成在军营"不能得力，且恐掣他人之肘，是以召令回京"⑤。

---

① 额勒登堡等，奏为歼净张汉潮余部，斩戮刘允恭、刘开玉即擒获王洪儒等情形并刻即赶剿另股贼匪事，嘉庆五年五月初一日，《清中期五省白莲教起义资料》第2册，第41—43页。
② 《清仁宗实录》卷65，嘉庆五年闰四月上戊午，第870页。
③ 《清仁宗实录》卷68，嘉庆五年五月下癸卯，第904页。
④ 《清史列传》卷37《大臣传续编二·杨遇春传》，第2906页。
⑤ 《清仁宗实录》卷68，嘉庆五年五月丙午，第906页。

五月初十，在陕西汉阴手板崖一带，被官军击败的襄阳黄号伍金柱部退至松树坝，杨遇春率两路官兵急追其后。十一日，伍部至黑水河，屯营于大小铜钱窑，分兵两路尾追而来的杨遇春展开合围攻势。同时，额勒登堡恐伍部折而东向，也率部由燕子岭取道杨家河，欲扼截东面之路。得知伍金柱被杨遇春围在铜钱窑的消息后，即于次日五更发兵，翻山越岭，于午后赶到黑水河，屯营马家坪、松树坝一带。

铜钱窑地形，为东西走向。屯扎于此的教军营地，散漫沟内，足有20余里长。由是，官军做如是部署：由杨遇春等带领湖北官兵，自红岩沟一路抄赴铜钱窑之东沟口，并派手下副将带领甘凉兵随时策应。额勒登堡自率一路，自沟西拦截，其余人马由花树湾抄赴小铜钱窑。

五月十三日，官军自沟东西两端挺进。天色刚刚黎明，尚在睡梦中的教军来不及更衣，便被多路而至的将士一阵砍杀，死伤惨重，慌乱逃散的教军急忙"哨聚众兵"，摇旗呐喊，抢占南面的大山岭，欲扑压官兵。诸将士亦分路仰攻，枪箭并发。教军不能抵挡，欲翻山而遁。无奈山后多系石岩，无路可退，只得拼命退往邻近的大焦沟沟内，夺路而逃，退至桥亭子、石板沟一带。而各路官兵追击十余里，适值日暮，乃撤兵扎营西河口。此战"自辰至酉"，教军伤亡惨重，前后被斩5000余人。斩首领庞洪胜，生擒其子庞有儿。斩老教头王者子，俘房头目杨六燕等四人。①

六月初九，官军进抵洋县茅坪，侦寻四散教军，探得张天伦、宋麻子、辛聪、颜胜可、魏棒棒等往西北而行，白号高二、马五也由岷州抵近秦州，有几股往秦州聚合。为此，额勒登保分路派兵，由栈道入甘。杨遇春奉命由陕南开拔甘肃，途中，即便所部艰难行进在"乱山密箐，雨水冲涨，道路纡折"途中，也不忘"到处穷搜"，"每日也剿捕"数十人，前后释放被教军裹胁的百姓数百人。

六月十三日，杨遇春从柘粟园白营寺出栈道之草凉驲，欲抵黄牛铺。侦得"窜甘之贼，有在徽县、两当近秦州者，有在三岔附近陇州、汧阳者"。而教军一旦过渭河即入陕境，为此，杨遇春决计奋力堵截，遂督兵由黄牛铺急趋三岔山。十四日，抵东岔河曹家坪，追杀马五、张天伦等部。连日翻越数重大山，追杀400余人，生擒矛子手、探马头79名，得到嘉庆帝嘉奖。

不久，官军侦探报襄阳黄号伍金柱、冉学胜、张世陇合伙从秦州顺渭

---

① 额勒登堡等，奏为官兵痛剿伍金柱大股贼众等事，嘉庆五年五月十四日，《清中期五省白莲教起义资料》第2册，第45—46页。

河向北转移。先头挺进的杨遇春不顾势单力孤,昼夜兼程前往拦截。额勒登保恐其兵力薄弱,力不能支,遂率主力驰进接应,分兵会击。教军见状,拐头向西,往孟家滩,深潜密林。因天色昏暗,官军不敢贸然挺进,撤回三岔山驻营。

杨遇春料到"贼奸谲,夜必潜出",遂明令"严申警备"。夜半三更,军营果遭偷袭,因早有防备,教军未果而撤。次日,杨遇春巡查驻地,令在隘口险要,分兵设卡,以防再袭。不出所料,当夜,教军又"攒众直扑隘口",杨遇春率兵迎击,俘斩千余人。此战,杨遇春部因有设防,化险为夷,而已革成都将军富成部因无防备,被偷袭教军戕害。

此时,陕西巡抚台布奏请增兵,已被白莲教困扰多年的嘉庆帝,深感兵力、财政不支,不仅无兵可援,也无饷可资,十分恼怒。遂传谕训斥:"行军胜负,全系将领之才与不才,不在兵之多寡。即如前次贼匪攻扑各路营盘,惟杨遇春早经设有准备,转获胜仗,此其明证。"①

时在秦州一带遭杨遇春打击的马五、张天伦余部,先自老林西行,继之转而东南。杨遇春继续尾随追踪。七月十三日,探报得知,陈傑一股数百人,也欲由老山翻出栈道,东奔陕西南山,引起杨遇春警觉。说道:"若窜入南山,不特搜捕费力,恐致牵缀官兵。"②遂与扎克塔尔、格布舍合商,于栈道埋设伏兵,准备将其一举歼灭。午后,当陈傑等自凤翔半坡铺、观音沟直趋栈道时,杨遇春等伏兵前后夹击,砍杀百余名,余部逃散。官军尾追至杨家河、老虎沟一带,因天色昏黑正欲撤回,但见教军连夜狂奔,已从箐林中翻过栈道。对此,杨遇春沉着应战,揣度山势道路,确认教军必定往迎母寺、王家楞而去,遂另派兵勇,仍从箐林跟踪搜捕,同时由格布舍自两河绕至王家楞,自己带领兵勇,由捷径抄赴王家楞。行一日一夜,十五日天未亮时,赶至王家楞。

从俘虏口中得知,陈傑等300余人,躲在大石板沟。为此,杨遇春不失时机,一面将已经抵达的马步兵丁三面分布,虚张旗帜,迷惑教军,一面另派精兵埋伏于干柴沟口,俟主力赶到,便下令出击。各路兵勇赶至后,奋力冲击。正在沟内歇息的教军,尚未缓过神来,便已有30余人丧命。杨遇春令马队施放枪箭,又毙六七十名。官军四面搜杀,陈傑被俘,

---

① 魏源:《圣武记》卷10《教匪·嘉庆川湖陕靖寇记六》,第423页;又李光涵《时斋府君年谱》,第123册,第125页。

② 《清仁宗实录》卷71,嘉庆五年七月己酉,第957页。

其余 200 多名尽歼。① 此战，杨遇春得旨嘉奖。

陈傑部被歼，陕甘东北一带教军只余伍金柱、张世陇、冉学胜等部，开始向位于甘肃西和、成县的西南一带转移。由是，官军分两路夹击，额勒登保一路，自东而西，长麟等一路，自西而东。② 八月初一，杨遇春、格布舍率部至成县。时张世陇、冉学胜又自成县转而东南之白马关，伍金柱也率余部由西赶到。额勒登保令杨遇春、格布舍赶赴白马关助剿。可是，张、冉两部汇合后，立刻开拔，先渡白水江，开往陕西勉县、略阳地方，在此又有其他几支汇入，聚屯于宁强阳平关迤西，距离接命准备启程的杨遇春部仅 200 余里。机不可失，杨遇春"就近出成县赶击"③，额勒登堡亦同扎克塔尔、庆成率兵冒雨由木瓜园、邓子园向南疾驰策应。

杨遇春部在略阳银杏沟一带与教军接仗，经过激战，教军死 80 余人，被俘 15 人，余者往宁强县大水沟。官军追出二十余里，因天黑雨大而罢。适逢额勒登堡率部经郭家坝、线坝子等处至大水沟，也迎头截杀 180 余名，擒五六十名，夺获器械旗帜 20 余件。余者向西北退却。官军取得宁强阳平关之捷后，额勒登堡令庆成由抛沙河、江洛坝一带绕道截击，自率兵士由两河往成县之白家林，与长麟汇合。

此后，杨遇春等又连续取得大战伍金柱、张天伦等余部的胜利。八月初三申刻，适逢伍金柱余部由西山枫香沟、石观子沟④一带而来。杨遇春见机，与格布舍一起驱兵迎击。当官军进至石观子沟时，伍金柱余部已据守两山山梁，向下扑压。杨遇春与格布舍、丰绅分兵两路，左右夹击，教军退入沟内。因沟内树林深密，易于避匿，不利截击。杨遇春令兵勇跟随其后，随探随进，欲驱教军出峡沟，围而歼之。孰料峡沟崎岖绵远，俟官军抵达沟口，天色已昏黑。教军复据山梁，恃险力拒。杨遇春令分兵堵截，由格布舍率领马队，自左侧绕至教军所占山梁背后，乘黑夜枪箭并施，由丰绅带步兵竭力堵截，教军始溃。时天色漆黑，山中难辨路径，杨遇春令焚山边草房数间，借草房燃烧火光，率兵勇又追杀一二里后，方驻兵露宿。俟天亮后，见沟内外，教军死者无算，伍金柱也被乱枪杀戮。⑤

---

① 额勒登堡等，奏为官兵生擒逆首陈杰（傑）并歼净此股余党事，嘉庆五年七月二十二日，《清中期五省白莲教起义资料》第 2 册，第 67—69 页；《清仁宗实录》卷 71，嘉庆五年七月己酉，第 957 页。
② 《清仁宗实录》卷 71，嘉庆五年七月己酉，第 957 页。
③ 《钦定剿平三省邪匪方略》（正编）卷 198，《中国方略丛书》第 37 册，第 14582 页。
④ 枫香沟，位当在宁强县。石观子沟，疑为位于勉县南部镇川镇石关沟。
⑤ 以上均见《钦定剿平三省邪匪方略》（正编）卷 198，《中国方略丛书》第 37 册，第 14581—14593 页；又《清仁宗实录》卷 73，嘉庆五年八月下丁卯，第 972 页。

嘉庆帝接报,以杨遇春"打仗最为出力"而予以叙功。①

杨遇春、格布舍、丰绅等连日率马步兵勇截击盘旋于老林山内的张天伦余部,每日斩获一二百人不等。张天伦部四五千人北溃成县、西河界时,杨遇春等又整装跟进。时两当县报,有数十人假充兵勇,时而掠食,时而放火杀人。由是,杨遇春决计派一只小队折而追踪该部教军,见机截杀。遂派游击张瑷带领兵勇 100 余人,领取盘费,乔装成教军,"密行踩缉",希冀以假乱真,消灭活动于两当县境的这股教军。张瑷入两当后,四处查访,在五郎地方寻得教军踪迹。令所带兵勇乔装改扮,冒称白莲教,与教军混在一起。当张瑷摸清教军共有 30 人后,便密召所带兵勇布围,当场杀毙 20 人,生擒 10 人②,遂灭此股教军。

驻守在甘肃成县、徽县一带策应的长麟,也有效地阻击了西北向退却的张天伦等散兵,其余教军只得掉头东南向溃退,在陕境汉中和安康间来回奔波,寻找出路。杨遇春等则紧蹑其后,穷追不舍,每日行进均在一百四五十里不等,相应辗转于陕南汉中、安康一带,疲于奔命。八月十二日五更,当杨遇春带兵行至四合头、太阳寺一带时,探得教军刚过太阳寺,且得知庆成与格布舍马队已经到达利桥、迎头坝拦截,遂带兵驰进,杀 40 余名。教军余部又退入老林,杨遇春仍设法搜寻截击。③

八月十五日,杨遇春由二郎坝赶至线沟徐扬河,因紧追不舍急速行军,后勤锅帐未能及时赶到,官兵只得露营驻守。杨遇春抓紧时机,观察地势,发现河沟两面俱系老林,易遭伏击,且已探得教军就在附近活动,遂传令手下将领严备警戒,以防偷袭。果然,是夜教军偷袭两次。先是三更后,教军乘着月色,偷摸营卡,官兵放枪击退。四更后,教军二次偷营,且直扑四川官兵营卡。混乱中一些兵丁摸不清情形,越卡逃散。游击张超见状,竭力稳住兵丁阵脚,令兵丁连放枪箭,教军败走潘家湾。次日,查营卡外被枪箭射中的有 40 余人。

十六日,杨遇春督兵向潘家湾行进。午间,赶至教军驻扎外围,与丰绅商量了钳式夹攻之策,分头率领前队马步官兵左右击杀,毙百余名,余者穿沟越岭而逃,官兵尾追截击,途中搜获 34 名。此战后,额勒登堡令杨遇春等尽力拦截所剩无几而四散的张天伦等部。④ 八月下旬时,张天伦

---

① 《清中期五省白莲教起义资料》第 4 册,第 482 页。
② 《钦定剿平三省邪匪方略》(正编)卷 198,《中国方略丛书》第 37 册,第 14601 页。
③ 《钦定剿平三省邪匪方略》(正编)卷 200,《中国方略丛书》第 37 册,第 14662 页。
④ 《钦定剿平三省邪匪方略》(正编)卷 200,《中国方略丛书》第 37 册,第 14664—14666 页。

等退至太阳寺一带，遭杨遇春伏击，继之，在铜钱岭又被斩获百数十人，余者分股窜向凤县一带。杨遇春、庆成分路赶往截击。此后，清廷谕军机大臣传令额勒登堡，令杨遇春与长龄赴甘肃渭源县广厚一带。①

此时，在陕南遭重创的高三、马五、徐天德、王廷诏及张贾等各股教军，为避杨遇春追剿之锋芒，大有东向入楚之势头。为此，清廷令前线各将领，务必将教军拦截在陕境，不得入楚。嘉庆帝分析道：观其形势，"川省团勇筑堡防堵严密，很难窜入，而陕省年内收成歉薄，难于掠食。故惟有湖北是其得以图延喘之地"②。

而形势的发展也表明教军确有入楚意图，因而，杨遇春等全力阻截其东行。至九月，在甘肃秦、巩西北遭到打击的教军折回陕境，其中高三、马五率余部屡次冲击官兵，欲渡汉江。官军也返回陕南，重新布防。额勒登保自带一部驻防汉北堵截，杨遇春等则在汉南小巴山一带搜剿。可是，教军已做好东向突围的准备。高二、戴四汇合后，集中约三四千的兵力，突击官军围阵。双方于山沟中激战。教军马学礼、徐天德率部前往支援，当行至安康时，遭到自汉中进军西乡的额勒登保部攻击。余部尚未抵达战阵，又被杨遇春所部截击。以致教军援军马队被攻，有生力量损失殆尽。加之新归降官军的苟璜等数十人"亦均能随兵勇争先杀贼"，官军大获全胜，斩获逾千。③

再说之前从高二、戴四中分出的一支余部，进至李子坪，其所处位置又正好在额勒登堡大军之后，给官军创造了围堵的良好时机。杨遇春与格布舍、丰绅带同侍卫巴图鲁将备等兵分三路围堵。当三路人马至旧司河地方时，教军也迎头阻击，有数十名抢上山梁，从山顶下压，官兵亦奋力扑杀，毙其200多名，余者退向大叶庙一带。杨遇春等沿沟顺岭直追至龙池场，在约计50余里的追途中，又毙300余名，俘100余人，于二更时收兵。④ 与此同时，额勒登堡也败冉学胜、张世龙于康家坝一带。急于复仇的徐天德乘夜偷袭军营，官兵枪箭齐发，徐天德败走全河口。

九月二十二日黎明，杨遇春等在兴安府安康县属之麻柳坝抄袭了小股教军，从俘虏口中得知，马五、王廷诏、冉学胜、张世龙等会合后，

---

① 《钦定剿平三省邪匪方略》（正编）卷200，《中国方略丛书》第37册，第14700—14701页。
② 以上均见《清仁宗实录》卷76，嘉庆五年十一月辛卯，第1023页。
③ 《钦定剿平三省邪匪方略》（正编）卷204，《中国方略丛书》第38册，第14917页。
④ 《钦定剿平三省邪匪方略》（正编）卷205，《中国方略丛书》第38册，第14992—14993页。

屯扎银珠坝一带，徐天德一支驻扎在铁炉坝，两部相隔20余里。杨遇春认为机不可失，经与格布舍、丰绅商议，将马步兵勇分为三路，又知会总兵马玉魁带领将士觅道截断铁炉坝退路，就近向银珠坝挺进截击。至午间，杨遇春等赶至银珠坝山梁，果然见沿沟十余里内，俱系散布的教军。遂令官兵迅疾抄前断后，并从中下压。教军见状，鸣锣号召，准备迎击，但时已晚矣！经巴图鲁侍卫将领率兵冲击，立毙教军200余名，余众顺沟翻山奔逃，官兵紧追20余里，直至吴家河沿，因已傍晚，且山势过高，不能再进，遂就地扎营。官兵在追途间又毙杀教军400余人，生擒579余人。

时来自铁炉坝的探报称，官军马玉魁已经与教军徐天德接战，杨遇春立即与格布舍拨马步兵700人前往策应。将近初更，马玉魁等杀教军80余名后归营，从俘虏中辨认出头目4人，大头目1人及已毙头目首级1颗，徐天德逃逸。① 此后，杨遇春一面由安康一带赶剿马五、王廷诏等教军，一面知会恒瑞等探踪抄袭西逃之教军。嘉庆帝得报后甚喜，奖赏各将领，杨遇春得乌云豹马褂一件。②

进入十月以后，官军处于搜寻、交战的断续交替中，无大战绩。十月二十五日前后，杨遇春、温承惠分路带兵在安康、平利地界辗转截剿，时有斩获，"或数十人，或一二百人不等"，亦采取堵截策略，以"总遏其东趋之路"为短期任务。教军不得不转向西南滔河一带。③

至十一月初，四川境内教军迫于官军追击，全部撤入陕境，有北上之势。故杨遇春随额勒登保率兵赴兴安、商雒一带。此时，教军冉天士、樊人杰率众二三千人，移石泉江岸，与仅余二三百人的冉学胜、伍怀志部汇合后，又裹胁周围民众，人数骤增至数千。二十二日，星夜追击教军的杨遇春，率兵至白土观，遇教军七八名骑兵，擒获四人。经询问，此股为徐天德与由石泉过江南来的伍余部曾芝秀等，合伙后又扩至数百人，驻扎于洋溪河，欲绕而东北行，过白土观后赴湖北等处。

对此，杨遇春分析道：教军"既知我兵在前拦截，未必肯由此路前来，势必折向碾盘、石坝河，绕向东北而窜"。遂知会温承惠酌带乡勇于白土观山梁鸣枪轰炮，故作声势，自己则与格布舍、丰绅各率官兵由湘（响）潭河、孟溪沟、老虎沟、长冈岭分头抄出，至午后时，先后赶到坝

---

① 《钦定剿平三省邪匪方略》（正编）卷209，《中国方略丛书》第38册，第15187—15191页。
② 《钦定剿平三省邪匪方略》（正编）卷209，《中国方略丛书》第38册，第15204页。
③ 《钦定剿平三省邪匪方略》（正编）卷215，《中国方略丛书》第39册，第15530页。

河。布阵稍毕，果见教军结队而来，杨遇春等率兵迎击，教军开始抵拒，后见官兵来时勇猛，即折原路后退，官兵乘胜追击，约推进40余里，教军余者逃往清潭沟方向。此战，毙300多名，杀元帅陈天保，生擒探马头目莫荣等6人，俘获264人。①

清潭沟路通金河、仁河，系入楚之要路。决不能任凭教军入楚。由是，杨遇春不顾连日作战的疲惫，于次日五更带领官兵赴董家梁，抄截20余里，直至广木沟。在这里遭遇自连线（仙）河而来之教军。杨遇春临阵布兵，与格布舍、丰绅分路进沟截杀。教军纠众，自岭下压。官兵亦奋力攻击，毙教军200余人，生擒100余人，俘头目黄国忠等5人。②战后讯知，此股教军自洵河而来，意欲与高、马部会合后往湖北。

俟杨遇春追击教军至茅坪时，额勒登保也率兵勇移师而来，一路颇有斩获，于俘虏内认出董大位等17名头目。③余者退至旬阳坝，又遭杨遇春等官军突击，亡600人。遭受攻击的教军主力在冉学胜率领下又转赴江口，留樊人杰部断后。当冉学胜率步骑2000人至商雒间道的龙驹寨时，杨遇春已经率3000精兵扼守于此。开战后，杨遇春率官兵从山梁下压，先灭其步兵。继之，在武关、荆子关再败其马队，又与纶步春、旺启军三路合围截击，教军乃不敢东行。④

此时，在老林中长期对峙的官兵与教军，均在游击战中疲于奔命。教军被官兵重击后，损失惨重，急需要整合力量。而官兵也处于重振士气的节骨眼上。十一月十三日，嘉庆帝在分析军情时说：经长龄带兵截剿，高、马等股在竹溪白河界内游弋。经杨遇春分路截击，龙、苟等股，窜至安康平利地界，已向西逃，而徐天德与伍金柱余党曾芝秀等合伙，绕向东北奔窜高家营内分出与戴家营合之一股，在西乡被击败后，复与戴家营分伙，由洵河一带潜遁。由是，重新调整战略部署，以阻止教军入楚。嘉庆帝谕令额勒登保抽带马步兵勇入楚，由竹溪一带前进，适扼其前，并顾住东北，赶紧向西剿办。⑤

在这一整年中，杨遇春转战于陕甘境内，或大股，或小支，追剿教军，采取灵活机动的战略战术，取得了清廷所希望的阻止教军东向入楚的

---

① 《钦定剿平三省邪匪方略》（正编）卷215，《中国方略丛书》第39册，第15532—15534页。
② 《钦定剿平三省邪匪方略》（正编）卷215，《中国方略丛书》第39册，第15534页。
③ 《钦定剿平三省邪匪方略》（正编）卷215，《中国方略丛书》第39册，第15540页。
④ 以上均见魏源《圣武记》卷10《教匪·嘉庆川湖陕靖寇记六》，第424—425页。
⑤ 以上均见《清仁宗实录》卷76，嘉庆五年十一月辛卯，第1023页。

阶段性胜利。可是，整个战局僵持，战事进程迟缓，却不是嘉庆帝所希望的。所以，至年底时，实际战局令嘉庆帝十分不满。也由于秦巴老林地形复杂，范围广阔，旷日持久的拉锯，双方处于胶着状态中，不能自拔，战事陷入僵局。官兵虽随处追击，但教军仍东奔西窜，官兵总是不能遏其去路，归并一处，聚而歼之。

嘉庆帝认为，不能迅速结束战局的原因还在于，官军没有统一指挥，相互不配合且掣肘。

> 从前降旨令诸将各在本境堵剿，在于彼时股数甚多，不得不各顾疆界，以专责成。嗣经官兵节次剿杀，各股贼匪，统计不过万余，而奔窜地方，亦仅在川陕楚三省边界。

可见，带兵大员及各督抚等仍存此疆彼界之见，只管自己辖境，将教军驱逼出境，"即为尽职，并不协力会剿"。以致

> 川陕楚三省窜匪，出彼入此，来往自如。即被一路防堵官兵剿败杀贼虽多，而前无拦截，后无追蹑，沿途裹胁，又成大股，仍与未经剿杀者无异。

似此"辗转奔逐，年复一年，何时始能剿尽，亦断无如此追逐即能成功之理"。是"堵"之一字，亟须实力办理。嘉庆帝的分析不谓不精辟，点到了要害。遂于十二月初二，明令各路将帅，当"无分畛域，或并力合剿，或互相策应，以期一鼓歼除"①。

当然，嘉庆帝对于官军与教军经历了正面交锋后，又陷入秦巴老林中持续了一年多的蹑尾追踪的游击战，尚不能决出胜负，甚为焦心，也检讨自己道："办贼之法"，不外"剿""堵""抚"三者，且"均以兵饷为要"，且已经做到了"兵饷"供给充足。即各路征兵，不下十万，军威不为不盛。所需饷银，无不预为筹拨，源源接济。但实际的情形是"即如陕省南山内伍逆余匪，所剩不过二百余人，而官兵现在万余，不啻多至数十倍，尚未见搜剿净尽"。进而对前方的将领说道，"若似此办贼，即百万雄兵，亦复何益？难道还要再借口于兵力不足乎"？各路军营"若果因饷项不继，致有掣肘，则朕先认过"。终了，又不得不再行布置兵力。说道：

---

① 《清仁宗实录》卷77，嘉庆五年十二月庚戌，第1034页。

东面有倭什布、长龄、西面有长麟、庆成，南面有德楞泰、勒保，北面有额勒登保、杨遇春等，总须四面严堵，彼此通盘筹划，联络声势，协力以堵为剿。即在川陕楚边界，将各股窜匪悉数歼擒，方为不负委任。总之，希望诸将兵勇同心一致，迅速结束战事。①

（四）陕境追踪战

如果说嘉庆五年（1800）中，杨遇春等官军采用以"堵"为主的战略战术以截教军入楚，那么之后的战事，则以尾随"追"蹑、入林"搜"剿为主要作战方式，兼及继续围堵。再说，嘉庆帝的一道道进攻谕令亦被传到战区，催促经略额勒登堡、参赞大臣德楞泰、陕甘总督长麟等率各路官军齐力于陕南围歼教军余部。五年（1800）十二月初六，在商州桥儿沟地方，杨遇春等在额勒登堡督帅下，率领兵勇，迎头截杀冉学胜等部千余人。随之，于昼夜间又接连两战，歼毙300余人，俘虏200余名，缴获器械300余件，马骡200余匹，余部败走瓦房滩一带，杨遇春等蹑其后向西追剿。②

十二月二十三日，杨遇春带兵赶至石泉县两河地方，正值冉学胜部众从土木沟内向外行进，杨遇春、格布舍与总兵张凤各带马步官兵分路冲击，立毙数十名，教军难以招架，遂向西北溃逃。官兵乘势追赶，将教军队伍拦腰截断，一部分由旁路翻山窜向漆树岭，另一部分仍折回土木沟翻山而去。杨遇春、格布舍等分头追击，共毙300余人，俘虏220人，毙首领冉大志等人。

战后，杨遇春派人跟踪教军行迹，探知此部又陆续往九池坝集合，有自石塔寺向华阳西逃之势头。遂派遣将弁酌带兵勇向九池坝紧追，自己带兵赶至石塔寺山后设伏。至二十七日未刻，教军果然由石塔寺而来，杨遇春等率同巴图鲁侍卫及镇将备弁所带领伏兵分路出击，教军猝不及防，尽弃骡马辎重，爬越右侧山梁而遁。官兵不失时机，自下仰攻，杀100多人，俘虏60余人。经杨遇春等带兵搜山与审讯，又从俘虏中辨出副帅秦玉升，得知冉学胜之子冉更枝已死于战场。嘉庆六年（1801）正月十二日捷报进京，嘉庆帝甚喜，著赏给杨遇春白玉喜字牌、玉喜字扳

---

① 《清仁宗实录》卷77，嘉庆五年十二月庚戌，第1035页。
② 长麟等，奏为连日截剿辛聪、张世隆等未令窜入陕境等事，嘉庆五年十二月二十六日，《清中期五省白莲教起义资料》第2册，第77页。

指、大小荷包。①

此后，官军与教军双方兵员悬殊越来越大，经常是万余名官兵几路围追堵截四散的二三百人为一组的教军。可是，尽管教军力量越来越小，但战局进一步胶着，很难速结。双方在深山密林中，辗转游击，在运动中消耗各自的实力。为尽快结束战事，清廷不惜悬重赏捉拿"罪大恶极"的高三、马五、王廷诏、高二、徐天德。晓谕众将士：此五人屡次戕害官军大员，如有能擒获一人者，赏银2000两，以守备即用。重赏之下必有勇夫，这也在一定程度上激励了官军将士歼灭教军的志气。而此时，适逢高三、马五和王廷诏三部汇为一路，往留坝县铁炉川一带行进。由是，经额勒登保力荐，清廷命杨遇春率兵剿办。②

嘉庆六年（1801）正月，杨遇春与时任陕甘总督的长麟等会商，以铁炉川为中心，截击高三、马五等部。杨遇春分析道：高、马先头各部若不能潜行甘肃，必由外坝河、余家河翻山，南趋黄沙驿、旧州铺及西往勉县、略阳一带。因而，建议与长麟兵分两路围堵。二月初五，长麟自西南截击，杨遇春则率部自马道赶到勉县，步队兵勇也赶至黄沙驿。在此，杨遇春手下探得高、马果然由余家河前往火神庙、新集梁一带屯扎。恐教军乘夜逃窜，乃一面派弁兵，分赴各要路哨探，一面联系长麟，相机截击。是夜三更后，探报教军自龙王沟而来，系出旧州铺之路。面对新的军情，杨遇春做出快速反应，认为不能再用以往截击的办法。若一旦出兵截击，难免教军四散，折回黑河老林，再搜剿就很费事。故而决意埋设伏兵，出其不意，全歼教军。遂派兵勇千余名，埋伏于旧州铺左面，自己带领马队弁兵800余名，设伏于旧州铺右手。为有效截断教军退路，又派兵勇千名，赴狮子沟埋伏。

时至五更，教军至旧州铺，杨遇春下令两路伏兵齐出击，箭射矛戮，立毙200余人，教军四散，渡河向元山子一带退去。杨遇春自率马队，一面沿山截击，一面令步兵在山脚追杀。官兵马队自化山沟、杨家河、七里碥、李家嘴等处，直追至钢厂，追程近200里，毙四五百人，俘虏400余人。

此时，向狮子沟退去的教军约200余人，被埋伏于此的官兵截杀，又毙数十人，余者翻七里碥山，纠合各处退却之兵约五六百人，往钢厂、毛

---

① 《钦定剿平三省邪匪方略》（正编）卷229，《中国方略丛书》第42册，第16500—16502、16510页。
② 《清仁宗实录》卷78，嘉庆六年正月戊子，第6页。

垭子一带退却。杨遇春率兵紧蹑其后。而教军高、马二部的后路人马也已由马道、武曲铺进入武关西沟,情势紧急,官军必须快速集结拦截。另一路的长麟得报后,率兵先往黄沙驿,相机行事。杨遇春考虑到所部兵勇连日追杀,俱极疲乏,遂一面安排大队主力休整,一面亲自挑选壮健马队二三百人,乡勇数百名组成先遣队,急赴庙坝迎击。初七,教军得知庙坝有官军拦截,遂翻过甘沟,向西奔黄洋河老林而去。杨遇春判断,教军往黄洋河方向,唯有两条路可选,不入南江,即入广元。遂连日带本营兵勇,紧追不舍。①

至于扎营于武关西沟的教军尾队,约有700余人,欲由黑河经甘肃,往四川龙安。原本相约与先头部队前后夹击杨遇春部,不料被杨遇春破围,且尾追其后,予以重创。经杨遇春所率马队沿途搜剿,杀五六十人,冲散200余人,另外300余人拐进老林,被官军轰出拿获。

杨遇春率马队每日追奔路程不下200里,途间又接连两仗,官军疲乏无比,加之山路崎岖,奔驰过速,以致杨遇春不幸坠马,跌伤腰臀,可是仍忍痛疾驰行进。于十三日追过三道河、香炉山一带,入川省南江县。在此,布置兵勇,以对付总计不过千人的马、高余部。②

与此同时,嘉庆帝为尽快剿办教军,对作战部署和人事调配做出周密安排。传谕:现在高、马等由大古坪向西南奔窜。额勒登保即移兵汉南,速抓紧歼除龙(绍周)、苟(文明)等逆,勿令肆窜。③至于南山余匪,"或交长麟、杨遇春,并另派镇将剿办"。同时对教军可能出现的几种情况加以分析道:

> 万一该匪溃窜,或由栈道入甘,长麟、杨遇春自当一同带兵入甘追剿。倘转而入蜀,长麟系陕甘总督,自不应越境远追。当令杨遇春、格布舍紧蹑入川,奋力截击,以期一鼓扑灭。一旦一律歼除,再赴四川督率剿办。

嘉庆帝还进一步叮嘱了军需粮饷的供给,说道:"杨遇春等追贼入川,粮饷军火,由勒保饬令地方官随时供支。"对于防务湖北的德楞泰,嘉

---

① 长麟,奏为会剿高、马前股贼匪杀毙伪元帅贾志茂等现在截剿后股贼匪事,嘉庆六年二月初十日,《清中期五省白莲教起义资料》第2册,第94—96页。
② 长麟,奏为连日追剿高、马后股贼匪生擒教首大掌柜马应祥等事,嘉庆六年二月十九日,《清中期五省白莲教起义资料》第2册,第98—100页。
③ 《清仁宗实录》卷79,嘉庆六年二月丙寅,第23页。

帝也说道：

> 湖北贼众兵单，已令德楞泰前往协剿。俟高二一股剿净后，应即赴川剿除各股贼匪，但亦不可因川贼较多，将败残之高二一股辄行舍去。总俟剿净此股，再行赴川。

额勒登保遵旨，选留杨遇春乘胜专办南山教军，自己与长麟会晤后，从洋县的茅坪、华阳一带进发，以期与杨遇春遥相呼应，实现嘉庆帝所希望"此股败残余匪，无难乘势歼除"①。

为落实嘉庆帝就地结束战事，以防止教军再次进入甘肃的旨意，杨遇春不顾坠马伤痛，率兵疾进，一直尾追冉学胜部于斜峪关，在川陕边界之龙池场鞍子沟接战，俘获王廷诏。得到嘉庆帝赏赐，并谕"由部议叙"②。

教首王廷诏被擒后，高三、马五势力严重削弱，只能以老林深境为掩护，不敢轻易露出行踪。官军乘胜围堵，见机追杀。四月初一，杨遇春等尾追高三、马五等至宁羌铁锁关、二郎坝地方，临阵俘获高三、马五并马五之子以及刘元帅等，全歼余部。③ 捷奏，因杨遇春已有云骑尉赏世职，故而加赏骑都尉，并赏给碧玉带头一副，玉扳指一个，黄辫大荷包一对，小荷包两个。④

不几日，额勒登保令接连获捷的杨遇春自宁羌出栈道，前往陕西凤县、宝鸡一带，截击冉学胜部，遏其东窜之路。额勒登保自带兵勇在瓦亭驿、华亭、陇州至火烧寨、曹家湾等处截击。⑤ 四月二十二日，杨遇春赶到宝鸡一带，与额勒登保、长麟三路截击冉学胜部。⑥

五月初二，当冉学胜部由萧家坝退至紫阳地界时，杨遇春、格布舍等

---

① 以上均见《清仁宗实录》卷79，嘉庆六年二月壬申，第26页。
② 《清仁宗实录》卷79，嘉庆六年二月乙亥，第29页；录副奏折，四川总督勒保，奏为代提督杨遇春谢恩事，嘉庆六年四月十三日，档号：03-1657-061。参见中国第一历史档案馆藏及国家清史工程数据库（以下文中未特别注明者，均同；未特别注明奏报者，均为杨遇春）。
③ 额勒登保、长麟等，奏为官兵生擒高三、马五及马五之子并全数扫荡事，嘉庆六年四月初八日，《清中期五省白莲教起义资料》第2册，第103页。
④ 《清仁宗实录》卷82，嘉庆六年四月丙寅，第69页；录副奏折，理藩院尚书额勒登保，奏为代杨遇春等谢恩事，嘉庆六年五月初一日，档号：03-1657-068。
⑤ 额勒登保，奏为连日追剿冉学胜股匪杜其北窜甘省固原一带现在陇州分路紧剿事，嘉庆六年四月十四日，《清中期五省白莲教起义资料》第2册，第105页。
⑥ 长麟，奏为与额勒登保兜截冉逆匪逼过渭河南岸并追剿另股窜入甘境贼匪事，嘉庆六年四月二十三日，《清中期五省白莲教起义资料》第2册，第107页。

也带兵由麻柳坝等处蹑踪而来。为避免冉部再次散逸，速歼其部，额勒登堡在所带兵勇中择精劲者，拨给札克塔尔及副将杨芳等，以配合杨遇春一同追剿。额勒登堡亲自率兵由王黑坝、大石川出观音堂，直扑瓦房店营卡防御教军西逃。打算径走江岸的冉部遭到守卡官兵的打击，毙50多人，余者翻山南赴紫阳鸡鸣坡一带。

五月初四，教军至仁河，因雨后河水陡涨，遂组织马、步两队渡河。教军采取用布带将马队骑兵与步兵相互牵拽的办法涉水。适时，杨遇春、札克塔尔、格布舍等经西乡碾子垭、洋县北混人坪，进入紫阳，过牛角园、芭蕉口赶到仁河边的山梁。教军已至河中者与尚未涉河者，见官军追来，慌忙加快渡河速度。孰料因兵士用布带相互捆绑，行动羁绊，被汹涌河水漂没者近百人。

此后的两天中，杨遇春等紧追其后，并探得冉学胜在紫阳天池山林箐深密处设伏，以袭击官军。遂与札克塔尔、格布舍决意将计就计，兵分三路抵进。俟抵半山腰时，果有伏兵从山洼林中跃出，因官军有备而来，迅速分占山梁，击毙数十人。教军见状，也快速占据山顶旧有营卡。结果却中了早已埋伏于此的格布舍之围，官军侍卫马队自左面直扑压下，教军拼命抵御，其中有一执旗者，指挥手下竭力扑杀，官兵也奋力抗击，双方厮杀混战。杨遇春、札克塔尔率总兵张凤、副将应元宽、杨芳等趁势分路包抄，且追杀四五十里，冉学胜率大部分教军抛弃骡马辎重而逃。此战，毙教军300余名，俘虏54名及副元帅陈学文等，获骡马200余匹，包裹枪矛无算。① 清理战场后，杨遇春又尾追向木莲桥、洞河逃逸的冉学胜。

冉学胜等自洞河逃出后，连夜直奔斑鸠关南。杨遇春等判定，教军必然仍由南折而向东。遂经商议，令张凤带领将弁兵勇尾追其后，自己和札克塔尔、格布舍率领大队取道深水河向安康砖坪兼程挺进。

五月初九午后，杨遇春等赶抵砖坪（岚皋），未遇冉学胜部，于是又率马步兵勇疾驰20余里，至蔺河鱼儿坝一带追及教军。教军见官军尾追而来，向各山梁散开，以分散官军兵力。官军只得分头追击30余里，教军死伤被俘100多人，活捉先锋王文元等，获骡马百余匹。此后数日，杨遇春等继续尾追冉部。在银珠坝，探得教军已入平利地界，遂兼程追搜。至白土观一带，适逢连日大雨，山沟溪岔洪水大涨，人马难行，暂行扎营。十三日，当冉学胜部行至四川遂宁草鞋垭一带时，遭杨遇春、札克塔

---

① 《钦定剿平三省邪匪方略》（正编）卷257，《中国方略丛书》第46册，第18287—18291页。

尔等将弁截杀。教军见无路可退，原路返回陕境。杨遇春等又转而从湖北竹溪和陕西平利交界处的关垭进入旬阳县境追搜。①

十九、二十两日，杨遇春、札克塔尔由旬阳莺嘴山、大金河口前进，探知高唐岭、刘家河一带约有五六千教军屯聚，遂率部前往。得知该股教军由五部分组成。张天伦部二千七八百人，杨开甲部1000多人，姚之富之子姚馨佐一千五六百人，曾芝秀部下头目李所带的五六百人以及在冉家营被官兵打散的矛手200余人。

当杨遇春等赶到距教军10里之外的观音堂时，天色已晚，令大军扎营歇息，同时派参将张瑗带领守备余步云等乔装改扮为乡民，潜进高唐岭之太平寨，查探教军虚实。次日二更，杨遇春等带领马步兵勇进发，黎明，至刘家河口。据先前抵达的参将张瑗禀报，教军似有觉察，有逃奔的迹象。杨遇春即刻兵分三路围剿。中路由两部组成，即格布舍带一班侍卫、协领等马队官兵，副将杨芳带游击朱槐等步兵、乡勇，二部合为一队，自东沟进击。左路由札克塔尔等带领侍卫、副将、参将等马队及各兵勇，由太平寨抢攻左手大山梁。杨遇春自带由侍卫、副将、参将、游击组成的将弁与步队、兵勇由神仙洞抄进。三路官兵齐头并击，为预防各路人马配备不济，呼应延迟，又令总兵张凤带同副将玉福及兵丁随时策应。②

双方接战后，官军奋力直前，教军顽强抵御，各有伤亡。最终，教军力不能抵，分几路撤退。杨遇春一路的应元宽、唐文淑等带兵由松树沟、金岭子、五条岭等处追击，斩获500余人。格布舍、杨芳等带兵由双宝寨、天池垭至黑虎庙，斩600余人，教军仅有十数人退入良家河深林。游击吴廷刚、都司刘元明等带领乡勇，由陈家河经皮家河一带，斩获400余人，逃脱的四五百人，又遭遇游击李东宣率同守备余步云等所率兵勇袭击，斩获300余人，剩余数百人沿河奔逃。杨遇春带领兵勇由中路策应，沿途也斩300余人。直到日暮，各路官兵方才收兵。统计刘家河之战，共斩2000余名，俘1259名，获骡马700余匹。③ 逃脱者2000余人，携骡马二三百匹。冉学胜余部行踪未卜。

此战官军战绩甚佳，可是，嘉庆帝对整个战况进展极为不满，尤其对

---

① 《钦定剿平三省邪匪方略》（正编）卷258，《中国方略丛书》第46册，第18357—18358、18377页。

② 《钦定剿平三省邪匪方略》（正编）卷260，《中国方略丛书》第47册，第18453—18455页。

③ 《钦定剿平三省邪匪方略》（正编）卷260，《中国方略丛书》第47册，第18456—18460页。

陕甘总督长麟带兵之术加以指责，谕额勒登堡道：长麟带兵本非长，其节次奏报军情亦多不实。令额勒登堡与庆成、杨遇春二人内酌派一人，迅速接替管领长麟原带之6000兵丁，全力剿办冉学胜部，并希望克日歼灭。①然而，此时所余教军以冉学胜兵力尚强，"骡马尚多，人数亦较之各股为众"，已被额勒登堡逼进城固、洋县地界。另外，伍怀志直接领导的教军也有千余名，由勉县东行至三岔坪一带。②

　　刘家河之战后，杨遇春追击教军至略阳黑河老山一带，与穆克登布并力搜捕伍部教军。五月二十一日，接额勒登堡令后，即率兵由栈道东行，经庙垭马道、汉中、洋县、西乡而来，③计划堵住教军西行之路，并与官军各部联手，对教军形成合围之势，大有一举全歼冉学胜部之势。

　　时额勒登堡不断接到四周各部捷报与信函，先是德楞泰称楚省徐天德部被追赶至竹溪一带，与适逢抵达的樊人杰等部汇合，前往枣树岭，遭德楞泰伏击后，逃亡陕境，楚省教军已全歼。旬阳也报称，二十三日，由旬阳高梁背退往江北的教军，已被德楞泰追堵。双方在张家坪接战后，教军余者退向西边的石泉、宁陕地界，又遇埋伏于此处庆成的迎击。也就是说，因德楞泰与庆成两路夹击，徐天德等教军基本歼灭，④形势对杨遇春等集中歼灭冉部十分有利。

　　位于汉江南岸的龙绍周等教军，已由平利西退至滔河，而旬阳之金河、炭河，尚有樊人杰余部活动。如此，额勒登堡自老渔坝集结官军后，即与杨遇春等分路由汉南、西乡、紫阳一带追剿冉学胜部，并令沿途随机搜击散逸教军。杨遇春率部由白河之大山庙、麻湖沟以东前进。六月十二日，探得退败中的冉学胜与张天伦余部归并。由于人多目标明显，日常供应也有困难，仍分成两股。一股千余人，行进在旬阳孙家坡、小双河口，有东趋杨柏坡之势。该股教军以冉学胜为首，是为主力。另一股约有一千数百人，在秧田坝一带活动，是从冉学胜与张天伦部分出之众，作为后援，以牵制官兵，掩护冉部主力。杨遇春、札克塔尔率先带兵向西往旬阳孙家坡截击主力冉部。

　　六月二十五日，孙家坡之战揭开序幕。官军经商议，由格布舍、桑吉

---

① 《钦定剿平三省邪匪方略》（正编）卷253，《中国方略丛书》第46册，第18034—18035、18055页。
② 《钦定剿平三省邪匪方略》（正编）卷253，《中国方略丛书》第46册，第18047页。
③ 《钦定剿平三省邪匪方略》（正编）卷254，《中国方略丛书》第46册，第18108页。
④ 《钦定剿平三省邪匪方略》（正编）卷254，《中国方略丛书》第46册，第18110、18119页。

斯塔尔、总兵张凤、副将杨芳、参将张瑗、游击李东宣等取道五尺沟，抄出杨柏坡，设伏迎击。杨遇春与札克塔尔等带领侍卫噶拉、副将应元宽、参将唐文淑、游击吴廷刚及马步兵勇乘夜前进。天色甫明，官军抵孙家坡。杨遇春察看山势后，将所带兵勇分为数路，分头包抄。双方短兵相接，教军猝不及防，向西面石关子撤退。札克塔尔见状，率同侍卫将领等紧追其后，抢上山顶，奋力压下，斩获三四百人，余者向大棕溪溃退。时又有教军四五百人退至董家坡，东向走杨柏坡，杨遇春率兵紧追。当教军至杨柏坡山梁时，埋伏于此的格布舍等由山上压下。官军两路夹击，教军死伤惨重，仅有数十名向南面沟内逃奔。适逢参将唐文淑带兵截住，无一漏网。此战官军伤亡不大，但教军损失惨重，被毙七八百人，生擒271人，内有先锋头目十数人。① 遗憾的是冉学胜等仍不在其中。

经侦探报，冉学胜率领千余人由平定河疾行向西，杨遇春遂决定连夜追剿。又顾虑到已经探明的位于平利以东秧田坝的教军可能会乘机逃脱，果断决定，兵分两路，留札克塔尔、桑吉斯塔尔等赴秧田坝一带，自己与格布舍带同副将杨芳、参将张瑗等并马队数百人为先头部队，自平利之神仙洞、平定河"趱程而进"。

二十九日，杨遇春等率部抄出大贵坪。此时，额勒登堡率部也已抵达龙王庙，连夜布置截击西窜之教军。孰料次日大雨，杨遇春等被河水所阻，教军由观音堂、梨园坝向西左林沟开拔。适逢德楞泰率军赶到，与额勒登堡分头截击教军。德楞泰督率官兵由东面白土关、曾家坝向西兜击，额勒登堡督率官兵由东北大贵坪、狮子坝、四郎庙向西南进击。不几日，额勒登堡令杨遇春与由白河赶来的札克塔尔自狮子坝、南坪进剿。②

当杨遇春等抵达安康岚皋黑虎寨时，探得冉学胜驻扎于长塘一带，这里依山傍林，地势险要，易守难攻，为避敌取胜，杨遇春乘夜率兵勇分路进击。而隐蔽于林中的冉部遭到攻击后，迅速四散。杨遇春令手下并力追剿，斩获数十人。此时，因天气忽变，烈风暴雨，官兵主力不能穷追，而教军也乘势东趋岚坪。杨遇春令总兵张凤、副将应元宽速带兵绕出岚坪抄截，自己则与格布舍带马步兵勇赴孟石岭而进。在孟石岭恰逢龙绍周等七八百人从安家河而来，双方相遇，短兵相接，官兵力猛势优，立斩四五十人，其余教军四散而逃。杨遇春等率兵追击40余里，又杀一百数十人，

---

① 《钦定剿平三省邪匪方略》（正编）卷261，《中国方略丛书》第47册，第18532—18534页。
② 《钦定剿平三省邪匪方略》（正编）卷261，《中国方略丛书》第47册，第18532—18534、18540页。

俘虏王成等 71 名。

　　经审讯得知，龙绍周、戴家营、崔胡等首领正集聚在平利县八仙河一带，商议进四川还是赴湖北，此战被击败的七八百人，是遣往探路并搜寻口粮的先遣队。由是，杨遇春思忖，不得使教军乘机逃脱，遂将龙绍周等情形传递给正在松树庙一带驻扎的德楞泰，请其见机办理，自己则转回小毛沟，赶抵獐子坪，与张凤等合剿冉学胜部。时冉部由岚坪龙须垭赴大小巴山，杨遇春等由八道河一带进剿。在平利县白果坪一带，追及冉部，斩获一百数十人，缴获骡马器械甚多，慌乱中，教军滚落山崖者不少，其余逃奔情急，丢弃骡马，由西沟赴入深林。杨遇春与格布舍、张凤等将兵分为数路，自曾家坝、浪河、朝天坡等处，不分雨夜，并力跟进。教军则从镇坪县曾家坝一路北折。①

　　至七月初，尽管杨遇春、格布舍、张凤等几路搜剿，日有斩获，但是，惨遭打击的冉部借连日大雨之机，于白河县茅坪、朝天坡、金盆坳一带辗转而撤，途间又纠合散退教军，人数增至约千人。七月二十日，由额勒登堡派援总兵刘瑞、副将杨芳赶到，与杨遇春人马合围教军，斩一百数十人，俘获 56 名，内有冉学胜之侄冉世升。所余教军数百人，日夜潜伏深林，杨遇春督饬将领等各带步兵乡勇深入林内搜索。②

　　如此，教军无目标地随处扎营，潜伏行进不定，官军被动盲目搜寻，耗费时日，且遭遇战后总有教军逃散，进而裹胁乡民，官兵剿办永无止境。额勒登堡、德楞泰等给清廷的战报又每每自相矛盾，前报此处战果丰硕，教军几被歼剿，后又言他处发现教军，克日剿除，结果却拖延无期。所以，奏报不实，战而无果，之后，又归罪教军"伎俩"多端，总以"东奔西窜为牵缀官兵"等言语搪塞，令嘉庆帝十分不悦。

　　从嘉庆六年（1801）十月初一谕旨可知，时在陕西南郑边界一带的教军，经额勒登堡督同杨遇春等领兵追剿，已所剩不多。在额勒登堡所奏的战报中也言，余者"指日即可歼除"。可是，直到年底，教军余部仍活动在南山一带，清廷不得不令杨遇春继续于原地执行剿办任务。杨遇春率兵赴宁羌、南郑一带追击宋应伏、李贵成、刘永受等余部。尽管所余教军为数不过四五百人，但是依深山老林，辗转藏匿，很难如期克敌。此时，也因苟文明余部往进甘省，额勒登堡乏人可派，只得调派杨遇春前往堵截。

---

① 《钦定剿平三省邪匪方略》（正编）卷 263，《中国方略丛书》第 47 册，第 18665—18670 页。

② 《钦定剿平三省邪匪方略》（正编）卷 265，《中国方略丛书》第 47 册，第 18751—18753 页。

原本由勉县一带进剿的杨遇春考虑到苟部有可能从略阳、两当入栈道，随即带兵由留坝厅、凤县栈道一带迎堵。①

十二月十八日，据陕甘总督长麟奏，居于略阳黑河的小股教军，探知杨遇春跟踪追击，便昼夜狂奔，于初七夜半由陈仓沟窜出栈道，奔入凤县迤东之王家场。杨遇春率奋勇敢死者数百人，轻装连夜紧追。在王家场，双方短兵相接。杨遇春鼓励兵勇奋勇直前，分兵搜捕，毙100余人，俘66名，获辎重骡马20余匹。经审讯，首领辛聪、刘永受在逃。此时，官军后队锅帐及主力兵勇赶到，杨遇春集合部下，分兵二路，一路由银门寺追剿，一路由凤县正东之大树坝截抄。② 官兵翻山越岭，穿林涉水，在陕南西部与此股教军多次交锋，终生擒辛聪，灭此股教军。③

嘉庆帝发上谕慰问并赞扬杨遇春昼夜奔驰，不辞辛苦。再次谕令额勒登保督同杨遇春等专办陕境苟文明余部及各处零散教军。④ 尽管杨遇春节次搜剿，终因天气寒冷，雪积冰凝，马不能进，兵力难施，既就是徒步奔走，不遗余力，数旬内亦无实质进展。

远在京城的嘉庆帝针对连年不休的战事，也是寝食难安。七年（1802）正月二十五日，令军机大臣等传谕额勒登保"务须上紧"，"转催杨遇春、庆溥等，克日剿净"。可是，至二月初二，各路军营所奏战报依旧是"贼匪穷蹙，不成股数，指日即可荡平"。嘉庆帝所希望的"克日剿净"成为泡影，剿灭白莲教，功败垂成。

嘉庆帝在无可奈何下，除了训斥带兵大员外，将不能速剿白莲教与白莲教各分股势力层出不穷的原因推给州县官吏，认为地方官把应办事宜全部推卸给官军，忽视了地方安民保民、维护治安的责任，未能及时奏报地方随时出现的散股教军，以致散逸教军又裹胁当地民众，酿成教军势力此起彼伏的恶果。⑤

正如嘉庆帝所言，陕南教军中，不仅苟文明余部窜过汉江，其余巫山、大宁、奉节、云阳、梁山、新宁及兴山、巴东等处也有教军滋扰，其中不仅仅是从前剿剩各股余孽，且人数较前顿增数倍，乃至出现了一些之

---

① 《钦定剿平三省邪匪方略》（正编）卷289，《中国方略丛书》第51册，第20108页。
② 《钦定剿平三省邪匪方略》（正编）卷290，《中国方略丛书》第51册，第20173—20174页。
③ 《钦定剿平三省邪匪方略》（正编）卷296，《中国方略丛书》第52册，第20538页。
④ 《钦定剿平三省邪匪方略》（正编）卷291，《中国方略丛书》第51册，第20233页。
⑤ 以上均见《钦定剿平三省邪匪方略》（正编）卷302，《中国方略丛书》第53册，第20903—20904页。

前并不出名的头领，如陈朝观之两子及宋应伏等，又"凑聚成股，随处窜扰"，"若不亟为扑灭，必致又成大股。况且教军总以严冬窜伏川陕交界深山老林，为延喘伺隙之计"。这些实情，确实给官军尽早结束战事增加困难。

为快速取胜，嘉庆帝对各路官军辖区重新部署。谕令"陕境苟逆及各处零匪"，专交额勒登保督同杨遇春等办理。"川东一带之贼"，专交德楞泰办理。"川北之贼"，专交勒保、赛冲阿等办理。"楚省兴山等处各匪"，专交吴熊光、全保、长龄等办理。"务将各人专办之贼，即在本境内就地歼除，不得以驱逼出境了事。"

二月初三，已赴孝义一带的杨遇春，带兵由北河进发，向沙岭一带"趱程抄截"。时刘永受等部约二百数十人由仙人沟向黑虎庙东行，闻风折向西进。次日，双方在乾峡子接战。起初，教军凭借有利地形，自高处压下，官兵奋力攻击。经过一番混战，教军力不能抵，开始退散。杨遇春令手下分头追剿，毙38名，俘33名。对于教军俘虏，杨遇春明令加以区分，将新近加入或被裹挟的"新"兵与起事初期就参与的"老"兵分别对待，即凡"从逆日久者正法，其附近被胁者释放"。时探报刘部余者由太平峪西窜，杨遇春即由高关、八里坪一带兜进，总兵杨芳亦领兵赶至纸坊。如此，位于刘部之东的二杨两部官兵，随时可以出击追杀，教军被歼在即。①

至三月初一，杨遇春率参将吴廷刚等由沙坪、柳林沟等处连夜抄截于教军先头队伍前，杨芳由磴子坪蹑踪追截于队后。可是，自太平峪西溃后的刘永受等教军，于十三四日又从苇子坪折向东南之红庙河、小安沟等处。杨遇春只得督帅官兵星夜追踪，由柳林沟、黄花岭追击。至十五日，追至孝义属之沙罗帐，探得刘部自小安沟而来，双方相距不远，乃催兵急进。正当教军围攻太平洞时，杨遇春率兵赶到，教军一见官军，即占据右面山梁。而杨遇春一面令马队顺沟冲杀，一面带领步兵分头抢上山梁，"刀砍矛戳"，立毙30余人，生擒24名，救出被教军所掳掠的难民李兴等11人。经审讯，所俘中有探马头目一名，先锋一名，阮学胜孙一名以及老兵22名。

教军余者尽奔西北狮子垭，杨遇春乘胜追击，"翻过数重大山，追杀六七十里"，沿途又斩获30余名。所余无几的教军始逃向蛟龙背一带，西

---

① 《钦定剿平三省邪匪方略》（正编）卷302，《中国方略丛书》第53册，第20903—20904页。

遁无路又东行。杨遇春仍连夜率兵蹑踪紧追,并知会杨芳改由江口高关抄截,以期两面夹击。① 此时,额勒登堡以刘部余者无几,而苟文明才是被剿主要对象,因令转交杨芳收拾刘余部,由杨遇春、李应贵等率部转而截剿苟部。杨遇春接令后赶往磨房沟、鸡公梁,再绕至南面黄柏园一带,配合官军主力兜击大股教军。继之,又往菜子坪,与李应贵配合,毙教军30多名,生擒13名,又乘胜分路拦截,获得小胜。②

时为追剿苟部教军,额勒登堡自小王涧截抄,传令杨遇春往九尺坝配合,同时,庆溥也向杨遇春靠拢,并力进剿。至三月二十八日,藏匿于月亮坪一带老林内的教军,遭杨遇春、札克塔尔、庆溥三路进击。杨遇春、李应贵等一路,于九尺坝一带分派兵勇探踪剿捕;札克塔尔、格布舍一路,由抱桐沟连夜迎击,拿获教军探子唐正受。战事进程中,得知苟文明等隐匿在水磨沟,计划走药坝苞谷地前往五郎的消息后,札克塔尔立即带兵前往追剿,杨遇春、李应贵带领马步兵勇2000多名,由大古坪、大小岚、东河、都河一带拦截,多有斩获。③ 教军余者逃往太白山老营,转而方柴关一带。

当然,战事旷日持久,与教军以老林复杂地形为掩护无不关系。教军利用南山老林地形,深隐其中。官军面对大山密林,难于搜捕,欲设法逐出教军,又恐教军"一出老林,亡命狂奔,又不得不于旁路抄截"。可是,教军也不是久据老林不出,而是四处活动。"连次将出老林,一闻官兵赶到,又于险峻之处盘旋而遁"。以至于双方周旋,煞费时日,官军不能得手。④ 至四月时,杨遇春、札克塔尔等分路截抄,四面进兵,在镇安边界,双方接战,前后歼毙140余名,俘41名。是为官兵在南山老林围攻苟文明等余部的一次较有战绩的胜仗。⑤

灭苟余部后,官军认为老林教军已歼灭殆尽,值此又报在秦岭以南地方有教军活动,还发生了两次偷袭官军营卡的事件。教军活动可谓此伏彼起。所以,至五月,嘉庆帝因剿办苟文明余部旷日持久,劳师縻饷,将领敷衍塞责,降旨申饬。额勒登保虽遭降职,⑥ 可是仍以将士卖命苦战报之,

---

① 《钦定剿平三省邪匪方略》(正编) 卷304,《中国方略丛书》第53册,第21024页。
② 《钦定剿平三省邪匪方略》(正编) 卷307,《中国方略丛书》第53册,第21206—21207页。
③ 《钦定剿平三省邪匪方略》(正编) 卷309,《中国方略丛书》第54册,第21284页。
④ 《钦定剿平三省邪匪方略》(正编) 卷309,《中国方略丛书》第54册,第21286页。
⑤ 《钦定剿平三省邪匪方略》(正编) 卷310,《中国方略丛书》第54册,第21464页。
⑥ 《清仁宗实录》卷99,嘉庆七年六月乙卯,第327页。

并以杨遇春为例子，奏道：

> 杨遇春年已四十余，数月之内，须发已苍。每于追奔之时，足穿草履，凡遇悬崖陡壁，攀援而登，绳缒而下，将领不可谓不尽力。①

对于杨遇春追击教军的此种果勇且疲劳状况，嘉庆帝也十分同情，谕令军机大臣传谕惠龄道：

> 此次杨遇春带领兵勇，连日抄截刘永受股匪，不予以暇，虽擒斩无多，而兵勇等逐日奔驰，实属辛勤，不遗余力。

话说回来，尽管嘉庆帝以杨遇春昼夜奔驰，实已不遗余力，屡次温谕慰勉之。可是，杨遇春、额勒登保均十分明白，清廷需要的不是说辞，而是剿灭教军、结束战事的结果，而杨遇春、额勒登保等所能做的唯有竭力连次截抄而已。此时，嘉庆帝也谕令各地方官督帅各寨团勇，于当地随时堵截擒拿教军。也转令杨遇春加紧剿办，官军剿办力度加大。

六月初五，杨遇春进抵旬阳境，驻扎杨泗庙。探得有教军由长湾北山一带行至小壬河，适河涨发，船不得渡，折而龚家湾。此地距离杨泗庙50余里，时值三更，杨遇春督兵进发，越岭穿林，觅路前往，掩击教军，额勒登堡率大军随后策应。五更时，围教军于龚家湾树林内。教军知官兵追至，遂在林内遍烧号火，四散屯扎，准备抵御。官兵发起冲击，毙30余人，俘刘国富等18人，余者纷纷蔽入山林，奔天窝荡而去。杨遇春率官兵奋力疾追至天窝荡，又令副将萧福禄等带兵紧追数十里，毙十余人，俘吴廷槐等七人。

经审讯得知，在杨遇春进击前，苟文明扎营龚家湾，双方开战后，慌乱中与家人走散，只有长子苟朝九同行，其余下落不明。为此，杨遇春立即分派官兵于龚家湾附近搜缉，又拿获头目颜小乙等八人，于山洞内活捉苟妻罗氏及幼子、堂侄女、堂弟之子等。奏入，朱批"杨遇春打仗素为出力，此次一经额勒登保调至大营，即能奋勇立功，著交部议叙"。当然，因杨遇春此功，额勒登堡前次被"革职留任处分"也予以开复，同时被开

---

① 李光涵：《时斋府君年谱》，《年谱丛刊》第123册，第168页；又王之春《椒生笔记》卷3《杨忠武公》，喻岳衡点校，岳麓书社1983年版。

复的还有札克塔尔。①

杨遇春得知苟文明仅带300余人,往宁陕县胭脂坝、上坝一带奔去,即备兵分路进剿,额勒登堡也带兵行进,同时知会庆成确探截击。六月十六日,杨遇春带兵由宁陕江口驰赴高关、夹岭一带,适逢游击李东宣追剿桃园子地方活动的教军。杨遇春闻信,即带同侍卫噶拉等连夜觅路,乘月色行进,三更后,赶至该处,以迅雷不及掩耳之势展开突袭,教军惊恐四散,官兵竭力追杀,斩获20余人。因摸黑混战,官兵被戳伤者也不少。俟黎明时,游击李东宣等亦带兵赶到,杨遇春又令其循踪追搜。薄暮时,官兵追至秦岭南石槽,又歼十余名。余者分别隐匿于山高箐密的石砭峪、脑陇沟老林。

不久,额勒登堡又重新调兵布置,分兵四路,算上乡勇,共计五路人马。令杨遇春仍带同游击李东宣等进剿,自己率侍卫傅升、全德,副将张廷楷等于东面黑峪沟扼要堵截,派游击林向荣带兵于秦岭之铁庙子设营拦截,并令副将王兆梦等徒步入林搜捕,北面各峪口派团勇多人分路防堵。就在眼瞅着大功即将告成之际,额勒登保先行奏喜报于清廷,嘉庆帝也格外欣喜,在预设善后事宜时,特别嘱咐道:"至杨遇春于南山路径最为熟悉,自应令其在彼一手办竣。"②

七月,苟文明等人退至秦岭鸡窝子一带,杨遇春闻信,率兵连夜赶往。为彻底捣毁苟文明营寨,杨遇春相度鸡窝子地形,决定先行潜伏一昼夜,次日伺机而动。二十一日,探报教军距离鸡窝子不远处又复折回,杨遇春见机不可失,立即带领官兵,星驰追击,杀十余人,俘六名。经审讯,得知教军也探得杨遇春设伏鸡窝子,故而连夜往南逃脱。次日,额勒登堡得此信后,赶紧带兵往剿,在朗子沟山梁追上教军。双方接战后,教军力不能支,遂四散奔走。额勒登堡立即知会杨遇春由江口、旬阳坝一带自西向东截抄,其余各路官兵也分头挺进堵截,多有斩获。③

杨遇春率领手下各将领搜索苟余部于秦岭黄龙洞,毙十余人,俘头目王世贵。苟文明带随从四人隐匿。经查,该四人为总兵朱元乔、黎乡约、杜小伙和李添禄。苟文明一行五人自黄柏扒地方逃至秦岭腹地花石崖藏

---

① 《钦定剿平三省邪匪方略》(正编)卷323,《中国方略丛书》第56册,第22079—22082、22088页。

② 《钦定剿平三省邪匪方略》(正编)卷324,《中国方略丛书》第56册,第22145—22146、22156页。

③ 《钦定剿平三省邪匪方略》(正编)卷326,《中国方略丛书》第56册,第22229—22232页。

匪，杨遇春偕同额勒登堡布置官兵围堵，同时，又分成若干四五十人或七八十人不等的小队，由磨沟、金竹园、严（岩）屋河各处入林搜捕。当官兵李应贵等至花石崖下时，见山上有炊烟，知教军并未发觉，遂率兵奋勇冲杀，连杀教军数名。苟文明跳崖跌伤，各兵勇"以乱毛（矛）戳毙枭取首级而还"。此外，其他各路官兵共歼教军20多名，俘陈彬等14人。杨遇春闻信亦即由林外赶到，令兵勇将苟文明首级及俘获者指认确凿后送往军营。① 清廷谕旨，著杨遇春调补固原提督。② 八月二十四日，杨遇春在营接提督印信。③

如果说，在此之前，杨遇春仅仅是在各将帅奏报给清廷的捷报中列名的话，那么，这一次，杨遇春的军事能力与才干得到进一步彰显，名列清廷军事官僚体制高层序列中，成为清廷军事武装领导层的一员，承担起军事重任，引起嘉庆帝的特别关注。可以说，至此，嘉庆帝对其更加赏识，并根据额勒登保等所奏战报，熟悉了杨遇春，后多次委杨遇春以重任。

（五）老林游击战

嘉庆七年（1802）八月十四日，嘉庆帝以陕省所剩不过"零星剿散之贼"，谕令将搜捕事宜责成杨遇春、杨芳专办，并知会陕甘总督惠龄、陕西巡抚陆有仁、将军兴奎等督率兵勇，并力搜拿；额勒登保统领大兵取道平利，前往楚省。为迅速蒇事，嘉庆帝又谕额勒登保，"所有剿捕零匪事宜，均系伊分内之事。当转饬杨遇春等，将余匪歼除，严防边界"④。

十月，杨遇春偕同惠龄一起筹办南山零星教军事宜，节次严厉催促各路镇将抓紧搜捕，不予教军喘息之机，并转令各路委员，广为宣谕，设法招抚。截至十月初九前，杨遇春亲督官兵自南山之东向西层层逼进，并督同附近的参将吴廷刚带兵从小岔沟脑下压，直入老林搜剿，稍有斩获。可是，战绩并不突出。眼见不能迅速结束战事，惠龄与杨遇春商议搜捕之策。杨遇春提出："以贼匪零星窜匿，实难期于得手。惟有将该匪等逼归

---

① 《钦定剿平三省邪匪方略》（正编）卷329，《中国方略丛书》第57册，第22422—22427页。

② 录副奏折，西安将军额勒登堡，奏为奉旨杨遇春调补陕西提督并请检选甘肃提督事，嘉庆七年七月十七日，档号：03-1658-034；又《清仁宗实录》卷101，嘉庆七年七月壬辰，第350页。

③ 录副奏折，西安将军额勒登保，奏报提督杨遇春到任接印日期事，嘉庆七年八月二十四日，档号：03-1658-048。

④ 以上均见《清仁宗实录》卷103，嘉庆七年九月辛未，第378页。

一处，庶可痛剿。"① 同时还提出，每战前，必"喊话招抚"教军。只是后一种办法，被嘉庆帝否决，认为教军势当穷蹙之时，且窜奔之零星教军均系"积年老教，怙恶不悛"者，既就是全歼，"有何可惜"，并认为"所剩余匪不过一二百人，何必预为招致"，谕令"惟当以上紧搜剿为正办"②。

为此，杨遇春亲率官兵，将原秦岭南屯聚的教军一二百人逼向西面琵琶岭、小南沟等处，教军向西退却。杨遇春会同杨芳冒雨催兵追至火地坪，擒获刘老第等五人，释放被裹胁妇女，获粮食包裹无数。当教军分股逃散时，杨遇春、杨芳又分带兵勇由莲花石、油磨等处搜捕。沿途俘获头目若干名，毙十数名，并俘苟文明之弟苟文清。③

十一月，杨遇春、杨芳与惠龄分两路在老林搜索零散教军，时有斩获，或十余名，或二三十名。战况上报后，引起嘉庆帝不悦。认为提督杨遇春将兵力空耗在如此胶着的游击战中，发挥不了其勇猛作战之特长。指出剿办零星教军，可转交于杨芳，"已无须杨遇春在彼"，谕令其带兵驰赴汉南，将主要精力投在迅缉川陕交界往来之处的宁、勉二县零散教军，且指示"若遇有自川近陕之教军，即会同兴奎迅速剿办"④。然而，直至月底，嘉庆帝仍未见杨遇春剿办之功的奏报，有些气恼。说道：

> 至杨遇春，向来随同额勒登堡带兵打仗，屡属奋勇，事宜加恩，擢用提督。乃自经略移师离陕后两月以来，只称设伏以待，亦未见有出力之处。该提督率领多兵在彼株守，岂必俟贼匪窜至，始行出击乎？

遂申饬惠龄有负委任，降职使用。同时令传旨杨遇春，惟当不遗余力，奋勉成功。⑤

至十二月十六日，参与剿办白莲教的几位大员，如经略额勒登堡、德楞泰、勒保、惠龄等乐观估计军事形势，共同上书，预报教军全数被扫除，剿办白莲教大功告成的奏章。嘉庆帝十分高兴，降旨分封众将。其中

---

① 《钦定剿平三省邪匪方略》（正编）卷343，《中国方略丛书》第59册，第23315、23317、23320—23321页。
② 《钦定剿平三省邪匪方略》（正编）卷343，《中国方略丛书》第59册，第23328页。
③ 《钦定剿平三省邪匪方略》（正编）卷346，《中国方略丛书》第59册，第23517页。
④ 《钦定剿平三省邪匪方略》（正编）卷348，《中国方略丛书》第60册，第23663页。
⑤ 《钦定剿平三省邪匪方略》（正编）卷350，《中国方略丛书》第60册，第23828页。

褒奖杨遇春道:"固原提督杨遇春自随征以来,在诸将领中,勇略尤著,节次歼擒首伙各逆,为数较多",赏给骑都尉世职,著加赏为轻车都尉世职。① 当然,亦明令,未剿尽之零星教军,"必须上紧排搜,以期划绝根除"。处于喜悦中的嘉庆帝,先是限以时日,令于次年二月内,一律剿办完竣,即刻又改为"亦不必定限二月","即稍宽限期,亦无不可"②。

随后,约两个月中,杨遇春搜捕零星教军相继于西乡七星坝、倒坐庙、西河口、杨家河、罗家坝、花石梁、观音庙、天池寺、铁厂沟等地。节次斩获十数名至二三十名,或四五十名不等。三月时,教军百余人有向南奔入楚之势,杨遇春督同副将张瑗、参将祝廷彪等一直跟踪追击至川北一带,直至教军已属无几,遂撤回。③ 至三月二十四日,有西窜之教军百余人,进至楚省竹溪、辣子园、大石尖一带,总兵庆溥等跟踪追击,至三坪时,又有一股教军由向家坝与该股汇合。适逢杨遇春由陕省镇坪所追踪的一股窜越界岭至色草坪地方的教军,也与前两股合,由是,教军三股汇为一组,势力增大。但仍未顶住杨遇春、副将张瑗与庆溥所带官兵的分头痛击,毙17名,滚跌山崖者十数名,其余逃散。

只是这样拖延无果的追剿,令嘉庆帝极为不满,降旨申斥带兵大员,认为:

> 战事拖延,皆系额勒登堡、德楞泰督率将领剿办,不能就地歼灭,任其窜逸楚境。看来带兵将领于驰递黄折之后,总不免心存大意。即如杨遇春向来带兵最为奋勉,近日久未见伊打仗杀贼。④

之后,尽管杨遇春率同副将张瑗在白河一带驰骋追踪,成效仍不明显。四月初,额勒登堡重新做出军事部署,且从所带兵勇中分出3400余名,令杨遇春带往陕、楚边界,分头堵截,同时也派穆克登布等入川剿办,自己则率部守在川陕边界。额勒登保希望各路官军分合往来,力求速剿。⑤

---

① 《钦定剿平三省邪匪方略》(正编)卷352,《中国方略丛书》第60册,第23947、23970页。

② 《钦定剿平三省邪匪方略》(续编)卷1,《中国方略丛书》第61册,第24008页。

③ 《钦定剿平三省邪匪方略》(续编)卷9,《中国方略丛书》第62册,第24597页。

④ 《钦定剿平三省邪匪方略》(续编)卷9,《中国方略丛书》第62册,第24634—24635页。

⑤ 《钦定剿平三省邪匪方略》(续编)卷10,《中国方略丛书》第62册,第24685页。

第二章　纷扰时局下的作为　75

至六月中旬，各路镇将歼俘教军约 130 余名，搜剿接近尾声。估量川境所余也就二三百人，湖北境内已无多，靠近陕西边界的二竹（竹山、竹溪）境，亦已宁静。额勒登堡知照杨遇春：

> 如所办零星教军已经搜尽，即率张瑗等带领原兵由鸡心镇坪取道川界黄墩、高官寺、城口、大竹河一带，自东向西排搜川陕边界潜匿者，以期随地廓清。①

不几日，杨遇春在竹山搜剿教军剩余散兵，又特派参将祝廷彪率同千总唐大德等带兵追踪，在铁厂、红花垛一带毙五名，俘四名，所剩八九人逃逸，仍派祝廷彪等分头排查搜捕。②

此时，从川陕楚整个战局而言，已经是蒇事捷报在即，嘉庆帝与前线将领考虑的重心已经转向善后事宜。嘉庆帝谕令，除留少量军队继续搜剿外，大队人马陆续裁撤。六月二十四日，额勒登堡、德楞泰、勒保会奏"官兵剿捕余匪全竣，三省地方肃清"的 600 里喜折递往京城。嘉庆帝阅折后，深感欣慰，长达八年之久的剿匪事宜总算要结束。③

出人意料的是，就在喜报送京后的半个月里，战事又急转直下，七月初七，因报陕西太白山一带，仍有零星教军出没。嘉庆帝先是认为，自喜折递后，仍余零星教军也在情理之中，继之，听言教军数目不少，方才意识到问题的严重性，遂回忆之前带兵大员等在历次奏报中的斩获教军数目，认为"俱系粉饰，未必确实"，至于"将贼匪轰逼出山之语，亦成故套"④。继而，把蒇事希望寄托于杨遇春，言称：

> 杨遇春在陕带兵多年，素称奋勇，且系该省提督，著额勒登保饬令杨遇春迅速前往，督同杨芳、吴廷刚等，将南山内排查搜寻数次，勿惮勤苦，以期尽早廓清为要。⑤

并令额勒登堡分配四路大将，带领兵勇，在各省要道防搜。其中，杨遇春带兵勇 2000 名在紫阳溪水河一带分卡驻扎，在自箭杆山以东至安康、

---

① 《钦定剿平三省邪匪方略》（续编）卷 15，《中国方略丛书》第 63 册，第 25068 页。
② 《钦定剿平三省邪匪方略》（续编）卷 15，《中国方略丛书》第 63 册，第 25070 页。
③ 《钦定剿平三省邪匪方略》（续编）卷 15，《中国方略丛书》第 63 册，第 25199 页。
④ 《钦定剿平三省邪匪方略》（续编）卷 2，《中国方略丛书》第 61 册，第 24048 页。
⑤ 《清仁宗实录》卷 118，嘉庆八年七月上己亥，第 541 页。

平利、二竹边境的1100余里长的阵线上，由各镇将分段防搜，随时问责。且强调令杨遇春统领各镇将，督饬所有陕境留防各卡兵勇，每日梭织巡搜，要求杨遇春所督各镇将，均与川楚两省官兵往来会哨。①

事实上，至九月时，各种迹象表明，陕西南山还有每股百人以上的几支教军在活动。九月初六，嘉庆帝先收到方维甸奏报，得知一股教军于八月二十一日由周至辛口峪、黑水峪内窜出景峪。次日，又有教军自崂峪入山，径趋八里坪、瓦子沟，越岭南窜，距峪口仅有200余里。又据户县讯，有教军一股，约200余人，且有骡马。针对如上奏报，嘉庆帝十分警觉地说道：南山零匪，从前只剩二三十人，节经饬谕杨芳督兵追击，乃迟延日久。以致该匪复有裹胁，凑聚至200余人。皆由杨芳剿办不力所致，著先拔去花翎，仍责令带兵速剿，以观后效。又令杨遇春前往办理，恐杨遇春"未足深恃"，遂令在西乡安置兵勇的额勒登保驰赴南山，以期将"此股零匪，上紧办净"②。

当然，对于南山再现的几股教军，嘉庆帝依然十分不解，尤针对200名之多的此股教军，深究带兵大员之责，谕军机大臣等：南山余匪，裹胁至二百余人，公然窜至镇安，焚毁兵房，肆行无忌，已有遗灰复燃之势。看来驰奏肃清以后，不特带兵人员心存懈弛，即额勒登保亦未免急思凯旋，稍有松劲。且所称零匪二百余人，系得自方维甸来信，而杨遇春、杨芳等竟未将贼数据实具禀。即川、楚二省，均尚有零匪数十人。额勒登保此时尚系经略，各路搜捕情形，折内并未提及，似未经得有信息。且以此得出了"可见各路镇将，并不上紧追捕，即其明验"的结论。由是，杨遇春被"著拔去花翎"，杨芳等虽已拔去花翎，仍予以降级。又传旨申饬额勒登保，俟杨遇春抵陕南镇安后，请严饬镇安提镇等合力兜围，务于十月内，将此股零匪歼尽，"固不可使之向东窜入豫境，亦勿令其往南而阑入湖北二竹界内"。并再三饬令，若再稍有怠忽，不特将杨遇春、杨芳、吴廷刚等严行惩治，即额勒登保，亦不能辞罪矣！③

九月二十五日，杨遇春督率官兵由朱砂洞、简家坡、红庙子进，紧蹑追踪，至木竹坝，追赶上200余人的教军队伍。双方接战后，杨遇春亲自督兵，毙十余人，获骡马九匹。余者翻山四散而逃，杨遇春星夜追赶，自

---

① 《钦定剿平三省邪匪方略》（续编）卷17，《中国方略丛书》第64册，第25250页。
② 《钦定剿平三省邪匪方略》（续编）卷18，《中国方略丛书》第64册，第25349—25354页。
③ 《清仁宗实录》卷121，嘉庆八年九月下壬子，第619页。

紫阳瓦房店取道仁河截击，①次日驰抵黄瓜溪，即派副将吴廷刚、都司刘满贵带领弁兵乘夜进剿。五更时，行抵教军驻地，毙、俘各九名，余者惊散。杨遇春乃督率杨芳、祝廷彪等向西追赶。②几日后，教军返至马鞍山，据险扼守，杨遇春督兵进击。教军恃险掷石抵拒，势头凶猛，以致官兵马队失去优势，不得前进。杨遇春令马队弃马，徒步避石，觅路而上，枪箭齐发，毙数名。教军见杨遇春所带官兵人数无多，遂奋力下压数次，官兵时有伤亡。危急关头，额勒登堡所派援兵和杨遇春后队人马及时赶到。教军见官兵势增，恰天色亦晚，遂向西退却，入青冈岭而遁。

青冈岭地理位置十分重要，其南入川界，西北通巴山老林。额勒登堡与杨遇春会晤后，认为教军余者尚有一百七八十人，务必尽除，遂由杨遇春督率杨芳、吴廷刚跟踪而进。时杨遇春闻母李太夫人讣，额勒登堡以杨遇春任总兵时，遇父丁忧，由于军务，未准其回籍，现杨遇春与其子蓝翎把总杨国佐均在营内，奏请清廷允准杨遇春回籍守制。③

嘉庆帝考虑到剿匪在即，况且一百七八十名教军就在杨遇春的围追圈内，临阵换将多有不便，遂谕令，"适值带兵赶剿残匪，不能回籍守制，该提督亦情愿勉励带兵，殊可嘉悯"。故而，令额勒登堡传谕杨遇春，先行赏银500两，办理祭葬，"仍暂留军营带兵，俟此股零匪办净后，即饬令回籍守制，以安其心"。④

由是，杨遇春只得以战事大局为重，率杨芳、吴廷刚等紧追教军，额勒登堡亦率兵策应。十月初七，探得教军分屯于巴山凉水井老林，杨遇春令参将祝廷彪、都司刘满贵等调带兵勇，由梧桐坪老林自北而南堵截，自己则与杨芳、吴廷刚等率马步官兵转自金坪进击。各路官军于五更时起行，次日午刻行抵教军屯地。教军见状，准备逃跑。杨遇春饬兵勇分头赶杀，先后毙约30人，活捉刘老么等七名。余者在翻林越梧桐坪时，被参将祝廷彪等截击，又击毙七名，俘徐得升等四名。剩余更向西南奔逃，杨

---

① 《钦定剿平三省邪匪方略》（续编）卷20，《中国方略丛书》第64册，第25470页。
② 《钦定剿平三省邪匪方略》（续编）卷20，《中国方略丛书》第64册，第25472页。
③ 《钦定剿平三省邪匪方略》（续编）卷20，《中国方略丛书》第64册，第25476—25479页。
④ 《钦定剿平三省邪匪方略》（续编）卷20，《中国方略丛书》第64册，第25484页；又朱批奏折，经略大臣额勒登保，奏为陕西提督杨遇春闻讣丁忧仍留营剿匪事，嘉庆八年十月初三日，档号：04-01-16-0096-009；朱批奏折，经略大臣额勒登堡，奏为据情代奏陕西提督杨遇春奉旨赏丧葬银两仍留军营，嘉庆八年十月二十四日，档号：04-01-16-0096-003。

遇春令将俘虏送往军营后，督兵追赶。① 二十三日，在追击途中的杨遇春又参与了额勒登堡组织的三路官军围攻鸡公梁、大火地围剿战，先后共毙教军30余名，俘12名。②

至九年（1804）正月，嘉庆帝把迅速歼灭南山教军的全部希望寄托在杨遇春身上，著德楞泰传谕杨遇春：

> 令其前赴南山一带，将各要隘及江防，严密防御，紧顾北面，勿令零匪一人逸入。所有陕省南山隘口与江防，专交杨遇春堵御。③

杨遇春遂入深山老林，穷追细索。二月，取道高观寺，抄出汤、桐二坝，遏截自菜子坝一带折向后坪东走的教军。因山径曲折险峻，杨遇春令官兵逐层设卡，步步进逼。教军率众冲扑，双方激战。结果教军被毙五名，俘二名，余者撤退。④ 官军分四路搜捕，杨遇春自率兵勇一路，由百里荒、东江黄连垭而进。马文斌为一路，在正北之亢路河、脑涂抵进。史定川为一路，在东南之五凤山围堵。刘瑞、马元、桂涵等为一路，在西北之十二庵截击。四路官军逐日进逼，均有斩获。⑤

可是，几路围剿均未有显著成效，德楞泰遭嘉庆帝斥责。⑥ 德楞泰亦觉得官兵总在教军之后追赶，"殊为非计"，与杨遇春商量对策后，又重新布置三部兵力。即由杨遇春督兵于蚂蟥坝抄出八仙河，自东北向西南，遏教军入楚之路。刘瑞、马应国、马元、哈丰阿由大小亢河、白沟抄出安康之太极图，至金鸡河脑。喜明、王兆梦紧顾东北，与达自祥、杨芳等严防江岸。⑦

依照部署，杨遇春自横山子而进，并派参将祝廷彪、游击刘元明等率千余名兵分头抄道搜剿。当祝廷彪等追踪藏匿于沧石河教军时，又发现从

---

① 《钦定剿平三省邪匪方略》（续编）卷20，《中国方略丛书》第64册，第25532—25533页。
② 《钦定剿平三省邪匪方略》（续编）卷21，《中国方略丛书》第64册，第25563—25565页。
③ 《清仁宗实录》卷125，嘉庆九年正月戊申，第688页。
④ 《钦定剿平三省邪匪方略》（续编）卷24，《中国方略丛书》第65册，第25862—25864页。
⑤ 《钦定剿平三省邪匪方略》（续编）卷24，《中国方略丛书》第65册，第25866页。
⑥ 时德楞泰为杨遇春等数年来，打仗奋勉，身先士卒，奏请免参。参见录副奏片，成都将军德楞泰，奏请酌议提督杨遇春原参处分事，嘉庆九年二月十四日，档号：03-1660-060。
⑦ 《钦定剿平三省邪匪方略》（续编）卷24，《中国方略丛书》第65册，第25896页。

青草坪至八仙河途中，有教军 200 余名活动。祝廷彪率先领兵迎击此股教军，孰料藏匿在沧石河的教军前来增援，冲扑营卡。官兵只得调整部署，由进攻改为防御，待情势稍有转机再展开围堵攻势。逃散的教军败退吴家沟、沧石河脑。此战，毙教军十余名，俘 20 余名。官兵伤者十余名。俟杨遇春赶至八仙河，又组织官兵追击，在金鸡河一带，双方鏖战两时辰，毙 7 人，其中头戴蓝顶花翎者一人，俘十余人，余者窜入金鸡河老林。是夜，杨遇春与喜明等各路将领率兵分头赶进，四面环攻，教军凭借深山密林之掩护，翻山南逃。①

三月初，杨遇春至石板河、丰溪一带，以堵截教军南窜老林之路。教军转而西行，由唐家坪、刘家坪遁去。杨遇春、赛冲阿等协力并进，自东面板凳沟进至磨子坪，其余几路将领，如田朝贵等也由重阳坡进至桃花山、光头山等处，对教军形成围堵之势。三更时分，当官兵直捣教军巢穴时，被教军觉察，向杨柳溪西南逃奔。杨遇春、赛冲阿等带领兵勇，连夜由天雄寨、木城寨大梁追赶，天明时至杨柳溪。见官兵追来，教军漫山四散。杨遇春当即令步兵竭力追杀，直至文彩沟。沿途毙 12 名，俘 3 名。余者窜往石渣河，被埋伏于此的官军毙 8 人，俘 4 人。整个追击战一直持续到当天薄暮。正准备扎营的官兵，接到探报说有教军屯聚于距营 30 里外的鱼洞子，来不及休息的杨遇春，决计连夜追击。是日夜半三更，督兵出发，次日黎明，赶至鱼洞子，不料教军业已撤离。杨遇春只得紧蹑其后，在经日晒溪、杨道士沟途中，毙教军 10 人。②

转至西南之马溪、容僧河一带的教军，知杨遇春紧蹑其后，于是在陡岩尖、青龙尖设伏。当杨遇春督率官兵，由马鞍山近前，经过山下时，突有教军六七十人，由山顶突出，掷石放枪，齐声呐喊，尽力下压。杨遇春见状，镇静自如，亲率吴廷刚等兵勇，冒矢石仰攻，在枪箭如雨中，连毙十余名。教军见杨遇春独自上冲，齐声呐喊，活捉杨遇春，并令潜伏的教军尽皆扑出，全力下压，与官兵往来冲杀，数个回合，杨遇春率兵勇力敌。时恰逢赛冲阿带兵赶到，接续加强攻势，连毙 5 名，教军始怯退至兴隆坡，依险力御。官兵奋勇抢夺制高点，双方又鏖战一个时辰。

就在紧要关头，德楞泰、马瑜两路赶到，催集兵勇，分头并进。教军见官兵三路齐进，全部出动，拼死命自山梁下压，双方激战七个回合，又

---

① 《钦定剿平三省邪匪方略》（续编）卷 24，《中国方略丛书》第 65 册，第 25898—25901 页。
② 《钦定剿平三省邪匪方略》（续编）卷 25，《中国方略丛书》第 65 册，第 25948—25950 页。

毙教军十余名，活捉十余名。激战中，杨遇春不失时机激励将士兵勇奋力作战，毙大掌柜苟文华、元帅王振伪等 5 名及护卫 20 余名，俘总兵贾灿华并旗手张清及战手阮绍柯等 43 名。余者逃往南磨子崖老林。此战，是搜剿零星教军以来所展开的规模较大的一战。奏报后，嘉庆帝令赏还杨遇春花翎，又赏给白玉翎管、四喜玉扳指各一个，黄辫大荷包一对，小荷包两个。①

三月底，杨遇春督率将弁兵勇取道蓝家山、毛坪，自北而南截抄，教军业已无处躲藏。据俘虏称："被官兵到处截杀，不敢出山，躲到老林山中，掳食苞谷，并挖取野草充饥，实在穷苦。"② 官兵加快搜剿速度。四月初一，在三溪口，杨遇春等冒雨搜捕，行抵打鼓坪时，遇见教军数十人，杀 11 人，余者逃入老林。

时德楞泰知会赛冲阿、杨遇春等各带干粮、不携锅帐，轻装入山搜捕。几员大将由土地垭、青龙寨、太平寨三路分头兜剿，逐日攻卡进逼。四月十七日，在距教军二三十里不等的里程时，见有深沟一道，挡住官兵进击道路。对面教军见状，即刻准备逃跑，官兵设法绕道前进，教军不顾夜深月黑，连夜逃往老林深处千涧坪。③

杨遇春等奋起直追，于五更时分追上教军，但见教军已在杉树门总汇路口，堆积木石，据险设伏。杨遇春等饬令将士强势仰攻，但数次均被教军滚木雷石打压而退，伤及官兵数十名，进击受阻，杨遇春遂令在对面山上设炮轰击，立毙教军数名，教军始败，退入老林，乘夜走正阳河、板棚子，向界岭逃去。官兵紧追至两扇门山下，斩十余名，俘四人。④ 二十二日后，杨遇春等取道三余寨、洞湾，自西北兜围，二十六日，行至金竹园一带。

至四月中旬，因安康一带江水涨发，教军不得渡，遂有南窜老林之趋势。清廷令杨遇春抓住时机，各路追截歼擒。杨遇春率部开往安康，途中又先后捕杀教军十数名。五月十五日，驻营于老鸦铺，探得教军在其西南木坪旺，随即带兵跟踪。三日后，又取道新田坝、三溪子，从旁截抄。二

---

① 《钦定剿平三省邪匪方略》（续编）卷 25，《中国方略丛书》第 65 册，第 25964—25968、25973 页；又录副奏折，经略大使额勒登堡，奏请赏还提督杨遇春等花翎事，嘉庆九年三月十一日，档号：03-1660-063。

② 《钦定剿平三省邪匪方略》（续编）卷 25，《中国方略丛书》第 65 册，第 25997 页。

③ 《钦定剿平三省邪匪方略》（续编）卷 26，《中国方略丛书》第 66 册，第 26015—26016 页。

④ 《钦定剿平三省邪匪方略》（续编）卷 26，《中国方略丛书》第 66 册，第 26016 页。

十八日，兵至中冈岭，又转而王家坝，自北迎头堵截。不日，林中雾气升腾，不见路径，老林进入"霖潦雾雨"季节，杨遇春等所率兵勇亦被困于老林。①

　　清廷剿办白莲教的军事行动，越到末期，困难越大。先是六月初十，老林官兵军营遭教军偷袭，使得嘉庆帝大动肝火，对额勒登保等人不能快速蒇事的新旧账一起算。说道：从前额勒登保等，总称贼匪往往四散，潜窜山林，官兵无从围剿。此次该匪等前来偷扑营卡，正当率兵奋力歼灭，但乃只毙三名，生擒一名。岂非坐失机会？说什么"昏夜莫辨"，则贼匪既能行走，何独官兵不能追捕？殊不知"用兵机宜，全在乘贼之隙。或雾雨交作，或昏夜之中，出其不意，一鼓制胜。若必俟天色晴霁，又须于白昼时，方可督兵剿贼，万无是理"。额勒登保等"犹称乘此胜势，能无愧乎"！并认为，此时搜捕之要，总在设法筹办。"或用火焚林，或断贼樵汲，或于扼要地方，设伏拿卡，出奇决胜。"而额勒登保等，唯知带兵尾追，日复一日，何时才能告竣。当然，嘉庆帝对杨遇春战绩不佳，也十分失望，说道：即杨遇春一路，亦只杀贼一名，而被水冲去之二三十人。乃贼匪过河，自遭覆溺，何得为官兵击剿之功？

　　对此，额勒登保申辩说，在路经八面溪大山等处时，道路艰险，羊肠鸟道，万丈悬崖，各官员马匹，陷跌殆尽，只得相互扯引下山。被嘉庆帝痛斥道：看此情形，官兵等不为不尽力，即额勒登保等亦实艰苦备尝。但毫无布置，仅事跟剿，仍属无益。并认为，造成此种状况，归于额勒登保等用兵无谋所致，且指出：

　　　　为将之道，以审察天时地利人和为最要。若"春令不能蒇办，至三伏时，犹须驰驱跟击，此不知天时也。贼匪出没无常，不伺其窜近平旷之地，逼击兜围。致令奔逃林箐，任其往来攻扑，束手无策，此不知地利也。不能信赏必罚，鼓励随征将士，以致日久疲劳，众心懈弛，此不得人和也"。失此三者，何以为将？

　　因而，传旨严行申饬额勒登保、德楞泰、赛冲阿。② 此时，适逢赛冲阿手下的丰绅、马瑜、田朝贵三人搜剿不力，又被教军偷营袭击，嘉庆帝

---

① 《清仁宗实录》卷128，嘉庆九年四月甲戌，第730页。
② 以上均见《清仁宗实录》卷130，嘉庆九年六月丁卯，第755—756页。

令革去丰绅、马瑜巴图鲁名号，摘去花翎，革去田朝贵提督衔。① 又谕令额勒登堡、德楞泰、赛冲阿进京请罪，剿办事宜暂由勒保接办。②

然而，带兵大员，因常年转战山林，身体频出疾患。如经略额勒登堡就因旧疾复发，不能坚持转战。借此进京之机，计划在西安调理。德楞泰因染患疟疾而转成痢症，暂时驻扎开县高坪，服药医治。杨遇春也因早年行军途中不慎自马上跌落所受腰伤旧疾发作，不能穿衣行动。③ 德楞泰不能代理额勒登堡的指挥事权，杨遇春也不能协助勒保助剿，无人能在战场主事，成了嘉庆帝十分头疼之事。左右为难的嘉庆帝，只好仍令额勒登堡坚守主帅之位，提出若德楞泰康复，就由其接手，若其一时不能痊愈，再令勒保自四川赴额勒登堡处，接手钦差关防。且强调在勒保未到任之前，额勒登堡仍督促各将领努力剿办，并希望能在勒保前往之前结束战事。④

不论是受制于剿办战事地利的限制，还是深陷于人事转变的境况，战事进展并不顺利。可是已经持续八年多的战事，无论如何也不能再拖延下去了！在嘉庆帝的不断催促和调整下，战场的搜剿力度加大。六月二十七日，杨遇春带兵由安罗山、石家寨入林，转而与吴廷刚、哈丰阿等将领在药棚子地方汇合，继而南向大宁、太平交界处堵截教军。赛冲阿、马瑜也各带兵策应。因额勒登堡力疾督战，至七月初，计歼教军20余名。⑤

七月初九，在高观寺，病已痊愈的德楞泰接手额勒登堡递交的钦差关防，担起重任。针对教军固守老林不敢露头之局面，经与杨遇春等众将领商议，德楞泰决计将总兵力分为四路，杨遇春为一路，马瑜、田朝贵为一路，各带官兵2000名进山，分头跟进，不拘于省界地面，"穷教军之所向，或抄或追，随时相机办理"。德楞泰自己与赛冲阿带领其余两路，相机策应。⑥

杨遇春等进山后，在谢家湾、厚朴坪堵截。教军连夜撤往大宁之新田坝、桐油坝，继而逃向东北一带。官军于兵勇中挑出矫健者，分头追踪截抄，翻过大榆河老林至老鸦铺时，探得教军已至川陕连界的大山老林。此处路通蚂蟥坝、平溪河，若无兵堵截，教军有可能窜往楚境。危情之际，

---

① 《钦定剿平三省邪匪方略》（续编）卷27，《中国方略丛书》第66册，第26149页。
② 《钦定剿平三省邪匪方略》（续编）卷29，《中国方略丛书》第66册，第26262页。
③ 《钦定剿平三省邪匪方略》（续编）卷29，《中国方略丛书》第66册，第26252、26263页。
④ 《钦定剿平三省邪匪方略》（续编）卷29，《中国方略丛书》第66册，第26264页。
⑤ 《钦定剿平三省邪匪方略》（续编）卷29，《中国方略丛书》第66册，第26287页。
⑥ 《钦定剿平三省邪匪方略》（续编）卷30，《中国方略丛书》第66册，第26309页。

几员将领商酌,由杨遇春、丰绅等自偏崖子抄出,绕道至教军前,在平溪河一带截击,马瑜、田朝贵等由石板河尾追,形成前后夹击之势。

七月初十,跟踪追击的马瑜、田朝贵一路翻越双崎梁,当进至九道拐林子时,突遭埋伏于此教军的袭击。教军自梁上扑下,双方短兵相接,刀矛交互。教军死3名,伤者颇多,四散逃脱。官兵奋起直追,在偏桥子,又遇一股埋伏教军,来势勇悍,发起三次冲击,均被官兵打退。教军退上岩石,凭高掷石,直到暮色降临,难分胜负。官兵只好设卡,步步为营进逼。

杨遇春、丰绅一路督兵取道偏崖子,由两河口进沟,穿林越箐,至十三日五更时逼近平溪河,在此探知教军正乘夜由三岔溪向凤凰寨抵进,遂决计在此兵分三路设伏。参将哈丰阿带领都司吕天俸、守备吴顺、朱福寿等,由寨子左边进攻;副将桂涵、参将马文斌、游击张拱辰、华万年,守备周泽洪、张必禄等,由寨子右面进攻;副将吴廷刚、祝廷彪带守备齐慎、马柱、周贵、王兴等,沿河抄袭,三路并进。

双方接战后,鏖战一个时辰,官兵越战越勇,教军败退垭口,重新组织进攻,接连几次自山梁下压进逼官军,杨遇春、丰绅督促兵勇仰攻。时马瑜、田朝贵督率兵勇赶到,手下副将马元、马应国,参将罗思举、李应元,游击刘彪、马成林,都司周志林、史定川等也都紧跟追来,官军两面夹击,教军腹背受敌,乱了阵脚,四处逃散,约200多人向北逃去。此战,共计斩俘教军150余名,其中有元帅罗思兰、符庭伏,总管王宗福、纪友亨、萧昌奉,于死者首级中认出元帅李如玉、周天良与总管王仕奇及袁、秦姓者的头颅,另缴获大小旗帜24面,刀矛马枪160余件。

官军稍事休整后,即刻尾追。哈丰阿、吴廷刚、桂涵、祝廷彪、张拱辰等往平利之马鞍山一带堵截,马应国、李应元、刘彪等跟踪追蹑。① 七月十四日,杨遇春与丰绅等一路,经八仙河,至两扇门一带。时马瑜、田朝贵追至老鸦绊、刘家台,向元岭老林进剿,距离教军不过10里。杨遇春急忙由八仙河、缴子坪向西北逼近。教军败向东南,各路将领搜剿截击,均有所获。

八月初一,马瑜所部经龙洞沟,俘获教军赵洪周,又称赵老幺。其声称自己已杀大元帅苟文润,正砍苟氏头颅时,被苟之干儿子撞见。慌忙逃散中,赵老幺将首级抛掷崖下。对此,马瑜亲往验证是否确凿,并讯及其

---

① 以上均见《钦定剿平三省邪匪方略》(续编)卷30,《中国方略丛书》第66册,第26319—26325页。

他俘虏对质，确定无疑后，与田朝贵各带兵勇入化龙山老林继续搜索。而杨遇春、赛冲阿已分两路于山外隘口洞寨并沿山内苞谷地四处设伏，相机搜索。

八月初二，杨遇春督率副将吴廷刚、参将祝廷彪等分头设伏于五佛庵、龙头寨、高峰寨。四更时，教军自龙头寨出。设伏官兵突起，双方激战，教军被冲为两截。前部30余人，向鱼洞子老林遁去，后部100多人折原路退散。此伏击战，毙教军2名，其中1名为老掌柜杨贵，俘4名。经审讯，核实大元帅苟文润被赵老幺砍去头颅，尸体已焚化。初四，杨遇春率官兵在千家坪击杀教军元帅赵云刚等3名，俘2名。次日，在刘家台又俘5人。① 其他各路将领也多有斩获。

直到嘉庆九年（1804）九月初四，平定白莲教战事方告结束。不过，搜剿零星漏网者与善后事宜一直延续至次年方才完结。德楞泰以600里驰驿奏报战事告捷。随之，议奏凯撤善后事宜，决定酌留防兵4100名，交各镇将等分段驻守，仍留提督杨遇春统领。对此，嘉庆帝朱批"所办甚是"②。且宣谕三省全功告蒇，奖励有功之臣。提督杨遇春著再加恩，交部议叙。③ 实际上，对于杨遇春在此次平叛之中的功绩，早在一年多前，即嘉庆七年十二月十六日，战事取得阶段性胜利时，嘉庆帝就曾评道：

> 固原提督杨遇春，自随征以来，在诸将领中，勇略尤著，节次歼擒首伙各逆，为数较多，经赏给骑都尉世职，著加赏轻车都尉世职。④

秦巴老林全境安静后，清廷所给予的奖赏，更体现了杨遇春在整个平乱过程中所起到的卓越作用。而杨遇春指挥和参与平乱的大小战事，也是官军和白莲教众双方力量角逐的整个过程的真实写照。

总之，白莲教起事，历时九年，波及数省，投入兵力不可谓不多，仅自东北前后调八旗兵丁约7000名，再加上自贵州与云南所调绿营及上万乡勇的协助，所有将士，在整个战事过程中，经受了艰难困苦，吃尽了苦头。参与起事的白莲教众，遭官军持续截杀剿捕，生灵涂炭。战区百姓遭

---

① 以上均见《钦定剿平三省邪匪方略》（续编）卷31，《中国方略丛书》第66册，第26398—26400页。
② 《清仁宗实录》卷134，嘉庆九年九月庚寅，第821页。
③ 《清仁宗实录》卷134，嘉庆九年九月辛卯，第822页。
④ 以上均参见《清仁宗实录》卷106，嘉庆七年十二月癸丑，第421页。

受的战争苦难更是罄竹难书。清廷耗资约 1.2 亿两白银,① 将乾隆时代留下的国库存银消耗殆尽。如果以嘉庆六年（1801）时的库存银 1693 万两比之于乾隆六十年（1795）库存银 6939 万两，减少了 5246 万两,② 以致国库空虚，元气大伤。另一个无法摆脱的直接后果则是各种社会矛盾尖锐激化，社会秩序趋于混乱。

当然，起事的善后工作中，陕甘总督倭什布十分倚重时任固原提督杨遇春的带兵能力，于嘉庆十年（1805）的时政考察过程中，在洋县与自定远而来的杨遇春会晤，筹商于川楚陕三省界处搜剿零星起事者的办法。为此，杨遇春称：

> 刻下零匪虽属无多，第三省地方，犬牙相错，官兵各守本界，不能越界追捕。零匪出境之后，彼省之兵尚未得信，此省之兵业已撤回。该匪等得以辗转苟延，未免有稽时日。嗣后一有匪踪窜入，必须率领弁兵跟踪追捕，即使外窜出境，亦必穷其所向，不予稍暇，一面知会彼省防兵探踪截击，以期合力掩捕。若该匪已深入彼境，该省接办有人，再行撤回。似此不分畛域，无论零匪入川入陕入楚，总不令稍宁喘息，得有一匪踪迹，务将一匪缉获，始可歇手。庶早清边围，不致日久迁延。

听罢杨遇春言，二人即商议奏请在原有 1000 名兵丁基础上，再由汉中、勉县、西乡、钢厂以及陕安镇、宁陕镇抽出兵丁共 1000 名，"分驻边界，一有零匪信息，与何路相近，杨遇春即带领何路官兵穷追深入",③ 以绝后患。可实际上，起事的烽火此起彼伏，动荡不断。

二 参赞军务往剿天理教

嘉庆十八年（1813）九月，山东、河南发生天理教徒（八卦教）起

---

① 关于白莲教起事清廷耗资，魏源记为 1 亿两,《清史稿》取 2 亿两，此处 1.2 亿参见陈锋《清代军费研究》，第 268 页。
② 银两数为倪玉平据中国社会科学院经济史研究所清代抄档《黄册·户部银库类》整理，参见氏著《清朝嘉道财政与社会》，商务印书馆 2013 年版，第 174 页。
③ 朱批奏折，陕甘总督倭什布，奏为校阅宁陕汉中营伍情形并与提督杨遇春筹商边防事宜事，嘉庆十年六月初十日，档号：04-01-19-0036-032。

事。教众攻占滑县县城,并以此为中心向四周扩展。滑县位于河南、直隶与山东三省交界处,地方行政管理松弛,是一处三不管的地界。

清廷选将派兵 事件爆发后,清廷匆匆任命直隶总督温承惠为钦差大臣,令陕西固原提督杨遇春率兵协同前往平叛。① 旋即,嘉庆帝又以带兵之人多系满洲大员,或吉林、黑龙江侍卫章京,"不谙汉话",温承惠"恐调遣约束,不能得力"②。随即挑选既系"满洲大员",又"谙习清语"的陕甘总督那彦成前往,赏加都统衔,授钦差大臣关防,总统军务。特令杨遇春会同商办军务,职同参赞。以温承惠、马瑜等同为参赞。并谕平叛过程中所有奏报,一同列衔,均受那彦成节制。③

九月十二日,清廷谕令下达。在固原任上的杨遇春接令后,即刻挑选将弁,做好驰赴直隶大名一带的准备。④ 同时给钦差大臣那彦成提交一份转呈清廷的报告,请求调配马队骑兵。杨遇春认为:教匪所窜入之河南考城及山东曹县等处,"均系平原旷野,打仗得力,全在马队",请允准率领固原任所训练的提标马队兵丁、枪箭娴熟者300名前往,"必得其力"⑤。九月二十二日,清廷指令经那彦成传至杨遇春,准其将所训练马队兵丁"带往军营"。次日,杨遇春及杨芳等率所训马队自甘肃至陕西,二十四日启程赴滑县大名一带。⑥

此次清廷所派兵力中,除杨遇春及其所部人马外,还有军需装备齐全的西安满营精壮兵丁1000名,有自京选派健锐、火器两营官兵,统由工部侍郎、护军统领庆祥等带领。还有副都统富僧德所率马队1000名,徐州总兵徐洪所率兵数千。各路人马,协同作战。

起事者占据滑县 天理教又名荣华会,与白莲教颇有渊源,基本教义与白莲教大致相同,因教众以八卦作为分股名目,故又称八卦教。教众信奉"三际说",以"真空家乡,无生老母"为"八字真言",主要经卷

---

① 《清仁宗实录》卷273,嘉庆十八年九月乙亥,第713页。
② 《清史稿》卷358《列传》145《温承惠传》,中华书局1979年版,标点本,第11347—11349页。
③ 参见《清仁宗实录》卷276,嘉庆十八年十月上辛丑,第762页。
④ 《清仁宗实录》卷273,嘉庆十八年九月乙亥,第713页。
⑤ 朱批奏折,陕甘总督那彦成,奏为代奏固原提督杨遇春遵旨赴豫剿匪请酌带本营马队兵丁事,嘉庆十八年九月二十二日,档号:04-01-01-0552-001。
⑥ 朱批附片,奏报陕西提督杨遇春赴大名会剿起程日期事,嘉庆十八年九月,档号:04-01-01-0552-018。

《三佛应劫书》。① 川楚陕白莲教起事失败后，天理教在北方各地积极发展组织。尤其针对土地高度集中，民众无地少地的现状，提出入教者缴纳"根基钱"（种福钱），即可分得田地的主张，吸引着下层民众，入教者益众。教徒中除无地无产者、小市民、说唱卖艺者外，还有下级吏役和宫禁中的低层太监，这后一层社会势力对事件的发展发挥了重要作用。天理教著名教首有李文成、林清、冯克善、牛亮臣等，后二人即为清廷地方县吏。

李文成，河南滑县谢家庄人，木工出身，"素习白莲教"②。嘉庆十六年（1811），被拥戴为教首，掌管"震卦"。因"震卦为另七卦之首，取帝出于震意，习教者听其约束"，故李文成"兼掌九宫，统管八卦，众至数万"。为配合顺利起事，李文成便自称"严霜十八子"，以暗示经卷《三佛应劫书》谶示的"十八子明道"，提出"李姓应世"顺应天意。

林清，原籍浙江，久居直隶大兴县黄村，位至大兴巡检司书吏。嘉庆十一年（1806）加入荣华会，因其轻财好义，"有告贷者，辄给之，乡村仰食者万余家"，为教民所拥戴。林清掌管"坎卦"，主要在河北及京畿附近从事传教活动。

除了以上两位首领外，还有山东定陶人张廷举，领"乾卦"。河南虞城人郭泗湖，领"艮卦"。山东城武人程百岳，领"巽卦"。山东城武人张景文，领"离卦"。山西岳阳人邱玉，领"坤卦"。山西岳阳人侯国龙，领"兑卦"。在这一组织中，诸首领"俱分隶震卦"，对李文成负责，结成八卦教的领导核心。③

嘉庆十六年（1811）春，以李文成、林清为核心的各教首在滑县聚会，磋商起事与联合行动事宜，商定了行动准则，即"八卦九宫，林李共掌"。林清封为"天皇"，冯克善封为"地皇"，李文成封为"人皇"，并约分地土，"清取直隶，李得河南，冯割山东"。这一年，林清三次抵滑县，与李文成商讨大计。

李文成曾"专研算术，旁涉星家象纬，推演颇验"，扬言星象示变，有星射紫微垣，主兵象，将要大动干戈，以为事起"天意"的理论依据。

---

① 《三佛应劫书》，又称《三佛应劫总观通书》或《了道金船三佛通书》，为白莲教传教经卷。
② 昭梿：《啸亭杂录》卷6《滑县之捷》，第171页。
③ 林清被俘后供认：八卦教，今改名天理教。人数众多，散布各处。山东东昌府一路系李万成为首，曹县一路系徐安帼为首，德州一路系宋跃潵璞为首，金乡一路系崔士俊为首，手下各有数百人。参见《清仁宗实录》卷274，嘉庆十八年九月壬午，第728页。

嘉庆十七年（1812）正月，各地教首会于滑县道口镇，约定于"酉之年，戌之月，寅之日，午之时"起事，即以嘉庆十八年九月十五日午时为起事时间。该时间的设定，与八卦教教理也有关。依照九月初七——即天理教事件发生后的第二天——步兵统领英和审讯林清时记载可知，天理教众进攻紫禁城的时间，即以"八月中秋，中秋八月，黄花满地，白阳出现"为依据。是年正好闰八月，而九月十五日，仍是闰中秋，故"欲谋逆，今事不成，弃却臭皮囊，以应劫数"。①

日期择定后，李文成等又做了周密部署，规定起事口令分明、暗两种，"明号"为"奉天开道"，"暗号"为"得胜"。教众一律以"举白旗，白布裹头、系腰"为标志，做到"劫前七日，白旗传遍"，即参加者须把"奉天开道白旗届时插于门首，可免杀害"。十二月，李文成至京城大兴黄村会见林清，密约由李文成先在滑县起事，待河南、山东与直隶教众同时揭旗后，即直趋京畿。林清则潜伏于北京城内，等待时机成熟，即与李文成等起事教众里应外合，捣毁清朝统治中心，夺取北京城。

嘉庆十八年（1813）七八月间，林清复至滑县，最后敲定起事步骤与策略。林清返回黄村后，为稳妥起见，李文成又派养子刘成章往林清处，保持联络，且转告林清，"九月十五日，河南兵必至京，公专为内变"。

河南天理教在李文成直接领导下，集中全力从事各项准备工作，"私买战马，蓄养士卒，铸造甲仗，颁分旗号"，响应教众与日俱增。在滑县大任山之东坡，牛亮臣组织数百人铸造军械，李文成在谢家庄大肆犒劳入教者。人多势众，场面热闹，可是泄露了起事机密。滑县知县强克捷，一面密报河南巡抚高杞请兵镇压，一面先发制人，于九月初五，逮捕李文成、牛亮臣等教首。

李文成、牛亮臣被捕入狱，形势危急。部将宋元成等认为，"今事已急，十五日之期，断不及待"。遂联络东昌、曹州、大名各处教首，于嘉庆十八年九月初七，聚集滑县教众5000多人，攻陷县城，杀知县强克捷和巡检刘斌，从狱中救出李文成、牛亮臣等人，提前起事。②

李文成于县衙署内"设羽帐"，"树大纛"，上书"大明天顺李真主"，以牛亮臣为军师，宋元成为大元帅，封诸卦主为王，诸首领各为宫伯、卦伯以及各类先锋、总管，受封者90余人。接着攻占滑县附近道口镇，以

---

① 英和：《恩福堂年谱》，《年谱丛刊》第133册，第421—423页。
② 昭梿：《啸亭杂录》卷6《滑县之捷》，第57页。

重兵围困北上要道浚县。起事教军，"夺城戕官，声势浩大"①。

浚县及其西北的辉县是连通太行山的必经之路，交通位置十分重要，为防教众西行，清廷令已经由潼关往辉县的杨遇春加以拦截，以逼教军东移。当杨遇春闻教军占据道口，时而西北向出击袭扰高陵一带，决计阻止教军向西扩展。因为高陵距离道口，再距卫辉府90余里。遂挑拣所部80余人，急速赶赴高陵，安排阵战。行进途中，恰遇教军四五百人在附近村中掳掠，即命手下50人冲入村中，斩数十人。余众不辨情形，纷纷奔向道口。杨遇春率部边追边击，教军自浮桥逃遁。兵丁砍断浮桥，毁弃渡船，使教军无法渡河。是日，共毙130余人，俘30余人，救出难民一百七八十人。杨遇春所为，不经意间在道口以北完成对李文成主力的拦阻堵截，使其不能迅速北上，对李、林两部会合起到了拖延与阻碍作用，客观上也削弱了其后林部进攻宫城的气势与力量。

攻入紫禁城 此时，居于京南黄村的林清，对滑县之变尚一无所知，仍在着手进行攻打紫禁城的部署与准备，等候河南兵至。至九月十五日，原定起事日期，林清将所联络教众200人，分成东、西两队，由陈爽等率领，前往攻打紫禁城。经过装扮的教军进至内城后，设伏于紫禁城东华门、西华门外。因有太监做内应，很顺利夺门入宫。进入东华门的这一队，由陈爽率领，太监刘得财、刘金引路，刘呈祥等断后。西华门的这一队，由陈文魁带领，太监高泰、高广福引路，刘永泰押后。另有太监王福禄、阎进喜居中援应。教军进入东华门后，很快被守门官兵发觉，护军急忙关闭城门，冲入宫廷的教军仅十数人，经过激烈搏斗，终因路径不熟，力量单薄，或擒或杀，"而官兵受伤者亦多"②。

陈爽指挥的西路教军，于中午时分，全部进入西华门。再经尚衣监文颖馆，一路猛攻至隆宗门。时该门已紧闭，教军进退维谷，与宫内护卫展开殊死搏斗。一些自门外诸廊房越墙进入内宫的教军，亦全被枪杀，大部分则受阻于隆宗门外。当时皇子旻宁，即后来的道光帝，正在上书房，闻变即戎装上阵，登上城垣，端起鸟枪射杀教军。午后申时，在京的诸王及内务府大臣，均引兵入神武门增援，镇国公奕灏将准备往滑县镇压天理教的火器营兵1000多名，调入宫内，教众被残酷镇压。紫禁城一战，教军死31人，俘41人。宫廷侍卫护军等死41人，伤60人。留守黄村的林清，

---

① 戴逸：《简明清史》，中国人民大学出版社2006年版，第262页。
② 《清仁宗实录》卷275，嘉庆十八年九月丙戌，第740页。

被官军俘获，不久与其他被俘教众一同凌迟处死。①

教军攻打皇宫，使京城陷于混乱。"禁城遇变，人情惶惧，讹言四起，惊扰达旦"，"居民仓皇无措者四日"。紫禁城各门增派营兵守护，"持械林立，防范紧严，禁城内王大臣昼夜搜拿"②。九月十七日，匆忙自木兰围场返回的嘉庆帝颁示"罪己诏"，惊呼这次"变生肘腋，祸起萧墙"事件，实为"汉唐宋明未有之事"，"竟出大清朝"，哀叹"齐豫骚动，阙下震惊，惟椎心挥泪，宵旰仰求上苍赦罪，此外无可言矣"③！

如前所述，河南滑县天理教事件发生后，清廷虽派兵遣将，但总体上对其严重性认识不足，视其为地方小打小闹的动乱，尽管指令"添兵并力歼除"，可是在兵力调动和部署上，却着重于"防堵""夹击"和"勿令匪渡河滋蔓"等层面。到了九月十五日，发生攻打皇宫事件后，嘉庆帝方才惊醒，全力以赴镇压起事教众，催促已于九月十二日启程的杨遇春加紧驰赴剿办。④

新镇布局与首捷 当然，鉴于白莲教起事的教训，嘉庆帝决不允许滑县教军势力蔓延。九月二十六日，接到章煦奏称直隶东明县教军裹胁良民，向西奔窜，大有与卫辉等处教军联合之势的消息时，十分焦虑。故而，给由潼关进发必经卫辉的杨遇春传令，会同豫省官兵迎头截剿，"勿令奔逸"。又令与教军东向相距甚近的温承惠大营，合力将教军一鼓歼除，"毋稍稽迟"⑤。

十月初五，杨遇春率部抵达卫辉。⑥ 十九日，会同那彦成奏"为连次歼擒分屯附近道口各寨贼匪缘由"⑦ 折，禀明教军主力现屯聚滑县、道口等处。杨遇春已率固原、西安兵丁2000名驻扎于卫辉、道口间的重要通道新镇，一来"以挡贼要"西窜，二来就近"探剿分屯贼匪"，并催攒援兵军需粮秣，同时依据道口四周地理形势，于道口西北的浚县，由那彦成

---

① 《清仁宗实录》卷275，嘉庆十八年九月丙戌，第738页。
② 昭梿：《啸亭杂录》卷6《癸酉之变》，第52—53页。
③ 《清仁宗实录》卷274，嘉庆十八年九月中庚辰，第722—723页。
④ 《清仁宗实录》卷273，嘉庆十八年九月乙亥，第713页。
⑤ 《清仁宗实录》卷274，嘉庆十八年九月中甲申，第734页。
⑥ 抵达时间参见李映发《关于杨遇春的传记材料——〈介绍府君杨遇春家祭行述〉抄本》，《清史研究通讯》1983年第3期。此文所言之"行述"藏四川大学博物馆，笔者未能寓目。
⑦ 李光涵：《时斋府君年谱》，《年谱丛刊》第123册，第230页；又那彦成《那文毅公奏议》卷29《那文毅公总统河南山东直隶军务奏议》，见《续修四库全书》第496册，第52—53页。

与高杞分别带兵驻扎堵截，且利用浚县城外云溪桥下闸门，截断水流，使水势增高，以堵截教军西渡。那彦成、杨遇春等人表示，有了这样的军事部署后，对获捷信心满满，表示一得道口，便围攻滑县，一举歼灭李文成所率教军。

杨遇春初到新镇，就接到乡民报信，得知教军分屯于道口附近的曹起营地方，时而出动抢掠骚扰百姓。遂于十月十八日，派游击吕天俸、马光宇、守备俞振海带领兵勇向导，前往摸底，见机行事，予以打击。时在曹起营屯聚教军千余人，一见官兵到来，即分行四散，往道口逃跑。官兵奋力追捕，毙200余人，获大刀1把，鸟枪15杆，三眼枪6杆。未几，又有消息说，道口的周谭村、连庄、罗家寨三处，约有教军2000余人。杨遇春紧抓战机，派兵围击。值得一提的是，在兵力分配上，杨遇春充分利用乡勇力量，派乡勇头领孟大有、孟大炆分头追捕，官军配合，共毙教军200余人，俘张会元等14人，余者逃归道口。①

战后，杨遇春据战场形势分析双方兵力状况，得知接战后，教军畏惧官兵，四散躲避，而不怕乡勇，敢于相互厮杀。因此，加强官兵参战比重，对聚集于丁栾集3000余教军的围歼做出部署。十八日晚，那彦成至卫辉，杨遇春汇报此情，并连夜做好出击准备，将精壮兵丁假扮成乡勇，混杂在数百人的乡勇队伍中。十九日黎明，直逼道口附近的丁栾集。尚在宿营的教军，错以为不过是一群乡勇摇旗呐喊、蜂拥前来而已，未引起警觉，更没有料想到杨遇春会身先士卒，率领假扮乡勇的官兵勇往冲杀。结果教军被毙600余人，活捉周鼎新等3人。经审讯教军俘虏，均称头目马魁、曹治国持械当先，已在战场上中枪身死。官兵方面，数名兵丁与向导乡勇受伤。此战，缴获很多写有大字的旗帜，如大旗两杆，上写"巽宫伯刘伏芝（荣）、离宫伯李存信，奉天开道"；八卦大白布旗、小旗各一杆，上书"巽宫伯尚大兴"；小尖令字旗7杆，书"师存智、尚大荣、陈长岭"，小白旗26面，书"奉天开道"②。

道口争夺战 针对官兵几次出击，未能全歼教军的局面，主帅那彦成一面飞催未到兵丁迅速集结，一面严催藩司台斐音，亲到卫辉办理一切粮秣后勤等事宜，同时与杨遇春等人又重新制定围剿计划。对已抵达道口的

---

① 那彦成：《那文毅公奏议》卷29《那文毅公总统河南山东直隶军务奏议》，见《续修四库全书》第496册，第53页。
② 李光涵：《时斋府君年谱》，《年谱丛刊》第123册，第234页；又那彦成会同参赞大臣固原提督杨遇春，奏为连次歼剿分屯附近道口各寨贼匪缘由折，嘉庆十八年十月十九日，见那彦成《那文毅公奏议》卷29，《续修四库全书》第496册，第53页。

官兵重新加以部署，计划于近日内分兵四路围攻道口。并飞札知会高杞，一旦攻占道口，即攻打滑县县城，期望四路齐进，经一二仗后全歼教军。而此时教军分布四处，各股力量不能低估。一股在滑县县城，以徐安国为首，李文成因腿受刑伤，在滑城附近之李家庄养病。另外两股分别据守于道口、桃源。

就在官军部署进攻方案时，教军先动。十月二十一日，滑县外围道口附近教军三四千人，分东、西两路自道口出动，向滑县进发，一路焚掠村庄，气势高涨。道口距滑县县城仅八里，那彦成恐官兵先行出击，教军肯定会败退逃跑，难免滑县县城教军不潜出接应，遂决定先斩断道口教军的归路。令由杨遇春带领马、步官兵抄往道口教军后路，斩断退路；由格布舍、富僧德、特依顺保、马元等各自领兵，分路迎头截击；由庆祥带领京营劲旅自南部策应；那彦成自己则带领副将张大振等，在正西方策应。

战幕拉开后，教军蜂拥而前迎战，格布舍、马元等率马队冲击，枪箭齐发。前队教军接连倒下，后队教军前赴后继，拼命抵抗，官兵步兵也枪矛并举再进。继之，富僧德、特依顺保等率马队再次横冲直进，教军势衰，不能抵御，纷纷溃退。此时，埋伏在教军退路的杨遇春迎头截杀，自巳至酉，激战五个多小时，毙1420人，俘140余人，解救被裹胁百姓千余人。缴获大白旗十余杆，大炮两尊，鸟机炮三尊，三眼枪一杆，刀矛器械，不计其数。官兵把总杨秀廷及外委两名阵亡，教军余部退归道口和滑县县城。①

战后，当那彦成、杨遇春等人的联衔战报送至清廷时，嘉庆帝虽有欣喜，可是对于不能迅速全歼教军，依然感觉不快。谕那彦成、杨遇春乘胜进兵道口，将"贼匪歼灭净尽"，"可并力围攻滑城"。同时，对战报中所称俘获大炮之事，十分警觉。说道："大炮二尊，鸟机炮三尊，贼营中安得收有炮位？"严令那彦成、杨遇春等细审俘虏，"严究来历"，"据实覆奏"。不几日，又谕"且贼营俱各带有大炮，何以官兵剿贼转不用炮轰击？所有夺获炮位，正可用以击贼"，并说"开封府内存贮炮位甚多，该督等即就近调取，运送来营，以备攻城之用"，令那彦成快速清理道口残局。②

接连受挫的教军，退回滑县、道口后，坚闭不出，且加紧修筑工事，

---

① 李光涵：《时斋府君年谱》，《年谱丛刊》第123册，第236—242页；那彦成：《那文毅公奏议》卷29，会同参赞大臣固原提督杨遇春，奏为迎头截杀贼匪痛加剿捕情形折，嘉庆十八年十月二十一日，见《续修四库全书》第496册，第54—55页。

② 那彦成：《那文毅公奏议》卷29，军机大臣字寄上谕，嘉庆十八年十月二十四日，见《续修四库全书》第496册，第56页。

挑挖城壕，囤积粮食。不过，官兵探得，道口教军修筑工事，是为迷惑官军之假象，实则有突围西窜之打算，而滑县城内教军有死守城池之迹象。为此，那彦成、高杞、杨遇春等商议，各自为主，采用两面夹击战术，夺取道口，以绝教军渡河西窜之图。为防备官兵在南北夹击时左右两侧出现的漏洞，又令庆祥、格布舍抄截右路，富僧德、特依顺保、桑吉斯塔尔抄截左路，其余如马元、徐锟、张大振等直扑中路，游击马光宇、吕天俸等径扑滑县，以阻挡教军战败逃逸。

十月二十五日黎明，官兵三路进发。高杞率领参将张拱辰、都司陈天寿等分带马、步兵丁由北而南拦截，杨遇春率杨芳由河东带兵直趋道口东面，以防滑县城内教军外出接应。那彦成率部由南而北，并将自河南省城运来的大炮布置于道口对岸之小河所，由总兵音登额负责，预备轰击。当高杞行抵聂渡时，见教军2000余人正在搬运木板，搭桥欲渡，急忙分兵截击。教军一见官兵，也迎面抵抗搏击。恰好那彦成率兵赶到，两相夹攻，马步齐进，教军被冲为两截，四散奔逃，官兵副将张大振、参将张拱辰、游击祁祥、署都司窦德等率马队兜围冲杀。此战，共计毙教军700余名，淹毙300余名，俘虏34名，缴大旗两杆，鸟枪器械无数，余者仍退归道口。官兵遂砍断道口外围浮桥，烧毁木板，以绝教军西窜之路。①

十月二十七日卯刻，那彦成亲自督率马、步七路人马，直抵道口围剿。教军也有一万四五千人，蜂拥抵抗。官军组织进攻，经首轮大炮轰击后，分四路共进。由高杞带领参将张拱辰等奋力进攻，杨遇春、杨芳迎头围击，庆祥、格布舍等各带京兵马队三面冲击，那彦成指挥特依顺保、张大振等助阵。官兵乘械飞越教军所挖掘壕沟，乘势突入道口，痛加剿戮。而自滑县前来救援的教军一二千人，经官兵桑吉斯塔尔、格布舍、张大振等率众堵截击退，马光宇、吕天俸并候补知县孟屺瞻也率领乡勇乘势焚烧滑县县城南关。教军残部退回道口，不敢再出。

整场战事，官兵战术随机应变。先用大炮轰击，再枪箭并发，继之，尽力追杀。自辰至酉，共枪杀五六千人，烧毙四五千人，俘虏380余名。其中俘虏的各卦爻头目为：艮卦大头目黄兴相、李世玉，坤卦大头目冯相林、吕国泰，离卦大头目徐玉，坎卦大头目孔傅等。俘虏中，自道口起事的艮卦教军最多，其中不少或参战一次，或二三次不等。被毙者中，手执

---

① 那彦成：《那文毅公奏议》卷29，那彦成会同参赞大臣热河都统高杞、参赞大臣固原提督杨遇春，奏为连日分路截杀贼匪情形折，嘉庆十八年十月二十五日，见《续修四库全书》第496册，第57页。

大白旗的骑马头目十余人，内有一人身穿蓝色蟒袍。缴获马匹、器械、旗帜无数。那些逃匿民房的零散教军，除被烧死者外，俱严查搜获。解救被教军裹胁的老弱男妇约八九千人，经审讯，甄别出假冒平民者30余人。道口之战后，清廷多有赏赐。杨遇春得到四喜玉牌一件，黄辫大荷包一对，小荷包两个。①

围攻滑县 道口的教军主力被攻陷，使李文成的大本营滑县顿失屏障，完全暴露在官军枪炮之下。那彦成乘胜部署兵力，迅速进兵滑县县城。县城共有五个城门，那彦成把13000余官兵布围于滑县县城的东、西、南三个城门，正北及西北两门，因兵力缺乏，无法围堵。又恐教军从另外两个门突围他走，以致战事蔓延，难以收拾，决计请增派兵力。遂急奏：现有之兵，"攻城则有余，围城则不足"，请求速调陕甘步兵，吉林、黑龙江马队增援。②

据守县城的教军，因军事经验不足，没有采取流动战术以避开清军主力，也因轻信伴降教谕吕某的"献策"："高筑雉堞，闭关自守，以待它郡接援，然后会师北上，始能保万全"③，死守城池，贻误战机，使清廷能有足够的时间调集更多兵力，将滑县团团围住，结果教军几次突围失利。

经过道口冲击战后，那彦成集中精力抓紧清理滑县残局，派兵围堵县城三门。至十月二十九日酉刻，据守桃源南湖的教军刘国明派出200余人，与滑县城内冲出的千余人两相呼应，企望取得联系，因官兵奋力堵截，未能达到目的。次日黎明，乘官兵不备，刘国明又亲率桃源一千数百人，再次图谋与城内教军联系，滑县城北门也有2000余教军突围接应，官军尽力拼杀，但终措手不及，教军多人护卫用轻车载着负伤的李文成出城退走桃源。

当两股教军在县城北门里应外合冲击时，杨遇春同乾清门侍卫额勒精额、侍卫哈朗阿并格布舍、富僧德带同各侍卫等急速赶到，奋力冲杀。自桃源前来的教军刘国明部拼死力抵御，官兵枪箭齐发，自辰至申，杀毙1000余人，俘虏200余名，退回桃源者已无多。而出北门接应之教军，经

---

① 李光涵：《时斋府君年谱》，《年谱丛刊》第123册，第247—260页；又那彦成《那文毅公奏议》卷29，那彦成会同参赞大臣热河都统高杞、参赞大臣固原提督杨遇春，奏为督兵会剿攻克道口贼巢折，嘉庆十八年十月二十八日，见《续修四库全书》第496册，第59—61页。

② 李光涵：《时斋府君年谱》，《年谱丛刊》第123册，第272页。

③ 昭梿：《啸亭杂录》卷6《滑县之捷》，第171页。

高杞同特依顺保、马元、杨芳、副将张大振、游击祁祥等各带马、步兵丁迎头堵击，毙一百四五十人，俘虏19人，余退入城内。官兵攻至北门，焚烧北郭。① 战后，滑城西北门被围堵，五门中只有正北门尚未部署兵力。

此时，滑县城之东北一带，除了桃源教军的有生力量被官兵彻底摧毁外，在留固集、八里营、王家道口等处，仍有教军屯聚，并多次冲击县城正北门，图谋与城内教军相接应。这股力量也牵制官兵主力，不能集中兵力攻打县城。加之滑县城墙建筑牢固，"城坚厚，外砖内土中沙，大炮攻之，遇沙而止"，"官兵围之，数旬不克，贼守愈坚"。至十一月初四，教军以有生力量布置于正北门，全力拒守，枪炮亦多，又凭借"中隔苇塘"的有利地势，官军一时难以得手。

为加紧结束战事，十一月初六，嘉庆帝据那彦成奏，降旨饬知托津速调吉林、黑龙江二处劲兵3100名赴豫，合力攻剿，并谕章煦沿途迅速催督，按期至营。同时令那彦成，俟援军到达，形成围攻之势后，即以大炮"毁其楼橹，擒缚渠魁，一鼓成功"。嘉庆帝指示：

> 顿兵坚城之下，已月余矣！况新年已近，外藩俱集，必得旬日之内歼除净尽，不可再迟。所有指名严缉各逆犯，不可令其漏网。汝三人合力同心，奋勉迅速办理。朕惟计日以待捷音，实深焦急！汝三人不可稍有耽延，慎重妥速为要。

要求那彦成，杨遇春与高杞共同商酌，各率一路，均分所统镇将、巴图鲁、侍卫，及满、汉马、步官兵，一鼓克城。

当然，嘉庆帝对于最终能否速战速决，十分担忧。进一步强调速战速决的重要性：

> 此次逆贼与三省邪匪不同。三省邪匪不过在外省滋扰，此次逆贼蓄谋多年，敢于潜入禁城，计图内外互应。其同教党与散布各省者不少，阴谋勾结，甚为叵测。若不铲除萌孽，虑滋后患。②

---

① 李光涵：《时斋府君年谱》，《年谱丛刊》第123册，第279—280页；又那彦成《那文毅公奏议》卷29，那彦成会同参赞大臣热河都统高杞、参赞大臣固原提督杨遇春，奏为督兵堵截滑城及剿杀桃园一股贼匪净尽情形折，嘉庆十八年十一月初四，见《续修四库全书》第496册，第65页。

② 以上均见《清仁宗实录》卷280，嘉庆十八年十二月上辛丑，第824页。

司寨攻坚 为尽快夺取滑县县城，那彦成采取孤立县城，先打外援的办法。一面派官兵堵住县城正北门，开挖沟濠，遍排鹿角，于近城增筑炮台，择机攻取，一面拨派将弁，先后扫清留固集、八里营及浚县石佛铺等处教军。那彦成认为，攻取滑县县城固然十分重要，可是该城外围教军势力也不能小觑。况且被教军拼死命抢出城的李文成此时已幡然醒悟，明白死守县城并非上策。于是集合长垣一带教军4000余人，经封邱、延津、阳武、获嘉、新乡、辉县及林县临淇镇等处，意欲向北突破，或西入太行，其"势甚鸱张"。而往北则相距直隶省界不远，"关系非小"。各股教军散处于城外围，更牵制官军兵力，不能全力攻取滑县城。因而，那彦成决意分兵辉县，先截剿长垣教军，以杨遇春部为进攻主力。

十一月十八日，杨遇春手下总兵杨芳与侍卫苏伦保等会同德宁阿、色尔滚合兵后，自北而南，由淇县大庙口迎头截击了教军。从俘虏口中得知，教军屯聚在辉县山内司寨地方，组织强壮敢死之士三四百人，配备马匹，作为守寨的核心力量。与两军接战的是欲赴林县临淇镇的队伍，原本约有教军2000余人，听闻前有官兵拦截，主力乃折回司寨拒守。

据此，杨芳等经会同商议，挑选奋勇步队600名，分两翼埋伏于白土冈前之山坳中，采取诱敌上钩的办法，以少量兵丁，诱司寨教军出寨，进入伏击圈。教军果然上当，约有3000余人，蜂拥前来。内有骑马者300余人，执大白旗头目四五人，冲锋在前，势甚凶悍。俟教军进至白土冈伏击圈时，杨芳令埋伏步兵，自两翼闪出，枪箭并发，并力攻击。继之，吉林、黑龙江马队也突出冲杀，枪箭所及，教军人马死伤惨重，约毙五六百人。这些没有任何军事作战训练的教军，一旦接仗，就乱了阵脚，有些人开始惊慌奔逃，官兵大队追杀数里乃罢。而大多数教军，退至南首山梁，倚靠有利地势，向山下抛掷石块，重新组织进攻。官兵见状，不避矢石，奋力仰攻。同时，自侧翼山梁抢登至山巅，从山前平地抄出，截断教军去路。官军如此上下夹攻，教军力不能支，死伤更惨，损失约一千三四百人。

白土冈之战的胜利，全在于杨遇春麾下之兰州督标及固原提标官兵英勇作战，将士们沿山追杀堵截，行动果敢矫捷。即使奋力突出重围的教军八九百人，又被官兵尾追击杀四五百人，加之滚崖落涧者，最终逃回司寨者仅一百余人。此战统计毙教军二千四五百人，俘虏200余人，缴获枪矛、旗帜、马匹无算。战后，那彦成在给清廷的奏折中提及"此次打仗，吉林、黑龙江官兵马队极为骁勇，枪箭无一虚发，兰州督标、固原提标官兵亦甚奋勇出力，且有一人而杀十数名贼匪者"，这后一句说的就是杨遇春部。正是由于有这样的勇武之兵,"是以歼戮所加,贼之精锐已尽"①。

十一月十九日黎明,进攻司寨的战斗打响。司寨背山临川,沟深墙固,易守难攻,以李文成为首的少量教军指挥核心据守于此。官兵组织力量,围之数重,屡次越濠攀墙,均被教军枪石所阻,败下阵来。巳刻,官军改变攻略,由健勇兵丁冒着教军如雨枪石,齐力挖墙。至未刻,挖毁司寨后面寨墙一段,可是,顷刻间被教军用门板、砖木堵塞。官兵也不示弱,并力冲击,枪箭并发,一拥而登,将教军压下寨墙,逼进寨门。双方短兵相接,在狭窄的街道展开肉搏战。教军势不能支,纷纷避匿民房抵御抗拒。

司寨内建筑布局复杂。约有民房二百数十间,纵横高耸,皆系砖石砌成。筑有碉楼七八处,坚不可破。据俘虏称,内有教军五六百人,枪炮齐全,李文成和其他头目均在寨内。教军"据险掷石,枪炮乱发,官兵受伤数十名"。至酉末,杨遇春手下猛将总兵杨芳恐教军各首领乘黑夜突围逃跑,乃下令于四围举火,且焚且攻,"须臾,烟焰蔽天,贼尸塞路,有冒烟突火焦头烂额而逸者,悉生缚之",约俘200余名。经战场突击审讯,得知首魁李文成与大头目们均躲避于碉楼内。杨芳等率众直接登楼,突有一自称刘国明的教军,持刀跃出,连伤兵丁两名,被官兵开枪击毙。

碉楼易守难攻,双方陷入暂时对峙。杨芳下令喊话:"有能擒李文成来献者,受上赏","李文成若投出,余贼均皆免死",教军回称:"李文成在此,只管用枪来打,断不出来"等语。见教军宁死不屈,杨芳令手下猛攻。官兵俱各持刀扑进,结果"逆首自己举火焚烧,贼众四五十人,群相拥抱,致将该逆首压毙"。经对枕藉尸骸逐加查检,计寨内教军七八百人,无一人逃脱。

次日黎明,经俘虏指认,辨出李文成尸身。年貌相符,头扎网巾,尸身系属完全,两足夹烂,伤痕明显,尚用膏药敷贴,绵布包裹。左目有伤,面带枪箭伤。经多名俘虏指实,系李文成尸身。又检出刘国明尸身,经俘虏质认无误。于积尸内还认出王修治、宋老秀等大头目。此外,于俘虏千余人中指认出韩得众、刘国泰、卫扬等多名首领。缴获枪炮、刀矛、

---

① 李光涵:《时斋府君年谱》,《年谱丛刊》第 123 册,第 322—325 页。又那彦成《那文毅公奏议》卷 29,那彦成会同参赞大臣热河都统高杞、参赞大臣固原提督杨遇春,奏为分兵辉县截剿长垣窜匪歼擒殆尽大获胜仗缘由折,嘉庆十八年十一月二十一日,见《续修四库全书》第 496 册,第 80—82 页。

旗帜无数。有大白旗一面，上书"大明天顺李真主"①。

正如那彦成所总结：此股滋扰封邱、阳武、延津、获嘉、新乡、辉县等处并及林县临淇镇之教军三四千，经三次大仗后，已被剿灭，"无遗事机"，极为顺利。"惟思贼匪初由长垣奔窜，不过千余，嗣后裹胁愈多，聚至三四千之众，除难民外，多系封邱、延津、阳武等处习教乐从之贼"，这道出了起事教军得以快速发展的原因。此种见解对于嘉庆朝后期重视加强对民众的教化、笼络人心、固化风俗问题的讨论，起了一定的作用。

攻克滑县 司寨被攻陷与教首李文成壮烈牺牲，严重打击了尚在滑县县城据守的教军士气，也有利于官军集中兵力，加强对滑县的攻势。② 滑县孤城难守，自城被围以来，布置在城门各炮台的官兵，不时向城头打炮，或轰毙几名教军，或轰落几块城砖，无明显战绩。此时，那彦成腾出手来，全力以赴进攻县城。一面派吉林兵埋伏于炮台后或壕沟内，狙击教军出城与外界联系，且封锁消息，一面采用杨遇春所提出的"掘地道计"③，派兵于各城门下暗挖地道，准备以地雷火药轰城。同时向城周各门分派将领，加强进攻指挥力。如东门由格布舍及游击万彪督办，城西南角派杨芳、桑吉斯塔尔督办。

杨芳所在营地，距离西南城角不过数丈，为攻城便利，复又堆积沙土布袋。十二月初二，地道被轰塌后，官兵仍从旁道迂回挖掘，一路明挖，一路暗进。次日三更，月黑之时，复有教军数百人潜出北门，被游击吕天俸用炮轰回。初七，教军出城攻打军营，欲焚烧炮台，经官兵迎击，毙五六十名，俘虏九名，头目黄兴宰被俘。之后，教军退守县城，官兵久攻不下。④

直到十二月初九，在嘉庆帝一次次的催促下，那彦成也觉得再相持下去对官兵不利，决定发起最后的总攻，便做了严密布置。至戌刻，密传号令，一面令在城西南角的杨芳部将地雷火药安置于挖好的地道内，严密堵

---

① 李光涵：《时斋府君年谱》，《年谱丛刊》第123册，第334—340页；又那彦成《那文毅公奏议》卷29，那彦成会同参赞大臣热河都统高杞、参赞大臣固原提督杨遇春，奏为官兵截剿长垣窜匪全数殄灭歼毙逆首李文成及贼首刘国明折，嘉庆十八年十一月二十一日，见《续修四库全书》第496册，第83—84页。

② 李光涵：《时斋府君年谱》，《年谱丛刊》第123册，第340—341页。

③ 昭梿：《啸亭杂录》卷4《滑县之捷》，第173页。

④ 以上均见李光涵《时斋府君年谱》，《年谱丛刊》第123册，第356—364页；又那彦成《那文毅公奏议》卷29，那彦成会同参赞大臣热河都统高杞、参赞大臣固原提督杨遇春，奏为连日围攻滑城情形折，嘉庆十八年十二月初五，见《续修四库全书》第496册，第88—89页。

口，预备引线战火。一面与杨遇春、高杞商议，布置次日兵分三路发起冲锋。一路由那彦成会同庆祥、杨芳、桑吉斯塔尔，副将张大振，巴图鲁德海、刘泰、永海等，攻打城西南角，参将祁祥、都司窦德、赵启贵等随后接应；一路由高杞同格布舍、富僧德及音登额，侍卫阿勒罕保、额勒精额、色楞保等攻打东门，游击富克精阿、都司沙武德等随后接应；一路由杨遇春同特依顺保、德宁阿、色尔滚、长庆、诺木齐、苏清阿、达斯呼勒岱等攻打大小西门，副将舒灵阿、章京富明额勒登，游击广瑞等随后接应，由马元同苏尔慎、协领七克唐阿、游击马光宇、知县孟屺瞻等攻打北门，参将薛升、游击李建勋等随后接应。为避免教军逃逸，又派吉林、黑龙江及兰州、固原官兵马队，埋伏于近城各处，见机四面兜围，以杜教军退路。同时号令官兵，"如有能先上城及擒获贼首者，加以重赏。谆嘱将领，令其辨认贼首，务在生擒"①。

十二月初十卯刻，官军各路兵马对滑县五个城门发起攻击，瞬间，各炮台大炮猛轰击城垣，枪炮齐发，呐喊冲锋。同时，或派矫捷兵丁各用挡牌遮蔽矢石，或派兵丁藏身木斗之内，用轮盘推至城墙根下，刨挖城砖。城内百姓见状，惊恐万分，纷纷缒城逃出，前后约有5000人。教军凭借居高临下优势，全力抵御，枪炮矢石如雨。官兵奋勇攻打，所用挡牌、木斗等器械，间被教军或用大石击碎，或抛掷草把焚烧，官兵乡勇多有伤亡。

此时，城西南角所埋地雷被引爆，轰开一面缺口，南门城墙也被炸裂20余丈，砖石乱飞，官兵俱用云梯沙袋，齐上城垛，冲入南门。杨遇春等攻城后，直进大小西门。此前，杨遇春亲自督办西门地道挖掘，昼夜赶工，地道一直通到城墙根下。并于前一日夜里，秘密传送地雷火药埋在西南墙角处，埋设引线备用。所以，那彦成督同杨芳、桑吉斯塔尔等自左首攻入，即刻奔城西南角。时各门皆被攻破，官军冲进城内，展开激烈的争夺战。双方酣战一昼夜，伤亡均很大。教军依赖民房抵抗，仍控制城内据点五六十处。官兵无可奈何，纵火焚烧民房。

时整个战局，对教军已十分不利。首领牛亮臣、徐安国劝李文成妻子张氏装扮成难民出城，可是，张氏毅然表示，城亡与亡，不死者非英雄，乃挥刀巷战，击杀数人后自缢。打算突围的教军四五千人，也被官兵逐个

---

① 李光涵：《时斋府君年谱》，《年谱丛刊》第123册，第377—379页；又那彦成《那文毅公奏议》卷29，那彦成会同参赞大臣热河都统高杞、参赞大臣固原提督杨遇春，奏为督兵攻克滑城情形折，嘉庆十八年十二月初十，见《续修四库全书》第496册，第94页。

击毙。县城陷落，大元帅宋元成阵亡，艮宫王道隆、震宫刘荣顺、巽宫冯相林、坎宫尹振、乾宫寿光德等首领全部战死。牛亮臣、徐安国被俘后，械送京师，磔死枭首。滑县之战，自卯至申，激战7个多小时，教军死9000余人，俘虏2000余人，缴获旗帜、枪炮、刀矛无算，城内有难民男妇老幼两万余人。①

天理教起事以滑县县城被攻破而结束。清廷奖励出力官兵，以那彦成、杨遇春、高杞"统领师千，不辞艰瘁"，各给奖赏。凡攻城出力者，俱著交部从优议叙。赏给杨遇春二等男爵，紫禁城内骑马，并赏给黄面天马皮马褂一件，四喜玉扳指一个，镶宝石带扣一副，黄辫大荷包一对，小荷包两个。②

滑县战事甫一结束，即传来陕西三才峡木工起事之消息。清廷急需用人用兵，杨遇春成为首选。不过，那彦成从滑县地方安定考虑，于十二月十五日、十六两日，奏"敬陈弹压滑县及兼顾陕省情形事"折，认为"河北地方人心未尽安定，正须弹压地方之际"，杨遇春未便离营他往，"特因贼匪初平，人心未定，不敢不藉壮声威"，嘉庆帝勉强同意，且朱批："汝二人暂住滑县，查办一切，不可草率。陕西一事，有长龄、朱勋二人，足敷办理。汝二人或往帮办，或同来京复命，候旨而行，不必张皇。"③ 可见，清廷只是允准二人暂留滑县，整理地方军务。

那彦成、杨遇春将县城附近教军搜捕净尽后，移营大名一带，往赴郓城、东昌暨德州、景州故城等处搜查。时嘉庆帝以杨遇春"久历戎行，声威素著，于南山情形更为熟悉"为由，令"亦应旋赴陕西，督兵剿捕"。十二月二十三日申刻，杨遇春接令，迅赴陕西南山。

嘉庆十九年（1814）正月，嘉庆帝又传谕：

> 杨遇春勇谋素著，忠君急公，此次办理滑城叛匪，三月之间，扫除净尽，实属可嘉。功成之日，本令来京陛见，因陕省乱民滋事，又

---

① 以上均见奏折李光涵《时斋府君年谱》，《年谱丛刊》第123册，第380—383页；又那彦成《那文毅公奏议》卷29，那彦成会同参赞大臣热河都统高杞、参赞大臣固原提督杨遇春，奏为督兵攻克滑城情形折，嘉庆十八年十二月初十，见《续修四库全书》第496册，第，第94页。

② 录副奏折，奏为保奏围攻滑城出力官兵以示鼓励事，嘉庆十八年十二月二十四日，档号：03-1673-103；又《清仁宗实录》卷280，嘉庆十八年十二月丙午，第828页。

③ 李光涵：《时斋府君年谱》，《年谱丛刊》第123册，第434—435页；又那彦成《那文毅公奏议》卷29，奏为敬陈弹压滑县及兼顾陕省情形事折，嘉庆十八年十二月十五日，见《续修四库全书》第496册，第104页。

令驰往会剿。该提督及所带官弁兵丁，倍加劳勋，甚为廑念。务协同长龄等奋勇妥办，一鼓荡平。钦此。①

三　赴三才峡再熄战火

经白莲教、天理教纷扰，清廷对秦巴老林三才峡木工起事，更加惶恐，如坐针毡，急切需要合适的人才快速扑灭已燃的战火。而在两次大的平叛教众战事中彰显真才实干的杨遇春，顺理成章地成为最理想的人选。嘉庆十八年（1813）十二月二十三日，嘉庆帝在谕旨中明确说：提督杨遇春熟悉该处情形，声威素著，又系所管地方。故而，急令尚在滑县处理善后事宜的杨遇春迅疾挑带吉林、黑龙江两处马队，"或每处二百名，共四百名，或每处三百名，共六百名"，以及在此前撤回之西安满兵中择其得力者二三百名，并酌分仍在滑县的兰州、固原劲兵，速赴南山。令色尔衮、达斯呼尔岱管带，并带巴图鲁侍卫八员同往。②

嘉庆帝令杨遇春到陕后，协同长龄，相机行事。还详细嘱咐道："如长龄业已先到，即与长龄商同会剿。如长龄尚未到达，就先与陕西巡抚朱勋会商剿办。"至于应如何分别剿抚、解散，并两面堵截等用兵办法，请杨遇春自己定夺，相机办理。为使杨遇春用兵顺畅，嘉庆帝传谕仍在滑县的那彦成研判滑县形势，对驻扎于此的兰州、固原等处劲兵，如尚可酌分，即由杨遇春酌量分拨带往，如滑县军营兵员无多，即不必分派。嘉庆帝有如此说法，还是顾虑刚刚熄灭战火的滑县教军死灰复燃。也即"滑县甫经克复，人心未定，更当加意镇抚"，担心"陕省既有此事，则他处不靖之徒，恐闻而生心"。告诫那彦成"慎重弹压"，于滑县扎营，多住时日，察看地方，实可放心。③杨遇春自十二月二十三日由滑县启程赴西安。

老林民众的生业　三才峡位于陕西岐山县境，这里地处南山老林，是前期白莲教活动基地。清廷镇压白莲教起事后，尽管实行编户齐民，可是毕竟处于行政管理初创期，制度并不健全，地方官府难以稽查那些无地少地、流离失所后各自处纷纷来到山内的民众。来此垦荒者，被称为"棚民"。人们

---

① 以上均见李光涵《时斋府君年谱》，《年谱丛刊》第 123 册，第 471 页；又那彦成《那文毅公奏议》卷 29，奏为敬陈弹压滑县及兼顾陕省情形事折，嘉庆十八年十二月十五日，见《续修四库全书》496 册，第 104—105 页。
② 《清仁宗实录》卷 285，嘉庆十九年二月下丙辰，第 898 页。
③ 《清仁宗实录》卷 281，嘉庆十八年十二月下癸丑，第 838 页。

以数贯之钱，赁种数沟数岭，砍树开荒，种植苞谷。由于山内土层浅、沙层厚，垦种几年后，地力下降，又换他处，游动不定，形成实际上的游耕方式，且十分普遍。加之庄稼的收获也完全靠天，人们度日十分艰难。不过，这里丰富的木材资源，还有就地种植出产的苞谷以及廉价劳动力，与人烟稠密、耕地紧缺的山外其他地方相比，又具有优势与很大的诱惑力。除了垦殖者蜂拥而至，也吸引着不少商人前来开设木厂、纸厂、木耳厂、铁厂、炭厂，谋取厚利。"一厂多者恒数百人，少者亦数十人。"①

就汉中府来看，定远厅有"纸厂四十五处，铁厂二处，耳厂十二处"②。西乡县有"纸厂三十八座，耳厂十八处"③。凤县则有"铁厂十七处，柴厢十三家。"④ 仅兴安府所属安康县就有"纸厂六十三座"⑤。史书记载，三省老林，丛竹茂密"取以作纸，工本无多，获利颇易，故处处皆有纸厂"。纸厂规模有大有小，"大者，匠作佣工必得数百人，小者，亦得四五十人"。经营方式上，"厚货商人出本，交给厂头雇募匠作厂"。而所有这些营生，均需要砍伐林木。当然，木材被贩运出山，更能获取厚利。

伐木的方法十分原始，以火焚与斧锯、绳索并用，尤其在川东及巴山老林一带更为明显。所谓"开山之法，数十人通力合作，树巅缚长绳，下缒千钧巨石，就根斧锯并施。树既放倒，本干听其霉坏，砍旁干作薪，叶枝晒干纵火焚之成灰"⑥。更有甚者"就树干中挖一大孔，置火其中，树油内注，火燃不息。久之，烟出树顶，而大树成灰矣"⑦！

在老林中，从事林木开采者，称为"厂头"或"包头"。包头们为了适应老林木业开发特点，将雇来的木工编成行伍，伴以军事管理，"其开伐，以渐而近，平时进止，皆有号令。号曰：某营。与行军同。"三才峡木工，就采用军营管理办法。包头万全忠，人称万五，是此次起事首领。

木商开设的木厂，称为"木厢"。木商或令工人们将所伐树木锯成木板，运出山外，或将原木直接沿山坡、河谷运出山外。嘉庆年间的官吏严如熤说："斫伐老林，木料浮江而下，直达三江五湖，既可裕国课而济民用。""通计老林，非二十年不尽。"⑧ 由于山深林茂，交通不便，

---

① 严如熤：《三省山内风土杂识》，第28页。
② 卢坤：《秦疆治略·定远厅》，《方志丛书·华北地方》第288号。
③ 卢坤：《秦疆治略·西乡县》，《方志丛书·华北地方》第288号，第114页。
④ 卢坤：《秦疆治略·凤县》，《方志丛书·华北地方》第288号，第116页。
⑤ 卢坤：《秦疆治略·安康县》，《方志丛书·华北地方》第288号，第124页。
⑥ 严如熤：《三省山内风土杂识》，第27页。
⑦ 严如熤：《三省边防备览》卷11。
⑧ 严如熤：《三省山内风土杂识》，第35页。

不仅木材运出山外十分不易，生产的农产品也同样不易运出。木商廉价收购当地盛产的苞谷，作为支付给木工的报酬。只是这种换给链条十分脆弱，一遇到人祸天灾，庄稼无收，雇佣关系就会断链，人们的生产与生活就会陷入困境。

嘉庆十八年（1813），南山秋雨绵绵，苞谷欠收，粮价上涨，木商们平日里以"苞谷雇工"的办法，无利可图，木厂纷纷停工，木工失业缺食，生活无以为继。岐山县三才峡木厢包头万五，带领两百多名木工，前往厢主木商处借粮无果。木工们在走投无路的情况下，铤而走险，发起暴动。

起事缘由 若深究暴动原因，直接根源与嘉庆初年发生在老林的白莲教如出一辙。正如杨遇春对西安到岐山段考察后所称：起事者"皆饥民，夙在南山一带，辈于木商，以岁歉歇业，人众无所得食，遂流而为贼。初止（只）数百人，继则各树一帜，多者至三四千人，少亦千数百人。其最悍者为麻大旗，横行陇州各处"。

陕西巡抚朱勋的奏报中也称："该匪等系木厢佣工之人，因停工乏食，纠伙抢粮"，这些乏食的"饥民"，"焚掠伤人，扰害日甚。且裹胁人数，动辄数千。旗帜枪炮，无所不有"①。所以，嘉庆十八年（1813）十月后，河南、京畿等地天理教起事时，秦巴老林的木工起事战火正在酝酿中。十二月，首先是三才峡厢厂的木工焚烧厢厂聚众起事，紧接着南峪厢厂佣工也纷纷响应。不断扩展的木工队伍，南下郿县入山，在独流河、青龙寨、佛爷滩等地焚烧木厢，攻破寨堡，队伍迅速扩至5000余人。

进入嘉庆以来几次引发社会动荡的大事件，其发展过程中有一个共同的特点，即教众或起事者以裹胁寻常百姓作为扩大队伍的主要途径。此次三才峡木工起事也不例外，沿途百姓被裹胁者甚众。起事队伍也依平日军事管理的办法，被分成黄、青、红、绿、线五号，各号首领被称为元帅，下设先锋、总兵等。各号时分时合，相互呼应，对清廷在这一地区的有序统治构成威胁。

在时任陕西巡抚朱勋的奏报中描述：十一月二十九日，陕西岐阳县三才峡地方，"有匪徒四五百人持械掠食，旋经窜至周至县山内独独河（亦称都都河）一带裹胁民人东窜，计有八九百人。又小王涧亦有贼三百余人抢掠粮食、并有旗帜刀矛"。这些人由佛爷滩窜至太平河，将木厢两号，

---

① 参见《清仁宗实录》卷283，嘉庆十九年正月辛卯，第872页。

尽行焚烧，沿途裹胁，攻破伍家堡，杀伤民人 20 余人。经吴廷刚派兵剿杀，现往原畛子一带奔窜。①

南山木工行动事态不断扩大的消息，接二连三地转到清廷。吴廷刚的来信称：古子沟有新起贼匪百余人，向药铺一带奔窜。官兵歼获 30 余名，拿获首犯。大股起事者 3000 余人，执持矛子八九百杆、鸟枪五六十杆，业已东窜。宁陕参将张起鳌禀报，小王涧起事者连同裹胁者已有 500 余人，经官兵围捕追剿，余者百余人逃往峪口，与大股起事者合伙。又总兵达凌阿报，户县紫阁峪地方有 200 余起事者，抢掠粮食，窜往西土沟一带，自己已与协领成瑞带满汉兵 700 名由涝峪一带堵截。

接连而至的紧急情势，使嘉庆帝十分不安，尤对朱勋奏折中所言的"南山匪徒裹胁至三千余人，且鸟枪器械甚多"等语，大为震惊。说道："前据朱勋奏报，三才峡、小王涧两处匪徒，不过一千余人。今数日之间，已裹胁至三千余人，且鸟枪器械甚多。"此外，"各处并有新起之贼，分投窜扰，虽经官兵剿杀截回，均未净尽，实难想象"，更表明事态一发不可收拾。起事者沿途"放火伤人，势渐鸱张"，若不迅速扑灭，"恐裹胁愈多，办理又致费手"。遂急谕飞催长龄带甘肃兵 1000 名前往督办，朱勋先行相机剿捕。②

此时，厢工势力发展迅猛。万五为首的厢工起事主力自华阳、两河等处开往太白山，并由太白老林扩展至周至山内。陈四、尤九等几支队伍，由黑水峪向南面宁陕一带发展。龚贵率领千余人，自凤县西向，据两当太阳寺地方。吴抓抓率千余人，向四川进发。麻大旗、刘二率千余人，转往西北方的陇州。

面对不断蔓延的战事，嘉庆帝仍心有余悸。时又有御史王庭华奏言，说在北山、延安、鄜州等处，因上年频肆抢夺，近日复有匿名揭帖，煽惑人心等事。嘉庆帝更是寝食不安，认为"此时速将南山匪徒办净，则各处人心俱安"，"倘迟延日久，北山再有勾引，所关匪细"。无可奈何的嘉庆帝，又急令杨遇春速赴南山剿办木工起事。并于十二月二十四日谕长龄，"当与杨遇春妥为经理，迅速蒇事"，令长龄一面迅速筹办南山剿抚事宜，一面密饬延、鄜一带文武官弁，留心镇压，"勿稍疏虞"③。

平定厢工 杨遇春率数十骑，驰至宝鸡。在此，一面等候固原兵到来

---

① 陕西巡抚朱勋，奏剿杀南山匪徒并会商剿办缘由，嘉庆十八年十二月二十日，军机大臣字寄上谕，参见《清仁宗实录》卷 280，嘉庆十八年十二月乙巳，第 827 页。
② 《清仁宗实录》卷 281，嘉庆十八年十二月癸丑，第 838 页。
③ 《清仁宗实录》卷 281，嘉庆十八年十二月丁巳，第 844 页。

亟趋陇州，堵截厢工向西发展；一面打探事态进展，遣20人佯装成起事厢工，以为内应，静待时机；自己则率部距离起事据点20里处，悄然潜伏。一日，命手下数名兵丁装扮成厢工模样，皆执白旗，各与暗号，与前已潜伏在厢工中做内应的兵士相呼应。一更时，径入厢工营地放火。营地厢工不知自何起火，亦不知有官兵潜伏，错以为内讧所致，纷纷避火逃命，损失惨重。

为迅速结束战事，十二月二十七日，嘉庆帝又谕长龄，坚决以武力彻底剿办，绝对"不可豫存招抚之见，使奸民无所畏惧"。一再强调"以后招抚二字，该督抚不得存之于心，亦不准形之奏牍，若不遵旨，暗行招抚，则非我国之臣子也"。不过，在处理办法上又说道，要分清主从裹胁，"其实系被胁饥民，未经与官兵接仗，先自投出者，自当讯明释放。若曾经执持器械，抗拒官兵，即系乱民，不可稍存姑息"①。

同一天，厢工们在西江口之平木山等处与官兵交战。先是麻大旗、刘二横率部开往陇州时，有李大旗、杨小一股前来会合。杨遇春决意不给麻、刘集兵喘息之机，遂急驰抵桃花坪，一战胜之。继之，蹑踪逃窜余众至柏杨岭。柏杨岭两山夹峙，依傍老林。众起事者，分屯岭上。杨遇春亲督劲兵，在左右两翼官兵护助下，由中路迎扑，重创麻、刘二部。②

嘉庆帝以"杨遇春熟悉该地情形，声威素著"加以重用。③ 同时，陆续派出吴廷刚、陕西西安总兵杨芳、副将何占鳌等将领若干名，四面堵截。为防备厢工兵败四散，派多隆武驻扎川北一带，督同桂涵、罗思举相机防堵。嘉庆十九年（1814）正月初九，又谕赛冲阿带兵赴陕协剿，且取道保宁，迎头堵截往汉中府洋县与川省通江接界处厢工，并令赛冲阿分饬桂涵等，于沿边要隘，布置周密，毋庸深入陕境，多派弁兵，分投侦探。倘有起事厢工窜至相距三四百里内，即带兵奋力截杀，以剿为堵，与陕省官兵共收夹击之效。也令长龄居中调停，在石泉、宁陕及秦州、徽县、两当之东西两面，增派堵截之兵。④

正月十二日，长龄、杨遇春、朱勋等会师老君岭，商议在宽沟口设下埋伏，专等起事者落网。次日凌晨，万五在不知情的状况下，率众进入官

---

① 录副奏片，直隶总督那彦成，奏报杨遇春等赴南山等处协剿等事，嘉庆十八年十二月二十七日，档号：03-1673-106；又《清仁宗实录》卷281，嘉庆十八年十二月庚申，第845页。
② 李光涵：《时斋府君年谱》，《年谱丛刊》第123册，第472页。
③ 《清仁宗实录》卷281，嘉庆十八年十二月癸丑，第838页。
④ 《清仁宗实录》卷282，嘉庆十九年正月上辛未，第856页。

兵埋伏圈，突遭袭击，战斗失利。万五受伤被俘，死于阵前，木工战死大半，余众由陈四率领，退入老林，终被官兵设伏歼灭。经过官军周密部署与接连剿办，木工损失惨重，除了麻大旗及几员重要首领逃脱外，江、何元帅以及十数员将领战死。起事余部，辗转山内，寻机作战。

整个战事形势对木工十分不利。洋县起事木工已渡汉江，进至勉县八宝台，欲与勉县黑河处的木工会合。另有尤九、陈四部据守周至峪。麻大旗部向徽县一带转移。对此，正月二十二日，清廷旨准长龄、赛冲阿等所制定的自开战以来的第二套作战方案：赛冲阿部抵勉县后，以八宝台为核心，督同杨芳、祝廷彪进行围击，再移兵会剿他部；宁羌游击林向荣带领宁羌、阳平弁兵500名，堵截黑河等处起事木工；多隆武督率桂涵、罗思举，以防备黑河木工南行；长龄督率吴廷刚等，全力剿办周屋峪尤九、陈四等部；起事主力麻大旗部，则交由杨遇春追截，并就近督办散处于徽县起事厢工。

该套部署，旨在破起事木工"欲四出乱窜，分我兵力"之势，达到"使其无裹胁之暇，无掠食之资"，以"迅速扫除"的目的。① 杨遇春依此部署，在徽县与麻大旗部交手，缴获旗帜、枪炮以及骡马计700余匹。灭麻大旗部后，乘胜自宝陇一带移兵黑河、勉县，截击逃于此的吴抓抓、龚贵等部。② 二月，在留坝一带，杨遇春率同何占鳌，生擒龚贵，尽歼余众。

由于杨遇春采用多种计谋获胜，"贼遂四窜，以次缉捕，不两月而妖魔尽矣"③！嘉庆帝赞其："忠诚奋发，所向克捷，厥功甚伟！"④ 于闰二月初七，加恩晋封一等男爵，赏紫禁城骑马，并进京陛见。⑤ 这种礼遇在"武臣中罕有比者"⑥。十九日，当嘉庆帝在静明园召见杨遇春时，允许其"跪至膝前，执手慰劳"，言道："卿与朕同岁，年富力强，将来如有军务，卿须为我独当一面"，并手赐吉祥如意牌一个，喜字翎管一个，四喜扳指一个。杨遇春在京的日子里，嘉庆帝共召见七次。⑦ 因杨遇春屡著劳绩，

---

① 《清仁宗实录》卷283，嘉庆十九年正月甲申，第868页。
② 《清仁宗实录》卷283，嘉庆十九年正月庚寅，第872页。
③ 杨国佐：《忠武公年谱》，《年谱丛刊》第122册，第680页。
④ 朱批奏折，陕甘总督长龄、陕西巡抚杨遇春，奏为遵查明节次出力各将领弁兵事，档号：04-01-12-0309-068；又《清仁宗实录》卷285，嘉庆十九年二月下辛亥，第894页。
⑤ 录副（单片），呈攻克滑县那彦成杨遇春受赏爵位及紫禁城骑马单，嘉庆十九年二月十九日，档号：03-1674-029。
⑥ 昭梿：《啸亭杂录》卷4《杨史斋提督》，第93页。
⑦ 杨国佐、杨国桢撰，鄂山录：《府君雅园家祭行述》，道光抄本，现藏四川大学博物馆。

忠悃可嘉，于次年九月，特加太子少保衔，赏戴双眼花翎。①

纵观三才峡木工起事，完全由于木厢佣工因停工乏食，纠伙抢粮而扩大化。嘉庆帝在总结事件起因时，就直言不讳地提到了由饥民引起的事实。不过，嘉庆帝也明确指出，更深层原因在于地方官平日管理不善。即"地方官回护平日失察处分，托词卸过"，以致饥民"焚掠伤人，扰害日甚，且裹胁人数，动辄数千，旗帜枪炮，无所不有"，并对此发问道：试思"枪炮"二项，岂能仓促制办，今计每次接仗，官军抢获者，为数不少。由是，谕长龄详细确查，认为此事"如系饥民，则地方官有讳灾之罪。如系邪教，则地方官有失察之罪。务将确情秉公具奏，毋稍含混"②。这也说明，清廷最高统治者对地方统治体制的不良状况十分忧虑，直接质疑地方对中央政策的执行程度。

一方是欺上瞒下，鱼肉百姓的地方利益集团，一方是衣不蔽体食不果腹的饥民群体。对此，嘉庆帝依然无解决之策。故而，仅仅从"善后"的角度出发，希冀永杜起事之端与解决潜伏于社会深层的主要矛盾，注定没有结果。当然，在那个忠于帝王就是忠于国家的时代，贤臣能将们，为维护清廷正统统治，通过运用国家机器的弹压达到稳定社会的目的，并普加抚恤受难地方，采取措施加强管理，同时从中总结经验教训，预防再度发生同类事件，不能不说也是无可奈何情形下有益于社会安定发展的良方。

善后章程及老林管理　　三才峡木工事件后，杨遇春回到陕甘任上，奏善后事宜之策。方案内容涉及对整个秦巴老林的管理。杨遇春指出，秦巴老林屡次酿成巨案，清廷不得不派重兵弹压，不仅与这里地理形势有关，更与"山中无业游民向来抢夺及聚赌斗殴之案最多"有关，即"总缘山深林密，往往行凶后藏匿老林，地方官一时查拿难周，遂致酿成巨案"，并认为抚绥弹压是手段而非目的，尤其眼下正值青黄不接之时，距麦收尚远，更宜妥为办理，达到地方益臻宁谧目的。为此，提出五条善后意见。大致内容：

（1）酌留官兵，维护治安，以资弹压。经与长龄商议，杨遇春派总兵吴廷刚带兵1000名前赴华阳、二郎坝、黄柏园、佛爷坪、独独河一带，总兵杨芳带兵1000名前赴周至各峪、厚畛子、板房子、三才峡、方柴关、斜峪关一带镇守。（2）加强对厢工的管理。由州县查明境内木厢纸厂总

---

① 中国第一历史档案馆编：《嘉庆道光两朝上谕档》第25册，第1255号，嘉庆二十年，广西师范大学出版社2000年版，第438页。
② 《清仁宗实录》卷283，嘉庆十九年正月辛卯，第873页。

数,发给厢商执照,凡有雇寻工匠,务须问明姓名乡镇籍贯造册,交给乡约甲长,以便稽查,以杜奸宄。(3)普加抚恤战火蹂躏之地方。主张对遭受战火与房舍被焚,或口粮被抢又已经归业者,加以赈恤,发给房屋修缮费,区分经历战火县份轻重程度,分别加赈一、二月口粮。(4)修葺寨堡,编记军器,以重防守。山居百姓,全赖堡寨以备不虞,而防守保护堡寨,不能不用刀矛鸟枪。奏准将鸟枪刀矛全行"设立号簿",按照堡寨大小,酌定军器数目,各堡寨所存若干,分别加以登记明晰,不许任意携带出境。(5)从严惩办好斗抢掠伤人者。山内有大半川楚游民,不务生计,开场诱赌,好勇斗狠。嘉庆十一年(1806),因山内滋事,经德楞泰、全保、方维甸奏明,比照川省匪徒之例,于抢夺本例上加等治罪。此次起事厢工,三五成群,执持器械抢掠伤人,实为酿祸之端,自应从严惩治。①

与善后事宜同时奏报的还有对山内铁矿开采管理的建议。平三才峡起事后,杨遇春与长龄等人各分头巡查,彻查漏网,抽查抚恤。长龄由华阳四亩地、柴家关一带巡查,杨遇春则负责巡查黑河、铁炉川、留坝、凤县一带,朱勋赴新安。考察中,查得南山栈西老林与甘肃交界处,有锅厂数处,许多外来的单身客民,从事制造铁锅营生。平日"携带工本,在锅厂周边开采铁矿,制成铁锅、铁盆等,发往各处贩卖"。面对这一局面,杨遇春等人从便利民生与社会安定出发,建议"官为经理,以便稽查而防透漏",并分饬道府进一步确勘核查,同时筹议开厂章程。②

时隔一月后,即嘉庆十九年(1814)三月初五,杨遇春就陕西南山的军事防务又提出建设性意见。认为南山界连川楚豫甘四省,其中万山重叠,道路纷歧,林深箐密,最易藏奸滋事,全在控制得宜,始足以防奸缉匪。尤其在汉中、陕安二镇各营,原设边防汛界,本属星罗棋布,"惟就目下情形,尚有应须略为变通,庶巡查更为扼要"。为因地制宜计,建议"酌就现在官兵量为改移",无须额外增添。清廷允准。③

直到道光年间,官至陕甘总督的杨遇春,仍没有放松对陕南地方社会安定的关注,一旦百姓遇到歉收等生存困难问题时,即行奏请清廷予以解决,以防滋生影响社会动荡的因素。用杨遇春自己的话来说,就是"素稔

---

① 朱批奏折,陕甘总督长龄、陕西提督杨遇春,奏为酌筹逆匪全行肃清善后事宜分列五条事折,嘉庆十九年闰二月初七日,档号:04-01-01-0553-005。
② 朱批奏折,陕甘总督长龄、陕西提督杨遇春,奏为查明陕省南山铁厂请官为经理及分路巡查营伍事,嘉庆十九年闰二月十四日,档号:04-01-36-0097-026。
③ 朱批奏折,奏为汉中陕安二镇原设兵额不足酌拨营汛以利巡防事,嘉庆十九年三月初五日,档号:04-01-01-0554-005。

南山一切情形，凡事随事随时会商妥办，应调剂者必当奏请汇报，应查办者亦即严加整剔，不敢因现时无事，稍存疏懈之心"①。

道光十三年（1833）十二月初八，杨遇春将治理山内军政情形，专门从军民行各方向清廷汇报。提出陕西南山因连岁苞谷歉收，已奏准缓征汉中、兴安二府田赋，并加意抚恤，借筹兼施。对一些兵民交涉事件，遵照清廷旨意，和衷商办，"两无袒护"，形成"现在山内地方以及川、楚边界，民情均极静贴，厢厂商贩人等，亦俱照旧安业，并无游民潜扰情事"的安宁景象。尤在战事平息后，对山内驻扎官兵，加以严格训练，着意整顿那些在几次军兴中入伍的乡勇、新兵，使这些人彻底改掉旧有"每致恃强滋事"的不良习气。对于情节严重者，随案予以惩办，使入伍者"咸知自顾身家"，安分守法。对汉中、陕安等地每年在支放兵粮时，因具以折色兑付而给胥吏人等"掺和克扣"的弊端进行了改革，一律以本色支付，"总期军民相洽，境圉永安"。凡此均表达了杨遇春作为一名地方大员心系民情的心声与情怀，体现了其为维护与治理社会秩序的一份责任。

---

① 道光十三年十二月初八日，接准军机大臣字寄道光十三年十一月初九日上谕，见李光涵编《时斋府君年谱》，《年谱丛刊》第 125 册，第 551 页。

第三章 维护西北边疆安定

　　嘉道时期，南疆张格尔之乱，断断续续，长达八年。① 期间，南疆西四城一度沦陷，清廷对边疆的统治遭受威胁。杨遇春作为一员军事将领，自始至终对维护清朝正统统治，巩固西北边陲，维护边疆安定做出了重要贡献。道光六年（1826）六月至九月战役前期，杨遇春作为特派钦差大臣前往新疆，按照清廷的统一军事部署，调动兵力，为南疆平叛战役最后取胜奠定了基础。此后，又以主帅身份，出谋划策，勇略兼备，激昂士气，每战必胜，功不可没。道光十年八月，张格尔兄玉素普起兵再叛，杨遇春又坐镇肃州，督管军需粮秣，为战事迅速平稳地进行和取胜立下汗马功劳。继之，又主持完成两次战事军费奏销，圆满完成各项事宜。

一 南疆形势与军事部署

　　南疆，即天山以南、昆仑山以北的辽阔区域，清代文献称该处为"回部"。其中，在塔克拉玛干沙漠周围分布的绿洲地区，居住着大量的维吾尔人，信奉伊斯兰教。

　　17世纪以来，随着察合台汗家族势力逐渐衰弱，伊斯兰苏菲派纳格什班迪耶教团的喀什噶尔和卓家族开始登上南疆社会的政治舞台。和卓，波斯语，也译为霍加、和加、火者等。在伊斯兰社会，民众对和卓崇敬有加，视为"圣裔"，传说"见其一面，即两世受福"。长龄任伊犁将军时，就提及当地民众崇信和卓犹如西藏民众崇信达赖喇嘛一样。②

---

① 其八年之说是指自嘉庆二十五年张格尔冲卡至道光七年底平定其叛乱，及至道光十年八月，张格尔兄玉素普再叛，杨遇春坐镇肃州督管军马粮秣后勤保障。
② 《清史稿》卷367《列传》154《长龄传》，第11456页。

（一）大小和卓及其后裔的活动

喀什噶尔和卓家族的内部，分为白山、黑山两派，彼此仇视。康熙十七年（1678），被与黑山派联手的叶尔羌汗伊思玛业勒驱逐的白山派阿帕克和卓求助于五世达赖喇嘛。五世达赖写信给准噶尔汗噶尔丹，要求其出兵援助阿帕克和卓。噶尔丹对天山南路素有扩张野心，便在消灭叶尔羌汗国之后，将阿帕克和卓扶植为准噶尔统治南疆的代理人，阿帕克每年向噶尔丹缴纳巨额贡赋。

阿帕克和卓去世后，南疆社会内部纷争加剧，白山派向准噶尔每年呈纳的贡赋也告终止。而噶尔丹也先后在乌兰布通之战和昭莫多之战中被清朝军队击溃，无暇顾及南疆情势。直到策旺阿拉布坦继任准噶尔首领时，才开始恢复对天山南北的控制，并于康熙三十九年（1700）、五十二年两次兵临南疆，彻底扫除了阻碍准噶尔汗国统治的和卓家族势力，将黑山派和卓达涅尔、白山派和卓阿哈马特俘至伊犁囚禁。五十九年，策旺阿拉布坦释放了表现良好的黑山派和卓达涅尔，命其返回叶尔羌，帮助准噶尔汗国统治南疆，而白山派和卓阿哈马特及其两个儿子，即俗称的"大小和卓"，则继续被关押在伊犁。

大小和卓及后裔萨木萨克 大小和卓，分别名为波罗尼都和霍集占。乾隆二十年（1755），策旺阿拉布坦的长子噶尔丹策零死后，准噶尔汗国发生内乱，乾隆帝当机立断，派出大军一举灭准噶尔汗国。清朝军队抵达伊犁时，解救了大小和卓，并派波罗尼都赴南疆招抚回部人众。波罗尼都趁机灭黑山派宿敌，且取得了喀什噶尔的统治权。二十二年，清朝平定阿睦尔撒纳之乱时，此前留在伊犁并响应阿睦尔撒纳的霍集占潜回南疆，与其兄长一同与清朝为敌。二十三年，清军征讨大小和卓兄弟，次年平定。

虽然大小和卓败亡巴达克山，可是其作为和卓在回部的传统影响力，没有随之消失，始终是清朝在南疆统治的隐患。小和卓霍集占无嗣，大和卓波罗尼都留有子嗣，乾隆帝对这件事十分关注，多次派人寻访，于二十八年（1763）将波罗尼都三个年长的儿子，即和卓阿什木、阿卜都哈里克与和卓巴哈敦抓回境内，只剩最年幼的儿子萨木萨克在中亚生活。

二十多年之后的乾隆四十九年（1784），清朝得知波罗尼都幼子萨木萨克的消息，现住色默尔罕地方，同行只十余人，求乞度日①。乾隆帝表示：萨木萨克甫三四岁，伊乳母携往潜逃安集延境外，尔时朕仰上天好生

---

① 《清高宗实录》卷1202，乾隆四十九年闰三月丙辰，第72—73页。

之德，不忍诛捕，宽赦至今。且传谕道"萨木萨克现已年届三十，糊口无资，状同流丐。伊若早知感戴朕恩，倾心归附，恳请赦宥，朕必将伊宽贷，加恩赡养"①。对此，喀什噶尔阿奇木伯克鄂斯璊献计，相机将萨木萨克诱来，或用计剿除。起初，乾隆帝并不同意，认为此等小事，不须兴师动众。后来发现萨木萨克的活动滋扰到南疆及周边社会安定时，不由叹息："根株既未尽除，不免又有结伙滋事等患。"②

在乾隆五十三、四的两年里，萨木萨克在浩罕霍占特地方屡屡劫掠商人，被浩罕伯克纳尔巴图拿获后释放，乾隆帝闻讯大怒。谕令喀什噶尔参赞大臣明亮，若纳尔巴图遣使请安，著不必准行。同时警告纳尔巴图，将萨木萨克解来，亦可了结一事。五年后，在清廷颁给浩罕和卓纳尔巴图的敕谕中又提起这件事。称在乾隆五十四年（1789）时，"尔拿获萨木萨克，并未解送，复行释放，本应问罪。念尔究系外夷，未谙礼节，仅敕喀什噶尔大臣等，勿令尔使来京"，现如若追悔前愆，态度诚恳，还是可以"俯准通使"③。此后，清廷对流亡在外的这位萨木萨克和卓不再重视，所掌握的其家族情报信息模糊，给南疆的安定局面埋下祸根。

嘉庆初年，清廷没有等来浩罕送人，却收到萨木萨克有归来之意的消息。三年（1798）六月，嘉庆帝接喀什噶尔参赞大臣长麟奏萨木萨克有归来之意的报告后，同意萨木萨克"内投"，以"永除余孽，回疆益臻宁谧"。还特别叮嘱长麟等，"萨木萨克如果倾心向化，遵照亲来"，"自当派委妥员迎出卡伦，分起照管，将萨木萨克父子，俱行送京安插"④。可是，萨木萨克并未来投，也再无消息，直至老死于布噶尔。⑤ 其有三子，长子玉素普，次子张格尔，三子巴布顶。

嘉庆四年（1799），不见和卓归来，长麟打算派人往布噶尔搜求萨木萨克，却遭到嘉庆帝训斥：对一个边外逃窜之犯，"本可置之不问"，况边疆重务，当为严守卡伦，"惟应持以镇静，岂可轻举妄动，自生事端"⑥。"内投与否与边务何关？朕意中并无此事，亦无萨木萨克其人，盖恐边臣邀功喜事或启衅端。犬羊之遗种，不值膏我斧钺也。"⑦ 嘉庆帝既有此意，

---

① 《清高宗实录》卷1206，乾隆四十九年五月辛酉，第138—139页。
② 《清高宗实录》卷1294，乾隆五十二年十二月丁未，第375页。
③ 《清高宗实录》卷1420，乾隆五十八年正月甲辰，第6—7页。
④ 《嘉庆道光两朝上谕档》第3册，嘉庆三年六月初一日。
⑤ 朱批奏折，民族事务类，编号0475，中国第一历史档案馆藏。
⑥ 《清仁宗实录》卷44，嘉庆四年五月戊辰，第540页。
⑦ 《钦定平定回疆剿擒逆裔方略》卷之首，《清代方略全书》第96册，第180—181页。

地方大员置此事于不管不问，也在情理之中。所以，十多年后，喀什噶尔参赞大臣铁保方才报告了萨木萨克死亡的消息，并称其子张格尔遣人入卡，"欲向伊旧日属下回人敛钱帮助"，且卡内之人胆敢"私通书信"，"借名惑众，敛取钱物"等情报。铁保还与南疆阿奇木伯克玉努斯等人联手，将涉案"首从各犯全数拿获"，得到嘉庆帝恩赏。①

张格尔在浩罕的处境 由于浩罕汗爱玛尔确实为张格尔提供援助和庇护，为控制萨木萨克之子，免除南疆的后患，了解实情的玉努斯派人要求爱玛尔交出张格尔，遭拒绝。当张格尔要往喀什噶尔，途经玛尔噶朗地方时，被爱玛尔派人拦截带回。② 大概是由于这些事情叠加迁延，浩罕也有了向清廷勒索好处的口实，玉努斯要求浩罕献出和卓的做法也没有被清廷理解。

嘉庆十九年（1814），伊犁将军松筠将与浩罕之间贸易关系的不顺，归罪于玉努斯，认为是其派人往浩罕要回和卓，送礼通好，被浩罕汗爱玛尔所轻视，以致"不肯见面，并令称其为汗。皆由玉努斯多事取辱"。亦认为爱艾玛"遣人前来欲在喀什噶尔添设哈子伯克"，均因"玉努斯无端生衅，是即其罪"，并判断"现在霍罕地方，讯明并无萨木萨克有子之说"③。

不得不说的是，此时由于松筠错误估计南疆形势，在流放玉努斯后，又制造了一系列冤案。如凌迟处死塔什密里克庄伯克孜牙墩，且借此于驻防官吏与地方伯克中大搞株连，或降职，或革职，或处以极刑。另外，驻守喀什噶尔的参赞大臣斌静"昏聩谬妄"，无恶不作，甚至强霸浩罕商人之女，④ 以致清廷在南疆大失人心，人人自危，民众"睊睊仇视，积怨于骨髓"⑤。所以，道光军兴后，最高统治者不得不承认，"近十余年来，历任参赞办事大臣贪淫暴虐，回子⑥等忿恨忍受"，终参与到张格尔反叛队伍中。

嘉庆二十五年（1820），当张格尔带人冲击喀什噶尔的图舒克塔什卡

---

① 《嘉庆道光两朝上谕档》第16册，嘉庆十六年八月十三日。
② 《清宣宗实录》卷15，道光元年三月己巳，第284页。
③ 《清仁宗实录》卷284，嘉庆十九年二月戊戌，第881页。
④ 录副奏折，伊犁将军庆祥，奏为喀什噶尔参赞大臣斌静行止不端请旨解任审办事，嘉庆二十五年十一月初二，档号：03-1596-058。
⑤ 《新疆图志》卷115。
⑥ 此处"回子"是依照清代档案文献的说法，其时将南疆及安集延穆斯林称为回子，满语为hoise，文中沿用。引文参见《清宣宗实录》卷102，道光六年八月丁巳，第679—680页。

伦后，^① 清廷方才惊醒，且逐渐了解到张格尔的确实信息。张格尔出生于乾隆五十一年（1786），^②"中等身材，瓜子形脸面，肤紫黑色，鼻梁上长有些微麻子，三绺须"^③。张格尔视新疆维吾尔聚居区为其祖上领地，自恃"和卓木后裔"^④，利用伊斯兰教，"诵经祈福，煽惑人心"^⑤，企望重返南疆，恢复已经失去的地位。其父殁后，张格尔不甘心在布噶尔过乞讨生活，遂迁居浩罕。不久，又以"浩罕地方居住最苦"，难以忍受，而伺机往他处。

关于张格尔与浩罕的关系，在浩罕文献中是这样描述的：在爱玛尔汗时期，浩罕确实给张格尔提供援助和庇护。但是到了玛达里为汗后，对援助张格尔毫无兴趣。因此，张格尔度过了一段比较艰难的时光，决心与玛达里的兄弟玛哈穆德罕（Mahmud Khan）、图兰罕（Turä Khan），以及其他若干人从费尔干纳盆地逃到喀什噶尔。玛达里连忙派兵，将这些人抓获带回，且将张格尔关进监狱。道光二年（1822），发生了一次大地震，许多房子被毁。张格尔仍然想要逃回喀什噶尔，遂借机成功越狱后，逃出浩罕，抵达阿莱山，逃到霍勒姆（Tashqurghan）的堡垒，宣称此地是其国土。消息传得很快，很多柯尔克孜人纷纷跑来归附。当时，安集延的头目伊撒·达德哈（Issa Dadkhah）、浩罕的贵族胡达雅尔·米尔扎（Khudayar Mirza）背叛了玛达里，投奔张格尔。这些人多次对喀什噶尔发起攻击。^⑥所以，在道光六年形成规模化军事行动之前，张格尔已多次组织人众冲卡劫掠。

嘉庆二十五年（1820）五月，张格尔亲带回子十余人，来抢喀什噶

---

① 《钦定平定回疆剿擒逆裔方略》卷5，道光四年冬十月壬戌，《清代方略全书》第96册，第459页。
② 据张格尔被俘后所供称的"现年三十九岁"、道光六年其表兄供称"年三十七岁"虚一岁推算。见《钦定平定回疆剿擒逆裔方略》卷63，道光八年五月壬子，《清代方略全书》第101册，第22页。又道光六年十二月二十五日，俘获张格尔所封表兄和田王子约霍普供："张格尔是我表弟，他哥哥名玉素普，年四十五岁，向在布噶尔居住。他兄弟巴布顶，年三十四岁，与张格尔同住。张格尔年三十七岁，只有一子，名布素尔，今年四岁。"见《年谱丛刊》第124册，第53—54页。
③ 《钦定平定回疆剿擒逆裔方略》卷33，道光六年十一月乙酉，《清代方略全书》第98册，第598页。
④ 《钦定平定回疆剿擒逆裔方略》卷首，御制文，《清代方略全书》第96册，第80页。
⑤ 杨芳：《杨果勇侯自编年谱》卷4，第14页。
⑥ Haji Muhammad Hakim Khan, Scott C. Levi, Ron Sela, *Islamic Central Asia: An Anthology of Historical Sources*, Indiana University Press, 2009, pp. 274 – 280. （Haji Muhammad Hakim Khan 浩罕人，出身于王族，生活于19世纪，长期供职于宫廷。）

尔，乘便潜至图舒克塔什卡伦外充巴噶什部落，① 并串通布鲁特的苏兰奇、图尔第迈默特之子胡则等，策划夺取喀什噶尔城。② 七月初十夜间，苏兰奇借赴喀城贸易之机，杀害玉斯图阿尔图什庄阿奇木伯克阿布都尔满，且煽惑该庄回子七八十人往迎张格尔。

至九月，张格尔又差安集延回子迈玛特尼亚斯、斯拉木前往喀什噶尔，并寄信给阿浑博巴等为其纠众，预计在"回子过年之日"，作为内应"以便抢城"。阿浑博巴等"不敢随同滋事"，仅凑元宝四个，交迈玛特尼牙斯等带回，并"阻其不可前来"。但是，此时的张格尔叛心已定，遂纠集200余人，于约定之日，乘夜潜进卡座，烧毁卡伦，戕害副护军参领音德布及满兵十多名，焚毁图舒克塔什卡伦城池。③ 喀城领队大臣色普征额率官军往剿，毙百余人，余者随张格尔逃往卡外。

此次行动之前，清朝并不清楚萨木萨克留有子嗣，张格尔"是否果系萨木萨克之子，虚实未定"。事后伊犁将军庆祥往喀什噶尔审讯安集延回子迈玛特里提普（张格尔的跟役）、爱西木拉特（张格尔的徒弟）时，查明实情。十一月，庆祥将多方考察的奏报送京，④ 清廷方得知其详。庆祥的奏报中说：张格尔实为"牌罕巴尔之后，萨木萨克之子"，至于萨木萨克无子之说，"不过内地之传闻，而外夷究无此说"⑤。"查得回子旧俗，牌罕巴尔称为和卓，凡其后裔无不敬信，是以藉和卓之名，惑众敛钱，屡次办有成案。萨木萨克实系牌罕巴尔嫡裔，生有三子，一名玉素普，一名张格尔，一名巴布顶"⑥。如是，清廷确认张格尔为萨木萨克之子，"藉名和卓后裔"⑦，也进一步判别"图尔第迈默特前因孜牙墩谋逆案内凌迟处死，其子胡则，数年来逃往何处？此次带兵前来，其意可知？"⑧ 至道光二

---

① 图舒克塔什卡伦在喀什噶尔城西北90里处，西至喀浪圭卡伦100里；冲巴噶什部落（爱曼），在喀浪圭卡伦，距喀什噶尔城二百余里。参见《回疆通志》卷7《喀什噶尔》。
② 《清宣宗实录》卷4，嘉庆二十五年九月甲子，第125页。
③ 《钦定平定回疆剿擒逆裔方略》卷2，嘉庆二十五年十一月庚辰，《清代方略全书》第96册，第294—295、300页。又《清宣宗实录》卷4，嘉庆二十五年九月甲子，第125页。
④ 录副奏折，伊犁将军庆祥，奏为审拟张格尔案各犯罪名并参失察各伯克事，嘉庆二十五年十一月十一日，档号：03-2491-028；又录副奏折，伊犁将军庆祥，奏为续查斌静等办事草率事，嘉庆二十五年十一月十一日，档号：03-2491-027。
⑤ 《钦定平定回疆剿擒逆裔方略》卷3，《清代方略全书》第96册，第337—338页。
⑥ 《钦定平定回疆剿擒逆裔方略》卷2，嘉庆二十五年十一月庚辰，《清代方略全书》第96册，第292—293页。
⑦ 《钦定平定回疆剿擒逆裔方略》卷3，道光元年正月丁巳，《清代方略全书》第96册，第333页。
⑧ 《清宣宗实录》卷4，嘉庆二十五年九月甲子，第125页。

年（1822），费尔干纳盆地发生大地震，于此活动的张格尔乘机逃到阿赖。① 四年，与其弟巴布顶往喀什噶尔滋事，纠约人众被官兵拿获者不止八十余名。②

（二）张格尔冲卡与喀城失守

从浩罕逃出的张格尔，年年进犯喀什噶尔。道光四年（1824）秋，张格尔带着来自于安集延、布鲁特的20余人，至喀拉提锦部落一带，渐纠合各处同伙，共六七十人，同抢喀什噶尔。"凡有所得，彼此平分。"还差人纠结布鲁特人伊斯拉木，商谋滋事。③ 又潜至图木舒克、乌鲁克卡伦等处抢掠焚烧，官兵伤亡30余名。游击刘发恒整队放枪，连毙数人，余众退往卡外。④ 领队大臣巴彦巴图、色普征额率援兵追击，斩获布鲁特20余名，俘虏头目伊斯拉木。张格尔率余者奔投喀拉提锦部落，⑤ 后游弋于距边卡数日路程的塔什库尔干山一带，屡以小股袭扰近边，清军屡捕不获。⑥

张格尔冲卡与官兵的应对 道光五年（1825）四、五月间，伊犁将军庆祥派人前往喀什噶尔查访张格尔。传闻张格尔带巴布顶分两路逃散，巴布顶赴洪都斯地方，张格尔一行至喀什塔什霍尔罕地方，穷蹙已极，随行仅十数人。欲赴喀什噶尔自投，又恐被获就戮，游移无定，遂至奈曼部落，与布鲁特比伊满抱经起誓，欲行投诚，⑦ "被喀什噶尔官军掌握。"⑧ 七月间，张格尔至萨雅克部落居住，随行者十八人。经该阿奇木迈玛萨依特带同贸易回子及小布鲁特等禀报，官军获悉。可是官军几次出卡巡逻，均未寻找到张格尔踪迹。

九月底，张格尔纠约布鲁特汰劣克、拜巴哈什等，又在卡外滋事。喀什噶尔参赞大臣永芹令巴彦巴图带官兵200余名，出图舒克塔什卡伦搜

---

① 以上均见纳里夫金《浩罕汗国史》，第132页，巴黎，1899年，转引自［日］佐口透《18—19世纪新疆社会史》（下册），凌颂纯译，新疆人民出版社1983年版，第499页。
② 录副奏折，伊犁将军庆祥，奏为续查斌静等办事草率事，嘉庆二十五年十一月十一日，档号：03-2491-027。
③ 《钦定平定回疆剿擒逆裔方略》卷5，道光四年十月丙子，《清代方略全书》第96册，第474—475页。
④ 《清宣宗实录》卷74，道光四年十月乙丑，第185页。
⑤ 《钦定平定回疆剿擒逆裔方略》卷5，道光四年冬十月乙丑，《清代方略全书》第96册，第432页。
⑥ 《清宣宗实录》卷74，道光四年十月丙子，第192—193页。
⑦ 《钦定平定回疆剿擒逆裔方略》卷5，道光五年夏四月丙寅，《清代方略全书》第96册，第513—514页。
⑧ 《清宣宗实录》卷81，道光五年四月丙寅，第307页。

拿。巴彦巴图等行至都尔伯津地方时，询知张格尔已于五六日前潜匿拜巴哈什处。巴彦巴图在出卡外400余里、追张格尔无果的情形下，无辜杀害布鲁特汰劣克属下人等的家口男女大小百余名。

巴彦巴图行至阿克密依特地方，与叛军交手，双方互有胜负。当巴彦巴图率兵返回时，遭遇汰劣克属下们的围堵，汰劣克先是以假谢罪求赏拖延时间，张格尔闻讯，纠集拜把哈什等众前来，以致叛军"渐聚渐多，围困益坚"。双方混战，巴彦巴图撤退时误入山险，加之此时天色已晚，又力战一夜，双方均有伤亡。① 次日，巴彦巴图率余众突围，退至二十余里外的沟坡下，因官兵伤亡过半，自己也臂中枪伤，遂自刎身死。② 阵殁的还有侍卫伯庆，章京法里那委，协领穆腾额，锡伯章京苏勒通阿，索伦骁骑校特克绅布，前锋校舒通额，笔帖式讷苏铿额、景毓，游击刘发恒，守备伍开江，千总都友周，把总谈禄，外委李文彦、马鹏等。③

战事发生的同时，伊犁将军庆祥已开始调兵遣将。道光五年（1825）九月初五庆祥的奏折显示，南疆官兵"剿逆失利"，文武各官"阵亡十五员"，"贼众所获器物马匹较多"④。得势的叛军再来滋扰的可能性很大，可喀什噶尔仅有兵1200余名，⑤ "尚需兵力，恐鞭长莫及，且甫经失利"⑥，整个南疆人心恐慌，形势对守御官兵十分不利。除了从叶尔羌调兵300名协防外，又自北疆派兵两千名，经冰岭南下赴喀城。其中一千名兵由锡伯营领队大臣穆克登布率领先行，另外一千兵作为后续以待调遣。⑦

实际上，喀什噶尔巴彦巴图等被截袭遇害事件，就是张格尔叛乱的开始。只是，南疆距京道路遥远，信息不能及时送达，地方边卡缺乏警惕，张格尔势力得以膨胀。其发动的第三次较大规模的叛乱行动，导致喀什噶

---

① 《钦定平定回疆剿擒逆裔方略》卷5，道光五年九月壬寅，《清代方略全书》第96册，第544—549页。
② 《清宣宗实录》卷92，道光五年十二月乙丑，第495页。
③ 录副奏折，喀什噶尔参赞大臣永芹，奏报查明官兵出卡遇贼打仗伤亡数目及分防要隘探访张格尔踪迹等情形事，道光五年九月十九日，档号：03-4032-048，又《清宣宗实录》卷89，道光五年九月壬子，第432页。
④ 录副奏折，伊犁将军庆祥，奏为续准咨报张格尔贼匪已分窜仍需兵力御防事，道光五年九月初十日，档号：03-2802-016。
⑤ 《钦定平定回疆剿擒逆裔方略》卷5，道光五年九月壬寅，《清代方略全书》第96册，第538—539页。
⑥ 录副奏折，伊犁将军庆祥，奏为续准咨报张格尔贼匪已分窜仍需兵力御防事，道光五年九月初十日，档号：03-2802-016。
⑦ 《钦定平定回疆剿擒逆裔方略》卷5，道光五年九月壬寅，《清代方略全书》第96册，第538—539页。

尔、叶尔羌、和阗和英吉沙尔四城陷落。据俄国人记载，此时张格尔所率队伍由这些人组成，包括"喀什噶尔侨民、浩罕的西帕伊、乌兹别克人、乞卜察克人、喀喇柯尔克孜人以及由伊萨·达特赫（原安集延城军事长官）指挥的喀喇提锦的塔吉克山民"①。浩罕人也记载，张格尔等人到了阿图什，利用其祖先阿帕克和卓的名声，招募兵力。且派出自己的手下到克孜勒苏（Qizil Su）寻求帮助，获得12000名加齐（ghazis，即兵士）。在清廷大军抵达麻扎前，张格尔还派人去通知冲巴噶什，最终有6000名加齐加入。②

道光五年（1825）十一月十九日，清廷调伊犁将军庆祥任喀什噶尔参赞大臣，专办"擒捕逆裔"③之事。庆祥查得张格尔与汰劣克、拜巴哈什和阿坦台等人，在呼尔特哈地方胁纠各部筑城事宜。④又在阿尔图什回庄一户人家，俘获形迹可疑回子五人，为牌则依、伊斯拉木、尼亚斯、托胡素皮和玉素普，潜至喀什噶尔城外阿尔图什庄联络白山派，煽动众人捐贡钱财接迎张格尔。这几个人还收缴器械、马匹、经卷等物。经解城报验和审讯得知，其中四人为张格尔之亲信。牌则依是张格尔的毛拉（阿訇），伊斯拉木为张格尔亲随，尼雅斯、托胡素皮为随同。在牌则依的衣服夹层内搜出回文字书一本。张格尔纠集人众后，又差伊斯拉木与尼雅斯捎带亲笔信，四处筹集粮秣银钱。

早在正月之前，伊斯拉木等人先到叶尔羌回子玉素普家，"俾总管白帽回子，即在其家居住，凑钱未得，旋回"。后张格尔又顾虑"布鲁特究难成事，不如纠约回子易于煽惑"，于二月间派牌则依带领托胡素皮，绕道越过伊兰乌瓦斯卡伦开齐，又至玉素普家，令其"编写回字，给人念看，以便信从"。因官兵稽查严密，玉素普仅传给回子数名，而帮予的钱和马匹等物，在由岳博尔呼戈壁行至阿尔图什回庄时，被官兵缉获。当庆祥等读了翻译的回文后，方知是煽动回众反叛之内容。其中有："张格尔如何机谋、如何慈厚、如何爱怜想念众回子，不忘祖父地业。去年如何率兵戕害官兵。"还有诸如"众回子但见其一面，即两世受福。但饮杯茗，即百虑皆忘。务须舍命舍财前往迎接"等字样。

---

① 西帕伊，即印度士兵，均参见［俄］A. H. 库罗帕特金：《喀什噶尔》，中国社会科学院近代史研究所翻译室译，商务印书馆1982年版，第124页。
② Haji Muhammad Hakim Khan, Scott C. Levi, Ron Sela, *Islamic Central Asia: An Anthology of Historical Sources*, Indiana University Press, 2009, pp. 274–280.
③ 《钦定平定回疆剿擒逆裔方略》卷1，《清代方略全书》第96册，第231页。
④ 《清宣宗实录》卷99，道光六年六月戊辰，第617页。

面对如此严峻事态，庆祥分析道：张格尔既来敛钱纠众，恐不止在叶尔羌一处传布邪言，亦恐不止仅派来这几人，且"难保无敛凑钱银，月行寄送情事"。最要紧的是张格尔"既欲约人迎接，意欲如何约期举事"，遂又亲自会同舒尔哈善复审。经刑讯，被俘者供称：张格尔原说"六月十二日，回子过节易于取事，带人进卡"，"如至叶尔羌凑有多人，即分起带来迎接。此刻因不能得人，所以一同回去，再作计较"。庆祥深感事态严重，遂加强巡查。①

喀什噶尔失守 至道光六年（1826）六月十四日，几方探报汇集的消息说张格尔率领多人，已于呼尔特哈过河，前来滋事。不料是日夜，张格尔率所纠结的安集延、布鲁特约500余人，驰至伊斯里克、图舒克塔什两卡间，"不扑卡伦，径由开齐山路突进。五更，到阿尔图什庄，至伊等牌罕巴尔坟园，回子呼为玛杂之地礼拜。众回子附从甚多"。至黎明时，已集聚有千人，"回夷相杂"。

阿尔图什庄距离喀什噶尔城仅一百余里。当领队大臣乌凌阿、穆克登布率领官兵接近村庄时，对方"即擂鼓放枪，出庄迎拒"。六月十五日傍晚，叛乱者力不能支，分头四散。其中一股由东北方向突出，乌凌阿令官军当即分兵尾追。而另一股仍撤回大玛杂内，拼死拒守。大玛杂周围五里，墙垣三层，十分峻固。墙外皆回屋，屋外皆树。乌凌阿令官兵四面包围。双方僵持至深夜，因夜雨昏黑，草深树密，张格尔等拼命突杀逃逸。官兵尾追时，接连传来飞报，说"各白帽回庄闻有纠众从逆者"，"汰劣克亦纠众前来接应"②。此时，叛军也得到消息，折回分路迎拒。官兵腹背受敌，乌凌阿、穆克登布不幸阵亡。③

六月二十二日，喀什噶尔回城、英吉沙尔被张格尔攻陷，庆祥等遇害。二十六日夜间，叶尔羌十台当差回子变乱，抢掠商民，文报不通，所属伊勒都军台兵丁被杀害。二十八日，来自阿克苏咨报称，"喀什噶尔、叶尔羌往阿克苏总路巴尔楚尔地方有贼匪数千，在彼伏匿"，乌什卡外"亦有贼匪多人"埋伏，急等官兵往援叶尔羌、和阗。④

张格尔得势，与浩罕以其为"奇货"不无关系，也得到来自浩罕内部

---

① 以上引文均见《钦定平定回疆剿擒逆裔方略》卷12，道光六年七月癸巳，《清代方略全书》第97册，第121、124—125、127—128页。
② 以上均见《钦定平定回疆剿擒逆裔方略》卷12，道光六年七月癸巳，《清代方略全书》第97册，第14—17页。
③ 《清宣宗实录》卷101，道光六年七月戊申，第665页。
④ 《清宣宗实录》卷103，道光六年八月庚申，第687页。

官吏的支持，浩罕汗从军事行动中分利也是助长因素。浩罕地处交通要道，为中亚商人前往新疆贸易的必经之地。浩罕利用地处商道的优势，向过往商人征收过境货税，是财政收入的重要来源之一。浩罕商人不仅包揽国内牲畜、皮张等产品的经销，还从新疆运出茶叶、大黄、绸缎、布匹等物。由于浩罕汗本人也参与商业贸易，前往新疆的浩罕商队，每次都以浩罕汗的名义，向清朝要求免税的优待。起初因浩罕手中控有萨木萨克父子，所提的要求往往得到满足。①

嘉庆十九年（1814），伊犁将军松筠奏报：

> 浩罕伯克爱玛尔差人面禀，萨木萨克之子扎罕格尔欲赴喀什噶尔，行至玛尔噶朗地方，经该伯克申饬截回布噶尔原处一事，不知阿奇木将伊出力之处曾否奏明？如未具奏，伊另派人赴京奏闻。
>
> 该伯克恐萨木萨克子嗣赴喀什噶尔，因嘱令达尔瓦斯居住之沙伊克在各要路设卡，派人防范，并于浩罕通喀什噶尔各道路均设卡，派人防范。亦求将伊出力之处请奏，邀恩免税等语。

对爱玛尔差人"面禀""邀恩免税"的要求，松筠以为全在"浩罕伯克爱玛尔借张格尔为奇货，暗令滋扰边界，复匿之境内，故使内地闻之，其情实为狡谲"②。尽管松筠有夸大浩罕责任的嫌疑，但此时浩罕汗想从清廷得到贸易免税优惠的意图也还是存在的。

当浩罕派人向松筠禀称张格尔"已被截回原处"为由，求得贸易免税优待时，遭到松筠申斥。几年后，浩罕爱玛尔汗又遣使请求添设两名阿克萨哈尔（商务监护官），以管理伊处来喀什噶尔贸易之人，同样遭拒。清廷"将该伯克所派二人遣回，裁汰供给，并将货物全行抽税"③。

道光元年（1821），当伊犁将军派往浩罕的使者返回喀什噶尔时，才知悉张格尔犯卡，除了"藉名和卓后裔"外，"即系浩罕伯克授意，令其前来"④也是重要原因。南疆喀什噶尔参赞大臣武隆阿给清廷的奏章里也说：

---

① 那彦成：《那文毅公奏议》卷77，第13页。
② 扎罕格尔，即张格尔；达尔瓦斯，今塔吉克斯坦国境内，参见《钦定平定回疆剿擒逆裔方略》卷3，《清代方略全书》第96册，第400—401页。
③ 以上见《钦定平定回疆剿擒逆裔方略》卷3，《清代方略全书》第96册，第399—400页。
④ 《钦定平定回疆剿擒逆裔方略》卷3，《清代方略全书》第96册，第397页。

履职以来，悉心访查浩罕情形，知该部落在布鲁特境外，距喀什噶尔十余台站，方圆仅数百里。该伯克所居之地，并无城郭，止有房屋墙垣，所辖各爱曼，也均散处涣居。而该伯克贪婪苛虐，赋重差繁，该处不堪其扰。

且说浩罕的邻国布哈尔面积比浩罕大，浩罕伯克"慑乎大国，故亟亟以得通天朝为护符，是该伯克所赖于天朝者甚重，且贪厚赏，自不敢不效恭顺"。武隆阿还说在召见浩罕使臣时，"察其词色，甚为小心恭顺"①。由是，清廷仅主观判断浩罕以张格尔为"奇货"，不时要挟，获得免税的优惠，却并没有明察和采取加强武力防范的有效措施来应对张格尔频繁冲卡借助浩罕势力的可能。

因而，新即位的道光帝谕军机大臣："至霍罕伯克爱玛尔藉张格尔为奇货，暗令其滋扰边界，复匿之境内，故使内地闻知，其情实为狡谲"。唯此时"彼尚深讳其事，以张格尔等业经窜往布噶尔，不敢容留在伊地方居住为言，其情词甚为恭顺"，"该将军亦未明诘其奸，看来爱玛尔之意，竟系欲借此为通使天朝夸耀邻封之地"，"霍罕在乾隆年间，曾经八次遣使入觐，非未通中国者可比。此时因朕登极初元，恳请朝觐，则允其前来，于事理俱顺。惟出于该伯克吁恳则可，庆祥断不可稍露招致之意，转以示弱。"②

张格尔败后，入卡滋事的叛军中有"浩罕逃臣爱萨、木萨兄弟二人，为张格尔羽翼"③。爱萨，原名伊萨·达特赫，任安集延城防司令，协助张格尔指挥叛乱。故而，扬威将军长龄说，张格尔此次"藉安集延之力，始能进卡滋扰"。清廷由库车派往喀什噶尔的阿奇木伯克伊萨克也说：安集延的爱萨、木萨等"到喀什噶尔闹了大事"④。长清也提到：六月十八日，张格尔围喀什噶尔回城后，该城阿奇木伯克贝子迈哈默特鄂对声称，与迈玛萨依特同守回城，二十二日，张格尔将回城攻破，迈玛萨依特逃出遇害，迈哈默特则"被执送头目爱萨处，将所有什物贿通，始行放回"⑤。在

---

① 《钦定平定回疆剿擒逆裔方略》卷4，《清代方略全书》第96册，第419—421页。
② 《清宣宗实录》卷15，道光元年三月己巳，第284页。
③ 《钦定平定回疆剿擒逆裔方略》卷12，道光六年七月癸巳，《清代方略全书》，第97册，第14—17页。
④ 故宫博物院辑：《清代外交史料》（道光朝四），故宫博物院，1933年，第33页。
⑤ 《钦定平定回疆剿擒逆裔方略》卷20，道光六年八月乙丑，《清代方略全书》第97册，第12—15页。

张格尔被俘后的供词中，也承认依靠浩罕军力，且伙同爱萨带兵"抢占喀什噶尔"的事实。①

当喀什噶尔回城失守后，参赞大臣庆祥率领守城官兵固守汉城。浩罕的迈玛达里汗即刻带领 15000 人②到喀什噶尔，多次进攻汉城。张格尔亦答应迈玛达里汗，攻下喀什噶尔、叶尔羌、和阗、英吉沙尔四城后，"子女玉帛共之，割喀城酬劳"③。只是浩罕迈玛达里汗率兵攻城数日，未及得手而返回浩罕。撤兵时，部分军官、士兵和宗教神职人员留了下来。④

据杨遇春俘房的张格尔所立和阗阿奇木伯克阿布拉供称：（嘉庆六年十一月，自己在喀什噶尔见了张格尔，住了八天，期间）听得，八月间，有浩罕伯克带领万余人来到喀什噶尔，向张格尔要喀什噶尔地方，张格尔说，汉城未能攻开，你们去攻打，攻打开时，所有东西都是你们的。浩罕伯克遂督兵攻城，被官兵打死一千余人，又打死头目四十余人。浩罕伯克因张格尔不给地方，又伤损多人，气恨，带领众人就回浩罕去了。⑤

此事在浩罕文献中有如下描述：在张格尔攻下喀什噶尔后，消息传遍中亚，最终传到玛达里汗那里。玛达里也想从中得到一些好处，派使者到张格尔那里联系。由于古勒巴格（Gulbagh，喀什噶尔新城，即汉城）还未被攻下，张格尔以此为诱饵邀请玛达里前来助攻。玛达里本人虽然担忧招致清朝的报复，但是其下属却声称古勒巴格地下有大量财富，最终使玛达里下定决心出兵。然而，等玛达里抵达喀什噶尔后，却遭到张格尔的冷遇。经过一番试探后，玛达里确信张格尔仍然对自己保持尊重，遂与张格尔会面。张格尔鼓动玛达里独自对古勒巴格发起进攻。战事进行了五天，毫无进展，并且伤亡惨重，士气低落，毫无胜利希望。最终，玛达里意识到自己在浪费时间，故而希望从战场脱身。玛达里的一些军官们也催促其回了浩罕。玛达里离开时，属下也有许多军官并未跟随，而是留在喀什噶

---

① 《钦定平定回疆剿擒逆裔方略》卷 63，《清代方略全书》第 10 册，第 12、24 页。
② 史料中对人数的记载有所不同。魏源《圣武记》卷 4《外藩·道光重定回疆记》，第 184 页有："七月，敖罕（浩罕）酋自将安集延万人至"；此数与《瓦里哈诺夫全集》（第 2 卷，阿拉木图出版，1962 年，第 319 页）所载数字近似。而在《那文毅公奏议》（卷 79，第 58 页）中说："迈玛达里汗带领四五千人，于七月二十一日帮助张逆攻城"。俄国人记载："同年六月，浩罕的可汗带领一万五千人的军队也前来支援张格尔。这一支援非但无益，反而引起了纠纷。浩罕的可汗两次出征均遭到失败后，便返回浩罕（他在喀什总共只逗留了十二天）。"参见［俄］A. H. 库罗帕特金《喀什噶尔》，第 125 页。
③ 那彦成：《那文毅公奏议》卷 77，第 13 页。
④ 《清代外交史料》（道光朝四），第 33 页。
⑤ 李光涵：《时斋府君年谱》，《年谱丛刊》第 124 册，第 65—66 页。

尔,加入张格尔的阵营。①

(三) 清廷用人决策与战前部署

对于道光六年(1826)六月至九月清廷军事部署中的用人决策与军事策略,学界鲜有深入论及。②既有研究将统领军务之事笼统地归于扬威将军长龄,忽视了清廷为迅速增援南疆、立足西北形势而发布的两次谕令。即在七月初七至二十四日的不到二十天里,总领军务之责的由杨遇春改为长龄。尤其因南疆与京城距离遥远,自京城传来的改任主帅的谕令直至八月初四才传至杨遇春之手,再至九月中旬长龄自伊犁行至阿克苏军前的两个多月期间,对实际负责军务的杨遇春在判断形势、协调兵员、选择将弁、组织兵力等多方面以及为此与清廷中央、杨威将军等多方关系的处理中所起到的作用重视不够,而这些又是后期平叛迅速取胜的根本,反映了清中期政治军事的基本特征。在此试对上述诸问题做较为详细梳理和讨论,以阐明清代中叶的军事用人选择与调兵集结策略。③

将帅任用的筹酌与倚重 将帅选用是清廷出兵南疆平叛的首要大事。七月初,清廷闻张格尔在南疆的暴行后,迅速调兵遣将,组织兵力。但如何做到阵前统一节制、有效部署,是必须解决的首要问题。清廷经再三筹酌,于七月初七,先令署理陕甘总督杨遇春选带精锐将弁,统领大兵前赴回疆筹办剿抚事宜。杨遇春接令后,即刻亲选精锐将弁,拨派兵丁,同时,考虑"若由陕甘内地调兵前去,道里迢远,缓不济急"④,故而飞檄乌鲁木齐都统英惠于绿营内调兵,由提督达凌阿、巴里坤总兵多萨武,各带兵自北而南往援。十三日,道光帝速诏授杨遇春为钦差大臣,颁给关防一颗,总统军务,率兵平叛。⑤七月二十六日,杨遇春选带本标官兵先行驰往南疆。⑥

道光帝一面告诫喀什噶尔参赞大臣庆祥加强警惕,密切注视张格尔行

---

① Haji Muhammad Hakim Khan, Scott C. Levi, Ron Sela, *Islamic Central Asia: An Anthology of Historical Sources*, Indiana University Press, 2009, pp. 274–280.
② 张玉芬:《论道光对张格尔叛乱的平定》,《辽宁师范大学学报》1985年第6期;潘志平:《长龄、那彦成与南疆之乱》,《中国边疆史地研究》1991年第2期;戴良佐:《清代用兵新疆驼运所起作用》,《清史研究》1992年第2期;王希隆:《张格尔之乱及其影响》,《中国边疆史地研究》2012年第9期。
③ 该部分参见赵珍《道光六年清廷平定南疆用人决策述略》,《中州学刊》2019年第5期。
④ 李光涵编:《时斋府君年谱》,《年谱丛刊》第123册,第534页。
⑤ 《清宣宗实录》卷100,道光六年七月癸巳,第637—638页。
⑥ 《清宣宗实录》卷101,道光六年七月戊申,第666页。

踪，一面告诫出征将士远赴南疆的注意事项。同时，以新疆距京遥远，"奏报往返需时，毋致稍有延误，朕亦不为遥制"为原则，令"此次调赴各官兵，俱归杨遇春统辖"，"该署督业经颁给钦差大臣关防，即系总统军务"，"凡将军参赞都统，遇有应行会筹事宜，皆当咨商办理"，其余自提督、总兵、副都统以下，悉听杨遇春节制调遣。亦谕杨遇春"若事事奏候谕旨，再行遵办，转致往返需时"，俟接前线文报，可"相机筹画，随宜调度，再行奏闻"①。清廷给予前方将帅统兵的主动权和决策权。

战火起自偏远之疆，信息不灵，是军事指挥的大忌，对将帅指挥决断不利，影响对军情的掌控和判断。在起初战事布局上，主帅杨遇春面临着不能及时掌控紧急军情的考验，不仅不能及时获得南疆发出的战报，也很难迅速与清廷取得信息沟通。出自南疆的战报，大多数是自南疆报告清廷后转发送达杨遇春手中。如六月二十一日自喀什噶尔参赞大臣庆祥发来的八百里加急札，至七月十三日方才抵京，②再转到赴南疆途中主帅之手，已是七月二十八日。也就是说，当杨遇春看到一个多月前发自伊犁将军长龄、乌鲁木齐提督达凌阿并南疆叶尔羌、库车和阿克苏等各路战报时，方知六月二十二日，喀什噶尔守城将士乌凌阿、穆克登布先后战殁。张格尔之势益盛，喀什噶尔各城门均被堵砌。二十三日丑刻，城中火起。时隔月余，南疆军情已然变化。

实际上，从接到喀什噶尔六月二十一日被围消息后，大多数将领判断喀城已"失守"。唯杨遇春凭丰富军事经验判断喀城"夜半城内火起"，不过是写信人从远处遥望的结论。喀城是否失守，尚未定论。遂将自己意见奏报清廷。③后事正如其所料：喀什汉城在八月二十五日，即被围困七十多天后方被破。和阗先于八月二十日失守。

在奏报中，杨遇春指出，从玉素普所呈献张格尔欲与其勾结的密信可知，尽管叶尔羌被围，但玉素普能够缉拿正法通信叛逆者多名，说明其尚有能力抚驭部属与官兵，协守城池。遂建议"官兵如进兵往援，当以喀城为先"。同时对已赴疆的先头部队发出较为灵活机动的指示。即飞饬乌鲁木齐提督达凌阿，令其至阿克苏后，奖励阿奇木伯克伊萨克，并从所带之回兵内挑选精细能干者数名，由巴尔楚克树窝子大河沿地方，分头多途密探喀城情形，再"详审贼势，酌量兵力，做出决断"。如能胜敌，即整旅

---

① 《清宣宗实录》卷101，道光六年七月戊戌，第648—649页。
② 《清宣宗实录》卷100，道光六年七月癸巳，第638页。
③ 李光涵编：《时斋府君年谱》，《年谱丛刊》第123册，第584页。

往援，内外夹击。一经解围，即全力防守，"牵缀贼势"，则叶尔羌之围不攻自解。如力不能胜，即于巴尔楚克或阿克苏择其扼要驻扎，实力堵截。俟自己率主力赶到，会集兵力，相机进剿。①

当然，不仅前线战况延迟送达，就是清廷旨令，即使通过八百里驰驿传递，待传至远在千里之外的大军统帅之手，也需十天半月。八月初四，赴南疆途中的杨遇春接到准军机大臣字寄七月十八、二十四日两份上谕。其中前一份再次强调已任命杨遇春为主帅，总统军务之事，后一份说到先期派往的精锐主力统计将及二万名，"现又飞调吉林、黑龙江劲旅数千前往协剿，自必所向有功"。值得一提的是，同日清廷又迅即任命伊犁将军长龄为扬威将军，总统军务，并由京颁给印信，军营大小官员，悉听节制，杨遇春、武隆阿二人参赞军务。② 这一决定，至八月初四，方才传抵行军途中杨遇春之手。

清廷做出南疆最高军事指挥人事变动的决策，一方面由于南疆情势，道光帝愈感南疆战事吃紧，自觉已信任杨遇春，命将出师，做到事权宜归统一，另一方面，又采纳那彦成于七月二十日奏报的所谓出征指挥官应当对南疆社会更为熟悉的建议。那彦成认为：

> 杨遇春久历行戎，诚为一时宿将，第伊与口外蒙古、回子及卡外各部落情形，未深知晓。长龄心地虽觉慈祥，而于重务，实为畅晓于边地情形，屡次行走，均为亲历。以之作为正帅，而以杨遇春副之，再以武隆阿副之，三人会商联络，相倚而行。③

道光帝接受了该建议。如此，南疆的最高军事指挥变为集体领导。

就当时南疆紧急军事情势而言，陕甘绿营不论是因地理位置较近，还是十多年与白莲教众周旋及为维持统治稳定而参与相关战事所造就的军事实力，都成为道光帝首选杨遇春的主要原因。但是大军陆续进发后，道光帝完全有时间和可能对南疆最高军事统帅做进一步调整。再者，已经接令的杨遇春，深知主帅的分量，于七月十四日，也就是接总统军务令的次日，奏"仰恳皇上迅赐简派大臣总统军务，以资督饬而专号令"④。杨遇春此举不能不令人起疑，或出于与清廷以往以满员为军事首领的派兵习惯不

---

① 李光涵编：《时斋府君年谱》，《年谱丛刊》第123册，第585—586页。
② 《清宣宗实录》卷101，道光六年七月甲辰，第657—659页。
③ 那彦成：《那文毅公奏议》卷73，《续修四库全书》第497册，第620页。
④ 李光涵编：《时斋府君年谱》，《年谱丛刊》第123册，第546页。

同，囿于官场以满人为帅的传统做法，或对军事部署人选变更消息有所耳闻。总之，杨遇春此奏亦显出其对以钦差一职统领军事，心中多少有些忐忑和顾忌。当然，此条"报告"作为史料，难免后人为其补录的嫌疑。

然而，道光帝为了既突出杨遇春在这一军事领导核心中的地位，又避免人事变动影响军事行动与进展，谕令已经出关的杨遇春行抵哈密后①，相度南疆形势，选择驻扎营地，以待兵力集齐。要求"务当戮力同心，公同筹办"，遵照前旨，加意慎重。"总期厚集兵力，势出万全，用副倚任。"② 同时，长龄未到任之前的一切军务，仍由杨遇春"随时相机调度，总期于事有济，务保万全"，"一面奏闻，一面办理"③。之后，清廷不止一次下达类似谕令，④ 显示了对杨遇春的信任与倚重。当然，此时能够赶赴疆场的有生力量，也基本为陕甘绿营，道光帝对这一点十分清楚。

为确保大军指挥层的权威性与统一性，在将帅任命上，道光帝十分强调精诚团结。九月初十，又发谕一道，其中提到"朕思名实取其相副，特饬礼部铸参赞大臣关防二颗，分给钤用"⑤。重申有关杨遇春等参赞军务和颁给印绶事宜，以确立长龄未到任时杨遇春的军事指挥权。为防止临时换帅可能造成的人事矛盾与隔阂，保证核心领导层精诚团结，尤其在杨遇春与长龄等共同指挥南疆军事问题上，道光帝不止一次地称赞二人"久历行间，素娴韬略"。长龄熟谙回疆情形，一定能够"熟商一出奇制胜之策"⑥。同时，也提醒长龄"凡军前一切事宜，惟当竭诚尽智，随时相机妥办。遇有应商之事，与杨遇春、武隆阿和衷商榷，期臻妥善。朕委心任用，不为遥制。该将军亦勿恤人言，稍存顾虑也"⑦。此言亦颇耐人寻味。

当然，道光帝十分清楚杨遇春的军事才能，在发给南疆军务领导核心的谕旨中，总是将杨遇春与长龄相提并论，尤其是在通盘军事考量事宜上，更是重视杨遇春的军事才能。谕令："该署督职司总统，将军参赞都统，一切均应咨商。提镇以下，悉听节制。"⑧ 亦令"长龄与杨遇春会齐

---

① 八月十六日，杨遇春自肃州出关赴哈密，参见杨遇春恳恩准带杨芳前赴军营，道光六年八月十五日，台北"故宫"博物院图书文献处藏档，档号061700。
② 《清宣宗实录》卷101，道光六年七月甲辰，第659页。
③ 《清宣宗实录》卷102，道光六年七月壬子，第672—673页。
④ "长龄未到以前，一切军务，著杨遇春随时相机调度"。参见《清宣宗实录》卷102，道光六年八月壬子，第673页。
⑤ 《清宣宗实录》卷105，道光六年九月戊子，第736页。
⑥ 《清宣宗实录》卷101，道光六年七月丙午，第663页。
⑦ 《清宣宗实录》卷101，道光六年七月戊申，第667页。
⑧ 《清宣宗实录》卷101，道光六年七月辛丑，第653—654页。

时，先将该处道里山川，通盘筹计。于未经进军之前，即将何处捷径，可以分兵抄出前路，兜转夹击之处，筹商周妥。必须胸有成局，俟进军时即酌分大员，出其不意，潜师抄截"。道光帝希冀杨遇春与长龄在南疆军事上，"务保万全，毋负朕谆谆告诫之至意也"①。

长龄抵达军前的时间相对较晚。清廷的委任是七月二十四日发出，而远在伊犁的长龄接到谕旨及准军机大臣字寄时，已经是八月十四日。八月十五日，长龄在谢恩折中说道："俟德英阿到后，遵旨将伊犁将军印务交收署理，即行束装前赴阿克苏驻扎，先行督办一切事宜。"②也就是说，直到八月二十一、二日长清在浑巴什河与叛军交火时，长龄尚未到达南疆军营。③此时，杨遇春已经从肃州前往哈密。道光帝令杨遇春"便宜行事，不必专候长龄会商酌办，致误事机"，为避免节外生枝，又强调"现界该署督以参赞军务重任，自能仰体朕意，免副委任也"④。同时令扬威将军长龄迅速前赴军营。

长龄自伊犁行进至阿克苏，尚需时日。从九月初十清廷的一道谕旨以及杨遇春奏报中可知，当各路援军陆续到达阿克苏后，清廷就令杨遇春会商长龄、武隆阿，相机进剿，不必久待。至九月十七日，长龄还在途中，"行走至那拉特卡伦草地，阿尔通火什大板冰雪难行，仍须由喀喇沙尔大路取道前进"⑤，"转致纡迟十余日"⑥。

所以，在大军赴南疆前夕的军事调配中，杨遇春为军前主要经略，尽管七月二十四日，又改派长龄总统军务，但时隔近两月，也即九月十七日时，长龄尚未抵达军营，军前一切事务调配的实际指挥者依然是杨遇春。

直到九月二十九日，杨遇春接准军机大臣字寄九月初十上谕，专门提到主帅关防印信的更换，言及此前曾令杨遇春为钦差大臣，颁给关防一颗，现既以长龄为扬威将军，杨遇春参赞军务，"朕思名实取其相副"，特饬礼部铸参赞大臣关防。"杨遇春祗领后，将前次所颁钦差大臣关防遇便

---

① 《清宣宗实录》卷104，道光六年八月乙亥，第717页。
② 朱批奏折，伊犁将军长龄，奏为奉旨特授扬威将军谢恩事，道光六年八月十五日，档号：04-01-30-0516-022。
③ 录副奏折，伊犁将军长龄，奏为审拟马甲音登额扎伤富明阿身死案事，道光六年八月十九日，档号：03-3856-035。
④ 《清宣宗实录》卷103，道光六年八月壬戌，第692页。
⑤ 朱批奏折，参赞大臣杨遇春，奏为酌留宁夏满兵驻防吐鲁番事，道光六年九月十七日，档号：04-01-01-0679-067。
⑥ 《清宣宗实录》卷105，道光六年九月戊子，第735页。

缴回可也。"① 就是说，清廷在掌握了长龄抵达军前的大体日期后，② 才下发了收回杨遇春帅印的谕旨。③

将领选派的周折 大兵进剿，需用得力将领。清廷任命军事统帅后，对中层将领的选用，则听取一线主帅的意见，即使意见相左，或主帅提出变换将领人选时，出于保证中层将领与高级将帅之间的密切配合，清廷也往往以前线战事为重，积极采纳主帅意见。可以说，选用得意能干将领，对将帅军事行动的贯彻与落实乃至战事取胜，至关重要。

杨遇春一经接赴南疆旨令，遂将自己认为合适的人选奏报清廷。诸如汉中镇总兵吕天俸、固原提督杨芳、甘肃提督齐慎、乌鲁木齐提督达凌阿、永昌协副将胡超等，"俱各属勇争先，不辞劳瘁"，"素知得力之战将"。昭梿说，杨遇春所统陕中兵"皆降贼，技勇熟练，身经百战者。杨善为抚驭，得其死力"④。尤其在对杨芳与齐慎二员将领选派上，杨遇春三番五次，不止一次奏报改动人选。当然，道光帝尽管有些不解，但最终对杨遇春所选将领和人员变动给予极大支持与配合，多次降旨允准杨遇春的报告，言"今杨遇春奏派文武各员，自系未经接到节次所奉谕旨"⑤，此即杨遇春为带杨芳与齐慎赴南疆的最佳理由。

七月二十日，杨遇春就十四日接军机处寄达之信予以回复，且奏报所拟主要将领与兵力配置情形，奏报中提及的将领有固原提督杨芳、汉中镇总兵吕天俸。从七月二十八日清廷答复中可知，在调杨芳、吕天俸之前，甘肃提督齐慎已经在赴南疆名单中。其中"至请令齐慎带兵赴阿克苏防守

---

① 《清宣宗实录》卷105，道光六年九月戊子，第736页；又李光涵编《时斋府君年谱》，《年谱丛刊》第123册，第683页。

② 九月十七日，杨遇春抵达吐鲁番，从是日奏折中可知，"约计于该处途次即可与长龄见面"。参见朱批奏折，参赞大臣杨遇春，奏为酌留宁夏满兵驻防吐鲁番事，道光六年九月十七日，档号：04-01-01-0679-067。又《实录》载，"长龄由那拉特草地，于九月十六日绕出喀喇沙尔大道。计九月杪十月初可到阿克苏。杨遇春于九月十七日抵吐鲁番。计迟到不过旬日"。"该将军当与杨遇春等熟商进剿。"参见《清宣宗实录》卷107，道光六年十月甲寅，第776页。

③ 至迟十月十六日，杨遇春与长龄会面。检索档案及杨遇春年谱可知，十月十六日，二人开始共同署名上奏。参见朱批奏折，扬威将军长龄、参赞大臣督办新疆军务杨遇春，奏为遵旨拟请常舒保等升补参将等各缺事，道光六年十月十六日，档号：04-01-16-0128-067。《年谱》有："十月十六日，会同钦命扬威将军长公龄奏为节次奉到谕旨，谨先查核覆奏，并将现办情形恭折具奏。"见李光涵编《时斋府君年谱》，《年谱丛刊》第123册，第684页。又见：谕军机大臣等，长龄表行抵阿克苏日期并经过回城安静一折，见《清宣宗实录》卷108，道光六年十月癸酉，第800页。

④ 昭梿：《啸亭杂录》卷6《滑县之捷》，第172页。

⑤ 《清宣宗实录》卷101，道光六年七月戊申，第667页。

之处，前因杨遇春奏调提督杨芳、总兵吕天俸带兵往剿，已谕知该署督。陕甘两省提督，未便俱令带兵远出，总须酌留一员在任，俾资弹压。杨遇春驰抵哈密一带，应否派得力提镇一员，带兵赴阿克苏防守之处"，由长龄即"驰商办理"①。

显然，此时清廷并没有明确表示一定要在齐慎、杨芳中留谁，只是含糊地告知杨遇春，必须有一位留守关内弹压，可与长龄协商处置。可是，自发兵南疆始，杨遇春即奏准甘肃提督齐慎带兵3000名，先往哈密，见机进剿。七月十四日，军机处寄信中，已经有"齐慎不必前往""饬令齐慎即回本任"的意思。②七月二十日，杨遇春回奏了"令派总兵德克登额赶往接管，替回齐慎，遵旨回任"的执行报告。至八月十二日，进军途中的杨遇春接到八月初三上谕，令已入疆的齐慎暂驻哈密，俟杨芳督兵到彼后，替回齐慎。清廷如此为之，是考虑甘省控制新疆，又固原及河州一带回民聚居、回汉杂处，地理位置重要，不可无大员镇守，"是以节经降旨"，令齐慎回任。对于清廷这一意见，从后来事态看，杨遇春并未接受。

南疆战事紧急，能够带兵打仗的将领奇缺。杨遇春不仅没有令齐慎返回，还想方设法多次奏请杨芳带兵赴疆。当然，此时清廷对杨遇春留齐慎于南疆带兵的意图还不十分明了。直到八月初八，见齐慎归来无期，又改令固原提督杨芳回任，或由杨遇春于齐慎、杨芳"二人内酌留一人回任弹压，不可同时远出"③。对此，杨遇春打算先保齐慎，再想办法调杨芳赴疆。④

杨遇春以齐慎已经启程为由，奏请仍令齐慎驰赴阿克苏驻守，以为声援。齐慎自己也吁请，愿随同杨遇春前往堵剿。何况在清廷令齐慎返回的旨令发出时，齐慎已近哈密。清廷也考虑到齐慎已赴南疆，执意其返回，亦非上策。同时，认为阿克苏最关紧要，必须有"谙习戎行之员，方可期其得力"，若临阵换将，恐不足以资统率。既然主帅认为齐慎是不二人选，清廷也就只好同意杨遇春奏请，令齐慎带兵由哈密星速前往阿克苏。

齐慎留疆后，能够返回固原的就只有杨芳了。清廷谕令中明确表示"倘该署督必须带同杨芳前往，著将平素深知实堪胜任者，令署提督印务，俾资弹压。如不得其人，只可仍令杨芳回任"⑤。对此，杨遇春回奏：杨芳也已出关前往接管先前出关之兵，正在赴南疆之途。并表明已经另委德克

---

① 《清宣宗实录》卷101，道光六年七月戊申，第666页。
② 《清宣宗实录》卷101，道光六年七月丙申，第645页；道光六年七月己亥，第649页。
③ 《清宣宗实录》卷102，道光六年八月丁巳，第679页。
④ 《清宣宗实录》卷102，道光六年八月壬子，第673页。
⑤ 以上均见《清宣宗实录》卷102，道光六年八月丁巳，第678页。

金布接固原提督职，且"自为得力，足资弹压"。话说回来，杨芳原本就是杨遇春十分看好的大将，南疆战事，急需将才，杨遇春实在不甘心杨芳回任固原，便想方设法使杨芳留在麾下。杨遇春在奏折中明白表示：齐慎、杨芳二人俱系"向来带兵得力之员"，是南疆战场上必需的得力战将，何况"现在贼势鸱张，已阑入阿克苏地方，距城甚近，必须加意防堵"。"带兵大员不敷分派"①，请仍将杨芳赴南疆。可见，杨遇春从心底不愿意放二员中的任何一人返回原任，故又进一步说道：齐慎已星夜兼程阿克苏，进入战备状态，临阵换将是兵家大忌。总之，声明齐慎回任已不可能，而杨芳又是此战获胜必需的重要人才。

为了向清廷表明前线缺乏将领的现状，杨遇春再次给道光帝写了一封长信，奏请留杨芳为将。信中说：

> 奏恳圣恩，仍令齐慎带兵前进。臣本应恪遵谕旨，于该提督二员内酌令一员回任弹压，但臣一路现带官兵五千五百名，总兵吕天俸尚未赶到，前途带兵仅止杨芳一人。一至阿克苏，如得机会，即须进剿。虽有达凌阿、齐慎在前，一经得手，前须大员张两翼环攻，后须大员留兵步步为营，不敷分派。且杨芳久经战阵，长于前敌，陕甘绿营、吉林索伦马队素所信用。臣不揣冒昧，伏恳天恩，赏准臣带往，实与攻剿有裨。

为达到目的，杨遇春还委婉地说道：饬后会商长龄，酌量缓急，再撤令一员回任。而长龄接到杨遇春的消息后，也帮同请令杨芳赶赴南疆带兵。② 前方两员主帅均奏请齐慎、杨芳带兵作战，道光帝只好降旨表示"该二人俱系向来带兵得力之员，此时均已出关，无庸回任"。同意杨遇春所奏"齐慎奏恳随往堵剿"、已"派令杨芳驰往接管首先出关官兵"等理由，并指出既然"该署督必深悉此二人足资弹压，自可放心前进，不致有内顾之虞"。饬令齐慎、杨芳均驰赴阿克苏，"相机防剿，俾资得力"③。以使杨遇春带兵不致乏人。

清廷准令杨芳、齐慎均赴军前协力进剿的上谕是八月二十日发出的，

---

① 以上均见《清宣宗实录》卷103，道光六年八月己巳，第703页。
② 李光涵编：《时斋府君年谱》，《年谱丛刊》第123册，第637—638页。
③ 清廷谕令：陕甘为控制新疆扼要之地，该二省提督未便同时带兵远出，如必须齐慎带兵，应令杨芳回任；倘杨芳业经出关，仍俟该署督到哈密后，令齐慎回任。最后二人均留任。参见《清宣宗实录》卷103，道光六年八月己巳，第703页。

九月初四，途经哈密的杨遇春方才收到。初五，杨遇春回奏道："齐慎因奉长龄饬知回任，现由吐鲁番回到哈密，臣遵旨仍令该提督赶赴阿克苏。杨芳于初五日已自哈密趱程驰进。"① 为是亦表明自己还是在执行清廷所谕的二人必撤回一人之令。

清廷在任用将领问题上之所以如此纠结，与之前南疆局势不断变幻十分密切。七月二十六日当天清廷寄给杨遇春的谕旨中有来自前方的三条信息，使得道光帝不得不考虑甘肃在西北地区的军事重要性。三条信息中，一是赶赴南疆途中杨遇春奏报，说接到驻扎伊犁的长龄及南疆各城来信，均称"逆回窜至阿克苏所属地方"。二是来自长清的六百里驰奏，称自喀什噶尔前来的大阿訇二名，在叶尔羌所属之巴尔楚克一带"纠约回匪"后，窜入阿克苏所属之"都齐特郝紫尔等处，煽惑回民，附同叛逆，约有数千人"。三是庆廉奏，阿克苏守城官兵不满300名。② 清廷鉴于南疆危情，更顾虑甘省作为扼守新疆的咽喉，提出必须有得力大员镇守阿克苏及其以东河州、固原等地。

也缘于此，清廷在调整齐慎、杨芳离任缺额时就非常慎重。八月二十日，谕军机大臣等，"已据杨遇春奏明，德克登额署固原提督，德克金布回河州本任"③。对于西安镇总兵德克登额是否能够胜任固原提督，清廷并不放心，传令陕西巡抚鄂山留心察看是否胜任，即行奏闻。在甘州提督一职人选上，清廷也几次三番与阿克苏办事大臣相调换。先是降旨特依顺保为阿克苏办事大臣，又将此职换为乌鲁木齐提督达凌阿，由特依顺保署甘州提督印务。④ 当然，清廷除了对上述两员大将的任用外，在其他人选和调兵问题上，也采纳了杨遇春的意见。

如宁夏镇总兵史善载被调赴南疆军营后，由靖远协副将富桑阿署理。清廷又因担心宁夏、凉州、庄浪满汉兵战斗力太弱，在是否由宁夏将军格布舍带领赴疆作战一事上犹豫不决。对此，九月十七日当杨遇春抵达吐鲁番，即向清廷表示，原打算将宁夏、凉州、庄浪满营兵1500名，挑选精锐者100名，汉兵1100名驻守吐鲁番。因军情需要，又改由格布舍带往库车驻扎，其余400名驻守吐鲁番。其间若形势有变，俟后路官兵赶到，

---

① 李光涵编：《时斋府君年谱》，《年谱丛刊》第123册，第668页。
② 李光涵编：《时斋府君年谱》，《年谱丛刊》第123册，第621—622页。
③ 《清宣宗实录》卷103，道光六年八月己巳，第703页。
④ 朱批奏折，为饬令杨遇春将带至军营陕甘两省提督印信遇便交回各署字寄，道光六年十月初一日，档号：04-01-16-0128-069。

或替代或撤回另调，与长龄见面后"再行酌定"①。对此，清廷给予了杨遇春充分信任，准其灵活处理。同意若撤回满兵，格布舍则仍回本任，"如必须该将军前赴军营，著长龄奏明带往可也"②。这些无不显示清廷明确用人旨意，也反映杨遇春带兵特色，即有善于用人与知人善任一面，更有将帅之间密切配合与常年间建立起的默契。

另外，在此次赴南疆的军事行动中，杨遇春也注意照顾戴罪者往军前效力，以立功弥补或抵消过错。奏准"拟徒罪"的原甘肃赤金营把总李福以"系乡勇出身，打仗可期得力"为由，前往行营效力。杨遇春注重军前用人，知人善任，或许就是所率军中将士作战勇猛、每战获胜的一个重要原因。

途中营地　大兵进军南疆途中，初以哈密，继以阿克苏为兵力集结驻扎之地。

今天人们常说：不到新疆，不知中国之大。不到喀什，不知新疆之大。喀什噶尔是南疆政治经济中心，是清廷大兵前行的目的地。若自京城出发，至南疆喀什噶尔，约8000里，若从甘肃兰州出发，也有6000多里的路程。③ 大军欲迅速坚决地平定张格尔乱，首先面对的是如此遥远的交通距离，要克服其难，只能日夜兼程急行军。然而，长途奔袭，疲于作战，又是兵家大忌。谙熟兵法的杨遇春深知，唯有择适中之地、汇集兵力，采用齐头并进、集中优势、各路堵截、各个击破的办法，才能不辱使命，迅速平叛。

为此，杨遇春注意随时自驿驰奏报消息，互通声气。自兰州出发西行途中，接道光帝传谕，要求行至嘉峪关后，多设侦探，掌握南疆军情，再行进兵。尤其在南疆军情尚不十分明了的情势下，一定要重视哈密、阿克苏的军事地位，以此两地为稳扎稳进的据点，部署进兵方略。上谕中给杨遇春打气说："该署督老成历练，特资倚任。诸事务当计出万全，朕亦不为遥制也。"④

---

① 又九月十七日，杨遇春行抵吐鲁番，是日奏折有"令格布舍带领宁夏满、汉兵一千一百名暂驻库车弹压，后路官兵赶到，或更替格布舍带领此兵前进，抑或毋庸更换，俟臣与长龄会商，再行酌定"。上谕回令"将格布舍调补乌里雅苏台将军"。参见朱批奏折，参赞大臣杨遇春奏为酌留宁夏满兵驻防吐鲁番事，道光六年九月十七日，档号：04-01-01-0679-067。

② 《清宣宗实录》卷104，道光六年八月乙亥，第717页。

③ 如今交通现代化的高速公路上以烧着汽油的机械化交通工具跑完此行程，也需几乎4天左右，而在近200年前的马车时代，用役马、双脚去度量如此的里程，实在是艰苦劳累之差事。

④ 《清宣宗实录》卷100，道光六年七月上癸巳，第638页。

此时，那彦成也上报建议西行大军以阿克苏为重要聚兵之地，在七月二十日的奏折中说：张格尔叛乱是地方官员执政失误所致，南疆反叛势力已炽，不能轻兵急进，偶失机宜，挫败锐气，建议"拟当令长龄、杨遇春先在阿克苏或叶尔羌驻扎重兵"，稳固后路。① 为此，杨遇春遵循清廷进军策略，在挺进阿克苏之前，先以哈密为大军的首个集结地。

哈密是自嘉峪关口内所调动大军踏上新疆后的第一站。杨遇春要求先头官兵至哈密后，处处"严密稽查，竭力防守，以待大兵"。同时，实施步步为营的战术，以期达到"务得逆匪确实踪迹，于南路扼要处所驻扎，相机堵剿"目的。

西进途中，随着前方战况和军事形势的不断明朗，杨遇春重新调整哈密驻防将领人选。由齐慎所带哈密驻守之兵"递移随进，以便策应听调"。提督杨芳前赴肃州"赶紧料理裹带一切"，接管在途官兵2500名，先赴哈密暂住。后又调换为宁夏将军格布舍驻防哈密，其所带宁夏、凉州、庄浪满、汉官兵2000名，前往驻扎，以资防守。自己则率主力急赴肃州，拟"略为整顿出关"。

在大兵西进途中，道光帝一再传谕叮嘱杨遇春，"总期慎重，不可轻率"，宜在阿克苏暂时屯驻，不可冒险轻进。② 阿克苏是通往喀什噶尔、英吉沙尔的必经之路，也是唯一捷径，这里不仅可以"届时侦探得军情"，也可"速由驿驰奏"。

八月初四，杨遇春呈奏军事部署实施办法，陈明各路大军行进情况，意欲将兵驻扎于库车。其中说到："惟查和阗另有草径，由克里雅沙里雅可通库车，该处地方现关紧要，不可无兵防范。已饬行提督齐慎将所带官兵三千名令副将胡超、李士林等分起带领，行至该处，择其扼要驻扎。"③ 清廷采纳。

八月初五，清廷得知喀什噶尔、英吉沙尔救援不及而失守，叶尔羌是否能够继续防守，尚难以料定。故又不得不更改先前所部属的派兵深入和阗以援救叶尔羌的办法，代之以严守东四城为"紧要机宜"，仍更应以加意固守阿克苏为策略。遂谕令杨遇春应一面饬知达凌阿催促由乌鲁木齐陆续到来的官兵速赴阿克苏，一面檄知齐慎率所带官兵3000名径赴阿克苏，协同已到达之各路官兵，等候大兵到达后，再相机调遣。

---

① 那文毅公筹划回疆善后事宜奏议，奏为谨据愚知通筹军需全局折，道光六年七月二十日，见《那文毅公奏议》卷73，《续修四库全书》第497册，第620页。
② 以上均见《清宣宗实录》卷101，道光六年七月下戊申，第666页。
③ 李光涵：《时斋府君年谱》，《年谱丛刊》第123册，第604页。

不几日，和阗领队大臣奕湄等由和阗草地驰报，叶尔羌至和阗台站已被叛军拆毁，守城官兵伤亡过重。为驰援危在旦夕的叶尔羌，清廷令前期自北疆调往且已抵达阿克苏的三路官兵2000余名，抄草地，走捷径，径赴和阗，绕行至叶尔羌，意欲与大军形成南北夹击态势。俟大兵云集，再行进剿，以期一鼓歼除。①

八月初六，杨遇春率部途经甘肃永昌县，接准军机大臣字寄七月二十六日、二十八日谕旨二道，同时也接长龄及阿克苏、库车办事大臣长清、果良额、提督达凌阿等的来信。从各方信息可知，七月十七日，叛军由巴尔楚克进至阿克苏属河子湖木卡伦，杀伤官兵十九人。又往都齐特台，围攻参将王鸿仪等，守台官兵俱不能敌而兵败身亡。叛军又抵距阿克苏城仅80里的浑巴什军台。由是，杨遇春对南疆形势以及阿克苏地位的重要性更加清晰，且于八月初九，将所掌握军情与计划一一向清廷奏报。其中说道：为了支援阿克苏，早已于七月二十二日，令已驰抵南疆的伊犁首批官兵往援，次日，又令驰抵库车的达凌阿带先期马队1000名往援。

时南疆前线军情愈加危急。八月十一日，自和阗传出的咨报送达京城。清廷得知，六月二十八日，叶尔羌城失守；七月二十二日，叛军窜入浑巴什军台；阿克苏守兵无多，留在喀喇沙尔的官兵仅有300名，亟应添兵防守。而浑巴什军台，距离阿克苏城垣仅有80里。且喀什噶尔、叶尔羌往阿克苏交汇处的巴尔楚克地方，"伏匿有数千叛军，乌什卡外亦有多人，伺官兵往援叶尔羌、和阗时机，抢占阿克苏"。阿克苏危在旦夕。

清廷遂令赴南疆大军前哨推进至阿克苏。道光帝传旨催促杨遇春迅速驰往阿克苏，谕令：

> 阿克苏为回疆适中要路，务当严兵固守，加意防范，毋稍疏虞。当务之急，总以大兵会集阿克苏，再行相机调度。务于过哈密后侦探前路情形，应于何处驻扎？何处宜添防？何处可缓剿？总须相度军情，随宜办理。

令杨遇春饬知率兵往阿克苏的将领，如能救援叶尔羌，仍遵前旨进发，倘势难赴援，即将所率官兵留驻和阗，协同防堵。且告诫：行军情事，随时变迁，不能——悬揣。至于应援、应守、应剿，当临时等划，相机审度。"总须计出万全，操必胜之权，断不可堕贼奸计，稍有疏虞，是

---

① 《清宣宗实录》卷102，道光六年八月壬子，第675页。

为至要。"①

此时，南疆军情不断变化。已经抵达库车的达凌阿，接到沙雅尔阿奇木伯克伊萨克禀称，说有叛军扰及柯尔坪。正准备往和阗的达凌阿，即令锡伯兵 300 名前赴柯尔坪会同防堵。与此同时，杨遇春奏准清廷令其往援阿克苏的明令也已抵达。身在前线的达凌阿考虑到库车城位置的重要，采取兼顾两面的灵活办法，即从所带官兵内留 1000 名，与原本驻守防兵 200 名，加强防守，同时又于乌鲁木齐官兵内拨出 400 名，驻扎拜城军台，不时巡查严防。如此，达凌阿共在库车留兵 1400 名，率其余 4000 多官兵，直驰阿克苏，并率先抵达。② 继之，伊犁、乌鲁木齐官兵亦陆续赶到阿克苏，随后抵达的是齐慎部。③ 至于吉林、黑龙江兵 3000 名，从行程算，计九月内皆可由京起程，须至冬腊月方能赶到阿克苏。

清廷令杨遇春以前锋兵力驻扎阿克苏，自有其道理。阿克苏为南疆北向南下的咽喉，为通南疆五城的要隘，是仅次于叶尔羌、喀什噶尔的重要城镇，更是张格尔势力东趋的门户。而且这里城池完牢，能容大兵集结。城由"四城连峙，每城周里许，皆向南，外以一大城垣环之"④。当自伊犁、乌鲁木齐两路所调大兵陆续到达后，杨遇春急令其开往阿克苏，"分布顾守，相机截剿"，同时派人前往距离阿克苏最近的乌什探明情形。乌什与阿克苏辅车相依，其西南又有通喀什噶尔要路，还由于迤北山内俱系布鲁特游牧地，故于附近南下官兵内分派数百名，严密防范。又飞催带兵前往阿克苏的齐慎酌拨数百名前往乌什防堵。

就在齐慎率兵到达阿克苏的当日，即八月十五日，杨遇春做收复南疆四城前的兵力部署，落实了清廷授意的"以阿克苏为回疆适中扼要之地，必须重兵防守，万不可稍有疏虞"的旨意，以先保守东四城为要。当各路前锋援军陆续到达阿克苏后，清廷即令杨遇春会商长龄、武隆阿，相机进剿，不必久待。至此，可谓是兵力已厚，粮饷已足，只待进击指令的下达。

军需粮秣供给与人员配置　常言道"兵马未动，粮草先行"，充足的军事后勤供给是保证前方战事进展顺利的重要基础，而备办粮秣人选的确定，使人得其位、适才适所，又是确保军需粮饷供给的前提。大军临行前，道光帝谕杨遇春道："道路辽远，运饷维艰"，"一切应用军需粮饷驮载等项"，当与藩、臬两司妥商酌定，旋即又令由臬司总理粮饷。为保证

---

① 《清宣宗实录》卷 102，道光六年八月上丁巳，第 678 页。
② 《清宣宗实录》卷 103，道光六年八月壬戌，第 692 页。
③ 《清宣宗实录》卷 104，道光六年八月乙亥，第 718 页。
④ 《西域图志》，见《四库全书》，第 500 册，第 376 页。

首批援军前行的辎重粮秣经费，道光帝令先由户部准调镇迪道库备贮银10万两，由乌鲁木齐都统英惠拨解带往，以资应用，并由英惠兼署乌鲁木齐提督印务。①

清廷对督办人选与军需筹备十分重视，令新任巡抚鄂山迅即驰驿前赴甘肃，负责前方所需一切军需粮饷驮载，随时妥速筹备接济，"不可稍有短绌迟误"，且令"于陕甘两省拣派明干道府大员，专司其事"；又令卢坤往甘肃，会同鄂山，专驻肃州，督办一切军需；并令陕西巡抚徐炘一体筹备，"均毋得稍有迟误"②。

赴南疆途中的杨遇春对后勤军需粮秣的供给十分关注，对于管理粮秣人选，更是亲力亲为。杨遇春提出：现在带领大兵出口，道路辽远，所有粮饷事宜，最关紧要。且调拨粮饷、军火，制办军装、锣锅、帐房及车辆驮脚一切事宜，头绪纷繁。需要管理者精明能干，沿途俱应分段设立粮台，仍须专派大员总理，以资拨运。因而，奏准以肃州作为出口总汇之区，在此设局，酌派大员总理，以专责成。

专办人选也是经过甘肃藩臬两司推荐与杨遇春个人考察相结合而选定的。多数时候，以杨遇春举荐为主，如札委俸满镇迪道昌炽驻扎哈密，总理粮台；安肃道双兴、镇迪道汤鼐，专责拨粮运供；甘肃按察使源溥赴肃州设局，办理军火、器械。还建议所有臬司事务，由兰州道萨迎阿掌，仍用道印兼署。③

考虑到口外道路遥远，运送粮饷，处处需员照料，缺乏得力干员。杨遇春遂想方设法调用筹办粮草办事人员。道光六年（1826）七月二十四日，即以"人手不够，缓不济急，遽赴军营者，又不能胜任"为由，奏请从陕西调补相关人员。后经与藩臬两司商议，请准调用州县八员、佐杂十六员，听候差委。

随着阿克苏战事吃紧，后路粮饷调拨成为难题，急需干练人员办理。九月初三，杨遇春请准派已随卢坤前往肃州办理粮饷事务的甘凉道英启速赴阿克苏，会同卢坤"妥筹宽备关内外一切粮饷军火"，并随时咨会英惠、恒敬商办接洽。又专门令恒敬驻扎官兵必经之哈密，多备军粮。由安肃道属专门磨面运往哈密，还令俸满镇迪道昌炽、镇迪道汤鼐二人，上心过问当地供支之事，并重新布置，以加强管理。

---

① 《清宣宗实录》卷100，道光六年七月上甲午，第638、641页。
② 《清宣宗实录》卷100，道光六年七月上甲午，第639页。
③ 《清宣宗实录》卷101，道光六年七月上戊申，第667—668页。

大军进至阿克苏后，哈密一地军需筹备快速跟进，管理人员也随之调动。九月初十，长龄与杨遇春协商，认为俟大兵云集阿克苏时，后路拨运粮饷，较乌鲁木齐、哈密等处"尤为吃重"，"应有大员驻扎，专司粮饷"，"俾调用军需，更为迅速"。对此，清廷令鄂山、卢坤商酌，准调陕西盐道查廷华等前赴帮办，同时屡谕鄂山、卢坤、恒敬、英惠等宽为筹备关内外军火粮饷，源源不断地接济大军。令鄂山等务须于大兵云集之前，筹备三月之粮，先运至阿克苏存贮，预备支放，以利军行。①

与此同时，清廷重新布置北疆粮台专员，以加强督办粮饷之事，尤其在赴南疆途中重要位置，置能干之人办理。自乌鲁木齐至阿克苏，必经喀喇沙尔、库车，两地各设粮台，令鄂山拣员派往。时派安西直隶州知州赵宜暄往喀喇沙尔、宁夏道瑞庆于库车安台督办，又恐瑞庆、赵宜暄分驻管理呼应不灵，于十月二十日，令巴哈布、那彦宝、果良额各于所管地界，督同筹办。

随着乌鲁木齐运粮任务加重，为帮助都统英惠减轻办理粮务及其他文案事务的担子，清廷又派镇迪道汤鼐往吐鲁番，恐汤鼐不足以资襄办，又令鄂山等遴派精明能干大员驰往，帮同该都统妥慎办理。继之，又准杨遇春奏，将张文浩派赴喀喇沙尔，朱锡爵派赴库车，常川驻扎，尽心帮办文案。同时，令英惠核计阿克苏需用粮石，尤对当月支食及存贮在营、起运在途等项进行盘点，要求备足三个月粮食，不致有误兵糈，节省运脚。②勉励各办事人员"各宜勉竭心力，用副委任，懔之慎之"③。

在杨遇春的建议下，清廷不仅准由乌鲁木齐承担南疆所有军粮供给，而且调前任臬司方载豫前往承担该项重任。在荐言中，杨遇春写道：方载豫曾在军营经理粮饷，经验丰富，责任心强。为稳妥起见，清廷谕杨遇春等密行札知方载豫，帮同英惠熟筹妥办，和衷商榷，妥办粮务。④二人如有意见不同之处，或方载豫别有所见，因曾任臬司，有奏事之责，可令其密行呈明杨遇春等转奏，候旨办理。⑤可见，清廷在战时对前线用人上的谨慎与对将帅的信任，尤其对粮秣军需关乎获胜重要性的认识是十分深刻的。

---

① 《清宣宗实录》卷105，道光六年九月戊子，第736页。
② 朱批奏折，乌鲁木齐都统英惠，奏为复筹军需粮石委员长运事，道光六年八月初四日，档号：04-01-01-0680-057。
③ 以上均见《清宣宗实录》卷108，道光六年十月戊辰，第793、795页。
④ 朱批奏折，乌鲁木齐都统英惠，奏为饬令臬司方载豫前往托克逊粮台筹办军需事，道光七年二月十九日，档号：04-01-01-0687-037。
⑤ 《清宣宗实录》卷110，道光六年十一月壬寅，第838页。

清廷想方设法就近解决粮食运输所需驼只，以免自内地及乌鲁木齐等处筹拨之苦。故令专员办理牛马驼只事宜，并与主办粮食转输的英惠酌商筹办。清廷指出，若能就地备办驼只，则可接运乌鲁木齐运来之粮，避免长途运输之苦。而乌鲁木齐驼只，可接运继后运送之粮。并强调，若能就地采买粮食，即使价格稍贵，相比起自乌鲁木齐长途运输而来更值，"添车驼一具，即省乌鲁木齐长运车驼一具。添运粮一石，即省乌鲁木齐运粮一石"①。达到"以节省运价之有余，补采买价值之不足"的目的。当然，除了粮食由专人负责外，清廷令专人转运大军所调火药、铅丸、箭枝等项，要求对所需火药等项照数拨运，制办充裕。

军需转运路线与转运能力　清廷军需粮饷的部署，基本是按照杨遇春的意见、统一经由户部筹拨，臬司总理而施行的。先以肃州为出关前的粮秣筹备地，继带兵出关后，又以哈密为军需粮秣的后勤储备点，并于哈密多方随时确探各城情形，相机调度，保证粮秣军火无缺，操必胜之权。大军尚在肃州未抵达哈密时，清廷已下令将前进官兵所过地方的应支盐粮，早为筹备，尤对杨遇春部所需军马粮秣等加以布置安排，一切口粮，照例支给。总期源源接济，勿致临时迟误。

粮饷兵丁的转运，也基本按照自口内、口外两条线同时运往南疆。即以吐鲁番为中转，由口外的乌鲁木齐、口内的肃州经哈密，再至吐鲁番的东西两线同时输往南疆。口内转运路线是经肃州→哈密→吐鲁番（东）→喀喇沙尔→库车→阿克苏。口外转运路线为乌鲁木齐→吐鲁番（西）→喀喇沙尔→库车→阿克苏（详见图4）。

自乌鲁木齐运往的粮食，经吐鲁番东、喀喇沙尔、库车，至阿克苏。道光六年九月，英惠奏报说乌鲁木齐存贮粮石，除酌留本处供支外，可支征兵两年之需。已先后拨粮30万石，且陆续转运。②而较早于此时，恒敬亦奏称，吐鲁番迤西所需兵粮，由乌鲁木齐所属的州县仓存粮中动碾。已挽运米面12起，计粮12000石。

自肃州经哈密至吐鲁番而运往南疆的粮饷，也称吐鲁番东部之粮，自哈密运来。而哈密之粮，系安肃道所属拨运。恒敬称经安肃道陆续运到哈密城之粮，除去沿途支给兵丁口粮外，已约有40余万斤，其余尚在陆续不断转运中。若从当月初四日起，预计一月内，可运50万斤。

---

① 《清宣宗实录》卷108，道光六年十月戊辰，第795页。
② 英惠核计，自乌鲁木齐距阿克苏30余站，以30万石计，需运价银二百数十万两。参见朱批奏折，乌鲁木齐都统英惠，奏为道光六年回疆军兴运粮官弁支过驮折夫价草乾银两请旨准销事，道光九年十月十七日，档号：04-01-01-0706-020。

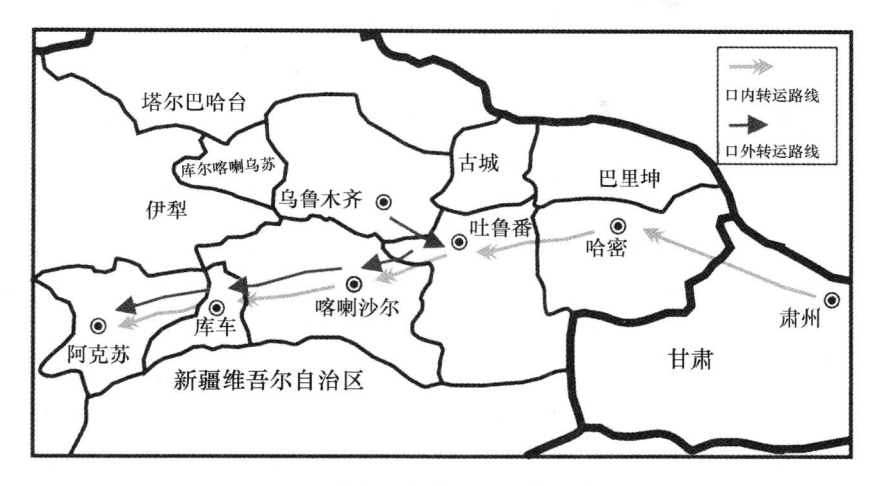

图 4 道光六年南疆军需转运路线

恒敬认为，若以前后所调官兵丁役等约五万人计，则每月需面约 150 万斤，加上乌鲁木齐每月运送的粮面 100 万斤，月有 250 万斤。如此之数，若计口授食，仅可足一月之需。除了粮面不敷外，自哈密转运，费用太高，困难也多，仅车辆一项就十分缺乏。况且哈密向无民车，尚需饬令地方雇觅骆驼赶运，即便如此，仍不敷用。时由哈密郡王、贝勒衔伯锡尔凑备回民牛车 1000 辆，挽运军粮，至吐鲁番交卸返回。

对此，清廷认为，每月自口内、外两处运送粮面，仅够官兵一月之需，不能保证兵丁口食，希望能够在疆内就地解决军粮。因而指示，若能给乌鲁木齐再添备些车驼，由此一处统归转运，保证供给，岂不较内地输入更省便。何况英惠之前奏报说乌鲁木齐存粮，可供征兵两年之需[①]，此事若能办到，也可节省英惠所言银两不敷之事。[②] 故而谕令大军所需之粮全部改由自乌鲁木齐转运，既如前文所述，英惠对阿克苏需用粮石进行核计，共备三月之粮，且就乌鲁木齐至阿克苏的运粮工作做了周密的部署，充分展示了战前较强的军需转运能力，也表明了自乾隆朝统一新疆后，在北疆农耕经济开发中所取得的成就巨大，粮食丰盈。当时转运工具主要为牛、驼和马匹，军粮军需转运以驼只为主，辅以牛车，兵士行进则以马匹

---

① 朱批奏折，乌鲁木齐都统英惠，奏为设局委员等画总理一切军需支发事宜等事，道光七年六月十九日，档号：04-01-16-0130-016。

② 英惠预计运粮 15000 石的运价则需十余万两，前已准解到银有 20 万两，其中除调去阿克苏 5 万，实收银仅有 15 万两。为凑足额，又与商民汇兑银 115000 两，共收到银 265000 两。

为主要交通工具。

关于运粮驼只运力事项，英惠认为乌鲁木齐存粮充裕，即全由该处运往库车也较方便。但就乌鲁木齐运输能力而言，则困难较大。即便动用此处所有车驼转运也不敷供，尚须雇民车，从口内调拨驼 2 万只，倘若能"如数协济，方能拨运无误"。

英惠也提出，有几项已经成熟的条件能够解决各粮台的运输问题，只是需要清廷统筹调动。一是南疆战事初起，杨遇春即奏请打造车 4000 辆。二是清廷允准于山西、陕西采买驼 8000 只，其中山西 6000 只，陕西 2000 只，再加上阿拉善王所呈的 1000 只，共有驼 9000 只。三是乌里雅苏台所属喀尔喀等处孳生厂内存驼 6600 余只，可令伦布多尔济酌拨 4000 只。而伊犁牧厂所存 8000 只，除备差外，尚存驼 5000 只。尽管此二处能调用驼只数量不是很大，但是可量为协济。同时，英惠自己手头所掌握一批车驼，已往阿克苏运粮 2 万石，其折回的驼只人夫，可用于间程转运。

英惠认为军需以粮运为大宗，既然由乌鲁木齐承担全部供运，那么，一俟兵差全数过竣，口内转运其他军需之运脚以及其他项的驮载车辆，即可拨归乌鲁木齐，以资转运。另外，车驼转运往返，必须筹计撙节，不可迟延短绌。

清廷对此十分满意，谕令鄂山、卢坤熟商核算，在阿克苏准备 3 月之粮，即能够保证粮食的现供、存贮、在途各一月，将就近可用驼若干与所买所进驼只一起调用，达到陆续起解趱行循环的目的，供给兵士口粮。

运粮驼只一事，先是由鄂山等将乌鲁木齐周围可调用驼只预算奏报给清廷。据鄂山核算，当各路官兵齐集阿克苏时，约有五万余人。计口授食，按每日需粮 500 余石计，且由乌鲁木齐转运，每站需驼 500 余只，自乌鲁木齐至阿克苏，其间以 32 站核计，共需驼一万六七千只。除去乌鲁木齐原有驼六七千只外，尚需协济调拨驼一万二三千只即可敷用。而实际上，所调拨雇买驼已达 26500 余只，足额超出转运所需。另外，车辆准备也富余，经杨遇春奏请购办的双套铁脚车 4000 辆，已购得 900 余辆。故而，鄂山认为，阿克苏所需粮石，既可由乌鲁木齐转运，不必再由内地协济。

道光六年（1826）十一月二十五日，长龄奏称，乌鲁木齐所需驼只及粮食转运已经备办稳妥。战事起后，自伊犁先经筹拨银 20 万两、运粮口袋 3 万条往乌鲁木齐。① 现乌鲁木齐运往阿克苏之存粮充足，调拨内地驼只也够数，即有阿拉善王所呈进驼 1000 只，伦布多尔济并蒙古汗王公等

---

① 《清宣宗实录》卷 110，道光六年十一月下丙申，第 832 页。

所进驼 3200 只，乌里雅苏台孳生官驼内调拨 800 只，徐炘筹驼 4000 只，福绵购解驼 5200 只，为数已多。应令福绵将未解驼 800 只，即行停购。

既然前线主管战事与专办后勤之两位大员均报告说乌鲁木齐驼只甚为宽裕，所拨粮石，转输迅速无虞。清廷就势谕令已有驼只，即甘省所雇买驼 12540 只，及其他渠道所得共计 26500 余只，做出合理分配。拨解乌鲁木齐一万二三千只，余驼一万数千只，俟完成供应各兵差任务后，分拨关外之安西、哈密、吐鲁番及喀喇沙尔、库车各台站，专供内地解往大营的兵饷军火器械、滚动转运驮载之需。已购备的双套铁脚车 900 余辆，也送至肃州，供载出口官兵。所有陕甘未买、未雇驼只，以及尚未购办之铁脚车，停止购办。至于长龄奏请拨运伊犁粮石，可继续进行。如此，自两处运送粮石，源源接济，兵糈益增充裕，自毋庸再由内地分运，以节靡费。①

关于军需官兵辎重的驮载情形，在大军一经出发时，清廷就指令将骑驮马匹备存 200 匹，作为拨补之用，如有不敷，就近于巴里坤孳生厂内咨调。要求务须选择膘壮之马，以利行军作战。大军行进，皆需用车辆装载军械，口外车辆较少，因而，依据长龄奏请，由各马厂每兵给骑马 1 匹，每两兵给驮马 1 匹，分别应付更换，并调塔尔巴哈台厂马 5000 匹，以供支运。

从所需各项预算中可知，若每 1000 名兵作为一批运送，则需车 200 余辆。可是，因口外与口内车辆俱形短绌，杨遇春奏准于口内定做双套铁脚马车 4000 辆。② 九月十八日，清廷就此传谕鄂山道：该参赞奏请买车运送，较为节省，若能如此办理，"甚属得宜"。令鄂山、卢坤，查照所议，飞饬口内各州县，迅速购买，即交就近驿站。俟官兵过境，照数拨给，毋稍迟误。最终购置 900 辆。至于此项车辆所需马匹之事，清廷明令即责成带兵官员，妥为照料，到日交总理粮饷处查收，以挽运粮石。③

可见，清廷十分重视马匹事项。谕令杨遇春、长龄、鄂山、卢坤等咨商筹备，毋致缺乏。令杨遇春在陕甘两省共调满汉旗营马 5000 匹。继之，又在陕甘两省额马 3 万余匹及营中训练之马中酌量动拨 5000 匹。④ 又令长龄在伊犁等处共调官马 8000 余匹，⑤ 英惠在哈密拨备存马 200 匹，塔尔巴

---

① 以上均见《清宣宗实录》卷 110，道光六年十一月下壬寅，第 838 页。
② 每车 1 辆，马 2 匹，定价 40 两。共买车 4000 辆，价银 16 万两。自肃州至阿克苏，计程 58 站，雇车需银 26 万余两。加之草料价银 64800 余两。
③ 以上均见《清宣宗实录》卷 106，道光六年九月下乙未，第 753—754 页。
④ 复准于甘州、肃州、西宁三处孳生马厂内，确查出群生马，尽数交附近各营分领饲养，其余短缺之数，由各城领价采买。后经查军营所拨各处马匹，足供官兵乘骑续调之用。
⑤ 伊犁牧厂有孳生马 5 万余匹，除调拨外，在存马 2 万余匹中酌拨。

哈台调马5000匹，巴里坤等处挑备马2300余匹。统计调拨2万有余，并令所调马匹均于厂存马内拣选膘壮者，按需妥为预备，听候调拨。如此，基本解决马匹用量问题。① 不久，清廷考虑到各路官兵所骑之马，远行之后难免疲乏，又令杨遇春并行知各营，加意喂养，以备续调。②

军需饷银拨付与发放办法调整 南疆战事银两拨付是清廷保障后勤供给的重头，银两能否及时拨付到位，对官兵士气与战事进程有直接影响。道光六年（1826）七月初九，当甘州提督齐慎带3000兵往哈密布置驻守之时，杨遇春即经与藩司健筹商，先于藩库动拨银20万两解安肃道库收贮，其中10万两供支哈密，10万两预备乌鲁木齐提用。也就是说自战事伊始，杨遇春已经着手准备自甘州至乌鲁木齐沿途以及哈密驻兵处所用的银两。③

随着大军开进，银两开支增加，清廷的拨款力度随之加大。谕令所有已赴南疆兵士应支月饷，并将来供支进剿之各路军需费用，不得稍有短绌迟误。且两次经户部奏准，于直省各藩库动拨银400万两，陆续解往甘肃备用。其中九月初十，拨三四十万两，运往阿克苏备贮支放。大兵陆续到阿克苏后，又允准拨给阿克苏饷银5万两，明示俟乌鲁木齐所调甘饷路过该处时，截留转解。九月中下旬，又谕旨拨内库元宝银200万两运解赴甘，并指出军饷既裕，杨遇春等务须妥为经理，源源接济。仍当加意撙节，勿任稍有浮靡，以副委任。④

九月三十日，长龄将一封鄂山来信奏报给清廷，从中可知，当杨遇春所率大兵即日云集阿克苏，"一切供支给发，刻难停缓"之时，鄂山已经将所需银两准备就绪。早在九月中旬，鄂山即对由各省所拨之项，催促再三，以期尽快解交甘省藩库。并奏请清廷急令河南、山东、山西、湖北、江西、四川各督抚将未起解银，迅即委员解送。已起解者，速行饬令加速前进。清廷也谕鄂山、徐炘，飞饬沿途妥为照料。俾得早解甘省，以便陆续转递，源源接济，万勿稍有刻迟，是为至要。⑤ 所以，清廷一再催促饷银顺利运抵，对大军获胜起到了重要保障。

官兵日用所需盐菜银及调拨军火什物等运费项，在出兵之前，清廷即有所盘算。先调陕甘等处银50万两，尚未解到时，又再调银50万两。后

---

① 《清宣宗实录》卷106，道光六年九月下乙未，第751页。
② 另外，伊克昭正盟长鄂尔多斯札萨克贝子勒索诺木喇布斋根敦，因西路筹办军务之急，恭进骟马1000匹，阿拉善王呈进马100匹，均因军营马匹充裕，足资征剿而未收。
③ 《清宣宗实录》卷101，道光六年七月下己亥，第651页。
④ 《清宣宗实录》卷105，道光六年九月上戊子，第735页。
⑤ 《清宣宗实录》卷105，道光六年九月癸巳，第746页。

据徐炘奏，各省拨解饷银，均已陆续入境，足资接济。为此，令鄂山将解到甘饷，迅即如数拨解，毋稍延误。①

除了大额拨付外，一些零碎费用的发放，也起到了稳定军心的作用。大军赴南疆时，天气已经转寒，食物价格较昂。经杨遇春奏，准予发给官兵所需帐房、马鞍及赏给兵员皮衣、皮帽并预备赏需等项，给马兵每名借银 10 两，步兵每名借银 6 两。考虑到自吉林、黑龙江所调劲旅 3000 名前赴军营，长途远涉，时将届初冬，未必皆有御寒装备，清廷降旨令鄂山、徐炘酌量给办。规定每兵 1 名，赏给老羊皮马褂 1 件。尚未路过西安的官兵，由徐炘办给，已过西安者，由鄂山办给。若兵丁已自备御寒皮衣等物者，折发价银 4 两。

清廷明令，调往南疆的满汉官兵，"自应一体给赏，俾资挟纩"。均照所议制备，解赴军营，按名颁赏。"其牛羊、茶叶、银牌等项，亦军前犒赏所必需，并著豫为购办，解送军营，以备鼓励弁兵之用。""此各所需银两，业均著杨遇春等酌量确数，奏明动支。"②令所有动用银两，俱作正项开销，事竣准其照数核销。

至十月份，制定了赴疆满汉官兵的军需给养统一发放办法。长龄与杨遇春共同上"奏为会商满汉进征官兵应支银两及骑驮马匹酌支乾银并拟运军需程站事"折，阐释了战事起于边疆与该处地理环境的特殊性，提出了一系列合理的调整建议。③ 主要表现在四个方面：

第一，统一官兵盐菜银两的发放。按照定例，绿营出征兵丁，月支盐菜银 9 钱，又加给 4 钱；余丁银 1 钱 5 分，共月支银 1 两 4 钱 5 分。但所存在的问题是，集结阿克苏的官兵，有的按照征兵例支给，有的仅月支 9 钱。何况赴疆官兵自各路调拨，都是远赴数千里及万里之外，或防守，或进征，或留防，或防堵，未久又派进征，随时调遣，任务不一而足，很难按照既有定例标准执行。加之，大兵云集阿克苏，食物昂贵。因而请准不分征防马步守各兵，凡到阿克苏之日起，每兵一名，月支盐菜银 1 两 4 钱 5 分；京营驻防满兵，每名连同跟役，均照定例，月支盐菜银 1 两 7 钱 5 分，仍每日支口粮面 1 斤。以归划一。

第二，对既有官兵乘骑马匹和草料供应定例加以重申和调整。按例出征官兵乘骑马匹，每匹每日支给草 10 斤，料 3 仓升，地方官兵供应作正项开

---

① 《清宣宗实录》卷 106，道光六年九月下乙未，第 751 页。
② 以上引文均见《清宣宗实录》卷 107，道光六年十月上己酉，第 768 页。
③ 以下均见朱批奏折，扬威将军长龄、参赞大臣杨遇春，奏为会商满汉进征官兵应支银两及骑驮马匹酌支乾银并拟运军需程站事，道光六年十月，档号：04-01-01-0680-066。

销，督标官兵出口，沿途无论骑驮马匹，随地牧放，概不发给料草，而本营马乾令各家属承领，倘若口内遇到料草备办不及，由督府另外筹划，随时奏报办理。而南疆战事，兵力均在西口外地方，此处"节节戈壁，袤延数十里及一百四五十里不等，寸草不生"，即便是膏腴之地，因承平六十余载，"回子生齿日繁，附近驿路村庄耕种殆遍，寻觅草地，须赶赴二三十之外"，"长行马匹势必益形疲乏"。而且，本次奏调官兵，均需沿途供应料草，始能按站而行。"至现到阿克苏官兵骑驮马匹已及一万数千匹，扎营处所附近无地牧放，征马又不便远牧。设遇贼匪骤至，调遣维艰。且现在值冬令，水涸草枯，更难为计"。另外，查口外各军台，按例冬春二季，每马一匹，日准支料二三升不等。"今进征官兵应得乘骑例马，概令牧放"，"势所难行"。可是，大军到齐后，合计骑驮马匹，"共有数万之多"，若全以本色草料供支，每日需料千余石，草数万束。为数过多，断难采办。若由远处运送，脚价浩繁，糜费过重。因而奏准"以到阿克苏起，查照川楚军需之例，按官兵应得例，马每匹日支乾银五分，原营估支乾银，仍行扣缺造报"。

第三，对赴疆官兵骑乘马驼给价的调整意见。大兵云集阿克苏后，官役兵丁例得驼只驮马，若均官为应付，阿克苏地方较小，断难办理。且每马一匹，即照军需定例应差之日给银二钱，守候回空减半给银一钱，亦觉糜费。若查照嘉庆五年（1800）经略额勒登保核定章程减半折夫之案办理，则口外与内地情形又有不同。这里除官兵及贸易客民外，皆属回户，并无汉民充当夫役。"当此逆回滋事，更不便雇用回夫随营行走，致难辨认。"所以，奏请此次调派京营满汉官兵，将原来驼只车辆自行扣留，均以行至阿克苏之日起，按照军需定例，官兵跟役应得驼只马匹数目折给银两，每驼一只，折马二匹。无论行坐，每驮马一匹，日给雇价银一钱，自行雇办。如此，虽较折夫之例稍微加增，但是照安设台站雇马应付之例计，实有节省，且得随时应用，不致迟误。

第四，调整既有军需台站的计算办法。长龄与杨遇春二位主帅认为，南疆战事与以往所规定的军需案例有所不同。二人指出：查军需例载，"口外以百里为一站，每粮一石、每车装军火一百三十斤，给车脚银四钱。若车辆难行，雇觅马骡驮运。无论口内口外，每石每百里给银三钱。又山路崎岖隘险，百里难行，应按若干里为一站之处，临时酌量地方情形，口外至减总以四十里为率，不得再为减少"。而此次军需"自肃州出关起，由军台大路经过哈密、吐鲁番、喀喇沙尔、库车至阿克苏后，分路至乌什、喀什噶尔、叶尔羌、和阗，虽车辆可通，但节节戈壁，沿途并无买食之处，人马粮料水草皆需裹带，车辆断难日行百里。其军台大路应请以七十里为一站；南北旁道均属陡险山径,应请以四十里为一站。仍一面将按七十里、四十里为一站之处,分别造册绘图,咨部立案"①,以便遵照办理。

集结兵力总数 如果说至19世纪前期已经步入近代社会的西方一些国家能够以先进军事机械装备作为在战场上是否取胜的先决条件的话,在中国清代,战场取胜的主要条件还在于兵士数量。只有厚集兵力,以人数上绝对优势与敌方相抗衡,才是取得最终胜利的可靠保证。当然,最大限度地调拨平日训练有素精锐士兵,官兵一致,也是能否在战场上获胜并展示战斗力的关键。所以,当杨遇春接到钦差大臣关防前赴南疆时,就急令在本标各营以及固原提属、凉州、肃州、河州各镇属挑拣精锐,迅速分起由各营地起程前行,为确保平叛最终胜利集结有效战斗力。

其时,道光帝十分清楚满营官兵军费充裕而战斗力却低弱的现实:

> 朕闻宁夏满营及凉州庄浪满营官兵,向来打仗不甚得力,靡费较汉兵远甚。著长龄、杨遇春察看,如果该处满兵,不能得力,或即撤回另调,或暂留防守哈密。著长龄、杨遇春再行筹酌。一面奏闻,一面办理。以期得实用而免虚糜。②

因而在兵员选调和数量裁定方面,清廷也是慎之又慎。除了对格布舍一部的安排外,也从京营、东北满营等调集精锐劲旅。那么,平定南疆张格尔叛乱,清廷究竟最终集结多少兵力呢?

道光七年(1827)春,平叛大军会师于阿克苏。二月初六,大军进发。③ 关于清廷投入兵力总数,说法较多,主要有五种:

(1)《实录》说法。在实录中,有不同统计。一是以实际有生战斗兵员计数。即至道光六年(1826)九月初五,"核计所调大兵,前后已有三万余名",再请添调四川兵三千名。④ 初十的谕旨有"现在统计所调各路兵

---

① 以上均见朱批奏折,扬威将军长龄、参赞大臣杨遇春,奏为会商满汉进征官兵应支银两及骑驮马匹酌支乾银并拟运军需程站事,道光六年十月,档号:04-01-01-0680-066。
② 《清宣宗实录》卷102,道光六年八月壬子,第672页。
③ 《清宣宗实录》卷114,道光七年二月壬申,第917页。
④ 《清宣宗实录》卷105,道光六年九月癸未,第727页。此处四川兵3000名与八月初杨遇春奏准增添的兵员无干。在道光六年八月初五日的增兵奏折中有:遵旨飞咨四川成都将军等,于该省附近陕甘标营添调兵3000名(参见杨遇春奏为遵旨复奏并续调官兵缘由折,道光六年八月初五日,台北"故宫"博物院图书文献处藏,档号061642),武隆阿奏请的四川兵力3000名为续调兵员。即"前据杨遇春奏调四川兵三千名,当经降旨准行。兹据武隆阿奏请续调三千名"。参见《清宣宗实录》卷105,道光六年九月癸未,第730页。

丁，有三万七千余名。惟吉林、黑龙江劲旅，到彼尚需时日"①。至十月初时，"现在调集满汉官兵三万数千员名"②云集阿克苏。俟平叛裁撤兵员时的统计则较为准确。即"此次现调官兵计三万六千余名，其满汉马步官兵进剿者，共二万一千九百五十余名"③。另一是将官兵与官弁跟役人等加以统计的兵额五万员计。即"官兵到齐，不下四万，每月需粮一万六千石，纵再加以官弁跟役人等，以五万人计口授食"④。当然，也记有檄文夸大虚称数目的，如"现命扬威将军统领大兵数十万，分路进剿"⑤。

（2）《方略》说法。因《方略》编纂于道光十年（1830），在复述事件经过时，采用兵员数字来源多样，但基本有"三万有奇"与"三万六千余名"之说。如"先后调派吉林、黑龙江官兵三千名，各路官兵三万二千余名，又简派巴图鲁侍卫章京等驰往带兵进剿"。又如浑巴什河之战前，大军行至此时，所调集兵力尚未全数到齐，可所记载兵力是"时征调吉林、黑龙江、陕西、甘肃、四川各省劲兵三万六千余名"。再如"调集川陕精兵三万有奇，吉林、黑龙江劲旅三千，益以巴图鲁侍卫及健锐火器二营"⑥。

（3）那彦成的意见。南疆事起后，那彦成建议筹兵"统共约需五万人"，认为北疆伊犁、满营以及索伦、锡伯、额鲁特的骑兵矫健得力，再加上乌鲁木齐、巴里坤等处步骑兵，共可抽调12000名。甘肃、陕西满汉官兵可调28000名。四川可调步兵7000人。东北骑兵也很得力，可调3000人。"统计调集马步官兵五万，方敷应用兵力。"并建议兵分三路挺进。⑦

（4）杨遇春年谱记载。"此次先后所调官兵共计三万六千余名，除留防后路"与并未到之续调官兵外，"实在现时进剿满、汉马、步官兵共止二万一千九百五十余名"⑧。

（5）银两名册数目。道光六年（1826）十月二十六日，长龄、杨遇春向清廷奏批进征官兵应支银两时，说到具体人数，即"饬调京营及各省满

---

① 《清宣宗实录》卷105，道光六年九月戊子，第735页。
② 《清宣宗实录》卷108，道光六年十月癸酉，第800页。
③ 《清宣宗实录》卷125，道光七年九月辛亥，第1089页。
④ 《清宣宗实录》卷107，道光六年十月辛亥，第772页。
⑤ 《清宣宗实录》卷107，道光六年八月丁巳，第680页。
⑥ 《钦定平定回疆剿擒逆裔方略》卷首，见《清代方略全书》，第96册，第13、41、83、129、183页。
⑦ 那彦成：《那文毅公奏议》卷73，《续修四库》第497册，第620页。
⑧ 李光涵：《时斋府君年谱》，《年谱丛刊》第124册，第81—82页。

汉进征官兵三万数千员名"①。

在现有研究成果中，多以"三万有奇"和"三万六千余"为据，也有引五万数目者。如张玉芬文引"36000余人"，王希隆文"三万数千余员""三万余官兵，连同跟役当有五万余人"，戴良佐文"总兵额约五万人"②。几种兵员数字的来源均有依据可寻。

在此除了采用以上《实录》《方略》的记载外，通过对杨遇春的《年谱》及第一历史档案馆藏档、台北"故宫"藏档所载的相关几个重要数据和节点加以梳理与相互比对，核出相对较为准确的集结兵力数为31100名。具体细节如下。

一是初派兵员18500名。道光六年（1826）七月初九下发调兵令，至八月初四，杨遇春军至武威县西，盘点集结官兵总数为18500名。③ 其中除督标5500名、齐慎带3000名、达凌阿带4000名外，又奏调伊犁2000名，吉林索伦马队2000名，格布舍所带满汉2000名。杨遇春认为此兵力总数与先前长龄"奏请大兵四万"相较"尚显薄弱"。长龄作为伊犁将军，"深悉回疆情形，必有所见"，而自己尚未深入其境，"不敢悬揣，惟是剿防兵力，不能不再四筹思"。况且兵数太少，调配起来捉襟见肘，"用剿即不敷防，留防又不敷剿"④。

二是续调官兵10100名。至八月初五，从杨遇春接准上谕"豫为添调官兵，飞行各处，期于迅速调集，所见甚是"的添调兵力事可知，在西宁、河州两镇调兵1100名。又在各提镇标营续调7100名，分别为西安满兵1000名，固原提属兵1000名，甘州提属兵500名，延绥镇属兵2000名，宁夏镇属兵1000名，西安镇属兵500名，肃州镇属兵600名，凉州镇属兵500名。同时又准在四川成都将军并督提等将领所辖及附近陕甘标营，添调兵3000名。如此，加上前期已在途的18500名，"合计前后兵力二万八千六百名"⑤。在这份酌添官兵折中，对后期奏报的调兵计划总数没

---

① 朱批奏折，扬威将军长龄、参赞大臣杨遇春，奏为会商满汉进征官兵应支银两及骑驮马匹酌支乾银并拟运军需程站事，道光六年十月，档号：04-01-01-0680-066。
② 张玉芬：《论道光对张格尔叛乱的平定》《辽宁师范大学学报》1985年第6期；王希隆：《张格尔之乱及其影响》，《中国边疆史地研究》2012年第3期；戴良佐：《清代用兵新疆驼运所起作用》，《清史研究》1994年第2期。
③ 杨遇春奏为遵旨复奏并续调官兵缘由折，道光六年八月初五日，台北"故宫"博物院图书文献处藏，档号061642、061643。
④ 《清宣宗实录》卷103，道光六年八月壬戌，第691页。
⑤ 杨遇春奏为遵旨复奏并续调官兵缘由折，道光六年八月初五日，台北"故宫"博物院图书文献处藏，档号061642。

有合计，只是说了前后两次共调兵 28600 名，也没有将已经在西宁、河州调动的 1100 名计算于内。不过，在《实录》与《年谱》中则记载了后续添兵的总数，即"统共续添兵一万一百名"。尤在年谱中详细写道"添调西安满兵一千名，固原、甘州提属、延绥、宁夏、西安、肃州、凉州镇属各兵共六千一百名，及四川附近陕甘标营添调三千名，统共续添兵一万一百名"①。相较几处记载，后续添兵在《年谱》中的记载最为明晰，也是八月初五杨遇春接奉上谕准予调兵时盘点兵员的准确数字。

三是有生力量 21950 余名。这是最终集结阿克苏的实际满汉马步官兵"进剿者"数。② 道光七年（1827）正月二十五日，大兵云集阿克苏，准备西进南下。长龄、杨遇春等商议兵力部署。从此可知，先后所调官兵 36000 余名，③ 其中有生力量 21950 员，后路余留佐攻和沿途驻扎兵力 9150 名。此包括阿克苏、波斯图、洋阿里克、都齐特、伊勒都、乌图斯克、满萨雅里克等处官兵 4250 余名，乌什官兵 4400 余名，库车官兵 500 余名。尚有续调未到之四川官兵 3000 名、延绥官兵 2000 名，合计 5000 名。如此在七年二月初六大军进发之前，集结的总兵员为 31100 名。

而有生力量"二万一千九百五十余名"被分成两支，协同挺进。一支由武隆阿统领，率领队大臣哈朗阿、阿勒罕保、倭楞泰、德海、祥云保，提督杨芳、总兵余步云、成玉等满汉马步官兵"一万一千三百余名"，作为前敌，且分作两队，以便"兜截抄击"。一支由长龄、杨遇春则统领，率领队大臣安福、吉勒通阿、巴哈布、硕隆武，提督达凌阿，总兵史善载等满汉马步官兵"一万六百余名"，亦兵分两队，应后接前。另外，为防止后路被截，又令齐慎带领留守乌什官兵 4400 余名，佯称由彼进兵。④

值得一提的是，杨遇春以陕甘督辖精锐为入疆主力的意图十分明显，在兵员调配上也坚持该原则。如果说调兵初期，因军情紧急，"惟若由陕甘内地调兵前去，道里迢遥，缓不济急"，于北疆防兵调派前批援兵外，其余则多是自内地征调。如抵哈密后，因"彼处屯居回户亦多"，抽调已入疆重兵驻扎哈密、乌什、库车，为弥补兵力，又奏请在川楚各省民人及

---

① 《清宣宗实录》卷 103，道光六年八月壬戌，第 691 页；又李光涵编《时斋府君年谱》，《年谱丛刊》第 123 册，第 605—606 页。
② 《清宣宗实录》卷 125，道光七年九月辛亥，第 1089 页。
③ 南疆战事结束，大军凯撤时统计"调集满汉官兵三万六千余员"，参见朱批奏折，扬威将军长龄、陕西提督杨芳，奏为回疆军务告竣查明军营收支饷银及撤台回甘报销事，道光八年二月十六日，档号：04-01-01-0698-007。
④ 李光涵：《时斋府君年谱》，《年谱丛刊》第 124 册，第 82—86 页。

当差遣犯内，挑选曾充乡勇、惯历行阵、年力精壮者一二千名，选派绿营员弁，先期赴阿克苏，派往前线。对此，清廷虽然允准，但难免有疑问，在谕旨中明确说道："伊犁官兵，久经训练，自宜有勇知方，何以该将军转称此项民遣较口外生兵健勇敢战？殊不可解。或系历任将军并未认真操练之所致。"①

杨遇春的做法，反映其对赴南疆作战队伍战斗力所给予的期望，作为一名长期从事绿营军事管理将帅，经年征战南北，了解和熟悉与自己在川楚各省白莲教起事中长期较量与交锋的对手的骁勇善战，更知晓清廷八旗腐败与绿营疲软，希望能够有新的血液以补充战斗力。

总之，大军出发之时，作为最初由清廷任命的钦差主帅，杨遇春对兵力及所需各项均予以考虑、置办，真可谓事无巨细，劳心费神，其目的均在于战之必胜。张格尔之乱，打破了自乾隆年间以来南疆安定局面，清廷组织军力迅速平叛，其意义不言自明。清廷对将帅的选择，主帅在将领选派及兵力调配方面的原则和手段，与清代中期社会主要特征不无关联。其时，社会各种力量引发的动荡，对清朝统治基础的动摇不容忽视，整个社会处于转型的重要关头。尽管清廷在竭力维护满洲贵族自身地位与利益，比如主帅任用，非满人不可，但是满洲八旗的颓势已经日显败露，不可挽救。清廷不得不正视一些绿营骨干军事能力的凸显及逐渐兴起的乡勇团练日增的战斗力，这些在日后也成为近代中国军事的主要力量。所以，维护与巩固统一，是道光朝当政者行事的重中之重，杨遇春将维护军事与政治正统统治作为分内之责，竭心尽力。道光十年（1830），南疆纷乱再起，清廷仍命陕甘总督杨遇春为钦差大臣，统筹赴南疆事宜。而杨遇春也在第一时间派遣主力，兵赴南疆，亲驰肃州，坐镇调度，维护了西北边疆的安定。

二　克复西四城与实授总督

南疆战事发生后，清军以阿克苏为集结基地，经周密军事部署，在挺进南疆西四城途中，组织了几次大战，包括浑巴什河、柯尔坪之战，大河拐夜战，洋阿尔巴特、沙布都尔、阿瓦巴特庄与浑河（今博罗和硕河）之战，以及收复喀城之役。期间，杨遇春融军事进攻、舆论攻势、分化瓦解

---

① 所谓民遣，指在川楚各省乡勇及新疆境内遣犯中挑选的年轻力壮或善战者。《清宣宗实录》卷104，道光六年八月甲戌，第715—716页。

等策略于一体，用于西四城的收复，成效良好。其中与叛军在浑巴什河及位于阿克苏西南 300 里之柯尔坪的一系列军事较量，是清军平定南疆战事的关键之役。

（一）在柯尔坪的较量

道光六年（1826）八月初三，清廷得到多方奏报，包括已备兵前往南疆救援、请求派兵支援以及擒获叛逆者后加以惩办等多个方面。时尚在乌鲁木齐的长龄奏，已经筹派官兵及阿奇木伯克伊萨克所带回兵迅速赴和阗，再自和阗草地赴叶尔羌救援。而叶尔羌将被围的消息，是阿奇木伯克玉素普报告给长清的。此前因张格尔派人捎带书信，暗中与英吉沙尔的阿奇木伯克阿布都拉纠约献城反叛，玉素普得到书信后呈交长清，并拿获附逆的各庄白帽回子。清廷以玉素普深知大义，且安戢该处回众，恩赏二品顶戴花翎，同时给出力的伯克阿克毛拉、爱默尔西达克、胡图鲁克亦分别赏给金顶、缎匹。清廷视玉素普等为可依靠的力量，视为救援叶尔羌的基本力量，急速派兵赴叶尔羌。

军情渐趋明晰 八月初五，杨遇春接到自清廷转发而来的南疆前线奏报，得知达凌阿已于七月二十三日抵达库车，且接见了沙雅尔阿奇木伯克伊萨克。据伊萨克报告，叛军已经扰及阿克苏所属之柯尔坪卡伦，英吉沙尔失守。同时，长清发出的最新咨报称阿克苏所属都齐特军台①的当差回户变乱，军台被焚，参将王鸿仪所带兵丁被叛军围困，生死不明。浑巴什军台已被叛军占领，而该地距喀什噶尔城仅 80 里。对此，杨遇春令达凌阿速派锡伯兵 300 名前赴柯尔坪，会同防剿。考虑到库车城内仅有防兵 200 名，势孤力单，为防叛军自别处偷袭，又令达凌阿于所带官兵内留 1000 名，以资堵御。②

此时，不论赶往前线的杨遇春，还是位于京城的道光帝，对叶尔羌、喀什噶尔的真实情况并不十分清楚，对城池是否失守，心存疑惑。杨遇春分析道：从前线发回的快报辨别，似乎喀什噶尔城已失守。如当领队大臣阵亡后，"贼势益众"，锡伯总管额尔古伦等杀出重围，单兵引避。又如叛军攻扑城池，"城内白昼拒守，断不任其自外堵砌城门"，又"夜半城内火起"等，可是仔细推敲，又似乎疑点很多，既然拒守，城内又何起火？故

---

① 都齐特台当为阿克苏东南方向 120 千米处阿拉尔市三团喀拉库勒遗址，参见孙长龙、郑红红《清代阿克苏—巴楚台路的文献考察研究——兼谈都齐特、伊勒都军台之地望》，《青海师范大学》2016 年第 2 期。

② 《清宣宗实录》卷 103，道光六年八月中壬戌，第 691 页。

而判定所收到的这些消息，极有可能是官兵自远处遥望喀城所得出的判断，并不是来自于城内，而喀城是否失守，尚不得而知。至于叶尔羌城，则如长清所报，虽被围困，可是城内玉素普能呈缴张格尔手下相约勾结之信，出力缉拿通信回子多名，说明城内军民依然联手并力协守城池。由此，杨遇春做出了"若大兵往援，当以喀城为先"的推断，① 并报告给清廷，同时飞饬军前达凌阿，可择机先解喀城危局。

杨遇春告知达凌阿，要"详审贼势，酌量兵力，如能胜敌，即整旅往援喀城，内外夹击。一经解围，即并力顾守，牵缀贼势，则叶尔羌之围不解自破。如力不能胜，即于巴尔楚克，或阿克苏择其扼要驻扎，实力堵截"②。并告诫达凌阿，一俟自己率部赶到南疆后，再会集兵力，相机进剿。杨遇春深知战机稍纵即逝，故给达凌阿灵活机动的处置权。

南疆战事发生后，清廷对尚不能充分把握整个战局而十分担忧。故在大军往援过程中，稳定东四城与吐鲁番的局势，便成为清廷的关注点。对此，杨遇春也十分清楚。故进军途中，将自吐鲁番经喀喇沙尔、库车、阿克苏以及乌什沿途情势，不时地向清廷汇报。如吐鲁番已有总兵多隆武驻守，喀喇沙尔、库车两处已经派阿奇木伯克伊萨克带部属协剿，乌什地方本属霍集斯部落，素著忠勤，无胁从情事，阿克苏由达凌阿及伊犁官兵先后赶往。所有这些奏报的目的就在于请道光帝放心，天山以南的北路五城"安定无虞"。

当然，一路行进中，杨遇春最担心的就是西四城的情况，当达凌阿率领的援军作为先头部队至阿克苏后，杨遇春令其派人前往叶尔羌探明虚实，且指示道："若叶尔羌竟已失守，则阿克苏地方，尤为扼要，和阗情形亦甚吃紧。"③ 故令达凌阿等在探明叶尔羌情形之前，于阿克苏严密防守，不得冒险轻进。并饬由长龄派出已自草地绕赴和阗的官兵于原地驻扎防堵，以待大兵进剿。

八月十二日，长清的驰奏经清廷转至杨遇春之手。得知七月十七日，由巴尔楚克窜出的叛军在阿克苏所属河子胡木地方，杀伤坐卡兵丁，而该处相距都齐特台站不远。遂令参将王鸿仪等带兵赴都齐特驻扎，并从喀什噶尔退回之额尔古伦所带官兵中挑选 300 名，派往郝紫尔卡伦增援。

八月二十一、二十二日，接清廷转来奏报，说都齐特地方驻守官兵与

---

① 《清宣宗实录》卷 101，道光六年七月下戊申，第 665 页。
② 《清宣宗实录》卷 102，道光六年八月上丁巳，第 678 页。
③ 《清宣宗实录》卷 102，道光六年八月上丁巳，第 674 页。

叛军交火，枪炮声不绝，远见火起，营盘周围约有叛军千余人。叛军势头正炽，已进至浑巴什军台，距离阿克苏城仅80里。官兵在浑巴什河沿一带堵御，以确保阿克苏城安全。消息还称，派往增员的官兵300人留防喀喇沙尔城，早在此前的七月二十二日，伊犁200名官兵已经赶到此处。

针对上述情形，道光帝指出："刻下紧要机宜，总以严守东四城为要，阿克苏尤为适中扼要地方，更应加意固守。"① 由是，九月初一，杨遇春轻骑简从，星夜驰往阿克苏。当行至哈密所属苦水地方时，接到长清、达凌阿自阿克苏发出的八百里急报，得知张格尔叛军正向官军的主要集结地阿克苏挺进，且盘踞于阿克苏南路的浑巴什河南，已与清军先头部队相抗数日。之前，进至距阿克苏40里时，被官兵击退。

就在阿克苏形势吃紧之际，杨遇春一面飞饬达凌阿派遣官兵分布于浑巴什河河岸一侧，严密堵御，以固守城池为要，并嘱水深处所，将船只全行撤去，水浅处所，用枪炮排列轰击，绝不可任叛军偷渡；一面以前方缺乏带兵大员，向清廷告急。

此时，长龄对前方缺乏带兵大员而深有同感，派德英阿速往阿克苏，同时，奏请清廷准杨芳留任前线，并在清廷谕令尚未到之时，催令杨芳迅速前往阿克苏，听候调遣。面对紧急军情，杨遇春也兼程驰行，并飞饬副将胡超、李士林等率齐慎先前所带已经出关之3000名官兵，分起带往库车驻扎，以资声援。② 这些决策为保卫阿克苏城争取了时间。

浑巴什河之役 前线的实际情况是，八月二十一日，当叛军顺浑巴什河西进，沿途焚烧乌什之察哈拉克台，并抢掠阿拉尔庄时，达凌阿会同巴哈布带领的乌鲁木齐、伊犁满汉官兵及土尔扈特蒙古兵已经赶到浑巴什河，并沿河分兵堵御。次日，达凌阿令官兵由水浅处涉水过河。时叛军枪炮兼施，官兵奋勇直扑，亦枪箭齐发。战斗自未至酉，叛军或毙或俘者300余名，其余退回大河南逃。官兵追至大回庄，又毙百余名，获牲畜无数。

此时，又有一股叛军由托什罕过河而来，官兵在参将清安带领下，于古鲁巴克奋力迎击，终因兵力单弱，不能御敌，被叛军冲散。叛军乘势围攻协领都伦布营盘，并阻断副将郭继昌营盘前来救援之路。此时，被达凌阿战败而向阿克苏城南逃跑的叛军，在逃出20里后，听闻官军力不能支，遂速折回增援，以至于官军处于极为不利的态势下。接到此报的杨遇春

---

① 《清宣宗实录》卷103，道光六年八月壬戌，第692页。
② 《清宣宗实录》卷103，道光六年八月辛酉，第689页。

"不胜骇异焦急",一面飞饬达凌阿等加意堵御,严顾城池,一面加速行进。

九月初三,当杨遇春途经距哈密一站之遥的黄芦岗地方时,得知八月二十三日,当叛军冲散参将清安所辖卡伦后,即差派数十人探听阿克苏城内消息。叛军探子在距城20里处探知官兵有备,即刻折回,合股聚众,牢牢围困都伦布营盘,又分小股直扑郭继昌营盘。郭带兵出营迎敌,毙十余名,余者退避。其时天已昏暮,郭继昌收主力回营,协领都伦布、都司孙旺二人则率众与叛军相持一夜。

次日黎明,郭继昌带领都司李遐龄及马步官兵,并札调额尔古伦带领守河锡伯索伦兵300名,赶往支援都伦布营盘。额尔古伦、郭继昌二人亲率马队,冲散叛军,都伦布、孙旺亦乘势带领满汉官兵自营盘冲出,两面夹击,叛众溃散,官军近前拼杀,立毙叛军300余名。激战中,叛军一头目带领数骑向西奔逃。固原兵单存等人尾追约500里,终以矛将该头目戳毙,割下首级。经辨认,为和卓库尔班素皮。叛众见和卓被毙,纷纷欲渡河而逃,官兵乘胜赶至河沿,枪箭齐发,叛军坠马淹毙及带伤落河者三四百名,官兵夺获旗帜、军械极多。另外,各营盘留守兵丁及居于河南岸的当地回子,也积极参战,搜拿活捉叛军百余名。

浑巴什河之役,官军大获全胜。"大河以北,已就肃清。"杨遇春言其战绩,"贼匪屡次差人煽惑该处附近回子,意图侵占阿城,今歼除一千数百余名,实足以彰天讨而快人心"①。如果说在浑巴什河展开的阿克苏外围保卫战,是杨遇春在行军途中遥控指挥的一场胜仗的话,那么紧接而来的柯尔坪之战,就是杨遇春进入南疆后,直接策划组织的一场漂亮仗。

防守乌什、库车　浑巴什河战后,杨遇春考虑到叛军遭挫败后,难保不再纠约叶尔羌等处的叛军滋扰反扑,更何况浑巴什河原本就屯聚有叛军五六千名,尚不包括分窜至乌什且占领该城两处军台的零星叛军。故而,飞饬达凌阿等,绝不可因河北岸已无叛军,而稍涉大意,令于扼要地方,并河沿一带严密防范。且指出乌什防守兵力较为单薄,由长清赶紧调在扎木留守防御的伊犁官兵500名前往帮同守御。时恰逢十月初六,甘州提督齐慎率部抵达阿克苏,兵力得以增强,至少对于邻近的乌什而言,可以随时往派援兵。

道光六年(1826)十月十三日,杨遇春抵达南疆军营阿克苏后,经与

---

① 以上均见《清宣宗实录》卷106,道光六年九月甲午,第748页。

长龄会商①后指出，阿克苏官兵连获胜仗，对被叛军裹胁的回众反正有一定的积极作用，也对叛众起到威慑作用，削弱了叛乱势力，各处回庄形势亦俱稳定。可是，并不能确保原本据守于乌什、库车二城的叛军不闻风窜匿，何况该二城官兵的储备空虚，不足以资弹压。遂决议先于此二城酌量加增兵力，以备不测。于是，长龄令领队大臣多贵等带乌鲁木齐满兵1500名往乌什，分扎于巴什雅哈玛卡伦一带。杨遇春令宁夏镇标官兵1000名前往库车驻扎，以期足资防剿。至于喀喇沙尔，因有已撤回的土尔扈特官兵1000名据守，而且该处与蒙古游牧相距甚近，无须增设兵力。以上分拨乌什、库车等处官兵共3500名。

时在阿克苏已聚有官兵13000名，分官兵往乌什、库车驻扎，长龄与杨遇春等又令将所余官兵分扎浑巴什河南北两岸及洋阿里克一带，并差人探明附近各处军情，得知阿克苏城、浑巴什河北一带并无叛军，叛军余者已逃至距阿克苏西南300余里的柯尔坪处。②

柯尔坪之战 柯尔坪是清军进剿叛军、收复喀什噶尔的必经之路，其南、北二处均有回庄，相去5里，方圆百里，有回众约2000余户。柯尔坪东有和色尔湖，南有色灵兜，皆通巴尔楚克，西南有大郝紫尔，通喀什噶尔，西北有小郝紫尔，通乌什，在在均关紧要。况且往该处，山路陡狭，中隔150里戈壁，较难进攻。叛军在距离柯尔坪百里之外设卡数处，所以，柯尔坪成为叛军在继浑巴什河防线后的一个重要据点，阻碍着大军进剿喀什噶尔。

对此，杨遇春认为，必须先行剿尽此处叛军，大兵方可向南挺进，开喀什噶尔等处之通道，亦不致有后顾之忧。经与长龄协商，挑选甘、凉、肃官兵，并硕隆武、额尔古伦等所带满兵以及伊犁民遣共3600余名，裹带口粮，由提督杨芳率领，于十月初十起程，隐蔽前进，以期取得袭击柯尔坪的胜利，为将来进兵铺垫后路。

十三日，杨芳带兵抵至和色尔湖，此地距柯尔坪尚有60余里，杨芳令官兵稍为休整，连夜选差密探前往打探消息，得知该处叛军并无动静，决计于次日发兵进攻。十四日亥刻，杨芳正准备发兵西进，突有探马来报，说东面后路发现叛军，欲潜袭官兵。对此，杨芳即刻整队，分遣副将

---

① 长龄约于十月十九日至二十五日之间抵达阿克苏军营，二十五日长龄即奏抵达阿克苏折，参见《清宣宗实录》卷108，道光六年十月癸酉，第800—801页，又李光涵《时斋府君年谱》，《年谱丛刊》第124册，第1页。

② 李光涵：《时斋府君年谱》，《年谱丛刊》第123册，第692页，又《清宣宗实录》卷109，道光六年十一月乙酉，第818页。

胡超、协领苏布通阿、防御额尔古伦、守备高玉连、徐国才等带领马、步官兵回头迎击。至距官兵营地十数里的红柳树丛时，扑出叛军200余人，迎头抵拒。官兵奋勇厮杀，毙敌30余名，生擒叶尔羌叛军头目托和塔什，余众窜林四散。杨芳以夜半月黑，不便跟踪，旋即撤队。

经审讯俘虏，得知张格尔派安集延头目伊满、督催博巴克进驻叶尔羌，其中博巴克已纠集回子千人赴巴尔楚克阻截官兵，而安集延头目驻脚巴尔楚克已将及一月，现又移扎皮卡克生底地方，十四日晨，探知官兵行经该地，故派200名兵截袭后路。杨芳分析此情后，重新布防。因顾虑后路再被敌袭，故令都司孙旺、守备徐国才屯驻和色尔湖，不动锅帐，以防后路被袭，自率其余官兵向柯尔坪进发。

十五日卯刻，提督杨芳率兵抵达柯尔坪，兵分南北二面四路包抄。北向两路，一路由胡超带900人，向西攻扑北庄；一路由副护军参领倭灵额带绿营马队，由东北向正北。两路顾及北庄，并力冲杀。南向亦分两路，一路由额尔古伦等同三等侍卫吉拉布带本管马队300名以及甘州、肃州、乌鲁木齐步兵1100名，由东南抄向正南攻扑南庄；一路由杨芳亲督凉州兵500名，与三等侍卫库蒙额、伊犁协领苏普通阿、前锋翼长法福里、阿精阿率伊犁满兵300名，并头等侍卫阿布都尔满等作为主力，两路策应。布置完备后，各路官兵依计进兵。

副将胡超兵至北庄，督阵迎敌，枪炮齐发，叛军2000余众击鼓出击。各营将士皆奋勇扑入敌阵，戮倒执旗敌首数名，众叛拥救。激战中，永安营旗手闫文玉中矛阵亡，步兵赵鸣篪被木棍打伤头颅倒地，外委李舒芳头带刀伤。副将胡超见状，下马持矛，身先步战，立毙叛军数人。官兵士气提振，参将存柱等率领官兵、民遣，短兵相接，搅杀移时，众力齐攻，杀敌过半，叛军余者始奔南庄而去。适额尔古伦等率领的另一路官军已击败南庄叛众，追踪散逃的千余人赶来，南北两路会合夹击，枪箭到处，叛众纷纷倒地。余者被官兵追杀十余里，直至大郝紫尔卡伦以外，全行歼除，生擒73名。①

经审讯得知，官兵所杀叛军系张格尔自安集延派遣而来的头目约勒达什伊满、玉努斯、热依木、托胡坦，这些人自喀什噶尔纠集叛军500名，占据柯尔坪，阻截大军约一月，续又派安集延头目督催博巴克、约勒达什由叶尔羌纠集1000人，从皮卡克生底地方赶来救援，加之柯尔坪南北两庄余众，通计约有3000多人。屡次往浑巴什河沿，窥伺阿克苏，打算恃

---

① 以上均见《清宣宗实录》卷109，道光六年十一月丁亥，第820—821页。

险据守，阻截大兵。昨日知有官兵到达，连夜驱逐妇女幼小上山躲匿，督令精壮者力敌。结果被官兵全歼。

柯尔坪之战，俘虏安集延头目约勒达什伊满、玉努斯、热依木、托胡坦4人，割取首级5颗，并获鸟枪186杆，长矛1010杆，腰刀112把，箭袋136付，弓48张，马132匹，牛281只，羊2046只，阵鼓12面，抬炮2尊，小炮2尊，铅丸火药54包，蒙古包1顶，新旧帐房5顶。俘获者除讯明正法外，满喇胡达拜抵等5人，押送大营。①

道光六年（1826）十月十六、十七日，清廷接连降旨，嘉奖柯尔坪之战中的有功之臣，给杨遇春、长清等加赏物件，长清、达凌阿、巴哈布等交部优叙，协领都伦布赏戴花翎，随同出力的侍卫阿布都尔满、阿奇木伊萨克，及打仗出力的协领富盛阿、参将王登科、三等侍卫吉拉布、前锋校松林等分别施恩。

除了以武力平叛外，杨遇春等也善于利用南疆社会各种势力之间的矛盾与微妙关系，团结可以依靠的伯克、回子上层。大军所到之处，张贴告示，笼络人心，对安抚南疆民心起到了十分重要的作用。尤其在柯尔坪之战取胜后，大军声威名扬，争取了一部分中间势力。十二月二十三日，杨遇春等接纳了前来投诚的和阗伯克伊敏及达里木、爱什等回子21人。②

据伊敏等称，和阗各庄回众，当叛军到时，大多躲避藏匿，不与叛军接触，就是被叛军逼迫随同攻城者，也不足千人。大军未到之前，回众观望者多，当闻大兵云集阿克苏，和阗众伯克商议，拿贼赎罪，又恐不能宽恕。当大军晓谕善意后，伊敏等安心向化，被攻陷前即召集在和阗的兵丁余诏、张秀，商人海近勇等，设法与众伯克密商，给摇摆不定的三品阿奇木伯克阿布拉做工作，商议拿获叛军投诚。起初阿布拉尚犹豫，经众人劝吓，始行允从。遂凑集伯克、回子2000余人，擒拿叛军分封的和阗王子约霍普，并伊兄弟捏克、托胡达以及头目阿布都克里木等人，杀随从100余人，往大营投报官军。

杨遇春针对与南疆回子语言不通，所有差探军情以及查询事件均须遣用通事的状况，于十二月十七日，奏准在库车等处伯克内选择明白诚实、通晓汉语者13名，调拨大营，听候差委。同时，经与长龄等商议，于二十八日，暗中派由伊萨克带领所选妥靠回子达里木等6人，分往和阗、叶尔羌、喀什噶尔三城张格尔控制区，设法离间伯克、回子，以达到瓦解削

---

① 《清宣宗实录》卷109，道光六年十一月戊子，第821页。
② 《清宣宗实录》卷113，道光七年正月丁酉，第890—891页。

弱叛军势力的目的。①

柯尔坪及其外围之战，是大军集结南疆阿克苏外围的一场决定性战役，沉重打击了张格尔叛军的嚣张气焰，有利于促使被张格尔裹胁与立场摇摆不定回众的反正，削弱了叛乱势力。鼓舞了官军士气，增强了平叛信心，对于打通大军西进南下道路，具有重要作用。战后，因南疆进入冬季，天寒地冻，道路难行，官军只得暂停进攻，抓紧时机休整，为来年平叛的胜利进行积极准备。

（二）进军喀城所向克捷

分路挺进喀城 就在清军收复阿克苏一带，捷报频传之时，清廷颁发谕令，提出"以密速进取喀什噶尔为急"。部署上要求做到一方面向叛军"扬言官兵驻守阿克苏、乌什，且不进剿，以懈贼心"，一方面分奇兵断敌归路，同时，集中主力挺进英吉沙尔等处，达到"两路会合夹攻"之目的。道光帝进一步解释到：喀什噶尔自六月二十一日被围，距今将及三月，果能婴城固守，自当设法救援。并说道，刻下抵达阿克苏的官兵不下万人，长龄、杨遇春等当派精兵，从间道往救，以速为妙。且嘱咐沿途多设侦探，查明情形，再做打算。一旦消息不实，或城虽尚存，而屯聚之叛军较多，道梗不能前进，仍须慎重，不可"堕其奸计，轻敌损威"。

对其余几城的情形，道光帝也补充道：据报，和阗已于八月二十日失守。倘情形属实，则不能排除和阗城里有叛军盘踞，何况自和阗有草地旁道可通库车。而原本留防的库车兵丁1400名，俱已撤回阿克苏，库车兵力太单，应仍派兵前往防守。又乌什与阿克苏唇齿相依，不可因乌什城周无叛军而稍存大意，仍令原拨伊犁官兵500名前往增守。至于叶尔羌、英吉沙尔，尚无确切信息，一并查明复奏。

当然，道光帝对尚未捉拿归案之张格尔及其同伙的处置，也做出明确指示：其玉努斯阿訇等3人，均系张格尔心腹。其中除库尔班素皮业经戮毙外，玉努斯阿訇等尚俱在逃。严令查明这些人的身份，确定是南疆回城居民，还是卡伦外回子进卡滋事。②

道光七年（1827）正月二十五日，长龄与杨遇春等商议，派人往和阗探查详情。得知和阗已失守，叛军均为安集延、布鲁特纠集的叶尔羌、喀什噶尔人。而和阗相距官军大营仅有20余站，叛军在官兵到达之前已抢

---

① 《清宣宗实录》卷110，道光六年十一月乙巳，第843页。
② 以上均见《清宣宗实录》卷107，道光六年十月庚申，第782页。

占和阗，对官军十分不利。由是，杨遇春提出，硬攻和阗并不是上策，不如专力进剿喀什噶尔，俟"贼巢一破，首逆就擒，其余各城，不战自下"。"应分正、奇两路，俾牵贼势，而免窜逸"。这里所谓的正、奇两路，一路是指经由乌什，过巴什雅哈玛草地；一路由巴尔楚克军台、树窝子，刻下和阗。而在接谕令之前，杨遇春已派提督齐慎带领马、步官兵赴巴什雅哈玛卡伦驻扎防守，同时转运进征兵粮，陆续存贮，以备裹带。希冀一俟兵力齐集，武隆阿一部由乌什草地前进，自己与长龄由树窝子一路进发。①

若经乌什一路进发，沿途道路难行。自乌什卡伦以外直抵巴尔昌，均系险窄山沟，且有数站路途均为戈壁，并无水草。沿途山石错杂，马队难行，后路兵粮，尤难跟运。而且乌什的人文形势，对大军也十分不利。居于卡外的各布鲁特部落，除汰劣克、阿坦台已听纠从逆外，其余亦皆大半被张格尔煽惑勾通。此外，已有消息说原本情愿效忠清廷的奇里克爱曼布鲁特内，亦有收受叛军旗帜，献牛羊人马给叛军。②考虑到这些情况，杨遇春进而指出：各布鲁特既为张格尔所裹胁，此路便难以潜行抄截。喀什噶尔城的情形也相似，据屡次探报可知，安集延、布鲁特人亦聚集滋多，张格尔正欲"以城狐之凭借，力图螳臂之支撑"，"若非大兵全力相向，断不能震慑声威，迅成破竹"。遂判定"似未可以一军深入"。

继之，杨遇春认为此次兵进南疆，先后所调官兵36000余名，除余留驻扎阿克苏、波斯图、洋阿里克、都齐特、伊勒都、乌图斯克、满萨雅里克等处官兵4250余名，乌什官兵4400余名，库车官兵500余名，尚有续调未到之四川官兵3000名，延绥官兵2000名。除此之外，实在用于进剿的满汉马步官兵共21950余名。如以两路分进，其间相距20余站，声息难通，"倘一路稍被阻滞"，则对大军十分不利。所以，提出只能集中一路前进，且应"改由中道，出其不料，突往围攻，庶可反正为奇，易于得手"。于是，又经与长龄、武隆阿酌议商定，向清廷奏报了作战部署。③

征得清廷同意后，长龄、杨遇春等随即由武隆阿统领领队大臣哈朗阿、阿勒罕保、倭楞泰、德海、祥云保，提督杨芳，总兵余步云、成玉等满汉马步官兵11300余名，作为前敌，且分作两队，以便兜截抄击。杨遇春与长龄则统领领队大臣安福、吉勒通阿、巴哈布、硕隆武，提督达凌阿，总兵史善载等满汉马步官兵10600余名，亦兵分两队，应后接前。定

---

① 以上均见李光涵《时斋府君年谱》，第124册，第79—80页。
② 《清宣宗实录》卷114，道光七年二月壬申，第917页。
③ 以上均见李光涵《时斋府君年谱》，第124册，第82—86页。

于二月初六，径由树窝子一路，先将附近从逆各回庄顺道扫除，廓清后路，并于沿途安设营卡台站，由官兵接递文报、护运粮饷，一俟大军驰抵喀什噶尔，即并力图攻，计擒首逆。①

为防止后路被截，杨遇春又令齐慎带领官兵4400名，留守乌什，且向外佯称由彼进兵，并令续调未到的延绥官兵2000名，俟抵阿克苏后，前赴洋阿里克、都齐特一带，协同驻守。至于后续即将到达的四川3000兵，仍令赶赴大营。

杨遇春还建议，传谕圣旨，晓谕众人，分别惩办，以达分化瓦解叛众的办法。从南疆的地理形势和人文环境而言，采取分化瓦解的办法，的确是明智成功之举。尽管清廷在喀什噶尔、英吉沙尔扼要之处设有大小卡伦17处，但是通过其余僻径小道，均可绕道"浩罕拔达克山布噶尔等回夷诸部落"。张格尔叛军"一经穷蹙，势必畏惧思窜"，夺路而逃，官兵"若专以兵力兜擒，恐不能处处周密"。况且，回众平素就有派系，"向有黑帽、白帽之分"，张格尔占据喀什噶尔后，"将黑帽回子杀害甚多"。如在乌什经商的喀什噶尔黑帽回子二人，与叛军有"身家深恨"，只因叛军"肆行荼毒，莫可如何！"据此二人称，若大军进兵，则"情愿回赴喀什噶尔，纠约同庄同族，招致黑帽回众，俟大兵到日，帮拿张逆，保全同类免被诛戮"。杨遇春等决意利用黑、白帽之间的矛盾，缮发檄谕，令黑帽回商密往喀什噶尔，设法发动众人，协助大军平叛。并晓谕众人，如能擒获张格尔，必有重赏。为解决不熟悉地形的问题，又奏准调当地伯克伊萨克等率部参战。

清廷接到前线作战部署后，经多方考量，准定二月初六为大军进发之日，且强调兵贵神速，掩其不备，"振军声，褫贼魄，使叛军无窜逸之暇"。希冀于天气转暖的三、四月间，一鼓成功。由是，参赞武隆阿由乌什一路进，杨遇春由巴尔楚克一路进，俱从中路回合，直趋喀什噶尔。②

二月初三，大军整装待发之际，和阗情形有变。之前，和阗当地民众有缚叛军投诚者，清廷派副都统巴哈布领官兵前往收抚。此时，接巴哈布来信，说在途中遇到和阗七品伯克讷第尔沙，禀报叶尔羌叛军欲夺取和阗。经详细询问，方知和阗回众因前曾从逆甫事，现想前来投诚，又恐叛军复来扰害，更恐大兵前往剿办，甚为惶惑。对此，杨遇春分析认为，既然和阗"回众乞命投诚，心怀疑惧，若此时遽尔添兵前往，必当益加惊

---

① 《清宣宗实录》卷114，道光七年二月壬申，第917页。
② 杨国佐：《忠武公年谱》，《年谱丛刊》第123册，第6页。

惧，难保其不逃赴叶尔羌，合伙助逆"。分析形势后，稍加调整已经部署的兵力，即除了往和阗一带增派官兵外，特遣可靠之人前往晓谕和阗回众，各安本业，自行固守，俟大兵克复喀什噶尔后，即来收抚，"不得复萌他志，自干剿戮"。

大河拐夜战 为稳妥起见，杨遇春又在经和阗途中的巴尔楚克要道加强了兵力部署。该处为通向西四城要隘，逼近叶尔羌，与和阗、喀什噶尔等处相通。杨遇春决议派巴哈布率兵 1500 名，乌鲁木齐协领富升阿、宁夏镇总兵史善载等带领满汉马步官兵 5500 名，先移赴巴尔楚克，以张声势，使盘踞叶尔羌叛军知有大兵，"必不敢他出"，达到和阗"可不守自安"的目的。① 如此，大军经由树窝子一路，足与乌什草地奇兵构为腹背兜擒之计。至于叶尔羌一地，杨遇春等也采用了以"攻心为上"的策略。

此时，自内地后续调拨的官兵也陆续到来，即副都统倭楞泰、吉勒通阿先后带到吉林官兵 1000 名，安福、阿勒罕保带到索伦官兵 800 名，总兵余步云带到四川官兵 1150 名。② 其余官兵预计二月初旬均可陆续齐集。这些均为大军西进喀城增添了有生力量。二月十四日，长龄、杨遇春等率大军抵达巴尔楚克军台，十六日行次巴尔楚克迤西新地庄。因新地庄为分赴叶尔羌与喀什噶尔的总路口，于是派提督达凌阿、总兵史善载等统领兵 3000 人于此防守，接护粮运，安设台站，递送往来文报。大军则由树窝子出发，直至大河拐。③ 此间道路，林箐深密，路径纷杂，并无回子村庄。二月二十二日，大军于大河拐扎营。三更后，有叛军数千分路扑袭大军各营。杨遇春以夜黑不明军情，令各营坚守，按兵不动。叛军左右扰冲，官兵枪炮齐发。时逾四鼓，叛军方退。迨至黎明，打扫战场，讯问受伤俘虏，得知此股叛军是张格尔自洋阿尔巴特派出，该处带兵者名叫迈曼底爱撒，同来的还有玛斯吐尔、阿拉布克、尼雅素皮、呼罕巴依阿訇，纠集约 50000 人众，在洋阿尔巴特堵挡官兵。昨日知大兵到此，特派 3000 人乘夜劫营。④

大河拐夜战后，官兵仍继续挺进喀什噶尔，途经洋阿尔巴特。自大河拐至洋阿尔巴特 70 余里，系属戈壁沙窝，人马行走原本就极费力，加之叛军于沿途掘放河水浸溢道路，且挖深沟高坎，行路更难。大军克服戈壁

---

① 《清宣宗实录》卷 114，道光七年二月乙卯，第 905—906 页。
② 《清宣宗实录》卷 105，道光六年九月癸未，第 726—728 页。
③ 朱批奏折，署理陕甘总督鄂山、办理军需卢坤，为接到长龄杨遇春等军营来信统兵进剿筹办甚合机宜事，道光七年三月十六日，档号：04-01-01-0685-008。
④ 以上均见李光涵《时斋府君年谱》，《年谱丛刊》第 124 册，第 116—117 页。

缺水等困难，于二十三日午刻时分，抵达相距洋阿尔巴特庄十余里处，打响了洋阿尔巴特之战。①

洋阿尔巴特之战 洋阿尔巴特地势宽阔，沙漠一望无际，西南有沙冈一道，横长六七里。叛军凭高布阵排列，约计20000余人。杨遇春等见状，当即分兵三路。中路由长龄督率领队大臣安福、吉勒通阿、卓尔欢保、祥云保、恩绪，以及提督杨芳、杨遇春之子都司杨国佐等带领汉马步官兵迎击；杨遇春则督率领队大臣哈朗阿、阿勒罕保、巴哈布、硕隆武、庆安，总兵吕天俸等带领马、步官兵由左路抄截。武隆阿督率领队大臣倭楞泰、德海、那桑阿、容照、桂轮、奕山，总兵余步云、成玉等带领健锐、火器各营满、汉官兵由右手抄截。

叛军见官兵三路扑杀，亦突下沙冈，分股迎拒。官兵一鼓作气，扑迎攻击，叛军扑面奋力迎击。官兵枪炮齐发，刀矛竞进，立毙叛军一二百名。叛军见官兵勇锐异常，整队退聚沙冈，希图全力下压。杨遇春及时调整兵力，传令将三路官兵分成数股，各派得力将领，并令容照、桂轮、恩绪、奕山、庆安等帮同满汉带兵大员齐力攻击。叛军用枪矛刀箭抵死抗拒，官兵不避锋刃，一同抢上沙冈，枪箭所至，杀伤无数。叛军力已难支，始溃散逃窜，一半窜入回庄，一半四散逃逸。

官兵乘胜追击，长龄督中路赶向回庄，并令杨芳、容照、桂轮、恩绪、奕山、庆安、杨国佐等帮同马队追杀。杨遇春、武隆阿尾追奔逃叛军，分路进杀30余里，直追击至排子巴特地方。天色渐就昏黑，方才收兵。

洋阿尔巴特一战，叛军元气大伤，被毙万余名，俘虏3200余名。官军夺获大纛38杆，大小炮12尊，鸟枪700余杆，刀矛、弓箭、铅丸、火药无算，马匹、牛羊不计其数。又由当地民众于死尸中认出迈曼底阿訇、玛斯吐尔、阿拉布克、尼雅素皮、呼罕巴依等人，并在迈曼底阿訇身上搜出张格尔纠约叶尔羌叛军书稿1包，账簿1本。②

战后，杨遇春等查看喀什噶尔所属附近各回庄情形，惟排子巴特一带各庄，最先助逆为敌，戕害官兵人数最多。而且这里积粮充裕，为喀什噶尔之精华，也系张格尔叛军之羽翼集聚处，遂决意乘势剪除肃清，于四鼓时拔营前进。大军至排子巴特时，四周回庄叛军已奔逃一空，有黑帽回子十余人，备有粮茶，跪接大兵。杨遇春遂利用倾心报效的黑帽回约100余

---

① 《钦定平定回疆剿擒逆裔方略》卷首，《清代方略全书》第96册，第39—40页。
② 以上均见李光涵《时斋府君年谱》，《年谱丛刊》第124册，第118—123页。

人,前赴各庄,暗中联络,设法离间,里应外合,捉拿张格尔及其余部。又令游击岳兴阿、都司徐福、仇怀瑾带领官兵1000名留驻排子巴特防守。

沙布都尔之战 二月二十五日,大军拔营继续前进。三队人马行至距沙布都尔庄十余里时,探报叛军于庄外临渠排列,有马步兵不下十余万,且庄后林中均有埋伏。沿庄四周叛军放渠淹路,创挖坑坎,阻止官兵行进。杨遇春重新部署人马,分三列六队五行进击。杨遇春与长龄督率总兵吕天俸,督标凉州、汉南、肃州步兵居中,吉勒通阿、安福、卓尔欢保、祥云保,马兵继后;武隆阿督率总兵余步云、成玉、四川、西安步兵、民遣在左,倭楞泰、德海、健锐、火器、西安马队继之;杨芳督率防兵、新兵、固原提标官兵、民遣在右,哈朗阿、阿勒罕保、巴哈布、硕隆武,马兵继之。各分五行,按队而进。

此时,叛军也整队迎击。先以马队数人直进,往来冲突,引诱官兵,紧接着凭险要地势施放枪炮。官兵用连环枪炮轰击,叛军自渠后扑出,意欲自高下压。官兵刀矛、弓箭奋勇抢上,不避渠水深浅,直冲而过,与叛军短刀相接。杨遇春乘势令马队由左右浅渠抄击,眼见叛军势已难支。时叛军队伍内有一身穿锁子铁甲、鞍挂小鼓、手持鸟枪、骑金装鞍辔大青马的头目尚在驰骋击杀,并同执旗头目数十人催同众人死力抵拒。

杨遇春督令马队横截入阵,将叛军冲为数段,毙执旗头目数人。防御额尔古伦队内的锡伯蓝翎、骁骑校萨凌阿,马甲贝洪阿、图明阿、特克慎等奋力围剿,贝洪阿箭毙击鼓头目,图明阿夺获马匹、鸟枪、铁甲。双方一阵厮杀后,叛军始溃散。杨遇春当即令容照、桂轮、恩绪、奕山、庆安、杨国佐分股督催各路满汉马步官兵,分头追击掩杀,逼至浑水河边,叛军余众凫渡逃窜,官兵踩水尾追三四十里撤回。

官兵正在憩息之际,遥见西北树林内尘土飞扬,有叛军援兵数千隐约前来。杨遇春、武隆阿复率各领队提镇迎击,毙一千数百名,余众退往浑水河对岸。时埋伏于河西岸的叛军2000余众,也拥桥策应,且拆桥抵拒。官兵用大炮轰击,叛军溃散。时已薄暮,大军于河东岸扎营,修搭桥梁。

沙布都尔之战,于死尸中认出叛军大头目素皮卡克,安集延头目占巴克。被毙的执旗头目,均系张格尔手下所谓勇猛者。据俘虏称,张格尔昨闻官兵已过巴尔楚克,二十三日叛军又吃了败仗,十分恼火,派大头目色提巴尔第等前往各白帽回庄,抓十五岁以上男子往战场,一共纠约二三十万人,于喀什噶尔备防。①

---

① 以上均见李光涵《时斋府君年谱》,《年谱丛刊》第124册,第140—141页。

阿瓦巴特之战 二月二十七日，杨遇春拔营前进，沿途搜剿回庄战败隐匿叛军数百名。据俘虏称：前路50余里处，有阿瓦巴特回庄，依冈背河，树林环密。张格尔派十余万人设防。旋探报所称情形同此。时天色薄暮，大军择地立营，密令伊萨克等遣人探询僻路。次日，大军部署兵力后，分队进发。哈朗阿带领马队500人由村庄左包抄，阿勒罕保带领马队500骑由村庄右包抄，主力则由大路主攻。约定辰巳时分抵达进击。

大军行距阿瓦巴特庄八九里许，见叛众排列于一高冈之上，形如雁翅。大军临时调整部署，由提督杨芳、总兵吕天俸、余步云、成玉等率步兵居中，领队倭楞泰、吉勒通阿、安福、卓尔欢保、祥云保、巴哈布、硕隆武等率领马兵，分为两翼横排阵势，一鼓齐进。叛军于冈上迎拒。官兵奋勇抢扑，枪炮齐施。叛军以马队为主，佯作退势，意图当官兵抢上半冈时，冈上伏兵并力下压。杨遇春即令步兵以连环枪炮随放随进，并乘风施放早已准备好的喷筒烟雾。孰料，叛军冒火突烟，死力冲压。杨遇春等又令虎衣虎帽民遭跃舞藤牌，直前砍戮。叛军马队惊张，乱了阵脚。

时叛军阵地有一红衣头目率领伏兵自冈后抢前援应马队，双方正在对抗之际，哈朗阿等所带官兵已从庄后掩杀而至，叛军势难兼顾，纷纷败逃。大兵乘势抢过沙冈，分头赶杀，毙贼二三万，生擒2000余名。毙安集延大头目阿瓦子迈玛底、那尔巴特阿訇，① 夺获马匹、枪炮、器械甚多。官兵追至洋达玛河岸，将沿河一带回庄零星匿叛搜剿净尽，撤至沙冈扎营。②

进入南疆的大军，三战三捷，清廷嘉奖有功之臣。其中杨遇春著加恩，晋加太子太保。每战出力将弁分别得赏晋级，获得名号，官兵士气高涨。③

大军距喀什噶尔仅七八十里之遥，大可以乘胜鼓勇，直抵城下。可是，具有丰富军事经验的杨遇春指出当地的自然地理条件不适宜大军强攻。该处有七里河一道阻隔，附近回庄林立，道路狭窄，叛军党羽尚多，处处均有防备。官兵只能智取，不得硬拼。遂派黑帽回子密往探听消息，并遣多人侦查道路，等待消息，部署进军。

浑河之战 二十九日，杨遇春等整队进发。当行至距浑河十余里时，有侦探报浑河南岸已有叛军设伏，其势甚众。杨遇春等督兵行至北岸观察

---

① 《钦定平定回疆剿擒逆裔方略》卷首，《清代方略全书》第96册，第38—39页。
② 以上均见李光涵《时斋府君年谱》，《年谱丛刊》第124册，第148—152页。
③ 以上均见李光涵《时斋府君年谱》，《年谱丛刊》第124册，第156页。

后，发现这里地形极其不利，沿岸左右均为苇湖沟渠，军队难以施展。而叛军已凭河列阵，前后十余层，横长20余里，且先于对岸挖掘深沟3道，迭筑土冈1道，约长300余丈。土冈间列孔穴，排列大小炮位无数。见官兵抵达，叛军即于穴中施放巨炮，声焰腾空，子落如雨。官兵虽用连环大炮轰击，俱被土冈遮隔。叛军接踵继至，愈积愈众，拒河守险，夹岸相持。大军受阻难进。

时天色薄暮，大军就岸扎营，排列枪炮，防止叛军潜渡偷袭。不出所料，叛军竟由东面河水浅处踩渡数百人，直奔大军营地左侧营垒，被提督杨芳、领队哈朗阿率同总兵衔副将胡超、候补总兵郭继昌、前任侍卫桂成、固英阿等带领马步官兵击退。叛军借夜幕，虚张攻势，并击鼓吹号，竟夜不觉。孰料三鼓后，西南风陡起，撼木扬沙。杨遇春等恐叛军夜扰，采取避实击虚策略，派善水者200人，泅过对岸，从三鼓至五鼓连扰叛营三次。叛军受挫，双方营地方才趋于安静。

面对临河拒守的叛军，加上风大水势凶猛，深入重地的大军道路又不熟，恐叛军抢渡攻击，又虑它处援兵乘间抄袭，倘竟平铺直渡，则彼众我寡，难以得手。大军进退两难。几经商议后，同意杨遇春之策，决计乘风势，合并兵力，潜渡上游，使叛军猝不及防，出奇制胜。

于是，在天色将届黎明时，杨遇春率同各提镇、领队大臣带领马步官兵整装待发，自上游偷袭，又遣马兵1000名，沿河至下游，作佯攻欲渡之势，牵制叛军。此时，风力愈猛，尘土迷天，大军主力乘势踩渡，出其不意，突扑叛军阵地。叛军头目分别率众死力抵拒，炮声震天，刀矛竞举。官兵亦尽力击杀，双方一阵混战，几个回合下来，叛军旋退旋拒，官兵勇气百倍，而临时纠集的叛众，开始四散逃奔，官军各将领乘势追歼。杨遇春亲率一队官兵由破城子一带疾驰前进，其余将领也随后整队进击。申刻，抵喀什噶尔城下。①

克复喀城 喀什噶尔城设于土岗之上，斜长3里有余，四围高峻，形势镣曲城外，回户环绕而居，中设阿奇木衙门，为南疆第一大城。城上叛军望见前有残众奔跑败归，后有大兵追赶，急忙组织兵力，施放枪炮抵御。杨遇春带领那桑阿、硕隆武、祥云保及总兵吕天俸，并汉南马步队，抢据回城东北之关帝庙要隘；武隆阿带领巴哈布、德海、苏清阿、副将周志林，并四川奋勇马步队，攻克汉城，据其北面；长龄督催官兵并力围攻。

---

① 以上均见李光涵《时斋府君年谱》，《年谱丛刊》第124册，第165—169页。

大军围城后，杨遇春令提督杨芳，总兵余步云、成玉，领队哈朗阿、安福、倭楞泰、阿勒罕保、卓尔欢保、吉阿通阿、巴清德、阿保、德勒格尔桑、色克精阿、额尔古伦等，各率马、步官兵分围四面，由容照、桂轮、恩绪、奕山、庆安、杨国佐等督催各队分堵四隅。

总攻开始后，官军枪炮环攻。城上叛军中有穿红衣者数人，作为张格尔之亲信指挥叛军进攻。有张格尔的外甥托哩和卓，安集延大头目推立汗、同队萨木汗、回子大头目英吉沙尔伯克阿布都拉。叛军见官兵四面围城，势难冲逸，遂在城头拼死抵御。奋勇直上的官兵，最先攻破阿奇木衙门。审讯俘虏得知，张格尔向在阿奇木衙门居住，清早闻大兵击败叛军，即带领马兵数十人乘间逃逸，不知何往。杨遇春等当即派官兵分头查拿，且在阿奇木衙署逐加搜捕，并无张格尔踪迹。至戌刻，官兵攻克城东门。杨遇春等令步队官兵2000名入城剿捕，其余马步各队仍严密围堵。

三月初一，喀什噶尔城克复。此役，歼毙张格尔外甥托哩和卓及头目里木萨克等30余名，擒获安集延大头目推立汗、萨木汗、回子大头目阿布都拉，并安抚黑帽回子。唯张格尔下落不明。杨遇春等即刻令伊萨克派妥靠回子分赴英吉沙尔、叶尔羌等处，确切访探张格尔踪迹，同时仍令官兵于城内逐户搜查，以防藏匿。

此战，叛军伤亡惨重，俘4000余名，缴获大神炮4尊，劈山炮200余尊，鸟枪5000余杆，火药20000余斤，弓箭、刀矛、铅丸等无算，并查获本城已被叛军砍残的参赞大臣银印1颗、伯克铜印3颗。张格尔家属及其弟巴布顶之子解京，推立汗、阿布都拉暂留大营备质。战后回城各项事务，令伊萨克暂行署理。[①]

（三）收复叶尔羌诸城

抚驭良回 收复喀什噶尔城后，长龄与杨遇春等商议，由杨遇春、武隆阿率部继续往英吉沙尔、叶尔羌等处，一面搜捕张格尔，一面清剿逃散藏匿于喀城及各处者。为此，增强提督齐慎的兵力，拨补后续抵达的四川官兵1000名，赴乌什北路一带，沿途防范搜剿，严防布鲁特等抗拒。长龄则坐镇喀城，严密防范，搜拿漏网，抚驭良回。

之所以强调"抚驭良回"，是由于张格尔起兵后，英吉沙尔、叶尔羌两城居民，助虐者众。为稳固局势，宜当分别对待，争取大多数，采取剿抚并用，以抚为主的政策。官军宣谕张贴告示，晓谕逃匿的张格尔及参与

---

① 以上均见李光涵《时斋府君年谱》，《年谱丛刊》第124册，第170—175页。

叛乱的各类人等，迅速缴械投诚，以求宽大处理。对张格尔攻城时，带领众人抵抗，不幸被白帽回用棍击毙的阿奇木郡王迈玛萨依特加以抚恤，对被捕的迈玛萨依特等人家眷及手下29人，令由暂署理事务的伊萨克妥为安顿照料。派专人告知卡外布鲁特各部，尤其要求冲巴噶什、奈曼、岳瓦斯三部落头人，速邀约各爱曼，共同截拿张格尔及汰劣克、阿坦台等同伙。

与此同时，遣人告知卡外浩罕布噶尔等处，若张格尔逃亡该处，即行拿献，照格赏赉，倘敢纵逆，移兵剿洗。并令缚拿交出张格尔之兄玉素普及其子萨木萨克与雅子尔等，如敢隐藏，必发兵擒拿。檄令浩罕，缚献张格尔之嫡妻，并子布素尔，及巴布顶之次子倭里、三子亥里。① 一系列舆论攻势，有益于收复工作的展开。

收复英吉沙尔 道光七年（1827）三月初九，杨遇春等率领官兵，收复英吉沙尔，安设台站，酌留官兵，确保维护周围安全，督兵前赴叶尔羌。此前，杨遇春已将所掌握的本城情况奏报清廷。认为收复叶尔羌，不同于攻喀城，应当采用攻心为上，分化瓦解的办法。并分析说：前闻张格尔扶持的叶尔羌头目博巴克有投诚之意，曾遣手下心腹潜往察探。最近，据回营禀称，叶尔羌城回众迫于张格尔威胁，大多无奈顺从，后因张格尔婪索诛求，众心不服。由是，杨遇春提出希望能够准予委派参与年班自京返回的五品伯克爱孜木沙"赍谕密赴"叶尔羌，由迈哈默特鄂随行"布赏宣威"。② 经清廷批准后，杨遇春即刻布置二人前往完成三项任务。一是往叶尔羌后，晓谕回众，如能诚心降顺，便尽心自守。二是设法离间博巴克等，倘若其情愿俟大兵到日擒献张格尔，必定封爵重赏。倘竟安心从逆，指日大兵压境，必当剿洗无遗。三是路过和阗时，顺便察看形势，尽可能宣谕诱导回众，以释疑虑。

兵不血刃叶尔羌 三月十六日，杨遇春督兵行抵叶尔羌，在距城20里的倭巴地方，遇到自城内前来投诚的大小阿訇、伯克等一行人，投诚者缚献叛军头目乌舒尔巴恺等11人，呈缴军械4大车，马1000匹，火药72缸，火绳等项无数。各阿訇、伯克均称，已拿获并监禁参与叛乱者160余名，请大军发落。可是连日分派人员各处查探，张格尔仍然下落不明。杨遇春遂派人告知博巴克，大兵已于三月初三时过阿瓦巴特，张格尔接连三

---

① 玉素普有二子，长子萨木萨克、次子雅子尔。张格尔有一子，名布素尔。巴布顶有三子，即额里雅、倭里、亥里。参见李光涵《时斋府群谱》，《年谱丛刊》第124册，第54页。
② 《清宣宗实录》卷114，道光七年二月乙卯，第904页。

次败仗，带随从百数十名逃往色勒库尔一带，四品伯克爱里木沙等尾追捕拿。① 意在使博巴克放弃抵抗。

大军兵不血刃，收复叶尔羌。在城内又拿获叛军500余名，经挨户搜查，并未寻得张格尔踪迹，也未审问出其去向。杨遇春只得令官兵往各庄搜剿，并多方访探张格尔行踪。同时飞调驻扎巴尔楚克的提督达凌阿等，带领官兵移驻叶尔羌防守。为及时恢复叶尔羌日常社会秩序，杨遇春将城内搜出阿奇木印信1颗，发给阿布都尔满，令其暂行署理。② 并挑选城中有功之伯克，协助阿布都尔满查办一切事务。

英吉沙尔、叶尔羌两城收复后，南疆西四城中，仅余和阗尚待收复。和阗城地处南疆的东南部，西北连叶尔羌，自叶尔羌有博斯图小路可通阿克苏，由沙雅尔戈壁可过库车。所以，叶尔羌为自和阗出南疆的咽喉。此时，安集延头目爱玛尔阿里、喀什噶尔头目玉努斯等所带叛军骑兵以及朵兰回子盘踞于和阗。

杨遇春令提督杨芳、领队哈朗阿、阿勒罕保、总兵余步云以及总管额尔古伦等，率领官兵4500余名前往剿办。提督杨芳自叶尔羌起程后，沿途经过博斯罕等大小回庄，回众纷纷前来迎接。杨芳宣示恩威，回众望风归附。杨芳查出叛乱中依附张格尔的党羽200余名，拿获自和阗逃出之安集延、布鲁特人30余名。可是，叛军头目玉努斯、噶尔勒以及所带领安集延并朵兰叛军1000余人、自本地纠集的回子3000余人，仍然盘踞城中，抗拒官兵。③

收复和阗 为避免城内回众遭受战火涂炭，杨遇春嘱咐杨芳等至和阗后，及时与当地的阿布都莫们（敏）、大阿訇穆图巴拉等取得联系，共同商议对策，争取鼓动和阗城中回众策反，达到里应外合，不战而降的目的。④

正当阿訇穆图巴拉等带领一行人在二台地方迎候官兵，以期堵截叛军逃窜之路时，被叛军察觉。叛军乘官兵未到之际，派兵数百名，潜赴二

---

① 以上均见李光涵《时斋府君年谱》，《年谱丛刊》第124册，第164页。朱批奏折，扬威将军长龄、参赞大臣杨遇春，奏为官兵克复和阗西四城全经戡定事，道光七年四月十二日，档号：04-01-01-0686-067。
② 阿布都尔满系郡王衔贝勒哈迪尔之侄，一门世笃忠贞，因之前遂军效力，授予阿布都尔满头等侍卫、二品顶戴，在收复叶尔羌城的过程中，又因劝降有功，加恩授为散秩大臣、署理叶尔羌阿奇木事务。
③ 以上均见朱批奏折，扬威将军长龄、参赞大臣杨遇春，奏为官兵克复和阗西四城全经戡定事，道光七年四月十二日，档号：04-01-01-0686-067。
④ 朱批奏折，扬威将军长龄、参赞大臣杨遇春，奏为添派官兵赶紧兜和阗贼匪事，道光七年四月初二日，档号：04-01-01-0686-066。

台，偷袭阿訇一行人等，杀害阿訇穆图巴拉父子及伊斯玛依尔等人。获胜的叛军旋折回城中，抢占城庄六处地方。行进在途中的杨芳得知此消息后，疾驰前往，杨遇春也急忙添派马步官兵1400余名，赶往策应，以壮军威。

驻守喀什噶尔的长龄得此消息后，也急忙调兵遣将，令副都统容安带领川兵，并派领队祥云保带领伊犁马队500名，游击刘紫玉带领民遣500名，一同驰赴叶尔羌，随时听候杨遇春调遣。一面飞饬提督杨芳等查看情形，相机攻剿。同时，一面飞咨阿克苏办事大臣长清等，在博斯图、沙雅尔两处派添官兵，严密防堵叛军逃窜。此次，清军往和阗官兵计5900余名。①

道光七年（1827）三月二十六日，杨芳督军至杂古牙尔地方，探得数千叛军埋伏于60里外的昆拉满，遂于五更时分整队前进。至昆拉满时，远望叛军早已排兵布阵，严阵以待。叛军见官兵近前，击鼓施放枪炮，以示抵拒。杨芳兵分四路，自己与总管额尔古伦带领伊犁马队居左，领队阿勒罕保带领索伦马队居右，总兵余步云带领步队居中，领队哈朗阿带领吉林马队潜往北面沙山，自后包抄。官兵四路齐进，叛军其势难支。此时，东南沙山后突现叛军数千人，有一执红旗、穿花衣者指挥其间，驱众死战，官兵也奋勇冲杀，叛军势已难支。忽自东南沙山后又一执旗头目带领马兵五六百名，飞骤前来。叛军相助接应，枪矢交加，刀矛相接，一时势力大振。官军一方的吉林佐领富尔松阿，笔帖式富顺，马甲奎升、西兰泰、富常、成德，固原把总韩国彦，兵丁田兴起等见势，冲入敌阵，田兴起被叛军用刀砍伤，佐领富尔松阿、韩国彦等并力向前，擒获叛军执旗头目。官兵乘势力扑，叛军溃散奔逃。官兵赶杀20余里，斩杀叛军2300余名，生擒1000余名，夺获大炮5尊，另有旗帜、刀矛、枪棍、铅丸、火药甚多。②

后经审讯得知，身穿花衣头目名叫噶尔勒，系喀什噶尔白帽大阿訇。去年冬，当和阗头目约霍普被当地回子拿送大营时，张格尔差其同玉努斯带领安集延并朵兰回子1500人夺取和阗。后探知大兵收复叶尔羌，便与玉努斯商量准备逃走，又恐被官兵拿获，遂纠约和阗回子3000人，以及原本自安集延、朵兰带来的1500人，前往昆拉满地方阻挡官兵，由玉努

---

① 朱批奏折，扬威将军长龄、参赞大臣杨遇春，奏为添派官兵赶紧兜和阗贼匪事，道光七年四月初二日，档号：04-01-01-0686-066。

② 以上均见朱批奏折，扬威将军长龄、参赞大臣杨遇春，奏为官兵克复和阗西四城全经戡定事，道光七年四月十二日，档号：04-01-01-0686-067。

斯随后接应。噶尔勒被官兵擒获后，玉努斯败逃。①

四月二十九日辰时，当官兵行走至距离和阗30里地时，伯克带领回众千余人，于道旁迎接官兵入城。此时，城内已无叛军。首批官兵在阿勒罕保、余步云率领下，先行入城，安抚并查核存粮、军械，饬传各庄回子头目，搜剿逃散隐匿叛军。与此同时，寻访叛军攻城时牺牲的守城官兵将士骸骨进行掩埋。访得叶尔羌办事大臣奕湄、桂斌"于城破时，均系投入涝池淹毙，嗣被捞出，抛弃城外"。经官兵在城外各处寻找，捡拾遗骨，于城西择地立塚，修建祠院。又饬委随征的沙雅尔阿奇木伯克、巴彦岱暂署和阗阿奇木事务，并选择出力回子暂署大小伯克，约束回众。当即，杨遇春与长龄、武隆阿札商，和阗甫经克复，尚需安兵留防，令宁夏总兵史善载带领本标官兵1000名留防，提督达凌阿带领乌鲁木齐官兵前往叶尔羌驻守。旋即，阿布都尔满探得玉努斯由桑竹出卡。杨遇春即令副将胡超、参将王登科等跟踪足迹追捕，顺道至色勒库尔一带，查拿叶尔羌头目博巴克，并查访张格尔行迹。②

南疆善后事宜 直到五月初，南疆西四城的善后工作还在进行中。五月初二道光帝密谕：

> 以将来善后事宜，应照蒙古土司之例，以回子伯克中之可用者分封西四城，赐予世职，令各经理其地，作我西南藩篱。即于阿克苏以南划定界址，驻扎参赞大臣，统领腹地四城，控制其外，声势自相联络。且以西四城换防兵额归并东四城，兵力更为完足。该将军随时留心体察，慎密筹办。③

杨遇春拟定了关涉职官设置与军事驻防的详细善后办法，且奏准实施。主要内容在于将喀什噶尔参赞大臣、帮办大臣移驻阿克苏，节制满汉官兵，总理回疆八城事务。一概裁撤前期在英吉沙尔、叶尔羌、和阗三城所设的大臣官员，改设阿奇木1员，于喀什噶尔亦设阿奇木1员，以资经理。于伊犁、乌鲁木齐出征满兵内挑留1500名，陕甘绿营兵内挑留步兵6500名，共挑出满汉兵丁8000名留于此四城驻防。④

---

① 《清宣宗实录》卷117，道光七年五月庚辰，第965页。
② 以上均见朱批奏折，扬威将军长龄、参赞大臣杨遇春，奏为官兵克复和阗西四城全经戡定事，道光七年四月十二日，档号：04-01-01-0686-067。
③ 李光涵：《时斋府君年谱》，《年谱丛刊》第124册，第187—188页。
④ 《清宣宗实录》卷119，道光七年闰五月下甲子，第1102页。

驻防兵力分配上，因各城所处位置不同，留兵多寡不一。喀什噶尔地处极边，为回疆最要之道，各处卡伦小路相通，布置兵力最多，分配5000名。其中包括伊犁满兵1000名，绿营步兵4000名，选派精明干练稳妥之人管带、统领。英吉沙尔为喀什噶尔前卫，唇齿相依，分配步兵1000名，遴派参将1员。叶尔羌乃西四城适中扼要之地，接壤外夷，"回户殷蕃"，分配步兵1000名，设副将1员。和阗僻处一隅，距离外夷部落较远，不设驻兵，而在位置四通八达、最关紧要的巴尔楚克地方安设自乌鲁木齐南下的满汉官兵1000名。其中满兵500名，设协领1员，绿营兵500名，设游击1员。

至于乌什、阿克苏等城，原共设换防兵丁2600名。其中乌什一城原设防兵665名，屯田兵250名。考虑到该城四周系布鲁特游牧之处，形势险峻，原设兵丁不敷守御，又添拨防兵1000名，共计1900余名。于通阿克苏之柯尔坪要隘，拨驻防兵600名。阿克苏原设防兵758名，因移驻参赞大臣1员，又增拨防兵1000名，共计1700余名，以壮声威。

明确界定了所有驻防官兵的职责。即所设各城满汉将领兵丁，俱令专事操防，不得干预回子事件。遇有兵、回交涉细事，即由该带兵镇将督同阿奇木秉公讯断。其回户寻常案件，即照回子旧例，听该管阿奇木讯办，年终汇报参赞大臣咨部。倘遇人命及地方紧要重务，仍随时禀报参赞大臣核办。

对所有驻防官兵口粮，也予以落实。考虑到各城田土肥饶，新垦日增，旧额钱粮甚少。规定西四城地亩均应入官，按户按亩，照伊犁之例，核实征收，以供兵食。其余棉花、布匹等项，亦酌定章程办理。并饬令该署阿奇木伊萨克等分别详查原额缴纳钱粮若干，续垦未经报官地亩若干，应行入官叛产若干，据实造具清册，另行核实办理。① 这些办法的实施，对维护南疆社会稳定起到了十分积极的作用。

（四）搜捕张格尔及余部

张格尔漏网 至道光七年（1827）四月二十一日，南疆西四城全部收复。② 此后，搜捕张格尔便成为头等大事。杨遇春派员四处探寻搜索，所

---

① 李光涵：《时斋府君年谱》，《年谱丛刊》第124册，第189—196页。
② 以上均见朱批奏折，扬威将军长龄、参赞大臣杨遇春，奏为官兵克复和阗西四城全经戡定事，道光七年四月十二日，档号：04 - 01 - 01 - 0686 - 067；朱批奏折，扬威将军长龄、参赞大臣杨遇春，奏为添派官兵赶紧兜和阗贼匪事，道光七年四月初二日，档号：04 - 01 - 01 - 0686 - 066。

得消息均不确定。有逃往塔什霍尔罕说,也有逃往阿赖地方说。① 因张格尔踪迹全无,清廷怪罪军前几员大将"致有疏纵","办理不善",予以责罚,杨遇春被撤去太子太保衔,并令诸将迅速捕获张格尔,将功赎罪。② 杨遇春自叶尔羌往喀什噶尔大营待命。

对军前大将的惩罚,仍无法平息道光帝的愤怒之情。道光帝在长龄、杨遇春的奏章上朱批:"收复喀城之先,若能早为布置,逆首必能擒获,同膺懋赏,何等美善?乃延至月余,尚未探有逃往何处确信,朕十分愤懑。"③ 为此,还发了一道长篇谕旨给长龄等,责怪前线将帅未能遵旨办事,使张格尔逃出卡外,以至于官军搜寻五十多日而未得其踪迹,诘问长龄等"所办何事?""试思兴师动众,若不速得首逆,作何了局?长龄等将何颜对朕耶!"道光帝固执地认为,已被捕的汰劣克、阿坦台、伊里斯满底等"断无不知该逆下落之理",责令严审,并要求尽快探寻张格尔下落,设法擒拿,"期于必获"④。在道光帝的一再催促之下,远在南疆的众将士也竭力搜寻张格尔行踪。

四月二十二日,长龄、杨遇春在奏章中报告了搜寻张格尔的办法。一是多派妥干之人出卡,分头查探。包括700名官兵乔装打扮成出卡贸易的回子,令伊萨克调派23名可靠回子,由副将郭继昌带防兵600名随后接应,再加前已派往搜寻的将士,约计出卡官兵不下3000名,后又增派杨芳带兵500名出卡。⑤ 二是谕令卡外"回夷"各部落擒献张格尔,且到处张贴赏格。三是判断张格尔"惟安集延、布噶尔,向系该逆遁迹之数,其次则汰劣克、阿坦台曾为该逆亲信羽党,必须将此数处俱行慑服,方可迅就俘贼",故而"屡遣妥靠回子,分投前往示以恩威,晓以利害"⑥。但均未得到确实信息。

四月二十五日,杨遇春在回营前,捕获了张格尔之妻爱则尔毕比等3

---

① 朱批奏折,扬威将军长龄、参赞大臣杨遇春,奏为酌带官兵出卡相机督捕张格尔情形事,道光七年四月二十二日,档号:04-01-01-0685-016。
② 《清宣宗实录》卷116,道光七年四月辛酉,第952页。
③ 以上均见朱批奏折,扬威将军长龄、参赞大臣杨遇春,奏为官兵克复和阗西四城全经戡定事,道光七年四月十二日,档号:04-01-01-0686-067。
④ 《清宣宗实录》卷117,道光七年五月辛卯,第974—975页。朱批奏折,扬威将军长龄、参赞大臣杨遇春,奏为酌带官兵出卡相机督捕张格尔情形事,道光七年四月二十二日,档号:04-01-01-0685-016。
⑤ 参见《钦定平定回疆剿擒逆裔方略》卷45,《清代方略全书》第99册,第550—551页。
⑥ 朱批奏折,扬威将军长龄、参赞大臣杨遇春,奏为酌带官兵出卡相机督捕张格尔情形事,道光七年四月二十二日,档号:04-01-01-0685-016。

人，审讯时言其进卡是为了"招纳"人马。其中有巴布顶之子阿里雅，年十二岁，由副都统容安负责押解进京。值得一提的是，容安返京还携带了战事初起时清廷颁给杨遇春的钦差大臣关防一颗，"一并交容安赍缴"①。

出卡搜捕　与此同时，搜捕张格尔余部进展顺利，先是总兵余步云追获和阗叛军玉努斯，副将胡超又接杨遇春令，追捕喀什噶尔叛军头目左霍尔至色勒库尔卡伦，再追至玛杂地方，活捉该头目及 20 余名骨干。②继之，拿获张格尔的手下巴依莫特等。

直至道光七年（1827）五月十四日，驻扎于叶尔羌办理和阗等三城事务的杨遇春，接到副将郭继昌探报，言前哨行至距离阿赖四站的克克里木地方时，探得张格尔潜匿木吉，遂带领四五百人跟踪，现在阿赖附近观察情势。紧接着，驻扎在乌什的提督齐慎报称，在冲巴噶什布鲁特比斯底克等处，擒获滋事叛军头目奇里克爱曼、布鲁特比库图鲁克及其弟巴第克等 7 名，正押送大营。③十八日，杨遇春自带马步官兵 3000 余名，出图木舒克卡伦，取道色勒库尔一带，赴拉克沙，接应出卡的郭继昌等官兵。郭继昌言，张格尔先是听闻浩罕欲将其拿献请功，遂又差人赴达尔瓦斯部落借兵，被拒绝后，又窜往拉克沙山一带藏匿。因路途险远，又遇叛军阻击，官兵接仗，追剿至雪山，扫清叛军返回。

此时，杨遇春又接提督达凌阿报，在叶尔羌四台之和勒木地方搜获叛军头目伊满父子 8 人，还有 2 名自卡外什克南地方进卡的陕西贸易商人，声称是什克南伯克让其前来给大军报信的，二商人言张格尔在喀拉提锦一带藏匿，手下有数百人。由是，杨遇春遣人前往什克南，传谕该处伯克库布特，设法诱捕张格尔。④

很快，又报称喀喇提锦布鲁特比萨底克往军营，称张格尔在达尔瓦斯地方，已派回子迈玛特等一同前往，与该处伯克沙伊布拉依木密商擒拿。达尔瓦斯距拉克沙仅十余站。于是，杨遇春便带兵驰往，兵分两路往捕。一路由副将郭继昌率领赴达尔瓦斯。郭继昌查明拉克沙山后有深河一道，上系铁索浮桥，与达尔瓦斯各部落相通。欲前往捕拿，又恐张格尔情急而越山过桥，向达尔瓦斯等处奔窜。接报的杨遇春当即飞饬副将郭继昌选派得力官兵、回子向导，带同奈曼布鲁特比爱散，绕山潜往，先拆毁浮桥，然后掩捕，以断

---

① 《钦定平定回疆剿擒逆裔方略》卷44，《清代方略全书》第99册，第529—530页。
② 《钦定平定回疆剿擒逆裔方略》卷44，《清代方略全书》第99册，第528—529页。
③ 《钦定平定回疆剿擒逆裔方略》卷45，《清代方略全书》第99册，第551页。
④ 李光涵：《时斋府君年谱》，《年谱丛刊》第124册，第199页，又见《钦定平定回疆剿擒逆裔方略》卷61，《清代方略全书》第99册，第600—604页。

张格尔逃路。考虑到郭继昌兵力不足,不敷分路堵截,急令提督杨芳带领马步官兵1100余名,星夜驰往,相机督办。①

另外一路命副将胡超带兵驰赴什克南,督同迈玛特沙带回兵500名,会同什克南伯克库布特,径往达尔瓦斯设法擒拿。可临近目的地时,因前途路险水深,且近达尔瓦斯各要口,均有如山布鲁特把持,官兵不能前进,只得作罢。对此,杨遇春等在给清廷的奏折中再一次地强调:"各部落回夷,率以张格尔为牌罕巴尔后裔,莫肯擒拿。该逆遂得任意逃匿。虽据各布鲁特纷纷效顺,不过图赏畏威,实亦均不可靠。"加之官兵对卡外"万山丛杂"的道路不熟悉,很难远涉追捕。尽管时令七月,可是高山峻岭间"业已雪大天寒",多种原因掣肘。于是,杨遇春经与杨芳商议,暂时撤兵,"再行商办"②。

卡外官兵除了应付天气转冷,道路不熟悉等自然地理因素外,所面对的人文形势也十分复杂。在搜捕张格尔的过程中,官兵营地时常遭到周围布鲁特部的骚扰。六月二十六日黎明,有布鲁特20余人,抢窃黑龙江营盘牧放驼马。杨芳当即派参将哲里善、骁骑校吉凌阿带领马队50余名跟踪追击20余里,将其团团围住,不料"贼匪情急放枪抗拒",哲里善中枪阵亡,兵丁受伤者5人。

大军收复西四城时逃往卡外的叛军也纠约串通,计划反扑。七月初一,派往浩罕的把总谭禄派回子呢雅斯前来杨芳军营禀报与浩罕接触的情报。呢雅斯说:浩罕伯克现在又添派头人同谭禄前赴大营回话,已经于六月二十八日启程前来,大概不几日就到。自己是提前来禀报消息的。在来大营的路上,遇见了张格尔的同党喀什噶尔的回子迈玛乙底、提连奇,二人藏匿在距离大营30余里的山沟里。于是,杨芳派千总梁有才带领兵丁20人,由呢雅斯带路,于是日晚,捕回迈玛乙底、提连奇二犯。经审讯得知,逃亡在外的喀什噶尔回子头目正在纠约散逃者,准备反攻。

迈玛乙底、提连奇还供道:二人自喀什噶尔逃出后,即跟随博巴克等到了浩罕,因听说大军差人向浩罕索要逃匿者,博巴克等3人怕被浩罕拿献,遂"凑集先后逃往浩罕并原随回子,及现在浩罕界外纠约安集延各处散布布鲁特等,约有二千余人,要去找张格尔,来与官兵打仗。又怕路上遇见官兵,先派我们各处打听"。二人还供出博巴克等"要由塔里克大坂

---

① 《钦定平定回疆剿擒逆裔方略》卷46,《清代方略全书》第99册,第627—628页。
② 道光七年六月初一日,杨芳在阿赖时,收到清廷准长龄转来的补放参赞大臣令。参见朱批奏折,陕西提督杨芳,奏为奉谕补放参赞大臣谢恩事,道光七年六月十三日,档号:04-01-16-0130-011。

出来，潜赴藏堪一带"①。

对此，杨芳十分警惕。认为博巴克与迈玛乙底、提连奇二人，前系叶尔羌、英吉沙尔的伪阿奇木，官兵克复喀什噶尔后，三人即带叛回逃往卡外，实系张格尔的亲信党羽。现博巴克既由浩罕逃出，自应设法截拿。遂派人查勘。塔里克大坂系浩罕所属，山口有赴藏堪之路。之前，副将郭继昌等带领官兵1000名，同通布伦布鲁特比，即由此路前往藏堪一带探捕张格尔，只因"前途山径险隘，行走不能迅速"，当即差派回子飞札该副将等，将所带官兵折回塔里克大坂左近探剿。由是，杨芳即刻率领官兵前往剿办。

七月初七亥刻，当杨芳行营接近塔里克大坂70余里时，接副将郭继昌等报称：奉调折回塔里克大坂以东，择地扎营。今早探有"马步贼匪约二千余人，由大坂下北山沟内窜出"，即率兵丁迎击，对方"窜山梁恃险，用枪抵死相拒"，协领寿昌额外、协领都凌阿、总管全灵额、委参领郭全率领吉林索伦枪兵，弃马步行，并守备等带绿营炮队直上攻击，毙贼二三百名。对方放枪抵抗，都凌阿、郭全率先攻上时，中枪阵殁。嗣经官兵击毙督阵红衣贼目三名，始败退至后面陡峭山梁。因天色已晚，郭继昌未便追攻，就地扎营。

杨芳连夜行军，次日辰刻，与郭继昌汇合。经查看地势，见左右沙山重叠，均无道路，叛军据守的西面横山，路径陡险，倘若官兵仰面力攻，纵然得手，又恐该股叛军乘夜逃窜。决计一面派炮队自远处轰击，一面选派副将郭继昌、游击张必禄等挑带绿营精壮健足步兵踩勘右手后山形势，于天色将暗时，潜行绕出敌营之后埋伏。初九卯刻，杨芳督同领队安福等统率马步官兵分路进攻，叛军亦分股下压。正在攻击时，郭继昌等率兵由叛军身后呐喊突击进攻，叛军腹背受敌，拼命冲突下山，官兵奋力迎截，且两面夹击，斩擒一千五六百人，叛军拼死冲出及爬山逃脱者，不过百余人。此战，总计官兵伤亡数十名。

经审讯，俘虏供出了这支叛军的组织经过。当大军攻取西四城时，力不能支的博巴克、迈玛特尼雅斯、托克托和卓等人，将从叶尔羌、英吉沙尔二城带出的叛军五六百人，安集延的一二百人，先后逃至浩罕。大军檄谕宣告后，因恐被浩罕伯克拿献，随带同逃出。沿途复凑集了自喀什噶尔等城逃出卡外的在浩罕附近藏匿之叛军，其中有头目爱吉迈玛特、毛拉迈买第、安集延头目提依普、布鲁特头目巴拉特、爱尔底尼雅尔、胡达尼雅

---

① 以上参见朱批奏折，扬威将军长龄、参赞大臣杨遇春，奏为官兵剿洗逆党并浩罕遣使来营以及现在酌办一切情形事，道光七年七月十八日，档号：04－01－01－0685－035。

尔等，各带有安集延、布鲁特等部叛军，并到处纠合穷苦散处的布鲁特人，统共 2000 余人。当闻知张格尔在藏堪时，这些人便商量前往找寻，希冀将张格尔处"随从一齐会合，来与卡外官兵拼死打仗"。俘虏还供称，打仗过程中，看见头目毛拉迈买第、爱吉迈玛特、巴拉特、爱尔底尼雅尔、胡达尼雅尔五人，被官兵枪炮打死，其余生死不明。

此战后，杨芳查勘四周寻找扎营处所。探询前往藏堪、达尔瓦斯之道路，因尤难行走，且逼近浩罕，若再深入，恐浩罕"必生疑惧"，是以仍将官兵暂时扎营于阿赖地方，相机商办。杨芳提出，此战俘获者与战死者，均是之前由西四城逃窜出卡的叛军，是张格尔的死党。今被官军"痛事歼擒"，除其羽翼，且使各布鲁特"咸睹兵威，自必畏惧"，或将张格尔拿献。奏上后，遭道光帝讥讽，朱批：仍在梦中。①

但是，无论如何，在杨遇春的直接指挥下，杨芳已经将自浩罕逃出准备助力张格尔的死党一网打尽，官兵驻扎阿赖地方，不能再往前深入，杨遇春令杨芳当浩罕使者额尔勤巴杂尔比被遣回后，先率兵撤回大营。

浩罕来使　道光七年（1827）七月十三日，前往浩罕的把总谭禄陪同浩罕使者额尔勤巴杂尔比、密尔杂爱斯玛特来到清军官兵大营，呈递了浩罕伯克"来禀"。内称"张格尔并未来境，恳请多赏元宝，即派兵一万，前往擒拿，代为拘禁"等语。对此，杨遇春等认为，浩罕"向以张逆居为奇货，往往造作讹言，为包货免税之计。今复希图重赏，代为擒拿拘禁"，"尤属谲诈"。"若向其索要愈急，伊必愈为得计。"遂严厉晓谕使者道：

> 欲拿张逆，不过因其去岁滋事，戕害官兵，扰害回子之故。若派大兵径行搜拿，又恐扰累尔等外夷地方，是以檄令各部落出力擒献，可膺封赏。此系帝体恤外夷至恩意。否则大兵自进剿以来，旬日之间，杀贼数十万，连复四城，仅剩张格尔穷蹙出卡。若要追拿，何难之有？岂要尔处帮兵助力。恩典虽重，不能赏无功之人。且张格尔此时苟延残喘，亦不过一无能回子，有无何足轻重。尔处既不肯拿献，又不将逆属送出，官兵自能捕获，不必尔处助力。但自尔伯克之祖父，均极恭顺，是以准尔处之人入卡贸易。今既如此，以后尔处买卖永远不必再来。

---

① 以上参见朱批奏折，扬威将军长龄、参赞大臣杨遇春，奏为官兵剿洗逆党并浩罕遣使来营以及现在酌办一切情形事，道光七年七月十八日，档号：04-01-01-0685-035。

对此，道光帝朱批："以上所谕是"。

听杨遇春等此番言语后，浩罕来者"言辞之间，甚形愧惧"，对答其伯克也想出力报效，"无奈张格尔现在达尔瓦斯喀拉提锦一带藏躲，均非我们所管。爱曼想要添兵前去擒拿，又因我们地方连遭饥馑，力量艰难"，并表示返回浩罕后，将清朝皇帝之谕转达伯克。杨遇春等从浩罕伯克呈递的皮张驼绒布匹食物中，仅收下了食物，又酌量赏给使者江绸、茶叶，捎带清廷回谕给浩罕汗。

事后，清廷饬令："以浩罕所言，不足凭信，其求大兵缓进，是其本心。张逆虽釜底游魂，相从尚有数百人，卡外各部落，皆其同类，我兵出卡尤须加意提防。"为此，杨遇春等决议：一面檄谕各部落擒拿张格尔，一面将卡外各兵"妥慎筹酌，可撤即撤"①。

对张格尔去处的分析 实际上，正如前文所述，官兵出卡后，面对的困难并不少。尤因面临道路不熟悉、语言不通的障碍，每次出征或探查情势，不得不选派当地回子作为向导。考虑到对探信、向导等人的信任与可靠程度，必须将这些人所提供的信息分析甄别，不能不信，又不能全信。身处卡外军营的杨遇春等对此问题看得十分清楚，遂对关于张格尔去处的三条信息来源进行了分析判断。

第一条是说的张格尔在拉克沙活动一事。官兵为稳妥起见，对周围地形进行勘察，"探得山后有浮桥一道，与达瓦尔斯、卡拉提锦等各部落相通"，为"杜该逆窜路"，当即饬副将郭继昌等与布鲁特比爱散及回子等迂回前行拆桥。可是，尚未等人马到达山前，布鲁特探报说，达尔瓦斯伯克已将张格尔引入自己辖境。官兵扑空。第二条是针对叶尔羌署阿奇木伯克阿布都尔满所报的消息。说张格尔在达瓦尔斯，自己已经派人前往捕拿。阿布都尔满说的消息大意是派往山里探信的回子赛依木在路上遇见达尔瓦斯的回子呢杂尔，呢杂尔告诉赛依木，达尔瓦斯伯克已将张格尔"圈住"，如差人去，即可送出。阿布都尔满当即差派回子 14 名前往晓谕该伯克即速拿献请赏，只是尚未回报。当然，最终也是劳而无果。第三条是萨底克亲自到营地的禀报。称亲见张格尔带同托胡达等数十人在达尔瓦斯。张格尔向伯克沙伊布拉依木借人，欲与官兵打仗。该伯克没有答应张格尔的要求，只是留其住下，且余众均在藏堪地方活动。

杨遇春等通过综合以上"前后所报各情"，认为虽"均多不一致"，可

---

① 以上参见朱批奏折，扬威将军长龄、参赞大臣杨遇春，奏为官兵剿洗逆党并浩罕遣使来营以及现在酌办一切情形事，道光七年七月十八日，档号：04 - 01 - 01 - 0685 - 035。

是经过仔细分析比对后,还是能够"证之大概情节,其为该逆现在达尔瓦斯、藏堪一带,尚属可信"。为此,杨遇春等在给清廷的奏报中提出:现在张格尔的死党博巴克等已经剿灭,张格尔及其手下也就百人左右。官兵惟有随事随时密切监视,离间卡外布鲁特,减少其给张格尔余部的支持,即可早日拿获。

远在京城的道光帝对这样的结局显然十分不满,在军前所奏来的折子上朱批:"迁延时日,靡费兵饷,零星残匪,仍致损我官兵,有是理乎?若再稍有错失,首逆又不得,试问长龄等能当此重罪耶!凛凛慎之。"面对诘问与不满,军前诸帅经过商议,奏准先令东北官兵分期撤回,杨遇春与杨芳自卡外撤回大营。至七月二十二日时,杨芳部作为末队主力,撤回喀什噶尔大营。① 同时,前方大军加紧撤军事宜的筹办。因在之前的六月二十七日时,负责后勤供应的恒敬等人已抵达军前大营,开始设局筹商善后一切事宜,拟定章程。②

至七月底,天气转寒,南疆大军凯撤时,捕拿张格尔的行动计划依然在进行中。尽管张格尔在逃,不过,道光帝还是嘉奖了赴南疆的将士,以杨遇春收复叶尔羌等城有功,赏还其太子太保衔,交部从优议叙。赏加其子都司杨国佐游击衔。杨遇春手下骁将提督杨芳,因在柯尔坪御敌"著有劳绩",收复和阗"一切布置,俱属得宜,并生擒贼目噶尔勒伊",由所兼云骑尉世职,加恩为骑都尉,乾清门行走,由部从优议叙。其余将领如甘肃提督齐慎、陕西汉中镇总兵吕天俸、四川重庆镇总兵余步云、山东登州镇总兵成玉、甘肃永昌协副将胡超、庄浪协副将李士林、安西协副将郭继昌、金塔协副将张国明、云南曲寻协副将周志林,俱交部从优议叙。③

(五)进京陛见实授总督

进京觐见 道光帝也因杨遇春常年在外带兵,传谕其回京觐见。道光七年(1827)五月十八日,就在杨遇春带兵出卡追捕张格尔时,道光帝谕令:该署督出卡后是否折回,著长龄体察情形。"如必须杨遇春出卡,即著仍留该处,暂缓来京。如杨芳可以接办,仍遵前旨,令杨遇春来京陛见,回署陕甘总督本任。"继之,谕令杨遇春督官兵进关后,先进京陛见,

---

① 是日,杨芳接到杨遇春派员送来的参赞大臣关防。朱批奏折,参赞大臣杨芳,奏报接受参赞大臣关防日期事,道光七年八月十一日,档号:04-01-16-0130-057。
② 以上均见朱批奏折,扬威将军长龄、参赞大臣杨遇春,奏为官兵剿洗逆党并浩罕遣使来营以及现在酌办一切情形事,道光七年七月十八日,档号:04-01-01-0685-035。
③ 《清宣宗实录》卷122,道光七年七月下庚午,第1050—1051页。

再回总督任。①

八月十五日，杨遇春自喀什噶尔抵达乌什，查看城卡防范事务，对不妥不周之处，一一指拨。时因腿疾复发进行调治，上奏清廷，稍事痊愈后即刻北上。② 八月二十五日至九月初四，凯旋大军经阿克苏东归。九月十六日，杨遇春带陕甘各营官兵674名由乌什至阿克苏，在此略为置装，于十九日东旋入觐。③ 当然，道光帝在调杨遇春入关前，就已经盘算好了替代人选，即以杨芳"素娴军旅"，授为参赞大臣，延迟入关，大有以其替代杨遇春办理南疆余留事宜之意，并令杨芳"一切设谋用间及调度追剿各机宜，必须尽心竭力"④，与长龄、武隆阿一起，设法擒拿张格尔。还特别叮嘱杨芳，与长龄等要"商同妥办，知无不言，言无不尽。""不可因有将军在前，意存迁就、观望。"⑤

至十一月间，为保证捕获张格尔进展顺利，长龄与杨芳奏报于大军中请留18000名兵士于南疆。起初，道光帝并不同意，认为"兵贵精，不贵多"，旋又以"元恶未除，自应暂留官兵，用壮声威，以资镇抚"，同意从陕甘等绿营官兵中选17000名，再从已经回撤中的吉林、黑龙江兵士中选1000名，折回喀什噶尔大营。其余官兵"俱著撤回"。当然，实际上，长龄与杨芳在请示奏报时，就已经预留了1000名东北骁勇推迟东归，俟道光帝旨准后，将此部分兵力与绿营官兵进行了分配。其中在喀什噶尔留了吉林、黑龙江、伊犁马队3000名，绿营兵6000余名，其余8000余名分布于乌什、阿克苏、巴尔楚克、排子巴特、和阗、叶尔羌、英吉沙尔及各卡伦防守。⑥

同年十二月，张格尔纠约布鲁特乘年节潜入卡伦，参赞大臣杨芳率部连夜至卡外喀尔铁盖山，分路兜剿，生擒张格尔及其余党头目多人。至此，张格尔之乱完全平息。尽管杨遇春未能参与最后的缉捕，但清廷以其"惟前曾督兵进剿，克复四城，此时首逆就擒，大功告蒇，亦应量予恩

---

① 《清宣宗实录》卷119，道光七年闰五月下甲子，第1102页。
② 朱批奏折，乌什办事大臣多贵，奏报杨遇春抵乌什查看城卡日期并俟腿疾痊愈起程北上事，道光七年，档号：04-01-16-0130-014。
③ 朱批奏折，阿克苏办事大臣长清、容安，奏报近日满汉官兵并署陕甘督臣杨遇春带兵过境人数日期事，档号：04-01-16-0130-075。
④ 《清宣宗实录》卷118，道光七年闰五月上丙午，第985页。
⑤ 朱批奏折，陕西提督杨芳，奏为奉谕补放参赞大臣谢恩事，道光七年六月十三日，档号：04-01-16-0130-011。
⑥ 朱批奏折，扬威将军长龄、参赞大臣杨芳，奏为遵旨分别酌留吉林黑龙江劲旅并满汉官兵事，道光七年十二月，档号：04-01-01-0686-041。

施",故而将其"任内一切处分,悉予开复"①。道光八年(1828)正月二十四日,杨遇春抵京,在圆明园具折请安。

实授总督 杨遇春进京前的二日,道光帝已接到生擒张格尔捷报,大悦。故而先后五次召见杨遇春,每次均详细询问克复四城实情,且盛赞杨遇春自简署陕甘总督以来,办理诸务,悉臻妥协,在被授为参赞大臣差赴南疆军营后,身亲统率,克复喀什噶尔、英吉沙尔、叶尔羌,派委将领收复和阗,亦调度有方,实为尽心出力。被实授予陕甘总督。②

道光八年(1828)二月初一,杨遇春向道光帝告辞出京,三月十五日抵达甘肃省兰州督署,接清廷颁发"陕甘总督关防、王命旗牌、上谕、书籍一切文卷","祗领任事"③。

三月二十三日,当押解张格尔囚车途经兰州时,杨遇春及时向清廷奏报沿途安排护送情况。言明:押解张格尔的官兵已到兰,押解队伍由原派将领刘凤鬵、加派凉州镇总兵哈丰阿、甘凉道朱树等组成,张格尔服帖安静。押送队伍将在兰州暂息一日,整理衣履,更换车马,于二十五日起程东行。为备不测,沿途安排河州镇总兵德克金布、兰州道程裔采接护至泾州,又续派督标中军副将窦德、知府衔升任的盐茶同知陈士桢于沿途小心防范,并飞饬沿途经过地方官兵加意护解,毋致稍有疏虞。

至四月二十一日时,赴南疆平叛大军已经全线撤进关内。从杨遇春的奏报中可知,所有官兵,前于三月二十九日至四月初八,分四起、间四日入关。其中陕甘各营官兵,分起各归原营,其吉林、黑龙江官兵1000余名,除都统吉勒通阿带领59名押解张格尔赴京外,其余官兵958名,均经兰州东行。

五月初,张格尔被解送京师,道光帝亲临午门,历数张格尔煽动、组织武装叛乱的种种罪行。旋即在圆明园廓然大公殿廷讯张格尔,随后处决。④

五月十八日,清廷以杨遇春参赞军务,督率有方,著绘小照,以便绘图彰功绩。七月十九日,清廷绘平定回疆剿擒逆裔功臣杨遇春等40人之像于紫光阁。杨遇春作为参赞大臣、陕甘总督、莽阿巴图鲁、一等男,画

---

① 《清宣宗实录》卷132,道光八年正月癸亥,第9页。
② 《清宣宗实录》卷132,道光八年正月乙丑,第14页。
③ 朱批奏折,陕甘总督杨遇春,奏报到任接印日期并谢恩事,道光八年三月十八日,档号:04-01-16-0132-047。
④ 《清宣宗实录》卷136,道光五年正月壬子,第84页。

像于紫光阁。① 御制赞曰："少年从征，进不知退。怒马横矛，善穿贼队。参赞戎机，克城贼溃。寄以封疆，无惭简在。"②

杨遇春非居功自傲贪功之人，凡有劳绩，必与官兵同享。早在道光七年（1827）四月二十六日，奏大军告竣事宜折时，不仅对南疆军兴约两年的战绩做一总结，且为有功之人，一一请功请赏，生怕遗漏。

对于调拨参战官兵付出辛劳的沿途府县官员，杨遇春也予以请示奖励。说道：自回疆用兵两年中，调集京健两营，并东三省、四川、山东、陕西、甘肃等省官兵36000余名。大军一时云集，需要粮秣费用陡增，而甘省为出关总汇之区，东西南北四路皆有征兵过境，而东自泾州，西至安西，计程40余站，较之疆内南北道路，尤为遥远。为避免顾此失彼，只得派委多员，分投帮办。凡供应车马、支给盐粮，以及押解饷鞘、运送军装、器械，制作兵丁皮棉衣服，采办布匹，催备驼只、骡马等事，均系紧急要需，刻不容缓。督催承办，全赖道府以下各地方官昼夜辛勤，不辞劳瘁，及大小正、佐各员沿途往来，催趱照料，并遴派武职官弁护送弹压。所以，整个战事进展顺利，上述地方人员均有"不可泯没之劳"。而"如本人杨遇春、鄂山，均已屡荷殊恩；即关外沿台供支面斤、草料人员，亦经各城大臣奏蒙恩施逾格；下而至于驿站夫役，亦得查明赏给银两，仰见闾泽均沾、有劳必录之至意"③。

杨遇春还对所有自军兴以来承办帮办差委文武各员，确查核实具奏奖赏。提出"除固原、甘州两提督及藩、臬两司均系大员，不敢仰邀恩施外"，经与同僚再三商酌，均认为"此次承办军务员数较多，虽未便没其微劳，亦不可漫无区别"，复督同藩、臬两司逐一确核，分别等第，选出始终奋勉、尤为出力之道府以下各官31员，武职副将、游击以下各官6员，请清廷予以赏赐。对于文员中劳绩稍次者16员，请部从优议叙；又次者67员，请部议叙。至武职千总、把总以下各员弁，应行酌量拔补，也造册咨部，由总督衙门存记，遇有相应缺出，与军营人员相间轮补。

清廷依照杨遇春奏报，对有功之臣予以奖励和议叙，并谕：杨遇春等奏大功告竣，查明甘肃出力文武各员恩恩鼓励一折，甘肃省此次承办进征

---

① 《清宣宗实录》卷136，道光八年五月丁巳，第88页。
② 清史列传中的御制诗与方略本有一字差别，即"拍马横矛"为"怒马横矛"。参见《清史列传》卷37《大臣传续编二·杨遇春传》，第2901—2914页；《钦定平定回疆剿擒逆裔方略》卷首，《清代方略全书》第96册，第98页。
③ 李光涵：《时斋府君年谱》，《年谱丛刊》第124册，第511—516页。

凯撒兵差，凡出力文武各员，据杨遇春分别等第，开单呈览。该部知道。①

清廷所奖励的有功之臣，实际均是在陕甘行省权力运转的基础班子人员，给这些人请功论赏，为杨遇春在陕甘总督任上一系列大政方针得以实施与贯彻奠定了一个良好的人才基础。可以说，杨遇春在平张格尔乱中，军威远扬，班师凯旋，回陕甘总督任，驻兰州，控嘉峪关，扼出入新疆门户，威风一世，名声威望陡增，却依然平易近人，不居功自傲。当然，对于以功自居者，杨遇春也以身作则，晓以道理，以理服人。

南疆安定后，清廷以伯克伊萨克诱张格尔出，献俘京师，因功加郡王衔。可是，此人"桀黠通华言"，掌权后，飞扬跋扈，"雄长诸伯克，与二子分领三大城"，引起众怒。道光十一年（1831）伊萨克奉诏入朝，一路上自恃功高，益骄侈非分，舆马繁多。所经回疆，诸伯克盛其供张。入甘肃时，更加嚣张跋扈，以致甘肃地方官很没面子。布政使等人商议是否"将迎诸郊"。杨遇春听闻后说道："无须，第视我行事。"遂与伊萨克约好于次日相见。

届时，杨遇春估摸伊萨克将至，"以令箭招至数里外，伊萨克乃单骑从数人来"。杨遇春令督署自戈什哈以上有顶戴者，冠带华服，不佩刀，自辕门平列，至堂下，站满了官员。伊萨克至辕门后，只得下马步行，见两旁官员屏息站立，悄无声息，低头弓腰，不敢仰视。至堂侧少许，杨遇春方才令人呼其入见。伊萨克见堂内虚无一人，遂问道：有人吗？无人应声。此时，杨遇春手下一巡捕出，引导伊萨克穿过几重大厅后，在一便室受杨遇春召见。但见杨遇春"居中高坐，常衣冠，二童子侍旁，于地施红茵一"。伊萨克哪里见过这种阵势，刚到门槛，尚未抬腿跨逾，就赶紧跪地，摘冠叩头。杨遇春令一童子扶以入，命坐。伊萨克再次叩头，谢后乃坐。

杨遇春自拂其髯说："吾老矣！较在回疆时奚若？"伊萨克答道："更精神。"杨遇春又说："汝亦老，须发加白。吾辈受大皇帝厚恩，当思及时报称，为子孙计，无妄想。"伊萨克听之，知道话中带音，赶紧叩头答道："谨受教。"杨遇春又说："大皇帝念汝，少住即行，无多从，宜往谒各官，皆有食物恣汝啖也。"遂令一童子扶之出，伊萨克汗流竟体，裹衣皆湿，上马行数里，神始定。

之后，杨遇春对布政使以下及府县官说："以外藩礼礼之。"第二日，伊萨克出门时，已经"减骑从行"了。有不明其究者问故，杨遇春回应：

---

① 李光涵：《时斋府君年谱》，《年谱丛刊》第 124 册，第 520—528 页。

"兰州为入关第一省会,俾知天朝仪注,他省加礼,乃知恩矣!"杨遇春的个人智慧、魅力与威信,深得南疆民众敬畏。①

三 督管粮台保障供应

张格尔被擒就戮,因清廷长期以来在新疆地区执行的各项政策多有弊端,民族矛盾与隔阂一直没能得到很好地解决,加之浩罕对南疆的觊觎经年日久,不会轻易善罢甘休。数年后,张格尔之兄玉素普即纠众再入卡叛乱,杨遇春往肃州调度一切。

(一)南疆纷乱再起

南疆玉素普再乱,从某种程度上可以说,是张格尔事件的遗患。平张格尔之乱时,赴南疆大军所剿办的只是掀起武装暴力的叛乱者,对于从中离间欲获得商贸利益的浩罕分子以及潜伏南疆的张格尔余孽,并未在短时间内得以完全甄别,叛乱势力并没有完全被肃清,各种隐患依然存在,以致纷乱再起。因此,如何善后是稳定南疆局面的当务之急。

无须讳言,尽管在大军凯撤之初,有关封疆大吏纷纷提出治理南疆的意见和设想,但是并没有引起清廷足够的重视。当时长龄就疏言:新疆回众"崇信和卓,犹西番崇信达赖。即使张逆受擒,尚有兄弟之子在浩罕,终留后患"②。且认为清军仅凭借留兵8000,难以维持这里安定。因而建议惟有赦归尚羁在京师的博罗尼都之子阿布都哈里,③令总辖西四城,可以"服内夷,制外患"。武隆阿也建议"西四城环逼外夷,处处受敌,地不足守,人不足臣,非如东四城为中路不可少之保障。与其靡有用兵饷于无用之地,不如归并东四城,省兵费之半,即可巩(固)如金瓯,似无需更守此漏卮"④。

尽管二人对西四城的治理建议不同,或未必能从根本上解决清廷在管理南疆事务中所造成或遗留的矛盾和隔阂,但均不提倡以武力治理,在一定程度上,可以起到稳定当地百姓情绪的作用。细品长龄的建议,完全出于叛乱初期清廷在南北疆所执行的不当政策所引发的思考,是针对种种难

---

① 以上均见陈其元《庸闲斋笔记》卷12《杨遇春逸事》。
② 《清史稿》卷367《列传》154《长龄传》,第11456页。
③ 道光七年六月,将阿布都哈里及其子孙分拨云南广东广西福建等省安置,永远监禁,直至病故,参见《清宣宗实录》卷220,道光十二年九月丁卯,第285—286页。
④ 《清史稿》卷368《列传》155《武隆阿传》,第11477页。

以在短期内得以解决的一些棘手的关键问题所提出的办法，是能够暂时稳定局势的一些措施，可是被道光帝以"请释逆裔之谬"，将其革职留任，却"诏悉允之"了对变动中的南疆情事了解不多的那彦成及其所提出的"孤立南疆"的意见。

所以，喀什噶尔等西四城收复后，那彦成便以钦差大臣身份前往处理善后事宜，以落实被道光帝允准的通过封锁加以驱逐的手段，隔绝南疆回众与卡外浩罕的关系，求得南疆安定的措施。其核心内容集中体现在严禁与安集延之间的贸易往来，尤其不准许内地的茶叶、大黄等必需品出卡，视南疆的所有安集延人为不安定分子，对流寓的安集延回众，不论良奸，一律驱逐出卡，即使未被驱逐者，也被编户，当差种地。

但是，这些政策的实行效果却适得其反。首先，断绝贸易往来，引起浩罕安集延人的不满。浩罕以内地的安集延人众被驱逐，资产被抄没，而"积怨愤"，遂成为与张格尔余孽相勾结的导火索，在南疆地区再次发动叛乱，以至于"未及两岁，西陲复不靖"。时人亦有"那彦成驱内地安集延，没赀产，绝贸易所致"的论断。其次，杨遇春等平乱后，清廷对留在浩罕的张格尔亲属未予以足够重视，给浩罕从中挑拨离间、威逼利诱的可乘之机，进而使浩罕以张格尔后裔作为强迫清廷与其贸易的砝码，几次以要把张格尔的亲属交给清廷为由，要挟清廷开放贸易，均被道光帝拒绝，且指出："浩罕每籍通商贸易，渔利外夷。此次又以逆裔家属在其手中，居为奇货"。因此，"断不可勒令缚献"，"堕其术中"，使浩罕得计。道光帝甚至认为，即使将来再出现危机，"至极不过又一张逆，一二万兵，即可平定"。这种想法，既忽视张格尔后裔的潜在危险，又忽视强悍浩罕对南疆安全的威胁，反而错误地判断，只要断绝贸易，浩罕无利可图，"日久自当穷蹙"①。孰料，道光十年（1830）八月，浩罕再次支持张格尔之兄玉素普以和卓后裔的身份入卡叛乱。来自喀什噶尔的奏报称，"复有安集延逆回入卡滋事，伤陷大臣官兵"，急请派兵前往救援。②

以玉素普为首叛乱的核心人物，都是张格尔的余党。包括安集延的博巴克，布鲁特的阿坦台、汰劣克、冲莫得特、奇布勒得依，以及浩罕的依萨木萨、胡什伯克等人，还有玉素普的外甥推拉罕及莫洛迈玛底敏、爱散巴图鲁特。叛首们纠集 7 万余人，骚扰抢掠沿线卡伦，夺占南疆西四城。尽管此次依从者少于张格尔叛乱——"布鲁特不肯从逆者尚多，喀什噶尔黑帽回子都

---

① 以上引文均见《清宣宗实录》卷 149，道光八年十二月下癸巳，第 291 页。
② 以上引文均见《清宣宗实录》卷 173，道光十年九月戊午，第 683 页。

不从逆，白帽回子亦不尽从"——可是因守军疏于防范，喀什噶尔、英吉沙尔遭围，叶尔羌亦遭多次进犯，南疆西四城处于万分危急之中。

八月二十五日，杨遇春一面咨令甘肃提督胡超先行带兵赴南疆，一面于兰州着手准备亲驰肃州坐镇。故先与甘肃藩臬两司筹商料理应需官兵粮饷事宜，继挑选督标官兵 1800 名，由兰州道图明额带领，作为前站，先往肃州，打探消息，随时报告，以便自己能够随时随事分析形势，指挥调度，预调官兵，进入战备状态。一俟清廷指令下达，即能保障出关作战的人力物力。同时请旨速简派统兵大员，自己愿随同进剿。

二十六日卯刻，喀什噶尔、叶尔羌、阿克苏等处八百里急报接连经传至杨遇春手中。自此得知，八月初十、十一等日，突有安集延叛军自卡伦扑入喀什噶尔，杀官袭兵后逃跑。巡卡官兵在协办大臣塔斯哈带领下尾追，在明约洛地方，遭遇埋伏，全部阵亡。前往策应的援军也被围困。同时，英吉沙尔也被围，叶尔羌迤西军台俱被叛军抢占，沿途堵截，道路不通，且乌什卡外亦有布鲁特潜往窥伺。各城连发消息，催促清廷派兵前往救援。阿克苏大臣长清速派官兵 300 名赴援。①

针对上述情形，杨遇春认为南疆各处"戡定未久"，人心反复难测，倘若经安集延叛军肆行滋事与煽惑，很难保证不会发生内外勾结之事，更何况此时已经探得叛军企图死困喀什噶尔大城，再由树窝子一带直扑阿克苏，以截断西、东城之间官兵后路。一旦该消息准确，则已处于危急之中的喀什噶尔定难守御，叶尔羌亦难保无虞。阿克苏等各城兵力原本不济，尚须防守本境，断难再分兵救援。而此时的喀什噶尔参赞大臣札隆阿业已发六百里驰奏，表示难以固守，准备突围退往阿克苏。

面对危局，杨遇春经再三筹思斟酌，指出"现在喀什噶尔既已被围，望援更迫，且阿克苏、乌什为进兵扼要之区，尤不可稍有闪失。惟内地相距南疆过于穷远，赴援万里，一时骤难应急"。惟有北疆伊犁、乌鲁木齐以及喀喇沙尔所管辖之土尔扈特、和硕特等处官兵，相距喀什噶尔、叶尔羌较近，遂立即做出具体安排，并请命清廷。

杨遇春的兵力部署有如下特点：一是飞咨伊犁将军玉麟、参赞大臣容安以及成格、萨迎阿等，各自急调一二千名，先行驰往救援。二是飞催已派往肃州的镇标官兵 1000 名，轻装起行出关。三是飞咨甘州提督胡超速带官兵 3000 名启行，至肃州后与轻装前行的镇标官兵整编同行。如此，胡超共带兵 4000 人直驱南疆。杨遇春令其于沿路侦探军情，至阿克苏后，

---

① 李光涵：《时斋府君年谱》，《年谱丛刊》第 125 册，第 49—50 页。

再相机进剿。四是飞咨固原提督杨芳及陕甘各军镇,由杨芳预为挑选官兵3000名,即包括河州、汉中各500名,肃州、西安各1000名,整装待命。五是咨会西安将军挑选满营马队500名,配备一切军械,听候调用。同时,调在前次南疆战事中"带兵得力"的延绥镇总兵郭继昌前往备战。六是飞咨告知南疆各城,大兵业已陆续前往,务须鼓励兵民,晓谕回众,并力固守,以安人心而弭内患。①

此时的道光帝也正在思忖应对办法,接杨遇春奏报后,立即准奏。为达到控制全局,迅速获胜的目的,又一面谕令札隆阿等根据喀什噶尔的实际情况酌量退或守,一面谕令往援大军探明札隆阿等如果退的话,当退守何处,以便往与汇合,共同作战。又特别谕令西四城守城官员,即英吉沙尔领队大臣杨楚克策楞、叶尔羌办事大臣壁昌、帮办大臣常丰、和阗办事大臣诚端、帮办大臣舒伦保、乌什办事大臣常德、帮办大臣景昌、阿克苏办事大臣长清、库车办事大臣常格、喀喇沙尔办事大臣萨迎阿等"严密防范,婴诚守御,不可稍有疏虞",叮嘱众人,密切注意城内各种势力之动向,固守城池,以防叛军里应外合夺城。同时,忧恐兵力不济,又令琦善选调四川官兵3000名,驰赴肃州,并令胡超加速挺进,杨芳迅速出口西行,嘱咐杨遇春将应需官兵粮饷在甘肃封贮银内先行动支应用。为此,杨遇春也表示"不日亲赴肃州,调度一切,候旨遵办"。据事后奏报可知,提督胡超所带官兵,于九月初三带兵起程,初七出关;提督杨芳亦于初九带兵起程,分起前进。九月二十日,杨遇春驰抵肃州。②

当然,在前次平南疆叛乱过程中,作为后援前哨的甘肃地方,在财力物力人力等方面付出许多。此次战事再起,再拿出巨款支援大军西行,困难可以想见。经费匮乏,直接影响到军需饷银的筹备与发放。杨遇春作为后勤总指挥,又身为陕甘总督,深知担负的重任与前路的重重困难。

(二) 坐镇肃州的钦差

为了既能统一指挥大军作战,又能督办后路粮秣事宜,并饬令官兵迅速起程,道光十年(1830)九月初三,清廷任命杨遇春为钦差大臣,统筹赴南疆后路事宜。九月初八,杨遇春自兰州起程,前赴肃州。十一日,在平番县时,接军机大臣字寄的清廷任命及钦差大臣关防一颗。杨遇春深感

---

① 以上均见李光涵《时斋府君年谱》,《年谱丛刊》第125册,第52—54页。
② 朱批奏折,钦差大臣杨遇春奏为驰抵肃州办理军需事,道光十年十月初三,档号:04-01-01-0725-072。

责任重大，也深知"师行粮从，兵食最为急务"。故对督办后路粮草事宜，尤为勤苦上心。①

当然，杨遇春此行没有亲自率部赴南疆，而是坐镇肃州调度，与其已经升任河南巡抚的仲子杨国桢的奏请不无关系。九月初十，杨国桢在奏折中说道："父现带督标官兵驰赴肃州，驻扎调度，以备随时进缴（剿）。""各路大兵云集，自不难速就殄平"，"惟是臣父年逾七旬，虽勇往之慨犹昔，而从征饮食寒暖调护需人。臣兄杨国佐现在四川原籍患病，未能随往"。因而，奏请道光帝允准自己驰赴行营，随父出征，"与公意私情，实为两得"，且提出"所有河南巡抚员缺"，可迅速简放，"以便交卸"。对此，道光帝朱批：忠孝可嘉。另有旨。② 当然，道光帝不可能允准河南巡抚离职的奏请，可是多少还得考虑到杨遇春年迈的现实，故而决定令其坐镇肃州，统一调度。

此时的杨遇春所面对的是自陕甘遴选的近万人大兵，指日接踵出关。而新疆境内自乌鲁木齐等处挑派的满、汉官兵及土尔扈特、民遣兵士近万名也陆续南下。也就是说，不久官兵临集前线，应需粮、料数量之大，是可以想见的。杨遇春在奏折中就说："伏思军务以粮饷为先，而筹办以后路为重。"③ 担心所需粮秣一时准备不及，供应不上，致使有兵无粮，不仅不能平叛，以致军队的稳定都成问题。于是，把解决粮秣的重心放在乌鲁木齐各城及南疆东四城的范围内，也即所谓"口外各城"上，希望就地解决，以节运输靡费。杨遇春最终还是选定哈密、阿克苏为集聚军需中心。具体事宜表现在酌定口粮、置办马料、雇办驼只、军费落实、派送兵丁与制定部署以及坐镇肃州调度一切。

（1）酌定口粮用度，就地采买，以哈密、阿克苏为转输粮秣的中转站与总汇处。杨遇春向清廷奏报，哈密是大军出关、南下总汇之区，以哈密为轴，运转军需，是再合适不过的。为使南输粮秣进展顺利，还应当做到统一指挥，统一行动，建议可以就地选用办理粮秣之人，不必再由内地另行派员。同时推荐哈密办事大臣敦良负责办理粮务。杨遇春认为敦良在平白莲教过程中，办理过粮务，"诸事熟练，人亦精敏"，定能胜任。清廷遂敕令敦良专司其事，仍由杨遇春派能干人员前往，随同经理。

---

① 朱批奏折，奏报祗领钦差大臣关防日期事，道光十年九月十二日，档号：04-01-12-0416-066。
② 录副奏片，河南巡抚杨国桢，奏为喀什噶尔安集延逆回入卡滋事臣父杨遇春年迈请准赴军营协同效用等事，道光十年九月初十，档号：03-4040-047。
③ 李光涵：《时斋府君年谱》，《年谱丛刊》第125册，第81页。

清廷按照前次军务旧例,重申官兵口粮用度,在口内时,每名日给银1钱,至口外时,日给银1钱,白面1斤。所有军粮,准户部奏请,令杨遇春及回疆各该大臣根据形势,在口外各城酌量采购,或者阿克苏附近各城先行采买,以备供支。仍以阿克苏为进兵总汇之区,于此接济。亦令乌鲁木齐都统成格迅即将所运军粮,援运阿克苏,以备所需。得令后的杨遇春飞咨成格,循照前次平定南疆章程,迅速筹备,运输供给,并咨会各城,加紧就地采买,自行办理,务期互相济用。杨遇春将粮秣军需事宜,作为保障南疆平叛的重中之重。

(2) 马料预估置办。马料是首先要解决的军需物资之一。战事发生不久,远在南疆当地指挥的都统成格,已奏报马草不敷应用,请求由内地派员采办供支出关援军。成格说道:随着官兵西行,军需节节起运,需用必定浩繁。若不豫为采办马料,大兵一到,必致贻误。此次还应依照上届军需办过成案,各路官兵马匹应需草料,照口内地方官供应之例支给。自哈密迤西,仍令逐站供支,事竣造销。主张及时拨款采办,量为变通,以专责成。并认为若拨解延迟,则粮运停阻,所备驼只守候需时,费用加大,一旦接续不上,再从内地派员出口采办,已属缓不济急。

杨遇春亦认为新疆各站的马料若自当地供给,的确困难重重。比如乌鲁木齐,向无额征草束,仓贮豆料,亦属有限。况且自乌鲁木齐运粮至阿克苏,有30余站,每石例需脚价银十余两,计运粮5万石,约需运费银70余万两。而新疆各道州库贮经费,可借动项无存。其他如喀喇沙尔、库车两处,料石草束,更属无几。所以,成格在奏报中所述说的回疆"各城不敷支应"的难处,清廷也一时难以解决。①

由是,清廷令杨遇春与鄂山一起,飞速给成格解送已调至安肃道库银20万两,以应急需。也令前次由迪化州向商民汇兑秋季标银20万两,由都统成格出给印领,交商持赴内地请领,并照会安肃道,查照核发,如数兑给。其余银30万两,即行解赴乌鲁木齐。② 同时,令二人提前通盘核算派往南疆大军的军需,特别提出细算马料项,酌量统计口内官兵乘驮马匹共若干、每日应需草若干斤、料若干石,并速派妥员酌带银两出关,协同沿途地方官先期购买齐备,一俟大兵出口,保证支应充足,不误军需。

此次征调各路官兵所需马料,除伊犁、乌鲁木齐等处满汉官兵毋庸供备外,所有调派京营、东三省及陕甘满营官兵、四川绿营、陕甘绿营约计

---

① 《清宣宗实录》卷175,道光十年九月下癸未,第741页。
② 《清宣宗实录》卷176,道光十年十月上壬辰,第756页。

乘驮马 17460 余匹，又调口内各营备战 540 匹，统共约马 18000 匹。若按照路程，即自哈密迤西至阿克苏，计 40 站，共应支仓斗马料 21600 石，10 斤重的草料 72 万束，即约 720 万斤。预算经奏准后，杨遇春即派员酌带银两，在托克逊、喀喇沙尔、库车等城采买购办。①

（3）调集雇办、购置驼只。骆驼是往口外运输兵员粮秣军需的最优交通工具，杨遇春经核计实际派往兵数与应需用驼只数目后，一面具奏，一面咨会各处迅速备办，解往肃州应用。且指出"嗣因奉旨添调官兵及敕派京营、吉林、黑龙江等处劲旅，兵数多，则需驼愈广"。经通盘核计，预估应需驼约 34000 余只。经清廷允准，令内地各州县及归绥道迅速购备办解，②并令凡此拨解驼只，如自山西等处已经雇备完竣，分起解往，由杨遇春逐站严催，加紧迤行，解赴阿克苏。

据前次南疆筹办后勤补给的经验，杨遇春指出，若官为经理驼只办理，难免"牵喂牧养，未能得宜"，况且"每多疲乏倒缺"，不能应军队之需。主张商为购办、就近雇办。即先在甘肃产驼州县，设法广为雇办，不敷之数，再于临近省份置办。故由鄂山札饬阿拉善王玛哈巴拉再行协办 1 万只，自行分起解往，以备拨用。阿拉善王接令后，率子囊都布苏咙及所属公台吉呼图克图旗，呈进驼 2000 只，③另在伊克昭盟的鄂尔多斯贝子七旗，采办壮健驼七八千只，送交宁夏府收转。又分咨山西、陕西迅雇办驼 9000 余只。杨遇春等由内地拨解了一部分驼只，又在乌里雅苏台、科布多等处陆续办理 2 万余只。其中 16000 余只雇用商驼，4000 余只就地采买，每驼 19 两上下，④不仅价格较内地低廉，也节省了沿途喂养费用。如此，驼只备办相对顺利。如札萨克图汗赛因诺颜爱曼所进备的驼只，因所需数额已足，先饬令在东疆古城地方牧放。事后经户部核算，此次战事征用骆驼报部在案的为 40170 余只，甘省采买驼 6996 只，雇驼 11543 只，合计军需买雇及蒙古王公呈进驼为 58700 余只。⑤

然而，乌鲁木齐的驼只除带运本地并吐鲁番以东饷鞘外，⑥有时还用

---

① 《清宣宗实录》卷 177，道光十年十月中辛丑，第 773 页。
② 《清宣宗实录》卷 176，道光十年十月上壬辰，第 740 页。
③ 朱批奏折，奏为现在口外需驼减少请将阿拉善王所进驼只赏还事，道光十一年四月初八日，档号：04-01-01-0724-029。
④ 道光十年十月，阿勒清阿奏购备驼只折内，有内地各州县采买驼 3500 只，每只给价 22 两。参见《清宣宗实录》卷 176，道光十年十月上乙丑，第 755 页。
⑤ 朱批奏折，杨遇春、鄂山，奏为遵旨核办回疆军务饷项驼只事，道光十一年二月二十三日，档号：04-01-01-0725-016。
⑥ 饷鞘，原意是指地方装盛送缴中央的税收银两所用木筒，喻以指地方缴纳的税款。

于转输大营应调军火各物,随着运输任务的加重,前期所购的六七千驼只不敷使用。成格多次奏报,"不得再将协济乌鲁木齐驼只"用于运送大营军火各物,且声称乌鲁木齐所派官兵数千名所用车驼,均由本地驼只直送阿克苏,内地官兵赴征,当应自备驼只。道光十年(1830)十一月初六,军机大臣字寄谕旨,将成格所奏转给杨遇春、鄂山,令其迅速妥为筹划,咨会成格,并奏闻解决结果。

对此,杨遇春认为成格所言属实,乌鲁木齐既有驼只载运量有限,应该增加驼只和调整载运项目。故而从两方面做出调整:一是在内地雇买驼只内,拨给托克逊、喀喇沙尔、库车各处驼3000只,以资转运大营应调军火各物。其中托克逊距喀喇沙尔9站,拨给驼900只,喀喇沙尔距库车12站,拨给驼1200只,库车距阿克苏9站,拨给驼900只。专派西宁道汤鼐,带同委员赴三处筹运。另一是决定自肃州至吐鲁番段,由各地方官负责供运,分饬酌雇驼只,或雇回子车辆,按城递送。

可是事后,成格仍奏称乌鲁木齐所需驼只不敷使用,杨遇春认为肃州已"无力再予以拨付","总不得将协济乌鲁木齐运粮驼只滥用,致误兵糈"。成格所称"将来内地征兵",所用车驼均照乌鲁木齐数千兵丁的派送办法,即由当地直送阿克苏,"似有不妥"。原因在于甘省车辆,多系木轮,难以经久不损,若赶办铁脚车辆,又恐靡饷费时,且车夫等多因站长路生,裹足不前。此与乌鲁木齐常赴回疆各城载运贸易者不同,倘强令甘省车夫前往,诚恐沿途车损夫逃,转致有误军行。为此建议仍照前次军兴中"按站倒换车马供送"的办法解决,清廷允准。

(4)军费落实。有关平叛军费的落实,是根据军情进展逐渐调整的。筹办军需之初,清廷准杨遇春所奏,在甘省藩司动拨封贮银160万两,又拨增经费银18.9万两,及存贮银21.1万两,共银200万两。均转安肃道库军需项下,专供转解口外各城及口内办理军务之用。嗣后因所需繁浩,又先后与鄂山两次奏请酌拨,准借调陕西藩库银100万两,俟部拨军饷过陕时扣留归款。可是,借调陕省的银两虽已起解,尚未到肃州,甘省所拨之200万两,截至十月初二止,也才收到170万两,尚有130万两的缺口。杨遇春也只能将已拨到银陆续分拨口外南北各城。如给内地各属及出关随营粮台,解发160余万两,① 经费明显不敷,急需经费处还包括乌鲁木齐

---

① 参见录副奏折,户部尚书禧恩等,奏为请从陕甘总督杨遇春所请增拨军需银二百万两事,道光十年十月十七日,档号:03-3012-049,又李光涵《时斋府君年谱》,《年谱丛刊》第125册,第124—125页。

汇兑商民银，伊犁之请调经费，以及各处之应找应解、续调续拨，口内供支兵需、雇办驼脚、转运军火粮饷一切等项，款目纷纭，支用繁杂。

道光帝接到经费不敷的奏报后，速下谕旨：杨遇春奏军务需用浩繁，前经饬部，拨银240万两外，尚需筹拨，以资接济。著户部速议具奏。① 而此时，前方大臣因经费不敷，直接预支来年经费，且奏报清廷解决。如玉麟就奏请调解伊犁道光十一年（1831）经费银两。清廷饬令杨遇春筹拨。对此，杨遇春也无可奈何，只得回奏申明一次性筹拨经费较为困难，只能分批次拨解，以解燃眉之急。并表明已往伊犁分次拨解奏折，整年经费银63万两，共分五批拨付。即六月十六日，拨解银10万两，七月十三日拨解21万两，九月二十八日拨解10万两，十月初四拨解10万两，十月初七日拨解10万两。又飞饬肃州军需局迅速添解银2万两。随即拨解完竣。② 总之，此次南疆用款，事后经户部合计，共拨银800万两。③

道光十年（1830）十一月初五，杨遇春对自己坐镇肃州所办军务后勤保障的各项事宜做了总结。说道：此次军务应办后路事宜，自从八月二十六日接报至今，即督率省局、肃局、司道等逐一详慎筹办，现在口外、口内应需粮饷、车驼、马匹、军火诸大端，及一切应行筹备事件，均已备办就绪。并强调了办理过程中随时与鄂山商同且具折会奏，减少纰漏。至于驼脚尚未解运足额，以及军饷后续尚须接济等问题，也已与鄂山详慎核筹奏办，总期无误要需。

（5）派送兵员与制定军事部署。杨遇春不仅尽心于军需后勤，备办粮秣，对南疆军事部署也十分上心，将自己的管理意见与主张不时奏报给清廷。在经历南疆平叛复乱的过程中，道光帝深感甘省军事地位的紧要，一再嘱咐杨遇春务遵前旨，以肃州为前哨，料理一切事宜，"断不可遽行出关，是为至要"。所以，杨遇春谨遵其旨，严格执行。当然，杨遇春作为熟悉边疆事务大臣，面对紧急军务，又不放心，凭借其丰富的军事经验，随时提出建议，贯彻落实清廷的决策。对阿克苏城的防御建议道：阿克苏为南疆各城扼要之区，为大兵屯集之所，必须防守周严，方可再筹进军。还飞咨容安、哈丰阿、长清等将领，嘱咐其在"兵力未厚，后路未周"时，"切不可急于轻进"，务周密防堵阿克苏、乌什二城，顾住后路，再行

---

① 《清宣宗实录》卷177，道光十年十月己亥，第771页。
② 以上均见李光涵《时斋府君年谱》，《年谱丛刊》第125册，第124—125页。
③ 计为甘省封贮银内动拨160万两，有部库银200万两以及各省地丁盐课关税等银440万两，详见朱批奏折，杨遇春、鄂山，奏为遵旨核办回疆军务饷项驼只事，道光十一年二月二十三日，档号：04-01-01-0725-016。

查探情形,妥筹办理。

在兵力部署上,清廷准杨遇春奏,自北疆抽派兵力前往南疆西四城。道光十年(1830)八月二十日,北疆首批官兵起程,由伊犁大臣额尔古伦等所带官兵2000名(又说3500名),伊犁参赞容安带领的由官兵1000名、土尔扈特兵1000名、民遣1000名组成。随同调往的还有自喀喇沙尔所派之土尔扈特、和硕特等兵。至九月十二日,伊犁官兵陆续抵达阿克苏城。继之,乌鲁木齐官兵,亦相继到达。自陕甘往援的官兵是胡超与杨芳部,其中胡超所部,早于九月初七出关,赶往阿克苏,与长清相机固守;杨芳所部自初九起程,往经肃州,赶赴阿克苏。① 如此,杨遇春认为,北疆兵力与口内援军汇集后,足资捍御,阿克苏、乌什二城"自可无虞"。

九月初八,援军尚未赶到时,在南疆的玉麟等人驰奏清廷,报告南路情形紧急,必须厚集兵力,连夜速速进剿。十六日,由军机处转发的此消息转至杨遇春手。其中说道:尽管已经令杨遇春驰赴肃州,督办后路,并照其请调兵11300名,迅速派往救援。可是,据玉麟等所奏,情势并不乐观。清廷又催促杨遇春再增加兵力,"即于陕甘两省各营内再行酌量添派兵数,拣派谙练带兵官员,一面饬催星速前进,一面奏闻,并饬带兵官员一路侦探贼情,加紧遄行,不可稍有迟误"。次日,杨遇春遵旨添派官兵,将所率本标1500名及河州镇标官兵500名,共计2000名,饬令总兵衔中卫协副将马金魁带领,先行出口,接续胡超,藉资策应。俟杨芳随后到肃州,再行催令出关,以期节节策应,相互联络。

对此,清廷认为,目前所筹集的兵力,依然不足平定南疆叛乱,遂令再加以通盘筹酌。为此,杨遇春复对陕甘各营兵额进行检查,除了留足口外各处屯防及西宁防河会哨等常规又必要的差遣外,又奏准自陕甘两提属续添官兵各1500名,宁夏、延绥二镇属各2000名,肃州镇属1000名,西宁、河州、陕安三镇属各500名,西安、宁夏满营各500名,凉州满营200名,庄浪满营100名,共计满、汉官兵10800名,均配备军火、器械,分别马、步队伍,遴选有带兵出征经验、谙练军务之大小将备,分起管带,星速起程。并遵奉谕旨,令出关后侦探情势,急速行进,不得有误。同时,飞催四川官兵迅速驰进剿办。②

九月十九日,杨遇春又接军机大臣字寄九月十一日上谕,令再于西安

---

① 以上见朱批奏折,钦差大臣杨遇春奏为驰抵肃州办理军需事,道光十年十月初三日,档号:04-01-01-0725-072。
② 以上均见《清宣宗实录》卷175,道光十年九月下辛巳,第736页。

满营添调马队 1000 名，预备调遣。而"南路军情紧急，凡各处调派救援官兵，计可陆续赶到，如逆贼闻大兵将至，纷纷逃窜，即可相机进剿"。又考虑到南疆东四城间相距不远，叛军势力猖獗，万一阿克苏有所闪失，就直接威胁到其他几城，并有可能殃及口内。仍再强调"关以内不可无重兵驻扎，杨遇春务遵前旨驻扎肃州，策应一切，毋庸出关"，将所带本标兵 1800 名留于肃州，以壮声威。可见，清廷对南疆军事形势的高度重视与对杨遇春坐镇肃州调度的认可。

在前后所调派赴南疆的 21800 名官兵中，包括自伊犁调官兵民遣乡勇 4500 名，乌鲁木齐 3800 名，土尔扈特、和硕特 1200 名。吉林、黑龙江各 1000 名，四川 6000 名。另外加上陕甘所调官兵，共调兵 3 万有奇。清廷认为，如此数目的兵员，不为不厚，足以平叛。于是，又谕令杨遇春停调原本计划添派的西安等处满营官兵 1300 名，拟于原营预备的陕甘二提属及宁夏等六镇属官兵 9500 名，也暂缓起程，并传谕长龄抵肃州后，与杨遇春会同筹商相机调度，如必须由杨遇春续调之兵前往，即酌量奏调。①

兵力调配齐整后，能否捕捉战机就显得十分重要。早在道光十年（1830）九月初十，杨遇春就奏道：

> 至于口外南路情形，近据各城咨报，贼势虽属紧急，幸就地回众未尽从逆，尚俱固守，且叶尔羌击贼获胜，已挫其锋。惟叠接来文，催兵速进。现在伊犁、乌鲁木齐及喀喇沙尔所派之土尔扈特等处官兵，均已接续会集阿克苏，约计兵力不下万名。如有可进之机，谅容安、哈丰阿等自必先行援应，以解急围。倘兵数尚单，不敷遣用，则必等待胡超兵到，始能前进。飞咨胡超，加紧驰往。②

九月二十日，自阿克苏转出的叶尔羌来信中，杨遇春进一步了解到喀什噶尔、英吉沙尔两城虽被叛军所围，但尚俱固守。而叶尔羌守城军民击退了叛军攻城，阿奇木伯克阿布都尔满令其子及手下得力人员，分带回兵，帮同官兵防堵各处要路，甚为出力。为此，杨遇春分析说："是各该城回众现尚咸知效顺，并未为贼所诱，不待此时，可免内变之虞，即不久大兵齐集进剿，一切堪期顺手。"同时，分催胡超、杨芳，并前后所派之各营官兵，一并接续，加紧巡往，乘机剿办叛军。

---

① 以上均见《清宣宗实录》卷 175，道光十年九月下辛巳，第 737 页。
② 李光涵：《时斋府君年谱》，《年谱丛刊》第 125 册，第 108 页。

杨遇春十分关心胡超等部援军的行进速度。在一份奏折中说道:"十月十六日,胡超轻骑赶赴阿克苏,所带官兵衔尾亦到。今已旬余,想必已与额尔古伦等汇聚。而查哈丰阿所带先头援兵,计期刻下已可由和阗驰抵叶尔羌。"且认为如此的兵力和声势,也会起到震慑附近叛军的目的,使其"不敢再往窥伺"。同时,知会哈丰阿,分进夹击。

不过,出乎杨遇春所料的是,早于道光七年(1830)九月十二日,先期由伊犁参赞大臣容安所带的自伊犁、乌鲁木齐、土尔扈特等各路赴南疆的援兵抵阿克苏后,本应择机围攻叛匪,解救被围的叶尔羌等城。可事实上,容安畏缩迁延,以各种借口拥兵不进,"始以粮运迁延,后又称蒙兵、民遣皆不足恃",嗣又称哈丰阿、孝顺岱于十月初六带兵先赴和阗,察看情形,再由和阗无叛军之处进发。由于容安置吐尔羌危城于度外,反而绕道和阗,"以有用之兵,不径行叶尔羌大路,转于无贼之处绕路前行",耽误了一个多月时间,使本来"贼势尚单,易于援剿",演变为"贼势渐厚",给迅速平叛造成了困难,以至于喀什噶尔、英吉沙尔二城待援甚亟。而叛军又切断各城之间公文往来,致使"文报不通",形势十分危急。清廷降旨将容安革职拿问,长清、哈丰阿交部严加议处。①

此时,清廷得到甘州提督胡超行抵阿克苏的信息,令其带甘肃官兵,迅即进剿叶尔羌。又估计杨芳于十一月初旬抵阿克苏,遂令其接管容安所带官兵,相继而进。令哈朗阿赶到后,亦加紧前行,设法追剿,不可停顿。并令在疆诸位大臣以及率兵将领,集结于阿克苏后,务即迅速进发。如顺利攻取叶尔羌,即长驱直入,进救喀什噶尔、英吉沙尔,务速解二城之围。

(6)坐镇肃州。既然杨遇春作为钦差,坐镇肃州调度一切,期间所经手的不仅仅为备办军需粮秣的分内事宜,很多时候都是从作为一名军事指挥者的角色出发统筹调配的。如道光七年(1830)九月二十一日,杨遇春途次山丹县,遵旨复派预备调遣的西安满营官兵500名驰往,并分催胡超、杨芳及各营官兵赶紧前往阿克苏,相机援剿。继之,又连日督同军需局司道,查核收支军饷,催办车驼马匹一切事宜。

九月二十九日,俟杨芳到肃州。因杨芳所带官兵起程在后,出关已属后队,尽管之前已有谕旨,允其留驻肃州稍事休整,只是,杨遇春唯恐"稍涉拘泥,有误进援重务",督其急速出关。对杨芳所带官兵人数,又经再三斟酌,增派兵力,从督标官兵中选派1690余名,并同河州镇属已到

---

① 《清宣宗实录》卷177,道光十年十月丁酉,第763—767页。

官兵 500 名，共 2200 余名，交予杨芳，于十月初三出关驰往。在杨遇春看来，官兵能够"早到一日，早得一日之用"。又饬催后续抵达的杨芳部下继进。总期充分调动在肃州的兵力，甚至认为，"至肃州应驻官兵，俟续调兵到"①，再当量为留驻。

可见，杨遇春为前方战事着想，在肃州余留的兵员很少，当杨芳带走督标官兵时，肃州守军仅有 200 多名。可在杨遇春看来，这些人员"一切差派，已敷遣用。弹压地方，尚有肃州镇标官兵"。并奏请清廷说：其后到之兵，即可毋庸再行留驻，是以均饬令尽数前进，以资助剿。朱批准行。②

所以，积极筹备、挑选派送作战官兵，是杨遇春后勤保障工作的重要方面。及时向清廷奏报已派遣参战官兵人数，以及已抵战场与行进途中大军情形。截至道光十年（1830）十月三十日，陕甘各营初派进征官兵，共 11000 余名，均已全数出关。后续的京营、四川、东北官兵，分别在十一月初抵达肃州。③ 当出关兵力足够调配后，十月初七，叶尔羌反击也获胜。杨遇春圆满地完成了战事初起时的相关事宜。

（三）顺势罢兵

除了调度兵力外，杨遇春认真研究南疆至北京再辗转至肃州自己手中的军情咨讯。伴随南疆收复西四城的战事进展顺利，出关援兵足资敷用，清廷往南疆输送兵员的工作可以停止。所以，道光十年（1830）十二月初五，杨遇春将输送兵力情形向清廷汇报。应该说，最后一批调拨的四川官兵 3000 名，于十一月十三日至二十九日陆续抵达肃州，其中 2000 人及时出关后，继之应当赴疆的尚有 1000 名，还有自吉林、黑龙江赶来的 500 余名官兵，共计 1500 余名，计划于十一月三十日进疆。

在此之前，杨遇春接到提督哈丰阿自喀什噶尔专来的消息，称其所率官兵于十一月初四、五两日在叶尔羌获胜，遂乘胜进至哈拉布札什迤西地方，又获胜仗，已于十四日驰抵英吉沙尔，并解该城之围，预备进抵喀什噶尔。据此信息，杨遇春判断道："自系该城贼匪亦已廓清，重围悉解"。即传令已在肃州尚未动身的四川、吉林、黑龙江官兵 1500 名，暂缓前行，听候消息，再定进止。

---

① 《清宣宗实录》卷 177，道光十年十月己亥，第 771 页。
② 详见李光涵：《时斋府君年谱》，《年谱丛刊》第 125 册，第 116 页。
③ 李光涵：《时斋府君年谱》，《年谱丛刊》第 125 册，第 113—114 页。

在等待喀什噶尔的消息时，杨遇春又接来自乌什及参赞杨芳的咨报，可知"喀什噶尔贼众，闻大兵进援，先已逃逸"。为此，又仔细核算了已赴南疆的兵力，认为足以获取胜仗，且分析道：以援军胡超、杨芳等所率之兵作为主力，已不下两万，而哈丰阿所部等"业经到彼"，"谅必贼踪溃散"。况且之前长龄过肃州时，也曾奏明一俟"前途报就肃清"，当将后起官兵"量为停止"。所以，如果喀什噶尔等处"逆氛已靖"，则肃州之四川、吉林、黑龙江官兵，似可酌量减撤，以节糜费。①

此时，又接杨芳来信，称："陕西前后队官兵足敷剿办，并办理善后，其余随后派往的三省马队、四川步队，可以不必多用。"得此确切消息后，杨遇春一面与长龄咨商是否酌量减撤军队，一面会同署理陕甘总督鄂山，于道光十年（1830）十二月二十五日奏为减撤官兵并酌撤驼马缘由折，向清廷奏报请示停派兵员。朱批："所办是。一俟长龄咨覆，即行照办。钦此。"此时南疆的札隆阿也奏报清廷，驻军军费无多，未接到"减撤官兵之旨"，意在请示是否撤兵。十二月十九日，杨遇春接经长龄转来的准奏传牌，饬令撤回已、未出关之京营、吉林、黑龙江、西安满营、四川官兵，各归营伍。②

得令的杨遇春，又投入紧张的撤退官兵回营的工作中。随即飞传东西路各厅州县，赶紧雇备车马，照例妥为供支，以黑龙江官兵作为头起，依次撤回，并饬局咨司酌发备供银两，分别委派妥干人员，解往各厅州县具领应用，以免借口亏挪仓库各款。同时，仍照进征章程，委派文武大员，分段稽查照料，以免滋扰闾阎。道光十一年（1831）正月初四、五两日，京营两起凯撤官兵，已先后自南疆至肃州，杨遇春督率照料东归。继之，经肃州东返的是西安满营官兵。此时，清廷也准杨遇春奏，将在肃州棚养的前自陕西、甘肃二省调拨解往哈密的京营、吉林、黑龙江三处官兵乘骑营马5010匹，自肃州军营解退各营，分散喂养，以节约费用。

另外，为达到兵食足用，帑项不致虚糜的目的，杨遇春认为尚余留在南疆军营中的官员以及弁兵跟役等约有2万余人，其所需口粮较之前3万多人，已经大大减少。加之，南疆各城叛军已肃清，该2万多人所需粮秣可就地采买解决，为此而筹备的运输粮秣之驼只也可酌减。经请准后，即飞咨乌鲁木齐都统及各城大臣，并札饬台员、粮员，核计大营每日所需粮

---

① 朱批奏折，钦差大臣杨遇春、署理陕西巡抚赴肃州颜伯焘，奏为喀什噶尔减撤官兵现已接续进关并酌撤口外各台委员事，道光十一年正月十一日，档号：04-01-01-0724-049，又李光涵《时斋府君年谱》，《年谱丛刊》第125册，第127—128页。
② 《清宣宗实录》卷182，道光十年十二月下辛亥，第879页。

秣数量、各城相距道里之远近，酌留预雇用驼只，以备所需，其多余驼只，就近变价散卖。

官兵陆续入关返回原地后，各级将领回复原任也被提上日程。道光十一年（1831）正月初十，杨遇春接到自南疆成格、萨迎阿来信称：内地委员也可减撤。于是，杨遇春又给鄂山信函，商量将前派往托克逊各台之道府正佐委员一概撤回，其各台应办粮运等事，交乌鲁木齐管员承办。

此时，抵达阿克苏筹议善后的长龄，对应留兵若干，需饷若干，如何定局，做出核计。而在肃州的杨遇春，待长龄咨照到达之前，已将应办事务抓紧料理完竣，并按照清廷谕旨，俟所有战时机构撤销后，即撤回本任。与其一同撤回原任的还有鄂山、颜伯焘。①

随着大军凯撤，杨遇春认为"肃州军需局已无应办要件"，遂处置善后事宜，并向清廷表示，已经"将一应文案、账目饬局逐细查明，开造总册，同原卷一并解省备销，余剩银两，存贮安肃道库备支"，又令"总办之臬司惠丰及直隶、甘肃委员、书吏等均各旋回"，以节糜费。至于此后如有应拨饷项及未尽事宜，即交安肃道盖运长随时转解办理。同时，仍酌留委员数人，以备差派。②

二月十一日，杨遇春奏准裁撤肃州军需局，归并兰州省局。肃州军需局设置于道光十年（1830）九月，至撤销时，历时半载，承担完成了肃州后路所有应办军需事宜，包括所有进征、减撤的各起兵差。③ 至十一年（1831）二月底，所经办的军饷、驼只各项中，共收军饷银417万余两，除支发官兵份例、车驼、脚价及恩赏兵丁皮衣等银70余万两外，其余均拨解出口，并兑还乌鲁木齐商民汇项。军需局至撤销时，尚存银7万余两。杨遇春核计所余银两，以及已解大营及各城饷银，认为足够敷用，并计划"前途如需续调饷银，再当随时酌拨"④。

至于驼只一项，前后共收陕、甘、晋以及乌里雅苏台、阿拉善王等各处解到雇买驼26000余只，随时分拨各城台应用。撤局之时，乌鲁木齐粮运已停，需用较战时减少。杨遇春令除了分咨各处核实酌留必需之驼只外，其余

---

① 以上详见朱批奏折，钦差大臣杨遇春，署理陕西巡抚赴肃州颜伯焘，奏为喀什噶尔减撤官兵现已接续进关并酌撤口外各台委员事，道光十一年正月十一日，档号：04-01-01-0724-049。
② 李光涵：《时斋府君年谱》，《年谱丛刊》第125册，第143—145页。
③ 朱批奏折，钦差大臣杨遇春、颜伯焘，奏为裁撤肃州军需局并遵旨起程回任各日期事，道光十一年二月十一日，档号：04-01-01-0725-014。
④ 《清宣宗实录》卷183，道光十一年正月丁丑，第902页。

即照前已奏准原案，分别就近退变，以节省脚价、喂养之费。另外，原肃州局拨剩及未出关官兵交还驼2000余只，亦均遣散、变价售卖。①

道光十一年（1831）二月十二日，即肃州军需局裁撤归并兰州省局的次日，杨遇春将预备办理所费军需各项报销事宜的人选问题和意见奏报道：颜伯焘已驰回直隶藩司本任，半载以来，颜伯焘系一手经理报销事件，不难按款钩稽，次第核办，现即已回直隶本任。况直隶地方紧要，藩司事务殷繁，自可无须再行来甘，以省往返。至于所有此次"军需事务，均经省、肃两局司道随事禀商等办，一切款目，均臻熟晰，应用饷项，亦俱查照定例及上届准销成案核实支发。各属承办兵差，又系按起先行酌发银两，预备供支，随案报查，别无牵混"②。且进一步说道：

> 刻下自己甫经旋省，经与鄂山面商，俟此时前路善后事宜虽未定局，应拨军饷一时尚难截数，而内地应销各案，可着手先行赶办。并提出打算由自己督率司道等，催令各属抓紧造报，逐一认真稽核，陆续题咨。务期实用实销，绝不稍任浮冒。朱批：严查浮冒，不可忽略。③

杨遇春料理完竣肃州一切事务后，奉旨回任，于道光十一年（1831）二月十四日自肃州起程往兰州。④回署后，委派专员赴京赍缴钦差大臣关防，并按清廷谕令接替已经任命为四川总督的鄂山，仍任陕甘总督。至于由兰州局报销军需事项，清廷令杨遇春或派司道大员核办，或由上届主办官颜伯焘一手经理，请杨遇春酌量考虑定夺。⑤

三月初二，杨遇春抵达兰州。自是，杨遇春在肃州办理军务又历半年，遂自鄂山手中接过陕甘总督关防及王命旗牌等项，重又肩负起陕甘总督重担。⑥

---

① 朱批奏折，奏为现在口外需驼减少请将阿拉善王所进驼只赏还事，道光十一年四月初八日，档号：04-01-01-0724-029。
② 录副奏折，陕甘总督杨遇春，奏为复奏藩司颜伯焘已回直隶本任无庸来甘事，道光十一年三月初五，档号：03-2609-065。
③ 李光涵：《时斋府君年谱》，《年谱丛刊》第125册，第148—150页。
④ 朱批奏折，署理陕甘总督鄂山，奏为肃州军需局遵旨裁撤直隶藩司颜伯焘抵兰州督臣杨遇春自肃州起程回任事，道光十一年二月十八日，档号：04-01-12-0419-080。
⑤ 道光十一年三月初二，杨遇春接准军机大臣字寄道光十一年二月十八日上谕，参见李光涵《时斋府君年谱》，《年谱丛刊》第125册，第147页。
⑥ 录副奏折，新授四川总督鄂山，奏报交卸督篆日期并请将甘肃盘查案件会同新任陕甘总督杨遇春办理事，道光十一年三月初五日，档号：03-4042-028。

四 督办军费奏销事宜

　　清代的战事军费奏销有别于平常军费奏销与常规奏销制度，对此，学界已有专门的研究成果。从罗尔纲、陈锋的研究可知，战事军费奏销具有临时、多变的复杂性。①而战事期间具体费用走向与奏销事实，尚需做深入探讨。通过梳理相关档案文献可知，依照清例，军费报销是在军务告竣后，始行查办，②奏户部核销，③所用军费允许分案奏销。一般而言，战事结束后，战时军需局和督办粮务处撤销，一切奏销案件改由藩司汇核查办，奏销案件较多的也"设立报销总局以主其事"④。战时军需局的账目转交报销局时，所有军需各项的报销清册，俱经当时主要领兵大员过问、核准，结算格式包括旧管、新收、开除和实在等"四柱"基本项。道光年间南疆前后两次平叛所动用的一切银粮款项，主要由陕甘总督杨遇春负责设局查办报销，以归核实。最终将所有军需费用分销归结为以"案"字样的正、尾题本奏销，每案细分若干清"册"⑤。通过梳理相关档案，试就奏销不同阶段军费拨付总额的不同记录与奏销时段划分及其过程中各类奏销案册情节的复杂性以及因人因事因时而临时多变的特事特办、当军费数目发生抵牾时而流于形式的核查或不了了之等面相加以考察，以展现奏销制度中战时军费奏销的利弊及对整个财政经济乃至官制的影响。⑥

① 军费奏销分为日常兵马钱粮支出军费与战时拨付银钱粮料驼车军费报销，即战事军费奏销，具体是指"兴大兵役时的特别支出"，因战事进展随时随地而不同，战后报销时，"先将原拨银两数目作为初案新收，次列开除若干，实存若干，以初案的实存，作为次案的旧管。支出数目，逐案层递滚算，分门别类，挨次题销"。参见罗尔纲《绿营兵志》，第373页，又陈锋《清代军费研究》中"战时军费奏销"节，武汉大学出版社1992年版，第176—189页，及氏文《清代前期奏销制度与政策演变》，见《历史研究》2000年第2期。
② 乾隆初年，军需所费也有特殊，由随时造报改增而奏准以奉到部文之日起定限一年造报。参见朱批奏折，大学士仍管川陕总督查郎阿，奏请酌定军需奏销限期事，乾隆元年八月二十二日，档号：04-01-01-0007-027。
③ 军费奏销由户部掌管，参见昆冈等纂光绪《大清会典事例》卷177《户部26·田赋19·奏销》，中华书局1991年版，第1247页，又"户部奏，国家所赖者赋税，官兵所倚者俸饷，关系匪轻"，参见《清世祖实录》卷84，顺治十一年六月癸未，第666页。
④ 参见陈锋《清代军费研究》，第178页。
⑤ 朱批奏折，奏为甘省兰肃二局及哈密正尾各案军需报销全行完竣事，道光十年八月三十日，档号：04-01-01-0715-053。
⑥ 主要部分参见赵珍《清道光朝南疆战事军费奏销考述》，《中国社会经济史研究》2020年第3期。

（一）战时军费奏销册案概目

至于杨遇春两次奏销的战时军费案册总数目，限于史料零散，目前整理尚不确切。可是，从道光十年（1830）八月三十日杨遇春所奏甘省"兰肃二局及哈密正尾各案军需报销全行完竣"事折可知，仅第一次南疆进征凯旋由甘肃兰州、肃州二局奏销正项 85 案，尾案 12 案。又哈密进征凯旋奏销正项 15 案，尾项 3 案。① 各案册正项奏销项目包括所费军需各项、人员口食等支过银粮的报销账目，也有尾案报销以及户部在报销完成后所进行的审核汇报事宜。兹就笔者所能寓目不完全档案整理为《道光年间两次南疆军需所费奏销各案细目概表》。②

表 1　　道光年间两次南疆军需所费奏销各案细目概表

序号	案序	具文时间			报销各项名目	报销银两数目	报销粮料数目
		第一次奏销	第二次奏销	户部抄出奏销			
1	第1案③		道光十一年十月初三日	道光十二年六月初十日④	各省满汉出征官兵支过廪给盐菜口粮例马料草等项	银 4989498.97 两，制钱 1 万串文	仓贮京斗粟米66.77 石，仓斗豌豆 32.55 石，厂贮 10 斤重谷草 27991 束

---

① 朱批奏折，奏为甘省兰肃二局及哈密正尾各案军需报销全行完竣事，道光十年八月三十日，档号：04-01-01-0715-053。
② 所罗列的自第一案至第七十一案的 73 件奏销案，均为所费军需各项、人员口食等支过银粮的报销账目，也有尾案报销以及户部在报销完成后所进行的审核汇报事宜。值得说明的是，检索上述表中所搜求到的报销各案档案数目，仅罗列有一半不到的档案记载，也按照户部核销档案对查（不完全统计），补缺了几案。有些缺м，原本可按户部尚书禧恩奏折补缺，考虑到非杨遇春亲奏，故而留白。
③ 户科题本，杨遇春（本表以下未特别注明均为杨遇春奏），题请核销军需报销第一案动支银两各数事，道光十一年十月初三日，档号：02-01-04-20488-003。
④ 户科题本，户部尚书禧恩、署理户部尚书文孚，题为遵旨察核陕甘总督杨遇春题销甘省道光十年办理回疆军需第一案供应官兵银粮事，道光十二年六月初十日，档号：02-01-04-20555-002。

续表

序号	案序	具文时间			报销各项名目	报销银两数目	报销粮料数目
		第一次奏销	第二次奏销	户部抄出奏销			
2	又第1案①		道光十三年十二月十七日		道光十年份供支各省官兵赏俸行装盐菜口粮驮折夫价马乾车价例马料草并押解军饷官兵盐菜脚价以及采买拨解阿克苏军粮马匹等银	银163933.77两	白面587877斤,京斗小麦6500石,仓斗料864.3石,10斤重草28210束(下同)
3	尾案第1案②		道光十三年二月二十二日		道光十年、十一年肃局拨给各委员管解阿克苏交收备用买过驼只支过采买料草牵夫口食等银	银12125.57两	
4	第2案③			道光十三年十二月十七日④	喀喇沙尔供支军营凯撤陕甘各营官兵盐粮,乘坐车马朋带军火,支过脚价并押解军火粮饷、驼只,官兵盐粮赢脚以及采买拨运各台站粮料、草束价值,运脚等项	银76799两,当伍普尔钱400串文	白面120717斤,仓斗料1475石,草22705束

---

① 户科题本,题为报销甘省办理回疆二次军需喀喇沙尔第一案供支各省满汉官兵各项银粮事,道光十三年十二月十七日,档号:02-01-04-20625-013。
② 户科题本,题为报销回疆二次军需尾案第一案支过肃局拨解阿克苏驼只料草等项银两事,道光十三年二月二十二日,档号:02-01-04-20624-008。
③ 户科题本,题请核销甘省办理回疆二次军需喀喇沙尔第二案供支军营凯撤陕甘官兵等各项银两事,道光十三年十二月十七日,档号:02-01-04-20625-011。
④ 疑此档时间有误,因正案奏销时间不应当晚于尾案奏销时间。翻检原档,并无明确时间记载,此时间可能为档案整理者所加。

第三章　维护西北边疆安定　201

续表

序号	案序	具文时间			报销各项名目	报销银两数目	报销粮料数目
		第一次奏销	第二次奏销	户部抄出奏销			
5	又第2案①		道光十三年二月二十二日		道光十年、十一年哈密粮台供支陕甘各营进征官兵乘坐车马脚价料草口食等项	银110597两	豌豆1219.3石，粟米35石，白面4519斤，草6384束
6	尾案第2案②			道光十一年十月二十五日	办理回疆军需哈密厅报销尾案第二案供支续撤留防陕甘各提镇营并留哈密退回官兵盐菜驮折夫价马乾口粮乘坐车马带回军械支过车驮脚价并拨运各台站粮料草束以及官兵经过各站需用水浆赁窨价值等银两	银87227.14两	
7	又尾案第2案③		道光十三年二月二十二日		道光十年托克逊各粮台借支养廉并购备官兵例马粮草价并兰肃二局拨给滚运军火粮饷驼只支过脚价等银	银48630两	

---

① 户科题本，题为报销回疆二次军需哈密粮台第二案供支陕甘进征等官兵银粮事，道光十三年二月二十二日，档号：02-01-04-20624-006。
② 户科题本，户部尚书禧恩，户部尚书王鼎，题为遵查甘肃省办理回疆军需哈密厅报销尾案第二案供支续撤留防等官兵各项银两数目，道光十一年十月二十五日，档号02-01-04-20488-023。
③ 户科题本，题为报销回疆二次军需尾案第二案支过奉派托克逊粮台委员借支养廉等项银两事，道光十三年二月二十二日，档号：02-01-04-20624-009。

续表

序号	案序	具文时间			报销各项名目	报销银两数目	报销粮料数目
		第一次奏销	第二次奏销	户部抄出奏销			
8	第3案①	道光九年九月十五日			供支各省绿营官兵盐菜口粮驼折夫价马乾车价并皮衣恤赏等项	银2064679两	白面16413494斤，京斗料40728石
9	又第3案②		道光十三年二月二十二日		哈密粮台道光十年、十一年等年接供陕甘满汉各营进征官兵行至中途并奉文折回并拨解军物修理桥道银粮	银42552两	豌豆157.62石，草5254束，白面2361斤
10	第4案③	道光九年九月二十四日			随营办差文员及书识匠役添设军台草料赏项、采买喂养马匹、进征官兵草料、投诚等回众盐粮、解运军装盘费等项	银461631两	白面353885斤
11	又第4案④		道光十三年二月二十二日		道光十年、十一年等年哈密粮台办理俸赏行装文职养廉及兰肃二局拨解口外军饷买雇驼只料草脚价及拨运各站粮料草束运脚价值等	银188590两	采买粟米262石，白面80412斤，豌豆6570石

---

① 户科题本，题报甘省各局台供支各省绿营官兵盐粮第三案请销银两数目事，道光九年九月十五日，档号：02-01-04-20405-001。
② 户科题本，题为报销回疆二次军需哈密粮台第三案供支陕甘进征等官兵各项银粮事，道光十三年二月二十二日，档号：02-01-04-20624-007。
③ 户科题本，题报甘省办理随营文员等用过盐粮等第四案各银两数目事，道光九年九月二十四日，档号：02-01-04-20405-003。
④ 户科题本，题为报销回疆二次军需哈密粮台第四案供支进征官兵各项银粮事，道光十三年二月二十二日，档号：02-01-04-20624-005。

续表

序号	案序	具文时间			报销各项名目	报销银两数目	报销粮料数目
		第一次奏销	第二次奏销	户部抄出奏销			
12	第5案①			道光十一年十月初三	各属供支调派喀什噶尔进剿逆回四库、西安、汉中、甘肃、固原、永昌、西宁、河州督标并兰州城守等提镇协营官兵，乘坐车辆马赢脚价守候料草、喂夫口食等项	银97957两	仓贮仓斗豌豆129石，厂贮草65975束
13	尾案第5案②			道光十年三月十六日	甘肃办理回疆军需尾案第五案各属供支陕甘各营征兵家属自制棉衣棉裤用过车骡脚价包裹并押解弁兵盘费盐菜口粮骑骡脚力等项银	9061.53＝8548.27＋513.24	
14	又尾案第5案③			道光十四年正月二十六日	道光十年并六年分甘省各提镇协营并各州县领过奉派出征即在喀什噶尔等处驻防遇贼打仗阵亡受伤等并守城守汛堵水淹毙、因功遇害以及立功后病故各官兵恤赏、伤赏等项	银105720两	

---

① 户科题本，题请核销军需报销第五案各属供支调派进剿官兵车辆脚价口粮等项银两数目事，道光十一年十月初三日，档号：02-01-04-20488-001。
② 户科抄出陕甘总督杨遇春题销，户科题本，户部尚书禧恩，大学士署理户部尚书王鼎，题为遵核甘肃办理回疆军需尾案第五案各属供支陕甘各营征兵家属制衣等物用过车价等银事，道光十年三月十六日，档号02-01-04-20440-010。
③ 户科题本，题请报销回疆二次军需尾案第五案甘省各提镇协营并各州县领过阵伤亡故官兵恤赏银两事，道光十四年正月二十六日，档号：02-01-04-20676-007。

续表

序号	案序	具文时间			报销各项名目	报销银两数目	报销粮料数目
		第一次奏销	第二次奏销	户部抄出奏销			
15	第6案①	道光九年六月初三			哈密厅道光六七两年供支过哈密粮台委员、书吏、盐粮并所属各军塘添安夫马用过工料站价等项银粮	请销银9211两，内除节省银896两外，实请销银8314两	采买京斗粟米86.2石、仓斗豌豆894.8石，拨运白面36193斤
16	尾案第6案	道光九年九月十五日			甘省道光六七两年拨解帐房等用过工料银两	销银5154.24两	
17	尾案第6案②		道光十四年正月二十六日		各属道光十年、十二年供支西宁、汉中、河州等处差派官兵等用过盘费口食等项银两	银15362.78两	白面345斤，仓储仓斗小麦3.39石
18	第7案③		道光十一年十一月二十一日		初续调陕甘满汉各营出征官兵支过赏俸行装并例借整装等项	银174468两	

---

① 户科题本，题请核销甘省道光六七两年供支哈密粮台所属各营支过夫马等银两事，道光九年六月初三，档号：02-01-04-20403-011。

② 户科题本，题请核销回疆二次军需尾案第六案道光十等年供支西宁等处差派官兵等用过盘费口食等项银两事，道光十四年正月二十六日，档号：02-01-04-20676-009。

③ 户科题本，题请核销军需报销第七案初续调陕甘满汉各营出征官兵俸赏等项银两数目事，道光十一年十一月二十一日，档号：02-01-04-20489-014。

续表

序号	案序	具文时间			报销各项名目	报销银两数目	报销粮料数目
		第一次奏销	第二次奏销	户部抄出奏销			
19	尾案第7案①			道光十四年正月二十六日	各属道光十一、十二年供支撤回官兵盐菜口粮例马料草、拨解口外军饷支过脚价等银粮	银20372两	白面98657斤,京斗粳米30.79石,京斗粟米1065.58石,仓斗料1171.99石,草39066束
20	第8案②		道光十一年十一月二十一日		各属供支道光十年续次调派喀什噶尔进剿逆回并行至中途止回西安满营、四川、延绥、陕安、甘肃、固原、凉州、永昌、宁夏、西宁、河州等提镇协营官兵乘坐车马、用过脚价料草、口食等项	银96346两	仓贮仓斗豌豆218石,厂贮10斤重草17556束
21	尾案第8案③			道光十四年正月二十八日	道光十二年等份各属供支军营撤回陕甘各提镇协营官兵朋带并外带军械需用车辆马赢、驼只、脚价、守候、料草、喂夫口食等项	银9892两	仓斗豌豆2石,厂贮草2285束

① 户科题本,题请核销回疆二次军需尾案第七案道光十一、十二年供支撤回官兵盐菜口粮例马料草等银两事,道光十四年正月二十六日,档号:02-01-04-20676-008。
② 户科题本,请核销军需报销第八案各省供支上年调派进剿逆回官兵银两各数事,道光十一年十一月二十一日,档号:02-01-04-20489-015。
③ 户科题本,题请核销回疆二次军需尾案第八案道光十二年等年供支撤回陕甘官兵朋带军械用过脚价等项银两事,道光十四年正月二十八日,档号:02-01-04-20676-010。

续表

序号	案序	具文时间			报销各项名目	报销银两数目	报销粮料数目
		第一次奏销	第二次奏销	户部抄出奏销			
22	第9案①	道光八年十月二十七日			道光六年甘省各省供支奉调四川省各营进剿官兵盐菜口粮等项银两草束	银13301两	厂贮草1000束
23	尾案第9案②		道光十四年正月二十八日		各属道光十二年三月供支军营撤回京营并陕甘各提镇协营官兵坐车辆脚价等项	银116111.75两	豌豆274.37石头,草29739束
24	第10案③		道光十二年二月初十		各属供支陕甘二省买雇驼只、喂养料草、牵夫口食、制办鞍屉负重、空行脚价、采买粮料草束价值等项	银535026两	仓贮仓斗豌豆6874石,仓斗大麦1651石,仓斗大豆1766石,厂贮草107844束
25	又第10案④			道光十二年九月三十日	题为遵旨察核陕甘总督题销甘省道光十年办理回疆军需第十案买雇驼只喂养料草牵夫口食制办鞍屉以及负重空行脚价押解官兵盘费骡脚采买料草价值等项	535026.94 = 516627.60 + 1443.42 + 16955.92（工部查核）	同上

① 户科题本,题为奏效军需第九案内赶到省赶到六年供支奉调西川省各营进剿官兵盐菜等项银两草束事,道光八年十月二十七日,档号：02-01-04-20340-013。
② 户科题本,题请核销回疆二次军需尾案第九案供支撤回京营并陕甘官兵乘坐车辆脚价等项银两事,道光十四年正月二十八日,档号：02-01-04-20676-011。
③ 户科题本,陕甘总督兼甘肃巡抚事,题为甘省军需报销第十案各属供支陕甘二省买雇驼只喂养料草等项钱粮请销事,道光十二年二月初十日,档号：02-01-04-20550-013。
④ 户科题本,户部尚书禧恩,署理户部尚书文孚,题为遵旨察核陕甘总督题销甘省道光十年办理回疆军需第十案买雇驼只用过银两事,道光十二年九月三十日,档号02-01-04-20557-016。

第三章　维护西北边疆安定　207

续表

序号	案序	具文时间			报销各项名目	报销银两数目	报销粮料数目
		第一次奏销	第二次奏销	户部抄出奏销			
26	第11案①	道光十二年二月初十			各属供支奉调宁夏、凉、庄三满营，陕省满汉各营，并甘省固原、宁夏、西宁、河州督标，凉州、永昌等提镇协营解送肃州喂养预备东三省官兵乘骑备战马匹支过料草盘脚、各属协济车辆、马嬴雇价、口食，安设腰站夫马工料，添练木筏渡夫工食等项	银32064两	仓贮仓斗豌豆42石，厂贮草36965束
27	尾案第11案②	道光十年闰四月二十四日			各属造报道光六七八年份支给各省满汉各营官兵盐菜马乾并带解车辆马匹驼只拨云军饷粮饷支过脚价料草以及采办大营药材，押解官役兵丁盐粮，病亡官兵运输回籍夫价车价等项银粮。	银73994.59两，内除节省银736.68，实报73257.379	仓贮京斗小麦2467.66石；拨运仓斗豌豆28.97石，大麦92.8石，青草3306束

---

① 户科题本，题为甘省军需报销第十一案各属供支奉调各营马匹支过料草盘脚等银请销事，道光十二年二月初十日，档号：02-01-04-20550-015。
② 该题本有"尾案第一案起至第十案"字样，参见户科题本，题为奏销甘肃省口外逆回滋事军需案尾案第十一案银粮事，道光十年闰四月二十四日，档号：02-01-04-20443-010。

续表

序号	案序	具文时间			报销各项名目	报销银两数目	报销粮料数目
		第一次奏销	第二次奏销	户部抄出奏销			
28	第12案①	道光十二年二月初十			肃州军需局并肃州、安西两直隶州及所属玉门、敦煌两县拨解口外各军营粮台备用军饷粮面料豆用过车驼脚价,并装粮口袋口绳价值夫工以及押解官役兵丁盐粮盘脚等项②	银76867两	仓贮京斗小麦3064石,厂贮京斗豌豆8000石
29	又第12案③	道光十二年闰九月初四			遵旨察核陕甘总督题销甘省道光十年办理回疆军需第十二案拨解军粮用过脚价等银两事	银两数同上	同上
30	第13案④	道光十二年四月十三日			各属供支前赴进征固原、宁夏、四川各营官兵盐菜口粮例马料并采买粳、粟、米、豆草价等项	银28810两	仓贮京斗粟米12石,仓贮豌豆42石,厂贮草5684石

---

① 户科题本,题为甘省军需报销第十二案肃州等属拨解军饷粮草用过脚价等银请销事,道光十二年二月初十日,档号:02-01-04-20550-014。
② 户科题本,户部尚书禧恩,题为遵旨察核陕甘总督题销甘省道光十年办理回疆军需第十二案拨解军粮用过脚价等银两事,道光十二年闰九月初四日,档号02-01-04-20557-017。同道光十二年二月初十日第12案的杨遇春奏销银两数同,当是杨遇春奏销后的户部核算。
③ 是与杨遇春上折后的核算相同。
④ 户科题本,题为甘省军需报销第十三案各属供支前赴进征固原各营官兵银两请销事,道光十二年四月十三日,档号:02-01-04-20552-003。

第三章　维护西北边疆安定　209

续表

序号	案序	具文时间			报销各项名目	报销银两数目	报销粮料数目
		第一次奏销	第二次奏销	户部抄出奏销			
31	第14案①	道光八年十一月初二			道光六年（第一次军兴）甘省各属供支奉调甘肃固原二提属并凉州、宁夏、西宁、河州督标等镇协营进剿官兵外带军械应需车赢脚价守候料草喂夫口食等项银两料草	银24618两	仓贮仓斗豌豆96石4斗，厂贮草10746束
32	又第14案②		道光九年十二月十六日		甘省办理回疆军需第十四案供支撤回民勇并押解首逆等进京员伯克通事回子人等支过盐粮口粮食物车马脚价等项银两	银328.59＋81.6＋2496.6＝2906.88两	
33	又再第14案③			道光十二年十一月初三	陕甘总督题销甘省道光十年办理回疆军需第十四案供应陕甘二省满汉各营派调进征官兵支过盐菜口粮口食驮折夫价例马料草乾银采买粮料价值等	银22305.24两，制钱18000串	

① 户科题本，题为奏销军需第十四案甘省道光六年供支奉调固原等提协营进剿官兵脚价等项银两草束事，道光八年十一月初二日，档号：02-01-04-20340-015。
② 户科题本，户部尚书禧恩，户部尚书王鼎，题为遵察甘省办理回疆军需第十四案供支撤回民勇等盐粮银两事，道光九年十二月十六日，档号02-01-04-20405-013。
③ 户科题本，户部尚书禧恩，署理户部尚书文孚，题为遵旨察核陕甘总督题销甘省道光十年办理回疆军需第十四案供应陕甘官兵支过银粮事，道光十二年十一月初三日，档号02-01-04-20560-006。

续表

序号	案序	具文时间			报销各项名目	报销银两数目	报销粮料数目
		第一次奏销	第二次奏销	户部抄出奏销			
34	第15案①			道光十二年四月二十六日	旧存银206027两（第2次军需）	239.98（户）2480.62（兵）	
35	又第15案②			道光十年三月初六	哈密厅报销供支军营凯旋官兵马匹料草等	87204.82＝73526.41＋13678.41	
36	第17案	道光九年七月初四			驼只用银（第一次南疆）	银194518.33两	
37	又第17案③			道光十二年十二月十一日	官兵用银（道光十年用过，当为第二次南疆）。其中仅支过盐菜银86312.5两	旧管银1344911两	

---

① 户科题本，户部尚书禧恩，题为遵察陕西省道光十年协济甘省军需第十五案供应各营官兵口粮等项银两事，道光十二年四月二十六日，档号：02-01-04-20564-011。（档中有第2次军需请销前来字样）禧恩等奏，户科抄出陕西巡抚史谱题销的道光十年陕西省协济甘剿办逆回军需第十五案供应汉中镇属各营派赴甘肃口外进征官兵沿途支过口粮例马料草车马脚价等项造册具题请销前来，其中：旧存银206027两，由户部驳查银239.98，兵部查核银2480.62，共开除银2722.69，余银与旧存银相符。

② 户科题本，户部尚书禧恩，题为遵旨察核甘肃省办理回疆军需哈密厅报销第十五案供支凯旋官兵马匹料草等项银两事，道光十年三月初六日，档号：02-01-04-20440-001。

③ 户科题本，户部尚书禧恩，题为遵察甘肃省道光十年办理回疆军需第十七案供应调派出征官兵支过盐菜等项银数事，道光十二年十二月十一日，档号：02-01-04-20562-001。（第十七案有两条相关档案，一是关于"买解肃州驼用过银子"，档号：02-01-04-20403-016，另一是出征官兵用过盐菜银。）

续表

序号	案序	具文时间			报销各项名目	报销银两数目	报销粮料数目
		第一次奏销	第二次奏销	户部抄出奏销			
38	第18案①			道光九年六月十九日	旧管军需银2356794.88两，制钱27000串，实际存银2299345.58，制钱27000串，与户部核算符合	户部准销57228.96，工部查核221.2，共开除57447.29	
39	第19案②	道光八年十一月十一日			道光六年（第一次军兴）甘省各属供支宁夏、凉州、庄浪三满营并陕省满汉各营及甘肃、固原二提属，凉州、宁夏、西宁、河州督标等镇协营奉文调解喀什噶尔军营备战马匹暨解肃预备东三省进剿官兵乘骑马匹沿途应需料草栓喂棚槽牵夫口食以及押解并兵盘脚等项银两料草	银41560两	仓贮仓斗豌豆183石，厂贮草80132束
40	第20案③			道光九年七月二十日	甘省办理回疆军需供支军营军械用过脚价等银两应准开销	银18372.95两，钱27000文	

---

① 户科题本，户部尚书禧恩，题为遵察甘省办理回疆军需第十八案供支陕甘二省马价等银两应准开销事，道光九年六月十九日，档号：02-01-04-20403-015。
② 户科题本，题为奏销军需第十九案道光六年甘省供支宁夏等镇协营奉调喀什噶尔马匹应需银两料草事，道光八年十一月十一日，档号：02-01-04-20342-018。
③ 户科题本，户部尚书禧恩，题为遵察甘省办理回疆军需第二十案供支军营军械用过脚价等银两应准开销事，道光九年七月二十日，档号：02-01-04-20403-018。

续表

序号	案序	具文时间			报销各项名目	报销银两数目	报销粮料数目
		第一次奏销	第二次奏销	户部抄出奏销			
41	第21案①	道光八年十一月十一日			甘省道光六年供支二次调派陕甘各提镇营拨解肃州备供吉林、黑龙江进剿官兵军火器械应需车赢脚价包裹等项	银8523两	
42	第23案②	道光八年十一月十五日			道光六年甘省供支调派陕甘满汉各营拨解肃州转运军营续用帐房即解送马匹衣履官兵外带军械，应需车赢脚价包裹等项	银4282两	
43	第24案③			道光九年七月十七日	甘省办理回疆军需供支军营马鞍等用过价银应准开销④	银5346.24两，制钱27000串文	
44	第26案⑤	道光八年十一月十五日			道光六年甘省供支调派陕甘各营军火等项应需脚价等项	银9089两	

---

① 户科题本，题为奏销军需第二十一案甘省道光六年供支二次调派陕甘备供进剿官兵军火等项银两事，道光八年十一月十一日，档号：02-01-04-20340-018。
② 户科题本，题为奏销军需第二十三案道光六年甘省供支调派陕甘各营官兵账房等项应需脚价等银事，道光八年十一月十五日，档号：02-01-04-20342-019。
③ 户科题本，户部尚书禧恩，题为遵察甘省办理回疆军需第二十四案供支军营马鞍等用过价银应准开销事，档号：02-01-04-20403-017。
④ 户科题本，户部尚书禧恩，题为遵察甘省办理回疆军需第二十四案供支军营马鞍等用过价银应准开销事，档号：02-01-04-20403-017。
⑤ 户科题本，题为奏销军需第二十六案道光六年甘省供支调派陕甘各营军火等项应需脚价等项银事，道光八年十一月十五日，档号：02-01-04-20342-020。

续表

序号	案序	具文时间			报销各项名目	报销银两数目	报销粮料数目
		第一次奏销	第二次奏销	户部抄出奏销			
45	第27案①	道光八年十一月二十日			道光六年军兴起至道光七年年底止供支甘省各属接运协甘军饷并省局拨解肃州军需局转拨口外各处军饷制钱用过车驼赢脚等项	银36429两	
46	第29案②	道光八年十一月二十二日			道光六年甘省狄道、靖远、平番、古浪、镇番、武威、永昌、东乐、张掖、抚彝、高台等厅州县县丞购办解肃备供双套铁脚单套木轮车辆马骡用过价值,喂养料草夫工口食等项银两料草	银46037两	仓贮仓斗豌豆12石,厂贮草16366束
47	第31案③			道光九年八月十九日	甘省过派调各省文职官员骑驮马匹减半折支马价等银两	银 1930.56 + 7800.12 = 69730.69 两,钱27000串文	

---

① 户科题本,题为奏销军需第二十七案甘省自军兴起至道光七年底供支接运协甘军饷应需车脚等项银两事,道光八年十一月二十日,档号:02-01-04-20340-023。

② 户科题本,题为奏销军需第二十九案道光六年甘省购办解肃备供车辆马骡用过价值等项银两事,道光八年十一月二十二日,档号:02-01-04-20342-021。

③ 户科题本,户部尚书禧恩,题为遵察甘省办理回疆军需第三十一案支过派调各省文职官员骑驮马匹减半折支马价等银两事,档号:02-01-04-20404-006。

续表

序号	案序	具文时间			报销各项名目	报销银两数目	报销粮料数目
		第一次奏销	第二次奏销	户部抄出奏销			
48	第32案①			道光九年九月初五	甘省办解大营药材茶封驮骡等项银两	银 16576.67 两 = 6232.12 + 22.6 + 10321.99	
49	第34案②	道光八年十一月二十八日			道光六年甘省奉文雇觅协济沿途州县供支进剿逆回满汉官兵乘坐马骡车辆需用脚价料草夫工等项	银 3355 两	
50	第39案③	道光八年十二月初九			道光六年甘省高台以西、肃州等州县供支初续两次奉调四川省各提协营进剿官兵支过盐菜口粮马乾等项	银 576 两	买运京斗粳米 29 石，仓贮京斗小麦10274 石
51	第41案④	道光八年十二月初九			道光六年甘省高台以西、肃、安二州接供奉调陕西、山东、四川等省进剿官兵外带军械应需车骡驼只脚价守候料草喂夫口食等项	银 17782 两	

① 户科题本，户部尚书禧恩，题为遵察甘省办理回疆军需第三十二案办解大营药材等项银两应准开销事，档号：02-01-04-20399-003。
② 户科题本，题为奏销军需第三十四案甘省道光六年供支进剿官兵乘坐车马需用脚价等项银两事，道光八年十一月二十八日，档号：02-01-04-20340-028。
③ 户科题本，题为奏销军需第三十九案道光六年甘省供支初续两次奉调四川进剿官兵支过盐粮等项银两事，道光八年十二月初九日，档号：02-01-04-20342-024。
④ 户科题本，题为奏销军需第四十一案甘省道光六年肃安二州接供奉调陕西等省进剿官兵应需脚价等银事，道光八年十二月初九日，档号：02-01-04-20341-009。

第三章 维护西北边疆安定　215

续表

序号	案序	具文时间			报销各项名目	报销银两数目	报销粮料数目
		第一次奏销	第二次奏销	户部抄出奏销			
52	第42案①	道光八年十二月初九			甘省肃州等处道光六年供支西安满营进剿官兵盐粮等项	银23688两	买运京斗粳米28石，搬运仓斗豌豆132石，仓贮仓斗豌豆49石，厂贮草1935束
53	第43案②	道光八年十二月初九			道光六年甘省肃州供支奉调西安满营进剿官兵乘坐车辆马骡脚价守候料草喂夫口食等项	银33177两	
54	第44案③	道光八年十二月初九			道光六年宁夏、凉州、庄浪三满营防守官兵粮草等	银5576两	厂贮京斗粟米159石，仓贮仓斗豌豆277石，厂贮草13887束
55	第45案④	道光八年十二月初九			道光六年甘省肃州、安西、玉门等州县接供奉调西安、宁夏、凉州、庄浪四满营官兵，外带军械需用车马驼骡脚价料草口食等项	银7733两	

① 户科题本，题为奏销军需第四十二案甘省肃州等处道光六年供支西安满营进剿官兵盐粮等项银两事，道光八年十二月初九日，档号：02-01-04-20341-010。
② 户科题本，题为奏销军需第四十三案甘省肃州道光六年供支奉调西安满营进剿官兵脚价等项银两事，道光八年十二月初九日，档号：02-01-04-20341-011。
③ 户科题本，题为奏销军需第四十四案道光六年甘省肃州等属供支宁夏等处前赴哈密官兵应需银两料草事，道光八年十二月初九日，档号：02-01-04-20342-022。
④ 户科题本，题为奏销军需第四十五案道光六年甘省肃州等属接供奉调西安等营官兵应需车马脚价等银事，道光八年十二月初九日，档号：02-01-04-20342-023。

续表

序号	案序	具文时间			报销各项名目	报销银两数目	报销粮料数目
		第一次奏销	第二次奏销	户部抄出奏销			
56	第46案①	道光八年十二月十四日			道光六年甘省肃州等州县供支奉调本省各提镇营进剿官兵支过盐粮驮马等项银两料草	银13488两	买运京斗粳米7升,仓贮京斗粟米6石,京斗小麦2802石,仓斗豌豆174石,厂贮草8476束
57	第47案②	道光八年十二月十四日			道光六年甘省肃州等厅州县供支奉调督标伍营并甘肃、固原两提属及凉州、宁夏、西宁、肃州、河州各提镇协营进剿官兵乘坐车辆马赢脚价守候料草喂夫口食等项	银110383两	
58	第48案③	道光八年十二月十四日			道光六年甘省肃州并所属各厅县接供奉调本省各提镇营进剿官兵外带军械应需车马驼赢脚价料草口食包裹等项	银36746两	

① 户科题本,题为奏销军需第四十六案道光六年甘省供支奉调本省进剿官兵支过盐粮等项银两料草事,道光八年十二月十四日,档号:02-01-04-20342-029。
② 户科题本,题为奏销军需第四十七案道光六年甘省供支奉调督标等营进剿官兵应需车辆脚价等项银两事,道光八年十二月十四日,档号:02-01-04-20342-025。
③ 户科题本,题为奏销军需第四十八案甘肃肃州等州厅县接供奉调本省进剿官兵应需脚价等项银两事,道光八年十二月十四日,档号:02-01-04-20341-020。

第三章　维护西北边疆安定　217

续表

序号	案序	具文时间			报销各项名目	报销银两数目	报销粮料数目
		第一次奏销	第二次奏销	户部抄出奏销			
59	第49案①	道光八年十二月十四日			道光六七两年甘省肃州、安西两州接供陕甘各提镇营拨解预备进剿官兵应需帐房、军火各物支过车驼脚价并添制包裹等项	银42124两	
60	第50案②			道光九年八月二十二日	肃州安西等州接供陕甘各提镇营拨解一切军装军火等脚价银两	银21083.15两	
61	第51案③	道光八年十二月十四日			道光六七两年甘省肃州、安西两州并抚彝、高台、玉门、敦煌等厅县供支肃州镇属各营拨解吉林、黑龙江官兵应需帐房、铅药、火绳、铁砂、马鞍并解送哈密还款铅斤及置备鸟枪、腰刀各物、支过车赢驼只、脚价、包裹等项	银5426两	

① 户科题本，题为奏销军需第四十九案道光六七两年甘省接供陕甘各营拨解预备进剿官兵军火支过银两事，道光八年十二月十四日，档号：02-01-04-20342-026。
② 户科题本，户部尚书禧恩，题为遵察甘省办理回疆军需第五十案拨解军装等脚价银两应准开销事，档号：02-01-04-20404-007。
③ 户科题本，题为奏销军需第五十一案道光六七两年甘省供支吉林等省官兵军火等项支过银两事，道光八年十二月十四日，档号：02-01-04-20342-027。

续表

序号	案序	具文时间			报销各项名目	报销银两数目	报销粮料数目
		第一次奏销	第二次奏销	户部抄出奏销			
62	第52案①	道光八年十二月十四日			道光六七两年甘省肃州、安西两州并抚彝、高台、玉门、敦煌等厅县供支肃州镇属各营拨解军营铅药、火绳战箭封口群（绳）子、马掌、战弓等物支过车赢驼只、脚价、包裹等项	银15854两	
63	第54案②			道光九年九月初一	办解车辆用过价脚等银	银5437.42两 = 3413.27 + 24.14 + 2000	
64	第55案③			道光九年九月初十	用过车驮脚价及用过官役盘费盐粮骡脚等项	银26476.77两	
65	第57案④	道光八年十二月十九日			道光六年肃局办解大营、伊犁、乌鲁木齐等处领取口袋、茶叶、皮衣、皮帽并各属发运哈密等州厅县、安西等处粮料、草束、置办口袋用过工价以及驼只等项	银30813两	

---

① 户科题本，题为奏销军需第五十二案道光六七两年甘省供支拨解军营军火支过脚价等项银两事，道光八年十二月十四日，档号：02 - 01 - 04 - 20342 - 028。

② 户科题本，户部尚书禧恩，题为遵察甘省办理回疆军需第五十四案办解车辆用过价脚等银两应准开销事，档号：02 - 01 - 04 - 20404 - 008。

③ 户科题本，户部尚书禧恩，题为遵察甘省办理回疆军需第五十五案运送军饷用过脚价等银两应准开销事，档号：02 - 01 - 04 - 20404 - 010。

④ 户科题本，题为奏销军需第五十七案道光六年甘省办解大营等处口袋等物并拨运粮料用过工价等银事，道光八年十二月十九日，档号：02 - 01 - 04 - 20341 - 024。

续表

序号	案序	具文时间			报销各项名目	报销银两数目	报销粮料数目
		第一次奏销	第二次奏销	户部抄出奏销			
66	第60案①	道光八年十二月十九日			道光六七两年甘省肃州等州县接供陕甘各营差派押解军火器械、帐房等物并兵支过盐粮盘脚等项银粮	银 2515 两	仓贮京斗小麦 127.4 石
67	第64案②		道光九年九月三十日		委运军火等支过料草工食等	银 144887.49 两	
68	第65案③		道光九年九月二十五日		题为遵察甘省办理疆军需第六十五案口外吐鲁番、托克逊、喀喇沙尔、库车等处粮台办差文员支过盐菜口粮骑驼马匹减半折夫以及随带书识医生匠役安家行装车价工食口粮夫工等银两事	20942.77 + 424.76 = 21367.53	道光八年十二月十日题，九年三月二十五日奉旨核察

---

① 户科题本，题为奏销军需第六十案道光六七两年甘省接供陕甘各营押运官兵支过盐粮等项银粮事，道光八年十二月十九日，档号：02－01－04－20342－030。

② 户科题本，户部尚书禧恩，题为遵察甘省办理回疆军需第六十四案委运军火等支过料草工食等银两事，02－01－04－20405－005。

③ 户科题本，户部尚书禧恩，题为遵察甘省办理疆军需第六十五案口外办差文员支过盐粮等银两事，档号：02－01－04－20405－004。

续表

序号	案序	具文时间 第一次奏销	具文时间 第二次奏销	户部抄出奏销	报销各项名目	报销银两数目	报销粮料数目
69	第66案①			道光九年九月初九日	解送马匹军火官兵并办差大员在吐鲁番等处粮台借支粘补衣履并兑借本任养廉银	银12450.91两	扣还银
70	第67案②	道光八年十二月二十日			道光六七两年吐鲁番等处粮台雇觅护台护送军火军饷民夫支过口食并各粮员租赁收贮银粮料草民房拴喂马匹棚槽价值等项	银15053两	
71	第69案③			道光九年十月十七日	吐鲁番等台委员接运阿克苏等处军饷用过驼脚并盐菜口粮等	银11135.38两	
72	第71案④			道光九年十月十六日（道光九年三月初六日档内日期）	各省官兵借支俸饷银	692485.51 = 602269.95 + 850 + 89365.56	拨伊犁、乌鲁木齐、哈密、库车、阿克苏、喀喇沙尔等处军饷银

必须说明的是，由于军费统计相当复杂，事后奏销更加烦琐，加之笔者能够寓目杨遇春所奏报销档案分散零乱，为考察奏销情形的完整程度，

---

① 户科题本，户部尚书禧恩，题为遵察甘省办理回疆军需第六十六案解送马匹等用过价银事，档号：02-01-04-20404-009。
② 户科题本，题请核销军需报销第六十七案道光六七两年吐鲁番等处粮台雇用民夫支过口食等项银两事，道光八年十二月二十日，档号：02-01-04-20342-031。
③ 户科题本，户部尚书禧恩，题为遵察甘省办理回疆军需第六十九案委运军饷用过驼脚等银两应准开销事，档号：02-01-04-20405-007。
④ 户科题本，户部尚书禧恩，题为遵察甘省办理回疆军需第七十一案各省官兵借支俸饷等银两应准开销事，02-01-04-20405-006。

又参照了户部在事后核查找补抄出的对应案,因而此项在时间上明显滞后,也就是说报销具文时间及时段划分与军需拨款支出的前后次序并不是相互对应或衔接匹配,甚而截然分开,是为弥补杨遇春奏销史料不足或者说不完整的补救。如第 5 案与第 5 案尾案的奏销内容为第一次南疆军需支出费用,因缺杨遇春奏销原始件,只能采用户部事后抄出件档,故而第 5 案、尾案第 5 案、又尾案第 5 案的具文年份较杨遇春在第一次军需后的实际奏销时间要滞后,分别采用了户部事后核查的道光十年(1830)、十一年和十四年的具文时间,还涉及又尾案第 5 案道光十年支出费用报销,与户科题本及其他史料显示的九年九月时杨遇春已奏销的"尾案第六案"所记录的"旧管""实在"等项不符。① 因而以事后户部核实补充的档案记录来补充杨遇春主持奏销时档案的缺失,是为笔者在理解和分排上针对奏销的复杂程度所采用的便宜处理办法。

(二) 两次军费总额记录误差及奏销阶段

总观杨遇春所经手奏销案,可以分为两个阶段。之所以这样划分,一是缘于第一次南疆战事后,杨遇春即着手军费的奏销,期间因战火再燃,以钦差大臣身份赴肃州坐镇,将未完成的奏销事宜转交予鄂山,直到战事平息,肃州军需局撤销,杨遇春回兰州复接手核查奏销事宜。② 二是梳理核查档案及实录可知,南疆军费有两次总额支出,杨遇春亦相应经手两次总报销。只是,因两次军费项目核销审查并非出自一人之手,也存在两次军费支出的混同奏销之事。

就整个南疆军需费用的拨付而言,学界既有研究采用了 1200 万余两、900 万余两笔经费数目。③ 笔者详细核对实录与档案,查得两次战事均有相应的不同军费总额数据,涉及户部、军机处与实录的记载误差。即第一次战事支出军费总额有两种记录,一种是实录所记载的 1116.5 万两,④ 另

---

① 户科题本,题报甘省道光六七两年拨解帐房等用过工料银两数目事,道光九年九月十五日,档号:02-01-04-20405-002。
② 朱批奏折,新授四川总督鄂山,奏报交卸署陕督篆日期并请将甘肃盘查案件会同督臣杨遇春办理事,道光十一年三月初五日,档号:04-01-12-0419-180。
③ 陈锋认为的"军费概数":初次回疆之役,1200 万余两(即 1236.5 万两,其加上了预留兵员增补项 120 万两);二次回疆之役,900 万余两。参见氏著《清代军费研究》,第 273—275 页。
④ 此为战事中先期拨付费用,即实际战事拨付项,而战后因余留兵员驻防增补的 120 万两当不包括在内。参见《清宣宗实录》卷 129,道光七年十一月上癸丑,第 1154 页。

一种是杨遇春奏销时军机处档记录的1316.3万两。①第二次支出为800.45万两，②这是杨遇春提请户部奏销的核查总数，其中战事军需费用拨付包括"部库银二百万两，甘肃封贮银一百六十万两，各省地丁盐课关税等银四百四十万两"，以及驮运军火"共驼四万一百七十余只"③。当然，杨遇春还有一个关于清廷实拨给兰州、肃州二局的第二次南疆军费总拨付与开支的、给道光帝的详细奏销报告。其中说到"查回疆二次军需节经部拨各省协甘军饷并核扣各案平余等项"，共收银1027.4882万两，制钱28000串文，内除拨解口外各处并兑会银824.5242万两，制钱10000串文，计兰、肃二局实收银202.9640万两，制钱18000串文。如果按银钱时价1∶1计，我们可以核算出总拨数为1030.2882万，拨解口外825.5242万，兰肃收204.7640万，此与杨遇春提请户部奏销的第二次军需拨付费用数额相差过大。

在对两次军费的奏销报告中，杨遇春继续说到："核计进征正案报销自第一案起至第十七案止"，共造销银181.4900万两，又"尾案自第一案起至第十案止"，共造销银59.8319万两，两次共造销银241.3220万两。另有使用期间以及报销造的垫用银、应还借动司库及安肃道库各款银68.0044万两。此笔垫用，包括兰州局，各粮台正尾案报销，大营、库车粮员的尾案报销收造，喀喇沙尔两名粮员正、尾案报销收造，哈密两名粮员正、尾案报销收造的各借款，"均系应行归还"款，且除了"省款内销借之项，饬司移明安肃道还款，其余原动支司库制钱一并易银解司收款，以归实储"。杨遇春亦明确表示，此次奏报的"除将造到收支银两总数清册送部查核外，所有兰、肃二局正、尾各案报销一律全行完竣"。朱批：户部议奏。④

如此，我们有理由相信，第二次南疆战事军费拨付也在一千万两以上，只是，将杨遇春所说的约1030万两与提请户部奏销的800万两相较，

---

① 包括制钱3万串文，参见朱批奏折，奏为甘省兰肃二局及哈密正尾各案军需报销全行完竣事，道光十年八月三十日，档号：04-01-01-0715-053。

② 户科题本，题请核销军需报销第一案动支银粮各数事，道光十一年十月初三日，档号：02-01-04-20488-003。（而在陈锋研究中多增加的100万两，经笔者查核，当为札隆阿因喀什噶尔存剩经费不敷奏请增补100万两。因此时已收复喀城，清廷谕令长龄、杨遇春等就留兵等情形预算后再报。参见《清宣宗实录》卷182，道光十年十二月辛亥，第879页。）

③ 其中"除解往乌鲁木齐等处外，实解大营银五百六万两，现存司库银八十一万九千余两"。参见《清宣宗实录》卷182，道光十年十二月下戊申，第875页；户科题本，题请核销军需报销第一案动支银粮各数事，道光十一年十月初三日，档号：02-01-04-20488-003；又录副奏折，户部尚书禧恩等，奏为请从陕甘总督杨遇春所请增拨军需银二百万两事，道光十年十月十七日，档号：03-3012-049。

④ 以上均见朱批奏折，奏为甘省兰肃二局正尾各案军需报销全行完竣查明总数事，道光十四年二月初二日，档号：04-01-01-0752-033。

疑似提请户部奏销的仅仅就战时拨解口外的约825.5万之数，不包括兰、肃两局所收的204.7万两。只能说，由于史料限制，以往学界所采用的南疆第二次战事所拨付的费用数目有待补正之处。细究两次军费拨付数，寓目记载纷杂，辨析战事经费拨付均有两种记载，因而，合计两次用兵共银也就有了两种书写，即实录所载、杨遇春提请户部核查与奏报宫中军机处档所载数目，第一种以实录与杨遇春提请户部的数核计两次用兵共拨银1916.95万两，第二种杨遇春奏报宫中的共拨银2346.5万两。可见，编辑实录所载的两次战事军费数均采用了户部核销后的数据，基本与目前学界所采用的数据一致，而当事人杨遇春奏报军机处的数据，应该为战时实际支出的原始数据，相对准确。只是受档案资料的局限，为以往研究所忽视。无论哪种记载，共拨银数均几乎占到了道光朝平均年财政收入的一半，① 数额庞大。这里我们更倾向于杨遇春奏报宫中道光帝，即由军机处录写的两次奏销数目：第一次军需拨付军费总额为1316.3万两，第二次军需拨付军费总额为1030.2万两。详见两次南疆拨付军费总额比较简表。

表2　　　　　　　　两次南疆拨付军费总额比较简表

单位：万两

批次与差额 书写与数目	第一次南疆军费 拨付数目		第二次南疆军费 拨付数目		二次拨付 比较差额
第一种书写	实录记载	1116.5	提请户部、实录载	800.45	316.05
第二种书写	奏报宫中	1316.3	奏报宫中	1030.2	286.1
两种书写比较差额		199.8		229.75	
两次拨付总合计	第一种书写	1916.95	第二种书写	2346.5	429.55

细究杨遇春所奏的第一次战事后奏销情形，可以看出，杨遇春奏报宫中的实际支出超过实录记载的原额拨付数，约超出第一种记载为199.8万余两，而就第二种记载的1316.3万两而言，也多有垫付。兹就第二种记载银两数稍作考察。

道光十年（1830）八月三十日，在杨遇春所奏甘省"兰肃二局及哈密

---

① 按照魏源的统计，道光朝的全年平均财赋收入约为四千余万。参见魏源《圣武记》卷11《武事余记·兵制兵饷》，第475页。

正尾各案军需报销全行完竣"折中，明确记载"据甘肃报销登复所司道详称，查前次喀什噶尔军需节奉部拨各省协甘军饷并核扣各案平余等项，共收银一千三百一十三万三千四十余两，制钱三万串文"。此处共银钱合计1316.3040万两，虽然不一定能直接反映是否为第一次军需用银全部原额拨付款，可是，从奏销时间比对，当为第一次南疆战事所用银两数，只不过与实录记载的1116.5万两相较，相差199.8040万两。

细分此部拨共银1313.3040万两及制钱三万串，除了拨解口外各处及拨归甘肃藩司造销各营请领补制拨带缺军物工料、买补马价、阵伤亡故兵恤赏等项银979.4720万两①、制钱3000串文（折合银3000两）外，计兰肃二局实收银333.8310万两，制钱折银27000两，共银336.5310余万两，也即1316.3040万两②中包括拨解口外的979.7720万两和兰肃二局实收336.5310万两。

如就兰肃二局实收银336.5310余万两的支出从正、尾奏销案册进行细析，当包括进征凯旋报销自第1案起至第85案止，造销正案银315.6590万两，又尾案自第1案起至第12案止，造销银34.7220万两，正尾两笔核计350.3810万两。超出的13.8500万两则为实际垫用银。又哈密进征凯旋报销自第1案起至第15案止，造销正案银73.1980万两，尾案第1案起至第3案止，造销银20.5780万两，两项计银93.7770万两③。内除收兰肃二局拨解并扣收平余等项银74.9920万两外，尚垫用银18.7850万两。以上总共垫用银32.6350万两。

除垫付之外，兰肃二局进征凯旋报销案内节省正案银43.8890万两，续办尾案内节省银4860两，正、尾各案报销节省银44.3750万两。哈密报销案内，节省正案银12.1390万两，尾案内节省银990余两，共计正尾各案报销节省银12.2380万两。兰肃二局有哈密节省合计56.6130万两。

显然，奏销数额大于原额拨付。对此，杨遇春申明由局按例切实钩稽核减银50400余两，④再各营领过补制军械、买补马价、恤赏等项86000余两，以及尾案第10案内声明"开除"具归藩司造销应请遵照原奏同续发银两，由司另案造报。⑤ 如此，基本抹平了军需银两的支收。

---

① 为970.8720万两+86000余两。
② 此数引原档，合计当为1316.3030万两。
③ 此数引原档，计银当为93.7760万两。
④ 内有升迁事故离甘之员，业经分咨着追，俟解到收还原款。
⑤ 以上各段数据与援引均见朱批奏折，奏为甘省兰肃二局及哈密正尾各案军需报销全行完竣事，道光十年八月三十日，档号：04-01-01-0715-053；又录副奏折，奏为甘肃二局等处各案军需报销全行完解事，道光十年八月三十日，档号：03-3340-042。

第三章 维护西北边疆安定

再说军费用项奏销有两个阶段。第一阶段是指在道光八年（1828）四月至次年十月。即杨遇春实授陕甘总督任至第二次战事发生之前以钦差大臣身份赴肃州调度一切止。① 第二阶段是指自道光十一年三月初十至次年十一月初一，即肃州军需局改为兰州报销局始至报销局裁撤。② 整个过程显示杨遇春自肃州返兰州复任至全部报销结束，费时约20个月。③ 杨遇春督催司道委员等将所有用款分门别类，逐案查办，陆续造册题销。

在第一阶段军费奏销的一年多里，杨遇春将各项费用按照口内、口外所列支情形的不同，分批奏销。道光九年（1829）十月时，"口内口外进征凯旋各案业已造销完竣"④。其中比较大的一笔是派往南疆各城兵士的饷银及口外军需费用，包括自道光七年军兴起至八年张格尔被擒期间，在阿克苏、乌什、英吉沙尔、叶尔羌、和阗各城及喀什噶尔大营官兵36000余人的饷银与费用项。九年十月二十一日，杨遇春令前山东兖、沂、曹、济道总理大营粮务的杨翼武带同各粮员，携带册档，回至兰州，会同前藩司颜伯涛等人，汇核查造。为确保奏销准确无误，杨遇春还令咨调了各营官兵原始"开收"花名册，在局督率"委员悉心稽核，逐款拟实查造，毋许稍涉浮冒"，且依据部议章程，详细核算完成，奏报户部核销。这一笔核销账目被"汇为六案，分析造具清册八十二本"⑤。

按照清廷报销例，此六案所奏销的拨用银637.6034万两，包括二笔列支。一笔列支是实用实销的项目，主要有俸赏、衣装、盐菜、夫驮车马价银以及安设军台、采买粮料价值、修建桥梁道路、船只制造、帐房口袋等，共支出银434.7819万两。另一笔是不可控动支项，主要是运送军火粮料部分的支出。该部分原计算应例销银202.8215万两，但实际开支银141.9751万两，节省60.8464万两。二笔合计，共实用过军需银576.7569万两⑥。

究其运费节省原因，杨遇春认为是与负责军务的大学士长龄所要求

---

① 录副奏折，奏为口内口外军需报销全竣请将尤为出力之兰州知府陈士桢等分别鼓励事，道光十二年十一月初四日，档号：03-3016-054。
② 道光十一年三月初十日，杨遇春将兰州军需局改为报销局，参见朱批奏折，奏报兰州军需局改为报销局日期事，道光十一年四月二十七日，档号：04-01-01-0725-029。
③ 录副奏折，奏为口内口外军需报销全竣请将尤为出力之兰州知府陈士桢等分别鼓励事，道光十二年十一月初四日，档号：03-3016-054。
④ 李光涵：《时斋府君年谱》，参见《年谱丛刊》第124册，第630—635页。
⑤ 录副奏折，奏为口外军需报销通案完竣并支用存剩节省银两数目事，道光九年十月二十一日，档号：03-3011-051。
⑥ 此数引原档，合计当为576.7570万两。

的"随时稽查,据实开报,不得少有影射"相关,更与官员们依据实际情况节约办事密不可分。在阿克苏迤西各城及大营所有费用开支的操作中,由于各城沿途卡伦、口内与口外的路程延展,运费随之增加。如雇驼一只,每站付给负重银4两,回空银2两。再加之各城具体战事展开时间的早迟、雇佣车驮类别、车程不同而雇价不一,大营行住无常、支领粮饷并非一处、日期也参差不齐,故而总理阿克苏军需局办事大臣长清、总理大营粮务前山东地方道员杨翼武等人对各项财政事宜提前筹划,制定规矩,定以限制,且查照运送银粮数目及道路远近,统以七成撙节发给,故而比应需用银节省了三成。

所奏销的六案中,还列出了包括自伊犁、乌鲁木齐运到南疆及动用乌什仓储粮计149840石,以及所有以上"皆阿克苏以西各城及喀什噶尔办理军需用过银两之总数也"。此外,将所余存的留防经费银426733两、军粮48571石、马料12071石,均移交各城粮饷局及善后局备用。①

道光十二年(1832)十一月初九,杨遇春奏口外军需正案报销完竣折,此报告标志第二阶段军费奏销截止。在奏案中也首先表明整个报销过程的严肃合法,提出所有口外军需正案项目报销是在扬威将军大学士长龄、伊犁将军玉麟、参赞大臣哈丰阿的过问下进行的。具体操作中,经奏由派总办粮务的陕西潼商道庆禄带同各粮员,携带册档底册,回至兰州,会同藩司方载豫等人汇核查办。责令原派各台粮员分司其事,并咨调各营官兵花名册,由该司道等督率各员,悉心稽核,逐款据实查造,分案题销,以示奏销项目的真实完整和非虚报浮冒。

此次奏销尤其对喀什噶尔军需撤台后,所有阿克苏迤西各城及大营的军需费用和报销情况作了分析,同样也说明了战时"各营官兵行驻无常,支领粮饷非仅一处,其中起止月日参差不齐,必须照依上届成案汇核查办,方免歧异",甚至浮冒情形以及如何办理报销的缘由。强调在奏销核算过程中,通过与当事人复查,各原账目详细核查等的手续后,按实际耗费支出,由庆禄照例案及部议章程汇奏为三案,分晰造具总、散各册71本,经管理兰州总局藩司方载豫等覆加确核,次第奏请题销。②

---

① 以上各段引文与数据均见录副奏折,奏为口外军需报销通案完竣并支用存剩节省银两数目事,道光九年十月二十一日,档号:03-3011-051。

② 朱批奏折,奏报喀什噶尔大营及阿克苏迤西各城军需正案报销完竣并收支节省银两数目事,道光十二年十一月初四日,档号:04-01-01-0738-088。又李光涵《时斋府君年谱》,《年谱丛刊》第125册,第435页。

（三）战时各项军费奏销面相

战时各项费用的事后奏销，当时、当事人在核查时都会有困难，于今人复原其概貌而言，难度可想而知，尤其在没有明确接续的史料记载情形下，更难描述清楚原状。所以，经过爬梳档案，比对时间顺序，只能部分地还原与了解奏销案件的大致内容和军需银两项目使用情况。如第 1 案共有 23 册，是道光十一年（1831）十月初三杨遇春题请核销军需动支银两各数事，[①] 是为兰州报销局以喀什噶尔二次的军需收支银两事为主要内容，包括各省满汉出征官兵"支过廪给"的盐菜口粮例、马料草等项银两，也包括第二次军兴中所拨全部军需费用的总数目。详细考察各项内容情形如下：

梳理"总数目"项，其下写道：据兰州报销局甘肃布政使方载豫等查得，"旧管"无项，"新收"节次奉拨军饷共银 8004500 两，收司库宁夏府拨解肃州平价制钱 2800 串文，节次收采买京斗粳米 76.74 石，采买并仓贮京斗粟米 1747.42 石，采买并仓贮仓斗豌豆 3094.32 石，采买并厂贮 10 斤重谷草 103143 束。

"各项收支"账目顺序分册详列。第 1 册开造兰肃两局并安肃道于道光十年（1830）军兴起至道光十一年六月底止，拨解口外各处军饷银两 4931000 两，制钱 1 万串文。第 2 册开造供支由京派赴京营官兵支过饭食等项银 600.76 两。第 3 册开造供支奉派进征京营官兵廪给口食银 1572.97 两。第 4 册开造供支吉林前赴军营官兵廪给口食银 5482.16 两。第 5 册开造供支黑龙江派赴军营官兵廪给口食银 3033.86 两。第 6 册开造供支督标各营分派出征官兵盐菜口食银 4608.72 两，京斗粳米 15.53 石，京斗粟米 215.45 石，仓斗豌豆 194.4 石，10 斤重谷草 6480 束。第 7 册开造供支甘肃提属各营出征官兵盐菜口食银 1185.8 两，京斗粳米 2.22 石，京斗粟米 45.59 石，仓斗豌豆 91.38 石，10 斤重谷草 3046 束。以此类推，直到第 23 册，均有详细的开造支出项目。

统计各册汇总的第 1 案，共当报销银 4989498.97 两，制钱 1 万串文，仓贮京斗粟米 67.77 石，仓贮仓斗豌豆 32.55 石，厂贮 10 斤重谷草 27991 束。报销后，实际尚存余军需银为 3015001 两，制钱 18000 串文。

就奏销总案而言，第 2 案是关于核销喀喇沙尔供支军营凯撤陕甘官兵

[①] 户科题本，题请核销军需报销第一案动支银两各数事，道光十一年十月初三日，档号：02-01-04-20488-003。

等项银两事，即喀喇沙尔粮台收支一切银两等项，包括道光十一年（1831）份供支军营凯撤陕甘各营官兵盐粮、乘坐车马朋带军火，支过脚价并押解军火粮饷、驼只，官兵盐粮赢脚，以及采买拨运各台站粮料、草束价值，运脚等项银两。共报销银 82179 两，内除节省银 5379 两，实报销银 76799 两，当伍普尔钱 400 串文，口粮白面 120717 斤，仓斗料 1475 石，10 斤重草 22705 束。① 奏销第 3 案是关于甘省各局台供支各省绿营官兵盐菜口粮、驼折夫价、马乾车价，并皮衣恤赏等项银两料。共奏销银 2064679 两，白面 16413494 斤，京斗料 40728 石。② 在每案奏销前的行文中，也将前次案所剩余银粮料等余额加以清点，报明数额。对每案所剩余银粮料也列有具体数额，也就是所谓的"旧管"项。由是，在奏销下一案时，也会对接续经费余额详细支出情况加以说明。

值得一提的是，从第 3 案行文中"所有阿克苏大营及各粮台共支一切银两粮料例应造销案，将第壹案至贰案造册提销在案"③ 的字样可知，此案对前文所述"总汇为六案八十二清册"的奏销细目总数，即所余旧管额与新收额有一个回顾交代，明确写道：查得旧管第二案实在项下，共存剩军需银 3624604.37 两，以及新收到自乌鲁木齐、伊犁、乌什等拨运来的米面麦粟豆等粮料。另外，可知第 3 案共有 30 册，自第 1 至第 30 册是供支各路官兵的盐菜口食夫车马乾等银两与面米粮料项，每路官兵开支依次各列为一册。详见第 3 案共 30 册所奏销各路官兵消费银两粮料报销和册数表。

表 3　　　　　第三案奏销各路官兵消费银两粮料报销和册数

册数顺序	各路官兵种类	盐菜口食夫车马乾银（两）	白面（斤）	粮料（京斗）
第 1 册	截留换防各营官兵	3311.39	425341	683.57
第 2 册	土尔扈特、和硕特、乌什等处的驻防救援官兵	2732.73	16534.11	
第 3 册	吐鲁番等处驻防各营官兵	17873.36	215303	322.28

---

① 户科题本，题请核销甘省办理回疆二次军需喀喇沙尔第二案供支军营凯撤陕甘官兵等各项银两事，道光十三年十二月十七日，档号：02 - 01 - 04 - 20625 - 011；其中口原档不清楚。

② 户科题本，题报甘省各局台供支各省绿营官兵盐粮第三案请销银两数目事，道光九年九月十五日，档号：02 - 01 - 04 - 20405 - 001。

③ 户科题本，题报甘省各局台供支各省绿营官兵盐粮第三案请销银两数目事，道光九年九月十五日，档号：02 - 01 - 04 - 20405 - 001。

续表

册数顺序	各路官兵种类	盐菜口食夫车马乾银（两）	白面（斤）	粮料（京斗）
第4册	扬威将军随辕并带领民勇、伊犁绿营官兵	5438.88	65113.16	1302.72
第5册	乌鲁木齐、巴里坤等镇属各营进兵	159976.89	2006983.8	4980.85
第6册	跟随参赞大臣、陕甘总督杨遇春进征陕甘各营官兵	39493.8	469960.11	3067.28
第7册	陕甘都标兰州城守等营进征官兵	79045.14	845580.64	979.75
第8册	甘州提属各营进征官兵	103628.37	1298792.32	5042.61
第9册	肃州镇属各营进征官兵	119362.65	1532052.64	3464.18
第10册	凉州镇属各营进征官兵	122842.84	1551828.64	2839.45
第11册	西宁镇属各营进征官兵	25060.96	284751.16	1132.21
第12册	宁夏镇属各营进征官兵	97385.25	1242959.96	3947.74
第13册	固原提属各营进征官兵	101255.19	1163837	3940.31
第14册	固原提属静宁等协营进征官兵	69758.28	832453	1365.61
第15册	河州镇属各营进征官兵	30159.26	379485.5	730.28
第16册	陕西抚标并西安汉镇营进征官兵	33150.23	373533.64	1034.75
第17册	陕西延绥镇属进征官兵	47033.15	581446.11	109.81
第18册	山东各营进征官兵	9009.27	94692.16	415.28
第19册	初调四川各营进征官兵	114776.63	1137765.16	2183.31
第20册	续调四川各营进征官兵	84477.59	785070.8	1080.52
第21册	陕甘各营陆续招募顶补阵亡遗缺新兵	15040.89	190545.44	565.92
第22册	挑选随征伊犁民勇遣犯①	65529.31	523988.64	
第23册	阿克苏等处随征招募民人遣犯并召集出卡回兵	784.14	83950	

① 增加恤赏项。

续表

册数顺序	各路官兵种类	盐菜口食夫车马乾银（两）	白面（斤）	粮料（京斗）
第24册	陕甘各营进征官兵	14762.31	15715.81	
第25册	各省因差随营官兵	1115.85	17056.32	180.31
第26册	办理善后事宜官兵	9569.68	126813.44	202.89
第27册	裁撤留防官兵	3866.68	15635	23.22
第28册	山东、陕甘及乌鲁木齐等处进征官兵	39684（仅皮衣项）		
第29册	抬送阵亡病故绿营官兵灵柩骨殖	4761.44（仅夫车价）	6246	
第30册	阿克苏、乌什并各粮员采买备供各省官兵粮料价值并运脚	622087.61		
合计支		2064679.43	16413494.2	40728.62
实存剩	军需银	1559924.63		

来源：户科题本，题报甘省各局台供支各省绿营官兵盐粮第三案请销银两数目事，道光九年九月十五日，档号：02-01-04-20405-001。

所以，每一奏销案中，均依照每笔消费类项，分列成册。如第4案就分列有12册，每册按照不同的消费种类和数额奏销。其内容涉及甘省办理随营办差文员及书识匠役、添设军台草料赏项、采买喂养马匹、进征官兵草料、投诚等回众盐粮、解运军装盘费等项银两，共奏销银461631两，白面353885斤。①

正如前文所述，在一般的奏销正案之外，也补充有一定数量的"尾案"。如道光九年（1829）九月，杨遇春在奏销甘省道光六、七两年拨解帐房等用过工料银两时，就标明为"尾案第六案"。其中说道之前已经将由各省调派的赴喀什噶尔进剿的满汉官兵军需案内动用一切银粮，汇结为"尾案第一案至第五案造册题销在案"。也就是说在报尾案第6案之前，已

---

① 该案奏文强调"查喀什噶尔逆回滋事所有阿克苏大营及各粮台供支一切银粮例应造册案将第一案至第三案造册题销在案"，参见户科题本，题报甘省办理随营文员等用过盐粮等第四案各银两数目事，道光九年九月二十四日，档号：02-01-04-20405-003。

经分批奏报过五个尾案了。在这个尾案第 6 案中，又用 4 册分列奏销银粮料。①

也有一种情况，即一个案子报销后，紧接着户部对同一编号案所奏销情况加以审核，又补报一案，或者同案再复核的补报，此时案件编号是用相同的顺序号。如第一次军兴后的第 14 案就属于这种情况。先是在道光八年（1828）十一月初二，杨遇春奏第 14 案的"甘省各属供支奉调甘肃固原二提属并凉州、宁夏、西宁、河州督标等镇协营进剿官兵外带军械应需车羸脚价守候料草喂夫口食等项银两料草"报销银 24618 两，仓贮仓斗豌豆 96 石 4 斗，厂贮 10 斤重草 10746 束。② 九年十二月十六日，户部对此案进行核查，也相应用"第十四案"的字样，即有"甘省办理回疆军需第十四案供支撤回民勇并押解首逆等进京官员伯克通事回子人等支过盐粮口粮食物车马脚价等项银两"折，其中奏销银 2906.88 两。③ 只是，此数目相较前次杨遇春报销银两数额相距甚远。究其原因，是户部分批次对杨遇春第 14 次奏销案的核查所导致。

故而，道光十年（1830）第二次南疆军兴后，又有一个第 14 案，即道光十二年十一月初三，此为户部针对杨遇春奏销案的核查情况再复查审核，并向道光帝奏报，有"遵旨查核陕甘总督题销甘省道光十年办理回疆军需第十四案供应陕甘官兵供过银两事"，又奏销过陕甘二省满汉各营派调进征官兵支过盐菜口粮口食驮折夫价例马料草乾银采买粮料价值等银 22305.24 两，制钱 18000 串文。④ 户部核查的几次数额相加，相较杨遇春奏销数额，略有浮出。⑤ 同时也表明在杨遇春完成了第一次军费核销后的两年后，户部依然在审核战时经费开支项目的奏销事宜。

又如第 17 案，即为户部禧恩为请销事所奏，时为道光十二年（1832）底。其中写道：户部抄出陕甘总督杨遇春题销甘肃省道光十年办理回疆军需第十七案供应调派出征军营各省满汉官兵支过盐菜口食、赁给饭食口粮

---

① 户科题本，题报甘省道光六七两年拨解帐房等用过工料银两数目事，道光九年九月十五日，档号：02-01-04-20405-002。
② 户科题本，题为奏销军需第十四案甘省道光六年供支奉调固原等提协营进剿官兵脚价等项银两草束事，道光八年十一月初二日，档号：02-01-04-20340-015。
③ 户科题本，户部尚书禧恩，户部尚书王鼎，题为遵察甘省办理回疆军需第十四案供支撤回民勇等盐粮银两事，道光九年十二月十六日，档号 02-01-04-20405-013。
④ 户科题本，户部尚书禧恩，署理户部尚书文孚，题为遵旨察核陕甘总督题销甘省道光十年办理回疆军需第十四案供应陕甘官兵支过银粮事，道光十二年十一月初三日，档号 02-01-04-20560-006。
⑤ 仅户部 2 次核查银计 22305.24 两 + 2906.88 两，大于杨遇春奏销的 24618 两。

驮折夫价倒马料草等项银两，共 1344911 两（查为此案旧管银数），包括本案户部准销 73351.31 两，兵部查核银 12960.5 两，共"开除"银 86312.05 两，"实存"银 1258590.72 两，另有制钱 18000 串文。① 又第 18 案，也是户科抄录杨遇春题销的回疆军需第十八案各厅州县供支陕甘二省雇觅驼骡，并采买马匹价值、脚价及晋省解肃州骆驼并沿途支过料草、牵夫口食、押解官兵盘费、骡脚等项银两的题销情形，时为道光九年六月。得知此案旧管银 2356794 两，其中开除户部准销 57228 两，工部查核银 221 两，实存银 2299345 两，另有制钱 27000 串文。② 从档案记载支出内容来看，此案当为第一次军兴费用支出的奏销。总览每案，无一例外地遵循奏销的基本结算格式，极具有程式化特征。

（四）奏销统计抵牾时的各方对应

军需报销局的奏销与户部的审核直接对皇帝负责。从杨遇春奏销与户部核查对应各案的项目基本是一致的，但也有具文不同项，或者差距较大的情况。按照时任户部尚书禧恩所言，甘省第 69 案报销项，是运送军饷所用过的驼脚等银，与道光九年（1829）十月十七日杨遇春所奏销的第 69 案"吐鲁番等台委员接运阿克苏等处军饷用过驼脚并盐菜口粮等"内容相较，少了盐菜口粮项，杨遇春奏销的总银为 11135.38 两。而就驼脚项所言，禧恩所计算的是户部按照既定车辆与脚价比例，再结合实际台站计程给价的标准予以报销的部分。其车辆报销标准，即雇用车 1 辆，照南路例，每站给负重车价银 1.4 两，回空减半。时自吐鲁番至托克逊，计程 2 站，自托克逊至喀喇沙尔计程 9 站。后 9 站共支车价银 1470 两。雇用驼只脚价报销原则，按照甘省奏定章程规定，每只驮运饷银 3 鞘，负重行走，每站给银 4 钱；放空守候，每站减半，给银 2 钱。如自喀喇沙尔至库车，计程 12 站，其共支出雇用驼只脚价银 1081 两 4 钱 4 分，车价银 5279 两 9 钱 4 厘。三项合计共银 7831.38 两。比杨遇春奏销银几乎差三分之一，数额相差过大。③

在道光十二年（1832）二月兰州报销局正案第 10 案共 8 册所造报销

---

① 户科题本，题为遵察甘肃省道光十年办理回疆军需第十七案供应调派出征官兵支过盐菜等项银数事，道光十二年十二月十一日，档号：02-01-04-20562-001。
② 户科题本，户部尚书禧恩，题为遵察甘省办理回疆军需第十八案供陕甘二省马价等银两应准开销事，道光九年六月十九日，档号：02-01-04-20403-015。
③ 户科题本，户部尚书禧恩，题为遵察甘省办理回疆军需第六十九案委运军饷用过驼脚等银两应准开销事，道光九年十月十七日，档号：02-01-04-20405-007。

第三章　维护西北边疆安定

事项中，杨遇春具文奏报了道光十年办理南疆军需所费报销驼只雇喂等的用银情形，其中并没有涉及驼只具体数量。① 时隔半年多后的九月，在户部尚书禧恩的准销折中，详细列出肃州局共雇用的驼只总项与拨解口外数量，大致可分成两部分：

第一部分，肃州军需局接收山西并甘肃各州县采买以及阿拉善王呈进共驼15249只，② 其中分前后两次退回变价并倒毙驼。先是退回变价并倒毙524只，后以凉州、肃州因口外驼只够用，退回变价驼1087只，挑退倒毙160只。肃州车驼局实际并拨解口外各处为13478只，包括拨解阿克苏7072只，顺带大营驼1776只，拨解托克逊、喀喇沙尔、库车三处粮台4118只，拨解吐鲁番512只。

第二部分，主要是指肃州局出面在口内雇觅的驼只，最初为12843只，包括甘省局雇觅解肃州1510只，靖远雇觅解省875只，灵州雇驼459只，宁夏、宁朔雇驼84只，中卫雇驼350只，庄浪鲁土司雇驼597只，武威雇驼1395只，镇番雇驼4627只，毛目县丞雇驼52只，以及陕西省雇驼2894只。后肃州局又雇驼75只，合计共收驼约为12910只。这部分驼只在肃州喂养拨解过程中，倒毙并挑退563只，又因回疆肃清，各路官兵折回，在肃州本局当地释放，即交由各地方官退回原驼户865只。肃州局实际掌握驼11490只，此亦拨解口外的驼只数。其中驮运军饷等项解赴大营并阿克苏交收驼2983只，西宁道汤䎖带赴粮台驼235只，及拨解乌鲁木齐1079、哈密1016只、托克逊1915只、喀喇沙尔1359只、库车638只、阿克苏1440只，还有拨给官兵乘骑至官兵裁撤后所释放的825只。③

在户部对驼只倒毙与退还等事宜的核对过程中，杨遇春对应道，驼只倒毙与进征路途遥远有极大的关系。所有拨解南疆运输军需驼只，皆自嘉峪关出口，"道远站长，昼夜趱行，不能缓歇"。也因粮运停止，仍复退回，而"往返戈壁，水草恶劣，疲瘦倒伤，兼之军务告竣，闲驼壅滞。其健壮者，乏人承买；疲瘦者，更难销变。以致迁延日久，率皆损伤"。因

---

① 户科题本，题为甘省军需报销第十案各属供支陕甘二省买雇驼只喂养料草等项钱粮请销事，道光十二年二月初十日，档号：02-01-04-20550-013。

② 分别指采买解往肃州驼7549只；晋省购办解肃州驼5700只，陕省境内倒毙驼48只，甘省境内倒毙驼114只，实际解肃州驼5538只；阿拉善王呈进解肃州驼2000只。参见户科题本，户部尚书禧恩，题为遵旨察核陕甘总督题销甘省道光十年办理回疆军需第十案买雇驼只用过银两事，道光十二年九月三十日，档号：02-01-04-20557-016。

③ 以上各段引文与数据均见户科题本，户部尚书禧恩，题为遵旨察核陕甘总督题销甘省道光十年办理回疆军需第十案买雇驼只用过银两事，道光十二年九月三十日，档号：02-01-04-20557-016。

而，奏请豁免倒毙、就地变价疲瘦伤残驼只。至于驼只变价价格，也奏请援照乌鲁木齐都统成格已奏准的此次军需存剩并内地委员解交变价驼只的变价执行，即"协济驼只，准以四分报销，六分着赔"。"照依采买官驼例价，酌减十分之三，每只应变银十二两六钱，概令一律估变"，以昭平允。① 清廷准行。最终奏销与审核数额相抵平账。

从笔者寓目的档案情形而言，所引用报销案，尽管不全，但也能窥见和表明杨遇春对两次军需所费报销项目的认真细致与负责善后的态度。值得一提的是，战事初起后，为了备战军需，使军费开支与使用程式一切以战事为重，战后奏销费用时，清廷审核细查。无须讳言，户部按条按例的审核处理办法，也给杨遇春奏销的完竣带来许多麻烦，需要其就实际情况一一做出解释。如在所率驻扎于肃州听差官兵的应支盐菜、口粮以及调赴肃州听差官弁例支盘费项款的报销时，即被户部驳回，理由是"因道光六年回疆军需章程案内无此二款"，故"不准格外增添"报销。

为此，道光十一年（1831）十二月初八，杨遇春奏为留驻肃州官兵议支事例在所必需恳准造销折，提出时肃州因缺乏人手，于甘、凉各营调派官弁数十员赴肃听差，户部以这些"听差官兵"未出关外，而不予造销盐菜、口粮与调往途中盘费的做法是错误的。因为此项官兵所费"系属遵旨留驻"，并非格外增添，而且与川、楚军需派往巩、秦一带防堵官兵，事同一例，是以援照川、楚军需案内应支事例，请给盐粮以资食用。况且当时若不给予盐菜、口粮，官兵"势难枵腹从事"。尽管被调人员留驻肃州，仍属甘省，但离营较远，相距本营已远在一千数百里之外。况且听差官兵留于肃州，是在肃标官兵调派出征者已二千余名，留营官弁无多，而肃局派送饷鞘、驼只军物等项，需用人手之时。再加之肃城食物昂贵，"微末寒弁力难自给"。故而不能不照依押解一切什物官弁兵役之例，自离营到肃之日，给予盘费、口食。"俾藉趋公，军需移步换形，势难与上届执一而论"。面对杨遇春的奏请，朱批以"事在所必需，请仍准其支给，著户部再行查核具奏"②。如此的事例，在报销过程中不胜枚举。

官兵行进驻扎、支领粮饷等均属于动态机制，银两花费很难全面预算和计划，事后奏销也就难免超出拨款数额，就需要奏请批准，即所谓的特事特办。可是按照清例，奏销必须照依成案汇核查办。实际发生费用与预

---

① 户科题本，题为甘省军需报销第十案各属供支陕甘二省买雇驼只喂养料草等项钱粮请销事，道光十二年二月初十日，档号：02-01-04-20550-013。

② 以上各段引文均见朱批奏折，奏为留驻肃州官兵议支在所必需恳准造销事，道光十一年十二月初八日，档号：04-01-01-0725-087。

计之间银两不敷问题的解决，相对棘手，程序烦琐，对此，杨遇春也有不满。如第二次南疆战事后，对于喀什噶尔军需撤台以及所有阿克苏迤西各城及大营报销，就属此例。尽管各项费用经奏请并申明原委，清廷予以变通报销，但的确费尽周折。此次报销所花费的大致时间是自道光十年（1830）八月军兴起至十一年十一月底撤台止，计阿克苏、乌什、叶尔羌、和阗并喀什噶尔大营先后收到兰肃二局并各城及牛羊驼只变价扣收余平等项，共银373.41万余两，各处拨运并采买共京斗小麦、粟米、马料21.94万余石，白面1354.78万余斤，供支满汉官兵、民勇民遣共2万余名，按例准予报销。其余如官兵例支俸赏、行装、盐菜、夫驼车马价银，安设军台，采买粮料价值，修理桥道，制造帐房、口袋支发银两，也遵旨以实用实销的名目办理。

只是对于在运送军火、粮饷费用项的报销时，也有一些费用不予报销。为此，杨遇春就南疆实际情形与统军官员及办理过程中如何认真稽核、节省开支的情形进行说明。如惟运送军火、粮饷道路延长，需费增多。再加之各城情形不同，先后雇价不一，经各路将帅即扬威将军长龄、伊犁将军玉麟、参赞大臣哈丰阿、杨芳随时稽查，可节省处，照依前次军需，据实开报。管理粮草官员总理阿克苏军需局和阗领队大臣诚端、阿克苏办事大臣长清，经理大营粮务陕西潼商道庆禄等认真查照运粮数目及道路远近，仅发给预算的七成，尚节省三成等因详细说明。终了，所有大营暨阿克苏各城应例销银353.1万余两，其中实用军需银300.03万余两，节省银53.6万余两，准予报销外，由草地进兵系属还款之项，被追缴罚赔银36900两。

至于在粮料面斤项下，所用过的银两粮料均归于各城并大营尾案，另行分别造报，咨送户部，听候查核。共动用粮料11.9197万石，白面1129.1160万斤。又拨交各城粮饷局饷银48.2700万两，粮料3.4281万石，移交粮员同知马佑龙接收支发留驻征兵饷银21.4200万两，粮料6.5984万石，白面225.6686万斤。清廷准予报销，朱批转户部。①

战事结束后，各项军费的报销成为甘肃各项事宜中一个很繁重烦琐的任务。有些项的奏销经过多次周折，有不准销项，也有不了了之，或有补赔追缴等情况发生。按照定例，其军需实际发生的各项必须应急使用而例不准销各款，原照直隶、山西、陕西之案奏明，俟事竣后，申请归入，分

---

① 以上各段引文与数据均见朱批奏折，奏报喀什噶尔大营及阿克苏迤西各城军需正案报销完竣并收支节省银两数目事，道光十二年十一月初四日，档号：04-01-01-0738-088。

摊弥补。可是，在实际操作中，想要分摊不能实销项目也非易事，尤其如甘肃苦瘠之区更难凑数摊销。

所以，在道光九年（1829）十月初一，杨遇春针对第一次军需中的不能奏销项时陈诉：甘省所设各站距离长，道路远，地瘠民贫。各路进征官兵，必须自甘肃一地供支出口，"而非他省仅止经过一二起，乃至未经久住者可比。至解运一切军火粮饷，购办军装、驼骡马匹等项，供给频仍，既多且急，不得不权宜办理。且彼时钱价骤昂，每银一两易钱六七百文不等，造销只能按银具报。事前则饷无虚用，事后则例难准销，均系实在情形"。因而建议道：若一定要按照定例，"令摊廉还款，骤难归补"。

其中供支各项用度，"先前也均奏咨在案，确实与无故靡费项不同"。现责令自行筹补、"摊廉还款"，几乎不可能，若宽以限期，"则为时既久"，以致"官非一任所摊，即非所用之人，转滋流弊"。而目前已经查明口内、口外各处报销以及阿克苏等处的驻扎大营，共节省银1168000余两，俱经随案收拨，尚有各项借支应行扣还归款银398000余两。由此，请示清廷念及自己在承办州县支应官差时并无贻误，准将不能入销银196126两，免其分摊，抵补动支。

清廷依据甘肃的实际情况和杨遇春请示，准予在节省银内划出抵补，于借支应还项下动支，只是在批文中较为含蓄地指令，"毋庸另行请拨，仍将扣还拨补银数，随时报部查核"，并要求将实际发生又不能实销各款开具清单呈报。①

原账目划拨经费往来不清的情况，会波及后续奏销时混淆不清。道光九年（1829）十一月，杨遇春奏销乌鲁木齐官兵衣装及各员垫办运脚二项用款时，因与户部拨款不敷，相互扯皮。事情原委是在该报销案内，官兵衣装及各员垫办运脚二项用款，共银71000余两。据禧恩辖下户部查明，此款应当包括在该处统案报销应行划拨银108000余两之内。而在杨遇春的奏报中，将该二项用款归于"二卯移损项下"，认为不属于应行划拨银款内，且该项款业经结清。② 户部请旨饬查，可是，清廷著毋庸再行拨解。这样的结局，体现出总有一方账目银两有误，终究是糊涂账。

故而，事后核对战时实际拨款的往来账目，较为复杂。如杨遇春咨报的第一次军务后第70案的乌鲁木齐饷银报销案内，提到原拨乌鲁木齐军

---

① 以上各段引文与数据均见录副奏折，奏为甘省地瘠民贫支应兵差并无贻误请将实用不能实销银即在节省银内抵补事，道光九年十月二十一日，档号：03-3011-054。
② 《清宣宗实录》卷162，道光九年十一月癸丑，第514页。

饷银 211.0357 万两，续拨银 3 万两，共银 214.0357 万两。事后在报解案内账目显示，仅收内地拨来银 213.0357 两，与原咨报数少收 1 万两。对此，户部行令查明，报部在案。又据杨遇春第 71 案内题销续拨银数表明，前案中的续拨银为 73722 两，与前所报续拨银 3 万两多出一半强，即较原咨多拨银 43000 余两，"统计不符银五万三千余两"，也很难说清是否为同一笔款项。由是，户部责问"究竟乌鲁木齐有无收到此项银两，应令陕甘总督、乌鲁木齐都统一体查明报部"①。原收支往来账目差额如此之大，清廷不得不再令杨遇春、英惠查明不符银两系如何舛错，迅即声覆，以备再查核。

道光十年（1830）四月，杨遇春、英惠同奏一折，申明拨款与支出无误的同时，详细说明经费核对的来龙去脉。其中续拨银三万余两是在八年六月，由司库发给署吐鲁番厅福奎专差垫办军需银，后又由安肃道库垫发吐鲁番厅备供军需银二万两。英惠在造销册报时，将先收到的由安肃道垫拨的 2 万余两"归入初收项下，是以造收银二百十三万余两"。又在正案造销时，因吐鲁番厅专差所领银 3 万余两尚未收到，故收到尾案项下。显然前者做法，使得比"原拨续拨共银二百一十四万余两"少了 1 万两。至于其与后者专差银三万余两的去向，杨遇春特别强调，曾与英惠"于请调尾案银两折内声明在案，此因内地将三万两拨入正案，以二万两作为续拨乌鲁木齐"。可是，实际操作中，却错"将二万两收入正案，以三万两作为续拨，致有一万两银数不符之原委也"。所以，该 1 万两加上因"内地题销续拨银数，又多拨银四万三千余两，统计不敷银五万三千余两"。该五万多两银的支出，"除三万两业经乌鲁木齐收入尾案项下外，尚有内地委员在于库车粮台支用军需银内，拨给乌鲁木齐委员理事通判福奎银二万三千余两"。

问题在于，原本当归入正项造销的 2 万多两银，"因当时系由库车办事大臣饬拨，是以乌鲁木齐于正案册内另行列款造收"②，结果却"令内地归入续拨案内，以致不符"。所以，此次详核后统计内地初拨及第 71 案内题销续拨共银 2183000 余两，其中乌鲁木齐在正案内报收银 213 万余两，库车粮台拨给正案内另款造收银 23000 余两，应归入尾案内造收银 30700 余两。为此，杨遇春等人给清廷的结论是："笼统计算，银数实属相符，

---

① 户科题本，户部尚书禧恩奏，题为遵察甘省办理回疆军需第七十一案各省官兵借支俸饷等银两应准开销事，道光九年十月十六日，档案：02 - 01 - 04 - 20405 - 006。
② 此项银两，有咨部册案可查，参见户科题本，户部尚书禧恩奏，题为遵察甘省办理回疆军需第七十一案各省官兵借支俸饷等银两应准开销事，道光九年十月十六日，档案：02 - 01 - 04 - 20405 - 006。

并无舛错。"①

杨遇春与英惠的奏折中还提到支收账目不符,并非此一例。时宁夏进征官兵于喀喇沙尔、库车二台时,即少支给盐菜银700余两。至造销时,此项银在内地所造账目中找领无果,却由乌鲁木齐归入口外收支项下。杨遇春等人认为,造成如此银两拨付账目错乱的原因,全在于"口内、口外道路途长,以致彼拨此收,先后款目不能划一"②。差错银两,题销时只能转饬归入尾案造销。

当然,针对一些账目与例不符的特殊情况,清廷也视情节通融了事。道光帝对军需支发章程中盐菜银两的发放有一个批文,说道:按例,惟所征之兵,支给盐菜口粮时,也兼支驮折夫价。而运送军粮军火者,仅支盐菜口粮,不支驮折夫价,"英惠前此奏请一并兼支,朕已格外施恩,俯允所请,准其报销"。其余各处题销,凡有与例不符,经户部饬令删除之款,俱不得援照乌鲁木齐之案,再于例外请增,以符定制。③

如此,既是战时与平时清廷在费用报销上所采取的不同处理办法,也算是针对南疆战事军费处理上的恩典。只不过,这样的现象并没有维持太久,奏销过程的拖延现象,逐渐被官场作为应付账目不符的"打太极"手法,拨付时多,报账短缺,支销不明,彼此牵混。当时、当事人拖延,甚至冒销,清廷"屡催罔应",无奈的"展限"之举,则成为战时军费奏销的又一特殊项目。同治三年(1864)七月,又以"恩典"的形式,将本年六月之前各处办理军务未经报销之案,准将收支款目总数,分年开具明清单,"奏明存案,免其造册报销"④。还有军费不敷后的追赔,苦累官吏,以致为官者在任上乘机搜刮,转嫁府库亏空,换岗或离任后,依然苦于赔付,经年累月,部费陋规积弊丛生,给贪腐培育了土壤。

故而,不能不说军费支出与奏销不符成为引发道光朝及其以后财政危机与官场贪污成风、吏治败坏的重要因素之一。可见,军费奏销的总账目,有时也是一笔糊涂账。另外,某种意义上讲,前后两次军需奏销事宜完结,才是杨遇春参与南疆战事一切事宜的结束。

---

① 录副奏折,陕甘总督杨遇春、乌鲁木齐都统英惠,奏为遵旨查明收支军需银两不符事,道光十年四月二十八日,档号:03-3340-017。据档案记载实际拨银214万余两,而申诉银数合计为218.37万,与实际收银相较,还缺0.07万两。
② 以上各段引文与数据均见朱批奏折,陕甘总督杨遇春、乌鲁木齐都统英惠,奏为遵旨查明收支原拨续拨军需银款实属相符事,道光十年四月二十八日,档号:04-01-01-0715-076。
③ 《清宣宗实录》卷162,道光九年十一月癸丑,第514页。
④ 《清穆宗实录》卷108,同治三年七月戊申,第392页。

第四章 治军施政的重大举措

杨遇春既是领兵的统帅，又是维护地区行政秩序的名臣，尤其升任固原提督、再至陕甘总督，成为执政一方的封疆大吏后，对辖境治理更是悉心百倍，无愧于地方百姓。总督在清代为地方最高长官，管辖一省或数省，"总治军民，统辖文武，考核官吏，修饬封疆"①。即综理所辖属地一切军民政务，包括考核官吏的三年大计，分年查阅营伍，考核将弁，文职道府以下、武职副将以下文武官员的升调、补署及免黜。在每三年的大比中，与巡抚同充监临官，充武科主试官。此外，也办理对外交涉事宜。陕甘总督还担任处理蒙藏事务办事大臣一职，可谓位高权重。梳理清代地方体制中提督升任总督情况，可以发现以汉员提督身份擢升为总督者较少，在有清一代约三百年中，仅有六人，② 杨遇春为其中之一，独见其为清廷所重用的程度不浅。在陕甘总督任时，威望素著，尽人皆知，以其功德，慑服人心！

一 调整军事建制

步入清中叶时，西北军事地位重要性更加凸显，尤其面对整个南疆战

---

① 《清朝通典》卷33《职官十一》，第2205页。
② 由汉员提督直升的6总督，依照升任时间分别为：赵弘灿，陕西宁夏监生，康熙四十五年十二月廿七日由广东提督调；韩良辅，陕西甘州武进士，雍正四年八月廿四日由广西桂提督署，五年二月廿一日实授；杨遇春，四川崇庆武举人，道光五年十月廿七日由陕西提督署，六年七月十三日以钦差大臣赴新疆查办回变（由陕西巡抚鄂山护），七年闰五月廿日召京，回任，八年正月廿五日实授（三月十八日到任），十年九月初三日，赴肃州办理军需（十一年二月十八日回任）；杨岳斌，湖南善化行伍，同治三年五月初六日，由福建水师提督任；刘铭传，安徽合肥千总，光绪十年九月十一日由前直隶提督调；张曜，寄籍顺天大兴，原籍浙江上虞移籍浙江钱塘，光绪十一年五月廿九日由广东陆路提督任；另外，汉员中由巡抚兼提督，或兵部尚书等衔升调的有6员：顺治十四年朱之锡，雍正三年岳钟琪，嘉庆六年吴熊光，咸丰二年张亮基，咸丰四年吴振棫，光绪十五年张之洞。

事中所显现的甘肃军事地位的重要程度与守备营伍军力疲惫的矛盾时，作为将帅，杨遇春更加重视驻防部署、军营建制与人数规模，且经常实地巡察，检阅演练，身体力行，做出榜样。在经历了南疆战事以及升任署理、实授陕甘总督后，对早已烂熟于心的西北地理形胜与军事部署有了更全面精准的判断与把握，对运筹部署有了契合实际的实施，体现出其加强西北军制的总体思想与策略，且一以贯之地落实于军事行动与日常管理上。为达到军事体制正常运转的目的，为了陕甘辖境军民行政资源得以充分利用和维护，不惧权势，运筹周旋，重视军队基层将弁选用，不避亲疏，时常为任命一人，不拘泥于旧制或既定案例，多次奏请报告，破格重用人才，认为唯有大力整顿军事体制、加强西北军事力量，才能确保西北边陲社会的安定。

（一）西安军标绿营改隶

杨遇春任陕西固原提督时，对西北军事体制就已经十分关注。嘉庆十五年（1810），杨遇春与陕甘总督那彦成一起筹议西安军标绿营官兵改隶事宜。先是同年七月，四川总督勒保奏请将西安军标绿营兵丁分拨改隶，认为西安绿营共有马步战守兵3489多名。其中隶抚标左右营1091名、提标城守营358名及军标中、左、右营2040名。而军标三营向来由将军专管，因将军管理本营及满兵五营，事务繁钜，不能全力关注军标事务，故奏请裁撤军标，改隶抚标。同时认为提标城守各营既有抚臣、提臣专管，又有督臣统辖，请移设或裁减副参各缺。

七月初六，针对勒保所奏，嘉庆帝明令将原折抄送那彦成，期望酌商拿出妥善办法。适逢杨遇春往兰州检阅营汛，二人悉心筹议，于八月十八日，联名详细陈述了西安军标2000多名兵士建制存在约三十年的特殊性及设立以四川营制为参照标准的缘故。指出这部分兵丁，原属陕西督标，乾隆四十六年（1781），经大学士阿桂奏，将提督移驻固原，提标兵丁另设西安镇总兵专司操演，兼辖附近营汛。经军机大臣兵部会议，设立军标中左右三营，令西安将军管辖，与满洲兵一体训练。兵部议定此办法时，参照了四川成都将军兼辖汉兵例。① 可是，陕西的情况确如勒保所言，并无将军专辖，总督又远在甘肃，若遇缓急差遣，抚、提不便派调军标兵丁，以致这些军标兵丁似乎置之闲散。再说西安将军所管满营，兵多事

---

① 即四川松潘、建昌二镇道，均系所辖，每岁需派兵巡查，且与总督同城，军标、督标一同操演，遇事也随时商办。

繁，又不能全力专注绿营训练，更何况军标兵丁，自恃系将军所辖，难保无骄纵滋事之处，一旦遇有兵民交涉事件，营员与地方官每多掣肘。

杨遇春与那彦成均认为，尽管勒保所奏符合实际情形，但是其裁撤军标的主张，并不符合实际。原因在于：一方面西安为省会重地，必须重兵防卫，"未便擅拟裁撤"，"若归提标，则控驭太远；归抚标，则巡抚事务繁钜，不能转意训练；若分立提、抚各营，自别营所增之兵有限"。另一方面全营劲兵过于分散，遇事不能得力，难以集中。故而，奏请清廷仍按阿桂原奏，将西安军标副将改为西安镇总兵，所有军标三营改归镇标管辖，并将省城以东的潼关、神道岭、商州、金锁、富平、宜君等六营亦归镇辖，就近调遣。同时进一步强调"南山平靖未久，镇抚均关紧要"，希冀西安镇与西南方的汉中镇，东南的陕安镇相为犄角，达到"声威益壮"的目的。

为了使兵部会议时能够采纳上述意见并同意保留军标兵丁建制，杨遇春继而提出了兵员分配办法。即镇标中营游击、守备，以军标左营游击、守备移设；镇标左营游击，以军标右营游击移设；镇标左营中军守备，位在延绥镇属宁塞堡，地处偏僻，额兵无多，拟以该堡守备移设。仍请将延绥属之清平堡把总移驻宁塞堡，作为汛地；镇标右营拟改都司，以军标中营都司移设。其三营千把、外委，仍各照旧分设。另外还建议对个别将弁重叠情形加以调整和裁撤，即于左营裁千总1员，右营裁把总1员，裁者移拨提属。

调配后的西安城守营镇标三营兵丁数额调整为每营设兵600名，共留兵1800名，加上所属潼关等六营兵丁，标路共兵3580名。其余兵240名，请裁40名，另200名移拨提属西安城守营，汛守防范，承担一切差遣。

建议军标改为提属后的军营兵马钱粮供给仍按旧制实施，即由各该镇总兵查核转归固原提督兼辖、陕甘总督统辖并听西安巡抚节制的军需分配不做改变。副将改设总兵的应需俸廉马乾等项，以所裁副将及40名马步兵的原额核计。调整后的衙署地址随之变动，即将西安原有提督衙署改做总兵衙署，其余将备均仍用旧设衙署，毋庸动项兴修。至于营伍日常训练，因西安作为省会重地，专司于弹压，稽查较为得力，巡抚节制，有事亦可调遣。如此，则兵丁胥吏实用于营制操防，均有裨益。嘉庆帝朱批：兵部议奏。①

---

① 以上均见朱批奏折，陕甘总督那彦成、陕西提督杨遇春，奏为遵旨筹议西安军标绿营官兵改隶事宜，嘉庆十五年八月十八日，档号：04-01-01-0518-036。

道光元年（1821）三月，在陕西固原提督任的杨遇春又与陕甘总督长龄一起，对西安、延绥二镇及黑城子汛等处进行酌移添裁拨调。拟裁游击1员，都司5员，守备4员，添设千、把总3员，其"星散塘汛，酌留弁兵巡查，兼通声息，余具归并附近营堡，以冀兵数众多凑成整队，庶于操防有益"。经统计，马步总兵并无增减。奏请将所裁游击各员于陕甘两省缺出补用。①

至八月，又奏请将石峰堡营守汛移至安定，改石峰堡为汛。兵部以石峰堡虽属偏僻，向称险峻，若遽裁撤员弁兵丁，恐不足以资防守，令安定所需兵丁别处另调。杨遇春等又以石峰堡形势已与乾隆末年盐茶厅回民起事时有所不同，与其闲置守兵100名，空耗帑项，不若分拨于安定70名，富平汛30名。再奏请清廷裁定。道光帝令兵部酌议。②

纵观西北军制调整的趋势，杨遇春更倾向于保留旧有建制及兵员数量与加强提升兵力。可是，针对在不断平息国内纷乱中军备费用支出过量的局面，也承认适时调整的必要性。如道光六年（1826）五月初四，提出对省属卡伦界哨予以调整，并奏准裁撤嘉峪关外按月会哨弁兵。③ 当然，杨遇春亦认为以节约军费而一味裁撤兵员来替代整顿建制的办法，不一定适合西北重要的军事地位与防御现实，尤其对那彦成所主张的以裁减兵员作为调整甘肃驻防营制的办法，持反对意见，并有针对性地提出自己的主张与见解。④

（二）凉州镇改协的反复

南疆战事后，先是那彦成请以甘肃凉州镇总兵改为喀什噶尔换防总兵，其凉州镇营即以庄浪协副将移驻，以资统领，并将凉州中营游击移驻庄浪，凉州改镇为协。并认为凉州镇额兵7600余名，人数太多，建议裁汰1500名，分拨于陕甘督标及河州镇属之循化、保安、起台堡三营。具

---

① 朱批奏折，陕甘总督长龄、陕西提督杨遇春，奏为酌拟移驻裁改营汛官兵事，道光元年三月二十六日，档号：04-01-16-0115-053。
② 录副奏折，陕甘总督长龄、陕西提督杨遇春，呈酌拟移添裁拨各营汛官兵清单，道光元年三月二十六日，档号：03-2857-006；录副奏折，陕甘总督长龄、陕西提督杨遇春，奏为筹商裁移不峯堡营官兵及酌留裁缺人员事，道光元年八月二十五日，档号：03-2865-045。
③ 朱批奏折，署陕甘总督杨遇春，奏请裁撤嘉峪关外按月会哨弁兵以节糜费，道光六年五月初九日，档号：04-01-01-0679-075；又录副奏折，档号：03-2977-051。
④ 朱批奏折，奏为筹改凉州庄浪营制尚应酌留官兵及原设将备各官暂缓裁撤并请颁发印信事，道光九年八月二十六日，档号：04-01-01-0704-006。

体而言，拨给陕甘督标 800 名，循化、保安、起台堡三营计 700 名。清廷允准执行的同时也提出一些疑问，诸如移驻各官是否应该定为题缺，或移驻者能否堪胜新移之任，以及裁汰移驻是否符合甘省的实际情形等问题，饬令相关人员筹商讨论，拿出具体稳妥的实行办法。

对此，杨遇春认为，那彦成所言裁凉州镇兵一事，"筹划本属至善"，可是从因地制宜的实际出发，则"衰多益寡"。因为凉州夙称重镇，"接壤外夷，商贾云集，地方冲要"。原额兵虽有 7600 多名，可并不敷用。这些兵除了分设各营守备外，留在城中防守的马步守兵仅有 2493 名，其中包括每年派往口外各城及西宁、察汉托洛亥①等处换防兵 449 名，以及承担本城塘堆看守，还有药局、武库、接解军流、护送饷鞘等各项差使，加之"操防弹压"之责，实在"殊形单薄"，不敷分配，若所裁人数过多，则不利于西北防卫。即便要裁，也不能超过 1000 名。建议可裁数额当为：马兵 501 名，步兵 492 名，守兵 7 名。此千名兵士，当拨给陕甘督标马兵 250 名，步兵 250 名；拨给循化营马兵 100 名，步兵 100 名，保安营马兵 90 名，步兵 80 名，起台堡营马兵 61 名，步兵 62 名；凉州仍留守兵 7 名。

杨遇春亦强调应当对所裁兵额的去向、分配与生计等问题做出充分安排。指出被裁之兵均是在南疆战事中出过力者，系来自本省，多是吃兵粮者，别无生计，若一次性裁汰，难保不流离失所。所以，对复员后以何为生，应予以妥善筹措，以保障社会安定。故而提出了分批缓裁办法。首先，尽空缺故退革各名粮，由各该营确查，随时知照应增之督标及循化、保安、起台堡营，以次募补。其次，考虑到每年所出粮缺，多则不过百分，少则数十分。以此计算，最快也需七八年方能安置完竣。由是，原设将备、千把、外委等官员，也不能一应骤撤，以免兵丁无所约束。最后，所有应裁官弁，俟兵丁全行裁拨后，再行酌量裁拨。清廷以杨遇春所奏在理，准照执行。

对于凉州换防后官员任用，杨遇春积极推荐副将等人选充任。提出凉州协副将当由赖允贵担任，移驻庄浪之凉州中营游击由李遐龄任。且指出二人均曾经历行阵，熟悉营伍，实堪胜任。奏请清廷敕部先行颁发新改凉州协副将、庄浪营游击所须印信，俾资钤用。还提出凉州镇位处边疆，地

---

① 关于该处与阿什罕水驻防官兵，原本为一年更换，道光十二年经杨遇春奏准，改为二年更换。参见朱批奏折，陕甘总督杨遇春、西宁办事大臣恒敬，奏为酌议察汉托洛亥驻防官兵按二年更换事，道光十二年三月初七日，档号：04-01-01-0736-014；又户科题本，题为奏销甘肃省道光七年份西宁口外察汉托洛亥、阿什罕水二处驻防官兵支过口食银两事，道光八年八月二十九日，档号：02-01-04-20339-032。

方紧要,该镇副将、游击二缺,俱应作为题缺。对此,清廷也准照执行,令赖允贵暂留喀什噶尔办理营务,俟一二年后再赴任。凉州协副将之职,令杨遇春先派员署理。

在凉州镇裁撤官兵过程中,杨遇春以督标左营参将长恒换防不力,奏请撤换,降补为固原提标前营游击。对此,清廷认为不妥,指出撤防换防官弁应当平级调换,换防后的参将再降补为游击,无此规矩。对长恒既经撤回,又遽令降补,怀有疑虑,唯恐"另有别故",令杨遇春说明原委。由是,杨遇春提出长恒不胜任其职的理由在于"若仅予撤防,仍以原官补用,恐各城轻视边防","转得效尤",是以奏请降补。清廷以其所言在理,准令长恒降补固原提标前营游击。

事实上,在凉州镇改协及裁兵问题上,杨遇春提出如上建议,仅是作为权宜之计,应一时之状况。不久,又从西北军政的重要性出发,对那彦成提出的降低凉州镇军阶和裁汰兵员的做法不予认可。表现在自始就拖延,奏请延缓裁兵。继之,于道光十二年(1832)正月二十八日,适时奏请恢复凉州旧有"镇"军制。清廷准其所请,将凉州协复改为镇。

当然,清廷此举与同期长龄的奏疏有关。在程序上,先是长龄向清廷提出陕甘地方军事地理位置的重要性,引起清廷重视,谕"著照所议办理"。随之,杨遇春奏"复旧"凉州军制有益西北军事折,提出"凉州地处西路冲衢,夙称重镇,前因上届军需,奏改为协,应裁官弁,俟兵丁全数裁拨完竣后,再行酌量办理"。"今凉州总兵既由喀什噶尔改归原处,则前者裁拨官兵自应一并归还,以复旧制。"并请求将凉州原裁兵1000名内,酌留300名于督标,其余700名,不论已裁、未裁,仍归该镇原营。清廷准行。

由此可见,在凉州镇制的"复归"上,杨遇春与长龄意见一致,配合默契,当与二人谙熟西北边疆事务,对陕甘新三地社会发展状况与军事地理位置重要性的熟识以及所具备的高水平的军事指挥能力无不关系。在维持军队兵员数量和督标配置上,杨遇春也是据理力争,颇费一番心思,向上级合理解释,不被清廷所否。

当然,凉州镇复旧后,总兵一缺,需要拣员补选。为了既能选拔合适有能力之人,又不悖于清廷的拣选原则,杨遇春征得长龄同意后,向清廷举荐署喀什噶尔换防总兵、四川绥定协副将周悦胜。认为周在署凉州副将时,办理营务,训练官兵,均极认真可靠。且在甘年久,节历戎行,熟悉口内、口外情形,人亦实心能事。现以总兵衔署理喀什噶尔边要镇缺,以其补凉州总兵作为换防,最为得宜。不过,对于周悦胜籍隶皋兰,系属本省，与例不符的实际情形，杨遇春也不避讳，明确理由与立场，说道："俯念人地相宜，准其补授凉州总兵，仍留喀什噶尔换防，抑或暂行升补，俟班满撤回后，另行酌调他缺之处。"以此奏请清廷裁决，并表明在新任到达之前，总兵之职请即以现署该处副将甘肃提标参将托克通阿暂为代办，俟军营凯撤，副将之职再行改委接署。

清廷以所奏合情合理而准行。又令凉州协撤改庄浪协后的副将伍魁英调补，庄浪营游击缺，由凉州镇标中军游击移驻，凉州副将、游击二缺，仍照旧作为题缺。至此，凉州军制问题又复归原制。①

从中可见，之前那彦成所提出的改镇为协，是为了适应南疆战事结束后缩减军事开支的需要，可是，在实行过程中，俟长龄提议，经杨遇春提出重新布防甘、新省界处的驻军与体制，以防范不良事端突发与维护社会安定的理由，又显得非常及时，更凸显了凉州镇的重要军事地位，也显示了杨遇春对西北军事部署的关注与用心。杨遇春身为陕甘总督，立足本职，以保护一方利益为己任，是无可厚非的。然而，继之，对长龄所提的裁减全国绿营兵员以充甘肃藩库，补南疆经费的意见，则持相反态度。这又显出杨遇春以绿营军事发展为第一要务的宗旨是不以人的角色立场和亲密程度而转移的，秉公建言，格局宏大，在某种程度上，可以说其依然将西北军行民政的基本利益放在首位。

（三）裁减绿营兵员的分歧

南疆平定后，在减裁兵员问题上，杨遇春与长龄意见不同。在筹办南疆善后事宜时，长龄提出"请将各省绿营兵额各按马、步守兵分别均匀，于每百名内暂裁二名，将裁缺所节经费交甘肃藩库，自道光十二年（1832）为始，归入回疆经费项下，搭运前往，以资支发"。对此，杨遇春积极支持，并认为随着南疆战事结束，西北社会局势的确相对稳定，再保留较大规模的驻军，实乃财政之负担。为节约经费，减少支出，长龄等人提出裁减兵员无可厚非。可是，在长龄所言的全国一体裁员的做法上，杨遇春又保留意见，认为各省绿营是否均需裁员，应视各处驻防的不同情形而办理，不能千篇一律，实行一刀切。"各直省地方险易异宜，兵数多寡不一，且额兵有存城、分汛之别。存城者，以备差操；分汛者，以专汛守，人数较少。自应由各省查明核办。"

---

① 以上均见朱批奏折，奏为凉州改复旧制办理补改总兵副将及留拨原裁官兵事，道光十二年正月二十八日，档号：04-01-01-0736-018。

清廷更倾向于杨遇春的意见，令各督省除按全省兵数"以每百名暂裁二名核计"报明"共裁马、步、守兵若干名"外，还当于所属标营内详察繁简多寡情形，遇有拔补开革事务所出之缺，陆续分别扣除，及所裁饷银、粮草马料并红白恤赏银两，酌定裁减数目，一并迅速查明，据实覆奏。

为此，杨遇春即檄饬陕甘两藩司遵办。不过，裁员必将减银。依长龄所奏，裁员后所节银两，当提交甘肃藩库，再"拨补回疆新增防兵经费之用"。杨遇春并不情愿将核减后已在甘肃藩库名下之银两转拨南疆。故而在亮明自己真实意图的同时，采取明奏暗拖的办法，与清廷讨价还价。

杨遇春在明里向清廷奏道："各提镇协营裁汰兵马，按百分之二核计，有多裁少裁之处"，当按各该处营制情形，酌核办理。可是在实际做法上却拖延办理，直到一年后，清廷督查执行情况时，查得各省均陆续将情形核明具奏户、兵二部，而唯独陕甘落后。据兵部所称：惟陕、甘二省，前据陕西巡抚奏裁抚标兵丁 22 名，"其提镇协营，应由陕甘总督汇裁，迄今已逾一年之久，连催三次，尚未奏到"。清廷降旨著杨遇春即按现有情形，核计兵额，暂裁之处，迅速具奏兵部，不许再拖。对此，杨遇春依然委婉说到：陕甘有三提十镇，西达新疆，营路纷繁，兵额较广，必须各按地方营制情形，分别酌裁，方臻核实。只因相距道路遥远，其各营议裁兵丁以及应节钱粮等项数目多有不协之处，往返查核更需时日，并表明自己也已"多次札饬严催，始得汇齐定案，是以具奏稍迟"①。

直到道光十二年（1832）十月，杨遇春方才奏报了陕甘提镇标协各营裁减兵丁马匹，节省饷乾、粮料草束等项实情，即共酌裁陕、甘马步守兵 1950 名，马 492 匹。② 其中，陕西各营裁减兵马，除抚标应裁马兵 5 名，步兵 15 名，守兵 2 名，马 5 匹，每年节省银两已准陕西地方自行专折奏报。陕属固原、西安、延绥、汉中、陕安等提镇标协各营，原额马、步、守兵 27480 名内，③"按百名酌裁二名"原则，共应裁马兵 147 名，步兵 228 名，守兵 175 名以及马 147 匹。每年共应节省饷乾、粮料草折公费、红白等项银 12552.339 两，粮料 688.4 石，遇闰应多节省 1015.903 两，22.152 石。而在甘肃督标并乌鲁木齐、甘肃、固原三提督，暨凉州、宁

---

① 朱批奏折，奏明陕甘各营议裁兵丁及节省钱粮数目具奏稍迟事，道光十二年十一月初九日，档号：04-01-01-0737-033。
② 《清宣宗实录》卷 224，道光十二年十月庚午，第 354 页。
③ 其中马兵 7296 名，步兵 11415 名，守兵 8769 名。

夏、西宁、肃州、河州、巴里坤六镇所属各营原额马、步、守兵70131名内，① 共裁马兵488名，步兵566名，守兵346名。每年应节省的饷乾、粮料草折公费、红白等银30483.433两，粮料7848.1139石，遇闰应多节省2403.488两，458.113石。

杨遇春认为，甘肃督标及其附属驻军的马匹裁减，难度较大。按照规定，"马兵一名裁马一匹"，甘肃督标等应裁马488匹，其中包括乌鲁木齐、巴里坤、肃州各提镇属营的裁减马匹数。可是，这些提镇属营原额马匹不足"一兵一马"例，何况上述各营交通位置十分重要，处于军事要道，更在于这些驻防点所辖地理范围广阔，差操巡缉，必须马力。而额马原本就不敷分配，也无马可裁，可又不能抗旨不办。于是，杨遇春只好奏请在各营摘缺、缓补无马马兵内抵裁马129匹，如此，再除去固原提标五营向在陕省估拨之四分留厂马14匹，实应裁马345匹。这一办法得到清廷允准。

综上，陕甘两省每年共应节省饷乾、粮料草折公费、红白等银43035.7729两，粮料8536.5139石，草18938束，遇闰应多节省银3419.7788两，粮料480.265石。

可能正是由于杨遇春立足西北实际，深知兵士肩负责任重大与执行多样任务中所受苦累，既能从热爱自己所带兵士的角度出发，又能够维护军队既有传统建制，对绿营建制与兵员数量才会有如上的理念与做法，希冀以足够数量的兵士，承担多重任务的分派。当然，在带兵练兵，关乎军事战斗力方面，杨遇春对兵士的要求则十分严格，不打折扣。

（四）寓实战于操演

平定张格尔叛乱过程中，长龄、杨遇春目睹了乌鲁木齐驻防官兵军力疲弱散漫之象，不仅马队弓马平常，技艺生疏，就是都统、领队大臣等平日"因循废弛，昧良耽逸"，以至于"官不能随时整顿，兵难期得力重用"。战后，在处理善后事宜时，二人向清廷奏言，加强对此处驻防官兵的整顿，被采纳。

当然，清廷十分清楚军力疲惫的症结，希冀经过整顿能够有起色。因而指出，驻防官兵疲敝，"事属已往，非止一人一任"，以往之事"姑免查究"。整顿中"务当督率领队，实心实力，就练操防，必期一兵有一兵之用"。倘若"仍前毫无起色，恐该都统等不能当此重咎也"。且严饬道：各

---

① 其中马兵26026名，步兵28087名，守兵16018名。

城办事领队大臣，一体督饬弁兵，勤加操演，悉成劲旅。若有仍如之前怠玩者，一经查出，或因事显露，必将该管之员，无论现任历任，一并从重治罪，决不宽贷。为达到实效，将谕旨张贴衙署、教场，宣传到位。①

杨遇春每年亦亲往教场校阅督标五营并兰州城守营官兵操演。如查有训练不精、军实不齐者，即严厉整饬废弛之将弁，绝不留情。道光十三年（1833）八月，奉旨查阅陕西、甘肃营伍。二十一日，路经平番，校阅该处驻扎之庄浪满营官兵。时校场之上，军械坚锐，旗帜鲜明，官兵壮健，排演阵式，步伐整齐，马匹膘壮，试演九进联环，声势联络，步伐整齐，过堂排枪、马步技艺以及速战阵式各俱精熟。弓箭鸟枪命中率高，每兵10名中靶俱在30箭、20枪以上，弓力在六力、八力、十力不等，间有十二力者。杨遇春十分欣慰，当场对才技出众者，酌量奖赏。优加奖励该营城守尉训练得法，堪列一等。且按照各营将备马步弓箭标准校阅讲求，加以训练，饬令各管官兵勤加操练，务使有勇知方，不负委任。

八月二十七日，杨遇春行抵凉州。先赴满营查阅。校场上亦是旗帜鲜明，军器锐利，马匹膘壮足额。检验九进连环及五子过堂鸟枪，官兵进退联络等技艺矫捷娴熟，每兵10名，枪箭中靶俱在20枪、30箭以上。期间，检阅了副都统寿昌亲自教练的鸟枪队。寿昌在任数载，筹划兵丁生计，设立义学，亲自给兵士教练吉林式样鸟枪，共发枪200杆加以训练。检阅中，兵士演用灵便，"及远有准"，足称利器。由于寿昌的作为，全营上下倍加振作。协领、佐领等官弓马均各合式稳当，军容整肃，纪律严明。整个兵营较之从前有出色改观，"堪列为优等"。二十八日，往绿营校场，检阅凉州镇标及调集协路各营官兵。同样官兵军容整齐，枪箭刀矛技艺纯熟，军实马匹点验无缺，堪列一等。

为整饬营伍，寓实战于操演，杨遇春实行了严格的奖惩制度。对于技艺生疏者，予以斥革，以肃戎行。如凉州镇标前营经制外委马成贵、庄浪协属岔口营经制外委李万选，弓马生疏，遂谆嘱总兵伍魁英严加训练，并督饬所属各营将备，务须时时勤加训练，益励精强，达到捍卫边陲之目的。在处置确属不能胜任兵务官弁时，杨遇春必上奏清廷裁决。如经制外委丁登元因弓马技艺欠娴，需降改步兵时，即请旨奏准。又如候补守备云骑尉世职吕英恩、骑尉魏福、傅世显等人因休致而照例查办其所遗世职时，请旨批准。

在固原提督任上时，杨遇春对兵营的军事操练十分上心，一有闲暇，

---

① 《清宣宗实录》卷137，道光八年六月乙酉，第114页。

就亲往检阅兵士操练。上任之初，因营务军事大多废弛，乃申明旧例，拣选备战校场，制定具体管理办法，如选兵丁1200名，分处左、右箭道，令技艺优长者居中为师，加以训练。且每日必周历各处，亲为指点，视兵士技艺高下予以奖惩。每隔两日，又必亲率马队，赴校场试以骑射。

初立法时，兵将颇以为苦。杨遇春告诫说：兵可百年不用，不可一日不备。① 并以自己身历战阵的经历，告诫战术精到的益处与劣势："每见技艺娴熟者，杀贼立功，易于超擢。其生疏者，徒丧身躯。所以汝等如是者固。冀与国家出力，亦为尔等保身计。万一有征调，尔等当自知之。"杨遇春如此开导兵丁，又不惮其烦，以至于人人悦服，习以为常。② 后来为林则徐研铸大炮的诗人汪少海有纪实诗云："遍向偏裨收将种，居然弦歌类儒林。"表明杨遇春不仅是一名具有卓越军事才能的指挥者，更是一名具有丰富军事思想与技能娴熟的优秀教官。

正是由于在固原提督任上，勤加练兵，善言疏导，培育将才等一系列具有前瞻性活动的准备与实施，当清廷要求督抚、提镇将如何操练之法据实具奏时，杨遇春当即奏了操练章程。对此，道光帝传谕说：

> 历来训练有方，所至克捷，乃朕所素知者，提镇中似汝者，实属难得。朕因武备不可废弛，故通行申谕。若汝之雄镇一方，抒忠尽职，朕何顾念之有，照旧操防可也！特赐福、寿各一张，以期繁祉老寿耳！③

至道光七年（1827）十二月初八那彦成进京面奏，请准派甘肃提督齐慎随自己赴喀城时，道光帝就言及陕甘军营多优秀将士。④

道光十四年（1834）七月十三日，已任陕甘总督的杨遇春自兰州起程前赴固原查阅营伍。抵达后，首先逐次校阅提标及所属各营官兵。操演场上，兵营旗帜鲜明，器械锐利，马匹膘壮足额。官兵演习各阵马步整齐，枪箭中靶，成绩优异，弓力亦足，马步技艺娴熟。杨遇春欣慰之余又对所存在问题一一指导处理。如靖远协营经制外委刘万荣、会宁营额外外委侯禄、靖远协营武举雒对扬等人，因年衰有疾，不能骑射，经与提督胡超核

---

① 李光涵：《时斋府君年谱》，《年谱丛刊》第123册，第212页。
② 鄂山辑：《府君雅园家祭行述》，道光抄本，现藏四川大学博物馆。
③ 录副奏折，奏为恭陈操练章程事，道光元年十二月十一日，档号：03-2946-084；又《清宣宗实录》卷27，道光元年十二月癸卯，第497页。
④ 那彦成：《那文毅公奏议》卷77，《续修四库全书》第497册，第625页。

商，斥革回乡。验兵过程中，嘱咐胡超督饬各营将备，务须训练不懈，精益求精，以报效朝廷。

杨遇春高明的带兵策略还体现在提高兵士及其子弟的文化水平上。平定南疆乱后，杨遇春"念其歼渠魁而奏功者，得督标兵力居多。思欲洪加奖励，益以作其忠义之气"。只是，甘肃属瘠土边陲，督标兵丁"富者百无一二，贫者十常八九，育佳子弟攻读惟艰"。所以，杨遇春自"捐廉俸，筹办生息银两"，作为办学经费。道光八年（1828）在督标中、左、右、前、后五营创设义学各一处，每年发给义学教师薪水银24两，按季发放学舍租金8两，冬日发放官煤砖100块，烤火取暖。①

杨遇春虽身列戎行，每以受恩益重，力图报效。真正做到"凡事之于地方有所裨益者，莫不夙夜图维，所见既确即自诸当事"②。

二　吏治整顿与人事调配

吏治清明，是社会持续稳定发展的可靠保证。改革整顿吏治、触动弊端恶习，又是官吏管理中最棘手的方面，最容易得罪人，也是最难啃的骨头。杨遇春在陕甘总督任上，依据清廷官制，结合地方实际，灵活运用了"人地相宜""对调轮岗""满汉重用"等用人办法与原则，进言吏治弊端，裁汰冗官，注重人品，选贤任能，奖掖后进，尤其看重和爱惜为治理一方社会而长期做出贡献的官吏，视这些官员为做好地方工作的"熟手"，是维护西北地方稳定和发展的台柱。杨遇春对西北地方官僚体制的完善，出力最多，在清中叶的封疆大吏中属不多见者。

（一）驻防旗员与抚民官员的转换原则

杨遇春对清廷官制中一些定例的弊端加以揭示，尤其针对军事驻防旗员转为地方抚民官员中的回避例，奏请加以更定。道光八年（1828）五月二十五日，对新疆武副旗员转州县副职中的与例不符之处提出自己的主张，说道：原本对州县满汉官的任职，有严格的回避制度。如定例委署州县等官在原籍500里内任官时，应当回避；满洲补用直隶州县在500里以

---

① 牟簧敬：《督标后营三圣庙香火碑记》，薛仰敬：《兰州古今碑刻》，兰州大学出版社2002年版，第164—165页。
② 杨国佐：《忠武公年谱》，《年谱丛刊》第124册，第2页。

内及道府同知等官并应用盛京州县人员所属境内，如有田庄地土，亦令呈明回避。这一规则的制定，"原以距籍较近，必有瓜葛，属境若有田庄，恐涉徇私。是以悉令回避"。立法极严，也严格执行。可是，久之难免丛生弊端。如"新疆驻防旗员补署丞倅牧令，与例不符，请照例回避"。①

此事由是指在乌鲁木齐等处的驻防满洲办理印房事务人员，凡当差勤慎者，或以额外主事录用，或给章京职衔，或令学习笔帖士，年满保奏升擢补署理事同知、通判，专管本处旗人。而这些工作按例当由承担地方抚民各责的"丞倅牧令"完成。再说这些驻防旗员"历世于一处驻防"，"不无置有田庄地土，且密迩亲友，千求嘱托，因而滋生情弊"。这就有悖于官制所强调的"口外府厅州县以及教杂等官，向由陕甘两省实缺旗员及对品人员内拣选调补"的根本，弱化了官制条例创设的目的，而发生所担心的"恐以该处驻防旗员补署易启营私之渐"，以致使"其法至善"的官制失去意义。还在于新疆地方近些年来，就"率多以该处驻防年满旗员，补署地方各官"之情弊，完全与官制定例不符。因而，杨遇春主张重申定例，严格规定"嗣后新疆此项人员，果有才能出众，堪膺民社者，即由乌鲁木齐都统于奏明后咨送，内地照依官阶察其才，具酌量补署，不得仍留该处，以符定例"。

杨遇春的这一主张，从表面上看，旨在维护新疆军事与行政二元管理体系所架构的驻防旗员与抚民官员各负其责的满汉用人格局，但实际上对于旗员中"才能出众者""酌量补署"时，又有所侧重，② 更有益于该地区行政官员管理体制的完善。

（二）轮岗对调的用人原则

按照清朝官制定例，某处官吏俸满后与他处对等品秩者对调，或者轮岗，是整顿吏治、预防弊端滋生的良策。在执行中，杨遇春深刻领会，予以贯彻。尤其在新疆地方官员俸满后与内地所挑选的对等品秩官员对调这一问题，十分重视，对西北地方吏治的良性循环起到了非常重要的作用。

镇迪道是"冲繁难"紧要旗缺。道光十一年（1831）七月，道属积拉明阿三年俸满，按照轮岗原则，杨遇春即遴选举荐其与平庆泾道双兴平级对调。奏报清廷时，对双兴在道员任上的工作给予了很高的评价。认为双

---

① 朱批奏折，奏为新疆驻防旗员补署丞倅牧令与例不符应请照例回避事，道光八年五月二十五日，档号：04-01-12-0402-038。

② 以上引文均见朱批奏折，奏为新疆驻防旗员补署丞倅牧令与例不符应请照例回避事，道光八年五月二十五日，档号：04-01-12-0402-038。

兴到任以来，"正己率属，精求吏治，办理地方庶务暨督办兵差，均属妥善无误"，且属于"老成端谨，历练勤明"之员。以其对调，绝对堪以胜任。①

同样，道光十三年（1833）十二月，保忠在吐鲁番同知职位五年期满，例应与内地相应级别在任旗员中"拣员更替"。杨遇春考虑到吐鲁番地处往南疆要冲，为出入各城南路之门户，驻扎满汉重兵，"民夷杂处，政务繁多"，系冲繁难三项边远紧要旗缺，"非精明强干熟悉边情之员不足以资治理"。遂于藩臬两司多方遴选，以凉庄理事通判宝瑛对调。

宝瑛，时年四十八岁，正蓝旗满洲普兴佐领下人，由监生考取缮本笔帖士，授补户部八品笔帖士。嘉庆二十一（1816）、二十四年，两次京察一等，补授户部宝泉局南厂大使。二十五年，奉旨记名，以理事同知通判用。道光元年（1821）奉旨补授凉庄理事通判，二年三月到任，后调署庄浪茶马同知、甘州府知府。嗣因办理回疆进征凯撤兵差有功，被保奏。八年五月十四日，上谕著留甘肃以同知升用，先换顶戴。后宝瑛被派往塔尔巴哈台管理粮务，十二年二月事竣回任，署洮州同知。

杨遇春认为宝瑛"年强才优，办事敏干，在甘有年"，又在塔尔巴哈台办过粮务，"边情最熟"，且在任内"仅有咨案未准部复案件，别无降罚处分"，以之升补吐鲁番同知，"实堪胜任"②。清廷准予以宝瑛与保忠对调。

与宝瑛同时调赴新疆的等品秩官员还有奇台县县令。时奇台县知县觉罗德宽边俸五年期满，按例与内地同品秩官员对调。乌鲁木齐都统成格意欲调宜禾县知县成瑞往赴。成瑞时年四十二岁，镶白旗满洲监生捐纳笔帖士。初在户部南档房学习行走，嗣遵续增武陟例加捐知县。道光二年（1822）进授四川兴文县知县，丁忧服满引见，奉旨发往甘肃差遣委用。六年十一月到甘肃，历署平凉等县印务。后奏补宜禾县知县，十二年正月到任。

杨遇春赞其"才具明晰，办事周详"，同意成格意见。不过，也指出：不论宜禾、奇台，均系冲繁难要缺，"以繁调繁"，与例未符。可是，宜禾较之奇台"民户稀少，事务稍简，且与镇西府知府同城，遇有紧要事件尚可随时商办"，而奇台远在镇西府之西700余里，一切事宜均须该员一人

---

① 朱批奏折，奏为镇迪道积拉明阿俸满请与平庆泾道双兴对调事，道光十一年七月初九日，档号：04-01-12-0421-084。

② 朱批奏折，奏请准以宝瑛升补吐鲁番同知事，道光十三年十二月初八日，档号：04-01-12-0431-096。

经理，虽同一繁缺，可是办理难易时有不同。更重要的是经两次军需之后，一切弹压抚绥均关紧要。成瑞"明干有为"，又熟悉边情，以之调补，"人地洵属相宜"，于新疆重地亦有裨益。① 于其足见杨遇春对清廷官制的体会深度与娴熟运用水平。

当然，时西北范围内的口内东部官员按例按期随时对调尽管属于常态化，可是相对于地属口外的新疆天山南北而言，熟悉地方事务官吏的培养十分重要，频繁对调，不符实际。有时候某些德才俱佳的官吏在任职俸满应升时，还会被留在口外继续平级连任或升任。道光六年（1826）十月，乌鲁木齐所属呼图壁巡检王崡三年边俸期满，都统英惠以其"在任办事谨慎"，奏请再留一任。朱批："如所请行。"至九年九月，王崡又任满三年，按例应由杨遇春另行遴员接替。

王崡，时年已五十八岁，安徽怀宁县人，嘉庆四年（1799）分发甘肃，历任固原、岷州、安西、静宁州吏，于岷州吏目借调为呼图壁巡检。办理回疆军需催趱粮运、支放官兵料草，卖力能干。依旨"俟俸满后咨送内地，以应升之缺尽先升用"。杨遇春评价其在呼图壁巡检任内"办理地方事件谨慎安详，民情爱戴，洵属始终奋勉"，在口内、口外"前曾二次俸满"，早已应升，又"因军需出力尽先升用之员"。面对口外候补人员较少的局面，杨遇春只得又奏请再留其于口外差遣，俟俸满后，遇有口外县丞缺出，尽先升用，"以示鼓励而资熟手"②。

可见，所谓"边缺"人才到任后，延长任期，继续被留当地提升重用，成为杨遇春管理西北地方官吏的一个有效办法。翻检其所举荐的用人奏折，有不少是有关继续留用到期人员且常常被升任的奏请。按例乌鲁木齐都统所属知县、典史两项职位，遇有能事之员，俸满后可留于该处，或以应升之缺升用，只是仍须咨明陕甘总督随时奏闻请旨。如昌吉县典史赵秀，自道光八年（1828）六月初三到任，至十一年五月初三，加上闰月，边俸三年期满。延至十二年六月，乌鲁木齐都统成格咨请其留口外差委，遇缺酌量升补。并称该员"人尚明白，办事勤慎"，且为"上次军需保举以府经历县丞即补之员"。对此，杨遇春认真查察后认为与例相符，奏准

---

① 朱批奏折，奏请准以成瑞调补奇台县知县事，道光十三年十二月初八日，档号：04-01-12-0431-095。
② 朱批奏折，陕甘总督杨遇春、乌鲁木齐都统成格，奏请将俸满应升人员王崡即留口外差遣遇有口外县丞缺出尽先补用事，道光十年四月二十八日，档号：04-01-12-0413-089。

仍留口外任职。①

（三）重用熟手的管理办法

在西北多民族聚居区的官吏选用上，杨遇春亦坚持重用"熟手"进行管理。清中叶时，青海西部黄河上游的贵德地方是一个十分典型的多民族聚居区，地处清廷行政管理体制与蒙藏盟旗千百户及汉回土司制度的界边，有汉回蒙藏各族交错居住，尤以藏族为主体。而被清廷划定的所谓"野番"，时常偷渡此处进行抢劫，扰动社会治安。所以，杨遇春指出，这里的"弹压稽查"工作甚为重要，用官"未便频易生手"，职务也不能空悬耽搁，方"于边要地方实有裨益"。遂推荐由前任署督鄂山报备在案的宁夏盐捕通判宝勤赴贵德同知任。②

为加强对一地持续有效地管理，杨遇春十分重视官僚队伍中管理人才的培养，为选拔良才而煞费苦心。如在循化厅同知的任免升替一事上，两次拣选人才，奏请清廷批准。先是于道光九年（1829）三月二十七日，奏"为甘肃循化厅同知夏祥培边俸期满请以知府升用事"，力荐擢升重用夏祥培。在推荐信中写道：夏培祥是道光二年（1822）十二月从固原州知州任循化同知，期间约有一年调补南疆军营差遣，至八年三月初九，边俸期满。按照清廷定例，西宁府属之循化、贵德两厅同知，照口外之例，三年期满，任内又能够"约束番众、稽查卡伦，以及随时拿获报抢各案者"，可专折保奏，以擢应升之缺。尤在派往南疆随营过程中，办理一切差遣、派运粮务，均著劳绩。清廷谕旨赏戴花翎。杨遇春认为，夏培祥在职内所从事的各项事务符合擢升条例，关键是哪个地方的这个"缺"才能适合夏祥培赴任呢？所以，先奏请清廷"附准留甘"，遇有知府缺出，无论繁简，即行升补。清廷降旨准行，循化厅同知另外拣员升补。③

至于循化同知空缺，杨遇春又积极举荐人选。道光九年（1829）五月二十四日，奏请以西河县知县马佑龙升补。并认为该职为"边番"要缺，非能力超长者不可胜任，因而提倡举荐能人。且特别强调，循化厅与贵德厅一样，"地接蒙番，境内多系撒拉、回民"，"一切稽查弹压最关紧要，

---

① 朱批奏折，奏为昌吉县典史赵秀边俸三年办事勤慎请旨留口外差委事，道光十二年六月二十九日，档号：04-01-12-0425-006。

② 朱批奏折，奏准补贵德同知宝勤先行到任并饬借补宁夏盐捕通判刘金声到任事，道光八年五月初十日，档号：04-01-12-0402-012。

③ 朱批奏折，奏为甘肃循化厅同知夏祥培边俸期满请以知府升用事，道光九年三月二十七日，档号：04-01-12-0407-109。

非在甘年久熟悉边情之员，不足以资治理"。况且循化、贵德两厅同属于西宁府，依照定例，两厅同知无论满洲，还是汉员，均需要"人地相宜"，悉经清廷批准后酌量拣选升用。杨遇春经再三思忖，认为马佑龙是最合适的人选。是年，马佑龙三十五岁，年富力强，才具明敏，原由山东贡生报捐知县，道光三年（1823）自福建长泰调补甘肃西河知县，四年二月初六到任，六年十月调赴南疆军营，承办粮务。由于杨遇春出力保奏。清廷准行。①

知县衙府是地方官僚机构得以正常运转的组织基础。对县官的选拔，杨遇春十分慎重。有时候为一个岗位，则不厌其烦地在三四人中择选。道光十一年（1831），镇西府宜禾知县缺，乌鲁木齐都统成格奏请从内地派人补缺。按例宜禾县为边疆重地，满缺政务殷繁，兼之驻扎重兵，稽查弹压，任务艰巨。为此，杨遇春欲在甘省筛选合适人才补缺，因一时未觅得合适人选。故在奏报中说："止有张掖县知县庆霖，系属汉军。安定县知县那逊阿古拉，系属蒙古。"可是该二县均位于东西冲途大道，岗位本就繁要，且"当兵差之后，地方不无疲累，正须熟手加以扶绥，未便另行更易"。此外，更无应调满员。

后几经考察，杨遇春认为知县成瑞"年富才长，精明历练"。系镶白旗满洲监生捐纳笔帖士，时年四十岁。道光六年（1826）作为候选知县，往甘肃差遣委用。同年十一月至甘肃，历署平凉、秦安、金县、张掖各缺印务。在任期间，"办理一切甚属裕如"，以其补授宜禾县知县当为最佳人选。不过，也指出，按照选官原则，"以候补人员请补调缺，与例稍有未符"，"该员曾荏实缺拣发来甘委用，例得补用繁要之缺，与初任候补者有间"。只是考虑到边疆大计与地方政务，还是主张破例以成瑞补缺，清廷准奏。

有时候，一个职位的调整，会引发一连串的人员调动，也免不了某个人在一个职位上调出调进。每当在这种时候，杨遇春总是严格把握用人原则，绝不滥用庸人蠢材，也毫不厌烦地多次上奏呈明调整原因。如固原州州缺，系冲繁难三要，按例应自外提调。可是由于这里有提属率重兵驻扎，汉回各民杂处，政务殷繁。惟必须精明强干、在甘年久、熟悉地方情形之人，方能胜任。道光八年（1828）五月，原任知州王简由部咨调新职，知州缺出。杨遇春先是以秦安知县陈伊言举荐。认为陈在位已经十年

---

① 朱批奏折，奏请以马佑（佑）龙升补循化厅同知事，道光九年五月二十四日，档号：04-01-12-0408-051。

俸满，且道光六年大计卓异，为应升之员。其为官干练端醇，办事踏实，令人放心。在甘年久，熟悉地方情形，是洵堪胜任之人。奏请擢用。结果皇帝朱批：另有旨。①

显然，清廷另有用人打算，杨遇春立足地方实际，也有自己的考量。清廷中央与地方在用人问题上出现分歧时，很多时候以清廷旨意而定。但杨遇春在所推荐的人选事宜上，也会与清廷周旋，且多数时候是以清廷照顾地方利益告终，同意杨遇春的建议或提议。检索档案可知，在如上所述同日的奏折中，杨遇春就固原知州一缺提出过另一个人选。即题请渭源知县罗文楷署理固原州事。因罗尚未到任，又被调回任所，知州依然缺出。杨遇春又奏请署理安定县事的安化知县赵湘前往署理，其缺出之安定县职，委以监捕通判的漳县知县彭仪堪署理。② 这一连环调动事毕后三个多月，固原州知州赵湘又被调离，固原知州缺出。为保证这里管理工作正常进行，杨遇春奏请仍以渭源县知县罗文楷补授。在杨遇春看来，罗文楷之前就已经署理过固原州篆，办事裕如，当为最合适的人选。③

甘肃徽县，地近陕西南山，毗连川陕，地理位置十分重要。道光八年（1828）五月，知县梁积德调后缺出。杨遇春奏以清水县知县朱声亨补，并评价朱在任上治理有方，能力甚佳。清廷准其赴任。同年，宁夏县知县缺出，清廷先是令宁朔县知县林开仕补缺，旋准杨遇春请，改令林赴它任，由会宁知县毕光尧补授。④

为了避免官吏因调动而引起工作上的辗转交接，靡费周章，杨遇春时常奏请清廷改动已经批复的成命，依然委职务于旧人，维持既有的任官格局。道光八年（1828）十一月，奏准由平凉府盐茶厅同知陈士桢署兰州府知府，其所遗盐茶同知印务奏请清廷另行委员接任。在委任令尚未到时，杨遇春又认为与其自外调入人员，不如将道光二年（1822）六月曾委署过盐茶厅同知印务的伏羌县知县程栋就补，⑤ 并强调如此做法是为了避免

---

① 朱批奏折，奏请以陈伊言升补固原州知州事，道光八年五月二十五日，档号：04-01-12-0402-039。
② 朱批奏折，奏为委令赵湘署理固原州知州等员缺事，道光八年五月二十五日，档号：04-01-12-0402-037。
③ 朱批奏折，奏为委令罗文楷署理固原州知州事，道光八年九月十一日，档号：04-0-12-0403-026。
④ 朱批奏折，奏为委令赵湘署理固原州知州等员缺事，道光八年五月二十五日，档号：04-01-12-0402-037。
⑤ 朱批奏折，奏请以程栋升补固原州知州事，道光九年十二月初二日，档号：04-01-12-0411-074。

"辗转交接"①。

提议上报数月间无结果。杨遇春只好又报上新的人选。提出盐茶厅同知属繁疲难要缺,例应在外拣选,可是经与藩臬两司逐加遴选,"非现居要缺,即人地未宜,实无堪调之员"。亦经多方查找,认为在承办军务中出力,奉旨以同知直隶州即补之张掖知县沈在光为合适人选。沈在光,时年四十四岁,曾任隆德县典试史。调赴河南滑县军营并委办军需局务,十分出力。历升皋兰县河桥主簿、红水县丞。嗣调赴西宁军营,差遣出力。后奉谕著以知县,遇缺即补。被那彦成奏补为张掖县知县。道光三年(1823)七月十一日到任,六年,"回疆不靖",派赴肃州办理军需局务,事竣,经鄂山、卢坤保奏,上谕以同知直隶州即补,先换顶戴。亦曾委署皋兰县知县,现署循化县同知。在所任均能办事裕如,才优守洁,历练老成。若能委以盐茶厅同知,实堪重任。当然,杨遇春也不避沈氏在任上受过处分一事,说道:"惟该员前在张掖县任内,有经征地丁未完,停升处分",此与定例稍有未符。可是盐茶厅地方,"汉回杂处,政务殷繁,实属人地相需",恳请补授沈在光为盐茶厅同知。②

审视整个奏报与遴选的复杂经过,表面上看是杨遇春否定了自己之前的奏请,另外荐举新人,实际上还是从重用人才的大局出发,使能力更佳的人胜任相应的职位,便于地方管理和体制正常有序运行。

为保证陕甘地方官僚队伍的正常运转,杨遇春也会奏请清廷自甘省以外调拨人才。道光十年(1830)南疆再起战事后,官员紧缺。以杨遇春自己的话来说就是"甘肃正佐各员均已派解饷银及随营粮务事件,先后出口,现在差委乏人"。由是,于九月二十一日,题名奏请自陕西调拨一批"能干"之人充任军需各项事务要职。在这一批名单中的云麟,原职属汉中府,是暂调往署理西安府知府者。还有泾阳知县李希、候补知县顾鹤、试用知县多瑞等人,均是以知县身份兼理军需事务,属于职务兼夸两头者,也是各该管理岗位的熟手。

杨遇春请调这批人的理由在于:云麟"明白谙练,曾经办理军需局事务,结实可靠"。其余几人不仅"详慎能事","且系熟手"③。尤其是后一

---

① 朱批奏折,奏为委任程栋署理盐茶厅同知事,道光八年十一月初十日,档号:04-01-12-0405-063。

② 朱批奏折,奏请以沈在光补授平凉府盐茶厅同知事,道光九年正月二十七日,档号:04-01-12-0406-015。

③ 朱批奏折,奏为甘肃差委乏人请敕陕抚令云麟等员迅速来甘听候差委事,道光十年九月二十一日,档号:04-01-12-0416-067。

句，说明杨遇春在用人方面有不拘一格，关心赏识人才，对真正有能力实心干事者，一定加以奖掖提携。也表明在军务急迫关头，任用信得过又知彼脾气性格之人，对取得战争胜利十分必要。此亦现代管理学中所当传承的传统文化核心。

实际上，云麟署理西安知府，也是经杨遇春奏请。只不过事有波折。先是清廷谕令户部郎中柱庆任西安府知府，旋又以柱庆"年纪尚轻，须加历练"，仍回户部，而另选他人补授。对此，杨遇春持有己见。认为西安府系陕省首郡，管辖十八厅州县，"政务殷繁"，且承办全省"发审案件"，"非为守兼优、才识出众，而又在陕年久熟悉情形之员，不足以资治理"。而通览全省实缺知府，非"莅陕未久"，即"人地未宜"。故而于道光十年（1830）四月十八日，与陕西巡抚鄂山联名奏请，以年五十五岁的汉中府知府杨名飚调补西安府，认为其也是最合适人选。同时也提到云麟补授汉中府。

杨名飚系云南举人，由汉中府经历升补镇安县知县，又特旨授补鄜州直隶州知州，擢授汉中府知府。杨遇春认为杨名飚"明练精详，久邀圣鉴，履任数载，洁己爱民，到处循声卓著，实为出色之员"①。为表明汉中府位置的重要，又进一步说道：惟念汉中为南山奥区，五方杂处，事务纷繁，其难治"甲于通省"。杨名飚在汉中府可谓治理到位，深得窍要，"民情颇为爱戴，正资其稽察拊循，未便骤易生手"。那么，如此重要的出缺补授于谁更合适呢？杨遇春推荐了以记名知府名义等候升用的孝义厅同知云麟，奏请由其升补。

云麟，正黄旗汉军进士，时年四十二岁，原由陕西白河县知县调补三原县知县，升补孝义厅同知。南疆军事期间，调赴军营办理粮务，十分出力，克复喀什噶尔，赏戴花翎。后被委派办理甘肃兰州、肃州两局军需报销，才力凸显。因而清廷令云麟先换知府顶戴记名，遇有知府缺出，再请旨简放。因有此谕旨，云麟升调除了符合定例，更重要的是其"人品可嘉"，"通达治体，操守廉洁"，在陕西十六年中，多在南山任职，对山内情形了如指掌，办事不避劳怨，缓急轻重，悉协机宜。尤其在署理西安府知府的三个多月里，"诸事井井有条，官民翕服"。所以，云麟是"实堪胜任"汉中府知府一职之人。②可见，杨遇春所言的"人地相宜"，也是其

---

① 朱批奏折，杨遇春同陕西巡抚鄂山，奏请以杨名飚调补西安府知府云麟补授汉中府知府事，道光十年四月十八日，档号：04-01-12-0413-067。
② 朱批奏折，杨遇春同陕西巡抚鄂山，奏请以杨名飚调补西安府知府云麟补授汉中府知府事，道光十年四月十八日，档号：04-01-12-0413-067。

选官荐官的一个重要原则。

（四）人地相宜的选官策略

在选择官员时，地方一定要遵照和服从中央的全局意志，有些属于冲繁疲要缺之处，例应在县以外拣选，可是限于西北特殊的地理和人文环境，也常有破例现象。道光十年（1830）三月，中卫县知县丁忧，县职缺出。杨遇春便在全省所任简缺知县即候补应升人员中筛选，结果依然认为，遴选人才缺乏，"非年俸未满，即人地不宜"者，不得作为候选人。最后选中艾椿年补缺。艾时年三十四岁，其经历大致为：道光六年前赴喀什噶尔"随营办理文案出力"，嗣经军务凯撤，因"熟悉甘肃地方情形"，被杨遇春奏请留甘补用，在核办军需报销案内"认真出力"。更重要的是艾椿年"年轻才明，勤慎谙练，委办事件，认真可靠"。清廷准其补授中卫县知县。①

当然，在管理西北官僚体制的用人过程中，杨遇春以"人地相宜"办法所推荐的人才，因与清朝的定例不符，或与相关部臣的意见相左，而被否或被搁置之情形时有发生。如清廷令甘肃迪化城守营守备贾芳，升贵州仁怀营都司。对此，杨遇春呈明乌鲁木齐提督达凌阿对于贾芳调离乌鲁木齐有异议。理由在于，贾芳"由口外行伍，历升今职。于边疆地方情形、营制，均为熟悉"，现署玛纳斯协标左营都司。在平南疆乱中，贾芳经历调拨各项军需，"系臻安善"。而眼下凯撤一切事宜急需熟手，该员也熟悉口外一切事务。故而请将贾芳仍留乌鲁木齐提属差遣，遇有相当都司缺出请补。孰料清廷令不准行。②杨遇春只得执行。

道光八年（1828）在陕西砖坪营管永清提升一事上，即出现类似意见相左的情形。十月，先是杨遇春奏请遴选陕西砖坪营都司缺，从人地相宜而论，请以升衔留任之守备管永清补，清廷准行。可是，经兵部核查，不符定制。即此缺例应轮用拣发旗员，管永清系应坐补选缺之员，不应占补旗员题缺，否则于拣发旗员升途有碍。十月二十七日，清廷又令管永清撤回本任，仍以新选的拣发旗员补缺。不过，谕旨也声称，若确实有"人地未宜"处，再行照例拣员对调。

十二月，杨遇春奏请以陕西延安府理事同知广崇调补伊犁抚民同知，

---

① 朱批奏折，奏请准以艾椿年补授中卫县知县事，道光十年三月初九日，档号：04－01－12－0413－034。

② 朱批奏折，奏请将推升都司原乌鲁木齐提属迪化城守营守备贾芳仍留乌鲁木齐事，道光八年六月二十五日，档号：04－01－16－0133－007。

经吏部核议，不准。按清廷例，理事同知只准升用京职，与抚民同知例的在外升转者不同。广崇系理事同知，若调补抚民之缺，即可由外升转，不复以京职推升。而"班次混淆"，于"铨政"殊有关碍。故吏部指出若同意此奏，则将来各省援实奏调，"易启属员奔竞之风"。道光帝也只得依吏部意见，朱批：所有伊犁抚民同知员缺，著该督照例另行拣员调补。如不得人，即行奏请归部，于记名抚民同知人员内拣选，带领引见。杨遇春所奏被婉转驳回。

当然，也有因情势需要而特殊处理的情况。如保忠在吐鲁番任上满三载时，杨遇春也曾奏请调其往迪化直隶州任知州。朱批：吏部议奏。该事缘于道光十二年（1832）五月，迪化直隶州知州瑞书边俸三年期满，因经手军需，奏准留本任办理。事竣后自然当拣员更替。可是，迪化州系冲繁难的边远紧要满缺，应于内地现任旗员内调补。经地方普查得知"甘省内地直隶州知州并无满员，其应升之州县非年例未符，即人地不宜，实无堪以升调妥员"。惟有吐鲁番同知保忠，时年四十八岁，系正黄旗蒙古人，于道光元年由理藩院笔帖士拣选引见，奉旨补授陕甘总督衙门笔帖士，次年到任。至六年，南疆军兴，调补军营办理粮务，因出力实干，荐任吐鲁番同知，九年五月到任。时正值造销军需尾案之际，奉旨俟边俸年满再行给咨引见。

杨遇春评价保忠"诚实练达，老干勤能"，只是因其并未实莅州县，升补同知尚未引见，亦未报满边俸，"与例稍有未符"。考虑到迪化州"为口外冲会要地，政务殷繁，旗民错处，满汉两城各有驻扎重兵，又经两次办理军需之后，一切整饬扶绥，在在均关紧要。而保忠在甘年久，莅任吐鲁番同知已近三载，口外情形最为熟悉，以其升任为最佳"。乌鲁木齐都统成格也咨其为最佳人选，称赞保忠"才堪肆应，人亦朴诚。自到任以来，办理民回事务，俱极妥帖，兼值南路军兴，供支进征，凯撤官兵，始终无误。洵属口外出色之员"。且进一步补充道：何况吐鲁番又系抚理民事同知，一切刑钱案件，与直隶州无异，"以之调补迪化直隶州知州，实属人地相宜"。

尽管甘省藩臬两司大员均同意以保忠调补迪化直隶州知州任，可是，朱批判由吏部议奏。① 经上谕发回杨遇春处的议奏结果是：该员保忠因军务出力，由陕甘总督衙门笔帖士保奏以同知即补，"奏升吐鲁番同知，并

---

① 朱批奏折，奏请以保忠调补迪化直隶州知州事，道光十二年五月十三日，档号：04-01-12-0424-074。

非由曾任州县出身。又边俸年满尚未并案送部引见,与例均属未符。著即撤回本任,另选合例人员奏请补用"。

对此,杨遇春也将执行情况再次奏报。提出遍查全省口内同知通判岗位,并无曾任州县满员,遂于州县旗员内逐加遴选,唯狄道州知州和塞布为较合适人选。和塞布是年四十九岁,内务府镶黄旗满洲人,由笔帖士历升六品苑丞,道光五年(1825)京察一等引见,奉旨记名以抚民同知用。后因拣选借挑知州引见,奉旨著发往甘肃差遣委用。同年十一月到省,委署环县知县,题补狄道州知州,八年四月二十二日到任。杨遇春评价其"年力富强,才具练达",本任历俸已满三年,荐其补迪化州知州。只是"惟现有地丁未完咨参一案,与例稍有未协"。考虑到人地相宜原则,亦再无较为合适人选,故而,奏请清廷准以和塞布赴任。①

有时候,虽人地相宜,但在任不出力,不能胜任职务者也大有人在。为此,杨遇春也常常奏请清廷加以调换,且荐举能人替补,并指出"州县官身膺民社,必须强干精明,方足以资治理"。对于不堪供职者,即行革职,以肃官方。道光十三年(1833)十一月,以宁州知州牟颖儒"办事迟钝",撤省察看。后以其"年力亦已就衰,难期振作",又有疏脱监犯越狱之要案,"恐贻误地方",奏请革职。② 如此因不称职而被革者为数不少。如道光十年二月二十四日,以静宁原知州颜廷彦"才力不及",列入计典,而荐任过隆德县与玉门县县令的孔昭佶升补。③

静宁州为甘省东路要冲,兼有协属,营制政务殷繁,是冲疲难三兼之要缺,非精明干练熟悉情形之人,难期治理。孔昭佶为山东省进士,嘉庆二十五年(1820)十一月到甘肃,道光元年(1821)题补隆德县知县,不久调玉门,三年三月十八日到任。六年南疆事起,承办兵差出力,著以知州升用,先换顶戴。杨遇春认为此人"朴诚干练,办事勤能"。在玉门县职时,办理地方庶务及进征凯撤兵差,均属得宜。又曾任隆德县令,"于该处情形素所熟悉",兼之隆德与静宁界连,近在咫尺,孔昭佶实堪胜任。清廷变通"例应在外题调"的既有原则而准奏。

杨遇春十分看好孔昭佶。道光十三年(1833)十一月,灵州知州缺,

---

① 朱批奏折,奏请以和塞布升补迪化直隶州知州事,道光十二年七月二十八日,档号:04-01-12-0425-078。
② 朱批奏折,奏为特参宁州知州牟颖儒不堪供职请旨即行革职,道光十三年十一月二十九日,档号:04-01-12-0431-025。
③ 朱批奏折,奏请以孔昭佶升补静宁州知州事,道光十年二月二十四日,档号:04-01-12-0412-007。

杨遇春以该处"政务纷繁",尤"有渠工事宜",必须"老干妥员"方期无误为由,奏准调补孔昭佶署理灵州知州事。① 孔调离后,考虑到静宁州位置的重要,又调离为任不久的陈继仁,而以任职方半年多的会宁县知县李庆纯"练达安详,实心任事"委以重任。② 应该说,这种办法即保证了本省所培养的官吏不得外调,又在一定程度上达到官吏于本省轮岗,人地相宜,又避免久官一地而滋营私结党等弊端。

另外,在官吏的选拔问题上,尤其是经科举以致仕方面,杨遇春也曾提出自己的主张,认为"则凡属仆隶人等,皆得与身家清白者同登仕籍",不应该区别流品。道光十一年(1831)九月初五,奏请革员罗汉保出仕应试。认为罗汉保之父曾充长随,已经褫革。但是罗汉保出力勤劳,当酌量给予奖赏,即请奏议罗汉保出仕应试。清廷著不准行,并传旨申饬。③

在用人方面,杨遇春总是知人善任,因才用人。对地方所推荐者,不以清廷是否同意起用或能否重用而转移,坚持自己的用人原则,亦总是乐此不疲地尽到自己臣僚的本分,对完善西北地方官吏制度而尽力。

(五) 对裁汰冗官的态度与做法

考察杨遇春在陕甘任期内,对地方官制的调整,有些是遵旨办理,有些则是就管理的实际情形而积极调整完善,有些难免为主动斡旋,有些则属被动应付。

道光八年(1828),在各省年终甄别教杂事项过程中,杨遇春对辖境教职佐杂及总人数进行甄别。据藩臬两司详称,奏报了甘省内的教职佐杂人员情形,甘省境有教职87缺,佐贰杂职93缺,各应勒休2员。俱精力充沛,胜任本职外,尚有德隆县训导、泾州训导、西宁府教授等,年老目疾,精力衰疲,核查后勒休。④ 至道光十一年(1831),清廷下发有关裁汰冗官的谕旨,杨遇春遵旨对陕甘地方冗官问题加以整顿。

道光帝意欲整顿吏治,裁汰冗官,因于康熙帝的一道谕旨。道光十一年(1831)十一月二十二日,道光帝在阅览前朝实录时,读到康熙五十九

---

① 朱批奏折,奏为委任孔昭佶署理灵州知州事,道光十三年十一月十三日,档号:04-01-12-0431-027。
② 道光十四年七月中旬委任,见朱批奏折,奏为委任李庆纯署理静宁州知州事,道光十四年八月十三日,档号:04-01-12-0433-090。
③ 录副奏折,奏为原东城兵马司正指挥罗汉保随营办事出力请准其出伍应试并复姓归宗事,道光十一年八月二十二日,档号:03-2890-037。
④ 录副奏折,奏为甄别教杂事,道光八年十二月二十二日,档号:03-2584-012。

年（1720）吏部等衙门会议各直省督抚题裁汰闲冗官336员，议照所题裁汰。康熙帝谕：口北道缺不必裁，余依议。借此，道光帝令吏部将自康熙年间以来各省裁汰官员情形做详细梳理。结果发现各省裁汰文职闲冗官员单内，除了康熙年间裁汰335名外，雍正年间也裁250余员，乾隆年间裁330余员，嘉庆年间裁20余员，而道光年间仅裁汰2员。这一组比例悬殊的数字，使道光帝大为疑惑。说道：若令冗员滥竽充数，不仅其本任既无事可办，还会滋长搜刮贪腐之风。有了冗员，各员官廨一切公用不能尽出己资，则势必取之民间。是多设一官，百姓反多受一官之累。若地方州县再有朘削民脂民膏，则原本设官以卫民而转为病民。于是，为慎简官僚、勤恤民隐，令各直省督抚及各河督、盐政，悉心核议，于所辖文职闲员如有可裁者，酌量裁汰，据实奏闻。①

  道光帝降旨过问，地方大员不得不执行应对。杨遇春经与甘肃藩臬两司共同酌议，提出对甘肃可有可无之官加以裁汰。可在实际执行中，却发现"实无间（闲）冗可裁之缺"。不得已就西北人文与地理状况的用官之难，向清廷做进一步解释。强调陕甘地方既是边陲，又幅员辽阔，原设道府丞倅等官，统辖分管，各有专司。其州县员缺所管辖境，"动经百里，或二三百里不等"。加以各处"民情土俗，淳悍不一"，又有征收钱粮及勘办命盗等案，在在均关紧要。"若遵旨办理，也惟有安西直隶州属之马莲井州判，平时凡遇有军流遣犯时出面查察，并无经管钱粮税务，这里居民鲜少，又乏客商，虽系边缺，颇属闲冗，应请裁汰。"至于各州县间有分驻佐贰杂职等官，或专司水利驿务，或经管钱粮民词，"率皆分驻遥远，实非州县所能兼顾"，一律裁汰也不利于行事。② 为避免鞭长莫及、顾此失彼之虞，奏报清廷准予陕甘地方采用机动灵活的处置办法，随时酌量办理。

  在对陕甘专司教职官员的调整过程中，杨遇春指出甘省府属州县学额多寡不一，普遍设立教职1员，唯有皋兰县、狄道州、固原州、宁州、陇西县、安定县、中卫县，原额设教职2员。其中皋兰为省会所在地，"士子济济"，设监理书院事宜1人。若再裁汰，恐难兼顾，主张不易。另外的狄道等六州县，学额无多，一学两官，可以裁汰原设训导共6员，各留学正、教谕各1员。陕西省可裁勉县、延安府训导各1员，陕安、鄜州州

---

① 朱批奏折，陕甘总督杨遇春、陕西巡抚史谱，奏为遵旨查明陕西省文职闲员酌议裁汰事，道光十二年七月二十四日，档号：04-01-01-0734-015。
② 以上均见李光涵《时斋府君年谱》，第125册，第297—304页。原文中将"闲"错写为"间"。

同各1员，蒲城县巡检1员，宁羌州黄坝驿驿丞、褒城县马道坪丞各1员。同时还酌量裁减了口外各城粮员。

对陕西文职闲员的裁汰上，杨遇春也强调了这里官吏管辖范围辽阔与各有专责的情形，对于各处因田地贫瘠人口外移后官员管辖人数减少处，予以裁撤。如鄜州州同一职，向在距离州城220里的洛川县境内分驻。"从前该处多有流寓种地民人，近因地土瘠薄，开垦之民日渐迁徙，较之昔时甚为简静"，更有嘉庆二十一年（1816），设王家角州判一员，"于该州边境地方足资驾驭"，故而，上报裁汰如上文所述的鄜州州同一员。以类似原因，也裁汰蒲州城巡检及其他府县训导各一员。①

道光十五年（1835）正月，杨遇春于离任前，提出对陕甘及新疆两路所实行的不同官吏管理制度与章程加以改革，并主张对甘肃口外西路驻防期满撤防人员予以奖励，以激励赴口外驻防人员的积极性。认为甘肃口外边陲换防人员，历年远离家乡，尤其在两次平叛事件中所增派的人员，防守任务更加繁重艰巨。这些人"万里奔驰，数年驻守，较之别项差事，似倍劳苦"。每逢更换之期，所派各员中"或因亲老丁单，乏人侍养；或因家贫远适，内顾维艰；往往视为畏途，借端退避"。特别提出应当将这些人员与已经制定有相应章程的伊犁、乌里雅苏台等处屯田官弁等同对待，当有缺出时，宜优先升用，"方与营务有益"。对此，道光帝持附和意见，并令此后每逢更换之期，"一经该督派出各员，不准藉词推卸，希图退避。倘派防之后，辄敢藉端推委，即著该督据实严参"。毋稍徇隐，以杜规避而重边防。②

（六）清查仓库以堵亏空

至清中期时，地方仓库普遍亏空已经成为官场司空见惯之象。对此，清廷令各省督抚严厉清查，限期赔付。然而致使官员被赔所累，以致亏空不能遏制，成为官界常态。一遇战事，为应急务，新的亏空更不可避免。南疆军事行动期间，大军进出，均路经甘肃，各州县支应浩繁，所供军需倍于他省，难免无挪垫仓库储备之事。故而，对军需各项加以盘点，成为杨遇春返回总督任后的重中之重。

清查办法与行事态度　道光九年（1829）四月十二日，杨遇春以甘肃

---

① 朱批奏折，陕甘总督杨遇春、陕西巡抚史谱，奏为遵旨查明陕西省文职闲员酌议裁汰事，道光十二年七月二十四日，档号：04-01-01-0734-015。

② 朱批奏折，奏为口外防差人员请于期满酌予奖励事，道光十五年正月二十五日，档号：04-01-16-0145-012。

泾州以西至安西各处，所有军需、兵差报销完竣，奏请"亟应乘此严查仓库，以杜亏挪牵混之弊"①。由是，清廷令其总查甘肃各属仓库，要求将截至上年年底前甘肃各仓库应存款项数目逐一查明。

杨遇春特别强调了清查仓库的程序与原则，明令先由本管道府直隶州亲往盘查，若"果无挪移亏短，即出具实盘印结；其有亏挪者，立即揭参"。各级官吏不得稍有徇隐。倘有不实不尽事宜，自己将率同藩司遴选委任公正之员，再行分路抽查。若州县挪垫有亏，而本管官又不实力查办，或发现互盘之员有瞻徇包庇，一并严参。此次清查仓库，从九年（1829）四月二十九日杨遇春接手至十一年八月十六日呈递堵亏章程，历时两年半。期间，因南疆战事，一度由鄂山负责，战事平息后，转接至杨遇春之手。②

第二次南疆战事之前，杨遇春业已查明甘肃31州县共亏银514300余两，其中除垫办军需应领回归款银379200余两外，实亏银135000余两，此外，尚有因款目不符，返回该管道府核查而未经核定的13个州县所共亏银"一十五万六千余两，钱三千串文"。

南疆战事再起，杨遇春前赴肃州，盘查事宜移交巡抚鄂山。鄂山遴调在甘办理军需事宜的陕西汉中府知府云麟等9人，③ 并委甘肃巩秦阶道程德润总司，提集各属册籍、文案、卷宗，于筹办军需之暇，分手钩稽，经办数月，对自道光八年（1828）至十年九月底前的账目全行盘查，分造清册，又由各属员分路会同各该管道府直隶州，逐处盘量，分别封贮在案。

鄂山盘查初期，各属县所报道光八年（1828）预买兵粮无亏短。该结果即如前文所述，是清廷所预料到的，即"难保该州县不将积存额征之常粮，或采买未支之兵粮互相指抵"，对盘查欺瞒、打埋伏。对此，鄂山檄饬各道府覆加确查，并饬各员提讯仓书斗级研讯，以归核实。

俟杨遇春再接手查办时，为防止在权力交接之际，官吏"或有观望瞻徇"者，严饬各道府等会同委员，对之前所查各项又逐细认真盘点，并与鄂山商定，如发现仓库内贮匿报续亏情事，查出去处，先行分赔，从严根究。尤其对承领道光八年（1828）预买粮价之员重点核查，且有亏短，即

---

① 录副奏折，奏为甘肃军需报销完竣遵旨严查供应兵差各州县仓库事，道光九年四月十二日，档号：03-3011-012。
② 朱批奏折，新授四川总督鄂山，奏报移交杨遇春办理盘查甘省仓库钱粮事，道光十一年三月二十五日，档号：04-01-35-0800-052。
③ 朱批奏折，陕甘总督杨遇春，奏为甘省军务紧要请旨将仍留甘省差委事，道光十年十月二十二日，档号：04-01-12-0416-105。

先按照预买粮价追赔,以杜该员等蒙混取巧,并申明"统俟委员等盘查完竣,再行确核亏数,汇案参奏,分别严办勒追"。

盘查结果比杨遇春赴肃州前已查出的亏银15余万两多出1倍,约银30余万。对此,杨遇春在给清廷的奏报中解释道:发生如此不堪事件,其根本还在于甘肃地方瘠苦,州县不肖。更在于自己未能先事防虑,"咎实难辞,实深愧悚"。当然,也与自己对"钱谷事宜,素未谙练","于各属亏空,失于觉察,自问获咎实深","愧悚交集,寝食难安"。也承认"致亏之源,必有积弊,若积弊一日不尽,则亏源一日不清"。并表示"惟有查明致亏积弊,据实和盘托出,殚竭血诚,力图整顿"。且一定"谆饬藩司并各道府直隶州,共相砥砺,正己率属,训节俭以正其趋,除冗费以恤其苦,清积弊以绝亏之源,严交代以截亏之流","不时严查以后各属交代,且有丝毫亏空,立即参究,务使旧欠全清,新亏永杜,以期仰副高厚深恩于万一"。

对杨遇春此番言语,道光帝十分感动,在其奏折的字里行间朱批了"此言见卿之诚心""忠心","务须勉力为之"的字样。杨遇春也表示要酌定出"杜亏章程",且不敢存一毫自是之心,尤不敢有一毫回护之念,总期尽除积弊,永杜新亏,以期亡羊补牢。道光帝又再次朱批:"卿之公,诚朕所素知。总要细心秉公,不可被奸书蠹役有欺朦也。"杨遇春遂再次进言表示:"闻奖训之自天,更愧悚于无地。"并当即谆饬各局员,"一体各矢天良,细心稽核",以期"无负天恩"①。

道光十一年(1831)八月十六日,杨遇春完成了盘查清点工作。整个过程中,先将各府州县厅仓厂库银粮草束应存应抵、实存实亏各数目,详细列单,再由司与司案逐款核对,复请熟悉事务的专业官员,如甘、肃、巩、秦、阶道程德润、陕西汉中府知府云麟督同各局员详细钩稽,造具清册。最后,杨遇春再逐加亲核,以免舛错遗漏。

统计截至道光十年(1830)九月底,调赴军营的循化同知马佑龙等8人,亏空挪银20830余两,候补知府夏祥培亏银3000余两。因马佑龙等挪移项尚未清算交代,夏祥培亏案业已另案参提外,陆续完缴扣抵,总计实亏正杂摊赔各款并粮价银"二十六万七千九百一十两零,制钱四千九百六十六千零",各项中,或实因兵差赔累者,或因地方别项公事赔累者,或分赔代赔者,均令逐一确查,已无"侵盗中饱"情事。②

---

① 李光涵:《时斋府君年谱》,《年谱丛刊》第125册,第163—164页。
② 朱批奏折,奏报查明甘肃各员亏短仓库银两数目等事,道光十一年八月十六日,档号:04-01-35-0801-006。录副奏折,呈甘肃盘查案内各员亏挪银两数目并着追限期议拟罪名清单,道光十一年八月十六日,档号:03-3368-068。

对南疆平叛中预买粮食所出现的亏空现象,杨遇春也一并盘查,提出了处理原则。如凡承领预买之员,但有亏短,即先按照预买粮价追赔;凡承领道光八年(1828)预买仓粮各亏员,原报亏短额征常平粮石,均改归同年预买项下,一并汇入各该亏员所亏数内勒追。至于民捐义仓粮,经逐细盘查,亏粮5280余石。① 究所亏原因,杨遇春强调办理义仓时,各厅州县仅据捐户等所报的捐粮数呈报,而并未与实际所捐粮数相核,以致捐户未经交足,造成亏短,即说明此项亏空并非官侵吏蚀,且在奏报时附加了收粮时的欠粮案。以此表明欠粮非该员等实亏,惟捐数报明在先,当时既未收足,未便复向各捐户补追,致滋扰累。为弥补亏空,只得分别令当日劝捐各官如数赔交,勒限著追。

盘查中亏空的津贴公费银现象,杨遇春提出:如统计应支津贴公费未领银34891两,内已入盘查抵亏银14722两,未入盘查抵入交代银20168两。按例,抵亏者固当发给归款,其抵入交代者亦应分别提解。不过,实际办理中,也有相抵之处,为此,杨遇春指出:惟此项津贴银两应在草束变价款内发给,兹民欠草束既已蠲免,新收之草又有现年之用,是津贴银两无项给发,而盘查案内抵款不免虚悬。进而主张将司库旧草变价款内尚存银35111两,用以支付各州县津贴银的拨补;河东各州县未领津贴银34890余两,于旧草变价款内照数拨补。于是,津贴亏空一项得归实在。

在盘查仓库过程中,对于承办军需、盘查两案始终出力人员,杨遇春也奏报请功,予以必要的奖励。甘肃巩、秦、阶道程德润,并调办军务之陕西汉中府知府云麟等10人,于办理军务之暇,兼办盘查。并指明这些人员接手盘查案卷时,正是进兵南疆吃紧之际,事事急如星火,而卷宗案牍山积,款目纷繁。可是承办各员每日办理军需文案,帮办粮饷、军火、车驼及供支一切事宜,毫无贻误,且有暇即赴局办理盘查,昼夜辛勤,不遗余力。

对于杨遇春的奏请,尽管清廷认为"未免过优",但是仍谕令甘肃巩、秦、阶道程德润、陕西汉中府知府云麟交部从优议叙。同时,也提拔重用了一批有功之臣,即如陕西宁陕厅同知郭维邅、留坝厅同知李希曾,赏加知府衔;陕西候补直隶州知州林一铭以直隶州知州遇缺节补;陕西宜君县知县赵植候、补知县王以铭赏加知州衔;陕西候补知县郑华国、候补知县徐来清,且遇有缺职不论繁简,尽先补用;陕西西乡县丞魏一德即补知

---

① 朱批奏折,奏报甘省亏缺仓粮各员分别如数赔交事,道光十一年八月十六日,档号,04-01-35-1206-056。

县；陕西候补州吏卢演弼免补本班，以府经历县丞即补；局书候选未入流周继先、焦大理以从九品未入流，不论双单月，归部尽先选用；局书侯士锋、司书陈育仁以未入流，不论双单月，归部即选；局书杨腾蛟、左向荣，司书刘诚笃以未入流，归部即选，以示鼓励。

处置补亏与赔付原则　在此次盘查之初，清廷就制定了补亏原则：

> 凡有短绌银粮之州县，若与兵差并无干涉，著究明照例严办。其虽有挪移，而尚有经手未领军需及别项银款数足相抵，著俟领回即行归款，免其开参。至于未领军需，银数不敷之事，所挪或并无领项可抵，实因承办兵差，例不准销，以致赔累，确有案据者，著核其所挪多寡，分别勒限完交，以昭平允①。

按例，凡挪移库银5000两以下者，照律拟杂犯流总徒四年；挪移5000两以上至1万两者，拟实犯杖100，流3000里，不准折赎；挪移1万至2万两者，发近边充军；2万两以上者，虽属挪移，亦照侵盗钱粮例，拟斩监候。统限一年，全数交纳，俱免罪。未至2万两者，仍照例准其开复。若不能全交，再限一年追完，减二等发落。二年限满不能交全者，再限一年追完，减一等发落。若三年限满不能全数交齐者，除了已交过若干之外，照未交完之数治罪。

杨遇春认为尽管甘肃异常瘠苦，加之连年兵差，各州县官不无赔累。若按照清廷处置原则办理，"止应宽其追限，未便宽其罪名"，即"惟止于勒限完交，而不绳之以法"。如此，官员当无所儆惧，仍恐逾限宕延。遂更坚定了严厉处置涉及亏空案件官员的态度，决计"参酌定例，分别定拟"，依法追究责任。于是，将涉罪人员名单与处罚情况，详细奏报清廷，大体分四类：②

（1）亏空在2万两以上者，先行革职。抚彝通判何贵孚亏银4万余两，中卫县丁忧知县李棣通亏银4万余两，具先行革职。其中何贵孚勒限五年、李棣通勒限四年交完。如果期限内全数交完，尽可以因兵差挪用而赔累，则从宽开复；限满而不能完纳，照例拟斩监候，监追查封备抵。

（2）亏空在1万两以上者，革职留任。因承办兵差亏挪银1万两以上之泾

---

① 录副奏折，奏为甘肃军需报销完竣遵旨严查供应兵差各州县仓库事，道光九年四月十二日，档号：03-3011-012。

② 朱批奏折，奏报查明甘肃各员亏短仓库银两数目等事，道光十一年八月十六日，档号：04-01-35-0801-006。

州直隶州知州袁作翰等3员，请革职留任，勒限三年交完。（3）亏空在5000两至1万两以下者，降级3级留任。渭源县知县周庆云等7员，请降3级留任，勒限两年交完。（4）亏空在5000两以下者，降级2级留任。河州知州罗文楷等17员，应请降2级留任，勒限一年交完。以上所有人等于限内全数完纳，均照例准其开复；限满不能完数，及完数不足数者，查照剩余未完之数，照例革职、监追，查封治罪。

另外，对非兵差而亏空的一些特殊情形，也奏请清廷予以个例处置。如在对因公事挪银造成4070余两亏空的州同李光连等6员的处理时，主张尽管此并非侵盗入己，但是还应照例严办。惟念该员等的确均因瘠苦，入不敷出，辗转挪垫成亏。请准先摘去该员等顶戴，勒限一年交完，若期限内全完，准其开复，逾限不能完数，或完不足数者，即照例治罪。

又如盐茶厅同知沈在光等19员，属于欠短缴摊赔各款者，均系分赔代赔银两，此与个人实际挪移亏空者还是有区别。杨遇春请示清廷，在对这类人进行处理时，当不计银数多寡，勒限一年交完，免其议罪。对于挪亏正杂各款，可是已故亡的知县张琼等7员，请分别亏数多寡，于各该员子孙名下追赔。其欠属于分赔代赔摊赔各款者，尽管原欠者知州黄锡宝等8员已故，所亏本非该员等实亏，请在甘省一成养廉内弥补，免其咨追，以示区别。

杨遇春还主张所有涉及亏空人员中，凡有候补、候选、告病、丁忧、降革、无缺各员，均照现任人员，酌展限期一半，得缺以后，仍照现任人员限期追赔，毋庸展限。所有各员亏挪，无论正杂各款，限期严追。至于已经往他省为官者，照甘省奏定限期罪名，咨照对方，分别依限严追查办。其回籍、回旗之候选、丁忧、告病、病故、降革各员，咨照原籍、本旗，分别依限严追查办。继之，对涉亏之员赔付限定了退赔时间和收回银两归口，即在甘之员，以奉旨饬知之日起限；离甘各员，以接到甘省咨会饬知之日起限。所有追赔收回银两，令全部解甘归款。如将来赔亏人员家产尽绝，即著落于历任上司在任时日，照例分赔。如此，使"亏员知感知惧"，抓紧缴清，以充帑项。

拟定杜亏章程 道光十一年（1831）十月三十日，经户部等议，准行杨遇春围绕"杜绝亏空"这一核心问题提出的十条章程，① 兹大致归纳

---

① 录副奏折，呈酌拟甘肃省杜亏章程十条清单，道光十一年八月十八日，档号：03-3368-069；又录副奏折，户部尚书禧恩等，呈陕甘总督杨遇春酌拟杜亏章程清单，道光十一年十月三十日，档号：03-3301-012；《清宣宗实录》卷199，道光十一年十月下戊申，第1138页；李光涵《时斋府君年谱》，第125册，第213—235页。

如下：

（1）加重惩办盘踞省城的书吏。清代将盘踞省城衙门之书吏，简称为"省书"。杨遇春指出这些"省书"是造成亏空的主要源头，应当加重惩办。省书勾串各衙门书吏，表里为奸，"凡州县详禀册籍，不经省书手办者，各衙门书吏即苛驳无已，甚至一案不能完结"。

按例，州县每年咨部之奏销册及例造各案册籍，名曰"旧案"，非年例费用奏册名曰"新案"。可是，省书不分新旧，逐案需索，有加无已。而各州县受其钳制，任其侵渔。更有甚者，省书"使费"，买通本官。当本官因公至省，省书又百计殷勤，一切公馆铺垫，无不预备齐全，"或有缺乏，即为代借银钱；或有应酬，即为代赊货物。各州县既畏其钳制，又喜其殷勤，遂不得不视为腹心，而智愚皆受其笼络"。对此，杨遇春分析道，省书掌控州县后，即在所经手银两方面做手脚。如领银时，若不经省书之手，则勾串苛驳；既经其手，则任意开销，迨将前期行贿"使费"的"私债"扣收一清。如是，州县所剩余银已属无几，则势必至自应支发中，挪移别款，导致库亏。且进一步指出，州县办理采买时，因价与值不敷，也会导致仓库亏空，等到州县官员被"参革监追"后，省书又转而剥削继任的新官，"是州县之身家性命，尽供若辈之贪饕，亏空之源，大半在此"。故而，杨遇春自从到任起，即饬司严行查禁省书的种种劣迹。至订章程时，省书之劣行虽稍知敛迹，但若不加重惩办，唯恐日久故智复萌。因而，谆饬两司，严行访查。

拟亏章程规定对省书的处理办法。嗣后但有以省书之名及变易其名而仍办省书之事者，即逐名拿究，讯出不法情节，照各本例加一等治罪；即便是讯无别情，亦连家口递解本籍，严加管束。同时强调，各衙门书吏但有与省书交结者同罪，各厅州县仍用省书者，即行严参。若道府直隶州失察者，一并参处。杨遇春认为，如此立法既严，有犯必惩，省书之弊自可革除矣！

（2）严禁吏胥苛求勒索，以节冗费。按例各州县上报的册籍文义要详禀简明，是非易辨，可是，册籍卷帙繁重，稽核难周。是以猾吏奸胥利用职务之便，无不吹毛求疵，索要"使费"，总以"册造不合"四字笼统苛驳。"使费一日不来，驳饬一日不止"。加之省书亦指使各州县，任意勒索，若不满其欲，则刁难不休。而各州县"或恐要案久逾限期，或领项急需应用，亦甘愿俯首吞声，受其剥削"。针对如此诸多弊端，杨遇春指出，"此等冗费，甚属繁多"。而甘省地瘠官贫，州县无项赔累，"其势必至亏挪"，不可不严行禁止。并认为"欲除其弊，必先使之无权"。经过认真考虑后，提出治贪办法。严饬两司，嗣后凡书吏禀请驳册籍者，必须令其将如何不合之处详细签明，札饬该厅州县更造。如有以"册造不合"四字笼统驳斥，而又不能指出所以不合之故者，从严惩办。并通饬各属，如有无理苛驳者，指实禀明，严行查究。如此，以实现吏胥无权，冗费节省的目的。

（3）责成各道领价督买军粮。针对以往发价采买军粮中所存在的问题，杨遇春一一予以揭露。按例，向来请领粮价，由藩司直接发各厅州县，再转交省书代领，省书遂勾串司书，留难需索，并将银两借给本官，重利盘剥，又于领银后如数扣还。及至各厅州县领回粮价，或仅存十之四五，或仅存十之二三，甚至有荡然无存者。"价既无存，粮何能买！"是以国家帑项尽归奸吏私囊，而管粮之人的身家性命，亦黯然与之俱尽。因而饬知藩司，规定嗣后各属采买粮价，责成各道咨领，派员分送各属监司，俟买足后再禀明于道盘验封贮。至估支兵粮时，再禀请启封散放。日常管理中则责成各该管府州，时加访查，不准擅动。"倘道员推诿通融，任听委员交省书代领，严查不贷。倘查有亏短，即著该道代赔。若府州不加访查，致有亏短，即著府州代赔。"且强调遇有道员与藩司官阶相当情形时，则追究连带责任。如此有弊直陈，层层稽查维制，省书、司书亦不敢留难需索，不致任意亏挪。

（4）严禁仓粮交价，以杜亏源。按规定甘省各属所贮仓粮，或有亏挪，或霉变折耗，往往作价移交。一般情形，每下色粮1石，折交价银五钱至六、七钱不等；上色粮1石，折交价银一两至一两五、六钱不等。各属私相授受，相习成风。继任者若不接收，则寅僚皆以为刻，若接收后，又畏买粮赔累。以至于辗转移交中致有缺时，则不免挪用。及至继任者遇有事故，价银亦化为乌有，"或谓有价即属无亏，而不知亏源悉从此起"。故而，杨遇春指出：问题的症结就在于盘查各属亏粮交价，均不划一。对这一问题的解决，却困难重重。比如，若逐员追溯加增，则官非一任，事隔多年，且病故、参革、无缺之员居多。结果徒有加追之名，并无交粮之实。且一经加价，只能责成后任者买补前任所亏之粮，还必须照加价之数给发，是以"原交一石粮，价止能买数斗"。导致"亏粮虚价，追补无期，而实贮转增亏缺"。对于此项粮价，"前任固不应折交，后任亦不应滥接，方能得以解决亏缺"。因而责成道府直隶州，查看年丰谷贱，督饬各员，照原交之价，如数买粮归仓。若出现价银不敷，著现任滥接之员赔补。

章程规定，嗣后相互交代时，责成相关道府直隶州严查，遇有亏粮，责令买粮还仓，永不准以价银交抵，违者揭参。至于领价后未及采买卸任者，及因粮食霉变折耗应赔者，规定无论额征、采买，凡预买上色粮 1 石，俱作价银 2 两；下色粮 1 石，俱作价银 1 两，于交接限内提贮道库委员监同后任代为买粮归仓，仍责成该管道亲往盘验封贮。希冀形成一种良性秩序，达到前任无利可图，后任亦畏累不接的效果。

（5）永行禁止摊销名目。杨遇春指出，各属摊销名目很多。如当报请维修某项工程不准时，各属往往私自以摊廉的名义，分年摊销。又如前任因公亏款，代为摊销。还如最初清查案内，不准以铺垫器具作抵，而铺垫器具又为历任所必需，因而又私议分任摊销，以至于前任之摊销未完，继任之摊销又起，"辗转延流，不免作抵正项，日积日多，致使后任实受其累"。为此，逐项提出解决办法，禁止摊销，报请清廷批准。

杜亏章程规定，如有必须维修工程，又例不准请帑，只准道府官亲往勘估，确定数目，由道咨移藩司，再报总督衙门确核立案，从厅州县应领养廉内支借，按季扣还归款，不准挪用应存库项。如继任必需铺垫器具，只能以现银交易，不得私议摊销。至前任亏项，无论因公与否，有亏即揭，不准代为摊销。并严饬，自此规定后，倘再有摊销名目，如系州县私自议摊者，即责令其赔交；倘系详明批准者，即责令批准之道府直隶州赔交。希望通过禁止摊销、处以赔罚的手段来杜绝亏空。

（6）采取生息的方式弥补无着落各款。禁止摊销名目后，如何补缺陈年摊销各款，就需要杨遇春拿出解决办法。而实际状况是摊销已有年头，人去账存，若一一穷源溯本，陷于追赔，有名无实，于帑项终无裨益。若令后任者照常摊销，则所行反其所禁，亦非政体。何况统计全省摊销一项，已积至 20 余万两。若不设法调剂，则此日之摊款，即将来之新亏。流弊相沿，何所底止。对于原本就瘠苦的甘肃之地，实不堪言。为此，在杜亏章程中，杨遇春提出借款生息的办法，建议规定于全省摊廉一成，再于司库筹出借款银 10 万两，发商生息，以每年一成养廉及所得息银，弥补各属未完之摊销及无着落各款。俟全部弥补，再停扣养廉，提回本银归款。

（7）核定维修考棚银两。学政每届按试的一切修理考院号舍、修整桌凳等费用，向来均系府州所在首县筹款垫办，分作三年摊捐归款。可是府州各属无视首县摊捐，往往长久拖延，以致"首县款项无着，势必抵交正项。而日积月累，库项不免宕悬，亏空日深"。对此，杨遇春饬司确查至具体某府州应需维护维修考棚银的多寡，核定数目，详明总督衙门存案，并依照数目，于各州县应领养廉费内分季扣收，发交首县承办。当然，为杜绝官吏中饱，章程特别规定，倘有人员从中浮滥，责令退赔。并严饬，自此之后，倘借口不敷应用而分摊者，即行严参。此项杜亏章程的规定，看似仅解决了首县维修考棚垫亏之项，从中却反映出杨遇春本人关注辖境细微事宜，从实处着手，解决官场积弊的处事风格。

（8）从严查核应解各款。属库存银，久之易致亏挪，因而，杨遇春饬令各委员对所有册造实存银两，认真核查，用总督印花封贮。并饬司除应存经费外，一概提贮司库。至于续行删驳抵款入库实贮银两，亦饬司严催补解。对此，还提出具体的查核办法，谆饬藩司，嗣后每年奏销之时，如有应解之款尚未解司者，无论正杂钱粮，均即委员守提，以防亏挪。倘若查出，即详请撤任。

现实中，为了征收方便，地方总是通融各属征收钱粮以及零星小户以钱折交，可是，日久亦生弊端。甚至包括官员前后两任相互交接工作时应交各款，亦有以钱抵交。凡此，均易滋生流弊。个中原因在于时价高低涨跌，不免渐有亏短。因而，在盘查仓库时，杨遇春要求对各属历任折存钱文，从严查核，饬司责令现任之员易银解司。并在杜亏章程中提出，嗣后无论何项款目，如有以钱抵交者，后任即详报藩司，责令前任易银解司。倘有短绌，照亏空例参办。若后任滥行接收，从严比照虚出通关例参处。以此摒除库存银两亏短流弊。

（9）抵亏各款，亟宜归补。在盘查案内，杨遇春发现各属以未领各款扣存司库抵亏，况且，此项抵款繁多，大半系常年应领款目，稍不加察，则不肖各员不免贿通司书，蒙混冒领，以致各属亏款变为司库亏款。为杜绝并预防此项流弊，杨遇春札饬藩司做出严格规定，嗣后凡各员应领各款已报入盘查案内作抵者，迅即于各员亏款项下分别归补，并将盘查案内各员抵亏领项另行造册，注明款目、年月、银数，由每科房各存一本，以备各厅州县领银时，按册逐款核对。对违反规定者，一律严惩，明确饬令，倘有已抵亏项，又复冒领者，一经查出，即从严参究。若该员听受贿嘱，勾串冒领，除将冒领之员参办外，并照例将勾串舞弊之官吏从重治罪。

（10）有亏各员，停其升调。按例，清查案内，在任勒追亏员，均不停其升调。杨遇春指出，对于有亏各员，勒限完交，已属开恩，若于亏项未清以前准其升调，则与有亏与无亏之员无异。因而，在杜亏章程中提出应将盘查案内降留勒追各亏员，除逾限不完照例治罪外，其在勒追限内亏项未清以前，无论亏数多寡，一概停其升调，以示严惩。至于所查无亏各员，遇有升调，亦严饬该员在历任各处之该管道府直隶州，督同后任逐一严查结报，如实系无亏，候结报到司，方准详请题奏。如本系有亏，交替接任时，后任代为担承者，准后任据实检举，将亏员分别参办，宽免后任虚出通关之咎。倘发现仍有扶同掩饰，一经查出，除该员照例参办外，仍将捏结之各道府直隶州并后任，一并照虚出通关例严参。

以上十条杜亏章程，均是杨遇春对各项制度执行中所产生流弊的背景与原因的深入分析，并在此基础上，剖析了官场腐败现象与滋生原因，还对所存在的问题，层层剥离，然后对症下药，提出建议与解决办法，且严格规定制裁与防范措施，以期达到杜绝官场积弊、扼除痼疾的目的。

杨遇春对清代官场的腐败以及滋生的原因，了如指掌，尤其在盘查仓库过程中，抑恶扬善，对官场社会丑陋现象的揭露，深入要害。所拟定并准予实施的十项规程，就是对以往痼疾所做的极其对症的"外科手术"。可惜的是，在清代官僚体制"江河日下"的背景下，这样的手术由于可能会导致"牵一发而动全身"的后果，也就不了了之。

杨遇春以总督之职，调整与完善了西北官制格局，顺应了清廷官僚体制中满汉格局的重满轻汉比例得以改变的大潮，在一定程度上，对其后地方官僚体制与中央王权之间力量的变化有影响。继之，随着国内外形势的巨变，不仅一些地方与中央权力的较量日渐凸显，各地方间的实力差距亦日益拉大。自入清以来在西北独特的多民族格局体系下所构建的军事、官僚体制等，也各自为是，或存在，或消匿，在社会进程中扮演各自的角色。

三　管控资源以利军民

作为陕甘总督，杨遇春肩负着管理辖区内军民钱刑粮等各项事务，合理调配人力、物力、财力，维护区域社会稳定以及保障、改善民生的重任。而充分利用官有粮仓，做好储备粮食、平抑粮价，保障军粮的供给等工作，是杨遇春维护西北地方社会稳定的重要环节。

（一）适时采买调拨以储军粮

甘肃属于大陆高寒季风气候，山高地瘠，岁多旱、涝、霜、雹诸灾，加之开发较早、地处农牧交错带等的缘故，地瘠民贫，脆弱生态带特征明显。丰收年景，收成也就七八分，百姓生活尚属艰辛。一旦偏灾较重，农业歉收，百姓生活便无着无落，必然乏粮。至清代，这里军事地位突出，驻扎重兵成为必然，兵员增多，粮食缺口加大，地方征赋困难，加之产粮区与驻兵处所并不一致，"兵多之区，产粮偏少，兵少之处，产粮偏多"，愈想"足食足兵",愈是"轻重偏畸"。由是,庄稼丰稔时,采买储备足够军粮,筹积备荒,应对灾荒,是甘肃地方满足军队粮食供应的一贯做法。杨遇春对此更加重视,且不断呈奏章程,催促清廷予以政策与经费上的支持,以适时调控丰歉之年粮价波动,更好地完成采买事务。

依照定例,甘肃额设常平京仓斗粮共447万石,每隔数年买补一次。嘉庆二年(1796),因白莲教事起,常平仓粮停买。此后一二年间,为储备官兵每日计口之需,又提前防范歉收,时任陕甘总督长龄奏准预买兵粮40万石,作为常备仓储,以防歉收价昂时拨用。此种办法一直沿用。道光八年(1828)八月,甘肃藩司颜伯焘报称,常备库所存军粮,因拨补镇番、运省并改放军粮,实仅存25万余石,已属动缺。对此,杨遇春十分重视,对是年庄稼收成和粮食市场做了充分考察。

当年正好庄稼丰收,粮价较往年低,而且两年连续丰稔,地方基本缴清本年与积年拖欠的缓征额赋、免征施恩蠲免项,百姓手中存粮不少,市场还有盈余,应该说赶上了采买储备粮食的好时机。杨遇春遂及时奏准于司库历次清查案内各属交存贮库粮草价银内动用正项开销,购粮20万石贮备。采买时还分别按照驻兵多寡,适时动款买粮,节省了军费开支。

不仅甘肃藩司以采买的形式预备军粮,地方驻防亦仿效此法储备。按例,宁夏满营岁需兵马粮料,向系于宁夏、宁朔二县仓贮粮内估支,如有不敷,无论粮数多寡,概请采买。道光二年(1822)十一月,经户部议定,对宁夏满营、绿营采买粮食额度加以规定,即满营不得过1.5万石,绿营不得过1万石。同时也授予满、绿两营灵活处理的权力,特殊情况可自行具奏。事实上,满、绿两营需粮远远不止所额定采买之数。八年九月,藩司颜伯焘称,明年宁夏满营应需兵马粮料59887石,除将宁夏、宁朔二县现贮仓粮尽数估拨,并于本年应征新粮内酌估十分之三外,尚不敷上色粮26113石。由是,经杨遇春奏请,朱批:"著照所请,准其照数采买,以资兵食。仍俟该二县仓贮充裕,再照部议办理。"①

当然,宁夏满营军粮不敷问题,并不是通过地方大员偶尔过问与一次、半次奏准就能够彻底解决。九年(1829)十月,军储粮仍不敷用,杨遇春又奏请采买,并请求增加采买数量。提出是年因有闰月,宁夏满营应需兵马粮料约增5360石,达到65247石。若将宁夏、宁朔二县所贮仓粮尽数估拨,并酌估本年额征新粮逾十分之三,尚不敷上色粮31842石,所

---

① 以上引文均见朱批奏折,奏为宁夏满营应需明年兵粮不敷供支请暂加增采买事,道光八年九月十一日,档号:04-01-01-0698-041。

缺粮之一半多，无处可拨。所以，清廷准奏，照数采买，以资兵食。① 可是，至十二年十月，宁夏满营预估次年军需粮秣，仍缺粮 27767 石。② 只得以采买的形式予以弥补。之后的两年，均以采买形式补足。③ 宁夏满营缺粮问题，除了经杨遇春时常奏准采买来填补外，别无他法。直到其卸任，状况也没有得到切实改变。

只是，采买粮食也需要通盘筹划，否则买补之后，尽管达到节省费用的目的，但由于粮仓与军营驻地相距过远，远道拨运粮食，靡费脚价，不仅起不到节费的意图，反而徒增费用，似不相宜。所以，杨遇春主张分年适时买足仓粮储备的同时，有意向驻兵较多之处拨贮协济，且将拟储备与采买军粮之地分为三部分，即包括河西、河东与环绕省城的各处，以便定点采买运输。具体到河西，则以镇番、平罗、高台为中心，自镇番运往武威，平罗运往宁夏、宁朔，自高台可以运肃州；河东主要指自秦州、西和转运至伏羌、陇西、两当、徽县及清水，其间道路交通不便的地方，专用驮载。另外皋兰、平番、固原、阶州等环绕省城及邻近四处，因人口稠密，粮不敷用，也无粮可拨，被区分出来予以特殊处理。

为解决环绕省城各处的粮食来源问题，杨遇春几费周章，最终提出：若于千里之外筹运，所费脚价，较采买贵。若令兵少粮多地方，与兵多粮少州县，彼粜此买，而粮多之区其价必贱，粮少之区其价必昂，一出一入，欲求得银两与需粮数目两相等，难以达到。又若粜出两石仅供一石之用，或粜出三石仅供两石之用，更有所不值。且举例补充说，嘉庆年间，曾经部议，令将粮多州县粜价以充采买之用，亦因不合算而未办。总之，认为"若能帑项仓储两无偏畸，似较有益"，只能在权衡利弊中解决。

常年采买军粮，银两支出加大，户部亦提出质疑。道光十四年（1834），户部咨开内称，甘肃省近年采买兵粮，每岁用银 10 余万两至 20 余万两不等，节年奏请于邻省拨给，是一笔不小的开支。经户部御史那斯洪阿条陈国用事宜后，道光帝要求节省银两。为此，杨遇春又不得不改从甘肃民库存粮中调拨军粮，以解决缺额。

实际上，道光十一年（1831）时，甘肃省额征册报实存粮 100 余万石，可是所发挥功效并不大。问题在于：一是库存粮常年存放，陈化、鼠

---

① 录副奏折，奏为驻防宁夏满营明岁兵粮不敷估支请准其照短缺实数采买事，道光九年十月二十一日，档号：03-3011-060。
② 朱批奏折，奏为宁夏满营明岁兵粮不敷估支请加增采买事，道光十二年十月初九日，档号：04-01-35-0557-031。
③ 《清宣宗实录》卷245，道光十三年十一月己巳，第683页。

耗难免，而所需军粮又常动帑采买，实滋糜费。二是粮贮地点与驻兵处分离，"驻兵多征粮少、驻兵少征粮多"，兵粮形成"彼赢此绌"的局面。三是军粮供给用的是上色存粮，偶尔有下色不敷支放之情。针对此三种情形，杨遇春经奏准，先将盘查案内应买还仓之粮，无论原亏上色、下色，均折买上色，分年买足，尽驻兵较多之处拨贮，以备兵粮不敷，搭配估放。其驻兵较少之处，兵粮无虞需粮较少，毋庸拨贮。至于下色粮不敷时，可在甘肃地方各州县酌量"赢绌互易"，"则彼粜此买，以赢补绌"。又将积存的下色粮石，均粜易上色，以供兵粮。经如此通融办理后，杨遇春估计足可以供支六七年。之后存粮自益充裕，永不准动款采买，每年还可节省银20余万两。至于动用常平仓后出现的缺额，也不需动项采买，而以每年所节省数中拨千两银补齐。

杨遇春还解决了所缺军需草料问题。按例每年所征新草变价后，可支付部分地方开销。如凉州、庄浪二处满营采买马草银与津贴，河东州县公费以及武威县采买草束银，通常情况下，每年可余银2000余两。杨遇春便利用这部分余银解决地方军需草料，如规定安西州草束采买即于新草变价项下动支。

当然，上述办法的实施与运作难度较大，前文所述，甘肃土瘠民贫，水旱偏灾时有发生，赋粮征收往往不足数额。以往处理该问题时，不仅经常挪用清廷所拨津贴银两，还时常变解拨给军营马草价银。所以，当杨遇春挪用河东各州县公费银采买军粮后，为弥补空缺，又变解满营采买马草银以补河东各州县津贴，以致资金运作时常发生断链，困难重重。道光八年（1828），经奏请，清廷准予蠲免上年额征草束457万余，又免节年民欠草束587万余，此致津贴公费不敷支发。由是，杨遇春一方面奏明于旧草变价款内拨补银3400余两，另一方面令盘查以前各处未领津贴，由新草变价弥补发给。可是因新草变价支绌，只得又盘查各处应领津贴，提出系照一年变解实数均匀摊发，但是终究以无余银添支而罢。

杨遇春只得再报清廷，请自道光十四年（1834）为始，将皋兰、金县、安定、会宁、静宁、隆德、固原、平凉、泾州等9州县每年应支津贴公费银11800两全数裁除，以备支发安西州采买草价，各处于道光十三年以前未领津贴，仍准陆续支领。至于督抚、两笔帖式廉俸不敷每年津贴公费银1200两，西宁府属循化、贵德、巴燕戎格三厅犒赏"番目"每年津贴公费银1800两，应循其旧，以资办公。[①] 尽管这种拆东补西的做法不是

---

① 《清宣宗实录》卷253，道光十四年六月乙卯，第852页。

善策，却发挥了应时应急之用。

（二）济民食而平市价

粜借仓粮，济民食而平市价，以应对庄稼歉收之虞，是杨遇春在陕甘总督任上所做的又一有益于百姓民生的实事。道光十一年（1831）十一月，为抑制粮价，杨遇春奏准减价平粜仓粮。在报告中重点提到甘肃地方粮食歉收，除了气候寒冷与灾异频仍的影响，还与战事较多有关。在不到五年时间里，就两次军兴，车马兵差，颇资民力。再甘肃地方本就瘠苦，闾阎素鲜盖藏。当岁又雨旸失时，又多冰雹、偏灾，夏秋二收歉薄。时值严冬，市粮日少，价值日昂。尽管在年关终结、青黄不接时能够借给仓粮，可是民情终形拮据。"转瞬交春，青黄不接，尤为可虑。""若非四路平粜，俾商贩得以运售流通，不足以济民食而平市价。"

经与藩司方载豫熟商筹议，杨遇春指出甘肃仓贮额征粮多之州县，除留备估支兵粮并地方应用外，可平粜一半。按照额征上色仓斗粮252500石，且照歉年减价之例，每石各照市价减银1钱，饬令地方官妥为出粜。此次拟粜的县份与粮数具体为：渭源县粮20000石，岷州1500石，西和县4000石，东乐县丞30000石，镇番县60000石，平罗县60000石，碾伯县2000石，秦州20000石，秦安县2000石，安西州3000石，敦煌县30000石，玉门县20000石。以此达到"市粮日广，市价可平"的目的。并严格要求其"粜获粮价，随时提解司库，俟年丰谷贱之时，即令买补还仓。但得民食无缺，价值照常，即行停止。亦不必拘泥酌定之数，全行出粜。是旧贮既得出陈易新，而贫民更获普资接济，实于仓贮民生，两有裨益"。清廷准行。① 同时，告知各属，平粜期间，对于商贾往来，概毋禁遏。

十二年（1832）春，甘肃大部分地方雨雪连绵，地气阴寒，以致春播禾苗未出。庄稼青黄不接，粮价势必日增，民情颇形窘急。其中兰州及附近几县粮价已经暴涨。三月，杨遇春奏请易地减粜仓粮，以济民食而平市价。提出甘省上年秋收歉薄，粮价日昂，请准予将渭源等12州县仓贮之粮减价出粜。清廷准奏，并令遴派妥员，认真稽查，严禁胥役、奸商侵渔囤积。其粜获粮价提解司库，随时饬令买补还仓，用资储备。为此，杨遇春一方面令秦州、玉门二县酌动仓粮一二万石，以平粮价。另一方面从距

---

① 以上均见朱批奏折，奏请甘省减价平粜仓粮事，道光十一年十一月二十五日，档号：04-01-35-1207-007。

离省城稍近，运输趁便、商贩易行的狄道州运上色粮6900余石，以备庄稼歉收之虞。①

十四年（1834）入夏后，甘省雨泽愆期，皋兰、狄道、靖远、盐茶、西宁、碾伯6厅州县夏禾被旱，至七月时，粮食歉收，民食告艰。杨遇春饬令地方普查情形，按照甘肃各义仓所定章程，"酌量借粜仓粮，以资接济"。

关于平粜仓粮时的粮价问题，清廷有严格规定。若米价昂贵，例准核实酌减，奏闻发粜，其粮价不得高于3钱。可是，受灾后的粮市，粮少价昂，涨过3钱，司空见惯。而要使买食维艰的贫民度过灾荒，只有依赖官府出面压价，购粮散放。故而，杨遇春及时奏准分别借粜，并令皋兰所在的6厅州县仔细查核散放，认真办理稽查，以防胥役奸商从中侵渔买囤，务期实济在民。同时也告诫各州县要遵照清廷规例行事，开仓粜借后，造具册结，汇案咨部。也令粜借提存司库，俟粮价平减，即刻补买借出之粮，秋后照数征还，以重仓贮。

从事后藩司色卜星额所呈报的各县请粜仓粮情况可知，此次出粜仓粮，州县各受灾地方均依据小麦每仓石价银时价核减，皋兰县粜仓粮3000石，按时价折为2.235两，减银2钱；狄道州粜25000石，时价为小麦每仓石银1.56两、莞豆每仓石银1.55两，各减银2.5钱；靖远县粜粮5550石，粟米、小麦每仓石价银1.877两，减银2钱；盐茶厅借粮3800石；西宁县借粮2200石；碾伯县借粮3000石。② 如此，达到了平抑市价的目的。

（三）生息补贴及划一标准

杨遇春平素十分关心驻防兵丁的生活状况，希望通过"借银生息"等办法，以改变甘肃驻防官兵生齿日众，生活支绌的困境。尤其为了解决养赡满营八旗兵丁的财政困难，道光九年（1829），三次奏请在驻防兵营武库存马价等项下拨银于商，生息补贴兵丁生计。尽管均未完全得以准行，但体现杨遇春本人爱兵养兵的本色，有必要加以讨论。

在第一次奏报中，杨遇春进言道：甘肃口外满营官兵，自乾隆年间移驻以来，已历经半个多世纪，人口增加，用度短少。尤其是该处披甲兵丁等，除了月支钱粮外，别无生计。口内惟有宁夏满营因前任将军升寅等奏

---

① 朱批奏折，奏请甘省易地减粜仓谷事，道光十二年三月十五日，档号：04-01-35-1207-021。

② 朱批奏折，奏报甘省皋兰等处粜借仓粮事，道光十四年七月十二日，档号：04-01-35-1208-054。

明调剂，情形稍好，而凉州、庄浪等情形也类似口外，生计艰困。加之披甲例有定额，多余闲散若坐待挑补甲缺，实属"人多甲少"，不敷挑补，以致闲散生计更艰难。如凉州满营成丁闲散有1200余名，庄浪满营成丁闲散300余名。尽管这些人中弓马拳脚操演技艺真正过硬者，仅"十居五六"。可是每年需要国家拨付饷银。不仅驻防满营兵丁生计堪忧，闲散更难生存。

杨遇春认为，若要解决八旗闲散等子弟生计，除了部议提出"挑满营多余闲散以酌补附近绿营兵差"外，可依照山东青、德二州满营于藩库筹款生息，再发给余兵一体差操的成案办理。为此，不仅亲自做前期考察，还令凉州副都统伍尔衮布、庄浪城守尉五十九及藩司方载豫等人实际摸底，并采取自筹满营库存马价与借支司库银相结合的办法，对筹款生息进行一个大致估算。即计划于凉州满营库存马价内提借银5000两，由司库借银25000两，凑银30000两；于庄浪满营库存马价内提借银2500两，司库借银7500两，凑银10000两。合计二满营共借银4万两。分领给约定殷商，每月生息1分，按季交纳，遇闰加增，随饷支放。如此，则凉州满营每年可得息银3600两，庄浪满营生息1200两。①

有了生息银两后，即可以先分别在各营八旗成丁闲散内挑选余兵，按月每名给饷银1两。则凉州挑200名，每年用银2400两；庄浪挑50名，每年需银600两。有了息银后，挑选的余兵可与兵丁一体差操。同时，二处满营每年从共银中所余1800两，可先归还各营马价，再归还司库借款。俟各项还竣后，再依照上述办法，于凉州、庄浪满营闲散分别再增挑一定数额的余兵，给饷操练。如此循环往复，筹酌办理，则饷项不致虚糜，闲散等不致旷废，养赡亦觉宽裕。

不过，因满营闲散所挑余兵应需饷银定于每月初支领，而商民应交息银于每季底交纳，就会出现一段空档期。对此，杨遇春第二次报告生息银两实行事宜，奏请自道光十年（1830）正月起，俟商民交纳两季息银之日，也即至七月初时，再令满营挑选余兵起支饷银，以便源源接济，兵商均得其便。二月初十，道光帝谕杨遇春"悉心酌议，此外有无长策，行之远久，详筹周妥具奏"，"兵部议奏"。三月初八，兵部议覆认为"实属至善"之策，同意仅于凉州、庄浪二处额兵内酌量马步之多寡，挑补二成，以资调剂。

---

① 以上均见录副奏折，兵部尚书松筠等，奏为遵旨复议陕甘总督杨遇春增设凉州莊浪满营余兵事，道光十年三月初八日，档号：03-2859-001。

第三次奏筹款生息报告，尽管未得到清廷完全应允。① 但是，其中可窥见杨遇春对八旗兵士生存困境的关心与担忧、对强化军事力量的热心与责任。

杨遇春善于调控既有财政资源，使军队饷银发放等事宜得以划一。如在清廷军费开支加大，支出困难时，重定并划一发给满营官兵红、白之事体恤银的定额标准，规范管理体制。南疆战事期间，为节省军费，清廷令署理督抚鄂山将甘省满、汉各营兵丁红白赏恤银，按原额银数均匀分摊，议拟章程具奏。后经户部议，同意绿营兵丁于应领例赏银内酌减十分之三，以抵不敷之数，并明令之后不得再请加增。满营兵丁赏项，也令酌量樽节。倘有必须变通之处，由该署督会同将军、副都统等妥商具奏，再行定议。

南疆战事结束，杨遇春回任陕甘总督后，辖区将军、副都统等咨称：陕西与甘肃两省红白赏银标准不一，差额很大。陕西满营红白赏恤，历年均未逾额，而甘肃满营则以事故多寡，不能预定。每年应需银数亦难裁额。俱请仍循旧例办理。

杨遇春经仔细考察，查得陕西驻防满兵6460名，每年原额银4801两，从未逾数；而甘省三满营共兵5954名，每年原额银5000两，经常超支。针对这种人多额少，人少额多的不均现象，令各该管官员妥商查办。据藩司颜伯焘详称，陕甘两省满营赏例原本就轻重不一，甘省例赏较陕省本重，故每年支发银数亦多。如西安领催前锋校，红事赏银6两，白事赏银9两。甘肃凉、庄二满营领催前锋校，红事赏银8两，白事赏银14两。其马甲养育兵丁红白事，亦较西安例定之银数各有加增。此外，又有骁骑校、笔帖式两项，红事赏银8两，白事赏银18两。

杨遇春认为，两省赏例既有轻重之分，原额银数自难划一。此时若循旧办理，不示限制，"仍无以变通樽节"。"倘不以旧例实行而遽行裁减"，亦不能体现清廷赏恤之意，而使兵丁生活更艰。遂决意加以调整，且于道光八年（1828）十一月初十奏准，自本年始，将甘省各满营兵丁红、白赏项，由将军等核实发给，统俟三年后，酌其适中之数，作为定额，不得超额。西安满营赏例，虽未逾额，亦予以核实定数，俟三年后一并会议办

---

① 以上均见录副奏折，奏为遵旨复议仍请筹款生息增设满洲营余兵事，道光十年二月初十日，档号：03-3012-011；朱批奏折，奏为凉州满营闲散一时无缺可挑恳请仍准先设余兵以资调剂事，道光十年闰四月二十日，档号：04-01-16-0136-054。

理，以杜冒滥。①

三年后，部议兵丁所出红白事件，多寡无定，分四季发给，以免超额。且指示：一季之内，事件较少，则兵丁所获即有多寡之殊，照例赏银数支给，余银于下季支用。倘遇闰月或一季内事件较多，就此一季银两酌定乘数，均匀支放，至季末再按名领用。以此作为新定章程。对此部议规定，杨遇春认为并不完全符合陕甘两省实际情形。遂特别强调道：兵丁每季所出红白事件多寡无定，若分季计数分别支给，则兵丁所获既有多寡之殊，恐怕有失公允。提议将"满营每季应领额定银数于季首支领，遇有兵丁红白事件，照例定银数，十中留二，先为支放，统俟年终核计。如有余剩，各按出事之兵，均匀找领，倘有不敷，亦按出事之兵名下摊补。总不得逾于额定银数，以符限制"。这一建议，经户部等相关各部议奏，认为核与奏定章程，尽管有所变通，但于"帑项尚无增添"，也更加公允，故而准杨遇春奏。②

杨遇春作为清中叶危局时代所造就的悉心维护正统的良臣，尽管在陕甘总督任仅有短暂的十个年头，但观其一生主要活动，可以说，基本驰骋于西北疆场，在军事上多有建树，但是在关心民瘼，行政治理方面的功绩，也不可泯灭。不能否认，杨遇春在任时，尽管采取了独特的管理方式，稍有成效。但是由于清廷政治制度已积弊丛生，杨遇春退任后，一些隐藏的弊端渐渐显露。

道光十六年（1836）正月二十二日，有人揭发甘肃吏治"近多废弛"，与杨遇春治理不当有关。道光帝谕军机大臣，转饬新任陕甘总督查处揭帖所涉及人与事。其中有如下几条：（1）平凉府知府缪廷槐，操守卑污，每遇词讼，藉端勒索，考试各属文童，案首及前十名，全行贿卖，该处士民有细大不捐之号。（2）秦州直隶州知州李清杰，在任十年，性耽安逸，吸食鸦片。署中时常演戏，任听家人在外招摇，曾有罢市之事，通省皆知。（3）该省兵丁，向称得力，近来日益骄悍，罔知畏惮。上年四月间，因皋兰县给发兵粮，不够洁净，兵丁聚众挟制，兰州府知府出而弹压，答应换给净粮，始行解散。（4）固原提督胡超，不自检束，克扣兵饷，置办戏装，裁汰老弱名粮，为蓄养优伶之用。众兵不服。十四年间，几至鼓噪。幸杨遇春阅兵到彼，弹压无事。该提督至今不知悛改。（5）该省于道光十

---

① 朱批奏折，奏为筹议陕甘两省满营兵丁红白银两请俟三年后酌中定额事，道光八年十一月初十日，档号：04-01-01-0698-062。

② 以上均见朱批奏折，奏为会拟陕甘两省满营红白赏银章程事，道光十二年四月二十九日，档号：04-01-01-0736-006。

年间，办理盘查，计通省短缺仓粮 60 余万石，因所存粮价与市价不敷，发商生息，十二年份采买归补。现在驻扎重兵之区，仓贮空虚，粮皆不足。请将该省司库备贮银两，酌拨数十万豫为采买，以实仓储。① 当然，如上各条也暴露了清廷统治体制方面人存政举，人亡政息的弊端，以致既有的合理制度得不到持续有效推行。

---

① 《清宣宗实录》卷 277，道光十六年正月丙午，第 271—272 页。

第五章　西北社会行政治理

总督作为一方的军政大吏，管控着辖区内军、民、行、财、讼等诸多方面，肩负着保境安民的重大责任。杨遇春作为陕甘总督，不仅维护辖境日常管理，两次转战南疆，对新疆地区社会民生治理也十分关注，时常提出自己的治理理念，且加以奏准落实。

一　维护治安与民方便

编查保甲，诘报安良，修葺城池，维护公共设施建设，提升地方行政建置和社会治理能力，以及调控关乎民生与军事的各项资源、体恤民生等，均是地方督抚所承办的十分重要的工作。在杨遇春看来，皆为善政，当尽心完成。

（一）编保甲修城池升建置

编保甲　道光五年（1825）十二月十九日，杨遇春奉旨，按例遍查甘肃人口，编查保甲，并奏报相关事宜。①

此次编查户口，是以嘉庆十九年（1814）编排保甲的成案为例。往届编查户口时，清廷总是谕令总督转饬各直省州县官，先行晓谕保长人等，自行逐细查报本庄户口，并令各该管州县再亲往覆查，将门牌照改填写，按户悬挂，悉遵办定规条取具，互保甘结。道光五年（1825）秋后，清廷令照样执行，并于年底经两司核对具详督抚后，汇奏中央。

遵照谕令，依据成案，杨遇春令各道州府亲往所属辖区，逐一核查门牌、居住者男女大小口数、姓名、年貌，对于移迁人口，随时更正，取具

---

① 朱批奏折，杨遇春奏为本年甘肃编查保甲情形事，道光五年十二月十九日，档号：04-01-01-0672-071；又《清仁宗实录》卷301，嘉庆十九年十二月下乙亥，第1137页。

互结。对那些人员易于混杂的地区，尤其是省府州交界处，令各官认真缉查。对在陕甘新诸省交界处，如甘、凉州与新疆界处，秦、阶州以及界连川陕等处，"恐有外来匪徒或混迹出口，或潜藏山陬。谆饬各厅州县实力查办，不得徒托空言，始勤终怠"。并严谕西宁沿边文武各员，随时留心"稽察汉奸"，使其不得"潜赴番地"，相互勾结为匪，以保证地方安定。做到久而勿懈，以收实效。在事后奏报中说道，经查并无"奸宄潜匿境内，闾阎极为安静"①。

编制保甲被杨遇春看成是任内"诘暴安良"的善政，也是必须上心经办的常规事务之一。道光八年（1828），遵照清廷条规，又编查保甲。要求各委员"遇有迁移人口，随时更正"。同样考虑到甘凉一带，路连新疆，民族众多，青海西部汉回蒙藏错综杂居等现实问题，依然严饬地方官认真稽查陕甘至新疆沿路各卡，告诫西宁沿边文武各员随时留心稽查，"俾汉奸不得潜赴番地，勾结滋弊"②，以期地方静谧。

修城池 清廷十分重视城垣的修筑。顺治年间，就责成督抚州县官吏重视辖境城垣尤其是省会城垣的修筑，采取"倾圮者罚，修葺者奖"的办法加以督察。由是，各级官吏纷纷响应，修葺营建城垣盛行。延续至乾隆年间时，部分地方不惜集中一地的物资实力建筑城垣，尤其是一些省级府城不甘示弱，以致城垣规模宏大坚固，形制完备，布局规范。有的城垣四周众流环会，崇墉深堑。使得今人在翻检方志时，映入眼帘的均是"固若金汤"的字眼。河西雄郡兰州，就被称为"金城汤池"③。

作为甘肃省会的兰州城，经过清代历朝多次增修构建，城垣愈趋完牢。再加之，兰州城雄踞西北中心，地理位置重要，史载兰州府城，居东西黄河之中，为西陲之襟要。其地东屏关陕，捍御秦雍。东南通汉沔，可出荆襄。南扼巴蜀，遥蔽两川。西接羌戎，径达藏卫。西北通新疆，为伊犁后援。北俯弱水，视套蒙若釜底。④ 就更引起清廷的重视。嘉庆年间，陕甘总督那彦成以兰州为回、准、藏各部年班入京觐见者所必经之地，为"慎封守而隆体统"，奏准"通行拆修"。

道光十三年（1833），杨遇春在陕甘总督任上，主持修葺兰州城垣，

---

① 以上均见朱批奏折，杨遇春奏为甘肃编查保甲事，道光五年十二月十九日，档号：04-01-01-0672-071。
② 以上均见朱批奏折，奏为遵照规条办理甘肃编查保甲情形事，道光八年十一月二十六日，档号：04-01-01-0696-032。
③ 顾祖禹：《读史方舆纪要》卷60《陕西九》，第2871页。
④ 白眉初：《甘肃省志》第六节《附论》，《稀见方志》第33卷，第10页。

并变更内外城门名称。将内城的承恩门改为来煦门，永宁门改为镇远门，崇文门改为皋兰门。外郭的天堑门改为庆安门，天水门改称通济门，永康门改称安定门，靖安门改称静安门。其余各门名称仍旧。期间曾一度封闭了连通上下沟的静安门。①

另外，清前期兰州府城内仅记载的几座佛寺中的普照寺，位于城内东南，俗名大佛寺，就是道光年间杨遇春主持修复的公共设施。② 道光六年（1826），还奏请拨付银两修缮高台县文庙。③ 城内街道的整治，也是其主政时关注的有益民生之事。兰州城地跨黄河两岸，为便于民生，杨遇春注重城内桥梁的修建。九年，令在西园南重砌石桥，即西津上桥，对应的有西津下桥，位于西园西北。④ 十一年，改建东岗镇石桥，即巩金桥。十二年，改建位于东柳沟的张家桥，也称石桥。

道光十年（1830）时，杨遇春就甘肃宁远县城"屡被河水冲刷"，请修城垣河堤。宁远县城垣，为新旧城墙叠拼，旧城周4.3里，始建不知何时，新城城垣周2.16里，修建于乾隆三十一年（1766），嘉庆二十五年（1820），因地震倾圮倒塌。地方几次欲修建城垣，均因口外战事不断作罢。道光九年（1829），杨遇春"巡阅营伍路过该处"，"据该县并士庶人等禀明城堤坍塌情形"。节经杨遇春亲睹履勘，宁远新旧城，北临渭河，原有堤岸被水冲刷坍没，城垣也多倾塌，更兼城之东西有红峪、何家二沟，每遇山水陡发，夹冲新城东西二角，以致亦有塌圮。而城中居民稠密，以及衙署仓厫，在在均关紧要。

经委员现场逐段查勘，多方会议，对宁远县新旧城仔细勘察，估得新旧城的修葺工程大致情形为：应合归土城一座，周围长1137丈，城外沿河修筑剥（驳）岸一道，计长220.5丈，又修板坝土堤各长232丈，并于大石嘴折水激冲处所斜砌剥（驳）水石坝一道，以泄水势，计长40丈。工程各工共需工料银92769两。杨遇春认为"城垣为百姓之保障，而河堤又为城垣之捍卫"，遂奏请于司库朋合款内动支，以资兴修。朱批：工部议奏。⑤

---

① 赵珍：《黄河上游区域城市研究（1644—1949）》，中国社会科学出版社2016年版，第167页。
② 乾隆《皋兰县志》卷10《祠祀》，《集成·甘肃府县志辑》第3册，第90页。
③ 录副奏折，奏请分别修缮高台县等厅县文庙墩塘监狱衙署事，道光六年六月二十四日，档号：03-3628-035。
④ 道光《兰州府志》卷3《建置志·津梁》，《方志丛书·华北地方》第564号，第230—231页。
⑤ 以上均见朱批奏折，奏请动项修理甘肃宁远城垣河堤事，道光十年五月十二日，档号：04-01-37-0091-012。

军事驻防处作为城池护卫与建筑的连体部分,杨遇春也十分关注对其修缮。道光五年(1825)十月,杨遇春在署理任上时,对甘肃凉州、庄浪两处衙署、兵房建筑加以修缮。① 次年,加强青海西部军事防御功能,在西宁口外的镇属察罕托洛亥、阿什罕水两地派遣兵丁驻防,为此,修建城垣,恰值前任那彦成奏准于西宁口外各处所设千总、把总、经制外委等官衙署14所进行添建与修缮,杨遇春便"统随城垣、将备衙署一并造估具题",奉部准拨付银两添建。过程中,因察罕托洛亥、阿什罕(汉)水"地处边外,素鲜户民",以及14处衙署修缮的一切物料,均由"内地西宁县地方采买",长途驮载,工匠也自内地聘请,不仅颇费银两,工期进展也缓慢,着实不易。② 同时,又新建甘州扁都口外察罕俄博处的把总等官衙5所,一切拨款标准按照乌鲁木齐例操办。③ 旋即,又奏准拨银修筑肃州镇标三营、靖逆营、河州镇标左营及永固协营的马棚、校场等。④ 奏请拨款修缮循化厅、大通县的墩塘、营房,以及灵台县的监狱。⑤ 继之,因陕西略阳何家汛把总移驻黑河汛,应建衙署兵房,奏准拨银修筑。⑥ 这些驻防营堡与城垣的建筑修缮,为日后行政建置的推展延伸打下了基础,亦成为城市发展过程中事实上的驻防营堡型城镇。

升建置 杨遇春在陕甘总督任时,对青海西宁以西丹噶尔城行政建制的提升与发展做出贡献。嘉道之际,丹噶尔城商业特盛一时,形成"青海、西藏番货云集,内地各省客商辐辏,每年进口货价至百二十万两之多"⑦的繁荣局面。湖海盐泽等丰富资源也成为蒙古人贸易交换的主要产品,人们"挖盐捉鱼,运往丹噶尔、西宁、大通等处售卖,以资糊口"⑧。

---

① 录副奏折,署理陕甘总督杨遇春,奏为借支藩库项银修理凉州庄浪满营衙署兵房事,道光六年正月初七日,档号:03-3043-032。
② 录副奏折,署理陕甘总督杨遇春,奏请照销新建西宁口外察罕托洛亥等处衙署工料等项银两事,道光六年三月二十一日,档号:03-3043-037。
③ 录副奏折,奏请俯准新建甘州扁都口外把总等官衙并估实用工料银两事,道光六年四月二十五日,档号:03-3628-026。
④ 录副奏折,署理陕甘总督杨遇春,奏为动支各营余剩公费银两修理肃州镇等营马棚教场事,道光六年六月初九日,档号:03-3043-042。
⑤ 录副奏折,奏请分别修缮高台县等厅县文庙墩塘监狱衙署事,道光六年六月二十四日,档号:03-3628-035。
⑥ 录副奏折,署理陕甘总督杨遇春,奏为动支司库征收耗羡银两新建略阳营把总衙署事,道光六年七月初十日,档号:03-3043-044。
⑦ 张庭武修、杨景升纂:光绪《丹噶尔厅志》卷5《商务出产类》,见《稀见方志》第55卷,第848页。
⑧ 哲仓·才让辑编:《清代青海蒙古族档案史料辑编》,第75页。

嘉庆八年（1803），由于河南藏族部落不断北移攻掠蒙古，游牧于环海地区的9000余蒙古牧民纷纷避入丹噶尔。① 大量人口的到来，对丹噶尔城的繁荣起到了重要作用。道光九年（1829），杨遇春以丹噶尔为"海藏通商，中外咽喉，汉番土回麇集，事务繁难"，又该处在浩门以外，相距日月山卡伦仅数十里，地方辽阔，"径纷歧，奸宄易于潜匿，兼之道通海藏，并由应征番粮及通藏差务，洵属边疆重要之区。仅一佐杂微员，实不足以示弹压而资治理"。遂奏请改西宁县主簿为丹噶尔同知，设丹噶尔厅，② 加快了这里社会经济贸易的发展，有利于以西宁府为中心的府城体系向西辐射和发展。③ 同时调整的还有甘肃漳县。是年，裁撤漳县，并入陇西县。④

（二）关乎军需民生的资源管控

杨遇春主张严格管控陕甘新地方自然资源的利用，有的与军事事项相联系，有的直接关乎民生。主要表现在予以解决兵丁训练所需之铅，重视沙州金厂的开采，以及保护水源林不被砍伐、减轻民众负担的体恤民生政策等方面。

解决军需之铅 清廷绿营兵制规定，各营每年兵丁训练所需铅弹均须自备。如此营伍操演次数愈多，所费铅弹量就愈大。甘肃用铅，除了少量自本省开采外，大多自外省购置储备。

道光二年（1822），甘肃督抚以本省储铅无多，奏准开采安西州普城山铅矿，定限六年，计划开采50万斤。至八年时，年限已到，可开采并不足额。据安西州报称，"实缘洞老山空，难以采足"。"该厂铅洞实因年久残败，苗断砂微，不堪再采。"统计该矿铅产量，自道光二年开采始，至十二年底止，"计采获铅三十万三千九百九十一斤，未采铅一十九万六千九斤"⑤。显示矿藏储量已严重不足，实难开采。十三年六月十七日，清廷从杨遇春所请，封闭甘肃安西州普城山铅矿。

为了解决各营经年操演所需之铅弹，杨遇春一面严饬西安州，并通饬

---

① 文孚著、魏明章标注：《青海事宜节略》，第19页。
② 录副奏折，奏为西宁府属丹噶尔改设抚边同知并裁汰漳县知县改设陇西县承事，道光八年十二月十三日，档号：03-2503-033；光绪《丹噶尔厅志》卷1《历史》，《稀见方志》第55卷，第777页。
③ 赵珍：《黄河上游区域城市研究（1644—1949）》，中国社会科学出版社2016年版，第132页。
④ 道光《兰州府志》卷1《地理志上·沿革》，《方志丛书·华北地方》第564号。
⑤ 以上均见朱批奏折，奏为遵旨筹补缺额铅斤事，道光十三年十二月二十一日，档号：04-01-01-0746-078。

各属，遍行踏勘，若探得铅苗旺盛之地，即题请招商采办，希望节省采买运脚之费。一面咨商川、陕、楚三省酌议采买。结果"通饬各属招商勘采"一事，"未据报有产铅之地"，而邻省购买，"亦未覆到"，暂时搁置。

针对铅矿不足、采办不利之情形，杨遇春提出可先动用军需案内用剩之铅。这些铅即包括寄存在督标等营的川楚军需案内用剩之铅，也有哈密营库收存的雍正年间军需案内用剩之铅。

    督标及南路各营存贮川楚军需案内下剩铅斤，系嘉庆十年经军机大臣议奏凯撤官兵事宜案内议令拨归就近营分陆续操演抵销。历年以来，河东各营岁需操演铅斤，俱系动用此项。其哈密官库存贮军需下剩铅斤，亦系口外各满营按年操演动用，各年俱有奏销，并非营中备贮急需不准动用之项。将来归补之后，仍请遵照原议，按年动用抵销。

清廷认为，川、楚以及哈密剩余之铅，均系"备贮铅斤，原为贮备缓急之项"，甘省采办困难时，就应先期妥议章程，题明办理。拖延五年，竟未解决，且均于贮备铅内动用，实不应该。现又奏请动用军需案内剩余之铅，可见各营操演无铅的问题已极其严重。遂一方面处置采办用铅迟延及督催不力文武各员，另一方面令在半年之内通过采办，如数筹补还清历年所动用的贮备之铅，毋得再有迟延缺额，以实军储。并谕令军需剩铅永远存贮，不准动拨。同时，令杨遇春速议采办章程，具题报部。①

面对清廷的谕令，杨遇春也十分犯难。尽管间有别省"据报产铅之区"，而"试采需时，盈虚莫必。半年之期，万难归补"。即便能自邻省"采买"，也困难重重。据报，川、陕两省均难采买，湖北虽有可采买之铅，可是价格高昂，且"该处商贩黑铅每百斤需库平色银六两六分七厘二毫"，更何况市价涨落不定，加以"楚省节次被灾，钱粮蠲缓，无项垫办"。所以，一般情形下，正价运脚，每斤需银一钱至一钱二三分不等。经过权衡各项，杨遇春认为，"采买"虽属下策，但依然是无法之中的好办法。遂按清廷令，"自行委员携带银两采买"，于限期内归补不足。

杨遇春查得贵州所采之铅，每年运往湖北汉阳官局存储，而且数量不小。遂派人前往湖北探询可否卖给甘肃50万斤，以资营用。湖北复称：贵州每年额解汉阳局白铅260余万斤，系供售各省鼓铸之用，均属白铅，不能制作铅弹。能制作铅弹的黑铅，每年只额解汉阳5万斤，现尚存铅

---

① 《清宣宗实录》卷248，道光十四年正月戊寅，第734页。

524100 余斤。可是，能否卖给甘省，还得由贵州方面来定，"湖北碍难定议"。当然，湖北的咨复也说，已经发咨给贵州巡抚，请其转饬查明后，径咨甘省。可是，直至道光十三年（1833）底，甘肃并未接到贵州咨复。湖北的这种推脱说辞，原本就昭示着采买必定不顺。

杨遇春只好奏请清廷出面协调办理。清廷谕湖北长官讷尔经额、尹济源、裕泰等体察情形，悉心详查妥议，据实具奏。同时也敕贵州巡抚，为甘省代办黑铅 50 万斤，搭解湖北汉阳官局，咨明甘省委员前往领买。

在清廷干预下，时任湖广总督讷尔经额即刻给予回应，并向清廷奏称，甘肃省所需买补缺额铅斤，应请即于局存 52 万余斤内"按每百斤例价银三两七钱九分一毫五丝计算"，由甘肃解价赴楚，兑交起运。至甘肃尚有不敷应补动缺黑铅 10 万斤，"黔省各厂产铅未能丰旺，实难再行代办，应由甘肃省另筹足额"。同时，贵州抚臣嵩溥也回复杨遇春，贵州的铅厂也因"厂衰额短，自顾不暇，不能代为采办"。为此，杨遇春又与藩司色卜星额再三筹划，认为"惟有委员赴楚采买商贩黑铅"，方可归补缺额。

那么湖北的实际情形又当如何呢？从其来文可知，湖北对已经答应运给甘肃的 50 万斤铅，也顾虑"难以克期猝办"，提出若"分作四、五年买运，不致贻误"。当然也声称"商贩多少不定，时价早晚不同。一经定价，诚恐商贩裹足，反致缺乏"。故而建议杨遇春当分起派人前往，照依时价，"每起以一十万斤为率"。若赶上"商贩云集，黑铅较多，应令尽数收买"。倘所带铅款不敷时，可由湖北藩库暂为借垫，下次买铅时还。湖北认为，如此相机办理，则各营动缺之铅，一二年间即可如数归补。在购铅期间所需费用负担上，湖北也明确表示：至于委员跟役往返应支口食、骑骡，以及铅价、运脚，可照陕西赴汉口买铅之例支销。其自西安至甘肃省城，即照运送饷鞘之例，动用沿站所备公车，公车不敷用，准其雇觅民车。

对此，杨遇春认为若从陕西派员赴汉口买铅，因所买系官局之铅，依例限 50 日，即可"克期竣事"。若自甘省所买，又系商贩黑铅，商贩多少不定，似难限以时日。为节约费用，遂决定速派人赴湖北采办，买竣即回。其往返水陆程限，仍照陕西买铅之例办理。所需铅价、运脚杂费，先在司库候拨兵饷款内借动，运到兰州后，再按每起摊定每斤费银实数，于领铅营所额设的公费银内扣收。① 如此筹划，算是解决了甘省军需铅斤问题，这也是清廷在铅矿开采量减少后无奈应急之举。

---

① 以上均见朱批奏折，奏为遵旨筹补缺额铅斤事，道光十三年十二月二十一日，档号：04 - 01 - 01 - 0746 - 078。

整顿矿产开采　杨遇春任陕西提督期间，与陕甘总督长龄一起，奏请整顿陕西南山铁厂开采。嘉庆十一年（1806）闰二月，提请清廷将南山铁厂收为官营。二人认为，在已经制定章程将南山木厂、纸厂等处只身佣工客民加以管理后，应对陕西南山栈西老林与甘省交界处所的锅厂数处也加以整治。这里"素日外来客民，即携带工本，在该处开采铁矿，制成铁锅铁盆等项，发各处贩卖"，该处土人亦称，"该厂佣工之人，除采矿及铁匠外，其余悉系只身客民"。

然而，"查铁厂原干例禁，惟铁锅等物，系民间必需之物，若骤请封禁，概令山内百姓出山市买，诚觉不便于民，但任听客商自行开采，设有匪徒，偷买私造军器，所关匪细。且恐兵役以违禁索诈，藉端滋事"。为此，杨遇春与长龄经"悉心酌商，似宜官为经理，以便稽查而防透漏"。决议实地考察后，再悉心筹议开厂章程。于是杨遇春由黑河铁炉川、留坝厅、凤县一带巡查。① 如果说，此时的杨遇春从军事管理的角度，将开采资源与社会安定联系在一起考量的话，那么任陕甘总督后，则从民生与赋税方面考虑的更多一些。

甘肃敦煌县沙州金厂，于乾隆五十一年（1786）被准予开采。该金厂募有金夫 2000 名，按月抽课。嘉庆十四年（1809），因矿金微细，采挖甚艰，奏请减夫 600 名，留用 1400 名，仍按月采挖抽课。至道光八年（1828）初，沙州金矿因长年开采，金产量低，募夫亦十分困难。时署知县周庆云禀称，"极力招募，无如各商夫俱因金少畏累，裹足不前"。遂奏请依照嘉庆年间成案，减夫 1000 名，以免赔累。

杨遇春认为，募夫多，开挖少，更关涉课项的征收。为"不便有累商夫，亦不得轻改旧章"，当即行司移道，派人查勘详办。布政司颜伯焘遣安肃道饬委署安西州苏履吉等赴该厂实地履勘，查明该矿"委因开采年久，矿老金微，招夫不能足额，课项遂多赔累"，系属实在情形，建议酌减人夫。由是，杨遇春又委员多方考察证实，查明沙州金厂确实因开采年久，金苗微弱，课项不敷，自应酌量请减，以示体恤。遂奏准减夫 400 名，留用正额 1000 人，由敦煌县会同厂员抓紧募夫，督率开采，务期课项核实。②

嗣后，金厂仍有夫 1000 名，每年纳课金 198 两，虽经按年采纳完竣，

---

① 朱批奏折，陕甘总督长龄、陕西提督杨遇春，奏为查明陕省南山铁厂请官为经理及分路巡查营伍事，嘉庆十九年闰二月十四日，档号：04-01-36-0097-026。

② 朱批奏折，奏请减甘肃沙州金厂人夫事，道光八年六月二十五日，档号：04-01-36-0099-016。

但因矿老沙弱，至道光十五年（1835）前后，所收课金不及十分之五，所短之数，均系该县捐廉，此非经久之计。故而，杨遇春奏请拨地采挖，以免赔累。经派人勘察，探得敦煌州属马莲井地方，金苗发露，且附近并无民田座墓，亦不与蒙藏地区连界。遂与地方主管官商议后，自老金厂拨夫500名至马莲井新矿探采，并以开采仅自当年三月初十至九月初九期间的课金为标准，由新旧两厂分摊，且以198两作为定额，即新旧厂每年各承纳散课金99两。如果日后马莲井地方金厂"开采旺盛，再为增课，倘日久沙弱，再行封闭。所有各项事宜仍照沙州旧厂奏定条规办理"，在杨遇春看来，"如此分厂采纳，俾于课项毋虞短绌，而承办之员亦可免其赔累"①。

禁伐水源林 杨遇春在陕甘总督任时，对祁连山水源林也尽全力加以保护。西北地区开发较早，森林植被覆盖面积相对较少，由于气候等因素影响，即使人工植树，成活率也很低。在一些干旱半干旱区，林木覆被更少。所以，保护植被，尤其是保护水源林就显得十分重要。长期生活于西北的杨遇春，深知这一点。故而，适时阻止滥砍滥伐，加以保护。

道光六年（1826）正月初七，理藩院给归化城札萨克喇嘛发给印票，准许其赴甘肃大通一带购买大木15000根，以重修寺宇。大通一带森林，属于祁连山水源林带。这里林木荫浓，积雪深厚，春夏之间，渐次融化，为周边居民提供日常生活与农田灌溉之水。由是，杨遇春坚决反对伐木建寺，指出甘肃各山产木本少，兼以砍伐年久，实乏巨材。尽管大通附近之八宝山，树株茂盛，其中尚有大木，但这里为下游黑河的发源之所，黑河水灌溉甘、凉二府各属农田，"诚为民生国赋攸关，久经禁止砍伐"。并举例说道：乾隆五十六年（1791），鄂尔多斯及乌兰察布二处修盖寺宇，欲赴甘肃采办木料，经前督勒尔谨奏，不准。嘉庆十七年（1812），归化城即乌兰察布盟长所属地方，复请赴甘肃购买木料，理藩院依照乾隆年间办法，阻止采办。

杨遇春指出，兹若准令归化城札萨克喇嘛赴大通一带购买大木，难免奸商人等，藉端砍伐八宝山树株。甘、凉各属百姓势必群起驱逐，恐虞酿成巨案。况开山伐木工作以及搬运，需要许多人手，"此等无业穷民，易聚难散"。并认为从前陕西南山厢工滋事，是其明验。何况"大通毗连蒙番，该处甫就肃清"，更不便因喇嘛购买修寺木料，致于边防有碍。也就是说，杨遇春认为祁连山地的森林砍伐不仅影响黑河水量，也有碍民生民意与社会安定。

当然，如果硬性回绝喇嘛砍伐，有碍理藩院颜面，故而委婉回复说：

---

① 录副奏折，奏为拨地分安金厂事，道光十五年正月初六日，档号：03-3616-053。

据藩、臬两司查明，甘肃水、旱木厂均在省城西关以外，旱厂一处并无径尺之材，止有径宽八九寸者4000余根，业已卖给客商2000余根。所存本属无几，亦非大木。其水厂六处，俱系径宽五六寸及三四寸椽料，该喇嘛即守候数年，终不得大木15000根，转致价值腾贵，有妨民用。遂奏请清廷遵照节次奏案，将该喇嘛阻回，令赴别省采办，"以重边徼而裕民用"。

为有效阻止该喇嘛往大通一带，杨遇春还派员带领该喇嘛前赴各厂验同查看，表明与两司所报无异，咨理藩院饬令追缴所执印票。朱批"依议转行"①。

体恤民生 杨遇春也奏请清廷取消一些扰民累民的贡项。如南疆沙雅尔地方，向例进贡所产之梨，每年由陕甘总督衙门派差兵丁前往吐鲁番采办。因吐鲁番相距内地数千里，总督衙门将所办梨果，交该处伯克代为采购。为避免扰民，总督衙门给每年自内地差往的弁兵，严立限期，照额采办。尽管也严令采贡兵士，"毋许稍涉扰累"民众，可是，终究道路遥远，稽查难周，不免滋生弊端。再说其承办之大小伯克，辗转假手，亦不免有藉端滋扰之弊。

在赴南疆平定张格尔叛乱路途中，杨遇春稔知"穷苦回子，咸以所艺梨果，藉为生计"，深以为每年进贡所累。而且，战火燃起后，"举境内所蓄梨树剪伐殆尽"，以致"梨一枚值钱（普尔）一钱"，"其累弥甚"②。战事结束后，杨遇春以南疆管理的当务之急在于与民休养生息，惟有"加意抚绥，俾知感畏"，方能安居乐业，有益于社会发展。遂于道光十年（1830）正月二十五日，奏"为恳恩俯免口外梨贡以免扰累而广恩"折，提出取消常年例贡，使该处百姓少有扰累。二月十五日，道光帝谕军机大臣等，"著自本年为始，将此项梨果贡即行停止，以杜滋扰而示体恤"③。

杨遇春在总督任上，于体恤民生，减轻百姓负担方面，做了不少好事。道光十年（1830），南疆战事结束后，清廷为防止当地人口随意流动而导致社会不安定，谕令将"回疆各城无业流犯，每名赏给口粮，俾令回籍"。嗣后"凡有内地出关及由北路南来各民人，由该管道厅查明，实系客商带有货物者，方准给票出关。其单身无业之人，一概不准给票"④。杨

---

① 以上均见录副奏折，署理陕甘总督奏请归化城札萨克喇嘛赴别省购买修寺宇木料事，道光六年正月初七日，档号：03-3628-003。
② 杨国佐、杨国桢编：《忠武公年谱》第123册，第29页。
③ 李光涵：《时斋府君年谱》，《年谱丛刊》第125册，第9页。
④ 朱批奏折，奏为遵旨查明新疆南北两路内地出关及南来民人分别给票放行设卡查验办理事，道光十年闰四月二十日，档号：04-01-01-0714-026。

遇春认为，如此做法与南疆乃至整个新疆的实际情形脱节，并不利于战后社会安定和民心稳定。由是，从新疆地理位置和行政设置与管理的角度出发，提出了自己的设想与建议。

杨遇春从清廷对新疆南北政区管理的不同方式加以分析说：新疆向分南北两路，其南路不过回疆数城，北路则自乌鲁木齐以至伊犁、塔尔巴哈台，幅员辽阔，且有道、府、州、县佐杂所管，地方情形与内地无异。向来除商贾而外，无业民人多往谋生。若一旦"概行禁止，殊于民生，转多未便"。并以自己亲力亲为的感受进一步说道："臣查吐鲁番所属之托克逊地方，为南路咽喉总口，若于彼处设卡稽查，无论内地出关，及北路南来民人，断难偷越"。

为使自己的提议能得到清廷的支持，以使荐言有效，杨遇春又从实际出发，将已经执行中的与所考察的实情向清廷予以汇报：之前也曾由札隆阿知吐鲁番领队大臣，并饬肃州与出关民人，按照南北两路的不同情形分别禁止、放行，效果不错。故而，主张："嗣后凡有内地出关民人，除南路各城即遵新奉谕旨查明饬禁外，其赴北路者，应请仍照旧例，由肃州觅保给票放行。倘出关后有潜赴南路者，由吐鲁番领队大臣于托克逊地方派员设卡，严行查验，且无照票，即行拿究治罪。如此分别办理，似于边防民生，均无窒碍。"清廷准奏，并明确强调："杨遇春奏内地出关民人，请查明南、北两路，分别禁止放行。"①

当然，整个新疆社会安定后，为维护长期稳定的局面，清廷对甘肃往新疆的咽喉要道——嘉峪关口的督察力度进一步加大，对进出嘉峪关的商民制定了更严格的请票制度。即出入嘉峪关，商民必须请票验票。可是执行不久，验票关卡人员即无故藉端科敛，以请票需用纸笔名目，勒索银两，扰民害民，引起百姓不满。为了避免此类事情再次发生，杨遇春责成该道督饬所属，嗣后"官为捐备票纸，随时填给，勿任胥吏借端需索"②。商民到关，验票放行，严禁兵役勒索留难。所有以纸价所需收费之名目，即行禁革，以除积弊而便行旅。同时，严厉申饬关卡官兵，不得对商民有任何形式的留难需索，违者严惩。

在资源管控方面，也有一些是清廷要求进贡的，如道光十二年（1832），杨遇春收到军机大臣字寄二月十三日上谕，令嗣后将所贡珍珠毛

---

① 以上引文均见朱批奏折，奏为遵旨查明新疆南北两路内地出关及南来民人分别给票放行设卡查验办理事，道光十年闰四月二十日，档号：04-01-01-0714-026。

② 李光涵：《时斋府君年谱》，《年谱丛刊》第125册，第256—257页。

皮 1000 张改为羊皮 800 张,并收到清廷发来的皮样一块。① 畜产品也是陕甘西北地方的特产,是当地贡品之一,供给清廷专用。

凡此种种,均表明杨遇春能忠于职守,管控资源,以利军民,有益社会稳定,忠实服务于清廷行政运转体系。

(三)秉公理案清廉行事

在陕甘总督任上,杨遇春十分重视维持西北社会治安。通过梳理刑科题本,可以发现,杨遇春除了审理日常的民刑诉讼案件外,也审理了一些特殊的或与吏治相关案件,包括民人无端获刑身死、民人赴京捏告地方乱政、民人信教被发遣以及群体武力反抗事件。其中有些关涉到杨遇春办理案件的公道、拿捏事件的分寸以及处事与判断能力,有些则直接针对杨遇春日常政务所为,牵涉到僚属关系。而杨遇春自己的辩白说辞,又是对其本身是否清廉行事和能否对是非问题采取秉公决断态度的考验,因而也引起道光帝的高度关注,进而显露出君臣关系中相互信任亲密的一面。

对刑伤致死案的处置 道光九年(1829)五月,在处理阶州官府对民人白法显刑讯致死一案时,杨遇春对事件所持有的态度与对上级机构处理意见的理解,反映出其秉公决断的处事价值观。事缘于阶州知州马嗣援在盘问当事人白法显时刑讯逼供,白氏因病身死。刑部疑当事人因"刑伤致毙",委托杨遇春审拟此案。

经杨遇春复审,认为白法显平素从事艺塑,念诵开光神咒,所携经本,为祈福咒语,并无违悖不法字句。阶州知州将其拿获后,以白氏拒不老实招供,倔强顶撞为由,"用木戒尺叠殴脚踝至五十下之多",导致白氏"骨损"。经验证,该伤既非例载刑具,又为不应受刑处。虽然,阶州报白氏系因病身死,但是该州"非法故勘及皂役等听从知州之授意,对其凌虐是实"。遂将情由具奏刑部。

刑部以"并未详细讯明",仅以马嗣援交部严加议处,而下手之皂役概予免议,"殊属轻纵",被议驳。著再亲提各犯,覆加研鞫,确切查明白氏是否因病身死,抑系被拷毙命。为此,杨遇春再次调查取证,妥议具奏。经咨询核查,依旧主张白氏"实系因病身死",知州马嗣援等有"故勘凌虐"之情事,且违例用刑。事报刑部后,刑部仍以杨遇春所判"尚属轻纵","拟照擅用非刑杖一百律",将马嗣援即行革职。杨遇春遵办。

---

① 朱批奏折,陕甘总督杨遇春、陕西巡抚史谱,奏为遵旨改办贡皮事,道光十二年三月二十九日,档号:04-01-14-0060-006。

对行凶殴毙案的处置 一些暴力事件直接影响百姓正常生活,杨遇春在处理碍民刑事案件时,对罪犯决不轻饶,一并追究行凶者逃逸藏匿县份不察官吏的责任,且对失职官吏的处罚更重。道光八年(1828)十月,直隶开州大盗季丙寅夺犯伤差伙盗后,逃赴甘肃靖远县,藏匿于释免流犯刘道青家中月余。杨遇春得知此事,即派手下协同该县文武各官前往捕拿。因未能及时行事,只拿获同伙郑奉年等,季丙寅远逃陕西泾阳一带。十七日,杨遇春奏特参承缉要犯不力之知县折,请求将失职的甘肃靖远知县永铨等交部照例议处,仍予限两月,责令各县访拿要犯季丙寅。若限满不获,即严参具奏。并通饬陕甘地方文武各员一体严拿,毋任日久稽诛。至于已获郑奉年等,即解赴直隶,归案审办。① 次年正月二十日,俟两月期限满时,要犯尚未拿获。清廷依杨遇春奏,降旨撤永铨等责任人之职,听候部议。并令陕、甘、豫等省,仍通饬严行侦缉,勒限访拿,以除隐患。②

杨遇春对下属的管理十分严格,对无端伤人者决不轻饶。道光八年(1828)九月初四,因督标千总米兆禄殴毙随兵,奏请清廷予以严厉处置。先是杨遇春派米兆禄随鄂山前往宁夏充当巡捕,孰料米氏竟然于"贪夜潜出聚饮",且将随带马兵徐文昇殴伤致毙,复捏称病故,私令其父将尸体领回。实属藐法。事奏后,清廷令即行斥革米兆禄,由杨遇春提集人证,严讯有无起衅别情及贿和等弊,按律定拟具奏。鄂山也因失于觉察,先行交部议处。

对因传教游走四方获罪案的处置 杨遇春严禁辖境内之游手好闲之徒寻衅滋事,扰乱社会治安,尤其严防那些以传教为名在一地犯事后流窜他处的游街串巷者,认为此类人员是诱发社会不稳定的因素之一。对于这部分人,即便身死,也必验明正身,以防后患。道光八年(1828)十二月间,在甘肃平凉县白水镇地方盘获一形迹可疑之人,名欧阳贵,又名赵应陇,此人语多狂悖,于其衣领内搜出一张字单。经审讯,该人系湖南湘潭县人,五年八月间出外游荡,七年九月,至湖北老河口,住于鞋铺李老六家,更名为赵应陇。经臬司等查验疤痕年貌,与时任云贵总督的阮元咨缉潜逃犯赵应陇图形间有符合。核其行径,唯有道光六年间在四川巫山县地方为僧情节不同,还俗后又谎称实名叫周国盛,住湖南湘潭县西门外十八总居仁巷,其乡间本族住花石河黎洞桥,也报出父兄姓甚名谁。当追究在

---

① 朱批奏折,奏为拿获直隶开州夺犯伤差盗犯郑奉年审明归案事,道光八年九月二十六日,档号:04-01-28-0015-086。

② 朱批奏折,奏为遵旨特参靖远县知县永铨千总单烟承缉要犯不力请旨严加议处事,道光九年正月二十七日,档号:04-01-12-0406-016。

云南犯罪情形时，又忽认忽翻，状类疯癫。未经审明而病亡。

为此，杨遇春只得绘具图形，咨会滇省，著阮元传提的证人详加辨认。严饬地方官查拿务获，勿稍疏懈。杨遇春如此穷究，是因该犯身带狂悖字单，死无足论，但不能使有罪之人漏网。道光九年（1829）六月初四，阮元向清廷奏称，查明甘省缉获欧阳贵，并非逆犯赵应陇正身，现在仍饬查拿，以期拿获，明正典刑，以申国法。同时，湖广总督嵩孚也奏称，委员查明湖南湘潭县实有欧阳大亮，改名欧阳贵，可是与赵应陇图形相核，多有不合。至于周国盛及其父兄等，均查无其人。此事经清廷多方查明，表明各省对事态的重视，旨在断不可任一犯漏网。清廷也令杨遇春仍严饬地方文武员弁，与境内一体严密缉拿该犯，务获究办。

对亡于境外返乡者的处置 对于逃亡境外再返乡者，尤其是在张格尔叛乱中被掳掠出境者再返回时，清廷规定按照旧有定例处置。杨遇春在陕甘总督任上也处置过不止一件这样的事例。

道光六年（1826），民人朱田赵、李盛荣、田关、马添喜、吴二启、刘起凤、年登喜7名，被张格尔掳至浩罕为奴。次年间，几人辗转逃往俄罗斯。十二年二月，由俄罗斯返至库伦，经库伦办事大臣伦布多尔济接收后，转交杨遇春。清廷对此事十分关注，谕令杨遇春围绕如下问题——审明具奏：即被掳至浩罕后，拘囚何处？使唤主子系何名姓？是否与张格尔有亲属关系？又缘何逃回？浩罕曾否遣人来追？尤其是这些人是否参与张格尔叛乱？至于在浩罕两年间的所知以及是否尚有余党？是否意图窥伺？这些是清廷最关心的。①

八月二十二日，杨遇春覆奏讯明信息如下：民人朱田赵，籍隶山西祁县，因习天主教而被发遣喀什噶尔为奴。李盛荣等6人，均内地贸易回民，前在喀什噶尔随同守城，因受枪伤，城破被掳，逼胁未从。被张格尔送至浩罕后，分给各处回子服役。先后乘间逃出，由布噶尔至俄罗斯所属之哦林布格尔边界时被送回。几人均称在浩罕时，言语不通，不知被侍奉的主子是否为张格尔之亲属。听说张格尔生有一子，并未见过。如前张格尔恐清军大兵征剿，遣人向布噶尔借兵，听说布噶尔以"不敢轻惹天朝"之言予以回复。朱田赵等均称，没有听从张格尔叛乱。

杨遇春将上述审讯情形以及以下的处置意见呈交刑部。即朱田赵因不愿出教，仍发回城为奴，交由其主严加管束。李盛荣等6人，应照被掳来

---

① 《清宣宗实录》卷205，道光十二年二月上乙酉，第26页。

归免罪例，递回原籍，交地方官严加管束。刑部按照此建议予以发落。①

如上的相似案件较多，马甲班吉布与其他二位民人的回归，也是一例。道光十三年（1833）四月二十一日，多尔济拉布坦等奏，俄罗斯送来从前张格尔滋事时，由喀什噶尔被擒逃出的班吉布等3人，清廷令交杨遇春细审办理。八月十八日班吉布等3人被差官解至兰州，时杨遇春因前赴甘凉一带查阅营伍，饬委藩臬两司会同审办汇报。经仔细研讯，班吉布系伊犁巴燕岱城满洲正白旗德楞额佐领下马甲，道光三年派往喀什噶尔换防。另外，甘肃高台县汉民李成，赶车营生，同年由肃州揽运客货，前赴喀什噶尔，交卸后即在该处赶车度日。又张保柱籍系直隶清河县，因听从传教谋逆者马进忠教唆，发遣和阗，给回子为奴。四年冬间到边戍，六年六月，张格尔围困喀什噶尔，班吉布、李成随同官兵守城。八月二十五日城破，二人受伤被掳。张保柱跟随和阗葛千总防守南卡，在偏马川遇叛军，手足俱受重伤，流血过多，昏晕被掳。几人先后被送至浩罕，分给不知姓名回子为奴。后乘间逃出，至俄罗斯边界，被送回。经查验班吉布等身带枪伤，疤痕显著。

杨遇春主张依照旧例与成案处置。按例"被掳从贼"，不忘故土，乘间来归者，俱著免罪。又参照了锡伯营马甲沙特洪阿成案。此案即指道光十二年（1832）七月初一，伊犁锡伯营马甲沙特洪阿因遇贼受伤，被缚出卡，乘间逃回，清廷以其与甘心从逆者不同，准免治罪，仍著递回伊犁，交该旗严加管束，不准再挑差使。并谕"嗣后有如此投回之兵民，如查有别情，应行奏明办理。倘无别故，即照此次成案办理"。由是，杨遇春以该3人事例，核与马甲沙特洪阿等各案情节相同，应请照被掳来归免罪之例，免治其罪。清廷准予班吉布解回伊犁巴燕岱城，交该旗严加管束，不准再挑差使。张保柱仍发和阗为奴，交伊主严加管束。李成送回原籍，交属管领，不准再行出外。②

对民人控告地方弊政的处置 针对民人进京控告地方弊政之案件，杨遇春严格审讯，寻究根本，按例处置。道光十一年（1831）四月十二日，杨遇春接清廷谕旨，说甘肃民人何聪，向都察院衙门呈递封章，移交刑部审讯。刑部审得何聪所控涉及二项：一是牵涉西宁办事大臣辖境发生的"番民"抢案，二是控告嘉峪关卡对出入之民起票验票索要钱文，且征抽茶税。刑部以事关重大，著杨遇春会同西宁办事大臣详查具奏。杨遇春接

---

① 《清宣宗实录》卷217，道光十二年八月上乙亥，第221页。
② 以上均见李光涵《时斋府君年谱》，《年谱丛刊》第125册，第523—532页。

旨后，即对此案展开调查。

嘉峪关是自内地出入新疆之门户，自乾隆年间起，就对进出这里的民人验票，稽查盘诘，最宜严密，相沿已久。所以，杨遇春首先针对嘉峪关验票与抽税之事取证。按照规定，凡民人由肃州进出关者，由哈密大臣及各地方官衙门给票方可通行，到关时，游击、巡检会同验票，注册放行。其出入关者，还须自觅妥实可靠的店户出具甘结，呈请给票。另外，道光八年（1828）那彦成筹办回疆善后时，曾议定于嘉峪关抽收茶税，以杜奸商私贩。经户部议停，奉文裁撤。如此，杨遇春只需讯明验票过程中官吏有无勒索银两以及相关抢案之事。

第一位当事人是安肃道盖运长，其声称：验票所需纸张及印刷工料，向系书吏备办，每票收纸价钱 5 文。守关弁兵、书役对出关者，向无索钱 5 文之事，对进关者，也无加倍及藉端留难科敛情弊。至于何聪从前进关，亦未给过守关兵役钱文。

取证之第二人是代理玉门县安西州州判朱焕。此人称，店户周自成供认，何聪从前进关时，系其具保请票，确实给过书吏纸价钱 5 文，也付过其房火饭钱 70 文。质之承办书吏，供亦相同。可是检查出入关口的号簿，何聪所指汉中府回民丁发祥等姓名多不相符，无从提质。

所调查的第三人为西宁府知府珠满。其称，何聪所指前任西宁办事大臣穆兰岱修建生祠一事，纯属虚构不实之词。至于蒙藏抢劫之事，自长龄整饬后，黄河沿边设防严密，偶有蒙藏抢劫之事发生。但是，经地方随时惩办，蒙藏等也咸知畏法敛迹。又据镇番、玉门、敦煌等县先后申报，查明何聪在原籍、寄籍，并无为匪不法别情等。

如上调查取证后，杨遇春同藩司方载豫、署臬司图明额共审何聪，逐细研鞫。何聪籍隶镇番，寄居玉门，复迁居敦煌县。幼年读书无成，出外充当长随，后又游方行医。嘉庆二十五年（1820）后，在西宁及蒙古游牧地方往来行医卖药，并无勾结藏抢劫及私贩禁物情事。道光初年，青海黄河河畔藏族滋事，经前督长龄等堵剿惩办，并"查拿汉奸，禁止内地民人私出口外"。何聪不敢在蒙古地方停留，旋回敦煌。南疆军兴，复往大营谋食，因乏生计，欲仍赴西宁及蒙古地方行医。遂于道光十年（1830）三月十五日，自玉门县请票进关，前赴西宁。因各口隘弁兵把守盘诘，不能出口，资生无策，起意赴京，呈递封章，遂将平素传闻"野番"抢劫各案、回疆军需、茶税及所见书籍并进关时曾给书吏纸价钱文随意撮拾具呈都察院。

至于何聪呈内所指前任西宁办事大臣穆兰岱建修生祠，均系得自风闻，并未见过祠宇。何聪前在玉门县请票，曾给过书吏纸钱及具保人房火饭钱，亦不属实。其他人出入关口曾否给钱，何聪不能确指。确查何聪呈状，并无听人主使、雇倩，亦无另外为匪不法别情。

道光十一年（1831）四月二十八日，杨遇春将审讯结果以及所援引定例、处理意见呈明清廷。按例，军民人等呈递封章，挟制入奏，犯系平民，照冲突仪仗、妄行奏诉例加一等，发边远充军。若所控虚诬，核其诬告，本罪仅止笞杖徒者，仍发边远充军。笞杖罪名，到配枷号一月。何聪在蒙古地方行医卖药，虽究无勾结蒙藏为匪之事，可私出口外，已犯拟流罪，只因各口隘盘诘周密，不得再行出口，"辄敢撦拾浮词，赴京呈递封章，诋毁大臣，挟制入奏，实属谬妄"。所呈诉各条，又系自传闻，经核查，其诬告之罪较轻，按例应从重问拟。即依援例，发配边远，到日枷号一月，满日杖一百，折责安置。清廷准行。①

（四）省城暴力案的考验

在杨遇春所处理的有关危害社会治安案件中，以道光十四年（1834）十一月初六发生在兰州的武装暴力案件最有影响，直接关乎其治政是否清廉。事件的背后导因或多或少与其督标内兵士自身利益受损有关，也直接威胁到督署的安危，诸多官吏因失察而受牵连。杨遇春本人也被清廷议处，这位久经沙场的老将可谓经受了一次考验。

事起于初六半夜三更后，突有滋事者百余人，在总督署门前持械放火，扑嚷滋闹。杨遇春当即带同巡捕兵役及家丁等出外查看。守门者称，是郑三弟兄纠众滋事，民人陆惊法，已赴该县黄璟处报案。此时，署门外滋事者见大门紧闭，难以扑入，便自门外放火后，向东奔去。途经大街时，遇见督标中营都司袁贵查夜。当袁贵上前查问时，滋事者恃众抗拒，将袁贵自马上砍落致伤，后被跟役救出。滋事者又追至袁贵住处，肆行抢掠，放火焚烧，复折至署箭道门前呐喊，仍欲夺门而入。

其时，洞晓事由的杨遇春已分派弁兵防守大门，藩司色卜星额也闻声带役趋至，灭火护门。杨遇春亲赴箭道查看门垣，因滋事者势众，所带弁兵仅只数人，便令放枪攻击。时巡捕守备吴珍把守栅门外，令陈芝桂于门隙射击，立毙一人。即闻滋事者嚷：郑三已被打倒，内有准备，我们快走。滋事者即逃，杨遇春遂传令开门放枪追拿。此时督标将备富兴阿等已闻信带兵赶到。滋事者见状，窜赴东门，杀伤守门兵丁，打落门锁，蜂拥窜出。

---

① 以上均见《清宣宗实录》卷187，道光十一年四月甲午，第963页；又李光涵《时斋府君年谱》，《年谱丛刊》第125册，第247—256页。

杨遇春遂令官兵跟踪追拿，同时查看被毙一尸，见其头戴黄纸朱符，身穿号衣，背着鸟枪，旁遗蛮刀1把，搜出怀揣子弹1包。旋追踪官兵在东关俘获滋事者马壮怀等20余人，并缴获红绸小旗5杆，一写帅字，余写令字，上俱钤有墨印图记，经辨认系"天海"二字的篆文，遂交藩臬两司先行审讯。及至黎明，参与滋事者全行拿获。杨遇春督同司道委员等对滋事者分别隔离，逐一研审。

据为首之郑曼年即郑大供称：其为皋兰人，向与其弟郑曼得，即郑三，充当城守营兵丁，道光十年（1830）辞伍。本年八月间，其弟郑曼得心中极其不快。原因有四：一是袁贵将郑曼得揽做的军火麻绳另给他人制办，并斥责其为人不好。二是杨遇春裁汰老兵后，全以四川人充补粮缺，心怀气愤。三是因前在回疆军营，参加战事，未得好处。四是都司叶昌泰平日待其有恩，现叶昌泰因规避差派之事被降调，令其心有不平，欲藉此报仇。由是，即纠同其兄郑曼年并朱金枪狗儿、文玉、马逢乐等，商谋滋事。期间，郑曼得又先遇卖卦之人佛大善，即马壮怀，其人自称谙习奇门六壬，可预知未来，继之，又将原已熟识之刘永庆，视为紫微星临凡。凡此均被郑曼得看成起事时机已经成熟的标志。起事前，郑曼得向叶昌泰提及有人肯替其报仇。叶昌泰查问何人，郑曼得谎称不知姓名。叶昌泰说道：此事万不可做，如有人知情，就说未曾见我。之后，郑曼年与郑曼得、佛大善、朱金枪狗儿等时而相聚，会商议事。

十月间，马逢乐自河州来到兰州，郑曼得邀与佛大善同住，令择起事日期。马逢乐择定十一月十一日，旋即潜回河州。郑曼得心疑，复令佛大善另择以十一月初六亥时举事，遂二人移往城内僻静地方租赁之斗母宫庙内闲房，制令旗、符帖，并预藏器械等物。至初六，郑曼年因无利械，知叶昌泰素有好刀，随往见。声称有人不惜重价，要买好刀一把。叶昌泰因乏用度，即将腰刀一把交给售卖。郑曼年将所得之刀携赴庙中。

此时，朱金枪狗儿约来晏尕黑子、陈棋娃子，郑曼得约来文玉、张二、詹学思、尹绳匠与佛大善，共系10人。郑曼得又借捉赌，诱来在街负苦贫民甘年子等11人，另圈空房。至三更时，郑曼得等焚香祷祝，各饮符酒，并散符帖。之后，郑曼得将贫民甘年子等放出，告以帮同谋反，如有不从，先行杀死。该贫民等畏惧勉从。佛大善手持帅字旗1杆，令字旗4杆，余者俱分携刀、矛、鞭、棍等械。郑曼得在先率领，朱金枪狗儿押后，先赴北门，杀伤守门官兵，砸开门锁，拥入向住贫民乞丐之店内，胁令全部跟随助势。随齐赴督标军装库，破门闯入，杀伤守门兵丁，抢出号衣器械，分给众人穿带，装作兵丁闹事。

佛大善供称：本系陕西长武县逃徒。道光十四年（1834）八月来兰，卖卦营生。九月间，郑曼得向其言及丢了军火麻绳生意以及总督裁汰老兵，补给四川人粮缺等事。又言马逢乐等多位能人意欲辅助举事，遂允从闹事。时几人商议，由佛大善择期，于十一月初六亥时动手，制令旗、符帖等物。届日佛大善手持帅令各旗5杆，随同郑曼得等放火，攻扑总督箭道门。郑曼得中枪后，佛大善随众逃出东门，被官兵追获。至于旗上所用，系郑曼得图记，不识篆刻何字，现藏何处亦不知悉。

在审讯所谓临凡的紫微星刘永庆时，所称更是滑稽。刘永庆年二十岁，皋兰县人，向以报喜营生。四月间，素识之郑曼得邀其吃饭，结拜弟兄，托词未允。八月的一天，郑曼得约令刘永庆在其父车柜记账，议给劳金，并被款留吃饭。酒席间，郑曼得声称会观星象，紫微星已落在西方，相刘永庆面貌，就是紫微。又将自己心中不平，上文已述的起意举事原因复述一番。刘永庆听罢十分惊慌，忙劝说万不敢当，自己连一分兵粮尚不能食，焉有紫微之命，随即辞归。郑曼得嘱令不可散出风声，倘人知觉，定不干休。刘永庆回家后，将郑曼得所言告诉家人，意欲自首，又思郑曼得系属空言，并无指证，嗣后即与其疏远。十月十四日，刘永庆随刘伏太等同乡赴靖远县，与新中武举滕姓等家报喜，直至十一月初八返回。并未参与其事。

杨遇春经复提讯其余各犯，所供亦与郑曼年、佛大善等供词大略相同。面对发生在督署的暴力骚乱，杨遇春所面对的不是如何处理叛犯，而是如何就引发事件的诸多原因，向清廷逐一交代。

首先是川人弥补督标空额一事。杨遇春解释：按例营伍兵丁，如有年老力衰者，例应随时裁退，另募壮丁补额。但在整个过程中，以督标应退老兵，多为曾经出征著劳之辈，恐一经离伍，致无以为生，是以先选该老兵之子弟及其可依亲属补缺。故而本着"人才力量堪以入伍者"的原则，令顶补所退粮缺，以供差操，藉资养赡。且认为如此做法，完全出于公心，并未有刻意照顾四川籍之意，也未曾闻老兵等有怨言，亦并无一老兵参与滋事。纯属郑曼得等借词惑众。

而由川省籍民人充补兵丁一事，缘于回疆两次军需，均经调派川兵出口征剿，凯撤后，其所随余丁、夫役留滞甘省及西路甘凉一带者颇多，遇有兵缺，往往应募，经该管将备挑选入伍。故在陕甘督标中确有川籍兵员，但人数不多。如督标兵士中仅有60余名，此外为山陕及河南等省之人；甘、凉、固原各提镇营兵丁内，也有隶籍川省者，均因向来募补兵丁，但选才勇及无过犯之人，并无分别籍贯之例。外来入伍者，不仅四川一省，亦非督标一营。郑曼得等借口倡乱。

至于降调都司叶昌泰，杨遇春指出，叶昌泰作为僚属，平素并无嫌怨。道光十三年（1833）秋间，因其规避防差，具禀挟制，曾据实陈奏，奉旨解部审明，议以降三级调用。可是，叶昌泰回甘后，始则自称业经开复原官，而又不配用顶戴，继于接准部议行知后，又称不足为凭。杨遇春屡次传见，欲加开导，叶昌泰均托病不至。郑曼年滋事，叶昌泰知悉，经质讯，却坚称"委不知情"。当然，对叶昌泰之语，杨遇春一直持否定态度，认为郑曼年"断非无端供吐"，且称叶昌泰由京旋兰后，郑氏常往伺候，其滋事时所持腰刀，系叶昌泰之物。更何况郑曼年聚众之斗母宫，与叶昌泰住家相距咫尺。其间情形，种种可疑。

更令杨遇春不解的是，叶昌泰作为地方官吏，"倘竟知谋不举，致令酿成大患"。是夜，倘若匪徒得势，自己的死活固不足惜，然对于国体民生，大有关系。故而奏请清廷求一个水落石出，以别虚实，同时请旨将叶昌泰革职，先行收禁，饬令藩臬两司切实质究，期无枉纵。

杨遇春向清廷分析了必须澄清的要点后，也拟定了对滋事者的处置意见。指出案内为首各犯，均系纠结谋反，制有令帅等旗，劫掠军库，放火伤官，并杀伤兵丁、民人，实属罪大恶极，除首谋郑曼得中枪身死，照例戮尸枭示外，同谋郑曼年等犯，所供恐尚有不实不尽之处，此外是否别无余党，容再逐细审究，酌留数犯，俾与叶昌泰备质。其余共谋暨胁从各犯，俟审定后，即当分别按律办理，另行具奏。

清廷对此番解释持如何态度，杨遇春尚不得而知。可是，在省城统治中心发生如此轰动的暴力事件，实属罕见。相较于事件造成的恶劣影响，杨遇春更为担忧的则是清廷对于案件发生原因的追查。所以，在奏折的最后，杨遇春以向清廷认罪的方式，来揣测清廷对此事件的态度。说道：兰州作为甘肃省垣重地，竟有谋反重案，自己未能预先觉察，以致滋事者乘夜暴动，实属罪无可辞，惟有仰恳圣恩，先将自己严加议处，以儆疏庸。

道光帝朱批："此等匪徒殊堪发指，仓卒之间，幸不致有伤大体。但叶昌泰必应细心严鞫，不可轻脱。另有旨谕。"这对处于忐忑不安中的杨遇春来说，可谓是一剂定心良药，也显示了君臣之间的信任程度。

道光十五年（1835）正月，杨遇春奏继续审讯定拟报告，首要汇报了质讯叶昌泰的情况。面对叶昌泰"坚供委不知情"，杨遇春委派藩司色卜星额、新任臬司伍长华，督率委员兰州府知府陈士桢等组成审讯小组，严密根究，据实妥拟解勘。据审讯小组报称，郑曼得等聚会的斗母宫，地甚幽僻，距位于庙门东墙的叶昌泰家百余步。经连日隔离研审，郑曼年坚供，实因其弟郑曼得忆及叶昌泰待伊兄弟有恩，被参降级，相约造反，借机报仇。于八月间，郑曼得向叶昌泰告知有人愿替报仇，被叶昌泰阻止而散。审讯小组经与从犯佛大善等对质，亦俱知郑曼得告知叶昌泰报仇未允之事。而该参员叶昌泰仅供认郑曼得曾向自己诓买腰刀，并无所言欲代报仇之事。

审讯小组除了对起事主谋的供状在之前审讯的个别信息点上有所补充之外，惟在叶昌泰预知报仇一节，特别提讯了各犯，所供与叶氏同。补充的信息在于：道光六年（1826），郑曼得奉派出征回疆，因未得保举，心怀怨愤，道光十年七月间，因差操未到，革退名粮。嗣后以揽造各营军火麻绳，借沾余利。十四年七月间，赴督标中营揽麻绳生意，讲价每斤需钱150文，都司袁贵同承办之千总徐椿等嫌价太贵，双方争辩，袁贵斥郑曼得为人桀骜，另换绳匠牟维信，言定每斤价钱115文。郑曼得自此怀忿。

又因各营招募兵丁，向不拘土著外籍，均准投充。近年甘省各营将备遇有兵缺，间以两次回疆军需川省留甘余丁、夫役中应募者拣选充补。又因杨遇春曾饬各标营将年老兵丁随时简汰，另补壮丁。郑曼得遂藉称裁汰老兵及川民充食兵粮，系占兰民生路，起意杀官造反，藉报私仇。

十五年（1835）正月初六，杨遇春将审讯结果与处置意见奏报清廷裁决，郑曼得、郑曼年均照谋反大逆律凌迟处死。已死郑曼得仍剉尸枭示。佛大善、朱金枪狗儿、陈棋娃子、晏尕黑子4犯，均各预闻反谋，甘心顺从，或妄称军师，焚表画符，制旗招麾；或辗转勾结，奸杀兵民，随同放火，均属同恶相济，马壮怀等4犯，均应照谋叛已行律，各拟斩立决。其余或流，或杖，或徒。已革降调都司叶昌泰，照谋反知未行而不首者，杖一百，徒三年，到配折责充徒。

最后，杨遇春称，地方文武虽对此案均有失察之咎。但是知县黄璟能迅速抓获全部案犯，防止了事态进一步扩大，其他官员也在事发后立即参与到案件审理之中，可否免议文武失察职名，奏请定夺。

清廷基本同意杨遇春对此案的定拟，但并未采纳对失察官员予以免议之条，令杨遇春交部议处。至于最早发现滋事，采取手段镇压的皋兰知县黄璟，也因未能事前觉察，"究有不合"，交部察议。① 最终，此案以清廷的判定告停。

（五）征赋与蠲免赈灾

赋税是国家财政的主要来源，保障赋税征收是国家机器得以运转的基

---

① 以上均见朱批奏折，奏为拿获滋事匪犯郑曼年等审讯大概供情事，道光十四年十一月十二日，档号：04-01-01-0701-030；又同题名，录副奏折，档号：03-4049-020。

础。为此国家常会在农业严重歉收，或发生大的灾害后，蠲免、缓征或少征赋税，同时也会向饥民赈济口粮与籽种，帮助渡过难关并恢复生产。故在天灾之年，政治是否清明，为官者的品质优劣等因素，也在一定程度上决定着百姓的生存状况。杨遇春为陕甘总督时，除了保证赋税征收，维护正常的社会统治秩序外，对庄稼被灾后的民生状况十分关注。经常奏请清廷给予蠲免、减征或缓征，或应时借给籽种、口粮，以减轻百姓负担。

杨遇春深知，当庄稼因灾颗粒无收时，百姓生计无着，生死未卜，官府赋税无处征收。此时，实行蠲免或缓征赋税等措施，是地方恢复与发展农业经济的唯一出路。不过，掌握受灾区域范围和受灾程度与是否蠲免或缓征办法的实行，需要做深入细致的灾情普查工作，此亦确定蠲免或缓征比例的关键，也是能否争得民心的前提。

道光九年（1829），皋兰等29厅州县夏秋禾苗间有被雹、被水，并有受旱之区。至秋季时，个别县份仍然不断有灾情发生。杨遇春派人速与各县县丞详细查勘，得知各县受灾程度不一，或重或轻，有的县份仅个别村庄遭灾。其中河州、宁远、平凉、静宁、合水、抚彝、秦安、清水、安定、岷州、洮州、安西、玉门、金县、庄浪15厅州县，属于个别村庄被灾歉收一类，民生尚可维系，民力相对舒缓。其余如皋兰等15州县，或迭被灾伤，或始终受旱，夏禾既已歉收，秋禾又多伤损，受灾较重。如狄道州秋禾连续遭冰雹击伤，以致这些地方应完新赋都无力交纳，更难言旧欠银粮的征收。面对此情，杨遇春奏准将陇西、狄道、张掖、武威、宁州、碾伯、宁夏、宁朔、中卫、平罗、灵州11州县被灾的个别村庄，以及被灾较重之皋兰、泾州、灵台、崇信等各州县，本年应征新旧正借银粮草束，一并缓至来年秋后启征，以纾民力。①

据不完全检索档案记载可知，自道光十一年（1831）初至十四年底的四年中，② 甘肃农业几乎每年遭受自然灾害，有灾情发生，庄稼受灾范围与程度各有不同。道光十一年，皋兰等30厅州县间有被旱、被水、被雹之处，皋兰等7厅州县夏秋二禾收成歉薄，兼有偏被灾伤之区。十二年，

---

① 朱批奏折，奏请缓征甘省歉收地方本年应完新旧正借银粮草束事，道光九年十一月十二日，档号：04-01-35-0064-048。

② 以下均分别参见：朱批奏折，奏为勘明甘肃各属地方夏秋田禾被旱被水被雹情形分别办理事，道光十一年八月二十八日，档号：04-01-01-0728-009；朱批奏折，奏为查明甘省秋成歉收地方请缓征钱粮事，道光十二年十月初九日，档号：04-01-35-0068-018；朱批奏折，奏为勘明甘肃各属地主田禾被灾情形分别办理事，道光十三年八月十四日，档号：04-01-01-0747-046。

甘肃大部分地方雨雪连绵，地气阴寒，皋兰等 7 州县间有被雹、被水之区。至十月秋收时，渭源、金县、陇西、安定、环县、张掖、平番、灵州、平罗、秦州、礼县、两当、镇原 13 州县的秋禾又遍被雹水霜雪。十三年，全省庄稼受灾较重，不仅夏禾遍被雹、水，迭次被旱生虫，秋禾又遍被雹、水、霜、虫。如西宁县被雹，皋兰等 23 厅州县、崇信等 9 厅县，安定等 18 州县被旱、被雹、被水、被虫。为此，杨遇春于八月、十月两次向清廷奏报灾情。十四年，皋兰等 29 厅州县被雹、被水、被旱，夏、秋禾苗间有被旱、被雹、被水，范围较大。

每次灾害后，杨遇春总是快速派员赴灾区查勘灾情，分别轻重程度，做出赈灾处置。大致分为如下三种情形：

其一，属于受伤甚轻，不致成灾的地方，不予救济。如道光十一年（1831）遭灾的有通渭、岷州、固原、秦安 4 州县；十二年，安定、会宁、西和、环县、清水、两当 6 县报灾。经委员考察，查得尽管夏、秋禾苗遍被灾伤，但受灾面积不大，属于"一隅中之一隅，收成不致甚歉"。十三年，受灾的有静宁、岷州、固原、宁州，经委员勘明，各处"受伤甚轻，不致成灾"。后续报遭灾的崇信等 9 厅县，也是部分被旱、被水、被雹、被虫，"或因续得雨泽，或因节气尚早，改种晚秋"，均不成灾。

其二，对受灾较重，经组织人力抢种补救，秋后可望得以弥补灾害损失，且民力尚可维系之区，视受灾轻重程度决定是否救济。如道光十一年（1831）时，河州、渭源、东乐、靖远、张掖、沙泥、陇西、宁远、安定、会宁、洮州、武威、永昌、平番、花马池、秦州、清水、中卫、灵州、盐茶、镇番 21 厅州县被雹、被水、被旱，后"或因续得雨泽，或因节气尚早，业已改种晚秋"，"统俟秋成"。再如渭源、西和、静宁、张掖、东乐、永昌、镇番、中卫、平罗、花马池 10 处，尽管夏秋禾苗遍被灾伤，可是波及范围仅系"一隅中之一隅，收成不致甚歉，民力尚可支持"，所以"毋庸救济"。还如十三年，河州、狄道、渭源、伏羌、西和、陇西、隆德、华亭、环县、清水、文县 11 州县，夏秋禾苗部分遍被灾伤，收成不致甚歉，民力尚可支持，亦毋庸救济。不过，其间个别受灾程度较重的地方，经委员体察情形后，"有应需接济之处"，也另为处置办理。

其三，庄稼遍受灾害，民力不可支撑之区，则务必实行蠲免或缓征，以纾民力。道光十一年（1831），原本就属于"地气阴寒"的碾伯县，禾苗被旱受伤，秋成难望；还有被灾较重之皋兰、狄道、金县 3 州县，夏收歉薄，民力不无拮据。报请清廷给予该 4 州县本年应纳新旧钱粮缓至来岁麦后征收。另外，被灾较重之河州、靖远、沙泥、陇西、宁远、安定、会宁、洮州、盐茶、安化、武威、平番、古浪、灵州、秦州、礼县、灵台、镇原 18 州县，以及秋收歉薄之通渭、固原 2 州县，均属民力拮据之区，奏准所有应征本年新旧正借银粮、草束，缓至明岁秋后征收。十二年时，皋兰、渭源、金县、陇西、平番、宁夏、宁朔、灵州、平罗、泾州、镇原 11 处，被灾较重，另外，固原不仅秋收歉薄，还兼办较重之兵差，各该州县民力均属拮据，奏准将所有应征本年新旧正借银粮、草束缓至次年秋后征收。

西宁县原本地气寒冷，岁止一收。道光十三年（1833）时，该县夏禾被雹较重，收成歉薄，民力拮据。经奏请将所有西宁县本年应纳新旧钱粮，缓至来年麦后征收。另外，被灾较重之皋兰、金县、靖远、沙泥、陇西、宁远、安定、会宁、平凉、盐茶、张掖、东乐、武威、平番、宁夏、宁朔、灵州、中卫、平罗、秦州、两当、成县、泾州、崇信、灵台、镇原 26 处，以及秋收歉薄之固原、宁州、安化 3 处，因属灾后民力拮据之区，奏请将所有应征本年新旧正借银粮、草束，准其缓至明岁秋后征收。

道光十四年（1834），甘肃全省遭灾较重。至十月，清廷准予被灾及秋成歉薄之处，所有应征本年新旧正借银粮、草束，准其缓至明岁秋后征收。此次被缓征的州县有：皋兰、河州、狄道、渭源、金县、靖远、沙泥、安定、会宁、平凉、静宁、隆德、固原、盐茶、张掖、武威、平番、宁夏、宁朔、灵州、中卫、平罗、碾伯、大通、秦州、泾州、灵台、镇原、礼县等。①

所有受灾之区得到清廷允准，蠲免或缓征田赋后，杨遇春便刊刻誊黄，遍行晓谕民众，务期达到实惠均沾，毋任吏胥侵冒滋弊，达到"以广恩施而杜欺冒"之目的，不使受灾民众被蒙蔽。

灾情发生后，作为地方最高长官，杨遇春总是实行赈灾措施，借给百姓籽种、口粮，保证受灾百姓有足够的粮食渡过饥荒，避免因灾而导致人口大量减少。道光五年（1825），杨遇春刚署理陕甘事务时，皋兰等 12 州县被灾歉收。针对此状况，便奏准清廷借给受灾各县民众籽种口粮，按户散给，以助其渡过灾期。

每次赈灾拨给籽种口粮，不拘泥于单一的本色或折色，而是采取多样形式，视具体情况放给。即或直接借给本色籽种、口粮，或按照计划数额折合银两拨给，或本、折色混合拨给。一般情形下，直接借给本色籽种、口粮的比重较大。并且规定，所借本色粮在各处额征粮内动用，如额征不

---

① 朱批奏折，奏请缓征甘省秋成歉收地方钱粮事，道光十四年十月二十日，档号：04-01-35-0070-008。

敷散放，则动用常平仓粮。其折色银两，在于司库旧寄贮粮价款内借给散放，以资接济。发放赈灾口粮时，也每每刊发誊黄，遍行晓谕，责成该管道府及委员，会同该地方官，按户监放，认真经理，以严防吏胥侵蚀。①

道光五年（1825），受灾的皋兰、金县、岷州、安定、华亭、泰安、崇信、平罗、清水、宁夏等州县，均借给本色粮石救济，陇西发给折色银两，会宁县则本、折色兼有。因皋兰县仓贮额征粮石，估拨兵粮后，存剩无几，故在该县仓贮预买粮内动用拨付。本折色发放详见表4②。

表4　　　　　道光五年甘肃受灾各县赈灾本折色概况略表

州县名称 \ 粮食状况	本色 籽种粮	本色 正二月口粮	折色 银两口粮	折色 正二月口粮
皋兰县	2000 石	3000 石		
金县	600 石	600 石		
岷州	800 石			
安定县	1000 石			
华亭县	800 石			
泰安县	800 石			
崇信县	500 石			
平罗县		1000 石		
清水县		500 石		
宁夏县		1000 石		
陇西县			1000 两	1000 两
会宁县	500 石		500 两	1000 两
合计酌借	仓斗粮 13100 石	折色银 3500 两		

甘肃一带，土瘠民贫，与自然灾害频仍也有关联，对于完全靠天吃饭的民众而言，几乎每年都要承受农业灾情的伤害，靠地方官的救助度日。道光

---

① 朱批奏折，奏为甘省秋收歉地方请借冬月口粮事，道光十一年十月初八日，档号：04-01-30-0436-019。
② 朱批奏折，奏为遵旨查明皋兰等十二州县被灾请借来春籽种口粮事，道光五年十二月初二日，04-01-01-0672-041。

九年（1829）甘肃皋兰等21厅州县分别被雹、被水、被旱，杨遇春委派人员考察后，分别灾情的轻重缓急，给予本、折色粮的救助。① 十一年（1831）十月，甘省各属夏秋禾苗被雹、旱、水、霜灾，皋兰等19厅州县秋收歉薄，清廷准杨遇春奏，借冬月口粮以资接济，其中借给本色粮的有皋兰8000石，金县3000石，靖远4000石，狄道5000石，沙泥1000石，岷州3000石，盐茶厅2500石，秦安1000石，礼县2000石，灵台1000石，镇原1500石；借给折色银的有陇西2000两，通渭1000两，隆德2000两，清水1000两，徽县1000两，崇信1000两；本折色均借给的有安定粮1500石，银1500两，会宁粮1000石，银2000两。以上共酌借本色仓斗口粮34500石，折色银11500两。

农业种植经济具有连续性，当年丰歉将会影响百姓次年生计。受灾次年开春青黄不接时尤其难熬，唯有完成春播，才可能避免上年灾情延展。道光十一年（1831），皋兰等七厅州县夏秋二禾收成歉薄，兼有偏被灾伤之区，次年二月，青黄不接之际，乏食贫民恳请借给官粮，以资糊口。经杨遇春奏报，清廷准予借给相关各厅州县三、四两月数量不等的仓斗口粮与折色银两，共发出本色仓斗粮17000石，折色银5000两。② 以纾民困，缓解压力。

十三年（1833）十一月，皋兰、伏羌、平凉、隆德、秦州、两当、成县、盐茶，及秋收歉薄之宁州共9厅州县被灾较重，为避免冬春青黄不接之际百姓生活无着，经奏报准予借给口粮籽种，以渡难关。借给本色口粮与籽种的州县为皋兰、盐茶厅、宁州3地，共口粮本色仓斗粮16000石，籽种本色仓斗粮8000石；而伏羌、平凉、隆德、两当4县仅借给本色口粮，共7500石；秦州、成县借给籽种8500石。③

十四年（1834），皋兰等29厅州县被雹、被水、被旱，这不仅影响到当年赋税的征收与百姓生计，同时对来年春播也有影响。杨遇春分别受灾轻重，借给口粮与籽种本色仓斗粮。其中靖远借给口粮2000石，籽种1000石；平凉借给口粮折色银1500两，本色粮1500石；隆德、盐茶厅、

---

① 朱批奏折，奏为遵旨查明甘肃被灾歉收地方来春请借籽种口粮事，道光九年十二月初二日，档号：04-01-12-0411-031。

② 其中皋兰粮8000石，金县粮2000石，靖远县粮3000石，洮州厅粮1000石，陇西县口粮折色银1000两，伏羌县折色银1000两，泾州直隶州粮3000石、折色银3000两；参见朱批奏折，奏为查明皋兰等厅州贫民青黄不接请借口粮事，道光十二年二月二十八日，档号：04-01-01-0735-002。

③ 朱批奏折，奏为查明甘省被灾欠收地方请借来春籽种口粮事，道光十三年十一月二十九日，档号：04-01-01-0745-035。

镇原共借给口粮本色粮 10000 石；借给秦州来年春季耕种籽种本色粮 4000 石。① 除此外，也分别本色、折色发放，如借给皋兰等县冬月口粮与籽种共本色 22500 石，折色 16000 两。②

在陕甘总督任内，杨遇春十分注重西北农业经济发展，在开垦农田，增加农业播种面积，兴修农田水利以及为国家增赋纳税方面，做出了成绩。这些举措对安置新移民，维护社会稳定十分有益。道光十三年（1833）十一月，当办理敦煌县水利工程的许乃穀因"大计卓异"被部引见时，杨遇春即从敦煌兴修水利工程需要人才的角度，出面阻拦。说道："查该县地方近年因党河渠水微弱，农田不敷灌溉，遂致频岁歉收。现经该县许乃穀设法开修，工程颇巨，正当吃紧之际，未便另易生手，致有延误。"进而请"一俟工竣，即行饬令赴部"。并认为，唯有如此，"于民生水利有裨"。朱批，依议，吏部知道。③

上述事例，仅展示了杨遇春关心民瘼、重视农业生产，且爱惜技术官僚以贡献社会的一个侧面，在当时唯有一定人口数量和足够人力才能发展社会生产的条件下，有其积极进步意义。道光十一年（1831）时，仅南疆西四城周围招民开垦幅度已经很大，人口增至 62 万之多，可耕之地增加很快。

这一阶段，垦殖土地升科纳赋被提上日程。如有皋兰县民人魏绍孟等报垦新地湾荒地 2.56 顷，请照赋役全书旱地十年升科例，于道光九年（1829）起征赋。④ 自是年起征赋的还有靖远县民人刘养鹏等垦殖的田地，该民等早年在县属西乡乜列川之米心梁地方开垦成熟旱地 26.25 亩，按旱地十年升科例征赋。⑤ 安西直隶州民人杨雨亭于州城西北隅开垦水田 50

---

① 朱批奏折，奏为遵查甘省被灾歉收地方来春应需接济事，道光十四年十二月初一日，档号：04－01－30－0436－027。
② 即皋兰县本色 6000 石，折色 6000 两；金县本色 2500 石；安定县折色 2000 两；会宁县本色 1000 石，折色 1000 两；固原州本色 3000 石，折色 3000 两；安化县本色 3000 石；泾州本色 4000 石，折色 4000 两；灵台县本色 3000 石。参见朱批奏折，奏为甘省秋收歉薄地方请借冬月口粮以资接济事，道光十四年十月初三日，档号：04－01－35－1209－001。
③ 朱批奏折，奏请准暂留许乃穀办理敦煌县水利工程俟工竣给咨赴部事，道光十三年十一月十三日，档号：04－01－12－0431－035。
④ 户科题本，题为查明甘省皋兰县民人魏绍孟等开垦地亩征收科则事，道光九年四月十二日，档号：02－01－04－20406－026。
⑤ 户科题本，题为甘省靖远县民人刘养鹏等开垦地亩于道光八年升科事，道光九年四月十二日，档号：02－01－04－20406－025。

亩，依照水田六年起科减三年例，于道光十三年升科纳赋。① 靖远县民人滕继渤于县属西乡李家窑大滩旧土楞下开垦成熟旱地 4.9875 顷，按旱地十年升科例，自道光四年试种起，至十三年开始升科纳赋。② 正宁县民人胡景思在县属东山伐牛坡地方，自道光元年报垦折正旱地 60 亩，按十年起科例，至道光十年入额征收。③

除了早年报垦的田地到升科之期外，还有不断申请新垦者。如靖远县民人张超，报垦县属乩肚子湾、海广滩两地中间远年荒草滩地亩 4.73 顷，自道光九年（1829）起试种。④ 又有皋兰县人魏民全等报垦井子沟等处可垦荒地 1.415 顷，自道光十二年起试种。⑤ 以上几例新垦地亩，按赋役全书之旱地以十年为限定例升科。自新垦至起科的时长，也有以三年为限的。道光七年，新疆镇迪道绥来县因开渠而报垦新增户民王玉成等 165 户，每户报垦田地 30 亩，共地 4950 亩，至九年时，照例起科。⑥ 又道光八年，经杨遇春查，绥来县原报荒地，长百余里，宽十余里，该县仅开垦地亩 9360 亩，遂将其余开垦荒地若干转饬查明报部，并将乌鲁木齐都统奏明原案抄录送部。道光六年，该县开渠新增户民宋仁贵等 147 户报垦地亩按三年例，至升科年限。时每户种地 30 亩，共升科地亩 4410 亩。⑦

自道光六年（1826）至十四年，杨遇春主政时期，据不完全统计，仅在新疆、甘肃等处仅新辟农田 122.86 顷，经户部议准后，全部照例升科。先后开垦的农田在新疆主要为乌鲁木齐头屯芦草沟、塔西河三所、塔西河二所、西河等处，甘肃为灵州、绥来、安西、正宁、中卫、靖远、环县、皋兰、靖远等处。详见表 5。

---

① 户科题本，题报甘省安西州民人杨雨亭开垦地亩科征粮草数目事，道光十三年正月二十日，档号：02-01-04-20626-014。
② 户科题本，题报甘省靖远县民人滕继渤开垦地亩科征粮石数目事，道光十三年十二月初十日，档号：02-01-04-20626-046；户科题本，署理陕甘总督杨遇春，题报甘省靖远县民滕继渤等报垦地亩及应征钱粮各数事，道光五年十二月二十日，档号：02-01-04-20225-007。
③ 户科题本，题为正宁县民人胡景思报垦升科地亩入额征收事，道光十一年四月初十日档号：02-01-04-20493-002。
④ 户科题本，题报甘肃省道光九年靖远县民人报垦地亩数目事，道光十年二月二十八日，档号：02-01-04-20446-001。
⑤ 户科题本，题报皋兰县更民魏明全等员报垦入额地亩数目事，道光十二年九月初六日，档号：02-01-04-20565-040。
⑥ 户科题本，题为甘省绥来县户民王玉成等道光七年报垦地亩请于本年照例升科事，道光九年九月十三日，档号：02-01-04-20407-010。
⑦ 户科题本，题为查明新疆镇迪道绥来县户民宋仁贵等报垦地亩三年限满请照例升科事，道光八年十一月二十八日，档号：02-01-04-20343-042。

表5　道光年间杨遇春主持在甘新等处新垦升科地亩略表

单位：顷

地点 时间	新疆乌鲁木齐头屯、芦草沟、塔西河三所	甘肃灵州	甘肃绥来	乌鲁木齐所属	甘肃安西州	甘肃正宁	新疆乌鲁木齐所属，塔西河二所	宁夏中卫开垦大沙坑地	靖远、环县并王子庄州同所属	甘肃皋兰	甘肃靖远
道光六年六月	5.7										
道光六年七月		0.88									
道光九年戊辰			44.1								
道光十年三月				9.6							
道光十一年十一月				15.3							
道光十一年九月					0.5						
道光十二年庚子						1.2					
道光十二年八月							6				
道光十二年十一月		16.5						8			
道光十二年十二月									6.89		
道光十四年三月		7.2								1.41	
道光十四年五月											4.98

备注：道光十四年三月，乌鲁木齐头屯、芦草沟、塔西河三所的7.2顷，其中芦草沟3顷，西河4.2顷。

当然，田赋作为地方税收中的常项，除遇异常灾害，否则不能轻易豁免。甘肃金县北乡等地耕地因水冲而被豁免田赋，经历数年。该乡金姓等人租居麦子堡川，这里有会聚山水的大河一道，自东至西，长约50里。靠河南北两岸具系"各姓住宅及承种地亩"，而自嘉庆十四年（1809）以来，这里经常爆发山洪，不仅靠河两岸地亩已被水冲去大半，金家崖等处房屋、铺面、市集也"冲没无存"，后拨款修复集市房舍。道光四年（1824）七月，山水爆发，沿河一带田地被冲，百姓自行垦复。五年，山水又发，"靠河两岸地亩尽冲无存"。为此临界的靖远知县前往查勘，要求当地百姓尽量复垦。此后两年，百姓复垦，山水冲毁，循环往复。道光八年入夏以来，"阴雨连绵，山水不绝，被水冲刷，全成沙滩"。

麦子堡地方与皋兰县交界堡东一带，系金县所辖，堡西一带为皋兰所辖。皋兰将水冲地亩钱粮全行报请豁免。因而，杨遇春奏请将堡东金县所辖地段被水冲毁的地亩钱粮也请豁免，以免百姓苦累，以纾民困。经派员查勘，仅麦子堡川一带太平堡属之许家台共村庄25处被水，尚能垦复地亩有19.5456顷，而水冲已成沙滩不能复垦的32.5232顷田亩之所有应缴田赋各项全行豁免。① 以允公平且纾民困。

二　茶税马政及鸦片

茶叶、马匹与鸦片，均是清代社会经济贸易的主要商品，有的也是战备物资，其行销与贸易与清廷的社会治理息息相关，故而，配合国家战略，在区域范围内对重要商品加以管控与出台适宜的行销办法，是一方抚民官吏的重要职责。杨遇春就西北社会的实际出发，采取有效措施，提出和制定了较为适宜的办法与章程。

（一）设置茶税

西北地区的"茶马贸易"由来已久，茶叶也因此成为西北贸易中的大宗商品之一。杨遇春任总督期间，向清廷建议设置茶税。

至清中叶时，自唐以来、历经宋明至清初，中央政权在西部地区所实行的通过"茶马"互市或贸易形式以控制西部游牧民之制已经接近尾声，

---

① 户科题本，题为勘明甘肃金县北乡等地历年被水冲塌不能垦复地亩请豁除钱粮事，道光八年五月二十二日，档号：02-01-04-20322-004。

尤其在制度实行后期，即自乾隆元年（1736）至道光二十年（1840）的100多年间，清廷频频改变"茶马贸易"的管理办法，裁汰茶马司，停罢茶马贸易，处理不能易马的积滞陈茶，并将官茶改征折色银两。

先是康熙四十四年（1705），清廷将"西宁等处所征茶篦停止易马，将茶变价折银充饷"①。规定"每新茶一篦折银四钱，陈茶一篦折银六钱充饷"。之后，为解决茶篦滞塞不畅的难题，允许在西宁等处用茶篦换取蒙藏民人的驼牛羊等物，更将西宁等处"旧茶悉出变卖，以作兵饷"②。雍正十三年（1735），因以茶易马，马匹"招中无几"，停止西宁等处5个茶马司"以茶中马"③。此后，经营茶叶必须课税。即自乾隆七年（1742），开始改征本色茶叶。又由于茶引日积，清廷遂裁洮、河二州茶马司，仅留西宁、甘州、庄浪三茶马司，以"颁引征课"。二十九年，裁甘肃巡抚，茶务归陕甘总督兼理。嘉庆十七年（1812），议准"甘肃交纳官茶，从前酌定一成本色，九成折色，今库贮茶封盈余，请七年为始，个征折色，按年造册奏销"④。即要求商纳官茶，均交纳银两。至二十一年时，甘肃茶引，每道应交官茶50斤，又征一成本色，其余九成，仍折交银两。

当然，无论清廷如何改变对茶叶的管控办法，以"茶引"的形式规定并输入一定的量至甘肃地区，却始终没有大变。如西宁、庄浪、甘州三茶司原额茶引28996道，额销茶210余万斤，纳课银127000两，应纳课银于每年奏销前"尽数清款，倘有蒂欠，照例锁禁"。至清中叶时，这一传统办法还在继续实施。如道光六年（1826）三月初七，任署理陕甘总督的杨遇春奏准甘肃滞销茶分年带销完课时，所报的茶引仍然为28996道。⑤其中，仅销往南疆的茶叶每年的官引就有9900余道，加以带销滞引及拨运官茶，约计20余万封。⑥

道光八年（1828）七月十九日，杨遇春随那彦成等向清廷奏报，南疆军兴的一个原因"多系商民一切贱买贵卖，贪利盘剥，回不聊生。又兼与外夷各部落交易茶叶等物，无所稽查，日久熟识勾串，俾外夷得知我虚实，以致敢于鸱肆"。而茶叶是南疆贸易中最重要的大宗商品。杨遇春因

---

① 嵇璜等撰：《清朝文献通考》卷30《征榷考五·榷茶》，浙江古籍出版社2000年版，第5127页。
② （乾隆）《甘肃通志》卷19《茶马》。茶每10斤为一篦。
③ 《清朝文献通考》卷30《征榷考五·榷茶》，第5127页。
④ 《清朝续文献通考》卷42《征榷考十四·榷茶》，浙江古籍出版社2000年版，第7961页。
⑤ 以上均见录副奏折，奏为甘肃茶商带销滞引商力维艰请恩准展限事，道光六年二月十九日，档号：03-3196-058。
⑥ 那彦成：《那文毅公奏议》卷77，《续修四库全书》第497册，第732页。

之建议设置茶税。

南疆贸易茶叶，来自甘司引地。向由官商运至凉州发庄，听来往客贩转运出关，随地销售。每年官引额销附茶出关20余万封。可是，至军兴时，年例销往南北两路的附茶，已经达到四五十万封。超出官引一半以上的茶叶出关销售，足见其利润可观，私茶贸易泛滥。运往南疆各城的茶叶，"城城增价"。如哈密以西各城，"每附茶一封，值银一两七八钱"。迨运至喀什噶尔时，每封茶值钱"七八两、十余两不等"。可是，商人在关内拿到茶叶的价格十分低廉，"每茶一封，值钱银一两一二钱"。而过了凉州以西，"则任听来往客商携带售卖"。尤其是藉口军兴，哄抬价格，有增无减，私茶弊端滋盛，扰乱了整个市场，不利于民心稳定。因而，杨遇春等建议，唯有官为定价，加大稽查，方"使回众无食贵之虞"，有益于社会稳定。

考虑到南疆各城间路途遥远，官定茶价，也因城而设。杨遇春等人主张"阿克苏不得过四两，喀什噶尔、叶尔羌不得过五两"，作为"永定之价"。同时奏请在关内外要隘处设立税局，如在嘉峪关、阿克苏设立税局，以喀什噶尔、叶尔羌为行销总要之区。均"设税抽分"，稽查私贩茶引。为平抑战时茶价，还自凉州采买官茶一万封，供给战时移入南疆的兵士，以管控南疆茶市。

清廷准予执行，规定茶商在往南疆转运销售茶叶时，必须先在凉州甘凉道衙门请票，注明茶封数目等名目，再持票至肃州安肃道，由该衙门照票抽税，并将原印票缴销，换给安肃道印票，同样注明茶封数目、持照人信息及往何处销售等项。嘉峪关、阿克苏税局的抽税标准相同，即每附茶一封，重5斤，抽税3钱。每杂茶5斤，准附茶一封，抽税3钱。喀什噶尔、叶尔羌税局，征收落地税，则为每附茶一封，抽落地税2钱。杂茶5斤，收落地税2钱。① 最终实现了对嘉峪关外茶叶贸易的整饬和规范化管理。

由于茶叶贸易有利可图，私贩与偷运屡禁不止，也成了官方稽查的主要对象。经常是被稽查的商人心有不服，揭发控告官私舞弊者屡见不鲜。道光十二年（1832）三月，甘肃茶商毕新兴向清廷控告，有私贩采买湖南所产湖茶者，含糊纳税，暗中运入陕、甘、新售卖，从中牟利。而又由于在青海西部蒙藏地界严禁畅卖茶封接济"野番"，以致引滞课绌，百姓无

---

① 以上引文均见那彦成《那文毅公奏议》卷77，《续修四库全书》第497册，第732—733页。

茶食用。① 该茶商又名毕延清，为陕西泾阳回民，报捐监生，早先充任甘肃省茶务散商，承引销茶，后被点充总商。

毕氏状告一事，引起清廷的高度重视。清廷指示：此事若属实，则必须严行缉禁，以增引裕课。遂于三月十八日，谕陕甘总督杨遇春"确切查明，认真办理"，给出明确答复。次日，杨遇春即督率藩司方载豫、署臬司图明额、署兰州道张应铨共同审讯毕新兴，并于八月二十日奏"遵旨查明新疆等处商贩茶斤以及青海蒙番易茶各旧章与官引均无窒碍缘由"②折，其中说毕新兴之所以控告陕甘新三地存在贩卖茶斤（私茶）等事，与陕西、甘肃百姓选择性食用茶叶有关，也与茶商在行销中对市场份额的占有相关。缘由有三：

其一，依照西宁、庄浪、甘州三茶司原额茶引数量，向由商人自己赴湖南安化采买茶叶，然后运至河南陕州验引，再由陕西潼关厅"秤盘截角"，运至甘肃营销。康熙年间，陕西属西安、凤翔、同州、汉中四府的引茶132道被改拨甘省，四府即属无引地区。则民人零星赴湖南贩茶，由商州龙驹寨纳税，于陕省境内售卖，自不在应禁之例。而甘商从没有将原引改归陕西地方行销之议。陕西原本引茶132道，每岁纳课银计500余两，此就甘省茶市而言，"断无积滞之虞"。可是，自毕新兴充总商后，恐陕省之民所卖湖茶阑入甘境，有碍引茶，故欲将已拨甘省之茶引仍复改归陕省营销，以杜绝陕民贩卖湖茶。

其二，甘省茶商原以新疆各城为行茶区，道光六年（1826），议准主要在张家口、恰克图一带贸易的北商所贩白毫、武夷等项杂茶，自杀虎口、归化城赴新疆古城纳税，分运疆内南北两路营销。毕新兴因甘商不得独擅此厚利，又风闻北商有将湖茶改易名色，纳税行销之事，希冀裁撤税局，禁止北商赴新疆售茶。

其三，青海西宁及以西的蒙藏地区，向来行销西宁司茶引。道光三年（1823）议定章程，规定凡蒙藏易买粮茶，须由西宁办事大臣给票，往内地置买，每粮1石，配茶2封。只买茶叶，每票不超3封。西宁、丹噶尔、贵德、大通、永安等各处卡隘，"恐汉奸贩茶出卡接济野番"，差派兵役，严密稽查。而民间食用茶斤，仍由自行售卖。对此，毕新兴以西宁司茶引行销不畅，藉口现行各章有碍引课。

---

① 录副奏折，奏为遵旨审拟茶商毕新兴呈控私贩采买湖茶含糊纳税由别途运入售卖等情一案事，道光十二年八月二十日，档号：03-4047-011。
② 以下均见朱批奏折，奏复新疆商贩茶斤及青海蒙番易茶旧章与官引无碍事，道光十二年八月二十日，档号：04-01-35-0557-031。

鉴于以上三点原因，茶商毕新兴前后多次赴陕甘总督衙门及兰州道衙门具禀，被杨遇春以"或事涉纷更，或有碍边防"驳斥。毕氏心有不服，以有私贩茶引者为由，赴京向都察院衙门呈控。

当然，在甘省多名官员的报告中，除了阐明上述三条理由外，杨遇春也有所申辩，提出自己督同司道检查了现行甘省行茶旧章，并参照实际执行情况，与毕新兴的呈诉逐条确核，查得毕氏所控，多与事实不符，且逐条列举。大致情形如下。

一是毕氏所控"陕西无引私贩前赴湖南采茶，改装式样，运入甘境，有害引课，请严禁陕省民人兴贩湖茶"条，就不符实。杨遇春指出，陕省原额引茶132道，改拨给甘，与康熙年间陕西省西安等四府民众选择性食茶有关，陕民多喜食本省价廉之紫阳茶，而"商茶本重值昂，以致引积课悬"。地方只得依"通融告改"例，归由甘州、庄浪二司营销。毕新兴认为该项茶引复归陕省行销，而禁陕民贩卖湖茶，完全出于"该商引不加增而销地加广，固为得计"之利益驱使。至于陕民则"以百年无弊之旧章"遽事纷更，难免不受扰累，更不能以个别奸商将无引湖茶私贩入甘境售销，就扩而大之地更改既有章程和制度。也不能因为贩私茶奸商等些许弊端，将既有制度完全否定。因而表示，当责成陕甘接壤地方文武巡缉查拿，以杜潜私贩之弊。

二是毕氏以陕民因买食无引湖茶，将本地产紫阳茶改装式样冠以杂货之名运入甘省行销茶引之地，导致甘省引课积滞之由，控奏"请严饬陕省产茶即在陕售卖接济民食不准运甘"条，也纯属不实之词。杨遇春驳斥道：陕省所产紫阳茶，向来只准在陕境营销，不准运入甘境。因恐奸民偷带私售，历经责令地方文武稽拿。现发生如此违禁之事，当仍照旧章饬属一体缉捕，以绝私贩。

三是在毕氏呈控中"请裁革新疆茶税该商等量地增引"条，更是无稽之谈。杨遇春批驳道：新疆自乾隆年间通商以来，即准北商贩茶赴南北两路售销，已历多年，"未便率更成例"。道光元年（1821），曾禁止北商赴新疆行销茶叶，后因前任伊犁将军庆祥以"北商随营贸易，相安已久"之由建议，经户部议奏，由杨遇春会同时任伊犁将军长龄等妥议，"仍请准北商营销杂茶"，包括兴贩白毫、武夷等项杂茶，且在古城增设茶税。所征税银，以抵引课之不足。亦规定"如有影射夹带附茶"，仍以私茶论罪。此项定例已执行多年，新疆百姓"买食称便，且分别茶色，界限判然"。倘若依毕新兴所告，北商私带附茶，官吏当"无难按例惩办，自不致有改装影射之弊"。再说，若依毕氏所控裁撤茶税，禁止北商运贩，"固遂甘肃垄断之私",恐"贻边徼食贵之虞,事属格碍难行"。

四是所控"西宁蒙古地方禁卖茶封,官引积滞,乏缺食茶,请准西海蒙古畅卖茶封"条,杨遇春认为亦属"荒谬无比"。且针锋相对地指出:西宁蒙藏请票易买粮茶,于控制"边夷"营销商茶,原属并行不悖。尤其自道光三年(1823)严定章程,禁止蒙藏私买粮茶,青海地方甚觉安静。"今若依照毕新兴所奏,遽弛成禁,准令该商与蒙番自相交易,畅卖茶封",难保"蒙番及内地奸民不故智复萌",多贩出卡,以致重又开启"接济野番之渐"。故而,主张仍然应照旧章分别卡内、卡外,严行稽查,以靖边隅。并进一步补充说,西宁所属民间买食引茶,原听商人自行售卖,并未概行查禁,与民食亦无滞碍。

最后,杨遇春在辩驳的同时提出了对毕新兴的处理办法,说道:依照"以上各条逐加诘讯",毕新兴"惟俯首自认冒昧,别无置喙",其"赴京抵砌呈诉,实属谬妄"。不过也承认毕氏所呈毕竟"究为疏通引茶起见,与捏情告人者有间",因而奏请将其"照不应重律,拟杖八十",又以其系多事好讼,"照例斥革监生,折责发落"。又考虑到毕氏尚在经手茶务,或有未完课项,若即刻革退其总商之职,又使其置身事外,因而请"应仍留其充任总商,责成行茶办课,倘有拖欠情弊,随时从严惩办,以肃茶法而重国课"。

从上观之,尽管清廷对杨遇春与毕新兴在茶引行销问题上的争议会明察处置,可是,毕氏向清廷所状告的甘肃"茶叶经销"的相关指控,均经由陕甘督署控制与办理,该衙门掌管着茶叶行销的权力,更何况毕新兴从经商牟利出发妄加控告,与事实大有出入,因而,毕氏最终败诉便毫无疑问了。事后,杨遇春对新疆等处贩茶易茶旧章与官引等项,又逐一检查。① 并于道光十二年(1832)九月十三日专门就新疆等处贩茶易茶旧章与官引均无窒碍问题专折分析,对新疆旧有各章程的可行性予以了充分肯定。

(二) 变革马政

关于清代马政研究成果很多,仅西北区域绿营马政的研究也有不少,其中有许多探讨了清中叶马政衰败的原因,且多从行政管理制度层面展开,也有研究认为马厂周边农垦地增加是导致马政衰败的重要原因,但没

---

① 以上均见朱批奏折,奏复新疆商贩茶斤及青海蒙番易茶旧章与官引无碍事,道光十二年八月二十日,档号:04-01-35-0557-031。

能深入讨论，抑或是囿于资料，留有继续探讨的余地。① 在此，就西北地区马匹孳息的生态、草场环境、管理制度与人们对马匹的需求观念入手，围绕杨遇春变革马政的主张，并结合其所奏报的朱批档案资料，加以讨论。②

设厂、孳息与草场 "顾马政之得失，首视乎牧场。"③ 草场是马匹孳息繁衍的自然环境基础。清代中叶，既有马政诸多弊端显现，在西北，主要表现为牧场面积狭窄、承载力下降，战马品种退化、体质羸弱。针对马匹孳息繁多、牧场狭窄的现实，杨遇春除了沿袭以往传统的解决办法外，更主要着眼于马匹孳息数量与草场面积的关系，积极改革，制定新章，奏报清廷，予以实施。

作为陕甘总督，杨遇春管理马政的权限，限于绿营马厂，主要指设置在今甘肃、青海、新疆三省区草原的 8 处马厂。乾隆元年（1736），在甘肃、青海草原设有 4 处，即设于张掖大草滩的甘州提标马厂、武威黄羊川的凉州协标马厂、酒泉讨赖川花海子湃带湖的肃州镇标马厂以及青海化隆即巴燕戎一带的西宁镇马厂。乾隆十年（1745）因马匹孳息繁多，在祁连山北麓甘州府境，分设安西提标所属固协马厂。④ 除此之外，乾隆二十五年（1760），在新疆乌鲁木齐设马厂 1 处，次年，又设巴里坤马厂，⑤ 后因马匹孳息，牧场狭窄等生态因素影响，难以经牧，遂于三十四年（1769）分离出古城马厂，由是巴里坤马厂改称东厂，古城称为西厂，两厂亦俗称巴里坤东、西厂。四十年（1775），巴里坤东、西两厂孳生马 8400 余匹，不敷牧放，又设济木萨马厂。⑥ 至此，陕甘总督辖下绿营马厂增至 9 处。

---

① 王东平：《清代新疆马政述评》，《中国边疆史地研究》1995 年第 2 期；王希隆：《清代西北屯田》，兰州大学出版社 1990 年版，第 231—254 页；苏亮：《清代八旗马政研究》，博士学位论文，中央民族大学，2012 年；邢誉田：《论道光西北绿营马政——以杨忠武公（遇春）年谱为中心的考察》，《伊犁师范学院学报》2012 年第 3 期。
② 该部分参见赵珍《道光朝陕甘总督杨遇春变革马政的环境史考察》，《中国边疆史地研究》2014 年第 2 期。
③ 《清朝文献通考》卷 193《兵考十五》，第考 6561 页。
④ 光绪《大清会典事例》卷 648《兵部一零七·马政六·牧马一》，第 123 页。
⑤ 光绪《大清会典事例》卷 648《兵部一零七·马政六·牧马一》，第 124 页。
⑥ 光绪《大清会典事例》卷 648《兵部一零七·马政六·牧马一》，第 127 页。又，是年所增设马厂名为"穆垒（木垒）"。乾隆五十九年，因牧马兵丁就近调配及马多厂窄的缘故，此处马匹渐"移至阜康济木萨地方"，但仍属木垒本营守备经理。嘉庆十年，改由济木萨本营经理，故文中有"木垒"与"济木萨"互称之故。参见托津等纂《钦定大清会典事例》（嘉庆朝）卷 524《兵部·马政·牧马》，载沈云龙主编《近代中国史料丛刊三编》第 68 辑，文海出版社 1985 年版，第 4420、4424 页。

清廷所设绿营马厂处，均是水草丰美之地，历来主要为蒙古游牧之区。位于新疆的三马厂，自西至东一字排开于天山北路的东段，济木萨至古城"山环水绕，草场肥美，畜牧尤旺"，巴里坤一带也"居大山之阴，冬夏冰雪不化"，"为口外牧场最繁之区"①。甘肃、青海境内的马厂中，巴燕戎在西宁东南170里、平安驿南100里，位居黄河九曲之畔，"川近内地，善水草"②。大草滩位于山丹县南焉支山下，东自水磨川，西至甘州洪水，南自甘州白石崖、扁都口，北至黄山峡口、新河，"长三百余里，横八十余里"，"其草之茂，为塞外绝无仅有者"。凉州马厂置地黄羊川，东接古浪，西通南把截，北距凉州，原本就是蒙古"牧马畋兽"之处。③花海子湃带湖位于讨赖河川，这里距肃州城400余里，在南山之中。讨赖河川东西长200余里，南北宽50余里不等，两岸水草丰美，孳息马厂分布其间，各马群间"相距三四五六十里不等"④。甘青各马厂"孳生牧厂五处，内甘州、西宁，水草俱好"，"其安西、凉州、肃州，水草平常"⑤。

至于马厂管理，清廷制定有严格的奖惩制度，重心聚焦于马匹数量的增加与培育优良品种。对不同职责的牧马官兵，额以一定的孳生数量，超过的奖励，不足的惩罚，遇有倒毙，更要严惩。⑥各项规条均以增加马匹数量为宗旨。事实上，马匹的数量增加很快。

当绿营各马厂马匹的孳息数量加大时，总督及各级管理者，即会适时调整马匹数。除了奏报清廷准予设立新厂以敷牧放外，各厂大致遵循如下几种办法。

（1）各厂之间均衡。如乾隆二十五年（1760），甘肃安西、凉州、肃州所有孳生马匹，改拨巴里坤牧放。时巴里坤有儿（公）骡（母）马1518匹。三十四年（1769），因西宁镇马厂"现生息大小儿、骡、骟马三千七百余匹，厂地窄狭，水草不敷，今分拨甘州之大草滩五百匹，凉州之上方塞石门寺三百匹，肃州之黑山湖等处三百匹，添委弁兵，经理牧放"。四十五年（1780），西宁镇马厂同样由于马匹孳生过多、厂地窄小、水草不敷而分拨甘州标孳生儿骡马1000匹、驹108匹，凉州标孳生儿骡马500

---

① 方士淦：《东归日记》1卷，王锡祺编：《小方壶斋舆地丛钞》第2帙第2册，排印本。
② 梁份：《秦边纪略》卷1《西宁近边》，青海人民出版社1987年版，第71页。
③ 梁份：《秦边纪略》卷2《凉州卫》，第121、131页。
④ 张穆：《蒙古游牧记》卷12《青海和硕七》，全国图书馆文献缩微复制中心：《中国公共图书馆古籍文献珍本汇刊·史部》《清代蒙古史料合辑》（二），第563页。
⑤ 光绪《大清会典事例》卷648《兵部一零七·马政六·牧马一》，第124页。
⑥ 光绪《大清会典事例》卷647《兵部一零六·马政五·绿营马》，第120—121页。

匹、驹54匹，肃州标孳生儿骡410匹、驹43匹。①

（2）挑变定价出售。在本厂内，挑选羸弱不堪役使之马匹，变价淘汰。如乾隆五十一年（1786），巴里坤厂有马15121匹，为保证马匹健壮成长，自内挑出残疾矮小不堪孳生儿骡马1571匹，再从其中分别等第变价，头等马每匹作价银4两，拨给屯工耕作使用，毋庸交价。二等马每匹作价银3两，交户民领买。三等马每匹作价银2两，交地方官变价。四等马亦作价银2两，著厂员赔补。② 又如嘉庆六年（1801），甘州提标马厂，已有孳生马18000余匹，马多厂窄，不敷经牧。经奏准，将口老残废及碎小不堪产驹之马3372匹，交地方官变价。

（3）按期均齐。此为马厂控制马匹数量的传统办法，即每三年均齐一次，人为计划马匹孳生，控制马匹数量。均齐时，厂内牧放马匹，不论牝牡，每3匹取孳生马1匹，作为定额。嘉庆十年（1805）时，依照两年前巴里坤厂的存马情况，再结合甘州马厂挑变比例，改为每骡马10匹，随儿马1匹，应骟之马陆续骟割，仍以三年均齐一次，俟六年均齐两次后，准挑变一次办理。同时规定，每次于马厂实存马数内，每百匹挑变数不得超过6匹，定为成额。③

至嘉道之际，上述办法已经不能完全照搬。绿营马厂马匹猛增，而草场单位面积不变，甚至缩小。如马厂兵丁，私招附近民人开垦牧场，藉收租息。嘉庆二十二年（1817），热河都统庆溥等奏请酌定牧厂地界。两年后，署理山西巡抚成格亦奏所辖镇标马厂水草不敷放牧，请赏给若干地亩。④ 显然，各处马厂的草场载畜量加大，直接影响到马匹的健壮成长，⑤ 各种矛盾凸显。直到道光九年（1829），陕甘总督杨遇春首先就西宁马厂问题，奏请清廷裁决。继之，又奏请对甘肃及新疆各厂马政加以变革。

就杨遇春考察绿营马厂马匹情形而言，呈现增加态势。乾隆元年（1736），设西宁镇养马厂，额马1200匹，经年孳生蕃息，⑥ 除拨补营用外，截至道光八年（1828），厂有马驹16691匹，"较之立厂原额已增至十

---

① 光绪《大清会典事例》卷648《兵部一零七·马政六·牧马一》，第124—128页。
② 光绪《大清会典事例》卷648《兵部一零七·马政六·牧马一》，第128页。
③ 光绪《大清会典事例》卷648《兵部一零七·马政六·牧马一》，第130页。
④ 光绪《大清会典事例》卷648《兵部一零七·马政六·牧马一》，第132页。
⑤ 按照中国现代载畜量概念，是以羊为单位估算，称为羊单位，即一只体重40公斤的母羊及哺乳羊羔所需牧草。1只羊等于一个羊单位，1匹马等于五个羊单位。
⑥ 乾隆三十四年，西宁镇马厂生息繁庶，准将多余儿骡马分拨往甘州志大草滩，凉州之上方塞、石门寺，肃州之黑山湖等处新设马厂；《钦定大清会典事例》（嘉庆朝）卷524《兵部·马政·牧马》，载沈云龙主编《近代中国史料丛刊三编》第68辑，第4408页。

倍有奇"。问题是诸如西宁镇马厂生态困境在绿营其他马厂也存在。甘州提标马厂，于乾隆元年（1236）设立时，原额儿骡马1200匹，至嘉庆六年（1801），存牧18000余匹。马匹孳生蕃息，大幅度增加，可是牧场草地狭窄，众马拥挤难容，以致伤残严重，兼之水草不敷，率多病毙，所产马驹亦俱碎小不堪经牧。虽经前任总督长麟奏准挑变，可情形并不乐观。至道光八年（1828），在厂牧马14100余匹。另外几个马厂的情形也类似，截至道光八年，较之原额均增数倍。提属永固协牧厂，原领马83匹，孳生至800余匹；凉州协标牧厂，原领马625匹，孳生至5700余匹；肃州镇牧厂，原领马527匹，孳生至4800余匹。

  杨遇春清楚地认识到，以上诸多问题，均与草场资源有关。指出：近年以来，"地不加广，马数渐增，拥挤伤残，日形疲瘦；冬春草枯冰冻，无处牧放"，关键是草场缺乏的问题很难得到根本解决。当然，其也不否认，除了草场问题外，养马人力经费支出也是必须考虑的方面。马多，所需饲养的人手就要随之跟进，所拨经费也增。即使"无地择厂"，却要照常动帑开销。就费用而言，每马24匹，需牧兵1名，每月徒增鞿鞋、盐菜等项开支，"以有用之兵丁而牧此残废之马匹，亦属徒滋縻费"。

  在关于西宁马厂问题的奏报中，杨遇春的解决思路是：若按照以往传统办法，新辟牧场几乎没有可能。惟有采取挑变马匹，折价出售的办法。即若欲另择厂地，"非缺水草即碍民田"，以致"厂马愈挤，伤残愈甚，所产马驹均碎小不堪经牧"，"且伤残之马难望调养起色"。不仅如此，还需要增加牧放人手，尚有连带且必须要支出的鞿鞋盐菜银等，而这些均关帑项。应当"依照成案，估计变价"。

  道光九年（1829）正月二十九日，清廷谕内阁，就杨遇春所建议的"请将赢老马匹变价充公并裁撤牧兵"问题展开讨论。兵部议复的结果是"准其所请"。杨遇春遂令所有西宁镇厂存"二十岁以上口老马四千数百匹，病废碎小儿马一千数百匹"，由道府大员赴厂详验，除将膘足骨骼壮大之马匹留厂，并拨补各营缺额外，其余残废不堪孳生之马以及碎小儿马，一并交各管官变价，分别等第，造册送部，并将马价银两解交藩库报拨；其经牧兵丁，裁撤归营差操。① 此次，在厂马16000余匹内，挑出口老病废、碎小马6000余匹，变价充公。

---

① 以上均见朱批奏折，奏为筹议西宁镇孳生马厂窄狭拥挤伤驹请将口老残废变价充公牧兵裁撤归伍事，道光九年正月十二日，档号：04-01-01-0705-048；又录副奏折，奏为会同筹议疏通巴里坤各马厂厂地以利马政事，道光九年三月十三日，档号：03-3001-013；又《清宣宗实录》卷150，道光九年正月甲子，第311页。

道光十年（1830）正月，对于甘肃其他绿营马厂的困境，清廷也准杨遇春奏，按照历届挑变成案办理。① 执行过程中，杨遇春先令甘州提督胡超等人对各厂情形提前做详细调查，继之，又亲自察访。从其考察结果可知，甘州马厂内20岁以上、口老伤病及碎小不堪留牧的儿骡马，有"四千数百匹"，永固协马厂有200余匹，凉州协标马厂挑出"二千数百匹"，肃州镇标马厂挑出1000余匹。同样，也委派府道大员分赴各厂详细点验，分别等第，估价充公。各厂马匹挑减后，牧放兵丁也裁撤归伍。所有马匹变价银，解交藩库，报拨充饷。

如果说甘肃马厂的问题仅以挑变而暂时告一段落，那么新疆马厂所面临的问题则远较其复杂难办。除了水草不敷外，马匹变价银、倒毙认赔银的缺额均很大，可谓因草场资源短缺而导致马政管理弊端丛生。

道光十年（1830）五月二十九日、六月十六日，乌鲁木齐提督哈丰阿、巴里坤总兵德克登额陆续奏报，巴里坤、古城、济木萨三处马厂马匹孳息繁多，厂地窄狭，每多拥挤损伤，碍难容牧。仅古城西马厂马匹倒缺达4000余匹，且存在着将倒缺马匹折价以库存银抵补的弊端。继之，又奏报由历任经牧各员认赔的9000余两马价银，数额不敷。对于如此大额的马匹倒缺与认赔库存银减少等问题，起先，杨遇春并非深信不疑，遂分析指出：按例，孳生马匹，按群取驹，不容倒缺逾额。若以马多厂狭、水草不足的理由来报称损伤马匹有4000余，令人难以置信。又按照成案，历任各员，均因马匹倒缺而被责令赔过马价银，假如不及时呈报存置赔银，又不照数买补倒缺马匹，那么发生"辄以所存价银，交相作抵"，以赔补新倒缺额也不是不可能，而这就使得原本应由马厂官兵个人承担的经济责任转嫁给了绿营马厂，由清廷埋单。对此，杨遇春坚信，经年日久，难免弊窦丛生，并认为这种"存置赔银"不报的现象，不可能仅存在于一厂，应该具有普遍性，即"西厂而外，尚有东厂，三厂俱系一镇所辖一厂"，其余两厂"亦难保无短缺、抵价情弊"。事关牧政，必须彻底清查。遂奏请"拟由历年专辖、统辖以及经牧各员分摊赔补，予以查办"，同时，也请照历次挑变成案，"酌量疏通"马厂已经拥挤不堪的马匹。

---

① 朱批奏折，奏为甘州提标各牧厂马多厂窄实难容收请照历届挑变成案办理事，道光十年正月二十五日，档号：04-01-01-0715-093；又录副奏折，奏为甘州各厂马匹请照挑变成案办理事，道光十年正月二十五日，二月十四日录，档号：03-3001-024。

杨遇春的奏报，引起清廷的重视，朱批："所奏甚是。"①可是，口外马厂相距遥远，其间实在情形"无由深悉"，杨遇春经过札商乌鲁木齐都统英惠，酌拟留变马数，交部议。嗣准部咨，以"挑变"马匹较多，行令再加"拣选"②，因道光十年八月张格尔之兄玉素普挑起的"二次南疆战事"而被搁置。

时隔两年后，革除口外马厂弊端，才又被提上议程。清廷谕新任乌鲁木齐都统成格"就近确查"之前所遗留的古城马厂亏缺4000余匹之案。③未几，巴里坤厂报马匹因灾倒毙严重，济木萨马厂的牧放较之以往也有渐不可支之势。清廷又谕杨遇春会同成格着手处理，并指示定出章程，查清"缘何历届亏缺案内，率皆以马多厂窄，致被亏损为词"。其所议章程，还务须围绕以下两个问题展开：一是"称为马多厂窄者，必如何办理，方不至拥挤伤残"；二是"称为照料难周者，必如何办理，方足敷牧放之处"。清廷希冀经此次办理后，达到"永远不致亏短，实与厂牧有裨"的目的。

经杨遇春考察，认为马匹倒缺量过大，与清廷以往所掌握的情形一致，无外乎马多场窄。即巴里坤、古城、济木萨三处孳生马厂，初设之时，每厂各设牧兵120名，每兵牧马24匹，共牧马2900余匹。后马匹孳生蕃息过快，马匹日增，马多厂窄，又无地设厂，以致出现"照料难周之患"。如巴里坤马厂就因马匹增长过快而分厂牧放。乾隆四十年（1775），分厂为三，即巴里坤、古城和木垒（后移至济木萨）。道光年间时，三处马厂，虽牧马数量不等，但马匹较前均增至数倍，截至道光十一年（1831）六月底，就马匹烙印后的情形统计，巴里坤厂共牧大小儿骒骟马有12797匹，古城厂共牧有8156匹，济木萨厂共牧15902匹，三厂实际共牧大小儿骒骟马36855匹。此数字较之立厂时各厂初始牧放的2900余匹，实增至四五倍不等。④

当然，杨遇春也奏报说，为了滋养日益增多的马匹，前任都统也曾派员另觅草厂，但均因草场被民户开垦殆尽，无隙地可迁而罢。以至于经年以来，历任都统及前督臣所能做的惟有"议请减额，庶免拥挤损伤"，结

---

① 以上均见朱批奏折，奏为新疆巴里坤古城孳生马厂报有倒毙马匹请旨查办核实事，道光十年五月二十九日，档号：04-01-01-0715-095；又录副奏折，奏请查办古城马厂陆续倒缺马匹事，道光十年五月二十九日，档号：03-3001-027。

② 朱批奏折，奏为新疆巴里坤古城孳生马厂报有倒毙马匹请旨查办核实事，道光十年五月二十九日，档号：04-01-01-0715-095。

③《清宣宗实录》卷170，道光十年六月壬寅。

④ 录副奏折，陕甘总督杨遇春、乌鲁木齐都统成格，奏呈酌拟变价留牧马匹各条清单，道光十二年七月二十八日，档号：03-3001-051。

果均被部臣们以"或因马匹挑变过多,或因定价交限未宜"而议驳。问题得不到根本解决,迁延日久,百弊丛生,以致不仅马匹倒毙严重,出现诸如古城马厂亏缺赔累之情事。

杨遇春指出,究马匹之所以亏短羸弱之缘由,实缘于"马多厂窄,不能容牧之所致,则是孳生愈多,倒伤愈甚,一经亏额,动辄数千余匹,迨至议赔、议罚而无力"。杨遇春还提到,"始行议罚,武弁无力赔缴",甚而"前任总兵有因而轻生自尽者"。若免其追赔,不但马匹与价银悉归乌有,恐怕厂员也不知畏惧,以致"启牟利营私之渐",贻害无穷。当然,更令杨遇春担忧的是,"自非亟议疏通,窃恐不数年间,三厂同归一辙,亏缺累累,不识伊于胡底!以国家有用之兵力,牧此不堪乘骑之劣马,空有孳生之名,而无济用之实,糜饷旷操,兼贻赔罚"。杨遇春还进一步说道:"通盘筹思,百无一可。"① 惟有限额挑变,掌控有限草场的载畜量。

定额、变价与章程 马政之弊端积渐至深,与清廷多次驳回地方官吏主张的解决办法有关,这里仅以杨遇春的奏报为例加以讨论,从而可见部臣们无视草场载畜量,及对马匹蕃息数量越多越好观念的坚持,阻碍了马政的变革。

杨遇春对该问题的关注始于道光九年(1829)。是年三月间,其会同乌鲁木齐都统英惠办理马政。经二人酌商,决定于新疆三处马厂共留马17600匹,永远作为定额,其余马匹,尽行变价充公。此议奏报清廷后,朱批:兵部议奏。经部臣议,给出了"牧厂取孳,正期多多益善,何得定以额限"的否决。咨令仍照嘉庆年间奏准的口内甘州提标例,即"六年挑变一次,每百匹准挑六匹"之例办理,余俱议驳不准。适值南疆战事再起,搁置未办。

第二次是时隔三年后,也即道光十二年(1832)七月,杨遇春又与新任乌鲁木齐都统成格提出了整改措施与变革马政《章程》。时厂马孳息繁多,越来越拥挤,仅靠实施传统的挑变,已经无济于事,况且亏缺赔累接踵而至,马厂难于摆脱马匹越来越难容牧养的困境。对此,杨遇春指出,马厂问题长期得不到解决,完全在于朝中部臣"律以孳生名义,原期以多为贵,不宜限定额数"的错误观念所致,甚至斥责道:"第以原牧二千九百余匹之厂地,而欲使现牧一万数千之马,有饱胜而无饿损,其势固有所不能。矧再多孳,岂能容牧?"也正是源于部臣们欲在有限草场达到多孳

---

① 朱批奏折,陕甘总督杨遇春、乌鲁木齐都统成格,奏为巴里坤等处马厂孳生渐多不能容牧酌拟变价留牧章程,道光十二年七月二十八日,档号:04-01-01-0737-029。

多育的错误观念的指导，马厂之弊沿袭存在20余年，积重难返。

杨遇春认为，要解决此等弊端，惟有对马厂牧放马匹进行"定额"，严格控制孳息数量，并提出办理原则。如就"原设厂地之宽狭，酌以现牧马数之多寡。其应循例取孳者，仍请照旧办理；其应随时变价者，亦请量为疏通。至于留牧之数，不敢过少，亦无可过多"，应当做到"牧兵不再增添，又可周到照料，而水草足敷牧放"，以永杜损亏。为了确保自己的主张能够被部臣们允准，杨遇春在语气上，尽量做到平缓不激烈："万不敢因前奏业经部驳，稍存瞻徇回护之见"，惟有"悉心妥议"。① 与此同时，会同成格拟定改革马政《酌拟变价留牧章程》六条，均围绕"定额"与"变价"展开。

"定额"在《章程》中是作为一条重要的内容。对此，杨遇春对以往减少马匹数量的挑变原则，予以评价，提出以往"三年均齐，六年挑变，期内再为出售"的办法。事实证明，周期过长，总因"留牧日久，徒占厂地，有碍水草，马匹损伤，无价可变"，而惟有因厂定数，因地制宜，方是良策。故而，杨遇春参照以往马厂管理的经验与实际情形，悉心商榷，主张以定额为主，来应付草场不敷的现实。

具体而言，各马厂以6000匹为标准。即计划于每厂各选壮健大儿骒马6000匹，留厂取孳，作为正牧，再根据各厂实际情形挑选不同年岁的马驹带牧，酌留部分骟马，其余挑变定价。如计划于巴里坤厂带牧4岁驹961匹，3岁驹793匹，2岁驹807匹，备拨骟马295匹，共酌留大小儿骒骟马8856匹，挑变口老、残废、碎小马3941匹；于古城厂带牧4岁驹367匹，3岁驹651匹，2岁驹694匹，备拨罚赔骟马153匹，共酌留大小儿骒骟马7865匹，挑变口老、残废、碎小马291匹；于济木萨厂带牧4岁驹1239匹，3岁驹1301匹，2岁驹1353匹，罚赔骟马11匹，共酌留大小儿骒骟马9904匹，挑变口老、残废、碎小马5998匹。以上三厂，共酌留大小儿骒骟马为26625匹，拟挑变口老、残废、碎小马10230匹。② 如此，则厂地渐就宽裕，马匹也不会拥挤踩踏羸弱。

至于以6000匹作为定额的依据，杨遇春也做了解释：每厂所留6000匹大儿骒马中，假设每年可获取马驹660余匹，但比照以往的孳息规律，约略计算，不出十数年，足可得马6000匹。其中，除骟马另行备拨外，

---

① 朱批奏折，陕甘总督杨遇春、乌鲁木齐都统成格，奏为巴里坤等处马厂孳生渐多不能容牧酌拟变价留牧章程，道光十二年七月二十八日，档号：04 - 01 - 01 - 0737 - 029。
② 录副奏折，陕甘总督杨遇春、乌鲁木齐都统成格，奏呈酌拟变价留牧马匹各条清单，道光十二年七月二十八日，档号：03 - 3001 - 051。

其余配驹儿骒，不出二十年，亦足以成长出能顶替 6000 匹大马的儿骒马，实现 6000 匹一轮回。

各厂马匹"定额"后，口老、碎小马按年顶替出厂。旧例孳生骒马 4 岁产驹，儿马 5 岁割骟，8 岁以上骟马拨补营缺，20 岁以上骒马及口老、碎小儿马交地方官分别估变。而在所拟变革《章程》中，杨遇春主张于孳生大儿骒马之外，酌留三年的马驹，至第二年时，除了该 3 岁马驹成长为 4 岁马驹外，又有新产马驹，随群带牧。再延续一年，也即第三年时，则前留 4 岁之驹已及 5 岁，如此，即可按照"十骒一儿"算入大马群内，按年取孳。其余儿马，则割骟出群，以备拨补营卡等用。而大马群内 20 岁以上之骒马及口老、碎小之儿马，如数出厂，分别估变。其中，除了挑选拨补屯工缺额外，其余照新定三四等马价估变。如遇骟马不敷拨补营卡等所用，可照内地价值，请在变价银内如数动用买补。余剩价银，解道库充饷。

当然，为把"定额"归置于实处，《章程》规定，已经拟定用于取孳的大儿骒马不准以马驹抵补。但是，依照马厂旧例，若遇原牧孳生大儿骒马有缺，准以续得孳生马驹通融抵补。道光三年（1823），改革旧章，不准通融办理，进而对官吏予以处罚。如于原牧数内缺少马匹者，牧副革退，牧兵捆责 80 棍，牧长斥革，照头等罚分赔，所缺马匹，仍由牧长赔补二成，提督、总兵、游击分赔八成。赔交马匹，归原群扣限取孳。尽管如此，也未能收到实效。

杨遇春认为，若要整顿马政，就得采取符合实际情形的办法。而现实是：近年以来，厂马过多，倒伤益甚，一厂之内，有将取孳大儿骒马亏额至数千匹者。在这种情况下，若尽将续得马驹抵补所亏额数，则至次年，产驹之期尚未及岁，将导致"凭何取孳"？如此递年抵补，马驹与大马必然俱亏。而厂务之坏，实由于此。况且，成格在巡阅营伍时，顺便至马厂"查点马数"，亲眼所见"口老、残废之马"尚属有限，其"碎小口稚之驹"为数实多。厂员怕被处分，以马驹抵补大马，"为一时避重就轻之计，固属不得不然"，"迨至相沿愈久，其害愈烈，终须参赔而后已"。因而主张调整旧章。规定嗣后各厂原牧"定额"内如有缺，即责成经管厂牧之员赔付大马，归厂取孳，不准以续得马驹抵补前数。一年内赔足者，免其纠参。倘有以马驹抵补，隐讳不报，被查出者，从重究办。其余产驹多寡及带牧骟马、马驹，能否如额，均请仍照旧章，分厘成数，俟均齐考成时，再为办理。杨遇春认为，如此，递年顶替轮转，则不待二十年，"厂马悉成壮健，实足以收厂牧之效"。

马匹"变价"是杨遇春在《章程》中重点论述的问题。至于超过定额的马匹,杨遇春建议仍沿袭以往变价处理的办法,只不过在定价上要慎重,以防滋生弊端。主张"定价无取过重,以纾民力",并通过比较以往不同年份所办个案变价等第,加以阐述。例如乾隆五十一年(1786),将在巴里坤、古城、木垒三厂挑出的不堪孳生儿骒马1571匹,分别等第,内头等马360匹,每匹作价银4两,议令拨屯耕作,毋庸交价;二等马394匹,每匹定作价银3两,交户民领买;三等马488匹,每匹作价银2两,交地方官变价。至于四等马329匹,作价有所分歧。若照委员所禀,每匹作价银1.5两。清廷以为,为数过少,定为每匹作价银2两,缺额之数,由经牧不善之厂员赔补。

迨至嘉庆十三年(1808),古城、济木萨二厂已有马22000余匹,因拥挤伤损,不堪牧放。因而准予每厂留儿骒马5500匹,其余一半尽行变价,并照内地马价,酌减1两办理,即二等马变价7两,三等马变价6两。此次因定价过高,民户不肯领买。后改为三等马每匹作价5两,四等马每匹4两出售。至于巴里坤一厂,仍照乾隆五十一、五十七等年份办法办理,三、四等马均作价2两。可见,嘉庆年间口外三厂因挑变价格轻重不均,"实与地方未便"。故而,主张"口外同一产马之区,价值不应悬殊过大"。

道光九年(1829),由杨遇春主持再定价时,便采取酌中定价的办法,奏请划一办理。拟定无论三、四等马,每匹变价4两。旋经部臣议驳。至十二年(1832),拟定《章程》,再议价时,杨遇春吸取以往的变价经验,极力主张变价不仅要纠正"轻重不均"的错误,还要考虑百姓能够接受价格的程度以及官方变价的初衷,酌定出较为适宜的马价。

在新定章程中,杨遇春指出:此次请变的马匹,实于嘉庆九年(1804)以后马厂孳马愈多,水草愈乏有关,故而在操作上要慎重行事,以收实效。提议将头、二等膘壮大马,选留取孳,剩余"挑而又挑下剩口老、残废、碎小之马",定价不能超过4两,一律定以4两承买。且补充说,如此作为,完全在于两次军需后,元气未复,塞外贫民生计十分拮据。甚至担心,即便是定为4两的马价,恐怕"民力尚有不逮"。因为,在挑变后余剩的口老、残废、碎小马内,再加挑选时,可将其稍强者作为三等,每匹价银3两,其余作为4等,每匹价银2两。如有不足2两,亦不便抑勒户民领买,应令厂员赔补足数。并拟请三厂均以3两、2两定价,"以便既已得其中平,马匹不难出售"。杨遇春乐观地认为,如此,马价得其平允,民力可期稍纾。

至于马匹定价的执行者及变价银两归口，在《章程》中，杨遇春也予以强调，指出：以往变价有两个渠道，一是由厂员变价，一是交由地方官办理。因而，"定价"一环，弊端百出，如"文官抑勒户民，厂员抵换好马"。为此，杨遇春参考以往变价成案，举例说到，嘉庆十三年（1808）以后，定以三等马由地方官变价，作价5两，四等马由厂员变价，定以4两，皆因定价过高，民户不愿领买，以至于造成由地方官变价者，必须多方劝谕，始肯具领。但是无力小民，领马后又一时措办不出银两，"是以有先领马匹后缴价银之事"，以致拖欠累累，一限再限，经年不完。而由厂员变价者，虽不能抑勒户民，但一时承变不出，亦间有潜以劣马抵变好马之事。为避免以上事端发生，杨遇春主张要掌控好由民户承买及交由地方官变价之环节，不仅要做到民户乐于承买，还要及时收归银两。并请准规定，嗣后不论三等、四等马价，均听户民自便持价，赴官领买，随买随交，不准拖欠。变获价银，随时解交镇迪道库，报拨充饷，做到于公项有益，于马政亦无妨碍。

另外，在《章程》中，对牧放兵丁不敷照料马匹一事，也加以论述。认为马厂定额后，牧放兵丁"毋庸添设，以节虚糜"。依照旧章，如原额每厂各设牧兵120名，除各按马、步兵丁应关季饷支领外，每名月支盐菜银6钱，靰鞋银3钱，共岁支银1300余两，三厂共3900余两。又按照清廷定例，每马24匹应添牧兵1名，则三厂当须添牧兵1160余名。但事实是，每厂现牧马8000余匹至15000余匹计算，每兵1名，合牧马六七十匹至120余匹不等，较之原额实增数倍，若仍依此例办理，不仅导致地方营伍空虚，还会影响边防重地差操，更恐糜费帑项，无端加增岁需盐菜、靰鞋银12600余两。因而，建议重新酌定牧放兵丁数额，即按照每厂各留取孳正牧6000匹，将原设牧兵均匀摊牧，拟定每兵1名，牧马49匹以上，其带牧的儿骒马驹，分年烙印。至于出群骟马，由兵丁暂牧一时，旋即拨用，均不必算入正数之内。如此，毋庸另添牧兵，致旷操防，亦节省经费。

总之，杨遇春会同成格所酌拟的马厂6条新章，俱系通盘筹划妥议，以期牧政、饷项、操防、耕屯均有裨益，不致顾此失彼。①

变革、否决与无奈　《章程》奏报后，道光帝朱批"下部议"。而部

---

① 以上均见录副奏折，陕甘总督杨遇春、乌鲁木齐都统成格，奏呈酌拟变价留牧马匹各条清单，道光十二年七月二十八日，档号：03-3001-051；又《清宣宗实录》卷218，道光十二年八月下辛卯。

议的结果是："牧厂原期孳息繁衍，每厂额限大儿骒马六千匹，窒碍难行。查历次疏通挑变，不过十分之一二。嗣后仍照口内成案，每三年均齐挑变一次，每百匹仍不得过六匹，其按年出群估变，应毋庸议。余请照所奏办理。"① 杨遇春从之。可见，其所主张的马匹定额以及围绕定额所采取的挑变比例等，并没有得到兵部同意。所以，杨遇春认为，部议不准，不仅使马政弊端仍然得不到解决，对于"现行牧政也无益"。

由是，道光十三年（1833）正月二十三日，杨遇春会同成格，第三次奏请变革马政，奏报"孳马无地容牧，部议既不准定额，又不准多为挑变，仍于现在牧政无益，谨再复议"②。

在杨遇春所收部咨的意见中，部臣们尽管承认"马多厂窄情形"，"事所必有"，但对于变革的具体条目，却抱有怀疑态度，予以否决。为此，在奏折中，杨遇春针对部臣驳回的意见，再次逐条呈述马厂必须实行变革的理由。部臣提出："厂取孳生原期日有赢（盈）余，不得定以额限"。如果每厂只留大儿骒马6000匹，将所孳儿骒马驹按年顶替出群估变，则恐怕"是厂名孳生，而马匹永无盈余，似于牧政殊有窒碍"。并认为已经对所奏章程"逐条酌核，分别准驳，奏奉谕旨"，故而，饬令此次请挑变马10230匹，"几及三分之一，为数过多"，"议驳不准"。不过，部臣们亦称，之所以做出这样的决定，也是出于"益于牧政"的考虑。

杨遇春认为，部臣的意见没有触及马厂既有问题的根本，而自己才真正出于裨益牧政的目的。依旧据理力争。仍然强调巴里坤等三处马厂马多地少、拥挤不堪的牧放困境，并不起自于当下，而是经年蕃息所致。马厂马匹数量较立厂之初已经"增至数倍"，"又无再可设厂之处"。是以，历任总督、都统等，节次奏请疏通，采取"定额、挑变"的措施。只不过以往的"定额"是在草场宽衍、水草丰沛的时段与环境中进行的，而当下，草场资源的这一优势已经尽失。

在杨遇春看来，即使依然沿用旧章，也还是要有选择。在比较马厂所用的定额与挑变这两种办法后认为，"挑变"终究"不过暂济于一时"，而"定额实足以垂经久"。更何况，若仍然依照部议，"二者如俱不准"，"则目前已不免拥挤损伤，将来厂马徒有孳生之名，而无孳生之实，不但不能日有盈余，并恐正额亦渐亏缺"。"即将经牧之员严行参处，究于厂政

---

① 《清宣宗实录》卷218，道光十二年八月下辛卯。
② 朱批奏折，陕甘总督杨遇春、乌鲁木齐都统成格，奏为复议孳马无地容牧部议无益牧政事，道光十三年正月二十三日，档号：04-01-01-0746-040。

无益。"且再次重申自己的主张，提出马政的症结是"盖缘厂地窄狭，水草不敷，良劣拥挤，倒毙损伤，势所不免"，并表明，此亦自己在"定额"6000 匹不准的情形下、又三番五次奏明三厂共酌留大小儿骒骟马 26600 余匹，及挑变残废碎小儿骒马 10200 余匹之原委，"惟有酌定马额"，方"以杜日后损亏"。

部臣对杨遇春奏折中所提三厂"定额"一事，即"酌留的大小儿骒骟马 26600 余匹，及挑变残废碎小儿骒马 10200 余匹"的回复意见是："查该处牧场，历次奏请疏通成案，均不过于牧马内挑变十分之一二，此次，该三厂现牧马三万六千八百五十五匹内，请挑变马一万二百三十匹，几及三分之一，与历次奏请疏通成案不符，为数过多，疑难核准。""应令该督等，派委公正大员赴厂详慎拣选，将实在不堪留牧马匹据实奏请挑变，以杜浮滥。"

对此，杨遇春认为，挑变之数的确定完全是从草场资源的实际出发，而经部议后，给出驳回再查等说辞实乃与马厂实际情况相悖，因为草场生态极大地限制了孳息马匹的成长，仅靠一次次无谓地拣选并不能解决困局。

杨遇春认为，乍看起来，部臣们似乎"固为取孳盈余起见"，可问题的关键是，在马厂所面对"当数十年积弊之后，若再拘泥例案，似于因时制宜之道，未见有可"。遂解释说：自己自应遵照部议，不该三番五次再以定额渎请。之所以有如此做法，并不是固执己见，而完全出于马厂草场承载力与马匹蕃息发展的现状。原请三厂共挑变马 10230 匹，业经委员"挑而又挑，实系口老、残废、碎小不堪适用之马"，若不如数变价，则厂地、水草不敷牧放，且使此种劣马拥挤其间，并恐壮健之马亦俱因饿致损，殊于牧务大有关碍。故而恳请仍准照原议 10230 匹如数挑变，"庶厂地不致过形窄狭，而孳马亦可渐得节腾"。

值得一提的是，部臣们在给出了不同意"定额"的意见后，又提出当按照以往挑变的办法解决马厂既有问题，指出："甘肃口内外各牧厂，向系六年两次均齐后，每百匹准挑变六匹。嗣于嘉庆二十四年，口内各厂请改三年均齐挑变一次，奏准在案。今口外各厂，事同一律，自应援照口内成案，准其嗣后每三年均齐挑变一次，每百匹仍不得过六匹。"

为此，杨遇春又从增加挑变比例入手，据理力争，说道："今既不准定额，则按年所取马驹，日渐增多，不能如数顶替。"若竟遵照部议，按每百匹挑变六匹，仍复不免拥挤，未几又蹈前辙。当然，为了不至于陷入僵局，杨遇春退而求其次，提出了解决当务之急的缓兵之计，即接受部臣意见，同意嗣后每届三年均齐，只是又请求"将挑变残马之数，略为加增"，按照"每百匹准其挑变十匹"。杨遇春还宽慰自己道，若能如此办理，则"暂时十数年间，尚不至十分拥挤"，倘此后盈余之马又复积多，不能容牧，再由地方官等随时酌看情形，另议具奏。

当然，尽管杨遇春心系马政，一退再退，一次次呈奏了自己的主张与观点，道光帝均朱批以"兵部议奏"而完结，部臣们则又全部以马厂马匹越多越好的陈旧观念议驳。①

究其不准的原因，还是在于管理制度与需求观念的影响，也就是说，部臣们承认马厂草场狭窄之现实，也承认是为各马厂普遍存在的现象，但就是不肯因地制宜，因草场减少牧放量，始终怀疑挑变量过大，不能满足对马匹的需求，有碍于马政而罢。杨遇春从草场载畜量的实际出发而主张变革马政的愿望也随之破灭。这对于兴起于白山黑水之间、以渔猎为生、有丰富饲马经验、深知草场多寡丰歉与牲畜数量有对应关系的满人贵族统治体制而言，不能不说是极大的讽刺。当然，在步入世界格局突变的近代后，马匹在以往传统战争中的角色发生转变，马政废弛虽属必然，但亦有以"口内成案"治理"口外马政"的内在原因。

（三）查禁鸦片与烟具

自19世纪初以来，世界格局中日益不平等的鸦片贸易，使中国的权益受到前所未有的损害，中国日益弱贫，直接影响到清廷政局的稳定。英法侵略者发动和进行的旨在向中国倾销鸦片的贸易战，把中国拖进了一场空前的传统军事与近代化军事之间的不平等较量中。反鸦片倾销成为国人奋起反对外国侵略者的导火索。在禁止罂粟种植，贩卖、吸食鸦片及烟具制作等问题上，杨遇春积极响应清廷谕令，制定查禁鸦片章程，实施查禁政策。

回溯清廷查禁鸦片政策的出台经过，始于雍正七年（1729），主要针对贩卖与私设烟馆。规定：贩烟者，照收买违禁品例，枷号一月，发边远充军；私开烟馆、引诱良家子弟吸食者，照邪教惑众律，拟绞监候，从犯杖一百，流三千里。乾嘉之际，随着鸦片输入量的增加，直接导致白银外流。

嘉庆四年（1799），有大臣进言："以外夷之泥土，易中国之货银，殊

---

① 以上均见朱批奏折，陕甘总督杨遇春、乌鲁木齐都统成格，奏为复议孳马无地容牧部议无益牧政事，道光十三年正月二十三日，档号：04-01-01-0746-040。

为可惜。"① 随之，清廷在粤海关颁布了禁止鸦片贸易的指令，以限制外国商船输入鸦片，禁止贩卖。十二年，清廷在重申禁令的同时，要求外国货船进入广州港之前要接受检查；捎带鸦片必须没收、销毁；违反禁令者及相关人员受罚。两年后，除了重申以往所定的规条外，再次规定违反禁令的货船将被逐出广州；保商要提供货船无运载鸦片的担保书。继之，又制定了《查禁鸦片烟章程》。② 当然，由于鸦片贸易利润高，中英之间商贸摩擦时有发生，国内不法商人与腐败官吏私相勾结，不仅夹带鸦片无法禁止，沿海地区罂粟种植更成为一种普遍现象。

清廷的举措并没能限制英国东印度公司向中国大量输入鸦片，相反，输入量日增，国人吸食者日众。至道光初年时，"则无处不有，即以苏州一城计之，吃鸦片者不下十数万人"。全国每年用于吸食鸦片的费用更惊人，"统各省名城大镇，每年所费不下万万"。以至于"每年国家正供并盐关各课不过四千余万，而鸦片一项散银于外夷者，且倍差于正赋"③。更有甚者"内地奸民每遇夷船初泊外洋，即乘深宵雨夜私赴洋面，潜向夷船接买，由偏僻港汊偷运各处售卖。又或商渔船只，拢近偷销，吏役兵丁等得规庇纵，皆所不免"。清廷面对的是日益严峻的鸦片问题。

道光十年（1930）五月初十，清廷准两广总督李鸿宾所奏《查禁纹银偷漏及鸦片分销章程》，以上谕的形式颁行全国，再次强调严禁在内地分销鸦片等规章。④ 六月二十四日，江南道监察御史邵正笏奏以内地奸民种卖鸦片贻害民生，请饬查严禁折。在奏折中说道：近年内地奸民竟有种卖之事，浙江如台州府属种者最多，宁波、绍兴、严州、温州等府次之，有台浆、葵浆名目，均与外洋鸦片烟无异，大伙小贩到处分销，地方官并不实力查禁，以致日久蔓延。此外，如福建、广东、云南，亦皆种卖，并且有建浆、广浆、芙蓉膏等名目。邵正笏认为，似此纷纷种卖，若不禁止尽绝，将来必至传种各省，不特贻害善良，更属大妨耕作。因之，清廷谕令各省督抚严饬所属，确切查明，倘有奸民种卖，责成地方官立即究明惩办，并将应如何严禁之处妥议章程具奏。如各处实无种卖者，亦著确切查明，据实覆奏。总期认真查办，净绝根株。若日久视为具文，仍致有名无实，一经发觉，惟该省督抚是问。

---

① 中国第一历史档案馆编：《鸦片战争档案史料》第 1 册，天津古籍出版社 1992 年版，第 206 页。
② 《清代外交史料》，嘉庆朝四。
③ 以上均见包世成《安吴四种》卷 26《齐民要术》卷 2，参见《近代中国史料丛刊》。
④ 以上均见《清代外交史料》，道光朝三。

邵正笏所提问题，更使得清廷决心坚决禁烟。遂于同年十二月十八日制定了处置在国内种植罂粟与制作鸦片的刑罚。次年四月二十七日，清廷谕令全国查禁鸦片。① 由是，杨遇春着手经办陕甘地方鸦片事宜，且将严禁吸食与种植鸦片的实际想法向清廷奏报。五月十六日，道光帝就杨遇春所奏之"甘省查禁鸦片烟章程"谕内阁转发，从中可见杨遇春坚决禁止种植及贩运鸦片的态度。该章程主要内容包括：

（1）严禁广种罂粟。经查罂粟花在甘肃到处皆有种植，且存在"成段地亩，栽种罂粟"之状，但向无"收浆熬土"之事。遂指出：唯恐致其发生，或难保将来不传入甘省，则"不可不严示创惩，以防其渐著"，严令除"民房隙地的栽植"以及"图观玩者"毋庸查禁外，若有"将成段之地广种罂粟，乃至恐有收浆熬土之渐"，责成地方官严行查禁。如有违禁，广种罂粟，即照新定之例，从严惩办，以杜其端。倘地保、兵役"得规容率，俱治以应得之罪"。若地方官查拿不力，分别以失察故纵参办。

（2）杜绝烟土来路。陕甘地方烟土俱系来自外省，倘有外来商旅，夹带偷销，责令东南二路之入境首站，及设有税口之各州县，认真严密稽查。一经拿获，根究其从何处入甘、贩卖来路、经过何处税口，即将失察之州县，严行参处。倘胥吏人等有中饱行贿故纵情弊，照例从严惩办。仍禁止借端滋扰、致累行旅。

（3）禁止修制烟具。吸食鸦片烟，必有烟具，此等器皿本非民间常用之物，除吸烟之外，再无可用之处。对于制造及贩卖鸦片、烟器，具著照赌具之例惩办。其有将烟具拿出去修理者，许匠工据实出首，量予奖赏。

（4）责成家长约束。鸦片烟之为害，人皆知之，官禁其民，父兄即当禁其子弟，同居一室，更不得诿为不知。杨遇春令贴出告示，晓谕民间，子弟如有贩卖、买食者，即当奉法禁治；倘溺爱姑容，一经发觉，除本犯治罪外，著将家长照不能禁约子弟为窃之例治罪。

杨遇春强调，仍令各州县按季禀报，责成该管道府于每年年终时，查取各道府出具所属并无种植贩卖鸦片的切实印结，详报各该督抚，年终汇奏，层层把关并严审。务当实力查禁，杜绝弊端，正俗教民，不可日久生懈，视为具文，致干重咎。②

---

① 朱批奏折，奏为本年甘肃编查保甲并严禁种卖鸦片烟均照规条分别办理事，道光十四年十二月初一日，档号：04-01-01-0758-021。
② 以上均见录副奏折，呈甘省查禁鸦片烟章程清单，道光十一年四月二十七日，档号：03-3597-014；又朱批奏折，奏为遵旨查明甘省并无种卖鸦片烟并拟定严禁章程事，道光十一年四月二十七日，档号：04-01-01-0732-004。

值得一提的是，至道光十一年（1831）五月十六日，清廷根据杨遇春所奏，首次制定了对制作销售鸦片烟具的惩治刑罚，以上谕的形式晓谕全国。① 严加惩处在国内种植罂粟和制作鸦片者，推动了清廷禁止鸦片政策的制定与实施，使得清廷对鸦片危害性的认识程度提高。杨遇春较早地提出禁止吸食与种植鸦片，抑制了鸦片在陕甘地方的散播。

自道光十一年（1831）起，清廷又令各督抚遍查保甲之便，于春间赴乡稽查一次，将有无私藏鸦片烟具、种植与吸食鸦片情形，出具印结，年底由司会齐报部。甘省在稽查过程中，将清廷既有章程出示晓谕民众，劝谕吸食鸦片的危害。据各处稽查禀报，因甘省地方山高土冷，向无栽种烟苗收浆熬土之事，至于外来商旅恐有夹带私售，经各要隘税口实力盘查，也无胆敢兴贩之人。② 道光十四年（1834），杨遇春将严禁鸦片烟等事务，实力实心随时查办。提出尽管甘省"地方风气虽素称朴实，并无竞尚浮靡种食鸦片情事，第虑外来奸商游棍私食潜售，久必转移习俗，沾染成风"，况西北甘肃各属，民族众多，"汉回蒙番交错而居，户口既杂，良莠不齐"，且地理位置重要，西北路达新疆东南，界连川陕，"匪徒尤易混迹，必须认真稽查，方能静缉"。唯有遵照章程，"力为防禁"，方能达到"诘暴安良，化民正俗"之旨。③ 由于查禁得力，在杨遇春任内，奏报均显示境内几无鸦片种植与吸食之象。

三　对青海西部蒙藏的管理

青海西部地区以蒙藏为主要民族的分布格局由来已久。入清时，在黄河绕积石山向东，经贵德、循化、兰州的河曲地带和青海湖、湟水流域为中心，大致形成"北蒙南藏"的分布格局，在对这一地区的管理上，清廷不失时机地采取了因地制宜的办法，杨遇春在坚决落实贯彻的同时，也结合实际，推出了合理适宜的管理措施，有益于本区域社会发展。

---

① 录副奏折，奏为复泰甘省查禁鸦片章程事，道光十一年四月二十七日，档号：03-4005-026。
② 朱批奏折，奏为本年甘省办理编查保甲并严禁鸦片烟情形事，道光十一年十二月十八日，档号：04-01-01-0732-016；朱批奏折，奏为本年甘肃编查保甲并严禁种卖鸦片烟事，道光十二年十二月初二日，档号：04-01-01-0744-056。
③ 朱批奏折，奏为本年甘肃编查保甲并严禁种卖鸦片烟均照规条分别办理事，道光十四年十二月初一日，档号：04-01-01-0758-021。

(一) 蒙藏分布格局与管理体制

清廷为加强对青海西部蒙藏为主体居民区域的管理,采取了不同治理办法,大致体现在三个方面。一是管理呈现多元化。二是管理方式依据民族构成和分布格局各有不同。三是据青海蒙藏空间分布和各自势力发生变化而调整。而其整体管理分为三个层级,即西宁办事大臣、陕甘总督管辖与府县行政体系。诸机构既各自独立,又相互重叠。

西宁办事大臣,全称为总理青海蒙古番子事务大臣,简称青海办事大臣总管。乾隆年间,改称为西宁办事大臣。其统辖范围,于设置之初,管辖青海蒙古三十旗和玉树四十族及其游牧区域,至乾隆五十六年(1791),扩展至循化、贵德两厅所属的七十六个"熟番"与七十七个"生番"部落。[①] 嘉庆十一年(1806),又将西宁镇道以下官员归西宁办事大臣兼辖节制。

陕甘总督全称总督陕甘等处地方提督军务粮饷管理茶马兼巡抚事,职掌陕甘等处的军民政务。其衙门是位于办事大臣和府县制之上的机构。

府县行政体制,主要管辖贵德、循化二厅,大致范围为今青海贵德、贵南、同德、同仁、循化、泽库及甘肃临夏、夏河一带。乾隆五十六年(1791),清廷以"驻西宁办事大臣仅管青海蒙古番众,本不管与蒙古临界番众,而总督事务繁忙,又相距甚远,自然难以顾全",将"西宁蒙古边境附近贵德、循化等处番子等,亦应归西宁办事大臣兼管",且明确表示"若如此确定兼管后,遇有窃盗事件缉办较易。况且地方虽有总兵、道员、绿旗官兵,于此等事,亦无非充数而已,不甚管事"。同时,将贵德县丞,依照循化例,改为同知。[②] 加强和扩充了府县管理的权限。该级管理属于清廷一体化主体统治部分。居民主要是指在靠近青海东部地区的居于贵德、循化一带的汉回和少部分蒙古族,基本以农耕、半农半牧等为主要经营方式,经济趋同性强。

上述不同层级的管理方式,依据民族构成和分布而制定。当地以蒙藏为主体,还有汉回等民族杂居于东部边缘。清廷在青海蒙古各部实行盟旗制度,其游牧地位于河北(黄河流经的龙羊峡、贵德、循化以北和青海湖、湟水以南地区)的有25旗。位于河南(黄河绕积石山向东,经贵德、循化、

---

① 寄信档,寄谕陕甘总督勒保等著将循化等处交西宁办事大臣兼管事妥议具奏,乾隆五十六年七月十二日,档号:03-140-5-015。

② 寄信档,寄谕陕甘总督勒保等著将循化等处交西宁办事大臣兼管事妥议具奏,乾隆五十六年七月十二日,档号:03-140-5-015。

兰州的河曲地带)的为5旗,包括察汗诺门罕旗。各旗之间,禁止越界①(详见清代青海盟旗分布概图)。其中,察汗诺门罕旗,因以夏茸尕布(白佛)的宗教领地为中心建立,与青海蒙古其他札萨克有别,不列诸于札萨克盟。盟长由历辈转世活佛担任,没有严格血缘继承关系,故该旗也称为察汗诺门罕喇嘛旗,或喇嘛察汗诺门罕旗。又由于该旗属民长期以来由蒙藏王公贵族馈赠,不仅有蒙古族,也有藏族,而且藏族比例逐渐增大。道光十二年(1832),杨遇春查办旗务时,明确勾勒该旗各族部落情形。即"其属下四苏木,人户共有一千二百余户,计一万三千数百名口。内分二十八族,番子十六族,蒙古十二族,番子居其十分之七"②。旗内各族相互结有姻亲关系。

藏族主要居于黄河河湾以西以南地方,清廷以生产经营方式和管理控制的程度不同,将其分为"熟番、生番和野番",置千百户管理,实行贡马银和番贡粮制。由贵德(辖今贵德、贵南、同德地区)、循化(辖今青

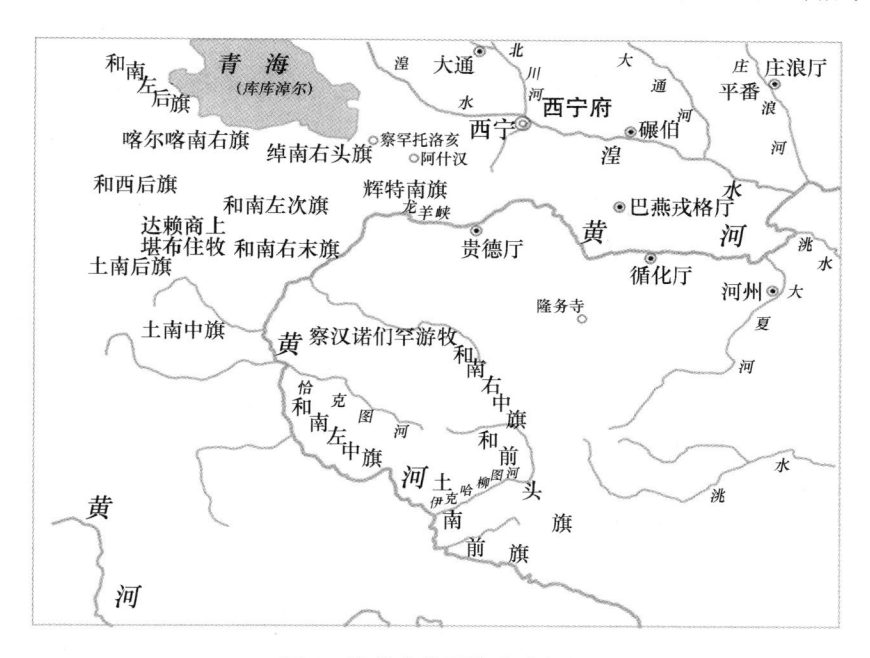

图5 清代青海盟旗分布概图

---

① 位于大通河上游布哈河、布隆吉尔河、柴集河两岸及河曲地区。据张穆《蒙古游牧记》卷12记载,清廷分青海蒙古为和硕特21旗、绰罗斯2旗、辉特1旗、土尔扈特4旗、喀尔喀1旗,凡29旗,另立察汗诺门罕特别旗,插旗定地。
② 录副奏折,奏为黄河南北蒙番平静冰桥消化加添兵弁撤回归伍事,道光十二年三月初七日,档号:03-2958-011。

海同仁、循化、泽库及甘肃临夏、夏河）二厅管辖，西宁办事大臣总管。而居于河北被称为"环海八族"的藏族，原居于河南，其迁徙行动起自乾隆年间，至咸丰八年（1858），在经历了近百年后，方经清廷允准居于河北，形成环海八族。即刚察族、汪什代海族、千布勒族、都秀族、阿粗乎族（阿曲呼族）、热拉族、达如玉族、阿里克（阿力克）族。①

（二）草场纷争与黄河段会哨

青海蒙藏两族自明末以来所形成的原本界黄河而居的地域分布格局，并不为藏族所接受，入清后，蒙藏空间分布和各自势力发生演变。藏族常常由于"河北地土肥饶，河南则水草不能皆好。自来番族皆谓偏袒蒙古，尽与善地，常有垂涎河北之心"②。当然，还因雍正初年罗布藏丹津事件影响，不仅蒙古贵族在青藏高原统治地位衰落，在藏族人心目中形成的"唯知有蒙古，而不知有厅卫营伍"局面也悄然改变，而且蒙古民众社会地位乃至经济社会状态一落千丈。自乾隆年间开始，分居于河南以藏族为主体的民众，因人口快速增加、人稠地狭、草场退化等生态影响，逾越河北居住牧放，纷争不断。为此，清廷专门增设冬日黄河结冰后的卡座防御。乾隆帝针对蒙古王公请求撤卡的提议，还指示专人查究原委，做出加强黄河段防御的决定，明令黄河结冰后增派兵丁，冰融后不可撤回，以此来保护日益羸弱的蒙古民众不受侵扰。

嘉庆初年，草场纷争迭起。先是察汗诺门罕旗民众迫于生计，被允准由今属海南州的同德德庆寺北迁至贵德属黄河南，后又与刚咱等族同迁往河北。而原居于青海湖南助勒盖、克克乌苏一带以特里巴勒珠为首的绰罗斯等6旗蒙古，也因遭受一些藏人抢掠，迁至海北，以致海南地空，复引起藏族部落渡河北迁牧放。清廷为维持雍乾以来插旗定地的分布格局，几次派兵弹压，以武力驱逐北迁藏族部落南归，纷争稍有减轻。与此同时，清廷黄河段兵士防御，也自阿什罕一线南延至清水河，且将原先一年四季设卡驻扎防务变革为黄河冰桥结冰后设兵驻扎，冰融后亦不撤回改为减少驻扎兵丁。也就是说，将原来驻扎防务变革为巡防会哨，会哨人数也依情势稍有调整。清廷"拟在察罕托洛亥、阿什罕水等处，筑城安兵，捍卫藩

---

① 相关内容参见赵珍《清代黄河青海段的会哨与地方治理》，《青海民族研究》2020年第2期。

② 那彦成：《平番奏议》，影印本，广文书局印行，1967年。

篱。续拟在黄河北岸设卡防范"①。

可是，至道光二年（1822）正月，居于循化、贵德一带的蕴依等23族藏族部落，复又渡河盘踞海南助勒盖、克克乌苏一带。清廷派兵驱回，令察汗诺门罕旗住牧助勒盖一带。其所辖二十族，分为左右二翼，视蒙古例，每翼统以专员，严稽关卡，以孤河北野番之势。② 八、九月间，被驱回的藏族部落继又渡河北迁。③ 次年，陕甘总督那彦成重申盟旗制度与千百户制度，插旗定地，使河南"野番"敛迹，河北"野番"肃清。④ 藏族部落北迁的迅猛势头因那彦成整饬而稍有收敛，继而，清廷完善了黄河段会哨制度，筹定巡防会哨章程。⑤ 因青海蒙古向未有主事盟长，乃就青海二十旗内，设正副盟长各一人，随同官兵习武，以防番众渡河。⑥

会哨是清廷为加强社会控制而实施的一种驻防制度。清初以来，依据甘肃境内农牧交界沿边的地理位置与交通要道，布置军营，安设哨卡。每年由甘州、凉州、西宁、肃州提镇并副参游击等员，各带弁兵，按月前往各要隘处所，分别会哨，规定每年会哨12次。其中自西宁大通延伸至青海湖北及与河西走廊交界的扁都口外，除了常规的各提镇会哨，还有察汗俄博营制辅助。嘉道年间，因青海黄河段蒙藏纷争升级，清廷严格会哨制度，酌令甘肃提督暨西宁、肃州、凉州各镇，每年按季会哨1次，各带弁兵50余名，一年4次。各标副将、游击、都司，每季会哨2次，各带弁兵20余名，一年8次。⑦ 也就是说要求甘、凉、肃、西宁各提镇，按四季亲自带兵会哨，每月各派副、参大员带兵巡查会哨。同时要求"河南循化、贵德两厅属，请派兵严密巡防"⑧。为防止巡哨官兵敷衍了事，那彦成强调了黄河防务与四季气候变化关系。说道："惟沿边移驻官兵，系一时权宜

---

① 录副奏折，陕甘总督富呢扬阿、西宁办事大臣德兴，奏为筹议派拨青海蒙番官兵协同驻防官兵按季轮流游巡会哨章程事，道光二十四年六月初四日，档号：03-2991-027。
② 《清史稿》卷137《志》112《兵志八·边防》。
③ 这种"北迁""驱逐"的循环斗争持续了近百余年，直到咸丰年间，方以河南藏族北迁青海湖周围定居而告终。
④ 赵珍：《那彦成整饬青海述略》，《清史研究》1997年第3期。
⑤ 录副奏折，陕甘总督那彦成、西宁办事大臣松廷，奏为拿获汉奸伙党并筹定巡防会哨及稽查山内各保甲章程等事，道光二年十一月二十四日，档号：03-2975-059。
⑥ 《清史稿》卷37《志》112《兵志八·边防》。
⑦ 户科题本，陕甘总督兼管甘肃巡抚事易棠，题为甘肃各提镇协营咸丰元年派赴西宁口外各处会哨官兵马匹支过口食料草等项银两请销事，咸丰五年二月十五日，档号：02-01-04-21569-030。
⑧ 录副奏折，陕甘总督那彦成、西宁办事大臣松廷，奏为拿获汉奸伙党并筹定巡防会哨及稽查山内各保甲章程等事，道光二年十一月二十四日，档号：03-2975-059。

之计，日久恐滋縻费。务须于春融后剿捕肃清，即行裁撤。"① 同时规定每年夏冬二季，由新设察罕托洛亥驻防调派官兵会哨。②

道光六年（1826），杨遇春署理陕甘总督，提出要严防居住于府县辖境以西青海黄河段的蒙藏回汉等族之间相互联络，尤其要稽查经常成群结队出没的"野番"，防范这些人结伙抢劫蒙古，同时也要防止居住于黄河以南的藏族部众北迁。遂在加强黄河青海段防御的同时，令仍以黄河为界，南北分片管辖，且于六月间，结合西宁边外社会情势与黄河段各族相对安定的局面，多方筹措防御办法，严格会哨章程。主要表现在：一是奏请停止口外安西、沙州、靖逆等7营的会哨。③ 二是继续保留口内西宁边外黄河巡哨，重新调整黄河青海段岸的游巡时间与路线。④ 三是拟定西宁口外防河巡哨经费章程，重新核定防河官兵所需费用。⑤ 四是补授千百户长，对投诚藏族防河得力者请功。⑥

杨遇春提出的所谓停止口外安西等7营会哨，是出于对黄河上游社会情势的正确估计。杨遇春指出：近年以来，沿边各处形势安定，在"地方辽阔，山径分歧"的口内甘州、凉州、西宁、肃州一带边境，"应照原定章程巡哨外"，"其口外安西、沙州、靖逆等七营会哨之处"应行停止。对此，清廷一直没有给予明确答复。直到道光十二年（1832）四月，方才谕令"著自本年为始，即行停止"口外7营会哨，而仍令甘肃提督、凉州、西宁、兰州等镇，每季会哨1次，各带弁兵50余名，各标副将参将游击都司，每季会哨2次，各带弁兵20余名。统计每年会哨12次。官兵会哨期间遇有偷挖金沙及在边外窑洞潜匿，或插帐居住者，立即查拿究办。⑦

---

① 《清宣宗实录》卷44，道光二年十一月上丁丑，第783页。
② 录副奏折，署理陕甘总督杨遇春、西宁办事大臣穆兰岱，奏为西宁口外会哨经费不敷筹议章程事，道光六年五月二十一日，录副档号：03-3010-016。
③ 录副奏片，署理陕甘总督杨遇春、西宁办事大臣穆兰岱，奏为防河游击丁玉柱勤于缉捕请准敕部议叙并阿里克百户拉沁纳木齐勒缉匪出力请赏蓝翎事，道光六年二月二十一日，档号：03-2880-025。
④ 录副奏片，署理陕甘总督杨遇春、西宁办事大臣穆兰岱，奏为防河游击丁玉柱勤于缉捕请准敕部议叙并阿里克百户拉沁纳木齐勒缉匪出力请赏蓝翎事，道光六年二月二十一日，档号：03-2880-025。
⑤ 《清宣宗实录》卷99，道光六年六月乙卯，第607—608页。
⑥ 《清宣宗实录》卷211，道光十二年五月上乙卯，第107页；录副奏片，署理陕甘总督杨遇春、西宁办事大臣穆兰岱，奏为防河游击丁玉柱勤于缉捕请准敕部议叙并阿里克百户拉沁纳木齐勒缉匪出力请赏蓝翎事，道光六年二月二十一日，档号：03-2880-025。
⑦ 户科题本，题为报销甘省各提镇协营道光十二年份派赴西宁口外会哨官兵马匹支过口食料草等银事，道光十三年八月二十一日，档号：02-01-04-20618-032。

至道光十四年（1834）三月，杨遇春又以西宁沿边一带社会治安稳定，为节约军费，奏请减少会哨次数。清廷准予自是年始，将每年会哨减为 4 次，即每季会哨 1 次。春季三月，提镇会哨 1 次；夏季六月，永安、洪水、镇番、镇夷、甘标各营、游击，会哨 1 次；秋季九月，镇海、永固、永昌、金塔、甘州城守各营副将、参将，会哨 1 次；冬季十二月，仍令永安、洪水、镇番、镇夷、甘标各营、游击，会哨 1 次。每年其余 8 个月，仍责令各该营于所管地方，照旧派令妥干弁兵，按月周历巡查。① 在社会治安相对稳定的条件下，适时地例行巡查，一定程度上起到了震慑和维护地方社会安宁的效果。

关于黄河段的巡哨，遵照清廷旨意，杨遇春等人也根据青海黄河段两岸社会治安情形，在那彦成试行章程基础上，酌定了西宁边外黄河会哨章程。前文已述，先是那彦成奏准在蒙藏游牧集中的计长 800 余里的黄河段，派兵 1000 名防守巡哨，作为初定章程，自道光三年（1823）始的三年内试行，每年夏冬二季，于今青海湖东南共和倒淌河境新设察罕托洛亥驻防兵丁内挑派 300 余名，令副将管带，在青海黄河段南北一带游巡 2 次，称为"大游"或"大游巡"。每年六、七、八、九等月 4 次酌派防所官兵三四十名，在青海东南一带游巡数次，称为"小游"或"小游巡"②。

道光六年（1826），经杨遇春考察，完成如此大小游巡的循环防守任务，不仅靡费帑项，关键是此时"河北地方并无野番踪迹"，也注意到藏族部众北迁与一些人出外抢夺蒙古的时间主要集中在黄河结冰后。倘若依照季节变化，加强结冰期内官兵的防守力度，就会达到事半功倍的效果，且可减少军需开支。有了这样的认识后，杨遇春即主张裁减之前规定的巡游人员与次数，说道："查得河南各族野番近来颇知敛迹，河北地方亦就肃清，且冬令冰桥结冻后，派官兵于沿河一带棋布星罗，防守已为周备，所有前定冬季大游巡一次，应行停止，只令与西宁等营官兵一体防河"。"其小游巡次数除冬季暨新正共四个月已有防河外，其余八个月仍令防所弁兵每月游巡一次。""又每岁冬令防河官兵向于防所拨派三百余员名，西宁、河州二镇拨派四百余员名"，"嗣后西宁、河州二镇少派兵二百名，防

---

① 朱批奏折，奏为请减甘肃沿边一带会哨次数事，道光十四年二月十四日，档号：04 - 01 - 01 - 0752 - 016。
② 朱批奏折，杨遇春奏报筹议西宁动用防河巡哨经费章程事，道光六年五月二十一日，档号：04 - 01 - 35 - 0953 - 013；朱批奏折，陕甘总督杨遇春、西宁办事大臣恒敬，奏为游巡黄河防守官兵经费不敷拨银发商生息接济并防兵统归四月更换事，道光十一年四月初八日，档号：04 - 01 - 01 - 0724 - 072。

所多派兵二百名"。使"历年防河兵数仍属相符"。又每年四、七、十月，派令循化、贵德二厅营出口前往"河南番地遍查保甲门牌，会哨稽巡，以杜私贩粮茶等弊"①。

因而，道光六年（1826）起，青海黄河段的巡哨"嗣因河北肃清，经费不敷，将大游巡次第裁撤，冬令黄河结冻，加派防兵五百名，西宁、河州二镇巡河兵二百名，共七百名，分布防守"。至道光十一年（1831）四月，仍因经费不敷，杨遇春会同西宁办事大臣恒敬会商巡哨情形。恒敬注意到"历年以来，经派防各员体察情形，尚难周顾，每年河开撤兵后，派防所兵四五百名，在于沿河水势平浅扼要处所，设卡防范。六七月间，更恐贼番凫水偷渡，尤须加添官兵，方敷巡察"。恒敬提出，因格于旧章，增添兵员及口食费用等项，"未敢据实呈报"。何况往年添兵仅数十名至百名，而今添兵之数剧增。经杨遇春细加核计，认为"此项设卡官兵，每年夏秋二季，总须六百余名，至冬季更须添巡河之兵"。且"该处巡防关要，不得不熟计深筹"，以保证经费充足。当然，杨遇春也明白表示，"每年防河兵丁于四、十月，分作两班更换，查十月正当防河吃紧之际，未便更易生手，并请嗣后复统归四月一班更换，以资得力"②。也就是说，十月一班"巡毕之后，正值黄河冰桥结冻之时，即令把守渡口"，稽查防范，俟冰桥融化，分别撤回。以避免新手人生地不熟，不利于防守，使官兵陷于防河吃紧的不利局面。

如此调整，完全基于十月河结冰桥，藏族成群结伙渡冰桥抢夺蒙古的缘故，也由于天气寒暖不齐，防河日期视具体情况而定，防河时间周期"多寡亦异"。此与前文所述的冰融后亦不撤回已有所不同。如道光十三年（1833）秋，天气寒冷，至九月，冰桥冻结，巡哨官兵即前往河岸巡查。次年春，"冰桥一律消化尽净，边界甚属安谧"，且"黄河迤南野番自去冬今春并无偷渡"，按例将防河官兵撤回归伍操演。③

伴随巡哨制度改革，对经费使用也相应进行调整。按照最初会哨章程

---

① 朱批奏折，杨遇春奏报筹议西宁动用防河巡哨经费章程事，道光六年五月二十一日，档号：04-01-35-0953-013。

② 朱批奏折，陕甘总督杨遇春、西宁办事大臣恒敬，奏为游巡黄河防守官兵经费不敷拨银发商生息接济并防兵统归四月更换事，道光十一年四月初八日，档号：04-01-01-0724-072。

③ 朱批奏折，陕甘总督杨遇春、西宁办事大臣舒通阿，奏为西宁黄河迤南野番去冬今春并未偷渡现在冰桥消化撤回防河官兵事，道光十四年四月初六日，档号：04-01-01-0752-022。

之经费规定，巡哨官兵每年约需要口食料草等银2800余两。① 之后，为保障黄河段巡哨顺利进行，银两支出稍有攀升，每年"共支银三千二三百及五六百两不等"。至嘉庆末时，所需费用上升态势更甚。道光元年（1821）以来，为完成循环防河巡哨任务，贵德、循化二厅出口稽巡官兵的盐菜银两随之酌减，即将前定每年各给银500两，减为400两，且规定从会哨经费中酌留每年需要支付官兵的盐菜银定额为5000两。

可是，支出依旧"历年支销，每形短绌"。每年循化、贵德二厅出口官兵所需银两超过限定的5000两。如道光三至五年两厅分别为6695两、6483两和6896两。所以，为保证按照"此三年来会筹办理之章程，也以上游巡防守一切官兵口粮驮脚等项，在在必需"，核实支销，以免短绌。经杨遇春等核定的经费章程调整了循化、贵德两厅出口稽巡官兵的盐菜银两，并严饬每年以5000两为率，且均自道光六年为始执行，不准逾额，以示限制。杨遇春的主张，得到清廷允准。可是地方依旧必须面对经费"节年不敷"的事实，为此，又奏准以"筹捐"办法弥补不敷部分。②

防河官兵必需的口食运费，也时常不敷支应。以往凡增添巡河兵丁数十名，应支口粮，由将备千总、把总等官各按例多寡分摊。防河任务吃紧后，需要添兵百名，相应所需经费就达千两左右。若仍依照惯例，由各官分摊，几不可能，以致无处开支。由是，杨遇春对增兵后的经费缺口进行核算，认为每年分布防守，需设卡兵600余名，至冬季更须添派巡河之兵。其应需口食、运费各项，除每岁额定经费外，非酌增银1000两，则实难敷用。而若长期由总督筹款捐办，亦非经久之计。遂奏准于司库归并兵饷款内拨银1万两，发商生息，以每年所得息银1000两弥补不足。③ 本着节约财力物力人力的宗旨，杨遇春加以调整会哨巡查制度。

在调整会哨制度的过程中，杨遇春饬令会哨官兵严查防范，同时，大力羁縻投诚"野番"，为防河得力者请功。如阿里克百户拉沁纳木齐勒跟

---

① 户科题本，陕甘总督兼管甘肃巡抚事易棠，题为甘肃各提镇协营咸丰元年派赴西宁口外各处会哨官兵马匹支过口食料草等项银两请销事，咸丰五年二月十五日，档号：02-01-04-21569-030。
② 朱批奏折，杨遇春奏报筹议西宁动用防河巡哨经费章程事，道光六年五月二十一日，档号：04-01-35-0953-013。
③ 朱批奏折，陕甘总督杨遇春、西宁办事大臣恒敬，奏为游巡黄河防守官兵经费不敷拨银发商生息接济并防兵统归四月更换事，道光十一年四月初八日，档号：04-01-01-0724-072；又录副奏折，陕甘总督富呢扬阿、西宁办事大臣德兴，奏为筹议派拨青海蒙番官兵协同驻防官兵按季轮流游巡会哨章程事，道光二十四年六月初四日，录副档号：03-2991-027。

随官兵追捕偷渡的蕴依族藏人，历经十个月之久，又有防河游击丁玉柱，勤于缉捕，均请准敕部议叙。① 对于居于河南实心投诚归顺的所谓野番，也适时予以安置。道光十二年（1832）四月二十七日，贵德同知查宝勤、署游击马进禄带领兵丁巡察，有"野番"刚咱、压仓族头目土夫旦带领该族代表前来投诚，请求给全族260余户"赏给门牌"，予以安置，并表示情愿"每年交纳贡马二匹"。②

以这一事件为例，杨遇春再次强调了会哨制度存在的重要性，指出在循化、贵德、巴燕戎格三厅所属地方饬令委派各厅文武，按月会哨，实行管控。且认为此处为藏族聚居地，部落繁多，其间"生熟各番遍山杂处，虑恐时相抢杀"。尽管刚咱族首领土夫旦及族人以前曾参与抢案，官府也设法擒拿，但现在情愿悔过投诚，愿交纳贡马，且愿将从前一切抢过各案依照番例赔付，并出具甘结，再不滋事。作为地方官府，对土夫旦等就应该不计前嫌，宽其已往，予以自新。遂奏报清廷按照旧有章程，对土夫旦及辖下260余户藏族实行千百户制。③ 予土夫旦酌给百户顶戴，管束番众，给予执照，并令在族内拣选向遵王化、明白懂事之老民，于该管地方官处领取执照，充任百总、什总，管束众人，安分游牧。④

先是陕甘总督那彦成在整饬青海时，与西宁办事大臣武隆阿奏准给野番各族千百户等易买粮茶，实行请票制度，河岸清净，故对防河与把守渡口有功者，赏给青稞。为保持会哨既有成效，杨遇春建议自道光九年（1829）起，亦采用此办法。即道光九年四月至十年四月的整一年里，对完成防河任务出色的千百户们颁给奖励。提出"所有该番目等，果能始终不懈"防河，每年千户1名，赏给青稞12石；百户1名，赏给青稞8石；百总1名，赏给青稞4石。

又因察汗诺门罕旗及旗下图萨拉克齐与"野番"千百户等，把守循化、贵德黄河段渡口20处，也分别就把守情形给予赏罚，且将渡口按重要程度分别等级，以防守成绩予以评估。规定如果最重要渡口，每年无偷渡之人，赏给把守管理者青稞20石；次要渡口，赏给青稞15石；又次要

---

① 录副奏片，署理陕甘总督杨遇春、西宁办事大臣穆兰岱，奏为防河游击丁玉柱勤于缉捕请准敕部议叙并阿里克百户拉沁纳木齐勒缉匪出力请赏蓝翎事，道光六年二月二十一日，档号：03-2880-025。
② 朱批奏折，奏为官兵巡防西宁黄河迤南野番安静水挢消化循例撤回事，道光十二年四月二十七日，档号：04-01-01-0736-049。
③ 所谓千百户制，即三百户设千户一名，一百户设百户一名，五十户设百总一名，十户设十总一名。
④ 《清宣宗实录》卷211，道光十二年五月上乙卯，第107页。

渡口，赏给青稞 10 石。当然，至于防守懈怠疏散，以致出现偷渡，又匿不举报现象时，经查于何渡口偷渡后，即将相关责任人予以严惩。

经考核，给防河与把守渡口的有功无过藏族千户 10 名、百户 40 名、百总 86 名，分别按照规定依次赏给青稞 12 石、8 石、4 石。对察汗诺门罕旗下把守渡口者给予奖励时，评选出最重要渡口 2 处，次要渡口 8 处，又次要渡口 10 处，亦分别依照定例依次给予实物青稞若干石的奖励。总共支出仓斗粮 1044 石，折合京斗青稞 1491.4285 石。

为能更好地保障青稞实物的奖励，杨遇春奏请运输青稞脚价银，按照既有定例，每石每百里运输给脚价银 1.3 钱。经核算，仅道光十年（1830），循化、贵德、西宁等县运输赏给各藏族千百户及把守渡口部落的青稞与脚价银两，共计银 456.85 两。① 是为杨遇春按照即定办法继续对防河与把守渡口的藏族千百户等给予奖励的明证。② 表明杨遇春在黄河段实施的防御政策是成功的。

（三）助蒙古自保及政策的反复

青海西部黄河以北，为蒙古游牧之地，自雍正初年的罗布藏丹津事件后，清廷插旗定地，实行盟旗制度，各部经济每况愈下，人们逐步趋于怯惰，不事振作，逐渐被环海藏族部落轻视，经常遭抢掠。反之，青海藏族在清初的一百多年里逐渐强盛，尤其表现在人口持续增加，进而带来了人地矛盾，陷入草场资源紧缺的危局。而未经清廷实行完全有效管辖的个别藏族部落，经常欺凌抢劫日益羸弱的蒙古各部，抢占草场，致使蒙古更加衰弱。为加强对青海西部的有效治理，以护卫且扶持蒙古免遭抢夺，改变藏强蒙弱格局，清廷令几任陕甘总督采取措施，俟杨遇春上任后，多方努力，促成了为蒙古训练兵丁，以助其自保的局面。

为防止河南藏族北渡抢夺，道光四年（1824），在西宁口外察汗托洛亥地方安设驻防官兵 1024 员，并经那彦成奏定章程，蒙古各旗自己组织兵员 500 名，分作 4 班，由两翼正副盟长 4 员，各带 125 名，按季轮流统领，与驻防官兵一起驻守巡逻，习练武备。另外，蒙古各兵日常所需口食羊茶，自行办理。蒙古兵中，除去有五六十名派赴营卡随同官兵递送文

---

① 以上均见户科题本，题为遵化贵德二厅运送道光九年赏给各番族口粮用过脚价等项银粮事，道光十一年六月初六日，档号：02-01-04-20485-028。
② 户科题本，陕甘总督兼管甘肃巡抚杨遇春，题为循化贵德厅并西宁县运送道光十年赏给番族口粮用过脚价银两请销事，道光十二年五月二十六日，档号：02-01-04-20553-017。

报、差探情形外,其余跟随盟长协同在防官兵巡防。①但是,由于此时蒙古各部防御能力已经十分低下,根本达不到防御效果。如蒙古右翼正盟长郡王恭木楚克集克默特就提出,若仅以青海各旗原派驻防蒙古兵丁防御,"为数太少,不敷分布",因而奏请加添兵丁,"以资防堵"。并认为应将原派蒙古兵500名分作两班,一班250名,每班以50名递送文报,其余200名,随同官兵操练,以提高防御能力。②对此,清廷谕令杨遇春会同西宁办事大臣恒敬酌商办理。

杨遇春认为,历年以来,沿河防兵终年护卫蒙古,而蒙古不知振作,非为长策。既然现在蒙古盟旗有自强奋发的心愿,何不就此相助,以期蒙古自强自保。且设想到,如在蒙古各旗中挑选的"此项官兵,果能认真操练,将来技艺娴熟,该蒙古藉资捍卫,足以自强,岂不大有裨益"。经商议,由恒敬择期前往青海蒙古地方考察,拿出解决办法。

道光十一年（1831）三月十八日,恒敬考察回署,报告考察情形时说道,在察汉托洛亥会集各王、贝勒、贝子、公、台吉等面议添兵事宜时均称：

> 我们青海各旗,从前每年派兵总须千名,自行防守,屡被番子抢掠。嗣蒙大皇帝格外天恩,不惜帑金,筑城安兵,常年防守。所以,我们各旗才得享受升平之福。前议驻防蒙古官兵,每班一百二十五名,除递送文报兵五六十名外,其余之兵,向随盟长等在察汉托洛亥城西驻扎。我们世受大皇帝豢养之恩,不能自御番匪,扪心自思,实有难安。惟有恳恩加添兵数,得以随同官兵防堵,时加操练,不特自相捍卫,亦可少图报效。③

鉴于此,同年四月初八,杨遇春经与恒敬商议,呈奏"为会商酌添蒙古兵数分布青海各卡随同官兵防堵按时操练事"折,④ 其中对青海蒙古自

---

① 朱批奏折,陕甘总督杨遇春、西宁办事大臣舒通阿,奏为请复蒙古兵丁派防旧章事,道光十五年三月十三日,档号：04-01-01-0762-058。
② 录副奏折,陕甘总督杨遇春、西宁办事大臣恒敬,奏为筹添蒙古兵数分布各卡随同官兵防堵按时操练事,道光十一年四月初八日,档号：03-2979-022。
③ 以上均见朱批奏折,陕甘总督杨遇春、西宁办事大臣恒敬,奏为会商酌添蒙古兵数分布青海各卡随同官兵防堵按时操练事,道光十一年四月初八日,档号：04-01-01-0724-073。
④ 朱批奏折,陕甘总督杨遇春、西宁办事大臣恒敬,奏为会商酌添蒙古兵数分布青海各卡随同官兵防堵按时操练事,道光十一年四月初八日,档号：04-01-01-0724-073。

我防御中的兵员分配、经费来源等方面予以筹议,商定章程。

蒙古盟长及各王等提出,驻防蒙古兵每班125名,为数较少,杨遇春并不认可,指出蒙古盟长长期闲居城西,毫无应办公事,无端抽出五六十名承办公务,等于闲置人手,不如派往驻防。因而主张将蒙古兵500名分作两班,每班250名,分安8卡,各准马15匹,以一年更换。分卡的各蒙古兵,照旧责成管兵章京等管带,仍派官兵二三十名督率防堵,按期操练,提高技艺,且年年更换。如此各旗岁增"谙练之兵,胆气既壮",可望自强自卫。同时强调驻防蒙古兵丁到期换防时必须由正、副盟长严格挑选精壮兵丁,配给器械,赴防所交营员点收,再饬令驻防期满之兵,各回原牧。且要求盟长于本旗就近专理旗务,以归核实,而免废弛。

当然,对自保蒙古兵丁防守的费用事宜,杨遇春等也予以考虑。指出"第兵数加多,费用必增,亦不得不为之筹计"。于是本着节约经费的原则,提出三条主张,拟定为章程。主要内容:(1)蒙古自费,官为代买。按章程规定,蒙古各旗兵丁应需口食,均系在城领票,采买粮茶,运赴牧所,转给兵丁。其往返运脚需费计每兵口食,羊、茶、炒面、马匹等项,月需银2.78两,合计每岁共银4170两。在银两分配上,规定将蒙古兵丁应需口食,每兵每日额定银3分,每月计银9钱,令该盟长等将此项银两按季先期交察汉托洛亥驻防副将等官处,就近代为采办粮茶。(2)盈余分给兵丁。蒙古兵丁日常所用计每兵每月需银7钱有奇。其盈余之数,分给各兵作为零用。(3)增加步兵,减少马兵。按例兵丁所乘骑马匹,每匹每月需银1两。兵数既加,马匹费用亦增。因而议定每年派步兵130名,马兵120名。由是减马130匹,每岁节省银1560两。杨遇春认为,如此变通,"则兵数虽加,而用费仍属无增"。

经费章程奏定的同时,也详细规划和安排了蒙古兵丁防守事宜。在蒙古盟长所选派的400名蒙古兵内,挑选出年富力强者250名。其中执持鸟枪者有200名,无枪者50名。故而经由恒敬会同西宁总兵官舒通阿商议,捐出鸟枪50杆,配给无枪蒙古兵丁,以资应用。十一年四月初一,饬令副将马鸣谦将250名蒙古兵分安各卡,驻防自保。

对青海蒙古的管理,不仅体现在军事布防上,也表现在一般事务性管理上。道光十二年(1822)三月,杨遇春主持普查了青海蒙古札萨克及察汗诺门罕喇嘛旗的户口。请准喇嘛旗"仍居河南",并对察汗诺门罕身故后旗务萎靡不振之象加以整顿。提出现任盟长"图萨拉克齐年幼,不能护理属下",旗内人口仅存400余户,其余"早经逃散","现存之户,又复逃亡各族",以至于人数减少。故而"应请暂行收贮旗长印信,饬令该旗收回逃户,不再移住河北,免滋事端",以此扶持与维护喇嘛旗人众的生存。① 同年十月,舒通阿任西宁办事大臣后,督促各文武官员"收攒"该旗人口,不久,即报未招揽者尚有十之一二,已回者"已及千有余户",故将"前经收贮印信仍令该图萨拉克齐照旧护理,小心管束手下"②。

需要补充的是,蒙古自保的巡防策略也有反复。至道光十四年(1834),清廷复又重新执行前期的一年四班巡防操演办法。是年,杨遇春巡阅西宁营伍,与西宁办事大臣舒通阿面谈摊派蒙古巡防一事,舒通阿提出蒙古一年两班巡防确有格碍之处。为此,杨遇春认为,舒通阿比自己更体察地方情形,尤其是近两年来,舒通阿留心查访,尤熟悉蒙古。因而奏请清廷更复旧章,且在奏折中说道:

> 据舒通阿之意,蒙古生长口外,自幼射猎为生,其马上枪箭技艺,均系出于自然。原与绿营兵丁操练迥别,今使其长川操演,不惟铅药火绳无项可出,且一年一换,贫穷蒙古,又旷游猎转,于生计不裕,实非出自心愿。况按羊摊派差银,官为办理口食给散,虽运费稍省,而羊茶炒面蒙古各旗自有,乃令摊银交官采办,尤难保不日久弊生,熟体情形,殊为未便。

与此同时,两翼盟长暨各旗王公等纷纷"呈恳更复旧章"。为此,杨遇春强调,既然旧有章程有碍于蒙古生计,自己万万不能拘泥于已定章程,也不能因有前奏既定章程而实行不利于蒙古生计的办法,遂奏请恢复蒙古兵丁旧有巡防章程,将500名蒙古兵仍旧分为四班,随两翼盟长同官兵巡防操练,口食一切听其自便,以免扰累。朱批:依议。③

针对蒙古贫困之状,清廷也时常拨付银两食物予以赈济。道光三年(1823),西宁北部的大通与河西走廊东乐地方,为了将受藏族扰掠而避于两地的蒙古护送回原本游牧家园,议定"无论大小口,给予炒面三十斤,以日赈壹斤之数核算"散给,实际共发放仓石青稞667.233石。送还出口

---

① 录副奏折,奏为黄河南北蒙番平静冰桥消化加添兵弁撤回归伍事,道光十二年三月初七日,档号:03-2958-011。
② 朱批奏折,西宁办事大臣舒通阿奏为青海札萨克喇嘛察汗诺门罕圆寂仍饬令图萨拉克齐护理事,道光十二年,档号:04-01-01-0735-029。
③ 朱批奏折,陕甘总督杨遇春、西宁办事大臣舒通阿,奏为请复蒙古兵丁派防旧章事,道光十五年三月十三日,档号:04-01-01-0762-058;又录副奏折,同名档,档号:03-2981-012。

的蒙古原住贡尔额盖以西之他他不拉、阿里弟克等处，计程自一千五六百里至两千余里不等，所用过炒面、青稞并驮运老弱病残者的脚价、采买口袋口绳价值等项银两均报户部奏销。①

可见，在对青海西部蒙藏关系的处理上，地方官不时调整管控策略，清廷亦颇费周章，尤其面对蒙古一蹶不振，除了拨款赈济外，尚不得不经常出派军队，动用武力，以应付藏族部落的抢掠，处理抢案。

（四）处理"抢案"

所谓"抢案"，学界也称为"番案"，是指清代青海西部一些藏族部落之人抢掠蒙古牲畜财物的事件。学界以往的研究主要侧重青海盟旗制度及蒙古社会地位衰落方面，至于蒙藏关系研究也多以所谓清廷由"抑蒙抚番"转而"抑藏抚蒙"的政策为先导，新近研究成果则从法制史层面将抢案作为社会控制问题加以讨论。②然而，翻检档案，不难发现，抢案旷日持久且不断升级，与青海草原生态不无关联，黄河南藏族人口增加与草场不敷的人地矛盾，成为草原社会发展的瓶颈，不利于社会稳定。一遇天灾，更是雪上加霜。细究所抢夺物，以马匹牛羊等牲畜为主，兼及皮毛、钱物及日常用品，还有官私与达赖喇嘛的商队货物及官马厂等。这正如那彦成在整饬青海时专门给道光帝说的那样，抢掠者不过贪图水草，只为谋食。因而草场、牲畜与食物等维持日常生计必需的生产与生活资源，都是抢夺的对象。可见，抢案不是清廷在黄河上设置几道巡哨屏障、动用几次武力就能够彻底解决的，实际上就是青海草原草场资源分配、草场狭窄乃至载畜量过高进而使草场退化等环境问题长期累加的间歇性爆发，只是在处置时受社会进程与人们的认识程度的限制罢了。

纵观抢案的参与者，除了青海黄河以南及果洛一带部落的藏人外，也有蒙古族部落之人，还有临近府州县的回汉民众。而遭抢劫者，也不仅限定于青海黄河段以北的蒙古族部落，还有当地力量较弱的藏族部落及路过青海的商队，甚至达赖喇嘛商上驮队、往京进贡的堪布及地方官营马厂。

---

① 户科题本，题请核销甘省西宁等县道光二年赈恤蒙古贫民银粮用过价脚采买口袋等项银两事，道光九年四月十二日，档号：02-01-04-20412-022。

② 主要有：黎宗华、李延恺：《安多藏族史略》，青海民族出版社1992年版，第162—164页；南文渊：《18—20世纪青海蒙古社会的变迁与衰落》，《青海民族学院学报》2009年第4期；高晓波、张科：《论清代青海民族纠纷解决与社会控制》，《青海民族研究》2013年第2期；柏桦、冯志伟：《论嘉庆时期对青海藏族与蒙古族之间抢劫牲畜案的处置》，《青海民族大学学报》2013年第4期；张科：《清代安多藏区的法制建设与社会控制》，《中国边疆史地研究》2017年第2期。

从道光九年（1829）杨遇春与西宁办事大臣穆兰岱共同所奏的报告可知，上年十一月二十二日夜间参与抢掠者分属于蒙藏各部落。其中属于藏族部落的有：西宁阿里克族、时行政隶属四川的果洛克族①、黄河南蕴依族、叶什群族等，还有蒙古王公恭布多尔济与察汗诺门罕旗下之蒙古人等。②当然，也有冒充藏人参与抢劫者，其多为"私贩私歇"者"与野番结拜沟通"。道光初年于麻木沟捕获的抢劫肃州马厂者，均为大通、河州、肃州、张掖、中卫以及西安府咸阳、长安县一带的回汉民众，这些人冒充藏人且与角昂族部落勾结一起，从事抢劫。③

道光元年（1821）十二月，冒充藏族的回汉抢劫者"引领角昂族一百余人"，在大马营滩地方劫掠蒙古不知何部落的马牛羊五百余匹只。次年春间，又"俱穿戴番衣番帽，引领角昂族十数人至三个俄博地方，抢劫不认识蒙古牛羊二百余只"。直至七八月间，在不到一年的时间里，奏报官方的抢案十余起，有的还入商户偷窃，抢案可谓"经年累月，不一而足"④。

"抢案"自乾隆年间不断发生，清廷在处置时，起初多采用内迁蒙古人的办法。三十一年（1766）时，临近果洛藏族部落的蒙古札萨克因常遭受劫掠，被清廷内迁往别的札萨克处给予安置，同时也增添防御守兵。⑤继之，奏报的抢掠事件增多。四十三年二月初三，有郭罗克，即果洛克藏族十余人抢掠蒙古台吉噶勒丹丹忠属下五户人家的马牛53匹只，且进至札萨克台吉恭格色布腾所设卡伦，"剥其卡伦三人衣服，赶马四匹以去"。蒙古台吉亲率兵150名，追赶6日，无功而返。此事，使乾隆帝大为感慨，说道：

> 每年派兵设卡伦于边界地方，特为保游牧防贼匪起见。来者是否郭罗克，尚不可定。即系郭罗克，才十几人，许多牲畜即被抢去，连

---

① 今青海果洛地方藏族的行政归属自清以来变化较大，伴随甘肃辖境的改变而变更，大致为清中叶前属四川，清末属甘肃，民国年间隶属于青海。

② 朱批奏折，陕甘总督杨遇春、西宁办事大臣穆兰岱，奏为拿获从前抢劫蒙古马匹拒伤兵丁案内番贼宣巴然窝一名讯明即行正法事，道光九年十二月初八日，档号：04-01-01-0712-001；又见录副奏折，二人所奏的奏为审办伙贼宣巴然窝于西宁抢劫蒙古拒伤兵丁案事，道光九年九月十二月二十日，档号：03-3930-058。

③ 朱批奏折，陕甘总督那彦成、西宁办事大臣松廷，奏为审明麻木沟虎三等冒充番人行抢案按律定拟事，道光二年十二月十三日，档号：04-01-01-0638-007。

④ 朱批奏折，陕甘总督那彦成、西宁办事大臣松廷，奏为审明麻木沟虎三等冒充番人行抢案按律定拟事，道光二年十二月十三日，档号：04-01-01-0638-007。

⑤ 寄信档，寄谕青海都统海明著准将青海近居郭罗克之札萨克内迁安置，乾隆三十一年九月十四日，档号：03-131-5-032。

驻卡伦兵被剥衣服,而札萨克亲率兵追数日,一人亦未能拿获。真是可笑。从前青海蒙古等常欺凌番子等,今反被番子等抢掠剥衣,胆怯至极,还可称蒙古耶?伊等岂亦不知羞耻?以此观之,札萨克台吉等平时不重视防贼,偶发盗案,惟靠报地方官替伊等查拿,岂有此理?

当然,乾隆帝也说:"青海周围可游牧之地甚为广阔,倘将卡伦稍向内收敛,其游牧也稍向内移,则青海游牧距离番子等远,此等盗贼自然减少",令地方官会同该札萨克等"相度地方形势,详议具奏"①。可是,地方处置的进展已经赶不上黄河南地方人地矛盾激化的速度,参与抢劫的藏族部落逐渐由果洛克波及至黄河以南的藏族部落,且后者北迁黄河驻牧的势头日益强盛,参与抢劫案件亦不断升级。

乾隆五十五年(1790)五月,据陕甘总督勒保、西宁办事大臣奎舒奏报,"贵德、循化所属番子等竟敢纠集多人,偷盗蒙古马匹"。此次"偷盗河对岸鄂罗勒布卡伦十六匹马","偷盗纳噶达什等四户八十四匹马"。当然,被盗抢马匹内,除了有蒙古人的,还有卡伦官马。按照蒙古律例,"盗马逾十,即行正法。即或民人于蒙古地方偷盗马匹。亦照此例办理"②。

偷盗马匹过程中,伴有抢劫牛羊等牲畜和财物乃至伤人,在清代青海西部"抢案"中司空见惯。从乾隆五十六年(1791)清廷寄给陕甘总督、驻西宁办事大臣的谕令中可知,居于循化一带的"番子"等,纠伙劫掠青海札萨克台吉沙喇布提理游牧牲畜。沙喇布提理率兵拒敌,中弹身亡。虽"尾追之人追至贵德部番地",最终夺回被劫掠之马匹,"贼番溃散",但付出了不小代价。而且"此等地方番众掳掠青海蒙古牲畜,致伤人命,乃具常事"。清廷在评价此事时说:"非有心伤害札萨克台吉","但因循日久,亦不成事体"③。为此,清廷扩大了西宁办事大臣的权限,管理范围从青海湖周围蒙藏扩展到与府县体制临界的循化、贵德等厅属周边的蒙藏部落。

实际上,仅以道光初年以来清廷对青海西部抢案的处理而论,自长龄、经那彦成,再至杨遇春,历经几任数次。针对抢案发生的根本原因,

---

① 寄信档,寄谕副都统博清额等著传谕青海札萨克台吉等好生防贼,乾隆四十三年三月十七日,档号:03-135-1-013。
② 以上均见寄信档,寄谕陕甘总督勒保著将盗马番子严加缉拿即行正法示警,乾隆五十五年五月初四日,档号:03-140-3-045。
③ 以上均见寄信档,寄谕陕甘总督勒保著将盗马番子严加缉拿即行正法示警,乾隆五十五年五月初四日,档号:03-140-3-045。

各位都有独到分析。如那彦成就多次向道光帝申明藏族抢掠蒙古"不过贪图水草，只为谋食"。遂在黄河各渡口，按札萨克所处地段划分，由旗人把守，一旦发现偷渡，即追究千百户责任。道光二年（1822），长龄整饬黄河南藏族部落的偷渡、抢案时，对参与抢劫者，予以严厉惩办，且制定处罚办法。规定如有河南番子偷渡河北者，即在河岸就地正法示众。若沿河岸边有执持弓矢军器抢劫者，即照理藩院例，亦就地斩枭，随时惩办。并令甘州、肃州、西宁各提镇亲自带兵，按四季会哨，每月派副参大员带兵巡查。次年，再经那彦成整饬，又经理藩院奏准，严格惩戒办法。严令嗣后青海蒙古地方，无论蒙古、番子、民人，凡有执持弓矢军器，白日劫道及有杀人重情者，即照刑律，不分首从，皆斩立决，就地枭首示众。① 尽管从严惩处，但偷渡与抢案事件仍旧频发，且不断升级，地方不能遏制。

对偷渡者"就地正法"的严厉制裁措施及"抢案"仍不能被遏制的问题，杨遇春曾表示过怀疑，并将自己的想法奏报清廷。道光六年（1826）三月二十一日，其在奏报中说道：河北番子自悉数驱逐后，仍有偷渡抢劫之案，均经随时拿获于审明后"立行正法"。现又拿获偷渡番子，名叫却什布加者，奏请是否照历次成案办理，"是否业经正法"？对此，清廷回复道："如该犯尚在羁禁，著杨遇春即委员监视处决，仍枭首传示河南察汗诺门罕旗地方，以昭炯戒。"②

如前所述，偷渡与抢案愈来愈烈，不仅藏族抢夺蒙古，就是藏族之间也时常发生抢案。或盗劫民户，或抢劫行商。道光九年（1829）七月十三日，"有番贼三人，骑马持械，在于碾伯县属沿边马哈拉沟上新庄牧坡劫去番民次下什加等马骡"③。八年七月间，前藏安木加达仓寺贸易藏人首领纳木云达克等人，随同西藏贡使及前藏差人古竹巴即罗桑沃色尔等赴归化城等处贸易，行至通天河竹（珠）古拉山东沟地方，遭四川果洛克五六百人的抢劫，不仅所有货包、牲畜、锅帐、口粮尽数抢劫无遗，且击毙回京之白塔寺喀尔沁喇嘛呼毕尔罕 1 名，贸易藏人 1 名，雇工 3 名。经交涉后，只索还达赖喇嘛贸易执照、古竹巴噶尔本货包衣物口粮牲畜，其余贸易藏人纳木云达克等货物 2395 包，衣物口粮 806 包，马骡牛 2173 头，尽被抢

---

① 赵珍：《那彦成整饬青海述略》，《清史研究》1997 年第 3 期。
② 录副奏折，杨遇春奏为已将拿获贼番却什加布审明后即照成案立行正法等事，道光六年四月二十五日，档号：03-4033-045。
③ 朱批奏折，陕甘总督杨遇春、西宁办事大臣穆兰岱、奏为在巴燕戎格地方拿获强劫番贼完第尼麻审明正法事，道光十年三月二十一日，档号：04-01-01-0720-017。

去。与被抢商队一起行走之甘肃循化厅属宗喀寺喇嘛他卜克也报称，同日被果洛克抢劫的衣物经卷佛像共20驮，马骡5匹，银150两。同年，青海柴达木地方蒙古阿力克藏族，也被果洛克一些藏人劫掠。

四川果洛克等处藏族，屡经抢劫青海玉树一带藏族，虽饬令查办，可是，一直未能缉贼获赃。对此，杨遇春的态度也有所转变。认为"果洛克不法藏人，纠众抢劫西藏贸易藏人货物牲畜，计赃至盈千累万之多，实属目无法纪，若不大加惩创，尚复成何事体"。经奏请清廷，准予力办。

十一月初一，清廷先是谕令杨遇春等开具失单，咨会该处将军等查办。并令署理四川总督瑚松额等遴派办事得力大员，迅速严缉勒拿，务获人赃，从严惩办。对于遭劫者，令杨遇春选派弁兵，由甘肃、陕西一路护送至四川省城，就近听候，认领原赃，以示体恤。然而，缉拿之事并无结果。十一月十二日，瑚松额等人奏称，前往缉拿抢犯，官兵必自漳腊营至黄胜关出口，再至果洛克边界，路程2000余里。此正值"冬令严寒，大雪封山，不得前进"。清廷只得准其俟来年春，天暖雪消，按例出口游巡之时，"派熟悉夷情、明白干练之员，调集各该管土司"，将所抢西宁属札萨克台吉布彦达赖等旗、玉树藏族以及西藏贸易藏人等货物归还，按律惩办。

可是，果洛克藏族出没抢掠之事从没停歇。直到道光十四年（1834），西藏进贡堪布人等，又被抢劫。先是七月间，当该堪布行至前藏札噶布山地方，被果洛克不法藏人纠众抢去包驮5起，并杀伤多人。九月初十，当商队行至塞若松多地方时，又被果洛克3000多人围困，将贡包并众藏货包、牛只马匹全行抢去，且杀毙行商藏人7名。待行至贡额尔盖地方，复又被抢去剩余货包。此处奏报3000余果洛克人是否有夸大嫌疑，暂且不论。但进贡堪布一行的行程，清廷已谕令在先，堪布等赍载贡包约于十一月自藏起程经西宁赴京，饬令杨遇春等沿途一体照料，妥为护送。孰料，进贡队伍尚未出藏地，就已被洗劫一空。由是，杨遇春即飞咨四川，赶紧查拿严办，并严饬该处驻防副将带领官兵分头侦缉。

清廷得知果洛克不法藏人肆行无忌，胆敢纠众数千，抢劫贡物，十分震惊。谕令道："此实属胆大恶极，若不从严究办，必至西藏道路不通。"谕令瑚松额等赶紧派委将弁，"驰往札噶布山及塞若松多地方，悉数查拿抢劫贡物之果洛克部落，全数追获贡包、货包及牛只马匹等，从严惩办"①。

---

① 以上均见朱批奏折，奏为西藏贸易番人货包被四川果洛克番贼强劫移咨川省查办请敕缉拿严惩事，道光八年十月十九日，档号：04-01-01-0701-030。

至杨遇春任职的末期，如前文所述的以"番子"装束抢劫官营马厂的事件也不断升级。道光十四年（1834），在"蒙番错处"的肃州属讨赖川官营马厂被抢，九月十九日晚，有"番子装束"的"贼匪四五十人，骑马持械，闯入厂内，将孳生并牧放营马五百八十六匹，肆抢赶走"。至十二月下旬时，查拿亦毫无进展。①

就笔者目寓的史料，杨遇春所处置的抢案中，较有成效的有两次，均发生于道光十二年（1832）。

第一次是四月二十七日。②杨遇春会同西宁办事大臣恒敬，针对黄河迤南藏族纠众抢劫，饬派文武员弁酌带兵前往捕办。从杨遇春的奏报中可知，在黄河青海段沿岸所实施的防御措施与沿河一带的严密巡防，起到了震慑作用，以至于河南地方各藏族部落"尚知畏惧"，即间有七八人或十数人结伙偷窃抢劫，均随时经该管文武官员缉拿究办。然而，因上年黄河沿边地方收成歉薄，散居住牧于循化、贵德两厅卡外的思昂拉千户所管八大族中之杨弄、古弄、录弄、铁哇、合尔哇、东什当、水乃亥等各藏族部落，时常纠集多人，骑马持械，四处抢劫。又由于该部落藏人，相距营汛较远，距循化、贵德各厅城300余里，距保安营80余里，处于行政有效管控的外围，鞭长莫及，若不"示以兵威，使知畏惧，必致贼势枭张，酿成巨案"。

因而，五月初九，循化同知、州判夏曰瑚带领撒拉族兵1000名，汉、土族弁兵300名，前往弹压。杨弄等藏族部落以武力抗拒，击毙撒拉兵2名，循化同知等亦督率汉、土族官兵击毙藏人6名，烧毁房屋数十间，余者逃窜入山。经撒拉、汉、土族各兵就近搜捕，又杀15名，受伤逃跑者十余名。经武力弹压后，文武各员委派土官千总杨万士等，赴康家寨藏族居住地，向该族总管千户观木却合晓谕利害，宣示恩威。

面对官军，观木却合千户称：自雍正年间，祖辈蒙赏千户，迄今百十余年，居住山僻旷野之地，从未见过文武各官。所以"古弄等族藏民，不知王化"。今见"官兵捕捉，实知畏惧，情愿带领头目人等自行赴辕请罪"，遂献出抗拒者20人，并出具永不为匪抢劫"甘结"。地方文武各员认为，观木却合千户及各头目等"悚畏情形现于词色，尚属至诚"，更由于此处各部落藏族，大多数已从事定居的半农半牧生产生活，又正值农田

---

① 朱批奏折，奏为特参平川堡守备岳成等员疏于防缉致令马厂被抢请分别革职议处事，道光十四年十二月初一，档号：04-01-01-0752-043；录副奏折，奏为特参厂马被抢疏防各员事，道光十四年十二月初一，档号：03-2633-070。

② 李光涵：《时斋府君年谱》，《年谱丛刊》第125册，第313页。

播种之际，"未便使其失所，另滋事端"，决计从宽处置。所以，一方面"剀切晓谕，令其归族，仍安住牧"，另一方面将千户所缚献参与抢案的20名犯事者，据罪行轻重分别予以法办。

此次循化厅在缉拿查办藏族抢案过程中，饬派撒拉族人参与处置，引起道光帝的不安，且十分气恼。因其深知，如果对西北各族问题处理稍有不慎，就会制造积怨，酿成大错。尤其是"撒拉回民，赋性犷悍"，"向来卡外小有不靖，从未派令前往拒敌"。"诚以用其力而不稍示以恩，必生怨望"。且认为"倘此端一开，将来该回番等互相寻衅仇杀，尤不成事，流弊所滋，不可不防之于始"。所以，忧心忡忡的道光帝只得以"此案事属既往，姑勿深究"。只是谕令杨遇春落实查明办理此事者引以为戒，嗣后如有卡外抢劫等案，不得再派用"回民"，仍令报官查办。①

第二次发生在七月二十三日。先是辅国公珠尔默特图布坦策楞旗下蒙古人前赴官兵驻防处报告，说有藏人百余名抢掠了附近蒙古各旗牧放的牲畜，禀请官兵前往查办。驻防都司宁显文即带领弁兵数十名驰往追捕，与抢掠者发生冲突。不仅终未拿获一犯，宁显文反而被伤数处，手下兵士阵亡7名，伤24名。西宁办事大臣恒敬得信后，一面即飞饬循化、贵德二厅营，速为密访查拿，一面酌带马步兵300名，亲赴防所，督饬追缉，并知会杨遇春核商办理。

不几日，统领防兵的永安营游击冉贵禀报，当月二十八日，其带兵巡卡，至河透沟口地方时，遭遇"藏人纠合的抢劫队伍返回"。遂率兵剿捕，杀毙数人，夺获牛羊3000余只。又饬派兵弁，分路缉拿四散的藏人。与此同时，黄河南循、贵二厅营亦禀报，在噶布古僻静河沿地方，加咱等四族藏人，拆毁木筏，偷渡返回原牧地。

一系列事件的发生，使得杨遇春对黄河以南各藏族部落于近年来表面上所呈现出的"颇觉安静"假象，不得不冷静对待。认为河南加咱等四族，胆敢于噶布古地方僻静河沿，扎筏偷渡黄河，肆行抢掠附近各旗蒙古牧放牲畜，并拒捕击伤官兵，实属不法，亟应赶紧搜捕严办，以免另滋事端。且饬署河州镇总兵副将马鸣谦带兵500名，督同循化、贵德二厅营酌带马步兵300名，亲赴防所，督饬追缉。并令该处藏族千百户勒献主犯，悉数呈缴被抢掠牲畜。所有拒捕者，务期"按名弋获，尽法惩治，毋使漏

---

① 此处回民特指时甘肃属青海撒拉族。《清宣宗实录》卷215，道光十二年七月上乙巳，第183页。

网"①。

时至十二月初二，为保证河北地方静谧，以防潜匿抢犯。杨遇春在做了周密部署后，又派新任西宁办事大臣舒通阿酌带官兵，驰赴防所，督率防河员弁于黄河南北两岸分几路侦缉。② 其中黄河北岸分为两路：一路于空刁年沙地方，两次追及七八十名不法藏人。藏人四散，官兵追击，先后毙20余人，夺获牛羊马千余。其余藏人逃往河沿，踩浅处凫渡河南。另一路由守备马进禄带领，于黄河南岸设伏阻截，乘不法藏人渡河一半时，出而兜击，毙五六名，落水死者八九名，夺获牛马30余匹，余十数名俱凫水逃逸。

黄河南岸由署总兵马鸣谦负责。当其率兵驰抵河南后，传集加咱等各族千百户等，示以兵威，晓以利害，"勒限缚献赃贼"。该千百户等"伏地认罪，情愿依限拿贼自效"。遂陆续交出擒获主犯13名，割献带伤逃犯首级3颗，搜缴原赃马牛羊1000余匹只。该千百户还报称：此次偷渡者虽有100余人，但其所管加咱等四族参与者实只70余人，其余系四川果洛克藏人。现在加咱等四族，除歼毙及擒献外，尚有十数名逃匿它处，恳求宽限，俟其返回后，即搜捕交献，不敢隐匿延宕。

杨遇春令官兵于河北地方屡次搜查，因时值大雪封山，官兵不便久驻牧区，且徒滋糜费。除严饬统领驻防游击冉贵等督率防河官兵以及把守渡口之千百户等加意稽巡侦缉逃逸者外，其余人员撤回归伍。至于拿获加洛等12名抢犯，先交由西宁府知府赵宜暄等详讯，继之，又与舒通阿亲提各犯，个别研讯。

据加洛等12犯供称，③ 各自实系河南加咱、隆务、叶什群、阿乃亥等族"番子"，本年七月间，起意偷渡抢劫，随分头纠结各自族内并果洛克"番子"，共约100余人，用树枝扎成木筏，在噶布古僻静河沿，渡至河北，于巴燕诺、后靠哩等地方先后抢得不知姓名的蒙古所牧放牲畜，约计4000有余，瓜分牲畜后，分起赶回自己地方牧放。沿途及经过河岸时，屡遇官兵追截，遂放枪抵御，致伤官兵。旋拒旋逃，踩浅处过河后，潜回各游牧地。直到被拿获。

又据抢犯奴科供称，自己归属阿力克"番子"，原居住河北。早年因

---

① 以上均见《清宣宗实录》卷219，道光十二年九月上癸丑，第266页。
② 《清宣宗实录》卷227，道光十二年十月下，第339页，又录副奏折，奏为委舒通阿兼署西宁办事大臣事，道光十二年十月二十日，档号：03-2630-012。
③ 12人指的是加洛、哈他勒、依希、他什果、完的他尔、羊本、旦巴、札尔加、尕卜藏、完的丹巴、什尕洛、古录加，另有奴科一人，共13名。

贫困，往加咱族谋生，与尕卜藏熟识。尕卜藏渡河时，差一点溺水身亡，被奴科奋力打捞上岸。尕卜藏感激其救命之恩，即分给所抢获羊 8 只，予以酬谢。经加咱族千户严审，确无随同偷渡伙抢情事。

在总结案情时，杨遇春指出，此案所获加洛等 12 主犯，起意纠结各部落偷渡肆抢，复敢拒捕，致伤官兵，证据确凿，罪无可逃。经与舒通阿审明，即派委文武员弁将加洛等 12 主犯，一并押赴市曹处斩，仍将首级枭示河岸。至于奴科一犯，纯属"无知愚番"，又无偷渡抢劫情事，从宽处置，依照不应重律，杖八十，枷号两月，鞭责发落本族，由该管千百户等严行管束。已获赃畜，分还给各事主。

其余未获各犯及果落克藏人，严饬防河官兵，并咨四川地方，一体严缉。至于失察之各族千百户等，本该均有应得之咎，考虑到该千百户等一闻官兵搜捕，即将"逃回各贼实力擒献，尚知惧勉"，也从宽免议。仍责令查缉余贼，务获呈办。对杨遇春所办所奏，清廷亦十分满意，朱批："依议。钦此。"① 当然，偷渡、抢案事件并没有因为杨遇春的两次大的军事行动而敛迹，一直伴随于藏族北迁河北定居的整个行动过程。

总之，清廷在青海西部地区所实施的一系列文武双管齐下的管控措施，虽然有因俗而治较为成功的一面，但是面对蒙藏两族间百余年的纷争长期得不到解决的困境，不能不说是忽视了这里草场生态恶化，藏族部落人口大量增加，生计难以维持的多项因素。尽管地方官员不断提及纷争缘由在于"水草不能皆好"，在于"口食无着"等方面，但在当时生产方式相对单一的经济状态下，要解决人稠地狭的矛盾，还是有相当难度。一旦出现社会冲突升级情形，为了维持社会治安，只能通过武力镇压的方式解决。有道是唯有解决好民生，才是达到社会稳定与长治久安的主要手段之一。

---

① 以上参见朱批奏折，陕甘总督杨遇春、西宁办事大臣舒通阿，奏为搜捕偷渡贼番事竣并审明正贼加洛等按律定拟事，道光十二年十二月初二日，档号：04-01-01-0743-019。

第六章 军事思想与将兵之术

杨遇春的军事思想建构在清廷八旗绿营军事体制基础之上,其作为军事实战派,有着自己的一套军事韬略与战略战术,为中国军事战争史上增添色彩。

一 地方绿营体制

说到清代地方军制,这里主要以绿营兵制为主加以叙述。绿营一般以一省或数省,为一个军制单位,由总督或巡抚节制。绿营的最高武官为提督,下设有总兵、副将、参将、游击、都司、守备、千总、把总、外委千总、外委把总等多个级别。

总督一般为文职出身,也有出身武职的特殊情况,由提督直接升任。杨遇春就是武职出身的总督。按照清制,总督为正二品官,加兵部尚书衔,则为从一品,例兼都察院右都御史,或为兵部右侍郎兼都察院右副都御史。巡抚为从二品,兼都察院右副都御史和兵部侍郎,为正二品。杨遇春在陕甘总督任上前后近十个年头。

提督是各省绿营的最高长官,掌一省之军政,与督、抚并称为"封疆大吏",为从一品,比巡抚高一级,若加尚书衔,同总督秩。也有特殊情况,提督带左右都督衔者为正一品,带都督同知衔者为从一品,带都督佥事衔署都督事者为正二品。因戍守区域地理环境的不同,分为陆路与水陆。也有水陆兼任或者由巡抚兼任的。各省一般1—2人,全国设有22人,其中陆路提督11人,由巡抚兼任的陆路提督5人,水师提督3人,兼辖水路之提督3人。提督统率本标官兵及分防营汛,节制各镇,校阅军实,修治武备,稽核武职官弁。嘉庆五年(1800),杨遇春因功擢为甘州提督,后又升为陕西固原提督。

总兵是各省所设若干重要镇守御的长官,为武职正二品,掌一镇之军政，统帅本标。也有陆路与水师之分，在一些军事重地，也有陆路兼水师的。受提督节制。全国共设有陆路总兵70人，水师总兵13人。嘉庆三年（1798），杨遇春由广东罗定协副将，擢甘肃西宁镇总兵。嘉庆十一年，宁陕镇兵乱后，又由固原提督降为宁陕镇总兵。①

清代的副将分为两部分，一部分属于将军、总督以及巡抚、提督等各军，掌司关防，统理军务，称之为"中军"。在将军麾下称为军标，总督下称为督标，巡抚下称为抚标，提督下称为提标，以此类推，共设有14人。另一部分副将直接统率军队，所领为"协"，分守各险汛，称为协标，掌管军政，整饬行营，管理所属参将以下各员弁。其中总督、巡抚、提督各所属之协共设有49个，总兵所属之协共74个，其中水师协副将19个。嘉庆元年（1796），平苗战事中，杨遇春因功升广东罗定营副将。

营（镇）是绿营的基本编制，战略单位。每营额定兵丁三四百至一千不等，其管理按照规模大小，配备相应官衔的长官带领，有如参将、游击、都司和守备等统管，地位与州县官相当。营以下有哨与司，哨以左、右、前、后区分，由千总领之。

绿营兵源，由清初的招募制到后来的世兵制，除了少数营兵配合驻防八旗拱卫京师以外，绝大部分都以驻扎各地、维护地方安全为主要职责。在京的绿营，则统一由步军统领，地方绿营由提督和总兵负责，掌管操练和征战，由地方长官统领。如上文所述，绿营分陆营和水师两个兵种，各有马兵、步兵、守兵3个等级，以步兵为主。绿营常用的武器有刀、枪、矛和箭，还有鸟枪、铳枪和抬枪，也有大炮。绿营总人数一般保持在60万人左右，但缺额总有六七万，同光时期，屡屡裁撤。

绿营组织分为标、协、营、汛4级。总兵以上官员所领绿营兵，称为标兵。因此，总督统辖的标兵称为督标、巡抚统辖的标兵称为抚标、提督统辖的标兵称为提标、总兵统辖的标兵称为镇标、将军统辖的标兵称为军标、河道总督统辖的标兵称为河标、漕运总督管辖的标兵称为漕标。后3标与前1标并列。标兵是绿营的主力。标下一级是协，由副将统领。协下是营，长官有参将、游击、都司、守备。营下为汛，由千总、把总分别统领。总督除管辖督标各营外，还掌管本区内抚标、提标、镇标等，各省的巡抚没有管辖提标、镇标等的权力。

---

① 朱批奏折，西安将军德楞泰、陕甘总督全保，奏为遵旨分别奏参宁陕镇总兵杨芳驭兵不严请革职固原提督杨遇春降补宁陕镇总兵事，嘉庆十一年十二月十二，档号：04-01-16-0098-186。

陕甘总督所辖绿营布防辖境包括今天陕西、甘肃、青海三省与宁夏、新疆维吾尔自治区所在的中国西北地区。清初，在陕西与甘青宁所在的甘肃辖境，各设陆路提督1人，后也有些许变化。康熙十五年（1676），陕西提督驻宁夏、凉州各1人，二十二年裁。辖境内设陆路总兵11人，其中陕西4人，甘肃4人，新疆3人。在陕西绿营设陕西巡抚标兵3营及固原提督，统辖本标绿营官兵，并节制4镇。陕西固原提督1员，统辖提标5营，兼辖静远等4协及静宁等25营，节制延绥、陕安、河州、汉中4镇。甘肃绿营辖本标官兵及设甘肃提督1人，统辖提标5营并兼辖永固城守协及甘州城守等8营，节制西宁、宁夏、凉州、肃州4镇。新疆绿营经制变化较大，早先设有哈密提督，后转设为巴里坤提督，统隶于陕甘总督，后又改设为喀什噶尔提督1人，统辖提标5营，兼辖回城、莎车2协，英吉沙尔等营，节制阿克苏、巴里坤、伊犁3镇。其中伊犁镇总兵兼受伊犁将军节制。

三省提督因陕甘总督辖境而有所变化。顺治年间，这里的总督节制川陕甘三省，称为川陕总督，直到乾隆年间变化不大。乾隆间，分设甘肃总督，以四川总督兼辖陕甘，不久，又改为陕甘总督。原设的宁夏、延绥二巡抚也先后被裁撤，宁夏归甘肃，延绥属陕西。后甘肃巡抚也被裁，由陕甘总督兼理。甘州先置总兵，旋又改设提督，并以陕西提督改为西安提督，移驻固原。新疆巴里坤提督以下官兵，自乾隆二十六年（1761）起，统隶于陕甘总督。嘉庆、道光年间保持该体制不变。

当然，在地方军事体制中，还有八旗驻防，仍归其在京城的原佐领统辖。八旗驻防军分三级制，最高为将军，下设都统、副都统，再下设有城守尉、防守尉，以及专城协领等，设佐领、防御及骁骑校等若干。如陕西驻防有西安将军1人，驻扎西安府；下设副都统2人，与将军同城驻防。下设协领、佐领、防御及骁骑校各若干人，统八旗满洲、蒙古前锋以及领催马甲、炮甲、养育兵近6000名。

甘肃驻防，分于宁夏、凉州与庄浪三地。其中宁夏设将军1人，驻扎宁夏府，下设副都统1人，与将军同城驻防，同城分级设协领5人，辖佐领、防御、骁骑校各若干名，统八旗满洲、蒙古前锋、领催、马甲、步甲、炮甲以及养育兵近4000名。凉州设有副都统1人，驻扎凉州，辖守城守尉1人，以下分级设协领、佐领、防御、骁骑校各若干人，统八旗满洲、蒙古前锋、领催、马甲、鸟枪马甲、炮甲、步甲、养育兵约1200名。庄浪设城守尉1人，驻扎庄浪城，由凉州副都统兼辖。以下分级设佐领、防御、骁骑校各若干人。统八旗满洲、蒙古前锋以及领催、马甲、鸟枪领催、马甲、炮甲、步甲、养育兵约 1100 名。

新疆驻防，设伊犁将军 1 人，驻伊犁。下设乌鲁木齐都统、副都统各 1 人，塔尔巴哈台设有副都统 1 人，还设有哈密、叶尔羌、和阗、阿克苏、乌什、库车、喀喇沙尔办事大臣，以及喀什噶尔参赞大臣、英吉沙尔领队大臣等。①

对陕甘等各驻防八旗事务与旗丁生计，身为陕甘总督的杨遇春也多次过问，并采取措施以解决旗丁的生存问题。南疆两次战事中，与八旗各驻防将军、都统等密切联系，互通有无，协商处事，政通人和。

二　军事韬略

陕甘总督，全称为"总督陕甘等处地方，提督军务、粮饷，管理茶马兼巡抚事"，驻兰州，统辖清代的陕西、甘肃和新疆地区。杨遇春作为地方总督，对地方绿营有着绝对的管理与制约权，对所辖区域营伍体制的加强与平素训练负有重大的责任。

杨遇春久历戎行，谙熟机宜，尽管没有长篇大论的军事著作传世，但是，在其《谕长子国佐家书》②和《速战阵式》③中，还是可以看到军事思想的核心部分与驭服兵士、管理军队的智慧，以及对历经各重要战事的作战过程与排兵布阵的经典策略。

给长子杨国佐家书　杨遇春的《谕长子国佐家书》对于带兵练兵的论述十分精辟，其中说道：

> 带兵打仗，全在鼓励士卒。驾驭得宜，筹粮散饷，时时调剂。赏罚公正，同受甘苦，方能收揽其心。对敌打仗时，旋探旋进，切不可大意。若能平日恤兵，兵亦知顾将，同心协力，自然所向无敌。④

---

① 以上未注明出处者，均见刘子扬：《清代地方官制考》，北京紫禁城出版社 1994 年版，第 162、172—174、201—206、347—355 页。
② （民国）《崇庆县志》《士女·第八之一·杨遇春传》，《四川方志之三》第 2 册，第 452—453 页。
③ 收录于杨国桢自编《杨国桢海梁氏自叙年谱》，《年谱丛刊》第 138 册，第 51—52 页。
④ （民国）《崇庆县志》《士女·第八之一·杨遇春传》，《四川方志之三》第 2 册，第 452 页。

这是向长子国佐所言的自己带兵打仗经验结晶。

杨遇春的打仗之法，务在迅速，随机应变，不可迟疑。提出："为将领者，首以地利为重，次要眼力照料得准，脚跟站立得定。切不可稍有畏怯，必须身先士卒，人人自尔奋勇直前，一鼓作气，断无不制胜之理，若一味自恃己勇敢，敌一人者也。此中机宜，要尔审度。再更有可忌者，切不可看奇门，并行军宝镜，拘泥时日，坐失事机，关系甚重。"杨遇春深有感触地谆谆教诲且总结说："我一生全不讲究此等术，学全靠心术专一，上可以对天，下可对众。此系我生平得力之要法，未尝不屡战而屡胜也。要尔领略，诸事谨慎而行，方可以仰报圣恩，并可以副我期望之苦心，尔亦不枉作将门之子也。"①

纵览杨遇春的治军方略，基本遵循如上的原则，并取得辉煌业绩。当然，杨遇春用兵，起初并无成法，"惟平时号令严明，弓刀枪矛各理各队，勿得前后参差，离贼较近，或三里五里，尤必停顿片时，排比一次，从此直前，纵有埋伏，亦不至仓皇失措"。

在固原提督任时，为操演兵士，杨遇春在抚署旁的院子内收拾闲房二所，并于箭道内添盖房屋数间，每处可容纳五六十人。然后于左右两营挑出"汉仗出众，精神饱满"者百人，分为两班，派专人为教师，"稽其出入弓箭之外，兼习杂技"②。持之以恒，兵士技艺娴熟，战斗力大增，以至于固原提标"天下称劲旅"。尤其在滑县平叛时，得到实战锻炼与验证。

速战阵式 随着实战经验的不断积累，杨遇春摸索出一套操演兵丁之法，名为"速战阵式"。该操演阵式，以130人为一方阵，作为基本单元，10个方阵，组成一路劲旅。每一方阵的"操演之法"是：先令马上旗手2名，承领马队各10人，其中6人持枪，4人握箭。立定后，其余人员，分六层排列。

第一层，步兵旗手1名，领矛手10人，先出，叱咤击刺，有进无退。第二层，旗手1名，领砍刀手10人，从矛手后冲出，旋舞旋进。第三层，旗手1名，领弓箭手10人，复从后冲出，各发四五矢，以探敌之远近。第四层，旗手1名，复领喷筒10杆，从后冲出，屈身点放，前手宜高，且进且摇；后手宜低，把须挂地，放毕。如此做法，恐怕喷筒后坐伤人，而且喷筒须即装即放，不能搁置，以免伤人。第五层，旗手3人，领鸟枪

---

① （民国）《崇庆县志》《士女·第八之一·杨遇春传》，《四川方志之三》第2册，第457—458页。

② 以上均见杨国桢《杨国桢海梁氏自叙年谱》，《年谱丛刊》第138册，第51—52页。

兵30名，连环进步，每枪9出。此杀敌利器，"当之未有不败北者"。第六层，旗手2名，率抬炮10尊，每尊用3人打放；每炮9出，以杀败走渐远之敌。凡各队前进时，分立于两旁的马队"翼之以进"，待抬炮毕，敌败走渐远，两名马上旗手，率马队向前，尽力追杀，以尽为度。

操演时，因以130人为一队，如此，兵士少，易管理，兵士不敢偷懒。俟每一队操演熟练后，再增加至三四队合演，以此类推，直至合演到10队，"始成一路劲旅"。① 后经卢坤奏报，该战法被大加推广。

"速战阵"是杨遇春的战法中最精妙的一招。时人总结说，杨遇春在固原提督任20余年，每营简练精壮300名，以抬炮列前，继以鸟枪，10人一长，习进步连环枪，以次弓、箭、刀、矛、喷筒、火弹，层层护之，用马队翼于左右，署其名曰"速战阵"，天下称劲旅。②

杨遇春独创的这一战法，不仅在实战中娴熟运用，取得战果，还于军营演练时，直接传授给次子杨国桢。道光八年（1828）正月二十四日，杨遇春自南疆凯旋到京，道光帝褒奖给"忠、诚、勇"三字，并实授陕甘总督。即日，杨遇春自京返甘，途中请假3日至河南，为已任河南巡抚多年的次子杨国桢"讲求营伍及操兵之法"，并"求于陕甘将弁对调一二员赴豫省帮办营伍"，获得道光帝恩准，二月十四日，杨遇春至河南汴京，次日，将从河南绿营中挑选之兵分类加以训练。以"步履轻便，手疾眼快为第一等"，于箭道亲自指示持枪持矛、上马背枪及出队入队"一定不易之法"，并奏请清廷准将随带都司海进禄调补河南，以帮助操演独门的《速战阵式》。③

心术专一的战术实践　杨遇春对战事"心术专一"，每战前后，判若两人。平素静默寡言，一旦有警，"军临发，必详谕吏士，不惮词繁。至于再三使人洞晓后而已，非复平日静默也"④。正是由于杨遇春训练兵士有其鲜明的特点，兵士易于接受，有益于实战中运用，因而在绿营中颇有名声。嘉庆九年（1804）十二月初七，为筹办宁陕及汉南各镇协营新兵借项置买地亩，那彦成计划派杨遇春等办理，说道："杨遇春本在汉南，亦令就近督率，统俟各营置买齐全，再令地方大员会同营员踏勘立界"⑤。奏折

---

① 以上均见杨国桢《杨国桢海梁氏自叙年谱》，《年谱丛刊》第138册，第48页。
② 《冷庐杂识》卷2《杨忠武公治军》。
③ 以上均见杨国桢《杨国桢海梁氏自叙年谱》，《年谱丛刊》第138册，第50页。
④ 马履泰：《〈杨胡子歌〉跋文》，见《清代名人轶事》卷4《将略类》。
⑤ 朱批奏折，署理陕甘总督那彦成，陕西巡抚方维甸，奏为宁陕及汉南各镇协营新兵借项买地酌筹办理情形事，嘉庆九年十一月十六日，档号：04-01-03-0142-026。

进到清廷后，遭嘉庆帝驳斥，说道："提督杨遇春、总兵杨芳等，平素带兵打仗，最为勇往，惟当责以训练新兵。"① 至于买地纳粮丈量踏勘等事，应该另选其他人办理。可见，皇帝对杨遇春等人勇敢作战与练兵能力的认可。

　　杨遇春的军事韬略与战法，每在实战中得以施展，总在军中产生轰动。杨遇春自入伍以后，身经百战，战必身先，率皆以少击多，有进无退。白莲教起事蔓延三省，所调各省绿营兵及各处乡兵，"殆不下三数十万"。"独杨遇春所领奋勇无前，大帅以杨遇春所领皆精锐，辄以疲兵易之，然疲兵经杨遇春训练，胆力即壮，且进退有法，而精兵之改隶他人者，或以苛刻挫其锐气，或以宽纵滋其玩心，临阵不堪用命"，即"不化强为弱，即化驯为暴"②。

　　由于杨遇春平日恩威交著，凡兵随其者，倚之为重，有必胜心，而敌之骁狡者，见杨遇春皂旗，便已气夺。如平白莲教的青龙涧之战，所用河州兵300人，即属于大帅改隶他将屡失利者。经杨遇春训练教导，指挥战斗，无不同心协力，以一当百。对此，同仁诸将极不理解，还有人借此以"谋孽"倾陷，当状告到嘉庆帝那里时，被了解杨遇春带兵能力的嘉庆帝"洞见隐微，严旨申饬，其事始解"③。

　　杨遇春性严毅亦极慈祥，对待俘虏，从宽善待。按照清例，对白莲教俘虏的惩处，最初分三等定罪："贼目以上凌迟，持械拒敌官军者斩，被虏者释遣。"但是，其中"愚民被胁者，大抵尝拒敌居多"。经略额勒登保坚决按例执行，经常"系诛之不赦"。对此，杨遇春等"诸将屡哀之"。额勒登保"始下令，从贼不及三月免死，遂多全活"④。当然，在执行中，杨遇春又总是酌情考量，对于虽参与起事3个月以上、而年老无能、年幼无知者，必网开一面。对于万不可赦者，亦必于其中择面目端正、语言直实者从宽，经常是仅"量恶数人"。所以，数十年"未尝枉杀一人"，而"人亦乐为之用"⑤。

　　杨遇春还巧用带兵之术以改变一地乡规风俗。嘉庆十六年（1811），

---

① 《清仁宗实录》卷138，嘉庆九年十二月壬戌，第880页。
② 缪荃孙：《续碑传集》卷22，见《清代传记丛刊》第116册，明文书局1985年版，第226页。
③ 杨国佐：《忠武公年谱》，《年谱丛刊》第122册，第662页。
④ 陈康祺：《燕下乡脞录》卷15，见《清中期五省白莲教起义资料》第5册，第317页。
⑤ 以上均见李元度《国朝先正事略》卷23《名臣·杨忠武公事略》，《续修四库全书》第538册，第511页。

在固原提督任时，看到这里居民多半是信仰伊斯兰教的回民，因新旧教派之分，容易引起事端，导致流血事件。杨遇春深知石峰堡之乱即因新老教之争而演变扩大化为社会动乱，遂对盐茶厅传播新教加以制止。不过杨遇春采取的并不是行政手段或军事管制，而是以练马为名，率领马队五六百人，于盐茶厅一带往来射猎，"即以枪炮声使之震慑"①。随之，固原无新教之惑，地方静谧。

巧用俘虏 杨遇春认为，凡起事叛乱者，多为地方底层贫苦无业者，铤而走险，皆为口食生存，与其无端杀戮，不如还其生路，为己所用。如亲自设计阻击高三、马五的龙洞溪之役，"尽歼其众"，所俘者既众。便从中选择骁勇壮健者800人，作为敢死之士，陈说大义，晓知"俾立功赎罪"。此800人听之，"咸伏地哭"②，声称：愿效死以报。杨遇春"察其意诚"，随以亲信将领之，使自成一队，且立诚说：能出死力，赏必从优，苟不守分，法亦不贷。被俘的800人皆答到：愿用命。③

杨遇春择机巧用这800名俘虏。时正值额勒登保在两当县与冉学胜战而失利，檄杨遇春会剿。接令的杨遇春来至金山梁后，自俘虏中尽得教军秘计。于是，计划以800兵士为伏兵，以出其不意攻其无备之势，伏击教军。便对所俘的800勇士说：汝等入营，尚未出力，营中人岂能无疑？果欲立功赎罪，兼释君疑，此其时也。遂令众人潜伏于紫阳之天池山，当教军偷袭时，急令800伏兵横矛突立，教军胆怯。众人乘势同声一呼，并力一跃，将教军冲乱成数段，分而击之。

为追逃兵，杨遇春又率800名勇敢之士，乘胜追逐40余里，生擒副元帅陈文学。正是由于杨遇春的宽以待人，善于用人，不论出身阶层，视才而用，久之，坊间便流传起这样一段佳话，即："胡子待士如骨肉，蚁大功劳无不录。拔擢真能任鼓鼙，抚循含泪吮疮痍。噫嘻！贼中感服尚如此，岂有官军肯惜死？"④

嘉庆五年（1800）八月以来，杨遇春、庆成率兵在汉江南岸一带截剿教军，先后在白严河、胡家坝一带截杀教军，颇有斩获。继之，约七八天的时间里，在梁山沟地方伏击。由于半个多月的长途奔袭，官兵锅帐全不能跟进，"势不能不略为整集"。当然，教军也疲于奔命，如强弩之末，人

---

① 以上均见李光涵《时斋府君年谱》，《年谱丛刊》第123册，第214—215页。
② 以上均见李元度《国朝先正事略》卷23《名臣·杨忠武公事略》，《续修四库全书》第538册，第510页。
③ 杨国佐：《忠武公年谱》，《年谱丛刊》第122册，第653页。
④ 马履泰：《〈杨胡子歌〉跋文》，见《清代名人轶事》卷4《将略类》。

心涣散。至二十五日时，被杨遇春追剿的一批教军陆续前来归降。如梁山沟地方教军头目苟璜即带领42人前来归降，茶子店小头目刘步云亦带领63人来降，胡家坝旗手刘彪带领79人来降。三波来降教军，前后共约180余人。其中川省人居多，并有欲留在军营出力者，且苟璜、刘彪等声称，"愿带数十人以为前驱"。

杨遇春辨明归降者的真实性后，"择其中略明白可作眼目之刘步云等80余名，留营跟同苟璜等效力"，其余均交手下分别递籍安插。此次教军来降，也是官兵与教军交战以来，发生在陕南的大事，为此，额勒登堡专门奏报嘉庆帝给杨遇春嘉奖。①

智息军中哗变 对于麾下偶尔出现的叛逆者，杨遇春也不滥杀。嘉庆十一年（1806），在处理军中叛逆事务中，杨遇春宁肯被降职，也不同意滥杀兵变受抚的兵士。是年七月十六日，宁陕镇新募标兵二三百名"藉停止米折"，群起兵变，影响甚大。

说到宁陕镇营，节制子午、华阳、黑河诸营，这里"地险兵悍，为汉北第一雄镇"。始设立于嘉庆六年（1801），额定兵6000名，由乡勇组成，分布巡防。② 因该处乡勇多系游手无藉之徒，招募后，绿营将弁多集中精力剿办白莲教，腾不出人手对其训练整顿，乡勇兵丁组织纪律性不强。嘉庆九年八月，清廷以搜捕白莲教众事宜将次告竣，绿营将士不日归伍，饬令那彦成、方维甸二人会筹对乡勇标兵的管理训练，要求"严加管束，有犯即惩"，并令在该管弁员中，选择"能训饬营伍，历久安静者，酌加奖拔"。倘有管教懈弛，知情纵隐情事，立即严厉究办。

宁陕镇营建立后，营兵饷米折等银，"原系按照陕安镇兵得项银数核定"，又因该营处万山之中，食物昂贵，兵丁拮据，嘉庆七年（1802），额勒登保奏，"南山内食粮价贵，请于例饷外月给盐米银五钱，俟三年后减给四钱"③。清廷准予亟筹调剂。同时清廷对兵丁承种山内垦田做出指示。指出"所有南山内百姓愿售之产，若仿照屯田，即须令兵丁等承种，交营员管理"，但是考虑到日久易启盗卖抗粮等敝，乃至滋大，指出"自仍应召佃取租，归地方官征收报解"。目的在于"毋使胥吏侵占盗换"，以期经久可行。至于庄稼逢水旱歉收而导致兵丁仍行拮据的问题，清廷也指示，"俱应立法周详，有备无患"。对于那彦成等所请将乡勇新兵散调各营，并

---

① 《钦定剿平三省邪匪方略》（正编）卷201，第37册，第14737—14739页。
② 又说宁陕镇置于嘉庆五年，兵5000，见魏源《圣武记》卷8《海寇民变兵变·嘉庆宁陕兵变记》，第365页。
③ 魏源：《圣武记》卷8《海寇民变兵变·嘉庆宁陕兵变记》，第365页。

守备千总以下,不拘例限酌量对调,以孤其势,并是否裁汰额兵等事,清廷也准予由"该督等酌量办理"①。

嘉庆十一年(1806),陕甘总督倭什布等以山内各营加给"米折银两"三年期满,提出当酌商办理。其中说道:嘉庆七年给陕安、宁陕、汉中等营,增加饷银,原系格外施恩,现已届期满,当即行停止。陕安、汉中、汉凤等各营的老兵,既旧有米折银两,则宁陕镇属新兵,包括西乡、勉县、钢厂新设各营,事同一例,"未便独令向隅"。特别提出,所有宁陕镇兵,著照陕安镇兵之例,给予"米折银四钱",以符营制而裕兵食。七月初二,清廷将此意见谕内阁,照所议执行。②

按理该意见对宁陕镇兵丁来说,是一利好政策,可是,实施过程中,上层官吏的克扣侵吞等,使得兵丁无法受益。先是陕西布政使朱勋以三年减给期满,又未奉部议,停给四钱米折,"又借给苞谷二千余石抵三月粮"。七月十六日,宁陕镇兵中有人就因停发盐米银,以苞谷充粮,"藉停止米折为辞",纠集二三百人,登城进该厅旧城抢掠,又复窜赴新城教场屯聚。对此,清廷急令方维甸等前往查办。方维甸与札勒杭阿面商后,密派官兵共2500名,并咨会总兵王兆梦等分头堵拿。当由川进京,行抵西安的杨遇春闻知此事后,驰赴宁陕厅,"尽调各汛新兵归大营,以绝其纠结"③,并会同带兵查办。清廷再令方维甸、杨遇春二人进山,督率办理。④又因宁陕镇新募的由乡勇改充的兵丁,籍隶四川者居多,清廷恐其由栈道潜往川境,著勒保转令四川提督丰绅酌带官兵,驰赴七盘关广元一带驻扎防堵。

当方维甸等行至石羊关,接探报,宁陕镇新兵纠约放火戕官,肆意抢掠裹胁,署总兵杨之震、署游击罗全亮被戕,都司党顺身受矛伤7处,起叛兵丁约有三四百人,由孙家梁窜向甘家砭。甘家砭距四亩地华阳江口甚近,而该处各营汛,均有新兵,若兵变者等窜往勾结,更为可虑。此时,杨遇春经与方维甸商议,令杨芳、游栋云各带兵丁1500名,前往办理,总兵张凤亦经调派预备。清廷恐裹胁人数过多,无大员督剿,诸事难办,又催令德楞泰、扎克塔尔驰往督办,同时令方维甸、杨遇春"惟当严密围

---

① 《清仁宗实录》卷133,嘉庆九年八月辛未,第811页。
② 《清仁宗实录》卷164,嘉庆十一年七月丁未,第122页。
③ 以上均见魏源:《圣武记》卷8《海寇民变兵变·嘉庆宁陕兵变记》,第365页。
④ 录副奏折,陕西巡抚方维甸,陕西提督杨遇春,奏报宁陕镇兵滋事抢掠现会同进山查办事,嘉庆十一年七月初九日,档号:03-1690-045。

捕迅速歼除，不可专候德楞泰到彼，致有稽延"①。

宁陕镇新兵反叛，造成洋县、城固、孝义、户县、周至、郿县等各地社会不安，当地百姓遭其掳掠蹂躏。德楞泰到陕以后，并未赶紧进剿，而是藉称调兵未齐，迁延观望。叛乱新兵见前无拦阻，潜出峪口，赴往镇安，势头难遏。不过，新兵闹事均因盐菜伙食问题一时兴起，没有提前策划准备，也没有统一的指挥，人心不齐。事件发生后，多方意见不合，很容易被击溃。所以，当闹事兵丁主力于九月由户县斜峪关南准备东行时，被杨遇春与杨芳、扎克塔尔等先后截剿于平牟，叛兵败逃。

时叛兵中起事头目140多人，各自招兵壮大，"每人所招或百余，或数百，旬月万计"，又选出勇猛者组成步骑3000人为前锋，更换不得人心的起事头领陈达顺、陈先伦，改蒲大芳为头领。当官兵追至方柴关，逼近叛兵约20里外时，忽有叛兵千余突然冲出，官兵失利，抵挡不住。蒲大芳陷阵力战，冲官兵为数队，以致官军各帅溃撤，兵亦退散。又有闹事伏兵绕至官兵阵后，官兵大败。杨遇春见状，与扎克塔尔率部扼守方柴关，率仅余亲兵数十人登山断后。当叛兵追至，"忽反走，乃收溃散，扼方柴关"②，与叛军相持。

此时，温春所带东三省马队适至，于南北两山头占据有利地形的叛军头目蒲大芳、王文龙等一见马队，立时畏惧，再加之杨遇春舍身站立方柴关城墙头大声呵斥，叛众只好弃械投诚，并遥跪向杨遇春哭诉起兵缘由。说道：因其营长侵蚀兵粮，本拟赴西安谒禀，不料陈达顺、陈先伦已戕本营长官，势难退回，故而，将错就错，铸成大祸。

杨遇春听罢，高声呵斥："汝辈受国家豢养，已非一日，本管官扣一月之米折，所损几何？遂造此弥天罪恶。况汝辈大半向系从教匪，留汝残生，不思图报，乃敢叛逆，何昧天良至此！"见众兵丁面有惧色，杨遇春抓住时机，及时开导道："速将陈达顺等献出，尚可减罪。不然先杀我去，自有人领兵来剿尔也。"叛兵见状，齐声喊道：愿献。

为趁热打铁，敦促叛兵缴械，杨遇春与率兵赶来的杨芳分析形势，商量办法。认为叛兵原本就骁悍，经战阵久，刻下又"破城三、营汛十九，生民荼毒已甚"。惟有"诛渠魁，宥胁从，则事可息"。"若必欲尽剿，势

---

① 录副奏折，陕西巡抚方维甸、陕西提督杨遇春，奏为山内新兵安抚宁帖并兼程迎剿滋事逃窜之新兵事，嘉庆十一年七月十六日，档号：03－1690－053。
② 以上均见魏源《圣武记》卷8《海寇民变兵变·嘉庆宁陕兵变记》，第366页。

必奔溃四出"①，无法收场。"倘若对峙，将劳师糜饷，不可以日月计。"因而，为达到不战而屈人之兵，迅速平息兵变的目的，杨遇春设计按兵缓攻，杨芳则单骑赴叛兵营地，反复开导，晓之以理，免去叛兵恐降后被杀头的后顾之忧。杨芳在叛军营地逗留13日，得蒲大芳等信任，方才缚献陈达顺、陈先伦等人往大营，陈氏二人被磔于军前。此事即为史载的杨芳"独骑至贼中，说以大义，贼即抛戈而降。其为贼所佩服若此"之史实。②

再说，杨遇春与扎克塔尔就宁陕叛兵受降一事报德楞泰定夺，德楞泰未经奏报，即准受降，且将叛兵224名交予将士管带各回原营，并将叛兵营内3800余人，不问其是否系地方游匪及监犯军流人等，与被裹胁之人一律遣散。事后，清廷怪罪德楞泰。③杨遇春等也受到牵连。十二月，杨遇春被降补宁陕镇总兵。谕令：

> 杨遇春战功较著，且管兵有方，众心知感，擢任固原提督，并未到任。此次宁陕叛案，及固原等营兵溃散，皆非伊任内之事，自应量予从宽，已将杨遇春降补宁陕镇总兵。嗣后当妥为管束，使营伍日就整肃。④

可见，尽管宁陕镇兵变一事，杨遇春被降职，但清廷对其管兵有方，带兵卓著的一面却予以肯定。

杨遇春用人，便人尽其才。坊间传说，杨遇春曾言，军营中无人不可用，即如聋者宜给左右使唤，可免泄漏军情；哑者宜令送递密信，可免添造词语；跛者宜令守放炮座，可免轻率却走；瞽者宜令伏地听远，瞽于目者必聪于耳。然则废人尚宜用之矣，况士人乎！⑤

时人对杨遇春擅长管理军队的一面也有评价。昭梿就说：

> 杨遇春修髯伟貌，善于抚驭士卒，其部下皆邪匪所反正者，腰悬

---

① 李元度：《国朝先正事略》卷23《名臣·杨忠武公事略》，《续修四库全书》第538册，第513页。
② 昭梿：《啸亭杂录》卷4《杨时斋提督》，第93页，疑此处将"方柴关"误为"白马关"；又见徐珂《清稗类钞》，《战事类》之《杨忠武征川楚教匪》。
③ 《清仁宗实录》卷169，嘉庆十一年十月下乙丑，第196页。
④ 《清仁宗实录》卷172，嘉庆十一年十二月癸巳，第250页；朱批奏折，西安将军德楞泰、陕甘总督全保，奏为遵旨分别奏参宁陕镇总兵杨芳驭兵不严请革职固原提督杨遇春降补宁陕镇总兵事，嘉庆十一年十二月十二，档号：04-01-16-0098-186。
⑤ 《清朝野史大观》卷6。

长刀，形状凶险，而杨遇春颐指气使，爱戴之如父母。故十载之间，所至克敌，声价赫然。①

凭地理之势灵动取胜　利用地势之险取胜，是杨遇春用兵的重要军事策略之一。这在其《谕长子国佐家书》中讲得十分明了。杨遇春说道："至于打仗之法，务在迅速，随机应变，不可迟疑。""为将领者，首以地利为重，次要眼力照料得准，脚跟站立得定。"②即道出了打仗过程中，抓住战机，英勇果断的获胜心得，也指出了利用自然地理优势，迅速灵活，不拘一格的战略战术。关于这一点，杨遇春有很形象和朗朗上口的要诀，即以地利为重，择地必"进可斗、退可守；不可守，尚可走。不可守，不可走，则不斗。不侥幸一旦之利"③。

白莲教战事初起时，陕甘总督宜绵，畏葸不前。杨遇春谏言：

> 甘凉兵为天下劲卒，阿文成公曾将以平西域，今诸将犹有能谈及者。制军据河山之险，拥精锐之卒，自关陇西下，建瓴之势，破敌必矣！奈何以百战之卒，而畏乌合之众也哉？

但是，宜绵不能用其策。④实际上在这里，杨遇春就是想利用关陇地区据河山之险的地理优势以获取胜利，当然，还当再附以甘凉兵勇精锐骁悍的战斗气势。

在平白莲教的战斗中，杨遇春即利用秦岭层峦叠嶂，森林茂密的地理环境和白莲教教众组织分散的特点，采取了灵活机动的"游击"战术，做到"知彼知己"。白莲教的成员不仅仅是单一的农民，还有其他各种社会边缘人，成分复杂。如有很多是研习各种拳术的武士出身，身怀绝技；还有一些是乘着社会不稳与动乱，加入白莲教以图捞取经济利益者。而真正为这一以宗教为中心所组成的集团奋力作战的军事核心力量，仅占到该团体总量的十分之一而已。教众散处于秦巴山区茂密的老林中，所采取的战术主要是化整为零的"游击战"，很难分清教众与百姓。就如龚景翰所说："贼皆吾民也，非如外部番夷。""疆域可以界限，衣服语言可以鉴别"，

---

① 昭梿：《啸亭杂录》卷4《杨时斋提督》，第92页。
② （民国）《崇庆县志》，《士女·第八之一·杨遇春传》，《四川方志之三》第2册，第457页。
③ 马履泰：《〈杨胡子歌〉跋文》，见《清代名人轶事》卷4《将略类》。
④ 昭梿：《啸亭杂录》卷4《杨时斋提督》，第92页。

"聚而抗拒则为贼,散而行走犹是民也"①。

杨遇春就利用了教众的这些特点实施战术,使得官军灵活机动,适应了民变的组织形式,时而化整为零,时而聚而围歼。尤其在后期的剿办中,官军尽管取得了战场的主动权,以搜剿围歼为主要,但是,实战中分散为几十人的灵活搜捕也是常态。当然,嘉庆五年(1800),清廷组织"乡团",作为新的围剿办法,辅助官军,加以实施,对战局的扭转也起到十分重要的作用。只是,不得不说,嘉庆十年,乡团迅即解散,日后仿此而性质相似的团练,对近代国防力量的兴起所起到的重要作用,是不可同日而语的。

在杨遇春看来,打仗时要想做到所向无敌,必须即探即进,切不可大意。嘉庆六年(1801)正月,在南郑五郎坝夜袭高天德(高三)、马学礼(马五)、王廷诏的行动后,杨遇春重新估计形势,指出此时教军兵力倍于我,其锋甚锐,官兵只可以智取,不可以力胜。遂逼迫教军向南分散。② 二月间,乃由略阳一带拦教军至川陕交界之鞍子沟,伏兵龙池场,生擒王廷诏,高、马等部骇遁,纷窜宁强一带老林。杨遇春料其无处得食,必由龙洞溪出二郎坝掳掠。亟率兵兼程进二郎坝,分兵伏于龙洞溪,果然高、马率部而至,杨遇春尽歼其众,大获全胜。③

杨遇春用兵机智灵活,经常把自己的兵勇伪装成教军,混入敌营,内外夹攻而取胜。嘉庆五年(1800)十二月,在追剿樊人杰、王士虎、冉天士的过程中,杨遇春在旬阳坝就采用乔装智取之法。六日,杨遇春距离教军还有50余里时,"恐其一闻兵到,该匪仍舍命奔逃",遂令"兵勇内勇敢者二百余人,假换服色为前队,诡称另股贼匪,欲与合伙"。以引诱教军,以便全歼。④

杨遇春指出,为将者,要有将帅之气度,眼力照料得准,脚跟站立得定。切不可少有畏怯,必须身先士卒,人人自必奋勇直前,一鼓作气,断无不制胜之理。杨遇春是这样说的,在实际战事中也是如此践行。在南疆平定张格尔的喀什噶尔外围七里河之战中,张格尔凭借河道阻隔,调集十倍于官兵的兵力,阻挡官兵前进。战斗开始后,真乃枪炮如雨。面对这样的恶战,为稳定军心,坚定官兵意志,杨遇春镇定自如,下马席地而坐,

---

① 龚景翰:《澹静斋文钞》卷1《平贼议》,《续修四库全书》第1474册,又《清中期五省白莲教起义资料》第5册,第169页。
② 《清仁宗实录》卷78,嘉庆六年正月戊子,第6页。
③ 李光涵:《时斋府君年谱》,《年谱丛刊》第123册,第154页。
④ 《钦定剿平三省邪匪方略》(正编)卷221,《中国方略丛书》第40册,第15892页。

以安众心。在不能硬拼，惟有智取的形势下，杨遇春采取声东击西，巧借风力的作用，率领官兵，奋力勇战，最后获胜。

善于利用时机，捕捉战机，是杨遇春指挥艺术的又一突出特点。杨遇春勇敢无畏，善于夜战。在平白莲教中，杨遇春在白马关与冉学胜、伍金柱两部战，时教军占据达沟口两侧山梁，恃险力拒。杨遇春则亲率兵勇，利用夜幕，分兵绕至其后堵截，大获全胜，杀伍金柱。战后，上谕："杨遇春于黑暗之中，率兵搅杀，复乘贼匪乱窜之时，并力进剿，奋勇可嘉。著交部议叙，以示奖励。"①

除了善于进行夜战、雨战外，杨遇春还擅长利用天气变化时的风力作战。道光七年（1827）春，在进军喀什噶尔途中，张格尔叛军十余万埋伏于喀什噶尔城外的浑河沿岸，企望背城一战。叛军依河为堑，列阵20余里，"筑横垒蔽之，穴垒列铳，鼓角震天"，气势甚为嚣张。战势对官军极为不利，只得据守阵地，对峙一日。

时至深夜，杨遇春等选派敢死之士数百名，袭扰叛军营地，"欢嚣达旦"，二鼓声时，西南风起，撼树扬沙，晨雾弥漫，瞬间天昏地暗，不辨阵地与人形。扬威将军长龄以敌方占据优势，近在咫尺，时机不利，又兵不敌众，"恐昏晦乘"，官兵四面受敌，欲退兵营十余里，待风沙过后再进。

对此，杨遇春指出，长龄此举将错失战机。且说道：风沙弥漫，正是"天赞我也！""雾晦中贼不辩我兵多少，又不虞我即渡，时不可失"②；更进一步说道："客兵利速战，难持久。"就是说，官军远道而来，摸不清对方是否有埋伏，不宜长期对峙。遂坚持己见，饬派索伦兵千骑潜往下游，乘机出击，以牵制敌势。自己则亲率主力乘大风，于上游骤渡。进攻开始后，一时呼啸声不绝于耳，令人分不清是风声、枪炮声还是将士呼喊进攻的吼声，犹如十万大军从天而降，声势浩大。大军猛冲猛打，张格尔叛军大部被摧，少数溃逃。③

长途奔袭的伏击战法 善于长途奔袭、组织伏击战，是杨遇春作战的又一个特点。道光六年（1826）时，教军有生力量锐减，上千人组成的教军队伍已经很少，大多为二三百或一二百人组成，以至于双方阵地战的战事越来越少，而展开遭遇战的机会却越来越多，短兵相接，一接仗就散。

---

① 李光涵：《时斋府君年谱》，第123册，第128页。
② 又袁大化等撰《新疆图志》卷109《武功二·杨遇春传》中有："贼不知我兵多少，又不虞我即渡，时不可失"，上海古籍出版社1992年，影印本。
③ 以上均见魏源《圣武记》卷4《外藩·道光重定回疆记》，第186—187页。

为快速歼灭为数不多的教军，不至于使其接仗后逃脱，杨遇春采取伏击围歼的战法，以避免教军逃散后再裹胁百姓，拖延战期。

同是道光六年（1826）正月，杨遇春追剿高三、马五残余至西老君岭，教军在此分成两股，先后由青冈岭、殷家坪等处北行。这一带处处老林，山狭路窄，雪深泥厚，泥泞遍地，难以行走。杨遇春率部自后紧追，沿途见沟壑中跌伤致死教军不少，也有在林中冻馁自缢者，山间还有大量骡马。二十四日黎明，探报有一支教军由谢世窑绕路折回。杨遇春料想此系企图抄袭官兵后路者，遂一面派兵仍紧追大股教军，一面亲自带领兵勇埋伏于两旁山后，"潜踪以待"。午刻，教军由后路官程子地方径行而来，待其靠近时，杨遇春下令官兵突出截杀，教军见有埋伏，迅疾折向原路逃跑，杨遇春率兵追杀数十人。①

陕南老林山地地形更适合组织伏击围歼的战法。在嘉庆六年（1801）二月初四，紧追高三、马五、王廷诏教军的杨遇春经与长龄会商堵截计划后，次日，先行带领马队疾驰勉县，俟步兵随后赶到会合后，即连夜兼程赶至鸡头冠。当天晚上，杨遇春得知教军已经由余家河行至火神庙新集梁地方屯营，唯恐教军得知官军抵达的消息后连夜逃跑，即知会长龄，采取伏击战法。

杨遇春一面仍派弁兵分赴各要路严密打探，以察教军动向，一面札会长龄相机截剿。三更后，教军自龙王沟行进而来，即将过旧州铺时，杨遇春对手下将领说道："如即驱兵截剿，恐该匪折窜黑河老林，不若伏兵待其窜出，再开战，较易得手。"遂当即派总兵张凤带领兵勇千余名，埋伏于旧州铺左侧；自己与格布舍等带领马队弁兵800余名，在旧州铺右侧设伏；又考虑到"该匪被剿，情急散窜"，复派参将张超等带领千余名赶往狮子沟截击。

时至五更，教军蜂拥向旧州铺狂奔而去。俟教军全部奔出沟口，踏入伏击圈后，二路官兵一起扑杀，箭射矛戳，立毙教军200余名，其余四散。当教军渡河退至元山子一带时，跟随杨遇春而来的参将张应奎等带兵分头掩击，适逢长龄自后路赶上，又杀三四百，生擒300余人。退却中的教军，"旋奔旋集，结成三股"，其两股翻过元山子岭后，向东南山坡而遁。杨遇春派参将张应奎带兵由大路向东抄截，自己亲带马队沿山截杀，且令步兵由山岭赶剿。

---

① 《钦定剿平三省邪匪方略》（正编）卷237，《中国方略丛书》第43册，第17027—17028页。

为彻底歼灭教军，杨遇春又兵分三路追踪。其中自己所带一路自化山沟、杨家河、七里碥、李家嘴等处，直追至钢厂，计程近 200 里。追踪途中，又毙敌四五百人，生擒 400 余人。再说教军另一股约 200 余人，分散后，向狮子沟退去，正遇埋伏在这里的张超等兵勇的截杀，又被毙数十人。余者直奔钢厂，与前二股败军汇合，组成约五六百人的队伍，结果，又被闻讯赶到的庆成截获。官军大获全胜。①

史载，杨遇春有黄骠，日驰数百里，杨遇春"乘以退贼，未有能及之者，故贼人畏之如虎"②。此载虽有极强的文学夸张色彩，可是，其素材原型也正如上文所述，来自于杨遇春善于长途奔袭的作战实践。当然，在所有战法得以实施过程中，均贯穿着杨遇春身体力行，率领将士不辞辛劳的长途奔袭，这一点为作战获胜奠定了稳固的基础。有时候快速行进，锅帐行囊滞后是家常便饭，将士风餐露宿屡见不鲜，个把月得不到休整也司空见惯。

纪律严明的铁军 杨遇春治军极严，制定有严明纪律，以至于师行所过，市肆不惊，民颂其德。当杨遇春接到钦差大臣关防前赴南疆时，对大军言明军纪，严饬领兵各将领，沿途务必各自管理约束众兵，不得滋扰百姓。道光七年（1827），南疆事平，大军凯撤进关。首批进关官兵中有骄横嚣张者，殴知县。杨遇春得知，亲临督堂，于辕门施以军法，捆责带兵官各 40 人，受责者 50 余人，斩殴官者 1 人，"兵后无敢哗"③。

杨遇春在固原提督任时，加以倡导武学。固原旧有义学，五营各设一，为兵家子弟读书，而贫民无力延师，其子弟亦得与，后合为一学。杨遇春令仍其旧，每学不得逾 25 人，严定章程，功归切实。还于提督署西，宣讲圣谕，晓以行军纪律，取陈文恭《圣谕十六条》直解，译以土语，明白晓畅。杨遇春宣讲时，兵员静听无哗。"或什或伍，其坐作进退，一与步伐相准。"行之既久，兵民皆恂恂有规矩。

杨遇春在固原练兵三年，积累了许多经验。史载三年中，所练之兵"已有心手相应之势"，悉皆精锐。尤其在平滑县教军过程中，得到了验证，上谕有：前此剿办教匪，其号为劲旅者，马队则东三省，步兵则四川

---

① 《钦定剿平三省邪匪方略》（正编）卷 237，《中国方略丛书》第 43 册，第 17080—17084 页。

② 昭梿：《啸亭杂录》卷 4《杨时斋提督》，第 92 页。

③ 陈其元：《庸闲斋笔记》卷 12《杨遇春逸事》；又姚永朴《旧闻随笔》卷 2《杨忠武公》，台北广文书局 1976 年。

广西贵州汉南数处,兹则天下皆知固原有精兵矣。①

杨遇春在固原所训练官兵,为清军两次赴南疆平张格尔叛乱奠定了兵力基础。盖两次用兵,固原兵先后奉调者3000余人,所至之处,皆能奋勇立功,超擢者百余人,赏戴翎支者200余人,阵亡及带伤者仅20余人。以至于杨遇春深深感知到旧日勤于操练者,绝非烦苦之事,卫国卫民,亦即所以自卫也。"人人磨砺,而公之开导而造就者,一如曩时。"②

杨遇春"生而沉毅,言笑不苟。髯长尺余,临阵则结为一辫,英气百倍"③。因其胡须浓密,人多称其为"杨胡子"。时任山西道监察御史的马履泰所编《杨胡子歌》,也是对杨遇春一生戎马,披坚执锐,所向披靡辉煌战绩的真实写照。即:

> 贼怕杨胡子,贼怕胡子走脱趾。不怕白胡大尾羊,只怕黑胡杨难当。贼正苍黄疑未决,瞥见胡子掷身入。刀嫌太快矛太尖,只使一条铁马鞭。逢人挝人马挝马,血肉都成瓮中鲊。须臾将士风涌波,纵横步骑从一骡。贼忽乘高石如雨,胡子鞭已空中举。贼忽走险奔如蛇,胡子骡已横道遮。森森贼寨密排垒,胡子从外陷其内。重重贼队围如带,胡子从内溃其外。胡子鞭骡绕贼走,吞贼胸中已八九。瞋目一叱胡槎枒,贼皆仆地为虫沙。相传失路曾问贼,贼指间道教胡出。贼宁不怨胡子鞭,颇闻胡子为将贤。胡子待士如骨肉,蚁大功劳无不录。拔擢真能任鼓鼙,拊循含泪吮疮痍。嘻嘻!贼中感服尚如此,岂有官军肯惜死!④

或称杨遇春晚年撰有《兵事备要》11篇,凡数万言。或称著有《武备制胜篇》13卷。笔者均未能寓目。

---

① 以上引文均见杨国佐《忠武公年谱》,《年谱丛刊》第122册,第674页。
② 杨国佐:《忠武公年谱》,《年谱丛刊》第122册,第682页。
③ 缪荃孙:《续碑传集》,见《清代传记丛刊》第116册,第228页。
④ 马履泰:《〈杨胡子歌〉跋文》,见《清代名人轶事》卷4《将略类》。

第七章 君臣之间及僚属关系

杨遇春仕乾隆、嘉庆、道光三朝，可谓是清廷的功臣、元老，且主要事功在嘉道时期。因平白莲教有功被嘉庆帝熟识。而在平南疆张格尔乱中的辉煌战功，尤深受道光帝器重。

一 股肱心膂之臣

杨遇春给嘉庆帝最初的印象，是一个很能打仗和很会打仗的人。嘉庆五年（1800）三月，谕："杨遇春本非朕素识之人，每于军营奏报折内见其打仗奋勇。此次在杜家坪，一日追剿八十余里，亦甚出力，是以擢任甘肃提督。"①大部分的时候，嘉庆帝依然视杨遇春为敢死战将。在平白莲教战事的前期，嘉庆帝十分赏识额勒登保，且授予其重权，任命为经略大臣。一次，额勒登保因围剿中失利，嘉庆帝令其赴京陈述原委。额勒登保欲将大权暂托杨遇春、扎克塔尔代理，被嘉庆帝否，并认为杨遇春、扎克塔尔"不过善于打仗，岂能统理军务"，你额勒登保才是办理国家要务之人。因而，免其赴京，改为密奏。

当然，嘉庆帝对杨遇春的了解，是随杨遇春屡获军功而慢慢加深的。正是由于嘉庆帝十分看重杨遇春的军事才干与作战能力，且有战绩奏报，适时予以奖励或提拔。六年（1801）三月十一日，谕内阁：杨遇春前在副将任内，丁忧时，仍留军营带兵。彼时杨遇春职分尚小，亦未著有劳绩，当经准其留任，未曾别有加恩。嗣因其带兵打仗，屡有军功，是以洊升总兵，简用提督。兹杨遇春已届服满，兵部照例题请实授。且说到，两年来，杨遇春身历戎行，未能回籍经理丧葬，"殊堪轸念"，令于藩库内拨银

---

① 《清仁宗实录》卷61，嘉庆五年三月上癸丑，第808页。

300两，赏给原籍家属，以资费用。俟军务告竣后，赏假回籍，省看坟茔。① 四月二十日，杨遇春等生擒教军首领高三、马五，加之先前擒获王廷诏有功，上谕：晋提督杨遇春骑都尉世职，赏给碧玉、扳指、荷包等。②

七年（1802）七月二十六，嘉庆帝在避暑山庄收到额勒登保等的六百里加紧捷报，知官兵歼毙白莲教大首领苟文明，并擒斩余党，十分兴奋。对杨遇春特别奖励，且说道："提督杨遇春，虽系事后赶到，而督率搜剿，亦属勤奋，著交部议叙。"③

平白莲教后，嘉庆帝对杨遇春的看法有所转变，不仅看到杨遇春打仗的能耐，对其驾驭和统兵的本事也大加赞赏。十一年（1806）十二月二十日，谕军机大臣道，杨遇春战功较著，且"管兵有方"，众心知感。④ 滑县之战后，嘉庆帝每每与臣僚言及功臣时，均提到杨遇春，认为"滑县功，杨遇春居多"。

十年（1805）腊月，先是杨遇春奏"先行进京，再行乞假回籍"折，结果嘉庆帝朱批"先回籍守制，再进京见朕为正理，不必奏请"。次年三月初七，杨遇春回到原籍崇庆州补行穿孝仪式。⑤

嘉庆二十年（1815），嘉庆帝赐给陕西提督任上的杨遇春鹿肉。⑥ 二十五年八月十三日，嘉庆帝驾崩，惊闻噩耗的杨遇春"鼎湖之痛，有倍寻常"。当即奏请哭临先帝。新君道光帝朱批："汝之功烈，朕所素知，勉为提臣之任，以受朕洪恩。"九月十九日，以杨遇春屡著劳绩，忠悃可嘉，著加恩赏加太子少保衔，赏戴双眼花翎。⑦

道光元年（1821）正月初三，杨遇春进京，道光帝谓其为"受先帝知最深之人"，应赐以遗念。有黑羊皮冠1顶、蓝棉纱长襟袍1件，酱色棉

---

① 《清仁宗实录》卷80，嘉庆六年三月上丁亥，第41页。
② 《清仁宗实录》卷82，嘉庆六年四月丙寅，第69页。
③ 《清仁宗实录》卷101，嘉庆七年七月下甲午，第354页。
④ 《清仁宗实录》卷172，嘉庆十一年十二月癸巳，第250页。
⑤ 朱批奏折，奏报陕西固原提督杨遇春到原籍崇庆州守制日期事，嘉庆二十二年，档号：04-01-17-0056-013。（疑此折年份有误，当为整理时差错，参见朱批奏折，陕甘总督倭什布、陕西巡抚方维甸，奏为陕西提督杨遇春请赴京陛见再行请假回籍守制事，嘉庆十年十二月十八日，档号：04-01-17-0045-040；又录副奏片，四川总督勒保，奏报提督杨遇春回籍守制日程事，嘉庆十一年七月二十一日，档号：03-1664-110，本条言杨遇春于嘉庆十一年三月十七日回籍补行穿孝，至六月十七日百日期满，即于次日启程返京）。
⑥ 朱批奏折，奏为接到御赐鹿肉谢恩事，嘉庆二十年十月初四日，档号：03-1571-006。
⑦ 朱批奏折，陕西固原提督杨遇春，奏为奉旨赏加太子少保衔等谢恩并请进京叩谒梓宫瞻觐天颜事，嘉庆二十五年十一月初三日，档号：04-01-12-0347-042。

毛袍1件，石青面羊皮马褂1件，苗云大荷包1对、珊瑚豆小荷包1对、绿牙缝尖靴1双。并允准进殿叩头。①

道光帝即位时，杨遇春已算是前朝老将，十分受新帝敬重。道光五年（1825）十月二十七日，杨遇春以陕西固原提督擢升署陕甘总督。②随其相应调动的还有鄂山、杨芳等。命署陕甘总督鄂山回陕西巡抚任，调湖南提督杨芳为陕西固原提督。十二月初九，当杨遇春奏报抵任日期时，道光帝又多有嘱托，说道：陕甘两省事务殷繁，地方紧要，断不可因署任，稍不尽心，其两省营务"汝所熟悉，无待朕言"。至于地方公事，务要认真办理，"洁己率属，破除情面，一秉大公，诚心实力，方为不负委任。勉之慎之"③。当然，面对道光帝的信任与嘉勉，杨遇春也真正做到了诚恳效忠。

在平定张格尔过程中，杨遇春作为钦差大臣赴南疆总理军务。期间，从调兵遣将至军需粮秣，以及所奏军事部署，道光帝十分赏识，且言听计从。还多次谕令提督以下一切人等，服从杨遇春调配，且常发"朕不遥制"谕旨，对杨遇春表示了极大的信任，帮助其在军中树立了极高的威信。在上谕中说：

> 该署督业经颁给钦差大臣关防，即系总统军务，凡将军、参赞、都统遇有应行会筹事宜，皆当咨商办理，其余自提督、总兵、副都统以下，悉听杨遇春节制调遣。

杨遇春对道光帝也忠心耿耿，接到文报后，即当相机筹划，随宜调度，再行奏闻。所须军火、粮饷、马匹等项，亦着预为筹备，俾资接济，务当计出万全，仰副倚任。④

道光六年（1826）八月，在赴南疆途中，杨遇春向道光帝奏报了行抵哈密以及对因张格尔煽惑而迷途的布鲁特部落的处理意见，道光帝朱批："汝久历戎行，谋勇素著。此次特命参赞军务，务要与长龄、武隆阿和衷共济，速奏肤功，永膺懋赏。勉之慎之！钦此。"⑤表示出十分信任。

---

① 李光涵：《时斋府君年谱》，《年谱丛刊》第123册，第482页。
② 《清宣宗实录》卷90，道光五年十月庚辰，第459页。
③ 录副奏折，陕西提督杨遇春，奏为署理陕甘总督谢恩事，道光五年十一月初九日，档号：03-2567-065。
④ 李光涵：《时斋府君年谱》，《年谱丛刊》第123册，第577页。
⑤ 李光涵：《时斋府君年谱》，《年谱丛刊》第123册，第613页。

杨遇春从戎大小数百战，皆陷阵冒矢石，或冠翎皆碎，或袍裤皆穿，未尝受毫发伤，令道光帝很是不解，更以杨遇春每战身先士卒，无畏善战的精神所感动。杨遇春进京陛见期间，道光帝问及其百战不殆，毫发无损的缘由，并万分感叹道：为真"福将"①。

杨遇春在处理边疆事务上的过人之处，令道光帝十分满意，早有将其由提督擢升为总督的打算，然而，一些朝臣却进言：此人一介武夫，寡通诗文，识字不多，难寄封疆重任。对此，道光帝虽不认同，却也碍于驳了朝臣情面，只好暂时作罢。

一日，杨遇春觐见，道光帝忽又想到前议，便随口问杨遇春："朕闻人言，卿少读诗书，识字不多。卿究竟认得多少字？"杨遇春不假思索地答曰："臣确实识字不多，但对'忠孝'二字认得特别真切。"道光帝听了，十分满意。决定重用杨遇春，可是考虑到个别臣工的意见，任命时，做了一点让步，任为署理陕甘总督，并未予以实授。② 不料，杨遇春接旨谢恩之后，即具折上奏道："武不习吏事，请另简员接署。"道光帝当然不准，杨遇春只好接受。

道光八年（1828）二月初一，杨遇春自京城启程，经河南省境，历时一个多月，于三月十五日，抵达兰州。自署督鄂山手中接过实授陕甘总督关防、王命旗牌、上谕书籍及一切文卷。三日后，向清廷恭报了到任接印日期及事宜，并表达自己当倾心尽力总督事务，极力整顿吏治，加意体恤民生，一切营制操防，勤加训练，以达到外控边陲，内绥关陇的目的。并认为惟有凛遵圣训，忠心耿耿，除了以己之长，将提镇各营一律操演考阅，务使技艺纯熟，胥成劲旅外，还应当放精力于吏治、民生，至于当如何劝惩、教养之处，定督同两司，认真经理，以期报恩尽忠于万一。

杨遇春是如此说的，也是如此践行之。道光十四年（1834）二月京察的评价很高。朱批："陕甘总督杨遇春中外宣劳，功勋懋着，著加恩，交部议叙。钦此。"肯定了杨遇春在陕甘总督任上的政绩。

对杨遇春的人品德行，道光帝也很敬重。在杨遇春任总督后的一次陛见中，道光帝询及家中情况，当听到杨遇春仅有住宅一院，别无他产时，不甚相信。待调查属实后，方知其生活起居除了杨老夫人一房外，别无姬侍，且操守廉洁清贫，遂厚赐银两，"嘱购置田产"。杨遇春乃以赐银于城

---

① 李元度：《国朝先正事略》卷23《名臣·杨忠武公史略》，《续修四库全书》第538册，第511页。
② 《清宣宗实录》卷90，道光五年十月庚辰，第459页。

西郊置田 200 余亩。

  杨遇春自以为"一介庸愚",不过"稍习军旅",却能"仰沐皇上殊恩,畀予参赞重任,方以甫抵军营,涓埃未效,乃蒙频颁优赉",诚惶诚恐,立誓"惟当竭尽血忱"。所以,在赴南疆作战时,会同长龄、武隆阿妥为商办,希望及早蒇事,"稍酬高厚于万一"①。

  道光八年(1828)十月十二日,杨遇春接到驻京提塘自军机处领出的钦赐《御制御午门受俘礼成》七言十二韵墨刻一份。这种礼遇,对杨遇春这样的一介武将来说,的确弥足珍贵。为表示恭敬,杨遇春"恭设香案,望阙叩头祗领"。同样,在以后的几年中,杨遇春被接连授予如此礼遇。如道光十年闰四月二十一日,由提塘赍到恩颁《御制巡幸盛京诗》1册,《御制初集诗》1部,十一年十二月十二日,颁赐《康熙字典》《御制文初集》各1部,以及十二年十一月十五日,恩颁《钦定平定回疆剿擒逆裔方略》1部,杨遇春均"钦感欣幸",设案叩头受领,并于不日内即"缮折叩谢"。

  除了必要的物质赏赐外,道光帝还时常颁发谕旨以表扬和赞赏。道光十一年(1831)三月初五,事为吏部京察届期,朱批谕旨:陕甘总督杨遇春身经百战,绝域宣劳,升以封疆,克胜巨任,著加恩。交部议叙。②

  这样的荣誉,令杨遇春百感交集,自称:

> 闻命之下,望阙碰头,感愧靡既。一介武夫,至愚极陋。凤随行阵,曾无出众之劳;继典军门,尤乏寸长之效。乃蒙皇上殊施扩格,简升封圻。任重才庸,涓埃莫报;省躬思过,补救弗遑。何期考绩三年,复荷优加甄叙。龙纶宠逮,十六字勉寓于襃;蚁悃怀惭,方寸间感深以泣。③

  杨遇春心存感念,认为惟有"竭尽血诚,办理地方一切事务"④,并训励次子杨国桢实心实力,勤慎奉公,"庶期世沐鸿施,仰副生成之德;同伸驽效,稍酬高厚之恩"。为赞扬杨遇春的卓著战功,在九年(1829)十二月二十五日七十生辰时,道光帝还专门御书"绥边锡祜"的匾额一面,对联一副相赐。上联:三朝疆场宣勤久,下联:两世封圻积庆多。⑤ 并赐

---

① 以上均见李光涵《时斋府君年谱》,《年谱丛刊》第 123 册,第 628 页。
② 李光涵:《时斋府君年谱》,《年谱丛刊》第 125 册,第 150 页。
③ 李光涵:《时斋府君年谱》,《年谱丛刊》第 125 册,第 151 页。
④ 李光涵:《时斋府君年谱》,《年谱丛刊》第 125 册,第 152 页。
⑤ 李光涵:《时斋府君年谱》,《年谱丛刊》第 124 册,第 638 页。

珍玩等物。

对于杨遇春的忠心，道光帝十分信任。十三年（1833）八月，梨园营都司叶昌泰捏告杨遇春派差办事不公，意图挟制杨遇春之事发生后，道光帝并没有让作为当事人的杨遇春回避，而是十分信任地谕其认真核查奏报详情。不能不说，事发之初，杨遇春也有些恐慌，在奏报中说：对于叶昌泰的诬告，"殊堪诧异"，因为自己"受恩深重，添任封圻，凡遇地方营务，无不矢慎矢公，力图整饬，从不敢稍涉偏私，有辜委寄"。故每于接见属僚，总告以"办事居心可以对天，方可以报主"。

不过，杨遇春清正廉洁、秉公办理。遂将叶昌泰由末弁擢至都司，又保列卓异，于应派防差不思出力报效，反因规避未遂，竟捏款砌词，意图挟制之过程详明呈述，并向清廷表明，对此若不究办，不仅涉及官方，且恐此后遇有差派营员，相率效尤，复成何政体。遂据实分析了都司叶昌泰禀内各款原办缘由，开具清单后向清廷奏报。其中明确向道光帝表示，叶昌泰既已捏告自己，自应当回避。

令杨遇春意料之外的是，不久发来的谕旨，朱批：

> 卿公忠为国，实朕之心膂股肱之臣，朕所深信。断不可因此无知妄为之徒心生气忿，有伤气体。朕甚悬注，卿其谅之。另有旨谕。钦此。

进而对叶昌泰加以处置，批示：

> 叶昌泰著先行革职，现在行抵何处，即着杨遇春截回，派委妥员，同款内案卷一并解交刑部，严行审讯，定拟具奏。钦此。

这使杨遇春"感激涕零，莫能名状"①。在谢恩折中，杨遇春说：

> 第念臣一介庸愚，毫无才识，渥蒙圣主恩施扩格，畀以封疆重任。自问敷宣吏治，既学术之多疏；即思整饬戎行，亦韬钤之愧浅。抚躬循省，百无一长。是以夙夜兢兢，凡遇应办事务，无不慎重筹

---

① 朱批奏折，奏为特参梨园营都司叶昌泰规避防差未遂捏款具禀请旨派员查办事，道光十三年八月二十九日，档号：04-01-16-0141-103。

维,力求公允,以冀仰图报效,俯恤人言。①

当然,杨遇春也表示,叶昌泰之事,自己"率属无方",有难辞之咎。扪心自问,"愧悚交深","又何敢气忿稍存,转邻自护"。并万分感激道光帝"不但不加训责,并荷温言奖慰,眷注优加"。杨遇春自感愧对道光帝,不断表明自己"沐斯宠遇,五中感戴,捐糜难酬"。"惟有仰体慈廑,益自葆卫,办理庶务,倍矢慎勤。不敢稍涉偏私,亦不敢稍避嫌怨。""总期实心实力,藉补天分才力所不及,庶以勉报高厚生成于万一。"②

查阅档案可知,道光帝十分惦记杨遇春,至少自道光九年(1829)起,每年正月,都会给杨遇春捎去亲书福寿字与鹿肉。③ 十年十二月二十一日,还收到由鄂山捎回兰州的恩赏福寿字、荷包与实物。④ 十一年十二月,又得到康熙字典御制文集等。⑤ 十四年,往兰州捎给其亲书福寿字并鹿肉一份。⑥ 次年正月,道光帝又赠亲书福寿字并鹿肉。⑦ 正由于道光帝对杨遇春恩赏备至,杨遇春对清廷的尽忠也可谓鞠躬尽瘁。至耄耋之年的杨遇春精力渐衰,旧疾复发,唯恐耽误政务,于道光十五年正月初十奏请开缺。在奏中道:个人"由武臣而升以总督重任,节制两省,凡人臣难觏之殊荣,实臣独邀之旷典"。

> 惟缘臣二十五岁从戎,自石峰堡以迄西口军需,无不在事驰驱。而苗疆教匪一役,自乾隆六十年以至嘉庆十一年,始终其事,露外者十有二年,以致两腿积受潮湿,时作痛楚。从前年力壮盛,尚可支

---

① 李光涵:《时斋府君年谱》,《年谱丛刊》第 125 册,第 540 页。
② 李光涵:《时斋府君年谱》,《年谱丛刊》第 125 册,第 541 页。
③ 录副奏折,奏为赏福字鹿肉谢恩事,道光九年正月十二日,档号:03-2584-062;朱批奏折,奏为钦赏御书福寿字并鹿肉谢恩事,道光十年正月初四日,档号:04-01-12-0412-035。录副奏折,奏为赏赐御书福寿字并鹿肉谢恩事,道光十二年正月十三日,档号:03-2620-005。
④ 朱批奏折,奏为恩赏福寿字荷包等物谢恩事,道光十年十二月二十二日,档号:04-01-12-0418-033。
⑤ 录副奏折,恩赐康熙字典御制文集等谢恩事,道光十一年十二月十八日,档号:03-2619-011。
⑥ 朱批奏折,奏为钦赏御书福字并鹿肉谢恩事,道光十四年正月十二日,档号:04-01-12-0432-162。
⑦ 朱批奏折,奏为钦赐御书福寿字并鹿肉谢恩事,道光十五年正月初六日,档号:04-01-12-0435-080。

持,现已年近八旬,精力渐衰,间时举发,艰于拜跪乘骑。①

对此,在二月二十日的谕旨中,道光帝更对杨遇春做了全面的评价:杨遇春"起自行间,历事三朝,自少壮从戎,每遇军书旁午,无不在事驰驱,忠勇严明,深娴韬略,功勋懋著,洊邀五等之封"。推以陕甘总督重任后,"复能尽心职守,于边省事务,控制得宜,训练军实,整肃官方,实力实心,不避嫌怨,老成威望,中外皆知,实朕股肱心膂之臣"②。凡此,倾注了道光帝对杨遇春显赫战功和为任一方业绩的褒扬。

五月初八,杨遇春回京入觐,道光帝连日召见,恩赏《御制紫光阁画像赞》一轴及人参服物,并赐以御书诗扇一把。赞曰:

> 少年从征,进不知退,拍马横矛,善穿贼队。参赞戎机,克城贼溃,寄以封疆,无惭简在。

诗扇上书:

> 元勋入觐允归荣,功立才全际太平。宣力三朝邀宠锡,抒忠百战播威名。官兼文武真难遘,志笃廉明永不更。晋爵酬庸延后世,林泉颐养话长生。③

七月初一,杨遇春返回成都。后由四川总督鄂山奏折代谢,向道光帝汇报说:杨遇春康强矍铄,步履强健。道光帝阅折后,得知杨遇春神明不衰,倍深嘉悦,倾注饱满情感地说道:

> 笃念杨遇春功勋,自乾隆年间以武举效力戎行,每遇军务,无不在事驰驱,身经百战,历事三朝,懋著勋勤,渥承恩眷。前于嘉庆年间平定滑城贼匪,赏给二等男爵,紫禁城骑马,旋晋一等男爵。至本

---

① 朱批奏折,奏为精力渐衰旧疾复发请准开缺回籍调理事,道光十五年正月初十日,档号:04-01-12-0435-081;又录副奏折,奏为旧疾复发陈请开缺回籍调理事,道光十五年正月初十日,档号:03-2634-061。
② 朱批奏折,奏为恩准开缺回籍及陛见谢恩事,道光十五年二月二十日,档号:04-01-12-0423-084。
③ 杨永澍(杨遇春五世孙):《杨忠武公记事录》,宣统抄本,见陈力主编《中国野史集成》第49册,巴蜀书社2000年版。

朝赏加太子少保衔，并赏戴双眼花翎。嗣因克复回疆四城，晋加太子太保衔，加恩赏用紫缰，特擢陕甘总督重任。八年以来，于边疆事务控制得宜，训练军实，整肃官方，尽心职守，老成威望，中外皆知，恪共忠荩，实国家股肱心膂之臣。允宜特沛恩施，以昭殊眷。著加恩晋封一等侯爵，在籍支食全俸，俾得颐养林泉。以示优待勋臣、宠眷有加至意。①

回籍后的杨遇春还常常受到来自京城皇帝的眷顾。道光十五年（1835）九月初四，杨遇春收到经鄂山之手转到的道光帝颁赏《西山战图》一份，图以收复南疆西四城为内容，展示了清廷对杨遇春在南疆战事中所做贡献的肯定。②十六年十一月十九日，上谕：予告陕甘总督杨遇春扬历中外，宣力三朝，"朕每轸念勋劳，渥加眷注"。同年同月，当四川总督鄂山进京陛见时，道光帝得知杨遇春在籍颐养安和，精神矍铄，甚为欣慰。并特御书福、寿字二方，颁发内府人参10两，著鄂山带回，赏给杨遇春，以迓休祥。③

道光十七年（1837），杨遇春无疾而终。道光帝在召见其次子杨国桢时，语重心长地说道：

> 朕望尔父亲多活几年，如国家有事，虽不能亲战，我问问，也得主意。尔父殁时并无大病，算是无疾而终。尔父忠勇，朕深信不疑。尔总要体贴尔父，实心报国，方告慰其在天之灵。

道光帝说罢，"呜咽者久之"④。足见君臣情分至深至诚。

杨遇春殁后，长子杨国佐著赏加副将衔。所有应袭侯爵，著次子杨国桢承袭。杨国桢官至山西巡抚。⑤道光二十八年（1848），户部奏，在籍总督可否支食世职半俸，援例请旨。六月二十二日，谕内阁，其中有：已任

---

① 以上均见朱批奏折，四川总督鄂山，奏为代呈前任陕甘总督杨遇春谢恩折事，道光十五年七月初六日，档号：04-01-12-0438-038；又《清宣宗实录》卷266，道光十五年五月丁卯，第82—83页。
② 录副奏折，奏为恩赏战图谢恩事，道光十五年九月初十日，档号：03-2898-028。
③ 朱批奏折，奏为恩赏福寿二字等件并臣子杨国桢服阕后来京简用谢恩事，道光十六年十二月二十日，档号：04-01-12-0444-172；又《清宣宗实录》卷291，道光十六年十一月戊子，第495页。
④ 陈康祺：《郎潜纪闻·二笔》卷4《杨忠武殁后之恩谕》。
⑤ 《清史列传》卷37《大臣传续编二·杨遇春传》，第2901—2914页。

总督、世袭一等侯的杨国桢，因"且伊故父杨遇春，宣力有年，战功超著，兼勤疆寄"，著加恩准其在籍支食世职全俸。以示道光帝"笃念荩臣，推恩延赏至意"①。

二 援引帮扶的群体

嘉道时期，时局纷乱，造就出了杨遇春等一批能征善战的武将雄才。久经沙场的经历，不仅使这一批将才脱颖而出，也结下了深厚的僚属之情。这批人按照谕旨行事，为清廷统治秩序得以回归正统、国家机器正常运转尽力，成为清廷绿营体制的中坚、区域社会稳定的基石。这批人在战场这一特殊的场景中，以血肉之躯，逆刀光箭影，结兄弟情谊，密织成一张强力的军事权力关系网。在这张大网中，杨遇春以赫赫战绩，自一个兵卒升至陕甘总督，成为组织与节制这一网络的权力中心，且运筹帷幄，偃武止戈。可以说，在某种程度上，成就了一个时代，承载了一段历史。

与福康安、海兰察 福康安，字瑶林，满洲镶黄旗人，傅恒三子。傅恒官居大学士，任首席军机大臣20多年，为乾隆朝前期最有权势的大臣。福康安的姑母是乾隆帝嫡妻孝贤皇后，富察氏一门既贵且盛。福康安本人就是乾隆朝最重要的将帅，也是宠臣。戎马一生，功勋显赫，生前封为贝子，死后追赠嘉勇郡王。②谥文襄，配享太庙，入祀昭忠、贤良祠。

福康安能征善战。无论翻越人迹罕至的高原雪岭，还是乘风破浪渡海迎敌，都能克服艰难险阻，赢得胜利。作为一位生在世代簪缨之家的子弟，福康安不仅能吃苦耐劳，而且与其同襄赞军务的阿桂及并肩作战的海兰察、额森特等保持较为融洽的关系，为后起的军事将领树立了榜样。从乾隆四十五年（1780）起，福康安就开始担任地方总督，历任云贵、四川、陕甘、浙闽、两广总督。石峰堡再燃战火，乾隆帝认为前期苏四十三起事的善后措施不力，为求西北安定，以图速战速决，一劳永逸，故在将帅人选方面慎之又慎，最终还是选择自己所信任的宠臣福康安为钦差，督办石峰堡事宜。福康安遂率侍卫内大臣海兰察，巴图鲁侍卫以及军机处司员等，一体前往会剿。

杨遇春一出道，就受到福康安、海兰察等人的关照。乾隆中后期，自

---

① 《清宣宗实录》卷456，道光二十八年六月癸亥，第759页。
② 戴逸：《乾隆帝及其时代》，第500页。

甘肃石峰堡，再历经福建、台湾、西藏、廓尔喀乃至贵州、湖南等地，参战数不胜数，"得之阅历者居多"，尤其受海兰察的影响至深，"从翼长海兰察学兵法"。杨遇春每每常与人云："临机应变，调度神速，而又身先士卒，所向无前，生平心折，惟海兰察公耳。"① 从中可见其对海兰察的崇拜与折服之情。或许正是因为海兰察在用兵之术与军事行为上的影响，日后在营武中成长起来的杨遇春，痴迷战法，每战必身先士卒，关心、奖掖众将士，备受兵士爱戴。

杨遇春早早被福康安所看重。苗民事变中，杨遇春"以材官奔走期间"，深为福康安"奇之"。福康安说道："此将材也"，遂推荐给海兰察教习。② 知遇之恩深深地埋在了杨遇春的心头，在带兵打仗方面也产生了至深的影响。据说，福康安殁后，每临大敌的前一夜，杨遇春必梦见文襄公，即以此占接仗之捷。

与额勒登保 继福康安与海兰察之后，对杨遇春影响较大的人，属额勒登保了。额勒登保，吉林人，也是营武出身，从福康安征台湾、廓尔喀、苗疆诸部有功，升任护军统领。在征战苗疆时，额勒登保染时疫，差点死去。讹传至家中，家里还为其设灵堂竖牌位。在平白莲教中，清廷授其经略之职，以督平三省教军。额勒登保是尚书富德外甥，受其母亲家族儒风之影响，读书识字，夙知兵法，待下过苛，然遇有功者，必亲为抚视。将士战场也肯卖命。每凯旋归，必命烹肥羊，呼众将士至，邀与同食，亲持刀割削分享，视诸将如骨肉。

额勒登保言语质朴，脾气暴躁，如违其制，则当筵谩骂，初不少贷。一日，总兵游云栋违制至败衄，额勒登保骂道："汝何畜产，乃敢违乃公令，以致败辱？如杨遇春小儿，断不致若此。""时杨方（芳）在坐，额勒登保初不顾忌，其真率也若此，故人皆为之用命。"③ 可见，杨遇春不仅对额勒登保尊敬有加，额勒登保对杨遇春也十分赏识，杨遇春也出战必胜。白莲教起事发生后，将帅多不知兵，以致败衄。惟有杨遇春身经百战而功绩尤著。在额勒登保手下，有两员大将，一员是杨遇春，另一员是总兵朱射斗。史称"剿杀蜀匪以朱总兵及西宁总兵杨遇春为第一也"，杨遇春、朱射斗两镇之兵，也被额勒登保"倚为左右手"④。

嘉庆四年（1799）八月，为褒扬额勒登保在平白莲教战中的功绩，嘉

---

① 杨国桢：《杨忠武公年谱》，《年谱丛刊》第122册，第634页。
② 昭梿：《啸亭杂录》卷4《杨时斋提督》，第92页。
③ 昭梿：《啸亭杂录》卷8《额经略》，第233页。
④ 范锴：《华笑庼杂笔》卷6，见《清中期五省白莲教起义资料》第5册，第317页。

庆帝有一道谕令，其中说道："自用兵以来，各路将帅，惟额勒登保英勇超伦，身先士卒"，"厥功甚伟"。"民间闻其军过，知其能爱百姓，无不安堵欢迎。""忠勇公清，实东三省人杰，不惟诸军悦服，即在京满汉臣工，无不重其为人。"① 额勒登保本人每遇打仗，必奋勇争先，骁勇善战，为部下做出了榜样。因而，其手下部将杨遇春以善抚将、善用兵著称，另有诸将如杨芳、游云栋、吴廷刚、祝廷彪等，也均能战。②

额勒登堡十分信任杨遇春，在杨国桢所编年谱中写道：

> 大帅以公所领皆精锐，辄以疲兵易之，然疲兵经公训练，胆力即壮，而精兵之改隶他人者，或以苛刻挫其锐气，或以宽纵滋其玩心，临阵不堪用命。③

嘉庆三年（1798）十月时，作为总兵的杨遇春率其弟杨逢春，跟随额勒登保转战于陕甘楚各处，接连擒斩教首，颇有战绩。嘉庆帝"屡加旌奖"，赏给玉带头、鼻烟壶、扳指、荷包、乌云豹马褂等物。但是，当面对旷日持久、不能速平白莲教的战局，嘉庆帝以"将不用命"，严旨责备。额勒登保觉得此对将士们来说，是极大的不公，蒙受了委屈。遂上奏申诉说："即如杨遇春年甫四十，而须发半白，每跟追之际，足穿草履，缒绳而上，将士不可谓不用心矣！"而事实上，此时，诸将中，仍以杨遇春"勇略尤著"④。

杨遇春对额勒登保可谓忠心耿耿。在连续剿办白莲教战事中，额勒登保作为清廷委任的经略，军权在握。期间，因战事迟延，被清廷降职，革去经略。此时，平日所亲信者，"相率掉臂去"，惟有杨遇春语同事诸君说："慎勿效浅夫所为，经略操守好而心性坚定，办贼终须此人耳。"因而，对额勒登保待如往日，嘘寒问暖，未因其丢官而有何不敬，并跟随其度过了最困难的时段。直至嘉庆七年（1802）秋七月，额勒登保被清廷提职升用，晋一等伯，后又封二等子爵，赏还双眼花翎。杨遇春等也各优予叙赉。

额勒登保待将弁少恩，杨遇春相随日久，劳绩最著，未尝以一阶半级

---

① 魏源：《圣武记》卷9《教匪·嘉庆川湖陕靖寇记五》，第407页。
② 昭梿：《啸亭杂录》卷4《杨时斋提督》，第92页。
③ 杨国佐：《忠武公年谱》，《年谱丛刊》第122册，第661—662页。
④ 石香村居士：《戡靖教匪述编》卷9《陕甘楚豫述》，《清中期五省白莲教起义资料》第4册，第110页。

被请超擢。然额勒登保平日深敬杨遇春，故杨遇春"亦有知己之感焉"①。二人在平白莲教战事中配合默契，互相帮助，结下了深厚的帅将情谊，为最终取胜奠定了基础。杨遇春是额勒登保自陕甘总督离任的后继者。

嘉庆帝在评价二人事功时说：

> 数年以来，所至之处，身先士卒，调度有方，杨遇春等节次生获渠魁，皆系额勒登保分出兵力，调遣合宜，故能所向克捷，将十余万之贼，歼除殆尽。②

与长龄 长龄，字懋亭，姓萨尔图克氏，蒙古正白旗人。乾隆四十九年（1784）起，随阿桂、福康安往甘肃石峰堡、赴台湾平林爽文，参加廓尔喀反击战，战功卓著。嘉庆五年（1800）七月，作为领队大臣，率吉林、黑龙江官兵往川陕楚平白莲教起事。后擢升湖北提督，旋署湖广总督，八年二月回京，先是以提督衔补京营右翼总兵，又调左翼总兵，继授古北口提督。九年，任安徽巡抚，十二年，授陕甘总督，往青海西部办理藏族抢案，二十一年，授伊犁将军，次年，复授陕甘总督，道光元年（1821），加太子少保，协办大学士衔。

杨遇春与长龄一起共事，是在嘉庆十九年（1814）三才峡木工起事后，清廷令长龄、杨遇春前往督办。继之，二人同赴南疆平张格尔叛乱。道光六年（1826）七月底，清廷在已经任命杨遇春为钦差大臣后，又以伊犁将军长龄为扬威将军，杨遇春、武隆阿为参赞大臣，共同办理平叛事宜。由是，八月初五，杨遇春在给道光帝的奏折中说：

> 长龄久历戎行，夙娴韬略，臣随征数次，素悉其措置有方。武隆阿宣力行间，谙练军旅。臣仰荷圣慈，畀以参赞重任，与武隆阿和衷共济，一切机宜，悉遵长龄擘画，期于军容肃睦，迅奏肤功。③

从中可见，杨遇春是一位与同事极易相处随和之人，对长龄倍加尊敬。

长龄对杨遇春的意见也十分尊重，除了在前文所述的凉州"镇"改

---

① 杨国佐：《忠武公年谱》，《年谱丛刊》第122册，第664页。
② 《清仁宗实录》卷89，嘉庆六年十月下癸亥，第174页。
③ 李光涵：《时斋府君年谱》，《年谱丛刊》第123册，第611页。

"协"问题上,以及在对齐慎、杨芳随队赴疆等事宜上,均赞同支持杨遇春意见外,在事关官军于南疆"驻防"与"换防"问题上,也与杨遇春保持了高度一致。

先是御史达镛条奏了变通新疆换防章程,认为南疆军事防兵当与北疆同,即改已有的换防为驻防。对这种不以实际情形为依据与出发点的做法,杨遇春会同扬威将军大学士长龄,予以严厉驳斥。

达镛在折内主要表明了两层意思:一是兵丁人数增加,费用亦增加。自道光十一年(1831)以来,喀什噶尔各城防守满汉官兵增至一万数千名,比以往多了4000多名。其中除了满兵由伊犁、乌鲁木齐调拨之外,其余则均由陕甘轮派。防兵虽出自各营,可是往来盐菜口粮、军装马乾与长支借支以及坐粮等项,较之在营当差,多出几倍。若以关内、外两处钱粮计算,则相当于花费2万多人之饷,实为1万多人之用,得不偿失。二是改变原本按年换防的制度。即轮换之兵比旧制有所加增,而本省存营之兵,又需裁百分之二。若值换防之期,前后班次接续不上,各汛额兵更少。而防所营兵,均于陕甘两省均分,远道奔驰,即便是尽称精锐,到防不过数年,不一定能谙悉回疆地势夷情。认为此项防兵,大可不必年年由内地轮换。①

由是,杨遇春与长龄晤面,悉心妥议后,陈明意见。② 其中,杨遇春说道:六月初八,长龄行抵兰州,二人面为商榷,均认为以新疆情形南北不同。北路平准噶尔后,其势已歼除殆尽,此处沃野千里,足任开展屯垦,达到满汉并移的目的,至今这里被视为乐土。而南路于平定之初,只歼叛军头目,其余回众,仍令各安本业。平叛后所设防兵,不过是藉资弹压,定赋征粮,以供兵食,至今70余年。如可改驻防,前人必有议及。现在回疆八城,统计满汉防兵一万数千名,若如达镛所请,尽改驻防,表面上似乎免轮派之繁,殊不知实非因地制宜之道。指出御史原奏内所称,除了军兴出力、民勇充足一节外,"余者均不合事务",并据理逐条予以驳斥。

达镛原奏所称,伊犁满州营,生齿日繁,新例驻防余丁,准挑绿营。请将伊犁镇属抽拨一二前往南路驻防,以旗人挑补空缺。杨遇春对道,伊犁为新疆根本之地,外控诸夷,时患民少兵。现在满营、绿营均生齿日

---

① 《清宣宗实录》卷206,道光十二年二月下乙巳,第41页。
② 录副奏折,大学士长龄、陕甘总督杨遇春,奏为议驳御史达镛所奏新疆换防章程事,道光十二年六月十一日,档号:03-2980-007。

繁，未有空缺。若挑补满营余丁抽拨南疆，无论满汉，多则本境空虚，少则无济于事，且一经移驻，即永为南疆之人，携眷赴防，抛离乡井，长途跋涉，已怀安土重迁而立业成家，所费复巨。而官又不能逐一经理，难免"更转致失所堪虞"。何况合计所能拨的一二营兵数，又不能完全充抵防额，未免徒事更张。

原奏所称，自防兵、征兵内，择年壮技娴、上无老亲与家有次丁者，派往驻防。杨遇春指出，此次添调换防兵丁，自今春就已往返札商，原欲就征兵内挑留，惟据各营将弁禀称，各兵丁前岁匆匆赴援，所置办衣履，悉由借贷，抵营后，又已年余，可是回疆食用价格倍昂，所得盐菜银两，尚不敷用，若再留防，未免累益增累，是以停止。现若于防兵、征兵内择其年壮技娴者，强为抑勒，其家无老亲，"难保必有次丁照应庐墓"；其家有次丁者，"无不乐依父母，安肯抛离"！若纷纷查询，转致有所借口，徒事周张。

原奏称该驻防兵丁家属，由官方资送到驻防处，数年之后，必然各有室家，一切差操，勇于自卫，其能力必倍于客兵。杨遇春对称，向来防兵皆系单身赴防，若改为驻防，官为资送家属，各该营相距回疆远则万里，近则数千里，长途戈壁，"其受累亦必难堪"。并就防兵至营地后的实际情形，从钱粮、房屋、柴薪、调遣等四个方面加以理性分析讨论，简称"四论"。

以钱粮而论。防兵岁支盐菜，较内地马兵岁支 16 两，虽属有赢，唯回疆食物昂贵，以一兵所得供一兵，所用自可省俭敷衍，一经移眷，则须养赡全家，断不足用，"又安能按其家属名口从而增益之"！此为一论。以房屋而论。向来防所按兵建盖，计五兵共住一间。若令携眷，则一兵须驻两间，兵房即加九倍。现在各城亦无许多隙地可以添盖，而眷兵更不便于城外散处。此为二论。以柴薪而论。回疆素不产煤，如喀什噶尔、英吉沙尔、叶尔羌等城，所需柴薪，皆从百余里外采取。而五兵同爨，尚可轮流驮运，若改为眷兵，只能各顾一家，一人所采，未必敷一家之用，岂能复事差操！此为三论。以调遣而论。防兵无家室之累，随调即可随发。若改为驻防，既有内顾之忧，但能自守疆圉，必不能多派分援，是驻防兵丁实不如换防之得力。此为四论。

至于达镛原奏所称，善后事竣，将西路无用多兵，遣散于该处地饶土广处归农之见，杨遇春予以驳斥。指出：屯田之议，原期寓兵于农。只是回疆虽属辽阔，但可耕之地尽是回人本业，其余不是沙漠，就是田高水低、不能引溉之处。唯喀什噶尔附城喀拉赫依有地亩一段，系以叛产互换，始能分拨认种。而大河拐、毛拉、巴什赛克三等处，尚须俟召集民人多寡，分地试种，"力移归内地即与罪遣无异"。"此则断不可行，应毋庸议"。

杨遇春进一步指出，本人与长龄等所素悉南疆情形，复经悉心体察，一致认为该御史所奏，均属窒碍难行。至于上次及此次所添兵数，陕甘两省换防往来盐菜口粮、军装等费，较从前虽有所增，然现准浩罕通商，如一二年后，卡外相安，即可将兵数陆续减撤，经费大可节省，而陕甘各营，亦可次第归伍。回疆防兵，仍请按年轮换，以循旧制而免纷更。①

面对常年驻守在外且熟悉南疆情势的两位封疆大吏的奏称，道光帝也有一番言论：

> 前据达镛奏，更换防兵糜费，请为经久之计。朕即觉其不可行。兹据长龄等指驳四条，朕详加披阅，所议俱是。该御史所奏，著毋庸议。长龄现已自兰州起程，著于路过山西时，将交审案件讯明，即行来京复命。并令将此谕知长龄，并谕杨遇春知之。②

与鄂山　鄂山，博尔济吉特氏，满洲正蓝旗人。嘉庆元年（1796）进士，以知县用。补甘肃会宁知县。八年，调皋兰县，不久，升安西直隶州知州。道光元年（1821），擢陕西同州府知府，旋调西安府。九月，升粮储道，三年授。四年，由河南按察使迁陕西布政使，次年四月，署陕西巡抚，五月，实授。九月，署陕甘总督。从鄂山的履历可以看出，与杨遇春有太多的共事机缘。

杨遇春与鄂山，有师生情谊，鄂山也素称自己与杨遇春有师承加子侄的关系。二人共事时间较长，尤其在平定张格尔叛乱中，鄂山专为前线的杨遇春办理粮饷军需，相互关照，彼此理解。道光六年（1826），南疆事起，杨遇春以钦差之职，酌带官兵，驰赴回疆。鄂山迅速驰驿前赴甘肃，接替杨遇春之职，随时妥速筹备接济一切应用军需粮饷驮载等项。当杨遇春提出肃州距阿克苏道里遥远，仅于哈密派员督办，尚恐鞭长莫及，请在吐鲁番、库车两处设立粮台，专派大员分驻，并多设腰站，委员提前催后，迭相接运，清廷照准，鄂山遵旨妥速办理，为杨遇春解军需粮秣后顾

---

① 以上均见录副奏折，大学士长龄、陕甘总督杨遇春，奏为议驳御史达镛所奏新疆换防章程事，道光十二年六月十一日，档号：03-2980-007。

② 李光涵：《时斋府君年谱》，《年谱丛刊》第125册，第351页。

之忧。

在查办仓库的过程中，杨遇春与鄂山体察情弊，酌定杜亏章程。对杜绝长期以来甘肃地方亏空与赔累问题起到了重要作用。

后来，鄂山尽管官居高位，可是杨遇春仍将鄂山作为自己门生、家人看待。一日为师，终身为父。杨遇春告老还乡后，鄂山任四川总督。道光十六年（1836）十一月，鄂山赴京陛见。道光帝询问杨遇春近况，鄂山答以：颐养安和，精神矍铄。道光帝甚为欣喜，并亲书"福""寿"二方，赐人参10两，让鄂山捎给杨遇春。十二月，鄂山回四川时，杨遇春正偕回家丁母忧的国佐、国桢兄弟住在崇庆州上南街宫保府。鄂山转呈道光帝赐物。

杨遇春在成都家中休养时，鄂山是常客，常来的还有杨芳、瑚松额等，均为杨遇春的同僚下士，"以时想见""同坐小酌"。但经常"或纵谈旧事，或互励官箴，或课晴雨问桑麻，或绪说家常琐细，绝不轻谈时事，亦从未臧否人物"①。

杨遇春过世后，鄂山携其遗疏入告，接道光帝谕旨，参加杨遇春家祭典礼，宣读录之杨国佐、杨国桢撰的《府君杨遇春家祭行述》。②

与杨芳　杨芳，字通逵，号诚村，贵州松桃厅人，杨遇春的族侄，也是杨遇春麾下成长起来的最得力、最受信任的部将。乾隆六十年（1795）十月，当杨遇春在松桃营中见到书职杨芳时，即觉此人"器宇不凡""十分异之"，曰："此将材也"，遂"荐之大帅"，"诚村由是渐知名"。终升至提督，赐果勇侯。③

杨遇春与杨芳的缘分，与杨芳最初的名字还有点关系。乾隆四十四年（1779），杨芳十岁时，"就明经朱获菴先生之麒学，赠字遇春"，后遇族叔杨时斋，即杨遇春后，其父乃更杨芳号诚村，派名通逵，因以为字。④

自乾隆六十年（1795）征战苗疆，杨芳就跟随杨遇春，之后一直伴随其左右。征苗战事中，杨遇春因解松桃、嗅脑，生擒吴半生有功，升四川松潘中营游击，其中杨芳发挥了不小作用，以至于"积劳成疾，蒙帅资遣归里"。不到一月，杨遇春顾虑杨芳不再前往军中效命，遂奏请拔为镇远镇标经制外委，致书予以安慰。⑤嘉庆元年（1796）正月以后，杨芳在杨

---

① 杨永澍：《杨忠武公记事录》，见陈力主编《中国野史集成》第49册。
② 杨国佐、杨国桢撰，鄂山录：《府君雅园家祭行述》，道光抄本，现藏四川大学博物馆。
③ 《清史稿》卷368《列传》155《杨芳传》，第11467—11475页。
④ 杨芳：《自编年谱》卷1，第6页。
⑤ 杨芳：《自编年谱》卷1，第17页。

遇春的指挥下，英勇作战，冲锋在前，战功卓著，升迁也快，先是拔补镇远把总，继之，拔镇远千总。

嘉庆元年（1796）至九年期间，杨芳又随杨遇春平白莲教，转战湖北、四川、陕西等地，与杨遇春结下了战斗情谊，共创辉煌战绩。嘉庆三年，在湖北南漳进剿张汉潮，杨芳率马队迎头进击。杨遇春率劲旅潜抄敌后，两部前后夹击，配合默契，大获全胜，赏戴花翎。二人如此相互配合作战之例，不胜枚举，均得到很高的评价。

> 川楚之役，竭宇内之兵力而后定之。材武骁猛，萃于行间。然战无不胜，攻无不取者，厥惟二杨及罗思举为之冠。①

杨遇春与杨芳久经沙场，杨遇春几乎没受过伤，而杨芳就不同了，稍有大战，总有伤情。杨遇春升至提督时，杨芳也已经是广东督标后营参将，依旧在杨遇春指挥下作战，随杨遇春出龙驹寨，攻打张天伦部。杨芳跃马射张部前队，张部大溃，杨芳被赏"诚勇巴图鲁"名号。②成县、阶州剿办伍怀志部，杨芳坠马足伤，仍徒步参战，臂又受伤。嘉庆帝下诏询问伤情，令所司优叙。③

嘉庆九年（1804）八月，杨芳任宁陕镇总兵。十一年正月，署固原提督，七月，宁陕镇兵乱，因杨芳为该镇之前任，著革去翎顶。为解户县之围，杨芳驰往救援，鏖战终夜，力解户县之围。此战杨芳手臂被长矛贯穿，复赏顶戴。杨遇春战方柴关后，杨芳赴叛兵营地，晓以利害，说服旧部，将功补过。但因方柴关兵溃，又主要是固原、河州的杨芳旧部，嘉庆帝以杨芳驭兵姑息罪，褫职遣戍。经德楞泰、杨遇春等上奏请情，嘉庆帝以爱惜人才下诏宽免。谕旨曰："杨芳由字识出身，不十年擢至总兵，劳绩出众，即朕亦素稔其名。德楞泰此奏，自系为爱惜人才起见，俟过一二年后，再行酌量加恩可也。"④ 当然，平定宁陕镇兵变中，杨遇春与杨芳共谋计略，劝说叛兵全部缴械有功，被后人所称赞。认为"二杨劳烈，当以招抚宁陕为称首"⑤。

---

① 《清史稿》卷347《列传》第134《杨遇春传·附传》，第11198—111208页。
② 《国朝耆献类征初编》卷324《将帅六十四·杨芳》。
③ 李元度：《国朝先正事略》卷23《名臣·杨勤勇公事略》，《续修四库全书》第538册，第510页。
④ 《国朝耆献类征初编》卷324《将帅六十四·杨芳》，第4页。
⑤ 魏源：《圣武记》卷8《海寇民变兵变·嘉庆宁陕兵变记》，第367页。

滑县战事起，杨芳自请效力，又随杨遇春至道口，败起事教众，赏还二品顶戴。杨遇春攻打辉县司寨，杨芳以诱敌深入之术，杀其精锐，赏加提督衔，先换一品顶戴，赏给云骑尉世职、"劲勇巴图鲁"名号。① 嘉庆二十年（1815），擢升甘肃提督。② 五年后，先调直隶提督，又任湖南提督。道光五年（1825）十月，接替杨遇春，任陕西固原提督，又回到杨遇春麾下。次年，南疆事起，杨遇春奏请准调杨芳赴南疆，与齐慎一起，成为杨遇春的左膀右臂。浑河之战，配合杨遇春，灭张格尔精锐，直驱喀什噶尔。南疆战事，杨芳常常抵挡一面，战绩卓著。为捕张格尔，二杨分道出塞。杨芳军至帕米尔高原迤北的阿赖岭，落入浩罕埋伏圈，率部鏖战一昼夜，终突围而归。

不久，清廷令杨遇春班师回任，以杨芳"素娴军旅"，授为参赞大臣，加骑都尉世职，命在乾清门行走。杨芳生擒张格尔后，诏封果勇侯，世袭罔替，赏戴双眼花翎，赐紫缰，御前侍卫上行走。旋又晋太子太傅衔，赐紫禁城骑马。后又赏加太子太保衔，绘像紫光阁。

杨遇春奖掖的部将，除了杨芳外，还如游云栋、吴廷刚、祝廷彪，皆由偏裨而被杨遇春拔至专阃。③ 当然，从杨芳与杨遇春的关系而言，二人真是患难与共于沙场，一方面，杨遇春的提携，成就了杨芳，另一方面，杨芳的战功也成就了杨遇春，二人在获得战功的过程中，真所谓水乳交融，密不可分。杨遇春去世后，年已届甲子的杨芳的英勇也随之陨落，先是以病乞归，再出山时，面对英法凭借船坚炮利发动的鸦片战争，亦是束手无策。

与齐慎 齐慎，河南新野人。与杨遇春雅契，④ 以勇著称。嘉庆元年（1796），白莲教事起，齐慎以武生团练乡勇，投效军营。自此，与杨遇春在剿办白莲教的同一战场上，转战湖北、陕西、四川等地，战功卓著，虽然多次身负矛伤，可是不畏生死，英勇善战，战绩的光环也越戴越多。嘉庆十年时，已经擢升至紫阳营都司。次年，参与平宁陕镇兵乱于石泉县城，因功擢陕西镇右营游击。⑤ 嘉庆十二年时，齐慎已经是历经"枕戈蓐马，不啻百战"之名将，史载"所到必生擒其渠，斩馘不可胜计，而淬厉其气，亦遂以勇名闻天下"。额勒登保"荐其材武，每簿上功，辄奏予升

---

① 《清仁宗实录》卷 279，嘉庆十八年十一月下戊子，第 812 页。
② 《清仁宗实录》卷 320，嘉庆二十年正月丁未，第 11 页。
③ 昭梿：《啸亭杂录》卷 4《杨时斋提督》，第 92 页。
④ 张穆：《太子太保齐勇毅公家传》，见缪荃孙编《续碑传集·武臣三》卷 50，第 2 页。
⑤ 《清史列传》卷 39《大臣传续编四·齐慎》，中华书局 1979 年版，第 18—19 页。

阶"，故在嘉庆帝的军功簿上也书有一笔，一时间齐慎的名声大噪，"自杨武忠公外，无其伦也"，"屹然负海内望矣"①!

嘉庆十八年（1813），滑县之变，杨遇春首檄齐慎赴援。道口河一役，杨遇春挥兵直前，齐慎继后猛攻，败敌气势，克道口。官兵进驻滑县，营地未定，城内突出教军万余名劫营，齐慎率部，鏖战竟夜。天未亮，自城内复出教军2000援助。齐慎见状，跃马横冲，教军崩溃。司寨之战，齐慎由淇县大庙山口入，鏖战白土冈，毁寨垣、焚碉楼，大小十三战，亲手缚教军著名头目70余人，其余不算。因功赏"健勇巴图鲁"名号。攻滑城，手帜先登，鏖战一昼夜，受石伤，捷闻，以副将升用，换二品顶戴。

陕西三才峡事起，齐慎又随杨遇春带固原、兰州兵回陕。② 佛爷坪战后，齐慎擢升延绥镇神木协副将，旋又升西安镇总兵。嘉庆二十三年（1818），调陕安镇总兵。③ 道光元年（1821）升为甘肃提督。④ 继之，随由直隶总督任调陕甘总督的长龄，往青海办理黄河南北藏族抢案，深得长龄赏识，更被道光帝信任。即当长龄向道光帝奏报赴陕甘总督任、会同提督齐慎酌带官兵数千名、往查办河北循化等处九族"野番"情形事时，道光帝谕旨："齐慎原系可靠之人，卿可督同，妥速办理。慎勉为之。"⑤ 齐慎很好地处理了青海藏族抢案事宜，得到清廷嘉奖。

道光六年（1826），南疆战事起，杨遇春作为钦差大臣，带领陕甘精锐前往平乱。此时，作为甘州提督的齐慎带兵3000名，前往哈密驻扎。旋即，清廷以甘肃地方重要，令齐慎将3000兵交于杨遇春，返回本任。⑥ 杨遇春以前方打仗，缺带兵将领，向清廷奏报齐慎早经被准起程，计此时可抵哈密。意在留齐慎于南疆。

清廷考虑到杨遇春赴疆作战的实际困难，又降旨令杨遇春，请于提督齐慎、杨芳二员内，酌令一员回任弹压。清廷用意在于，既然齐慎已前往哈密，即飞饬齐慎星速驰赴阿克苏驻守，令杨芳回任。⑦

同年八月，齐慎抵达哈密，以都齐特军台被焚，参将王鸿仪等被围甚急，飞催各路策应，并从所带甘凉兵中留西宁兵600名驻守哈密，率其余

---

① 张穆：《太子太保齐勇毅公家传》，见缪荃孙编《续碑传集·武臣三》卷50，第1页。
② 张穆：《太子太保齐勇毅公家传》，见缪荃孙编《续碑传集·武臣三》卷50，第2页。
③ 《清史列传》卷39《大臣传续编四·齐慎》，第19页。
④ 《清宣宗实录》卷18，道光元年五月丙子，第343页。
⑤ 《清宣宗实录》卷29，道光二年二月上丁丑，第517页。
⑥ 《清宣宗实录》卷101，道光六年七月下丙申，第645页。
⑦ 《清宣宗实录》卷102，道光六年八月上丁巳，第679页。

兵星夜疾驰阿克苏驻扎。继之，清廷又以阿克苏重镇，命将驻守哈密的西宁兵600名跟进阿克苏。十月，齐慎丁父忧。清廷以齐慎"久历戎行，素称勇干，现已驰抵阿克苏"，"当军务吃紧之时，骤难更换"，而令其留于军营。清廷深知"齐慎受恩深重，亦必不肯以私情废公，遽请回籍"，"著仍留军营带兵进剿，无庸开缺。俟军务告竣，再令回籍，补行守制"①。由是，齐慎忠孝不能两全，为国尽忠就不能为父尽孝。清廷著给齐慎加恩赏银200两，令在河南藩库提取，委员赍交齐慎家中，以为治丧之费，并著传旨嘉奖。

在南疆，齐慎先是驻兵乌什，带领甘州兵弁2000余员，在巴什雅哈玛卡伦西南要隘防堵，擒剿大头目比库图鲁克。乌什肃清后，带领将弁，挺进乌什北路一带，沿路捕拿叛乱回子以及布鲁特叛乱者。在佳噶赖地方，剿杀数百名，擒获7名，经审均为特奇里克部落从逆纠众、抢劫杀人者，随即正法。继之，又再战于阿勒他克、乌玉布拉克等地，大获全胜。

从南疆凯撤后，齐慎请假回籍守制。道光八年（1828），假满入觐，赏文绮，复以回疆底定，作为在事功臣，绘像紫光阁，赏"强谦巴图鲁号"，调直隶古北口提督。十二年，因病陈请开缺调理。谕曰：

（齐慎）前在楚省军营，两受矛伤，滑县首先登城，石伤尤重，实为奋勇出力。直隶提督任内，整饬营伍，训练操防俱臻妥协。兹因伤湿复发，一时未能就痊，著允所请，准其开缺回籍，安心调理，一俟病痊，即来京另赏差使。②

杨遇春十分惦念齐慎这位一起出生入死，作战配合默契的下属。道光帝闻后，于十三年（1833）三月，谕令杨国桢前往看视齐慎，传谕询问道："前任直隶提督齐慎，上年因病假回籍，现在调理日久，自必已就痊可"，"该提督如宿疾已痊，著即迅速来京陛见"③。四月，齐慎在籍奉旨，仍授甘肃提督。次年，调四川提督。

与达凌阿 达凌阿，佟佳氏，满洲镶黄旗人。④严格地说，达凌阿出道自额勒登保手下，平白莲教过程中，成为与杨遇春同受额勒登堡指挥的重要将领，又较多地配合杨遇春作战。嘉庆元年（1796），达凌阿由健锐

---

① 《清宣宗实录》卷108，道光六年十月下己巳，第795页。
② 《清史列传》卷39《大臣传续编四·齐慎》，第19页。
③ 《清宣宗实录》卷233，道光十三年三月上乙酉，第497页。
④ 《清国史·大臣画一传档次编》卷118《达凌阿列传》，第8册，第760页。

营前锋赴湖北军营平白莲教，累战有功，随四川总督勒保战于东乡，迭有斩获，授蓝翎侍卫。六年，随经略额勒登保入陕作战，擒获王士虎、王士勤等，升三等侍卫。七年，苟文明由川越陕，出没老林中。达凌阿随陕西提督杨遇春，副都统格布舍等截击，冒雨进攻，矛毙苟文明，升二等侍卫。后随卓著战功，擢升很快。八年，授陕西抚标右营游击。十二年，升平阳关参将。十五年，调抚标中军参将。十八年八月，升静宁协副将，九月，署西安镇总兵。

陕西岐山县三才峡厢厂木工起事，长龄、杨遇春前往剿办，达凌阿也被檄令前往进剿，擒斩甚众。在户县，破林老幺于炭厂。黑水峪、傅家河一战，达凌阿先后擒杀数百，余众逃入周至山内。达凌阿思忖厢众退逃必由宽沟出，故预先设伏以待。当万五等率众出现时，达凌阿率众突击，擒获万五，尽歼余党。捷入，赏总兵衔。① 嘉庆二十四年（1819）十二月，达凌阿以甘肃永固协副将擢甘肃巴里坤总兵，② 次年四月，调陕安镇总兵。

实际上，达凌阿调陕安镇总兵，只是一纸谕令，并未赴任，这与杨遇春有一定的关系。从档案记载得知，道光元年（1821），任陕西提督的杨遇春与陕甘总督长龄一起接清廷五月二十九日上谕，其中说道：令授补达凌阿为陕安镇总兵，但"因思陕安一镇驻扎南山之中，地方险要，向多客民寄居，人情浮动，巡查弹压非熟悉情形者不能胜任"，达凌阿系由安徽升任，人地未宜，著长龄、杨遇春会商妥酌，于陕西、甘肃两省内遴选一员于此缺足堪胜任者，奏明调补。六月二十五日，杨遇春与长龄遵旨重新推荐人选两名，同时奏请，"或留达凌阿于陕甘候补，或遇缺另行简放"③。故于道光二年，达凌阿升乌鲁木齐提督。④

道光六年（1826）六月，南疆张格尔叛乱，杨遇春以钦差大臣督兵往办，大学士、伊犁将军长龄令提督达凌阿统兵4000往援。杨遇春令达凌阿先期驻扎阿克苏。七月初三，达凌阿带领官兵，由乌鲁木齐起行，至二十三日赶抵库车。⑤ 因叛军逼近城下，达凌阿请留兵防堵，经杨遇春奏报，清廷准留巴里坤古城满洲兵400名、汉兵600名驻于库车，仍由达凌阿带

---

① 《清仁宗实录》卷283，嘉庆十九年正月下壬午，第865页。
② 《清仁宗实录》卷365，嘉庆二十四年十二月甲辰，第829页。
③ 以上均见朱批奏折，陕甘总督长龄、陕西提督杨遇春，奏为遵旨遴选陕西潼关协副将张起鳌、静宁协副将熊得谦请简陕安镇总兵事，道光元年六月二十五日，档号：04-01-12-0352-003，缩微号：04-01-12-063-1755。
④ 《清国史·大臣画一传档次编》卷118《达凌阿列传》，第8册，第760页。
⑤ 《钦定平定回疆剿擒逆裔方略》卷19，《清代方略全书》第97册，第516—517页。

乌鲁木齐官兵3000名，随时探明前途情形，驻扎阿克苏，会同伊犁官兵2000名，分扎卡内外要隘，严密防范，尽力防堵。八月，达凌阿抵阿克苏，疏陈：西四城既陷，惟保护阿克苏、乌什、库车三城及阿克苏迤东台站为最要。道光帝"深是之"①。且认为"达凌阿、杨芳皆带兵得力之员"②。

当达凌阿至阿克苏时，正值叛军自喀什噶尔纠众数千，攻乌什所属察哈拉克台，四处焚掠。于是达凌阿督率兵勇迎剿，至阿拉尔庄，鏖战逾时，歼300余人，一直追至沙坡树窝。杨遇春飞饬达凌阿等"加意堵御，严顾城池"。此时，又有和卓库尔班素皮率别股叛军由托什罕过河，攻围协领都伦布营盘，逼城20余里，危难之际，达凌阿速分兵阻断，且回兵赴援，与各路官兵夹击，复大败其众，斩库尔班素皮，河北肃清。捷入，道光帝嘉其督率有方，著赏云骑尉世职。③

南疆战役结束后，达凌阿因功绘像紫光阁，御制赞曰：

多年提镇乌鲁木齐，出师川陕，将帅鼓鼙，临河决胜，杀贼如泥，张我挞伐，大兵遂西。④

道光八年（1828）十一月，达凌阿以提督衔为塔尔巴哈台参赞大臣。九年，授西安将军。

与亲家好友薛大烈　薛大烈与杨遇春是亲家。攀这门亲事，缘起于嘉庆十二年（1807）。是年十二月二十七日，薛大烈任陕西固原提督，欲与当时任总兵的杨遇春联姻，特此上奏请示。在奏折中，薛大烈说：子薛福年十四岁，尚未聘有妻室。宁陕镇总兵杨遇春之女，年岁相若，现在待字。自己与杨遇春同在军营，"素称契合"，拟聘杨遇春之女为媳，"应否回避"。

这里需要说明的是，薛大烈为何要提到"回避"。按照清廷的亲族回避例，上下级之间是不允许有密切、亲近关系的。而薛、杨二人虽同在军营，但并无直接的上下属关系，只是个人关系相对友好。这是薛大烈呈奏折子的主要原因，也是奏请是否需要回避的缘故。薛大烈说道："总兵本非提督属员，凡值军政之年，例系总督出具考语，并不由提督考察，是以

---

① 《清国史·大臣画一传档次编》卷118《达凌阿列传》，第8册，第760页。
② 《钦定平定回疆剿擒逆裔方略》卷26，《清代方略全书》第98册，第169页。
③ 《清国史·大臣画一传档次编》卷118《达凌阿列传》，第8册，第760页。
④ 《钦定平定回疆剿擒逆裔方略》卷首，《清代方略全书》第96册，第102页。

亲族回避例内，并无提镇回避明文"。但考虑到固原提督与宁陕总兵"究系同在一省"，且敕书中也有"节制"二字，故而不敢私自与杨遇春结成姻亲关系，特此奏请清廷裁决。①

薛大烈作为一员战将，常与杨遇春出战，嘉庆十二年（1807）正月，随杨遇春围剿瓦石坪叛兵，杨遇春、薛大烈等督兵五路进剿，擒获总帅及元帅多名，叛兵48名全数歼获。战后，薛大烈、杨遇春均著加恩，交部议叙。②

与卢坤 以杨遇春的人缘，好友不少，卢坤就是重要一人，也是杨遇春赴南疆平张格尔叛乱时的后勤军需供给者，为杨遇春在前线顺利进军取胜，做出过贡献。

南疆战事结束后，卢坤对杨遇春的工作也十分支持。道光十一年（1831）六月初一，清廷在绿营军中推广普及杨遇春教演的速战阵，其中抬炮一项，就是经卢坤奏报而采纳的。先是卢坤在关中阅看了杨遇春军中速战阵之抬炮，卢坤提出，该抬炮连环施放，高下皆宜，实为神速利器。由是，清廷令在"楚省七营，照式铸造七十尊，喷筒一百四十杆"，挑选兵丁演习，并著杨遇春于陕西抚标内选派谙悉速战阵之千把总二三员，酌带演放抬炮兵丁数名，并制造炮位工匠二三名，饬令赴楚制造教演，以资练习。

与程矞采 程矞采，江西新建县大塘乡汪山村人，道光初年，由御史迁刑科给事中，旋转户科掌印给事中，继而，京察一等，记名以道府用。道光七年（1827）六月，授甘肃兰州道。可以说，程矞采在仕途上一帆风顺，与其在甘肃兰州道为官有密切的关系，这里的任职业绩与人脉，为其后来官运顺畅打下了良好的基础。

对于程矞采的能力，杨遇春在奏章中说道：兰州道程矞采精明练达，清正和平，自道光七年（1827）到任后，即入局承办凯撤兵差，筹划俱臻，妥协办理地方诸事极其恰当。在奉旨办理押解张格尔自甘至陕的一路上，程矞采"更是防关照料，周密尽心"。在办理军需报销事宜过程中，程矞采工作勤勉，为人和善，敢担责任，杨遇春十分欣赏，且说道：兰州道程矞采"核校册籍，不厌烦苛"，办理局务，与同事"和衷商榷"，诸

---

① 以上均见朱批奏折，陕西提督薛大烈，奏为拟与宁陕镇总兵杨遇春结姻事，嘉庆十二年十二月二十七日，档号：04-01-01-0504-020；又录副奏折，奏为欲与总兵杨遇春联姻应否回避请旨事，嘉庆十二年十二月二十七日，档号：03-1667-024。
② 《清仁宗实录》卷174，嘉庆十二年二月上丁卯，第271页；第一历史档案馆编：《嘉庆帝起居注》第5册，广西师范大学出版社2006年版，第736页。

事精详，不辞劳瘁。因而，杨遇春呈奏章褒扬，请赏戴花翎。①

道光九年（1829），程矞采迁甘肃按察使。十月调离西北，任广东按察使。

以上是杨遇春的同僚、亲属及好友，而他麾下基层将领不乏川籍同乡，最有影响的如吴廷刚、祝廷彪、游栋云，在征苗战事中脱颖而出，得到杨遇春的赏识提拔，得以重用。这一点在昭梿的《啸亭杂录》中有记载，《清史列传》将3人收为杨遇春的附传。还有如同乡崇庆州人吕天俸，亦受杨遇春提携。这些人是随杨遇春出生入死的得力干将，是杨遇春军队的嫡系、骨干，是每战取胜的重要基石。这些人与杨遇春一起，参与并经历了中国近代前夜的多次民变的平定活动。

与吴廷刚　　四川成都人，行伍出身，拔补把总。②乾隆六十年（1795），黔湘征苗，调赴军营，在福康安麾下，参与了攻夺纳贡山、贵道岭、长青山等处的几次大仗，初露英勇善战的军事才干，因功赏带蓝翎，寻升为千总。白莲教起事后，同杨遇春一道随额勒登保平白莲教，长期配合杨遇春征战秦巴老林，更显露出善于侦察敌情，善于长途奔袭、打夜战的才能，在杨遇春麾下起到尖刀突击队长的作用。自嘉庆四年（1799）以来，跟随杨遇春屡获战功，如于青龙坪破王登廷，龙驹寨剿杨开甲、辛聪等。在手扳岩，为灭伍金柱，轻骑往探，活捉俘虏，探取敌情，功不可没。升四川漳腊营守备。③嘉庆七年，剿办苟文明等教军的过程中，因"奋勇出力，朱笔圈出"，与杨遇春、祝廷彪等均受嘉奖，谕令交部议叙，或加升一等。著额勒登保等分别等第，开单保奏。④

嘉庆八年（1803）七月，清廷苦于剿办南山老林教军旷日持久，谕令杨遇春督同杨芳、吴廷刚等迅速前往南山，严密搜排，勿惮勤苦。⑤因战事拖延，南山内不断有零散教军出没，吴廷刚又同杨遇春等受到清廷的严厉申饬，吴廷刚被摘去翎顶，杨遇春被拔去花翎。杨芳因前已拔去花翎，令再摘去顶戴。⑥直到九年三月，歼毙教军苟文华等，经德楞泰奏报，才得旨奖赉，赏提督杨遇春花翎，副将吴廷刚顶戴。⑦正是由于卓越军功，

---

① 朱批奏折，奏为兰州道程矞采办理报销出力请赏花翎事，道光九年二月三十日，档号：04-01-12-0406-069。
② 《满汉名臣传续集》卷80，黑龙江人民出版社1991年版，第3901—3906页。
③ 昭梿：《啸亭杂录》卷4，第93页。
④ 《清仁宗实录》卷101，嘉庆七年七月甲午，第354页。
⑤ 《清仁宗实录》卷118，嘉庆八年七月上己亥，第541页。
⑥ 《清仁宗实录》卷121，嘉庆八年九月壬子，第619页。
⑦ 《清仁宗实录》卷127，嘉庆九年三月癸卯，第715页。

嘉庆十一年九月，吴廷刚以甘肃中卫协副将，擢升为凉州镇总兵官。① 十三年，调陕西汉中镇总兵官。②

嘉庆十八年（1813），三才峡木工起事，杨遇春亲自驰往剿办，吴廷刚出力最多，尤其对付万五、麻大旗等的过程中，有整整一个月，吴廷刚"奋力追剿，不予以暇"，以至于"该逆无路奔逃，故得迅速成擒"。因功交部，照军功例，从优议叙。③ 次年二月，以总兵任，与杨遇春一起奏报两路出力官兵折，为作战将士请功。④ 不久，随长龄往川陕界剿办教军余众，生擒陈四，全歼尹朝贵等零星教众。与总兵官祝廷彪同赏予提督衔，旋任广东陆路提督。⑤ 九月，因伤身故。

与祝廷彪 四川双流人。行伍征苗，擢守备。在平白莲教过程中，从杨遇春参加剿办刘元恭、刘开玉战事，因功擢都司。祝廷彪作战英勇，不怕牺牲。嘉庆七年（1802），在平安寨设伏长沟，乘夜掩击教军，身重矛伤，裹创力战，毙教军头目苟文清于阵前。在花石岩偕吴廷刚，败苟文明，擒苟文齐，升为参将。

嘉庆八年（1803），祝廷彪跟随杨遇春在凤凰寨、坝口、马鞍山一带剿办教军，战功卓著。十一年，擢汉中协副将。宁陕兵变，跟随杨遇春、杨芳等赴南山，屡有功绩，赐号"迅勇巴图鲁"，升甘肃宁夏镇总兵，调陕西西安镇。三才峡厢厂木工起事，偕吴廷刚擒尹朝贵于木瓜园。祝廷彪跟随杨遇春多年，也善于打伏击战，在手扳岩，擒教军头目陈四，因功擢湖南提督。后授头等侍卫，仍兼提督衔。

在祝廷彪身上，有很多杨遇春的影子，果敢力战，善抚士卒，于所部颇有威望，被当时人称道。作为杨遇春麾下出生入死的核心将领，祝廷彪离开西北不久，清廷又以其熟悉南山情形的缘故，复授西安镇总兵。在任凡十年，擢贵州提督，调浙江提督。⑥

与游栋云 四川巫山人，寄籍华阳。武举补把总，在征廓尔喀、赴苗疆作战中，积功擢升宁羌营游击。早年与杨遇春一起，在额勒登堡麾下做事。在湖北归州中保寨攻教军覃家耀部时，游栋云居首功。后长期随杨遇春在秦

---

① 《清仁宗实录》卷166，嘉庆十一年九月上己酉，第164页。
② 《清仁宗实录》卷199，嘉庆十三年七月丁亥，第644页。
③ 《清仁宗实录》卷283，嘉庆十九年正月下壬午，第865页。
④ 录副奏折单片，无署名，呈杨遇春吴廷刚两路出力官兵清单，嘉庆十九年二月十七日，档号：03-1674-035。
⑤ 《清仁宗实录》卷284，嘉庆十九年二月上壬子，第895页。
⑥ 以上见《清史稿》卷347《列传》第134《杨遇春传·附传》，第111204—111206页。

巴老林，蹑踪张汉潮、詹世爵、李槐等，由汉中入川境。毙詹世爵、李槐两大头目，史载"断槐手，箭贯世爵胸，皆毙"。在平白莲教过程中，游栋云战功卓著，在狮子梁、樱桃垭，攻打高天德、马学礼，很好地配合杨遇春擒获教军高、马二头目。破伍金柱余党于三岔坪，为官狼山镇总兵。

游栋云也是一个孝子，任狼山镇总兵时，丁父忧，离职。嘉庆十一年（1806），赴甘肃河州镇，抚西宁"番子"，平贵德十二部族，以母忧去职。后补陕安镇，调宁夏镇。十八年，随杨遇春赴南山，平三才峡厢工起事。后长期在杨遇春军中做事。道光初署盐茶都司。①

与吕天俸 字修吾。在民国《崇庆县志》所记载的杨遇春同乡崇庆州人从军者中，有如杨绍源、吕天俸等。其中，吕天俸最为出色。乾隆末年，吕天俸由四川督标中营随军赴贵州，参加了平定贵州苗民的战事。清廷以所有参战将领兵士"俱各属勇争先，不辞劳瘁"而给予嘉奖。嘉庆二年（1797），白莲教起事后，又移师湖北。在杨遇春麾下，参与平白莲教的战斗，以功升陕西延绥镇中营守备，赏给雀翎。此时，杨遇春已经官至甘肃西宁镇总兵官。

嘉庆八年（1803），在追剿白莲教冉、樊二部的行动中，因擒拿斩获张士虎、李元帅有功，补甘肃西宁镇北川营都司，旋调陕西渔渡路营。十二年，升为陕西定口营游击。十八年，随同杨遇春平河南滑县民变，生擒首领牛良臣、徐安国等，因功得到嘉庆帝奖赏，命以参将候补。又因功赐予"健勇巴图鲁"名号。次年，补宁陕营参将。

步入道光年间，伴随杨遇春显赫军功地位的提高，吕天俸等人的功绩也十分卓著，升迁也快。道光元年（1821），升陕西潼关协副将。二年，升为陕西汉中镇总兵。②

道光六年（1826），南疆张格尔叛乱，清廷谕令杨遇春督师赴疆，总统军务，指调"素知得力之战将"，在最先所调派的主力中，除了杨芳一部外，排名第二的就是作为汉中镇总兵官的吕天俸所部，道光帝谕其二部速"带兵往剿"③。

吕天俸作为杨遇春手下的精明干将，亲自督师七里河，连续指挥作战一昼夜，破敌二万余，攻下喀什噶尔城。继之，又随杨遇春转战英吉沙尔各地，安抚降众。师旋，以一等军功从优议叙。八年（1828），升乌鲁木

---

① 以上见《清史稿》卷347《列传》第134《杨遇春传·附传》，第11198—111208页。
② 《清宣宗实录》卷45，道光二年十一月下丁亥，第793页。
③ 《清宣宗实录》卷101，道光六年七月下辛丑，第654页。

齐提督。吕天俸因常年在军中服役，积劳成疾，同年十一月初十，经杨遇春呈奏，恳请开缺回籍调养，朱批：同意。

从吕天俸带兵的特点来看，可谓受杨遇春影响至深，其"智勇兼优""善抚士卒"，均继承了杨遇春带兵的长处。尤其是带兵打仗中，特别强调纪律性，更是继承了杨遇春的衣钵。史载，杨遇春军律极严，师行所过，市肆不惊，民颂其德。①

在杨遇春的麾下，来自家乡的兵士并不多，绝大部分却是平白莲教之后的降兵。用昭梿的话来说：杨遇春所统陕中兵，"皆降贼，技勇熟练，身经百战者，杨善为抚驭，得其死力。"② 正是由于杨遇春善于带兵，对属下恩重如山，又有非常好的口碑，将士都愿意为其卖命，效死力。即所谓"死士百人，爱同肌肤，攻坚截流，压贼如雏"③。如新调甘肃凉州镇总兵官哈丰阿，十分敬仰杨遇春，恳请派往南疆军营，随同杨遇春剿捕"逆回"，勉图报效。经清廷准予后，在交卸浙江处州镇总兵篆务的当日，即驰赴新任。

杨遇春十分体恤下情，关心将士疾苦。第二次赴南疆时，留驻肃州听差官兵的盐菜口粮来源无着，杨遇春就想办法拆挪移借，解决燃眉之急，并于道光十二年（1832）正月奏准报销。提出调赴肃州差遣，因距离本营较远，官弁皆系微末之员，力难自给。经户部议覆，同意支销留驻与调赴肃州的听差官弁盘费。为体恤下情，杨遇春奏请清廷予以补助办理的事宜很多，此不一一列举。

杨遇春身体力行，身经百战，以戎行崛起，对改革西北军制做出了贡献。其加强地方军事力量，重振绿营，所向披靡，与清中叶以来八旗武备废弛，军旅不振之现象形成鲜明的比对。杨遇春冲锋陷阵，毫发未伤，真可谓是一员"福将"。这说明杨遇春很会打仗，善于打仗，生就的将才。历史有时候也附和着或多或少的机缘。

---

① （民国）《崇庆县志·士女第八之一·杨遇春传》，《四川方志之三》第 2 册，第 443 页。
② 昭梿：《啸亭杂录》卷 6《滑县之捷》，第 172 页。
③ 梅曾亮：《柏枧山房文集》卷 16《杨忠武公赞》，参见《清代诗文集汇编》第 552 册，第 626 页。

终老宫保府

杨遇春对家人十分眷顾，对长辈尊敬有加，但常年从军在外，难以忠孝两全，一有可能的机会，全力尽到为人子为人父的责任。

从军不久，杨遇春即调彰明汛把总，接父辈妻儿到营地，尽享天伦之乐。任陕甘总督，衣食无忧之后，也时时念及祖父辈未能享之福，潸然心酸。史载，在兰州时，作为杨遇春幕僚的诗人汪少海，劝其为国自爱，锦衣美食，不宜过分妄自菲薄。杨遇春对道：

> 汝言良是！我亦知身为封疆大吏，即食方丈，力非不足，顾每日享鸡豚，念及祖父未有是养，已属过分，心每不安，何以忍以为足也！言毕，泪如雨下。

少海听后，怆然而退。①

杨遇春兄弟二人，胞弟杨逢春。嘉庆二十二年（1817）五月，山东曹州改设镇制，总兵员缺，清廷谕杨逢春补授。初六，作为兄长的杨遇春奏谢恩折。其中多有建议，说道：曹州地方有"督练兵马、弹压地方"的双重任务，尤其适创始之初，俱应悉心筹划，竭力整顿，方为久长之计。也言及胞弟逢春阅历尚浅，自己有帮助其恪尽职守，"严切教诫"之责，定当督促逢春"竭尽血诚，倍加整饬，实心实力，激励戎行，督缉逸匪"②。

杨遇春十分操心和帮助胞弟在事业上不断成长精进。道光元年（1821），当逢春调兖州镇总兵赴任之际，杨遇春又专门给道光帝上奏。称自己曾在家信中教导逢春"实心任事，勉副委任"，又恐怕在信札中不能详尽教导，有负圣恩，请示道光帝能够允许自己在卫辉与胞弟碰面，以便

---

① 杨国佐：《忠武公年谱》，《年谱丛刊》第123册，第44—45页。
② 朱批奏折，奏为因弟杨逢春奉旨补授山东曹州镇总兵谢恩事，嘉庆二十二年五月初六日，档号：04-01-12-0321-008。

能够"面晤指授,令其实心效力"。得到允准。道光帝还专门传旨杨逢春,"约计时日,驰赴卫辉与其兄杨遇春会晤,再行回任"①。

四月十四日,也即兄弟二人见面后,道光帝又传谕杨逢春道:"汝兄杨遇春为国宣力,屡建殊勋,所管营伍,皆能整饬。日前与汝兄会面,自必指授周详。汝宜尽心厥职,勤加训练,无孤委任之意。"②足见道光帝对杨遇春的信任及恩渥,也是杨遇春对清廷效忠所得的厚报,不但已经惠及家人,也使其家人更加忠实于朝廷。③

不久,逢春自兖州镇任因病解甲,杨遇春对其依旧关爱备至。从次子国桢的一段记述中可知,逢春自十二岁即随杨遇春学骑射,既壮,凡苗疆及三省军务皆与兄同卧起。兄督之如严师,却友爱特至。弟有疾后,兄为之推求其致疾之源,百方诊治。国桢在云南时,每奉父手谕,"辄言及培齐公病状,兢以不起为虞"。以国桢的话来说,"盖友爱之忱,故未尝一日稍闲也"。杨遇春在六十多岁时,将比自己小十三岁的胞弟迎至固原,精心照料,使其得以安心调养,直到"愈年,培齐公卒"。兄弟友爱,骨肉之情,跃然纸上。

杨遇春对同辈人如此,对晚辈的成长也关心备至,谆谆教诫,要求认真做事。道光元年(1821),云南按察使员缺,清廷谕令其次子国桢补授。闻命,杨遇春"感悚无地",上折谢恩,言称恩情无以回报。且说道:次子国桢甫豢,简放云南盐法道,正恐驾驺下乘,不堪驱策。令其顺道至固原,严加教导。并认为云南系边陲极要之区,国桢年懵无知,未经历练,险令其趋赴,自己作为父亲,惟有"阙廷叩请训示","谆嘱其到任后,随时随事,恪遵谕旨,黾勉自持,勤求民隐","殚竭血诚,勉供阙职,以期无负圣明知遇之隆,仰报高厚于万一"④。道光二年十二月十三日,杨遇春又接阅邸抄内开上谕,即由其次子国桢自云南盐道被补授河南布政使的谕令,当即表示自己"家世寒素,兄弟父子遭逢圣代,皆身受国恩",唯有告诫国桢在任处理应办事宜,"小心谨慎,实力奉行"⑤。

---

① 录副奏片,山东巡抚钱臻,奏为传谕兖州镇总兵杨逢春起程赴卫辉面晤兄杨遇春事,道光元年二月初四日,档号:03-2505-023。
② 《清宣宗实录》卷16,道光元年四月甲午,第308页。
③ 录副奏折,山东兖州镇总兵杨逢春,奏报南粮三进首帮挽入东境日期事,道光元年四月初八日,档号:03-9801-051。
④ 朱批奏折,奏为次子杨国桢奉旨补授云南按察使谢恩事,道光元年三月初十日,档号:04-01-12-0350-012。
⑤ 录副奏折,奏为臣子杨国桢补授河南布政使谢恩事,道光三年正月十六日,档号:03-2533-022。

杨家规定有极严正的家法，对子女的教育，从不间断废止，子弟皆谨守其家风。次子国桢少时倜傥，豪饮不羁，常被惩戒。为官后，依然受父数落。史载，杨遇春在固原提督任时，国桢任刑部侍郎出守颍州，与已官至守备的兄国佐告假往固原省亲。国桢至，行辕守卫以杨遇春令，制止于府门前不得入内。国佐忙入内跪请。"良久，乃召而入庭数落之"。国桢免冠谢。被父训道："吾起武举，蒙上拔擢至此，恩遇无比，常恐老不知所报。始吾期汝云，何而汝忘之也。"气愤之余，"命予杖"。督中有官吏急忙上前阻止，杨遇春不许。此事后被传开，人们都知道杨遇春家法严正。这件事也传到道光帝那里。后当国桢擢云南盐法道，未及赴任，又迁按察使，陛见道光帝，临辞时，道光帝即说道："好为之。有如不称，当语尔父知耳！"①

由于杨遇春的言传身教与严正家法，国桢成长很快，道光五年（1825），为河南巡抚，依旧不断聆听父亲教诲。八年，杨遇春赴南疆平乱凯旋，实授陕甘总督，赴京途中，奏请假道豫省，一来与子见面，二来应子邀请讲求营伍及操兵之法，并请调陕甘将弁一二员，赴豫教练。道光帝许之，且令"将平日得心应手处，详告尔子，使将来好为朕出力，亦可继尔家声"。自清开国至道光朝，汉员中父子同时为督抚者所仅见。②

道光十二年（1832）八月，河南巡抚任的杨国桢奏，知州人地为宜酌请对调，被道光帝训斥。起因是杨国桢奏中牟县知县黄元柱年逾六旬，放河工修守，不甚为宜，牵涉与嵩县秦时中、汤阴县黄校烈等十名县令对调简放。道光帝认为杨国桢用人以繁调简，有悖人地相宜原则，何况黄元柱任内有经征未完事宜，秦时中任内有承办缉察的命案等，均于例不符。道光帝令将国桢所办此事转告杨遇春。八月十二日接准部咨的杨遇春，即于次日上奏，赞颂道光帝"圣恩宽大，不加严谴"，且"训谕周详"，并表示已经寄信次子国桢，批评其办事"实属冒昧糊涂"，责令其"时加敬勉，于应办一切公事，唯当恪遵恩训，矢以实心，勉图称职"③。

对于长子杨国佐的成长，杨遇春也十分上心。道光四年（1824），陕西提督任上的杨遇春，奏请年已四十四岁的长子国佐随任学习，其中说到国佐也是行伍出身，在征白莲教中，升为四川茂州营都司。可是对于军队

---

① 李元度：《国朝先正史略》卷 23《名臣·杨忠武公事略》，《续修四库全书》第 538 册，第 513 页。
② 陈康祺：《郎潜纪闻·二笔》卷 4《父子同时为督抚》。
③ 录副奏折，奏为次子杨国桢保荐有误蒙训谕历陈感悚下忱事，道光十二年闰九月十九日，档号：03-2629-025。

的"操练事务、行阵机宜,诸多未谙",以求"得时指教,勤勉成才,以图报效"①。

杨遇春居高官后,义恤僚友,恩周士卒。予告离职后,依然敦族睦邻,不留余力。退职还乡后,以城市烦嚣,既不免无旷,兼不免酬应之劳,乃于南门外小天竺南买地数亩,筑屋十余间居住。自奉甚约,服御饮食如寒素,日惟鸡豚各一碟,与老伴田夫人对案而餐。

田夫人,崇庆州西关外朱氏街双石桥人,父亲靠租种几亩薄田、磨豆腐维持全家生计。因家境清贫,田夫人常下田干活,没有缠脚,长就一双大脚板。其不仅脚大,脸上还有几粒白麻子,比杨遇春大十一个月,自小许为童养媳,结发之后,成为糟糠之妻,和婆母、小姑相处和睦。

田夫人初至杨家时,正值杨家中落,家徒四壁。田夫人躬亲汲饮,及生育国佐、国桢兄弟与妹子3人,拉扯孩童,操劳家务,实属不易。闲暇时,则以纺织为事。跟随杨遇春至固原、兰州时,年已近古稀,"目晕不复织花,即续麻于手","犹日课园丁种蔬菜,殆不肯一刻闲暇也"。

对于田夫人,杨遇春相敬如宾。自身入行伍后,就和田夫人异地而居,直到任固原提督,生活安定下来后,才把田夫人接到固原。在此任十五年,夫妻互相照顾,举案齐眉。直到升任陕甘总督,都和田夫人生活在一起,不曾置一侍妾。终身一妻,从一而终。

杨芳平素称杨遇春为伯父、田夫人为伯母。一日,杨芳、鄂山、瑚松额等在小天竺庭院与杨遇春闲谈。杨芳说:"伯母已殁,伯父何妨置一婢妾,俾晨昏起居,承值少便。"未等杨芳说完,即被杨遇春厉声呵斥。杨芳"惴惴焉",不知所措。还好有鄂山、瑚松额赶紧打圆场,杨遇春才没有发火。时人评说杨遇春"伉俪之笃,严气正性,懔懔不可犯"②。

杨遇春住四川崇庆州时,常和桑梓父老促膝谈心,笑容可掬,每当州官过境,与平民百姓一样,微服躬身,肃立回避。当时人很诧异,经常提出同样的问题:"杨侯爷您位尊一品,爵至封侯,连当今皇室对您也恩宠备加,对一个州官,您何必如此有礼?"为此,杨遇春总是笑笑地回道:"我既已还乡为民,已与百姓无异,理应尊敬地方官。"杨遇春就是始终如一地保持着自己为官为民的谦和品质。

成都前卫街口"三倒拐"被扬名,与杨遇春有很大的关系。史载杨遇

---

① 录副奏折,奏请臣长子杨国佐随任学习事,道光四年二月十六日,档号:03-2875-033。
② 杨永澍:《杨忠武公记事录》,排印本,宣统三年,见四川大学图书馆编《中国野史集成》第49册,巴蜀书社1993年版。

春住此街宫保府时，每出门，如遇府省官吏经过，为免地方官向自己跪礼，常退至三倒拐回避，待官吏远去，才又出门办事。久之，"三倒拐"的名声便越来越大，尽人皆知。

回乡的杨遇春在成都前卫街和崇庆州上南街的两处宫保府轮换居住。成都前卫街的宫保府，传至清末时，在众多的私家园林中被誉为蓉城"四大园林"之一，① 新中国成立后，为成都军区后勤部招待所。崇庆州宫保府，建于道光十三年（1833），是年，州牧金朝觐移江源书院于文昌宫一侧，书院旧址建宫保府。现基本保存完好，为该州文物管理所在地，置有文物展览。

当年，崇庆州宫保府门前有一对雄壮的石狮。大门上方高悬着一道竖式火焰匾，黑底阳文，上书"一等昭勇侯府"金字。火焰匾下挂一幅红底黑字木刻门联，联曰：圣德如天，臣心似水。相传对联是杨遇春自撰自书，字体似颜非颜。杨遇春最初所写对联是：臣心似水，圣德如天。但经过仔细端详琢磨后，执意将上下联反置，即上联挂"圣德如天"，下联挂"臣心似水"。有人进言：您老这副对子，上仄下平，平仄相对，君臣共见，水天相映，再绝不过。然而，照您老的意思挂来，岂不挂反了吗？杨遇春笑曰：圣德即皇恩，先有皇恩圣德，才有为臣的今日。圣德在上，为臣居下，这副对子非反挂不可。于是，崇庆州宫保府门上便出现了反挂的对子。从此，在崇庆州坊间便多了一条歇后语：宫保府的对子——反的。一直沿用至今。

在那"忠君即爱国"的传统时代，杨遇春忠君爱国、感恩图报的思想至死不渝。临终前，儿子国佐、国桢跪请遗命。杨遇春"语不及私"，惟"涕泗交颐，命草遗疏"。疏中云：死生乃古今不易之理。臣年近八旬，本不过悲。惟圣主恩施无已，不复与太平草木同沾雨露之仁，是可悲耳！这位弥留尘世之际的老翁，依旧谆谆教诲后人为国尽忠，报效皇恩。

道光十七年（1837）二月二十八日寅时，城南门外响起了一阵爆竹声，这是放升天炮的响声，传出了杨遇春不幸与世长辞的噩耗。② 是年自入春后，杨遇春常感觉胸膈有积滞，请医投药，初觉疏快，不久又感懑结。二月以后，渐增渐重，不见疗效。据其后裔传说，当天家人给其吃了清炖鸭子，孰料喉间被骨头渣子卡了一下。杨遇春屏气向外咳，胸脯间一

---

① 其他如东珠市街李道台的"李府"，方正街书法家李昶父李举人的"大夫第"，忠烈锦北街县敬诚知府的"可园"。

② 录副奏折，四川总督鄂山，奏报致仕原任陕甘总督杨遇春在籍病故事，道光十七年二月二十九日，档号：03-2656-028。

阵剧痛。请来大夫急救，剧痛不减。半夜过后，端坐而毙。

讣告上奏朝廷，道光帝闻耗，为之悲痛不已，不禁潸然泪下，倍加怀念，发来谕旨，朱批：知道了。三月二十四日，谕内阁：杨遇春晋赠太子太傅衔、兵部尚书，照尚书例赐恤，入祀贤良祠，赏银2000两，由四川藩库给发，俾得经理丧事。任内一切处分，悉予开复，应得恤典，该衙门查例具奏。寻予祭葬，谥忠武。①

道光十八年（1838）九月，署四川总督苏廷玉题请入祀崇庆州及成都省城乡贤祠，准予。谕令："已故陕甘总督杨遇春历事三朝，身经百战，勤劳懋着，功在旗常。前已加恩，入祀贤良祠。著准其入祀乡贤祠，无庸再交部议。"② 十九年三月十六日，葬于崇庆州娘娘冈祖茔之右。③

按清制，道光十五年（1835）五月初九，杨遇春所晋一等昭勇侯爵位，世袭罔替，被子孙承袭。④ 大致顺序为：道光十七年三月，子杨国桢袭；⑤ 咸丰二年（1852）三月廿二日，孙（杨国桢子）杨炘袭；⑥ 同治八年（1869）二月，杨光坦（又为光垣，杨炘之从子，杨熙之次子，杨遇春四世孙）袭；⑦ 光绪三十一年（1905）五月，杨正藩袭。⑧

纵观杨遇春的一生，可以说，代表清代中叶社会转型时期一批为维护正统王朝统治而力挽狂澜的人物典型，是那个时代良臣良将的一个缩影。围绕杨遇春的经历，所展现给后人的是乾隆后期至嘉庆、道光前期时代的厚重史实，至少是西北社会的一个横断面写照。在西北社会的舞台上，杨

---

① 《清宣宗实录》卷295，道光十七年三月辛丑，第581页。
② 《清宣宗实录》卷314，道光十八年九月乙巳，第893页。
③ 李光涵：《时斋府君年谱》，《年谱丛刊》第125册，第707页。
④ 清例，最高可承袭22次。参见录副奏折，吏部尚书穆彰阿等，奏请定陕甘总督杨遇春封爵袭次事，道光十五年五月十四日，档号：03-2638-035。
⑤ 《清宣宗实录》卷295，道光十七年三月辛丑，第581页；又《杨国桢海梁氏自叙年谱》，《年谱丛刊》第138册，第94页。
⑥ 《清文宗实录》卷57，咸丰二年三月下壬申，第751页；《清文宗实录》卷356，咸丰十一年七月戊戌，第1255页。
⑦ 光坦，见《清穆宗实录》卷253，同治八年二月下己未，第522页；光垣之说，及光垣为杨炘从子，见（民国）《崇庆县志·士女第八之一·杨遇春传》，《四川方志之三》第2册，第455、460页。又光垣为杨国佐次子杨熙之次子，杨熙过继给国桢为长子，国桢病殁前，"遂命熙儿仍归本支"，即光垣为杨熙次子，见《杨国桢海梁氏自叙年谱》，《年谱丛刊》第138册，第130页。
⑧ 杨光垣嫡子杨永源未袭爵身故，无嗣。凭族择抚杨光泽之子杨正藩为后，故袭爵。《清德宗实录》卷545，光绪三十一年五月戊戌，第244页；又录副奏折，兵部尚书长庚等，奏为遵旨核议四川总督锡良奏已故陕甘总督杨遇春所遗世爵应否令杨正藩承袭请旨事，光绪三十一年五月二十六日，档号：03-5966-088。

遇春的事功，既呈现出社会危局关头运筹帷幄的重要人物形象，又表现出面对多重矛盾时进退维谷、执行朝廷命令时犹豫、申辩与变通的多面性。杨遇春以自己的立场与方式，演绎了波澜壮阔的几十年。

自乾隆后期萌动、至嘉道时期接二连三爆发的各类名目的民变事件，扰乱了清廷正常的社会统治秩序，破坏了社会经济，动摇了统治基础。清廷为了维护与回归政治统治的正统，修正与重建统治秩序，从传统统治思想的高度，采取了更加严厉的善后政策与治理办法。然而，此时清廷所面对的不仅是国内所出现的风起云涌的起事与叛乱，18世纪中叶以后，欧洲的巨变，尤其是英国的产业革命，加速了欧洲军事改革，"船坚炮利"撬启了中国的国门，清廷的统治四面楚歌，尤其是清廷的军队，即八旗、绿营体制处于传统军事体系瓦解、变革的前夜，军事体系面临着史无前例的巨变。正或许是由于后者的原因，一连串的民变事件，构成了学界所普遍认为的嘉道"中衰"观点的组成元素，而非单一的财政窘迫因素所致。

在中国被强迫纳入近代国际格局之前，清廷传统的八旗、绿营军事体制在时代转型期所应该承担的最直接的卫国与加强国防层面的作用衰弱了，而在对付民变的一系列军事平叛行为中较多地呈现出维护王朝正统统治，强化国家政权的支配能力，显示出维护王朝统治与政策实施的主要职能。真所谓"国家有千百年不试之武功，断无一可驰之战备"。"兵可百年不试，不可一日不备。"而这些早在政权体制内烂熟于心的军队职责，在社会转型时期、在提防国内此起彼伏的民变事件中，陷入疲于奔命中不能自拔，既不能御外侮，又不能防民变，最终被新兴的湘淮团练而取代。

这一过程告诉人们，备军是必需的，但备一支怎样的军队，才是问题的关键。当八旗军制腐败瓦解，绿营体系不堪一击之际，杨遇春所部却英勇威武，能够每战必胜，就不能不赞杨遇春的军事韬略与对其所备所率之部的驭术了。当然，这只是整体绿营中的一片浓绿色。只是该色彩浓度，很快被绿营整体的无能所冲淡。不能不说，训练有素的绿营整体，在对付短时间内集中起来的、没有经过严格军事训练的初级的民变武装时，都会多少显得有些力不从心，更可见清廷军制整体越到后期越腐败脆弱，日薄西山。

杨遇春的事迹，被清人编成图文并茂的大型连环画册，即《杨忠武侯宣勤积庆图》（胡雪渔绘制），其图80幅，文8幅，像1幅，共89幅，纸本彩绘，幅宽29×23厘米，装帧41×30厘米，共90页。该连环画还收录有晚清大书法家何绍基等书写的四道碑文及杨遇春紫光阁画像、道光帝题字。连环画原图绘制于道光十年（1830），至光绪六年（1880）由贵阳画师吴焯夫石印成册，留传至今。①

在杨遇春的身后，有念念不忘其豪壮事迹的芸芸众生。其事迹被后来人口耳相传。民国时期，小说家赵焕亭以杨遇春为原型，将其事迹整理出了畅销不衰的四卷本的现代武侠小说《奇侠精忠全传》。该书首册问世于1923年，由上海益新书社出版，1927年出齐，共14册140万字，现传世有4卷218回。其中以"杨忠武之功业轶事"尤为详尽，字里行间渗透着时间老人对杨遇春一生的沉淀与评判。

---

① 原件藏崇州市文物保护管理所，为国家二级文物。参见崇州市文物保护管理所编《杨忠武侯宣勤积庆图》扉页说明，四川美术出版社2004年版。

征引文献

官书·政书·地方志

《清高宗实录》，影印本，中华书局1985年版。
《清仁宗实录》，影印本，中华书局1985年版。
《清宣宗实录》，影印本，中华书局1985年版。
《清文宗实录》，影印本，中华书局1985年版。
《清穆宗实录》，影印本，中华书局1985年版。
《清德宗实录》，影印本，中华书局1985年版。
中国第一历史档案馆编：《嘉庆帝起居注》，广西师范大学出版社2006年版。
托津等纂：《大清会典》（嘉庆朝），影印本，见沈云龙主编《近代中国史料丛刊三编》，第64—68辑，文海出版社有限公司印行1985年版。
昆冈等纂：《钦定大清会典事例》（光绪朝），影印本，中华书局1991年版。
贺长龄辑：《皇朝经世文编》，影印本，见沈云龙主编《近代中国史料丛刊三编》，第74辑，文海出版社有限公司印行1991年版。
王先谦撰：《东华录》，影印本，上海古籍出版社2008年版。
《清史列传》，标点本，中华书局1987年版。
《清国史》，影印本，中华书局1993年版。
赵尔巽等撰：《清史稿》，中华书局1977年版。
嵇璜、刘墉等撰：《清朝通典》，浙江古籍出版社2000年版。
嵇璜等撰：《清朝文献通考》，影印本，浙江古籍出版社2000年版。
刘锦藻撰：《清朝续文献通考》，影印本，浙江古籍出版社1988年版。
阿桂等纂：《钦定兰州纪略》，影印本，方略馆编：《清代方略全书》（第

30—31 册），北京图书馆出版社 2006 年版（以下和文中均称《清代方略全书》，不赘出版信息）。

傅恒等纂：《平定准噶尔方略》，影印本，《清代方略全书》（第 21—27 册）。

纪昀等纂：《钦定石峰堡纪略》，影印本，《清代方略全书》（第 32—33 册）。

鄂辉等纂：《钦定平苗纪略》，影印本，《清代方略全书》（第 44—48 册）。

曹振镛等纂：《钦定平定回疆剿擒逆裔方略》，影印本，《清代方略全书》（第 96—101 册）。

《钦定巴勒布纪略》，影印本，《清代方略全书》（第 40—42 册）。

庆桂等：《钦定剿平三省邪匪方略》，影印本，《中国方略丛书》，成文出版社 1968 年版。

龚景翰：（乾隆）《循化志》，标点本，青海人民出版社 1981 年版。

许容等：（乾隆）《甘肃通志》，沈云龙主编：《中国边疆丛书》第 2 辑，影印本，文海出版社 1966 年版（以下与文中均简称《边疆丛书》，仅注卷册，不赘出版信息）。

黄建中纂、吴鼎新修：（乾隆）《皋兰县志》《中国地方志集成》（以下与文中均简称《集成》，仅注志名册数，不赘出版信息），《集成·甘肃府县志辑》第 3 册，影印本，凤凰出版社 2006 年版。

常明修、杨芳灿纂：（嘉庆）《四川通志》，《集成·四川府县志辑》。

陈维模纂修：（同治）《长阳县志》《集成·湖北府县志辑》第 1 册。

张庭武修、杨景升纂：（光绪）《丹噶尔厅志》《稀见方志》第 55 卷。

陈士祯修、涂鸿仪编：（道光）《兰州府志》《中国方志丛书·华北地方》（以下和文中简称《方志丛书·华北地方》，仅注卷号，不赘出版信息），第 564 号，成文出版社有限公司印行 1976 年版。

卢坤：（道光）《秦疆治略》，《方志丛书·华北地方》第 228 号。

傅恒等纂：（乾隆）《西域图志》，《四库全书》，上海古籍出版社 1987 年版。

袁大化等纂：（宣统）《新疆图志》，影印本，上海古籍出版社 1992 年版。

卞宝第、李瀚章修，曾国荃、郭嵩焘等纂：（光绪）《湖南通志》，影印本，岳麓书社 2009 年版。

吕调元、刘承恩修，张仲炘、杨承禧等纂：（民国）《湖北通志》，影印本，上海古籍出版社 1990 年版。

慕寿祺纂：（民国）《甘宁青史略》，铅印本，兰州俊华印书馆印行 1937 年版。

谢汝霖等修，罗元黼等纂：(民国)《崇庆县志》影印本，《新修方志丛刊》，台湾学生书局1982年版，《四川方志之三》(以下和文内省略出版信息)。

档案·年谱·传记

中国第一历史档案馆藏及国家清史编纂委员会数据库·宫中档朱批奏折。

中国第一历史档案馆藏及国家清史编纂委员会数据库·军机处档奏折录副。

中国第一历史档案馆藏及国家清史编纂委员会数据库·户科题本。

中国第一历史档案馆藏，宫中档·朱批奏折·民族事务类。

中国第一历史档案馆编：《乾隆朝上谕档》，广西师范大学出版社2008年版。

中国第一历史档案馆编：《嘉庆道光两朝上谕档》，广西师范大学出版社2000年版。

中国社会科学院历史所清史室、资料室编：《清中期五省白莲教起义资料》，江苏人民出版社1982年版。

中国第一历史档案馆编：《鸦片战争档案史料》天津古籍出版社1992年版。

故宫博物院辑：《清代外交史料》（嘉庆朝），故宫博物院1933年版。

故宫博物院辑：《清代外交史料》（道光朝），故宫博物院1933年版。

哲仓·才让辑编：《清代青海蒙古族档案史料辑编》，青海人民出版社1994年版。

缪荃孙：《续碑传集》，周骏富编辑：《清代传记丛刊》，明文书局1985年版。

李元度：《国朝先正事略》，《续修四库全书》，上海古籍出版社2002年版。

李桓辑：《国朝耆献类征初编》，周骏富编辑：《清代传记丛刊》，明文书局1985年版。

吴忠匡校订：《满汉名臣传》，黑龙江人民出版社1991年版。

葛虚存编：《清代名人轶事》，《近代中国史料丛刊》三编，文海出版社1985年版。

李光涵编：《皇清诰授光禄大夫太子太保一等昭勇侯予告陕甘总督晋赠太

子太傅兵部尚书赐谥忠武显考时斋府君年谱》，简称《时斋府君年谱》，道光间朱格抄本，见北京图书馆珍藏本年谱丛刊（以下和文中简称《年谱丛刊》，不赘出版信息），影印本，北京图书馆出版社 2001 年版，第 123—125 册。

杨国佐、杨国桢编：《忠武公年谱》，《年谱丛刊》第 123 册。

杨国桢：《杨国桢海梁氏自叙年谱》，《年谱丛刊》第 138 册。

鄂山辑录：《府君杨遇春家祭行述》，手抄本，藏四川大学博物馆。

杨永澍：《杨忠武公记事录》，排印本，宣统三年，见四川大学图书馆编：《中国野史集成》，第 49 册，巴蜀书社 1993 年版。

英和：《恩福堂年谱》，《年谱丛刊》第 133 册。

杨芳撰：《杨果勇侯自编年谱》，沈云龙编：《近代中国史料丛刊》第 27 辑，台北文海出版社 1966 年版。

崇州市文物保护管理所编：《杨忠武侯宣勤积庆图》，四川出版集团、四川美术出版社 2004 年版。原件藏崇州市文物保护管理所，国家二级文物。

文集·笔记

那彦成：《那文毅公奏议》，《续修四库全书》第 496 册，上海古籍出版社 2002 年版。

那彦成：《平番奏议》，广文书局印行 1967 年版。

魏源：《圣武记》，标点本，中华书局 1984 年版。

张穆：《蒙古游牧记》，见全国图书馆文献缩微复制中心：《中国公共图书馆古籍文献珍本汇刊·史部》《清代蒙古史料合辑》（二），2003 年。

昭梿：《啸亭杂录》，标点本，中华书局 1980 年版。

佚名：《苗疆屯防实录》，标点本，岳麓书社 2012 年版。

洪亮吉：《洪北江全集》，四部丛刊本，光绪三年刊本。

勒保：《平定教匪纪事》，沈云龙主编：《近代中国史料丛编续编》，第 20 辑第 196—197 册，文海出版社 1966 年版。

严如熤：《三省边防备览》，《续修四库全书》第 732 册，上海古籍出版社 2002 年版。

严如熤：《三省山内风土杂识》，陕西通志馆印 1935 年版。

龚景翰：《澹静斋文钞》，《续修四库全书》第 1474 册，上海古籍出版社 2002 年版。

包世成：《安吴四种》，《近代中国史料丛刊》，文海出版社 1968 年版。
陈其元：《庸闲斋笔记》，标点本，中华书局 1989 年版。
陈康祺：《燕下乡脞录》，影印本，新兴书局 1981 年版。
陈康祺：《郎潜纪闻》，标点本，中华书局 1984 年版。
陆以湉：《冷庐杂识》，标点本，中华书局 1984 年版。
范锴：《华笑庼杂笔》，影印本，1931 年版。
梁份：《秦边纪略》，标点本，青海人民出版社 1987 年版。
徐珂：《清稗类钞》，中华书局 1986 年版。
石香村居士：《戡靖教匪述编》，道光六年刊本。
王之春：《椒生笔记》，喻岳衡点校，岳麓书社 1983 年版。
小横香室主人：《清朝野史大观》（第 3 册《清人轶事》），影印本，上海书店 1981 年版。
姚永朴：《旧闻随笔》，台北广文书局 1976 年版。

今人论著

罗尔纲：《绿营兵志》，中华书局 1984 年版。
戴逸：《乾隆帝及其时代》，中国人民大学出版社 1992 年版。
戴逸：《简明清史》，中国人民大学出版社 2006 年版。
戴逸：《清代人物研究》，故宫出版社 2013 年版。
庄吉发：《清高宗十全武功研究》，中华书局 1987 年版。
刘子扬：《清代地方官制考》，北京紫禁城出版社 1994 年版。
马通：《中国伊斯兰教与门宦制度史略》，宁夏人民出版社 2000 年版。
王希隆：《清代西北屯田》，兰州大学出版社 1990 年版。
潘志平：《浩罕国与西域政治》，新疆人民出版社 2006 年版。
陈锋：《清代军费研究》，武汉大学出版社 1992 年版。
倪玉平：《清朝嘉道财政与社会》，商务印书馆 2013 年版。
黎宗华、李延恺：《安多藏族史略》，青海民族出版社 1992 年版。
赵珍：《清代西北生态变迁研究》，人民出版社 2005 年版。
赵珍：《黄河上游区域城市研究（1644—1949）》，中国社会科学出版社 2016 年版。
［美］费正清等编：《剑桥中国晚清史：1800—1911 年》，中国社会科学院历史研究所编译室译，中国社会科学出版社 1985 年版。

[俄] A. H. 库罗帕特金：《喀什噶尔》，中国社会科学院近代史研究所翻译室译，商务印书馆1982年版。

[日] 佐口透：《18—19世纪新疆社会史》，凌颂纯译，新疆人民出版社1983年版。

[荷] 田海：《中国历史上的白莲教》，刘平译，商务印书馆2017年版。

[俄] 捷连季耶夫：《征服中亚史》，西北师范学院外语系译，商务印书馆1986年版。

Haji Muhammad Hakim Khan, Scott C. Levi, Ron Sela, *Islamic Central Asia: An Anthology of Historical Sources*, Indiana University Press, 2009.

湘西自治州凤凰县民委、贵州松桃苗族自治县民委、湖南省社科院历史研究所合编：《苗族史文集——纪念乾嘉起义一百九十周年》，湖南大学出版社1986年版。

李映发：《关于杨遇春的传记材料——〈介绍府君杨遇春家祭行述〉抄本》，《清史研究通讯》1983年第3期。

王平贞：《杨遇春及〈杨忠武侯宣勤积庆图〉》，《四川文物》1987年第3期。

张伯龄：《杨遇春史实辨》，《四川师大学报》1986年第2期。

张伯龄：《杨遇春简论》，《四川大学学报》1987年第4期。

杨正苞：《略谈杨遇春的民族属别》，《文史杂志》1992年第5期。

胡起望：《乾嘉苗民起义参加人供单简述》，《贵州民族研究》1980年第3期。

王东平：《清代新疆马政述评》，《中国边疆史地研究》1995年第2期。

邢誉田：《论道光西北绿营马政——以杨忠武公（遇春）年谱为中心的考察》，《伊犁师范学院学报》2012年第3期。

邢誉田：《刍议清代陕甘总督杨遇春的军事才能》，《四川文理学院学报》2012年第5期。

张玉芬：《论道光对张格尔叛乱的平定》，《辽宁师范大学学报》1985年第6期。

潘志平：《长龄、那彦成与南疆之乱》，《中国边疆史地研究》1991年第2期。

戴良佐：《清代用兵新疆驼运所起作用》，《清史研究》1992年第2期。

王希隆：《张格尔之乱及其影响》，《中国边疆史地研究》2012年第9期。

孙长龙、郑红红：《清代阿克苏—巴楚台路的文献考察研究——兼谈都齐特、伊勒都军台之地望》，《青海师范大学》2016年第2期。

南文渊：《18—20世纪青海蒙古社会的变迁与衰落》，《青海民族学院学报》2009年第4期。

高晓波、张科：《论清代青海民族纠纷解决与社会控制》，《青海民族研究》2013年第2期。

柏桦、冯志伟：《论嘉庆时期对青海藏族与蒙古族之间抢劫牲畜案的处置》，《青海民族大学学报》2013年第4期。

张科：《清代安多藏区的法制建设与社会控制》，《中国边疆史地研究》2017年第2期。

赵珍：《清代黄河上游地区民族格局演变浅探》，《青海民族研究》1997年第4期。

赵珍：《那彦成整饬青海述略》，《清史研究》1997年第3期。

赵珍：《道光朝陕甘总督杨遇春变革马政的环境史考察》，《中国边疆史地研究》2014年第2期。

赵珍：《道光六年清廷平定南疆用人决策述略》，《中州学刊》2019年第5期。

赵珍：《清道光朝南疆战事军费奏销考述》，《中国社会经济史研究》2020年第3期。

赵珍：《清代黄河青海段的会哨与地方治理》，《青海民族研究》2020年第2期。

后　　记

　　将一个人物放在历史框架下进行实事求是地书写，着实不是一件容易把握的活儿。尤其要做到既真实地记述人物一生的重要事迹，善恶并陈，又要形神兼备地刻画人物风貌，反映其时代特征，尽可能提高"以人系事"的可靠程度，需要深下功夫。

　　人物的生平事迹，是其所处时代社会历史的反映，有着深刻的时代烙印。不同人物在所处时代有不同的经历和事业，起过不同的作用与影响。然而，斯人已逝，不能言语。所以，对人物的历史定位与身份定位是否准确，是完成人物书写的关键。中外学者有关人物研究的理论，俯拾皆是，不乏宏论大著。笔者就多年在做功课过程中熬煮出来的并不成熟的体会，再唠叨几句。

　　首先，只有关注环境这一包涵有自然与社会要素的生态系统与人物的关系，关注人物参与生产和生活等各类实践活动的广义自然这一生态系统，才能给出人物以符合实际的恰当定位。而在以往一般情形的研究中，对以人为主的政治社会层面影响人物行为与命运的关照较多，对自然要素即如地理环境对战争进程和胜负的影响、自然资源的利用对社会发展以及国计民生的影响，面对自然灾害时人类所采取的减灾调控措施与社会进程等层面，则关照不够。故而，如果对人物及其生存的生态系统不了解或把握不好，便很难做出恰当定位。其次，人的群居性，决定个体存在离不开群体，如何关照人物个体及与群体间的关系，注重审视人物谱系，强调社会历史事件真实性的同时衬托个体在其中所起作用的细节，也是把握人物定位的重要方面。第三，人是感性的，有血有肉，有七情六欲，有复杂情感。关注人物的心理活动，处理好人物的事业和所起作用与制度和社会约束之间的关系，也是在书写中把握人物定位的关键。如上想法也算是笔者自 2003 年至今参与国家清史工程传记组工作而渐生兴趣后主动思考的点滴心得。遗憾的是，在现书稿中落实得并不如意。

　　选择清代嘉道时期陕甘总督杨遇春作为学术考察的标的，缘于杨遇春后裔缅怀其先祖事功的嘱托，也与闺蜜钟涛教授的助推有关，更有个人长期生活于西北的家乡情怀所促使。这几点有必要向读者做出交待。本研究工作自 2012 年启动，初稿完成后，自觉有更进一步补充完善的必要，于 2015 年申请并获到国家社科基金后期资助，遂借助清史工程数据库的资源优势，且检索台北"故宫"所藏档案目录，加大力气爬梳档案，同时结合实地考察闻见，完成了当下呈献于读者的作品。

整个研究书写过程中，个人在兼顾人物事实描述的同时，力求汲取既有研究的前沿信息与成果，包括一般人物研究的理论方法、对相关人物所处时代较大事件的评判，以及先期较有影响的成果观念和理念等，力求使个人的研究建构在史料翔实、立论中肯、分析朴实的基础之上，以有所贡献作为最大心愿。然而，金无足赤，不尽人意之处，敬请方家指正，读者见谅！

2016 年 6 月，个人往四川崇州考察了 1999 年即被移建修复的杨遇春府邸与原墓地遗址等处，府邸已是崇州市博物馆所在地，属于省级文物保护单位，墓地也为省级保护遗址。只是，墓地内有违规私建坟地。甚为遗憾！2018 年，随着成都地方弘扬传统文化工作的加强和深入，以杨遇春入疆平叛等功绩卓著而被列入名人苑。想必墓地保护也将会引起有关部门重视。

本书作为社科基金后期资助项目，在申报过程中，得到了五位匿名评审专家的修正意见，个人在完善书稿时，一一采纳，在此特别感谢！还有来自未能一一列名的师长学友对该论题的完成所给予的贡献和帮助，谨此一并至诚致谢！

赵　珍
己亥年初冬
识于北京昆玉河畔时雨园